低碳航运经济学

Low - GHG Emission Shipping Economics

陈映秋　董文良　著

HEUP 哈爾濱工程大學出版社

内容简介

本书在将当前航运市场所需的低碳航运经济技术理论与国际上(UNFCCC、《京都议定书》、IMO MARPOL ANNEX VI)近15年来的温室气体、有毒气体等污染物的排放控制政策相联系,运用经济学原理阐述了一门新的学科——低碳航运经济学的原理、构成要点、运用方法与实践经验。为航运公司、造船厂在成本投入方面提供一条切实可行的评估方法与实现途径。在上述基础上,本书提出船舶低碳设计的全寿命经济评估方案(EIO - LCA),对目前国际上所采用的节能设计技术与经济运行相联系的方法进行了详尽的评价,最终给出低碳航运评估方法与可接受的水平。

本书可供具有一定相关理论基础并从事航运管理、船舶设计与研究的人员学习参考。同时,也可供相关专业硕士、博士研究生作为参考书。

主题词:低碳;船舶;技术;经济;公共政策;决策与分析模型

图书在版编目(CIP)数据

低碳航运经济学 / 陈映秋,董文良著. —哈尔滨:哈尔滨工程大学出版社,2012.6
ISBN 978 - 7 - 5661 - 0356 - 7

Ⅰ.①低… Ⅱ.①陈… ②董… Ⅲ.航运 - 运输经济 - 节能 Ⅳ.①F550

中国版本图书馆 CIP 数据核字(2012)第101193号

出版发行 哈尔滨工程大学出版社
社　　址 哈尔滨市南岗区东大直街124号
邮政编码 150001
发行电话 0451 - 82519328
传　　真 0451 - 82519699
经　　销 新华书店
印　　刷 哈尔滨市石桥印务有限公司
开　　本 787mm × 1 092mm　1/16
印　　张 27
字　　数 664千字
版　　次 2013年5月第1版
印　　次 2013年5月第1次印刷
定　　价 160.00元
http://www.hrbeupress.com
E-mail:heupress@hrbeu.edu.cn

作者简介

陈映秋，1984 年获中国舰船研究院（中国船舶科学研究中心（702 所））硕士学位、教授级高级工程师、博士生导师。30 余年来，从事计算力学、船舶与海洋工程应用力学、结构风险分析、船舶低碳技术等研究，主持与参加过国家基金委、国防科工委（工信部）、发改委、交通运输部重大研究项目，中日韩印度四国船级社合作项目，中欧合作项目等达 15 项；曾获国家科技进步二等奖一次，省部级科技进步一等奖两次，全国造船教材优秀奖一次。自 2001 年以来，主持中国优选型散货船（OBC）、共同规范（CSR）船、超大型矿砂船（VLOC）等船型的开发工作，在船型开发理念、设计技术与市场需求的结合上积累了丰富经验。长期担任国际船级社协会（IACS）船体强度专家组成员、国际船级社协会共同规范（CSR）散货船技术委员会委员、编写组成员；担任中国船级社副总工程师期间，负责中国船级社的船舶/海洋工程规范、科研项目、审图管理、重大技术把关等工作，现任中国船级社技术咨询和评议委员会常务副主席。社会兼职有中华人民共和国交通运输部专家委员会委员，中国力学学会理事，中国造船工程学会理事暨副秘书长，中国造船工程学会项目首席专家，国际船舶与海洋工程结构大会（ISSC）设计原理与准则专家委员会委员等。自 1996 年以来，先后被哈尔滨工程大学、哈尔滨工业大学、华中科技大学、武汉理工大学、集美大学等高校聘为兼职教授。担任《中国造船》《船舶工程》《船舶力学》编委。在国内核心刊物、国际会议上发表过论文 60 余篇。

董文良，1991 年毕业于华中理工大学船舶及海洋工程专业，毕业后在中国船舶工业总公司（北京总部）工作。2003 年，毕业于北京大学国际 MBA 专业，师从于北京大学中国经济研究中心的林毅夫、周其仁教授等知名经济学大师。20 年来服务于国内外的船舶工业和航运业发展。主要专注于船舶买卖、新造船、船舶投资及新企业发展业务研究，积累了丰富的船舶市场经济经验。1996 年以后，在多家国际知名跨国公司的中国公司中担任高级管理工作。曾任美国石桥公司（北京办事处）董事、总经理、万邦船务中国公司商务总经理。现任威胜海运有限公司（Winship Marine）董事总经理，香港海运技术研究院（MARTAC）执行总裁。曾参与撰稿《中国船舶工业总公司船舶经营手册》（1998 年），并多次在国内权威行业杂志上发表专业文章。

序

自2001年以来，我有幸有机会致力于几项国家项目——船型开发工作研究，其最初的动力来源为新加坡万邦公司董事局主席、时任国际散货船联合会（INTERCARGO）主席的曹慰德先生。他来华寻求合作，要求开发一种功能超过当时公约、规范制约的散货船新船型（优选型散货船，Optimum Balk Carrier，OBC），但是这种船型应该充分贯彻航运公司的"质量航运（Quality Shipping）"的理念，使得这种船舶能够与国际上专门从事投机的航运公司（当时占国际航运界15%左右）竞争，并能将这种理念推广到国际航运界与海事界。

回想起来，当时OBC的理念被总结为"结构完整性（Structure Integrity）、维护方便性（Easy of Maintenance）、使用灵活性（Operational Flexibility）、健康环保性（Environmental Friendly）、船员逃生与健康性（Crew Easily Escape and Health）"五个部分，已经具备了当时国际绿色船舶领先水平。其中除了环保性一项在当时的国际公约有所规定外，其余四项都必须重新制定标准。这种船型在世界的逐步认可是由国际三方（船级社、航运公司、造船厂）会议（Tripartite Meeting）推动的。三方会议是曹慰德先生在2001年引领发起的，至今已经形成了一年一度须臾不可或缺的重要会议。这是航运、海事、造船各种理念与需求在国际海事组织（International Maritime Organization，IMO）以外的地方发生碰撞的会议，连横与合纵精髓的合作与制约、争论与协商在这种会议上体现得淋漓尽致。同时它也成为造船技术发展的平台，尤其是2003年在韩国举行的三方会议中中国造船界宣布开发成功处于国际领先地位的优选型散货船（Optimum Bulk Carrier，OBC）船型，着实给会议一个不小的震动，OBC船型设计寿命达25年在会议中成了热议的焦点，其创立的"全面性设计（Holistic Design Concept）"概念所包括的上述"五性"引起了国际船级社协会（IACS）各成员的浓厚兴趣，后来的IACS共同规范（Common Structural Rules，CSR）的出台，其设计寿命也是25年（而传统的规范设计寿命是20年）不能不说是受到中国开发OBC船型的影响。我当时作为OBC开发的技术总负责人目睹了会议这一情况，深感改变航运界、造船界传统观念是多么不易。

时运多变往往出乎人们的意料。近10年来，国际航运界、造船界、海运界、金融界围绕着航运发生了太多的变化，这些变化促进了相关学科的理论发展，甚至动摇了某些学科的根基。

1998年，国际造船工业重心处于开始东移的重要时刻。亚洲金融危机开始，远东的造船业处于一片风雨飘摇之中，船价已经压到极低，中国船厂不得不"拼死自救"。然而，航运公司似乎对这一切并不满意。自20世纪70年代以来，大量建造的单壳散货船事故[1]（图0-1）集中在1992年至2002年之间爆发：国际间散货船运输共发生事故150余起，死亡500余人[2]。它要求航运界必须反省过去近30年人类历史上的第一轮船舶大型化所采用的技术标准与营运策略是否得当。

在过去的几十年中，由于各船级社的规范不一致（局部强度与评估标准），航运公司一般根据自己的需要挑选船级。从经济利益考虑，航运公司要求船舶尽可能轻，以便装载更

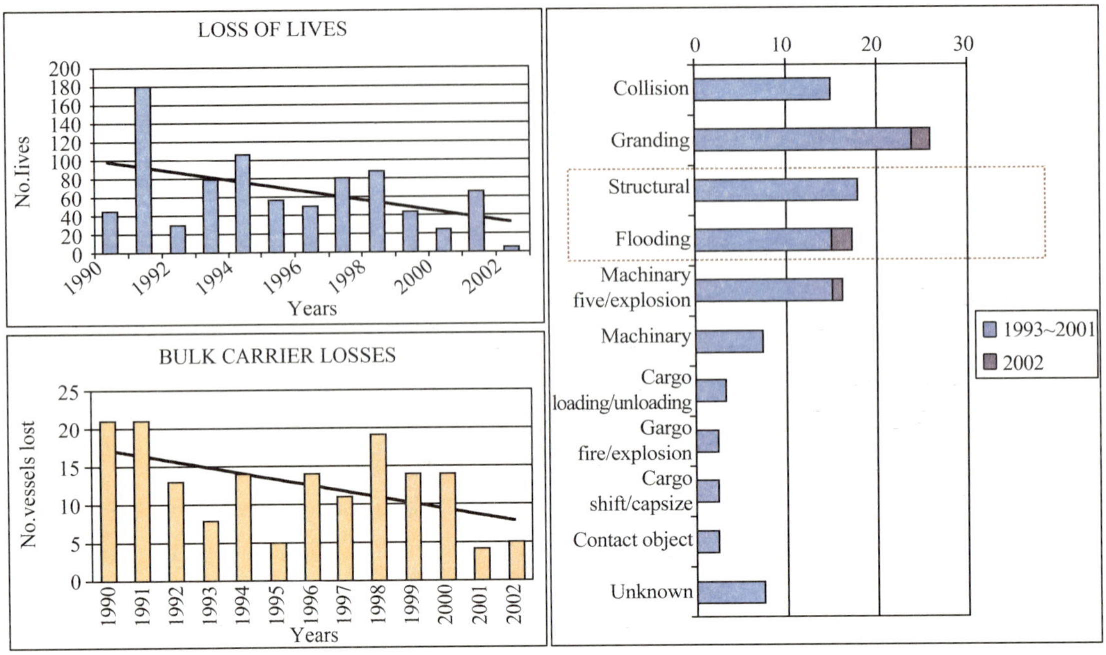

Source:INTERCARGO Annual Report 2002

图 0-1　散货船事故统计图

（来源：Intercargo，2002）

多的货物；船厂也要求船体尽量轻，以便节省材料取得盈利，在低船价时尤其如此。这导致一些船舶强度达不到使用寿命要求，而这些不够坚实的船舶在营运 10 年后逐渐会显现出极大的风险性。

另外，在设计、建造、检验、营运方面的责任不清晰促使这种趋势愈演愈烈，自 20 世纪 70 年代至今仍然在市场上泛滥。在设计上，设计人员/航运公司对于在设计中应该保留的强度裕度和可靠性处于完全的放弃状态，而将此责任抛给了进行审图的船级社，航运公司又充分相信船级社的“把关”，从另一角度又将风险转移到保险业/互保协会（P&I Club）。因此，在事故发生的时候，只有诉诸法律解决。尽管在 2006 年 4 月 1 日国际船级社协会公布油船/散货船共同规范时，对设计方的设计责任、船厂的建造责任（主要指质量）、船级社的验证责任、航运公司的使用维护责任作了明确的规定，这是国际船级社协会（International Association of Classification Societies，IACS）在公开的场合对海运中事务的质量法律问题的源头所进行的诠释，但遗憾的是它没有引起航运界、造船界、海事界足够的重视。

对于上述风险，航运公司能无动于衷吗？肯定不能。

20 世纪 90 年代，低标准船（Sub-Standard）大量充斥航运市场，造成了航运边际成本竞争的非对称性。国际航运界终于发起反击，典型的事例表现在上述 Tripartite Meeting 的发起事件上，其在新加坡发起时的初期宗旨是国际航运界（INTERCARGO，INTERTANKO）与远东的造船界、船级社约定每年在中、日、韩三国轮流举行会议，商讨建造符合航运公司使用的安全性更好的船舶（Robust Vessels）。

也是在 2001 年，当国际航运界还在防止国际造船产能过大，在全世界失衡，造成船价过低、质量下降，指责远东的中、日、韩产能过剩之时，在国际贸易组织（WTO）框架下的经济全球化的巨大浪潮推动下,航运业的运力需求得到迅猛膨胀。一切指责化为乌有。船价、运价像房地产价格一样得到飙升。短短的五年间(2003—2008 年),航运公司在应对船价、运价、银行贷款利率造成其营运成本/收益的变化方面均采用了积极对策,基本上都收益甚丰。

2007 年,美国次贷危机引起了全球的金融危机爆发,很快就波及航运业,使得航运市场的供需关系发生巨大变化。航运业面临全球航运能力的扩张,而造船业(目前造船能力已达 2 亿载重吨左右,2010 年世界造船量为 1.05 亿载重吨)面临订单量减少的压力。运力过剩(2012 年仍是交船的高峰期,2009 年增长为 7%)与海运量减少(2009 年全球贸易量降低 1.4%)形成了巨大的供求矛盾,使得世界航运业处于逆境。尤其在 2010 年,全球有 1.17 亿载重吨的散货船(其中 70% 在中国建造)加入航运市场使这种形势雪上加霜。如波罗的海指数(Baltic Exchange Dry Index,BDI)由高峰跌到谷底(图 0-2)[3],考验着航运公司的经济(财务)持续能力(BDI 为 3 000 点当时是航运业接受的最低线,这时航运成本与贷款偿还均可支持)。幸而这一期间,中国 2009 年的海运份额在全球份额中猛增了 30%,而其船队不足世界的 7%,2010 年海运进口贸易量达到 13 亿吨。这些巨大的需求反差使得国际海运市场保持了一定活力。在恶劣的经济条件下,在 500~700 美元/吨的燃油价格前,航运公司采用了“低速航行”策略,但是他们不了解碳交易中的碳信用(排放许可)转移条件。不少专家认为:用足够多的节能货船来代替目前的高耗能船队大概需要 10 年的时间[4]。

图 0-2　BDI 走势图

(来源:Investment tools. com)

作者从优选型散货船(OBC)开始,在中国政府有关部门、有关社团组织、航运界、造船界的有关单位的支持下,不无困难地通过共同规范船型(IACS CSR Ship Type)、超大型矿砂船(Ultra - Large Ore Carriers)的开发。在开发的过程中,不可避免地研究了市场变化、订单船价与实际中航运租金的大幅变化规律。其情景犹如一个万花筒,买卖双方在市场的角力中几易其手。在2007年,美国出现次贷金融危机后,航运运价、造船价、铁矿石价格、石油价格有时如野马般难以驾驭,有时如同绵羊一样温顺,其规律已经不是传统概念[5]可以描述的了。其时船价随着市场"买方—卖方—买方"的变化规律呈剧烈的变化。目前的船价(2011年5月)已比2008年同期下降了40% ~50%。

作者动手写这本书的另一个动机是目前国际温室气体排放给航运经济性带来严重影响,其间不可避免地要谈到对造船业所带来的技术革命问题。

目前,人类走到了里程碑式的发展阶段,也是被称之为第四次工业革命——低碳经济阶段(或称之为"再工业化革命"),其实质是在全球资源与环境总量下一种权力与资源的分配。在全球温室气体(CO_2)的排放贡献中,依靠一次石化能源的国际海上航运业排放的温室气体对地球大气的贡献(不包括各国内河)在2009年约占2.7%,有毒气体(NO_x,SO_x)的排放则占30%以上,这些已经纳入国际共管的范畴,在这场低碳革命中成为改造的对象。

在这场技术革命中存在一些概念上的误区,如减排需要高科技、高成本等。从联合国开发计划署2010报告中获悉,目前中国约有70%的减排核心技术需要进口,实现低碳成本巨大。然而对航运业来说,是否需要高科技、高成本呢?本书的回答将是否定的,其原因是:

①航运业在温室气体排放上的技术/管理先进性是优于其他行业(如铁道、航空、公路等)的(见第3章);

②低碳革命不一定都要采用当前成本最为昂贵的技术。从改造当前不合理的设计,从改善不良管理中寻求低碳道路也是一条非常有效的出路,在实施节能减排政策的起步阶段更是如此。这些对于航运公司来说可能更为实际。这就是需要坚持的低碳理念,实行"低碳初期采用低成本"的理念。

目前,国际达成共识的节能减排措施归结到以下四个方面:

①节省一次性石化能源;

②开发非石化/可再生能源;

③采用清洁能源;

④改造不合理的设计与改善人的行为。

各国政府主管部门正在推行低碳交通(航运与航空)概念,然而由于情景(Scenario)的设计不同,使得人们在一定程度上引起概念模糊。

当一个国家(民族)没有理解问题实质就谈不上采取解决问题的主动性,更何况对于占全球贸易量90%以上的航运业呢。

目前国际上对航运业温室气体排放的限制由《京都议定书》的不强制到巴厘岛路线图的采纳已将其纳入到交通运输的范畴。由于国际上是以国家(地区)管理为主的,公海上的交通(航运/航空)被忽视是一件不奇怪的事情。图0-3反映了中国2009/2010年间温室气体排放比例划分仍然沿用了前面考虑问题的方法,其中对航运排放的考虑值得商榷。就中国几个主要CO_2的排放源而言[6],中国在交通行业方面的碳排量为6.8%(图0-3)。

图0-4反映了中国在城市化的过程中,人均排碳量(实际是人均燃油消耗量)在国际上处于一个较低的水平,表明中国未来对燃油的需求仍是很高的趋势。

问题还不仅如此,现在各国(主要是发达国家)在各自利益的驱动下,不断修正在《京都议定书》中的承诺。这一点在2009年12月的哥本哈根COP15协议后续承诺中得到了反

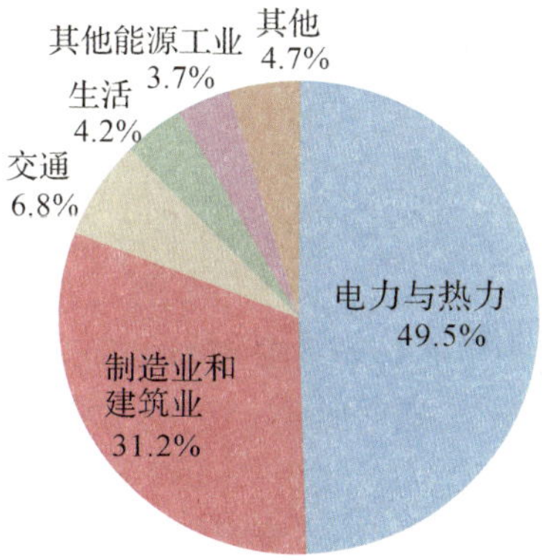

图 0-3 中国 2009/2010 年温室气体排放比例

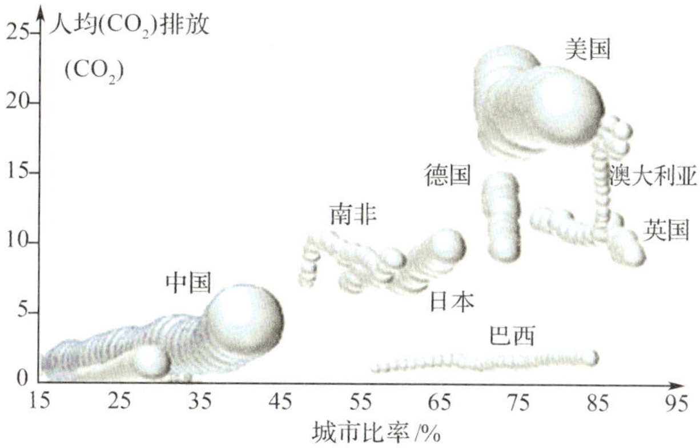

图 0-4 中国城市人均排碳量

映。这些修正的要点反映在基准年的确定(大都取 2005 年替代《京都议定书》规定的 1990 年)与核算方法上。如西方采用了 BAU(见术语)算法下的减排,中国则采用单位 GDP(见术语)的减排[7],即单位 GDP 能源中的综合能耗消费量(通常是指每创造 1 万元的附加值消耗的总能量,包括原材料和加工过程中消耗的能量)。对于航运业来讲,这些概念也是本书应该讲清楚的问题。该文献[7]还回答了外国评论家对中国温室气体减排对世界贡献的质疑。

自 1992 年联合国气候变化框架公约(UNFCCC)签署以来,关注全球温室气体排放的热度不断升高。1997 年《京都议定书》的签署是一个里程碑事件。在那以后,西方先进国家开始建立了碳贸易机制(Cap and Trade Scheme),同时也开始取得对发展中国家尤其是新兴工业国家(金砖国家)的话语权与经验。在此情况下,低碳生产与消费形式不断深入人心。越来越多的跨国企业已经开始实践低碳标准并将其作为企业的社会责任,其所实行的"低碳采购"是一个影响范围很大的政策。例如,沃尔玛在其采购政策的实施中,采用了对环境负面影响最小的采购方式,涵盖了对供应商的选择、运作、资源减量使用、产品处置等环节,航运物流链的低碳水平也是其选择之一(详见第 4 章)。因此,国际航运业除了面临西方国家征收高额低碳调节税(碳关税)的威胁外,还必须面对航运物流链的低成本/低碳竞争压力。航运公司必须把这种威胁/压力变为倒逼机制,把"碳负债"变为"碳资产",通过"碳管理(能效管理)"加快转型。

可能有的读者会感到奇怪,我为什么要写这本书?近年来我的研究领域是在计算力学、风险研究、船舶、海洋工程等方面,但由于形势所迫,使得我不得不考虑为适应有关行业的强烈需要做一点工作。另外还有一个积极推动因素,那就是在写书期间,我还主持了国家关于船型开发的共性技术研究项目,其中需要一些新的设计理念先行以指导项目开发。这种压力终于促使我拿起笔来做了一件勉为其难的工作。

关于书名,为什么最后选用了《低碳航运经济学》这个名字呢?因为目前国际上已经有了《海运经济学》[8]一书,书中主要介绍了海上贸易、西方航运市场的组织运作、航运公司的运作与后勤等方面的内容,对于航运公司的商业运作不能不说是一部非常有价值的参考书。但是该书对于目前低碳技术发展,航运作为上游(造船)、下游(国际海运贸易)的纽带作用与关联,航运决策的制定应该依据航运物流链中的各种因素(造船、金融、海上贸易、港口、安全监管、教育、企业政策的参与者)的运作决定,关联性非常复杂,因此本书应该在船舶经济学、海运经济学间建立一座桥梁,能为船舶投资人所用和作为造船业的参考,就达到了作者的目的了。

在此处需要说明的是,本书所涉及的经济学应该称之为"工程经济学",文献[9]为其作了定义:工程经济学是研究社会行业进步的学问,它应与自然、人力、材料、资金等方面的资源利用取得最大效益相协调。

根据上述,本书可以顺理成章地将低碳航运经济学定义为航运业在低碳经济下取得可持续发展的学问,它应与自然、人力、材料、资金等方面的资源利用取得最大效益相协调。其中,低碳经济的关键因素则始终贯穿于该行业各种过程之中。

毋庸置疑,传统的船舶投资、建造与使用仍然是低碳航运经济学的主要研究内容,其关键因素是设计工程师应该让航运管理人相信:其提供的设计方案是建立在航运管理人竞争性投资机遇立场上的并优于其他任何方案。因此设计方案具有该行业的最佳经济特征,不仅一直贯穿于初步与重大技术决策之中,并且还应用于该方案的各项细节。这样就要求船舶设计工程师应无止境地了解航运经济知识作为进一步船舶建造与营运成本计算的基础。而在传统的订单合同谈判中,航运公司仅能根据设计者提供的传统设计方案进行非原则修改,这些方案按照样船设计,缺乏满足物流需要的适当设计概念,往往不能满足航运公司需求,其中最大的问题是与航运经济需要偏离得太远。这种趋势自20世纪70年代以来没有重大改变。另外,在新的国际航运低碳压力下,传统的船舶投资、建造与使用内容将会产生重大变化,每一个环节都与船舶寿命期内的低碳航运设计方案相关,这些问题都将在本书中得以探讨、研究与澄清。因此作为高等院校船舶设计专业的学生从进校伊始就应该建立转换传统设计的模式思想,掌握一些低碳航运经济学的基础知识,为今后的深造与工作服务。这也是作者写作本书的初衷之一。

因此,在未来30年,开发适合低碳经济发展的经济船型(Eco-Ship)是航运经济发展的重要内容。从整个航运经济发展的角度来看,应该将造船商、设计者、航运公司的观点(表0-1)统一起来,这是国家(地区)主管当局应该关注的问题,因为船舶设计的低碳水平与使用中的能效管理将涉及该国(地区)的温室气体排放水平。

表0-1　经济船型实施主体的关注点

经济船型实施主体	关心要点
造船商	造船成本、建造周期、最大利润等
设计者	在规定速度与主尺度下的最低阻力的型线、最大的仓容、高效螺旋桨、在规定海况与装载条件下的安全航行能力等
航运公司	最少的建造费用、未来营运成本、最大利润、在同行中的竞争能力等

在这场低碳经济革命中,作为一个航运公司可视为与社会博弈的航运业的基本元素,其成功的关键是是否能在未来的碳交易市场中获得一杯羹,取得CDM中的碳信用(额度)(Carbon Credits),并在碳贸易机制(Carbon Trade Scheme)中获得优势。相比之下,发达国家的航运公司可能比发展中国家的航运公司有更多的优势,包括许多新的概念、技术、方法等。这些都需要阐述与采用,这也是本书的写作目的之一。

作为一种介于船舶理论、技术、管理与宏/微观经济学交叉的新学科,低碳航运经济学本身就应该是对航运市场、造船市场、海事政策、船舶设计、建造技术、金融学、经济学、法学等学科在一定时期内的相互结合、相互渗透规律性的总结。当今的时代,任何一门学科都不可能将其他学科排除在外。如当前的市场油价就与汇率存在关联,它们又影响到减排的边际成本(Marginal Cost)与边际效益(Marginal Benefit)。作为作者,其责任就是寻求这种规律并将其模型化,以便可以预测未来一段时期的发展规律,为业界的需求提供服务的工具及理论、方法基础。正如美国前副总统戈尔在影片《一个不可忽视的事实》(*An Inconvenient Truth*)总结时说过的那样:"科学工作者的责任就是要把真相告诉人们。"作者在这里所做的也可以理解为为国际航运、造船界所做的"解密"工作。

关于本书的合作伙伴,作者非常乐意在此介绍一下董文良先生。他大学毕业后,在中国国有造船企业浸润了数年,后"下海"到新加坡万邦集团旗下服务。近20年来,积累了大量的国际航运公司营运的经验,尤其在航运公司的经营(包括造船与航运、二手船买卖)方面有丰富的经验,这也是本书能获得大量的国际航运、造船实用技术与信息资源,并且能站在用户的立场上进行深入研究的优势。

经长时间斟酌,将航运公司的应用与造船业的参考列为本书的主要目的,它包括:

①分析全球环境变化和低碳经济对航运业的影响;

②分析航运业面临的对策和解决方法;

③定义低碳(排放)船舶;

④建立低碳船舶的技术、公共政策与经济模型;

⑤分析和预测航运业低碳船舶未来发展;

⑥提出有关船舶技术管理、设计、法规以及企业经营战略方面的建议。

由于世界经济与航运息息相关,低碳经济在目前并没有一个标准的答案,其理论仍在发展,导致了航运经济学的发展。因此,本书中提出了一些观点力图总结近10年来航运经济学的发展规律,它绝不是这种理论的终结,而恰恰是一个新的起点,因而是值得进行讨论的。作者希望研究经济学的专家和学者能提出改进建议。

为了便于读者阅读,下面对各章的内容进行简要介绍。

第1章涉及了全球环境变化是催生低碳航运的必然趋势与结果的内容。

在该章中,总结了自20世纪50年代以来,由于地球人口增长及人类活动对地球资源的超量攫取及当前应对的研究方法、可持续发展与温室气体排放的关系及其度量方法。在此基础上进一步叙述了全球航运面临的温室气体排放所带来的问题与采用的解决方案、计算方法等。通过对各类船舶温室气体排放对全球气候变化的贡献分析,指出航运业在当前温室气体排放中的普适工作面与采用低碳航运是其责任所在。随后介绍了国际航运业应遵守的市场指导机制(Market - Based Instruments, MBI)及国际海事组织(IMO)目前的工作进展及典型国家的研究情况,并指出IMO目标型标准(Goal - Based Standards, GBS)框架中需增加的与全球温室气体排放政策相协调的可持续发展的内容。该章最后对航运温室气体排放的研究方法提出建议。

第2章涉及了航运减排公共政策内容。

在该章中,从公共政策与社会风险属性出发,指出了温室气体排放对地球气候变化在学术上是一个累积存量的外部性问题;随后总结了国际航运业温室气体排放限制政策迟迟不能出台的政策、商务、技术三大门槛及其需要采用的公共政策和公共政策选择的方法与数学模型,通过数理统计原理推导了排放实体(航运公司)在温室气体减排过程中如何实现利润最大化的过程及关键元素。该章还介绍了美国、欧洲自 1997 年以来《京都议定书》以后所采用的碳税、碳市场贸易的基本模型,国际航运业未来的减排模型与方案及国家(航运)主管当局的职责、航运公司的低碳发展策略。

第 3 章涉及了低碳环保政策和法规。

在该章中,叙述了近 30 年来,全球面临了 CO_2 排放量逐年上升的严峻局势以及经过科学家、政治家、商人的三种推手终于形成了全球基本解决框架的初期局面,介绍了当前联合国有关组织的工作及结论。书中以一定的篇幅介绍了国际海事组织(IMO)船舶能效设计指数(EEDI)、能效管理计划(SEEMP)等四个技术政策文件的形成过程,并通过实例说明了这些技术的使用方法,尤其对 EEDI 的基线理论及目前研究成果的积极意义、严重不足、发展方向及应用进行了分析、比较与说明。本章最后分析了航运公司在目前技术发展、公约法规约束的形势下的社会责任、碳足迹的计算方法、分析模型以及应该采取的低碳策略。

第 4 章涉及了航运业的社会责任。

在该章中,分析了航运业的社会责任及社会对航运排放实体(航运公司)的接受准则、航运公司在 IMO GBS 框架下应规避的风险因素。该章还介绍了航运公司的社会责任认证问题及 ISO 26000 标准的内容,并对其中的环保内容进行了重点论述。在上述基础上介绍了航运公司在温室气体排放中的技术政策及低碳策略。通过一个实际案例介绍了航运物流链的新变化与船舶、港口、管理、技术的对应变化。最后,介绍了航运公司碳足迹的计算方法,对其中减速问题进行了理论、实践及碳(指标)转移的分析,提出处理的方法。

第 5 章涉及了低碳船舶的概念设计内容。

在该章中,从船舶设计的概念出发,阐述了现代船舶理论发展 250 余年来在强度上的重大变化,与船舶的原材料(原材料与上游冶炼排碳有极大关系,如生产 1 吨钢约排放 2.768 吨 CO_2)的使用有紧密联系。船级的要求与 IMO 的要求通过 GBS 条款(SOLAS II - 1/3 - 10)联系在一起,表明现代船舶在强度方面逐步走上科学、理智的道路。该章还预测了未来船用燃料的发展趋势及 IMO MARPOL ANNEX VI 对燃料使用的强制约束。该章的重点是作者提出船舶最低能耗设计概念与最低能耗设计(LECD)模型及其实现方法。最后,针对目前国际上已经提出的 26 项节能减排技术择重点进行了分析,并指出其利弊(如性价比、技术发展现状等)。

第 6 章涉及了低碳航运管理内容。

在该章中,从当前航运特点出发并结合 2009 年以来环保会(MEPC59)研究成果,以集装箱船为例,分析了船舶减排对航运公司成本的影响因素;其后对船舶能效管理计划的方法及关键因素进行了详尽地分析;最后介绍了国际标准组织的能效管理标准(ISO 14064),并将其与 IMO 的船舶能效管理计划(SEEMP)挂钩,以实现航运公司与船舶的能效管理。

第 7 章涉及了低碳航运经济学基本原理阐述。

在该章中,从地球气候变化对航线开发的重大影响出发,提出研究低碳航运经济学的主要目的和方法,研究如何通过各项社会、法律或政治的政策,通过提供经济激励,为迎接低碳经济的来临作好准备。本章还指出了低碳航运经济学的两大基石分别是低碳航运的市场选择和公共选择理论。在市场选择范畴,介绍了航运市场如何通过价格提供激励。在公共选择范畴中,通过著名的西奇威克灯塔案例,介绍了公共物品与私人物品交易的区别、导致市场失效的原因及如何解决市场失效的方法。根据第 2 章的理论解释了航运业中外部性问题,并且探讨解决航运排放的基本方法和思路,将低碳航运的因素与经济学原理紧密结合在一起——形成了低碳航运经济学的基本理论框架。

第 8 章涉及了航运经济分析方法。

在该章中,从全球贸易、全球航运发展入手,指出整个航运市场的发展实质是一个买卖双方关于船舶价格和运费的博弈的历史,其中定价权及其定价自由度的争夺是买卖双方博弈的主要内容。同时指出价格分析是低碳航运经济学的核心目的之一,它构成的航运市场中的各种价格是低碳航运经济学研究的核心,其中又以船价(新船、二手船和废船价格)构成的船舶资产最为敏感,运费则是船舶资产的营运价格。书中还介绍了运费不同的表达形式(每吨运费、每日租金等)与船价的密切关系。从微观经济学供需理论及其分析模型入手,解释了船舶运费的微观特征及其形成机制、船舶价格的宏观特征和主要运费指数。最后通过案例介绍航运成本构成和航运供应决策。

第 9 章涉及了造船业经济分析的内容。

在该章中,根据微观经济学原理,从中国、日本、韩国和欧洲地区造船业发展的宏观特征分析出发,进行了与航运成本价格相关的造船业微观分析,介绍了造船业投入和产出的生产效率以及造船成本核算普遍方法。在叙述中,将船型开发设计视为是造船业和航运业产品战略的一个重要环节,引入船型开发设计中的关于多元化(Diversity)、经济性(Economy)、社会责任(Social Responsibility)、创新(Innovation)、绿色航运(Green Shipping)以及航海功能友好性(Navigation Functionality and Safety)的"DESIGN"理念,作为第 5 章 EIO - LCA 概念的延伸。该章还介绍了船型开发设计中的经济分析流程。通过实际案例,具体体现如何将船型开发的技术参数等技术语言通过与目标航线和母型船舶分析相结合转换成营运商业数据和语言的过程。

第 10 章涉及了航运企业(公司)理论的内容。

在该章中,通过在低碳航运经济链中,各种利益攸关方(航运投资人或机构(Ship Investor or Investment Institution),航运公司(Ship Owner or Shipping Company),船舶管理人(船员或公司)(Ship Manager),船厂 (Shipyards)以及船舶监管机构(IMO,政府部门和船级社等))的利益分析,捕捉在航运和造船市场中研究的重点目标,回答了航运企业(公司)是如何产生的,航运企业和市场的边界在哪里,企业成功的密码是什么,航运企业家能力作为一个基本投入要素如何发挥作用等问题;最后得出低碳航运经济学是研究航运界财富和增值的艺术,航运企业理论是低碳航运经济学的重要理论基础的结论。

第 11 章涉及航运投资分析内容。

在该章中,通过运用前 10 章的有关描述并将其有机地结合起来,引入群体投资中的"兽群"行为概念来解释研究航运和造船市场周期的形成机制。通过归纳两类问题——资产组合选择和产品组合选择,解决航运公司的投资决策问题,并提出了新的低碳航运收益分析计算方法,可作为航运公司进行商务行为选择(买船/租船)、投资方向(船舶种类及大小)、物流方式选择的参考。

本书的各章内容,既是独立的又是连贯的。基本思路是将传统的经济学原理(如供求关系、成本/效益分析、价格体系、投资回报等)与低碳航运的因素(如温室气体排放限制与分析方法、低碳技术发展与成本影响、能效管理等)以及国际低碳政策构架现状与发展(如碳税与碳贸易机制)结合起来,最终给出在选择低碳物流及船舶所需的投资与信心的计算判据。

由于本书是运用宏/微观经济学原理阐述低碳技术及其成本所产生的低碳航运经济

的，因此，它既不是一本纯经济学的书，也不是一本纯技术的书。作者体会，由于低碳技术涉及船舶设计、建造、营运的方方面面，为了节省篇幅，没有必要在书中将所有涉及的原理一一重复。因此，阅读本书的人需要具有宏、微观经济学，船舶工程学，营运管理学，物流学等方面的基本知识。

本书所引述的资料除了作者近10年来的科研成果外，还对引入的其他大量资料都注明了出处。由于温室气体的减排工作近半个世纪以来都是由西方国家引领，所介绍的资料与方法在不同体制的国家使用时其结果可能有一定的差异，尤其体现在经济性前期投入、收益等指标呈现不可转移性，特此说明。

另外需要说明的是，本书从起草到定稿跨越了近18个月的业余时间，而在这段时间内，国内外发生了太多的事情。作者高兴地看到这些变化是积极的、有利于人类社会发展的。例如，MARPOL ANNEX VI中的《船舶能效规则》历经了近10年的各国政府的协商，积累了全人类的智慧，终于在本书定稿前在国际海事组织环保大会上得以通过，其基本内容被纳入了本书，其后续工作仍在继续。因此，本书不可能包括国际航运业温室气体减排中各种变化的规定，而只能力求纳入最新的结论分析，预测一些未来将发生的事件。有些思路也仅作了原则性介绍，其研究结果只能在下一版中进行补充，希望读者在阅读本书时能够关注到国际社会政策方面的发展，以避免遗漏处理问题中必须关注的重要因素。

陳映秋

谨识于北京胜古家园寓所

2011年9月20日

参考文献

[1] INTERCARGO. Annual Report[R]. London:INTERCARGO Secretary Office,2002.

[2] 陈映秋. 优选型散货船(Optimum Bulk Carriers,OBC)开发总研究报告[R]. 北京:中国造船工程学会,2005.

[3] Martin Stopford. 中国经济与全球海运经济[J]. 中国远洋航务,2010(2):30-35.

[4] 美国总统轮航运公司(北中国区). 2010年航运市场展望[J]. 中国远洋航务,2010(2):43-45.

[5] UNCTAD secretariat. Review of Maritime Transport 2009[R]. Geneva:UNCTAD,2009.

[6] China Renmin University. China Human Development Report[R]. Beijing:China Renmin University,2009.

[7] William Chander. Commentary is Misinformed—China's Commitment is Significant[R]. http://blog.sina.com.cn/s/blog_649f89830100h2q9.html,2009.

[8] Martin Stopford. Maritime Economics(Third Version)[M]. London:Routledge,2009.

[9] Galal Younis. Ship Economics[R]. Port Said, Egypt:University of Suez Canal,2003.

目　录

术语（Glossary）

（按英文名词开头字母顺序排列）

指定数量单位（Assigned Amount Unit，AAU）

这是联合国 IPCC 于 2007 年建议的 CO_2 计量单位，它等于在全球变暖计算中排放 CO_2 的等效吨数，将其他温室气体都按 CO_2 等效计算，表示为 tCO_2e。

船舶能力平均海上利用率（Average Capacity Utilization）

船舶平均海上载货的有效天数与全年航行天数的比值，指对船舶能力实现有效运输（发生收入）的时间比率，此值反映了船舶在航运物流链中的特点，依赖于船舶种类、尺度、航线、港口、天气、水文等因素。

代理成本（Agency Cost）

在企业理论中，企业家作为委托人（企业家或股东）因其利益与代理人（工人或经理人）的利益并不是完全一致的，在某些情况下，甚至是相互冲突的。委托人和代理人必须通过契约来规定和协调双方的关系和利益。在契约的制定和执行过程中发生的成本即为代理成本。代理成本是交易成本的一种形式。核心是群体利益和个体利益冲突和协调。因而，它也适合解释政府和公众利益协调问题。

不完全信息贝叶斯博弈（Bayesian Game with Incomplete Information）

贝叶斯均衡通常被描述为：在给定自己的类型和对手类型的概率分布的情况下，每个参与者的期望效用达到了最大化从而没有参与者愿意改变自己的行为或策略。不完全信息博弈是指对其他参与人的特征、策略空间及收益函数信息了解得不够准确，或者不是对所有参与人的特征、策略空间及收益函数都有准确的信息，在这种情况下进行的博弈就是不完全信息博弈。博弈参与者对于对手的收益函数没有完全信息。

一切照常（Business as Usual，BAU）

“go done the business as usual”（一切照常），这是英国首相丘吉尔在第二次世界大战中的一句名言。在全球温室气体排放的研究中，BAU 方式指不采取任何措施的排放。

碳足迹（Carbon Footprint）

碳足迹是对人类活动对地球环境（主要是温度升高）的影响的过程分析，以所产生的等效 CO_2（吨）为度量单位（tCO_2e）。具体到一件产品或者航运公司，它反映了在产品生产或者航运公司服务整个过程中（可以是整个寿命周期）直接与非直接排放的 CO_2 总量。

碳泄漏(Carbon Leakage)

1997年《京都议定书》的生效,对世界经济格局和贸易流向产生了巨大影响,而碳泄漏是描述这种影响的一个非常重要的概念。根据联合国政府间气候变化专家委员会(IPCC)的定义,"碳泄漏"是指《京都议定书》附件B所列国家(主要是发达国家)的减排将导致非附件B国家排放量增加,从而减少了附件B国家减排的环境有效性。它的计算方法为:采取国内减排行动的国家在其境外的CO_2排放值除以这些国家的减排值后得出的数量。

清洁发展机制(Clean Development Mechanism,CDM)

CDM是一种在发达国家与发展中国家间开展温室气体减排项目的机制,《京都议定书》中第12条款定义了CDM的作用。对它的执行应该达到两个目标:

①促进不包括在《议定书》附件一中的国家在本国可持续发展及对该公约的最终目标两个方面作出贡献。

②促进包括在《议定书》附件一中的国家达到它们的定量排放限制并实现其承诺。来自非附件一国家的CDM项目所认可排放减少数量(Certified Emission Reduction Units,CERU)一旦由有关方指定的机构认定,则可以转让给附件B国家中的投资者(政府或业界)。来自认定项目收入的共享应该包括管理费以及支持发展中国家用于自愿抵制气候变化的负面影响的适当成本。

共同但有区别(Common but Differentiated Responsibilities,CBDR)原则

《京都议定书》中非常重要的原则,即温室气体减少是全人类的责任(不分国家与民族),但是从温室气体排放的根源来看,产生今天生态不平衡后果的原因是人类工业化的结果,西方工业发达国家消耗了地球上绝大部分资源。因此,西方国家有责任采用"绝对脱钩"方式减排(减排指标为强制性),并有责任与义务将资金与技术转移到发展中国家,发展中国家也应在不影响可持续发展的前提下进行减排,但是其减排指标不是强制性的。这一原则是《联合国气候变化框架公约》(UNFCCC)在进行碳税国际协调时考虑到各国经济发展水平、历史责任与人均排放上的差异后制定的。由于碳税是实现公约的主要经济手段,通过经济刺激手段减少温室气体排放,碳税税制的设计必然与一国的减排量及成本密切相关。在CBDR原则下,发展中国家允许采用与发达国家不同的碳税制度。

海上货物装载量(Cargo Payload)

船舶按照所勘划的载重线(一般为结构设计吃水)进行装载,但是有时此值不一定可以满载,如油船经常按照"桶(barrel)"进行装载,与载重线对应下的载重量有一定差额,散货船在装载密度小于1.0的货物时,经常出现某舱空出一定的容积(Snack),可能达不到载重线对应的水位,集装箱船则基本上达不到载重线的对应水位。即使装得最满时,此平均值也只有95%。

限排总额与贸易系统/计划(Cap and Trade System/Program,CTS/CTP)

这是西方发达国家在《京都议定书》(1997)签订后普遍采用的一种温室气体减排体系。它包括:①排放实体被确定并且为其建立排放总额并且允许对排放许可额度进行市场交易

（进行贸易）；②排放实体（包括上下游联系）在经济的各种层面上规定了其排放责任，那就是其实际排放必须小于在规定时段内的排放许可额度。国家的排放总额等于这些排放实体排放量的总和。市场贸易机制为排放许可建立起价格体系，达到为减排成本效益（Cost Effective Abatement）的推动建立激励动力的效果。

操作时，通过在基准年的排放作为总额并引入银行信贷的方法，碳税（对排放 CO_2 数量进行收税）是其中最有效的手段，整个计划中对排放实体在低成本情况下的减排活动进行经济激励。对所有的温室气体排放源（单位）建立排放总额并且允许在排放源（单位）进行贸易及确定每一个排放源的排放总负荷。其中，排放总额是一个量化指标，它固定了排放总量而价格（碳税）可以变化。碳税是一个价格指标，它固定了价格排放总额但允许根据国家（地区）的经济发展情况变化。

碳信誉（额度）（Carbon Credits）

在 ETS 中的排放总额下，以证书的形式表达的排放许可额度。它用以描述没有包括在减排总量与贸易机制（Cap and Trade System，CTS）中的排放实体的活动，即这些排放实体出售给 CTS 的排放额度需要承担监视责任的主管当局（或代理者）逐项审查进行批准所获得的碳信誉（额度）。批准与发证应保证碳信用（额度）数量与所颁布政策中的要求一致。通常，它意味着排放实体根据被批准的基准线减少的总排量受到他们承诺的碳信用（额度）总数限制。

单位 GDP 能源中的综合能耗消费量（Comprehensive Energy Consumption per unit GDP）

通常是指每创造 1 万元的附加值过程中消耗的总能量，包括原材料和加工过程中消耗的能量。这个指标常在发展中国家使用。

沿岸海运（Coastwise Shipping）

沿岸海运是指沿海的货运及其他运输活动。它主要沿着海岸线与区域边界进行（例如，客船、渡船、近海船舶等）。与远洋运输不同的是运输模式及船型不同。

国内航运（Domestic Shipping）

与国际航运相辅相成，在同一国家两个港口间进行的航运，它不包括军船与渔船的活动。

生态足迹（Ecological Footprint，EF）

衡量人类对地球生态系统、自然资源的需求的一种分析方法。它将人类对自然资源的消耗与地球生态涵容能力进行比较，寻求人类活动过程中对于自然资源的利用、损坏、补充等作用的定量分析。

资源环境绩效（Environmental Effectiveness）

人类面对温室气体无序排放现象常采取两个不同的方案——按照《京都议定书》要求建立“绝对脱钩”方式与发展中国家的“相对脱钩”方式（见第 1 章），在“相对脱钩”方式中用环境影响强度（即单位 GDP 或单位消费 I/GDP）来表达，称之为资源环境绩效或广义的生态效率。

排放基准（Emission Baseline）

排放基准是一个国家（地区）温室气体（CO_2）排放量在基准年（Base Year）的历史记载，包括排放源的纪录。这一记载（通常每年按 12 个月纪录）在温室气体减排中作为主管当局（或企业）进行强制（或自愿）的限制目标。

经济所有人（Economic Owner）

某种资产（如动产、自然资源、金融融资、债务等）的所有人，是经济社会的组成单元，有权提出在使用资产的经济活动中对应所接受的风险提出所得报酬。

燃料寿命周期碳排放（Fuel Life Cycle Carbon Dioxide）

它用于判断某种燃料温室气体碳排放的强烈程度。如对天然气（LNG），则表示天然气在寿命期内（Cradle to Grave）的每百万英热单位（British thermal units，MMBtu）排出的等效 CO_2（CO_2e）在以下范畴对环境的影响：空气、水与固态废弃排放物，能源，资源消耗等。

先动优势（First – Mover Advantage）

该概念是指企业边际成本随着生产规模以及经验积累的扩大而下降的现象。最先进入行业或者创新产品的厂商有先动优势。一般情况下，具有先动优势的行业或者产品领域具有比较陡峭的学习曲线，这可以保护先动企业获得利润机会。

祖父/排放许可免费分配原则（Grandfathering/Free Distribution of Allowances）

在 CTS 中的各排放实体排放总额下，排放许可额度实行免费分配。排放许可额度可以给任何实体，无论其是否被包括在体系中。如果实体不被包括在体系中，他们将出售排放许可额度给市场。通常在贸易体系中，被包括的实体不能百分之百地得到所分配的排放许可额度。这种差值就是其对减排工作的贡献。祖父原则只管到孙子一辈，因此只有下属两级排放实体被涉及，它使用的是基准年排放水平作为免费分配排放许可额度的基础。

温室气体/碳税（GHG or CO_2 Tax）

是指每单位 CO_2 等效吨的政府税率。税率大小由主管当局确定，要求所涉及的排放实体对其排放的每吨 CO_2 付税。为减少付税，排放实体将受到激励去采取措施（管理与技术创新）进行减排工作。

国际航运（International Shipping）

国际航运与国内航运相辅相成，发生在两个不同国家港口间的航运活动，不包括军船、渔船的活动。

联合执行（Joint Implementation，JI）原则

这是定义在《京都议定书》第 6 条款中基于市场的执行机制，允许附件一中的国家开展彼此之间的温室气体减排联合项目,并分享由于项目成果带来的碳减少额度(Emissions Reduction Units),JI 同样在联合国气候变化框架公约(UNFCCC)4.2(a)条款中被应用。

朱格拉周期(Juglar Cycle)

朱格拉周期是由法国经济学家朱格拉(C. Juglar)在其著作《法国、英国及美国的商业危机及其周期》中提出的一种为期 9~10 年的周期波动,属于中等长度的周期,故又称中周期。

关键绩效指标(Key Performance Indicators,KPI)

关键绩效指标又称主要绩效指标、重要绩效指标、绩效评核指标,是指衡量航运公司管理工作成效最重要的指标。关键绩效指标简称为 KPI。它是一项数据化管理的工具,必须是客观、可衡量的绩效指标。这个名词往往用于财政、一般行政事务的衡量,是将航运公司、员工、事务在某时期表现量化与质化的随航运公司目标变化而变化的指标,可用于优化组织活动,并规划愿景。

基钦周期(Kitchen Cycle)

英国经济学家基钦(J. Kitchen)于 1923 年提出了西方资本主义经济存在着一种 40 个月(3~4 年)左右的周期,这是一种小周期,又称为“基钦周期”。

康德拉季耶夫周期(Kondratiev Cycle)

康德拉季耶夫周期是俄国经济学家康德拉季耶夫提出的一种为期 50~60 年的经济周期规律,并以他的名字命名。康德拉季耶夫首次利用数理统计方法,研究 18 世纪到 20 世纪初西方经济发展的周期性规律。

生命周期评估(Life Cycle Assessment,LCA)

生命周期评估(亦称生命周期分析(Life Cycle Analysis)、经济平衡分析(Eco-balance)、全寿命分析(Cradle to Grave Analysis))是对指定产品及由于其运作方式引起的服务对环境影响的研究与估价。

生命周期设计(Life Cycle Design)

生命周期设计亦称全寿命设计,不仅考虑船舶的设计、建造成本,还要考虑船舶的维护、修理、拆解费用,以及在上述各个阶段考虑能源消耗情况。

年均生命周期成本(Life Cycle Cost per Annum)

年均生命周期成本即整个船舶寿命期内成本由使用(不是设计)年限平均,其概念表达了船舶营运中平均每年支出成本(Average Annual Cost,ACC)。

伦敦银行同业拆放利率(London Inter Bank Offered Rate,LIBOR)

英国银行家协会根据其选定的银行在伦敦市场报出的银行同业拆借利率,进行取样并平均计算成为基准利率,是目前国际间最重要和最常用的市场利率基准,可以通过 www.bba.org.uk 查询。

CO_2 排放的边际收益与边际成本(Marginal Benefit and Cost of Carbon Dioxide Emissions)

在 CO_2 减排过程中,力求减少成本至最低,在利润曲线图中,在收入曲线上的斜率(每当产量增加一个单位时收入的增加量)则表示边际收益,而在成本曲线上的斜率(每当产量增加一个单位时成本的增加量)则表示边际成本。当边际收益等于边际成本时,利润达到最大化。考虑减排边际效益(Marginal Benefit)所产生的减排成本,由于诸多不定性的存在,边际成本与边际效益是不相等的,边际效益与边际成本的差值即是排放实体激励动力的大小度量。边际效益的判断为采取的 CO_2 减排措施不得对气候条件产生副作用。

基于市场的指导机制(Market - Based Instruments, MBIs)

这是一种全球能够执行的指导机制,是通过使用政策指导、碳价格和其他经济参数对环境污染者提供限制的激励机制。在这种机制中,负面环境经济效果被反映到市场中来,生产综合成本/资源消耗过程及产品通过税收得到反映,或者通过强化对环境资源财产管理权力促进资源使用主导市场的建立。这种机制还反映在经济/价格的指导上,包括收费、补贴、上市许可、保证金返还体系、使用许可和资源使用权等。

可持续发展(Sustainable Development, SD)

满足现代自身发展需要但不能危及未来发展的能力。

航运物流链(Shipping Logistics Chain)

航运物流链是与国际经济/贸易发展速度相适应的货运物流形式,有单港对单港、单港对多港、多港对多港的形式。目前航运物流由于国际航运量占国际贸易量的90%而备受重视,也是大型航运公司竞争的主要领域。竞争的目标在物流成本的降低程度及单位货物(吨/TEU/人)的费用及温室气体(CO_2)排放量的大小。航运物流链与航运公司内在的能效管理(SEEMP)、资本投入、经营策略息息相关。影响航运物流链的因素还涉及物流链中节点(港口)所在国的优惠政策、港口建设规模、地理位置及辐射能力、港口技术政策与服务政策等。目前国际航运物流链面临大的变革。传统的"钟摆"式物流将受到新型的"轴辐"式物流的挑战。

安全阀价格(Safety Valve Price)

碳贸易市场机制的主要特征参数,它是一个由主管当局(或代理者)决定的价格与总量的混合指标,为许可排放的最高价格。当排放实体排放额度超过规定的减排总额后,排放实体必须按照设定的安全阀价格购买许可排放额度,是一种高位的碳价。

在排放总额与贸易计划中,排放实体有在市场上获得排放许可与在主管当局(以规定的价格——安全阀价格,此价格在不同时间段可以调整)购买排放许可的选择。但此价格足够高或足够低或排放许可价格足够低时,安全阀价格就像一个系统的安全阀门一样,对排放总额或价格体系进行模拟或调节。

船舶载荷系数(Ship Load Factor)

该系数为船舶装载量(人数/货物重量/TEU 数量)与该船最大能力(客位、最大载重量/最大装箱量)之比。

沉没成本(Sunk Cost)

沉没成本是指由于过去的决策已经发生了的,而不能由现在或将来的任何决策改变的成本。

情景(Scenario)与情景分析法(Scenario Analysis)

该词最早出现于 1967 年 Herman Kahn 和 Wiener 合著的《2000 年》一书中,定义为:未来是多样的,几种潜在的结果都有可能在未来实现;通向这种或那种未来结果的途径也不是唯一的,对可能出现的未来以及实现这种未来的途径的描述构成一个情景。“情景”就是对未来情形以及能使事态由初始状态向未来状态发展的一系列事实的描述。

基于“情景”的“情景分析法”(Scenario Analysis)是在对经济、产业或技术的重大演变提出各种关键假设的基础上,通过对未来详细、严密的推理和描述来构想未来各种可能的方案。情景分析法的最大优势是使管理者能发现未来变化的某些趋势和避免两个最常见的决策错误:过高或过低估计未来的变化及其影响。情景分析法在西方已有几十年的历史。

定期租船契约(Time Charter Equivalent,TCE)

定期租船契约费率是航运业中一项标准经营指标,它主要被用于衡量一个航运公司经营中的在不同时期(Period to Period)中租船费率变化。这种租船类型(包括航程租船(Voyage Charter)、包运租船(Contract of Affreightment,COA)、定期租船(Time Charters)、光船租赁(Demise Charter/Bareboat Charters)、单航程期租(Trip Time Charter/Time Charter on Trip Base,TCT))变化非常复杂,船舶可以在各种租船形式中使用。定期租船契约收入不是非公认会计准则(Non-GAAP)的度量。计算 TCE 费率的标准方法是将航程的(净)收入(扣除成本费用)除以所使用的天数。成本费用包括港口费、运河费与燃油费等。航次租船和包运租船签订的合同以“货物”为合同标的,属于“货物运输合同”,报酬方式为“运费”;定期租船、光船租船和航次期租签订的合同以“船舶”为合同标的,属于“船舶租赁合同”,报酬形式为“租金”。

吨位(Tonnage)

吨位是衡量船舶容积或货物运载能力的专用名词,起初来自于 tuns 或葡萄酒木桶以支付税收。在现代海运中使用时,仅说“吨位”是不准确的,必须与在不同的用途下加以区别。如总吨位(Gross Tonnage,GT)、净吨位(Net Tonnage,NT)、载重吨(Deadweight Tonnage,DWT)、轻吨(Light Displacement Tonnage,LDT)、修正总吨(Compensated GT,CGT)。分述如下。

总吨位:是所有船舶的全围闭空间体积,可扣除符合一定标准的开口场所的空间。它常作为一种能力指数使用以确定船舶安全及其他法定要求的配备,如配员、设备、特殊要求(如结构、救生、有害气体排放等),反映船舶的大小与收益能力。

净吨位:是基于对船舶所有货舱容积计算。它表示船舶的盈利空间。

载重吨：一般对应于船舶最大装货能力时的货物重量。载重吨在实际应用中有如下经验公式：

$$GT = f \cdot DWT$$

式中 f——系数，一般小于1.0，经统计得来。

轻吨：用于计算船舶时的残值，反映船舶在出售时的空船重量。

修正总吨：在船舶总吨的基础上考虑船舶（技术或构造）复杂程度的计量单位。目前国际上均按OECD建议的修正系数使用，它更能正确反映造船工作量、船价高低与产值大小。它用于产品结构差异很大的国家间的造船能力与产值的比较。计算公式：

$$CGT = A \cdot GT^B$$

式中 A——系数，主要考虑船舶种类的影响，由统计得出；

B——系数，主要考虑船舶吨位大小的影响，由统计得出。

维纳过程（Wiener Process）

维纳过程是布朗运动的数学模型。英国植物学家布朗在显微镜下，观察漂浮在平静的液面上的微小粒子，发现它们不断地进行着杂乱无章的运动，这种现象后来被称为布朗运动。以 $W(t)$ 表示运动中微粒从时刻 $t=0$ 到时刻 $t>0$ 的位移的横坐标（同样也可以讨论纵坐标），且设 $W(0)=0$，根据爱因斯坦1905年提出的理论，微粒的这种运动是由于受到大量随机的相互独立的分子的碰撞的结果。于是，粒子在时段 $(s,t]$ 上的位移可以看作是许多微小位移的代数和，则 $W(t)-W(s)$ 服从正态分布。

财富效应（Wealth Effect）

这是一个现代社会发展过程中提出的新概念，指某种财富的累积存量达到一定规模后，必然产生对相关领域的传导效应或者是控制效应。财富效应又称实际余额效应。狭义的财富效应是指货币财富效应，由于金融资产价格上涨（或下跌），导致金融资产持有人财富的增长（或减少），进而促进（或抑制）消费增长，影响短期边际消费倾向，促进（或抑制）经济增长的效应。简而言之，就是指人们资产越多，消费意欲越强。这一概念是C·哈伯勒提出来的，在研究非充分就业的均衡状况的可能途径方面，哈伯勒把注意力集中在货币财富上，并指出在价格下降时，这种财富的实际价值会增加。因此货币财富的持有者会通过支出过多的货币，来减少他们增加的实际货币余额，从而提高趋向于充分就业的总需求水平。

世界原油船指数（World Scale，WS）

该指数是1989年1月1日生效的“新世界油轮名义费率表”（New World wide Tanker Nominal Freight Scale）的简称，该费率表列明WS100所对应的油轮各航线的基本运费率，每年调整一次。WS指数指市场运费与WS所规定的基本运费率的百分比，反映了即期市场油轮的运费价格水平。WS指数的制订依据是以一艘航速为14.5节的7.5万吨级油船，在最经济条件下运行时盈亏平衡时的收入，定为WS指数基准100。

第1章 全球环境变化催生低碳航运

1.1 全球环境变化的深刻影响

1.1.1 生态足迹(Ecological Footprint,EF)的研究启迪

1992年,加拿大温哥华的不列颠哥伦比亚大学(University of British Columbia)William Rees发表了关于社会生态足迹对于地球环境影响研究的学术性文章。1994年,William Rees的学生Mathis Wackernagel发表了社会生态学研究与计算方法的博士论文。Wackernagel和Rees称"生态足迹"这一概念为"恰当的承载能力(Appropriated Carrying Capacity)作为社会资源分配衡量的度量",并出版了《我们的生态足迹——减少人类对地球冲击》(*Our Ecological Footprint—Reducing Human Impact on the Earth*)一书。

当前生态足迹被定义如下:衡量人类对地球生态系统与自然资源需求的一种分析方法。它将人类对自然资源的消耗与地球生态涵容能力进行比较。

在2005年,世界野生动物基金会(WWF)报告:人类对生态的获取速度为地球恢复能力的1.3倍(图1-1),表明了地球资源的使用已经不是可持续发展模式。

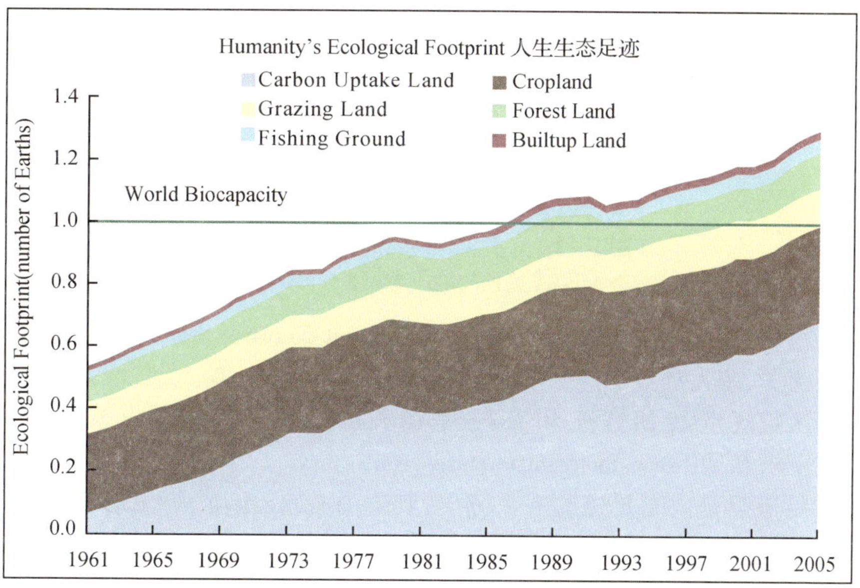

图1-1 人类生态发展示意图

(来源:世界野生动物基金会(WWF))

地球资源的计算类似于生命周期分析(Life Cycle Analysis),其中,能量(Energy)、生物数量(Biomass(food, fiber))、建筑材料(Building Material)、水(Water)等资源的消耗均被综合转换成土地面积(单位:hm^2(公顷),global hectares,gha),它告诉人们在承载能力(Carrying Capacity)和过度消耗(Over - Consumption)中如何寻求平衡,告诫人们现存的生活方式可能不符合可持续发展的要求。

由图 1 - 1 可见,自 1987 年起,人类活动对地球上资源使用已经开始不平衡。21 世纪以来,此现象加剧。据统计,地球上各地区人口对资源获取不平等表现在:2003 年,人类平均消耗的资源近似为 1.8 hm^2;平均每个美国人为 9.6 hm^2,平均每个瑞士人为 5.1 hm^2,平均每个中国人为 1.6 hm^2。当人类人口达到 60 亿时(2011 年达到 70 亿),每个人平均资源仅为 1.3 hm^2(图 1 - 2)。

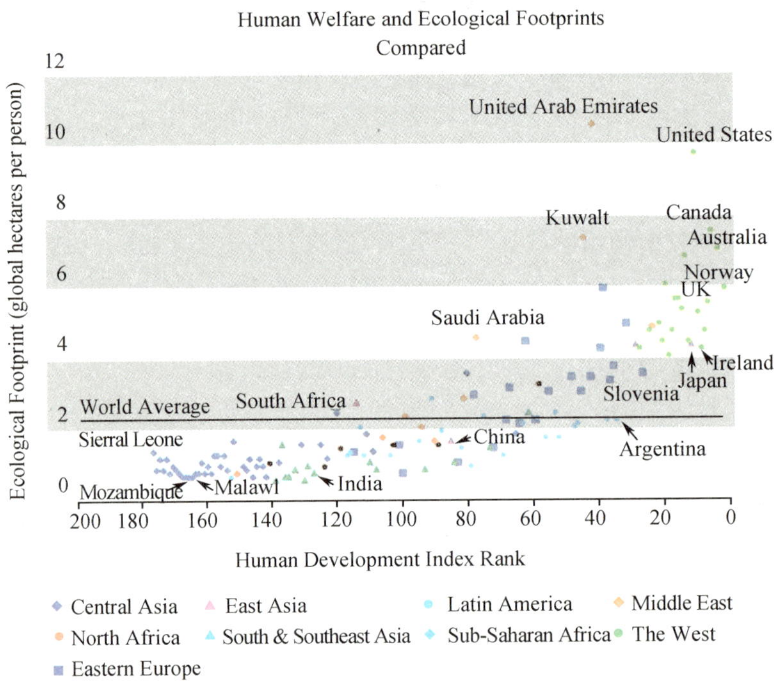

图 1 - 2 人类平均消耗的资源比较图

(来源:全球生态足迹网(2006),联合国发展计划(2006))

2006 年,第一套生态足迹标准(the Global Footprint Network Standards)由意大利、法国、英国、葡萄牙、南非、澳大利亚、芬兰、瑞士、美国、加拿大、波兰、荷兰、日本、智利、新西兰、奥地利等国的地区行政当局、研究机构、高校、非盈利机构、银行组成的生态足迹标准委员会采用通信方式征求意见(www. footprintstandards. org)。

人类的碳足迹只是生态足迹的一个分支,其他尚有水、土壤、野生动物、自然资源足迹等分支,这些足迹分支之间有一定的相互关联。

图 1 - 1 说明了人类在追求经济增长的过程中应该在经济增长与环境可持续发展之间进行平衡性协调,即自然资源的消耗与地球生态涵容能力应该是平衡的,其衡量指标称为资源环境绩效(Environmental Effectiveness),或称生态平衡程度。这一概念在第 10 章将被用到。

目前，人类对温室气体排放关注点放在 CO_2(Carbon Dioxide)上，其原因是 CO_2 在温室气体(6类，见本章1.2.1.1)中占主导地位，形成了地球的热回反射层，且存活时间长。为了比较各种燃料的影响，2002年，瑞典政府分别对 Forsmark Nuclear Power Plant 和 Torness Nuclear Power Station 核电厂进行了生命周期的评估，报告了这两个核电厂 CO_2 的排放分别为3.10 g/kWh 和5.05 g/kWh，比水电站(11 g/kWh)、火力发电站(950 g/kWh(煤)或900 g/kWh(油)、600 g/kWh(天然气)，USA 1999)低得多。这表明了核电的发展前景(但是日本2011年福岛核电站事件却给核电安全提出了隐忧)。

目前，碳减排深刻影响到人类以下十个方面的工作。

1. 温室气体警戒线(Global Warming)的建立

在2009年12月在哥本哈根召开的COP15会议所达成的协议中，2050年地球环境温度的控制比工业化前(1750年，对应 CO_2 含量 280×10^{-6})的温度不得升高2 ℃的范围内，然而目前的地球温度已经较该时上升了1.6 ℃(对应 CO_2 含量 380×10^{-6})，情况十分严峻。图1-3(a)(b)给出了所示不同时间段地球平均温度升高的情况。

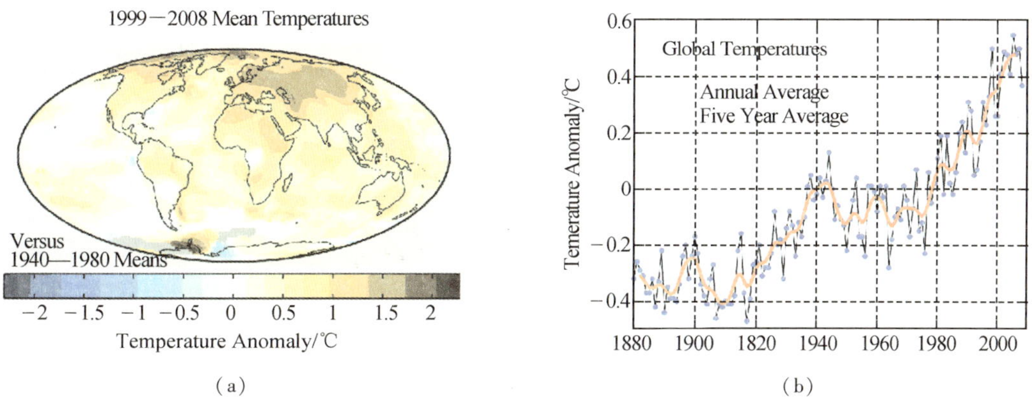

图1-3 不同时间段地球平均温度升高的情况示意图

近30年来，由于地球人口的增长，人类的活动已经使得大气中温室气体的增加较工业化前增加了70%(详见第3章)，主要的增量来自于20世纪中叶以后[1]。因此，人类社会正在采取一系列措施来阻止这种趋势的进一步恶化。

首先，人们采用情景法(Scenario Method)定义未来可能发生的情况，在温室气体(CO_2)减排中假定了以下的情景(详见第3章)。

A1：经济发展人均增长最快，人口2050年后下降，管理互动强，技术可以划为三类，即①A1FI，石化能源密集；②A1T，采用非石化能源；③A1B，各种能源均衡。

A2：经济发展人均增长缓慢，人口持续增长，管理在地域上自给自足，技术发展慢且为不持续。

B1：经济发展基于服务与信息业的基础，人口2050年后下降，管理全球化可持续发展，技术达到清洁与资源高效。

B2：经济发展处于中等水平，人口增长率比A2低，管理地域化，技术发展比A2快但是比A1，B1慢且多样化。

由图1-4和图1-5可以看出：经可行性分析，A2情景最差，B1最好(但是太理想化)，A1T不太可能出现(即石化能源全面淘汰，中国能源中长期规划预计，2030年，煤电为

70%，在 2050 年，煤电不低于 50%），A1FI 同 A1T（全球集中使用石化能源）不太可能。因此，各种能源均衡使用的可能性是存在的（即 A1B 情景）。

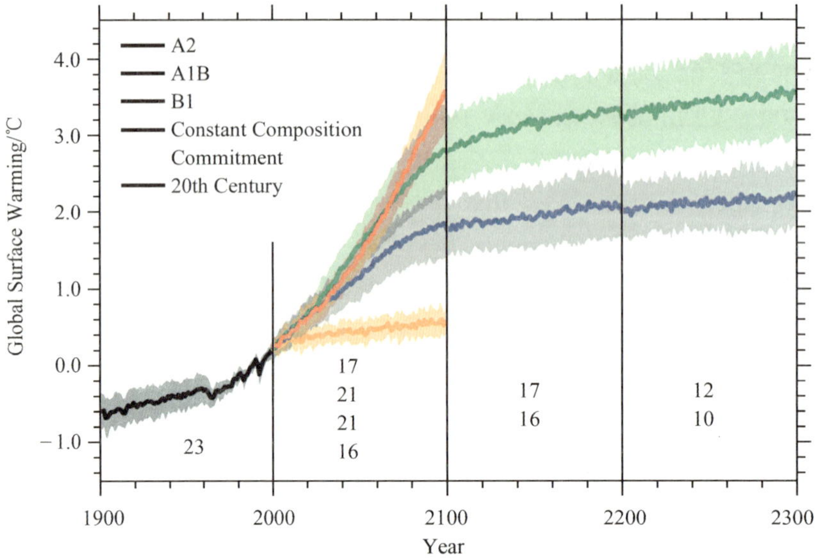

图 1－4 排放情景分析图

（来源：IPCC 2007 报告）

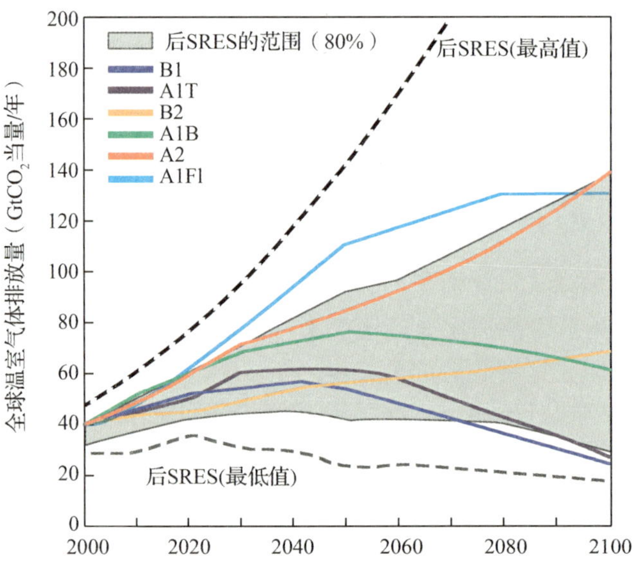

图 1－5 在无额外气候政策出台的情况下（BAU），2000—2100 年期间的温室气体排放情景图

（来源：IPCC 2007 报告）

2. 碳足迹（Carbon Footprint）研究

碳足迹定义：碳足迹是人类活动对地球环境（主要是温度升高）的影响，以所产生的温室气体为度量单位（tCO_2e）。

碳足迹研究是人类减少碳排放的政策制定、技术开发的基础。航运的碳足迹研究方法将在第 4 章阐述。

3. 生命周期评估(Life Cycle Assessment,LCA)

生命周期评估,亦称生命周期分析(Life Cycle Analysis)、经济平衡分析(Eco - Balance)、全寿命分析(Cradle to Grave Analysis),是对指定产品及由于其运作方式引起的服务对环境影响的研究与估价。对于航运业来说,既有产品(船舶),又有服务(运输)。因此,对其影响的评估,应该采用 LCA 的模式。

这里提出了一个非常重要的概念,即 CO_2 的排放所积累的后果是长期的。有资料表明,每吨 CO_2 的产生都将对地球的温度升高作出长期稳定的影响,因为它的半衰减期为 60 年,化学特点十分稳定[2]。

4. 人均温室气体排放研究

这种研究可以准确地反映当前全球各国(地区)对温室气体排放的不平衡程度亦等同于工业化水平程度。这是联合国气候变化框架公约(UNFCCC)组织制定《京都议定书》的政策——共同但有区别(Common but Differentiated Responsibilities,CBDR)原则的基本依据。它是根据对温室效应有影响的 CO_2(Carbon Dioxide)、CH_4(Methane)、N_2O(Nitrous Oxide)、PFCs(Perfluorocarbon)、HFCs(Hydrofluorocarbon)和 SF_6(Sulfur Hexafluoride)在各国家(地区)的排放情况进行统计所得到的结论。图 1 - 6 是美国能源部 CO_2 信息分析中心(US Department of Energy's Carbon Dioxide Information Analysis Center,CDIAC)为联合国统计署所绘制的 1990—2004 年世界各国(地区)人均排放 CO_2 分布图。

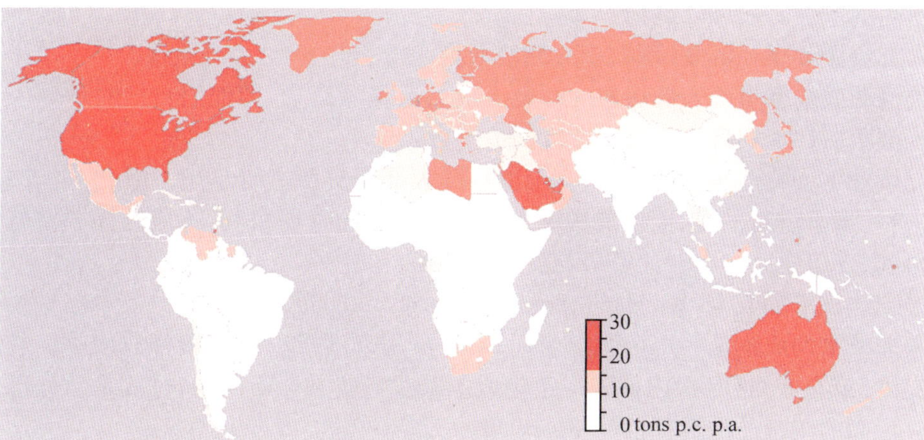

图 1 - 6　世界各国(地区)人均排放 CO_2 分布图

(来源:USA,CDIAC,2004)

从图 1 - 6 中可以看出,发达国家与发展中国家平均个人的碳排放量存在巨大的反差。图 1 - 7 更加明显地指出目前发展中国家与发达国家对地球资源消耗的总体差别。因此,目前发展中国家的碳排放在一定程度可视为生存下的碳排放(某些不合理的能源使用因素除外)。

5. 工作方式选择——家庭电信办公(Telecommuting)

人类千百年来都习惯于群体办公,其目的是为了资源的共享与保密。21 世纪提出的"家庭办公"将改变几百年甚至上千年的人类办公习惯,可以减少人员出行,减少碳排放。它由家庭电信办公(Telecommuting)、电子交换(E - commuting)、电子工作(E - work)、遥控工作(Telework)、在家工作(Working at Home - WAH 或 Working from Home,WFH)等因素组

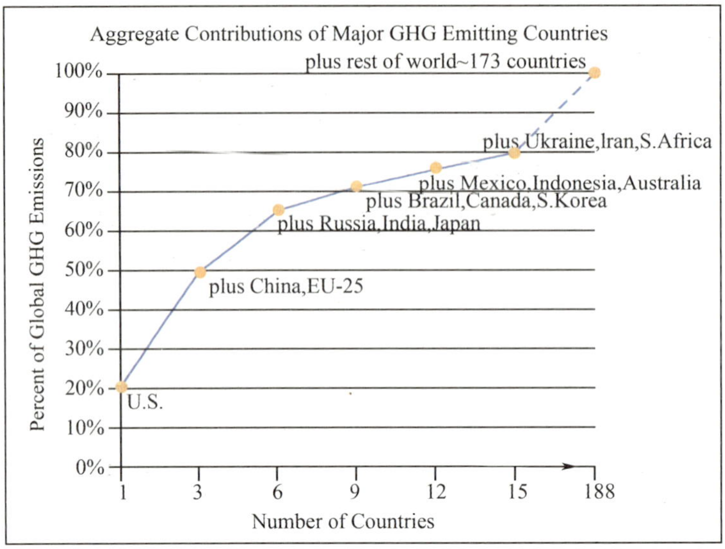

图 1-7 主要排放国家的温室气体贡献

（来源：Bram Buijs，Copenhagen and Beyond，Sept. 2009）

成。通过上述方式，雇员可以充分安排办公地点与时间的灵活性。这种形式的成功只有在信息技术高度发达时才可以达到。

6. 人类资源分享经济性（Eco-Sharing）研究

人类资源底线衡量着人们居住的环境、道德、伦理等概念，即他们自己对地球生物圈的冲击应该被限制在他们自己应公平享有的范围内。

在此概念下，西方发达国家已占有全世界的大部分资源进行享用。因此，应该根据《京都议定书》的要求进行减排，而发展中国家应具有自己的发展权利，不应因为温室气体减排而受到限制，发达国家应有转让资金与技术的义务。

7. 排碳加权平均成本（Weighted Average Cost of Carbon）

排碳加权平均成本是一个金融学名词，常常被用来度量稳定的碳排放成本。它表达一个经济实体（或企业）或是在内部以一定量成本减少碳排放（Abatement）或是从外部以一定量成本对超额的碳排放进行补偿（Carbon Offset）。

另一方面，排碳加权平均成本也可视为航运企业在其碳足迹过程中对社会责任的度量，表达了在全球碳机制下法规对碳增长约束的重要性。

8. 绿色协议/协定（Green Conventions）

绿色协议/协定是一个以某种方式约束参与方行为以减少环境负担的协议。规划者以利于环境改善的方式进行废弃物处理、资源与使用（效能与方式）、旅行与当地运输、设备选择、食品供应与清理、旅馆与住宿、采购决定等方面的管理。上述过程包括了人为的各种行为与物流的构成，是一种人类自我约束的方式。

9. 医疗旅游（Medical Tourism）

这是一个具全新概念的行业。最初是由旅行社、媒体最先推出，表示在国际旅游中获得卫生保健的措施。医疗旅游主要指人们因定居地的医疗服务太昂贵或不太完善，到外地或外国寻求较相宜的保健服务，并与休闲旅游相结合发展而成的一种新的旅游产业。据相关机构估计，全球医疗旅游人数目前已经上升到每年数百万以上。据有关文献计算，2010

年,国际医疗旅游行业的年营业额将上升到400亿美元[3]。

上述行业也称为医疗旅行(Medical Travel)、健康旅游(Health Tourism)、全面健康保健(Global Healthcare)。在日光浴、游山玩水中保持悠闲的心情,动个风险不太大的手术,使得治疗像是在度假一样。如今很多旅游胜地不仅能让游客度假休闲,还可以提供专业的疗养、保健设施和服务,甚至治病疗伤。这就是所谓的医疗旅游。这种活动对改变人体健康可以起到至关重要的作用,但是可能也最耗能源。

10. 能源政策(Energy Policy)的制定

能源政策是一个团体(主体为政府)已经决定的能源发展(包括能源生产、分配和消耗)的行为准则,其属性涉及法律法规、国际条约、投资鼓励机制、能源节约、税收与其他国家政策体制等。

1.1.2　可持续发展是温室气体减少的政策底线

自从提出地球环境恶化问题以来,世界经济、环境的可持续发展的方式与方法的研究就没有停止过。

1987年,世界环境与发展委员会(World Commission on Environment and Development, WCED)提出了可持续发展(Sustainable Development, SD)的概念,自那时起,这一概念逐步成为决策者的重要目标,其定义为满足现代自身发展需要但不能危及未来发展的能力[4]。为了便于度量,可采用可持续发展程度的衡量指标(Sustainable Development Indicators, SDI)。经应用证明,指标(Individual Indicator)/综合指标(Composite Indicators)是一个极其重要的评判工具,因为它具有总结、关注、浓缩动态环境巨大复杂性的功能,使大量的信息成为可度量,它使目测得到的复杂信息简化、定量与交互影响。建立指标的目的是要使人们认知到哪些行为可以采用,哪些行为应该避免,给决策者一个从全局到局部的短期/长期的愿景。问题是,并不是任何情景都可以制定出指标的,因为其与社会、技术发展、人类经济繁荣有关。

可持续发展指标涉及两个方面:①如何对关注的领域进行度量;②如何关注领域的测量细节。

综合指标被用来度量复杂的数据,使多种因素单一化,但是在处理数据的不定性与敏感性时,往往具有主观的成分。

可持续发展关注已经存在的社会制度(或体系)向可持续发展方向的激励能力与人为行为(包括研究计划、监控过程、评估、决策)可否更好地融入社会制度(或体系)使之适于管理并使社会进步。

一般来说,可持续发展研究应该包括三个步骤:框架设计(Framework Design)、模型选取(Model Choice)、可持续发展度量(Sustainability Development Indicators)。例如,经济合作组织(Organization for Economic Cooperation and Development, OECD)建议采用压力、状态、反馈方法进行世界经济的可持续发展研究[5],框图如图1-8所示。

图1-9是联合国建议的可持续发展(SD)度量指标模型,它包括社会、环境、经济、法律四大要素。由此图可见,航运的各种因素在其中都有对应的位置。据此可得航运可持续发展(SD)度量模型如图1-10所示。

据此可制定航运可持续发展度量的各种具体要求,但是航运体系的可持续性评价方法目前是非常不完善的,其基本原因是体制不完备。因此,公约与规范的制定在先进与落后、

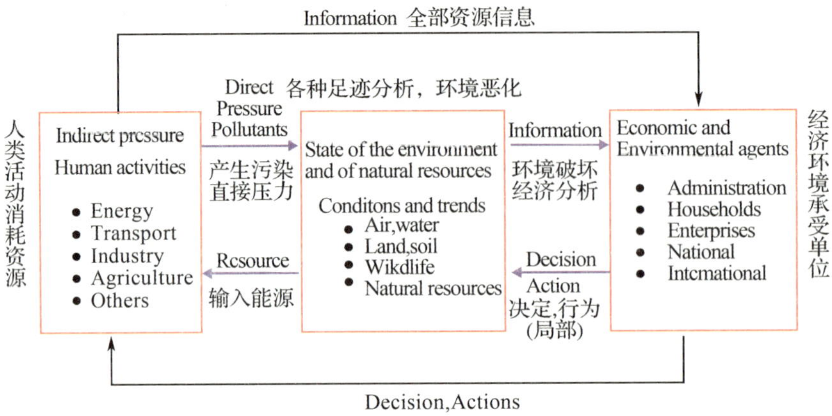

图1-8 可持续发展研究途径示意图

（来源：OECD，1998）

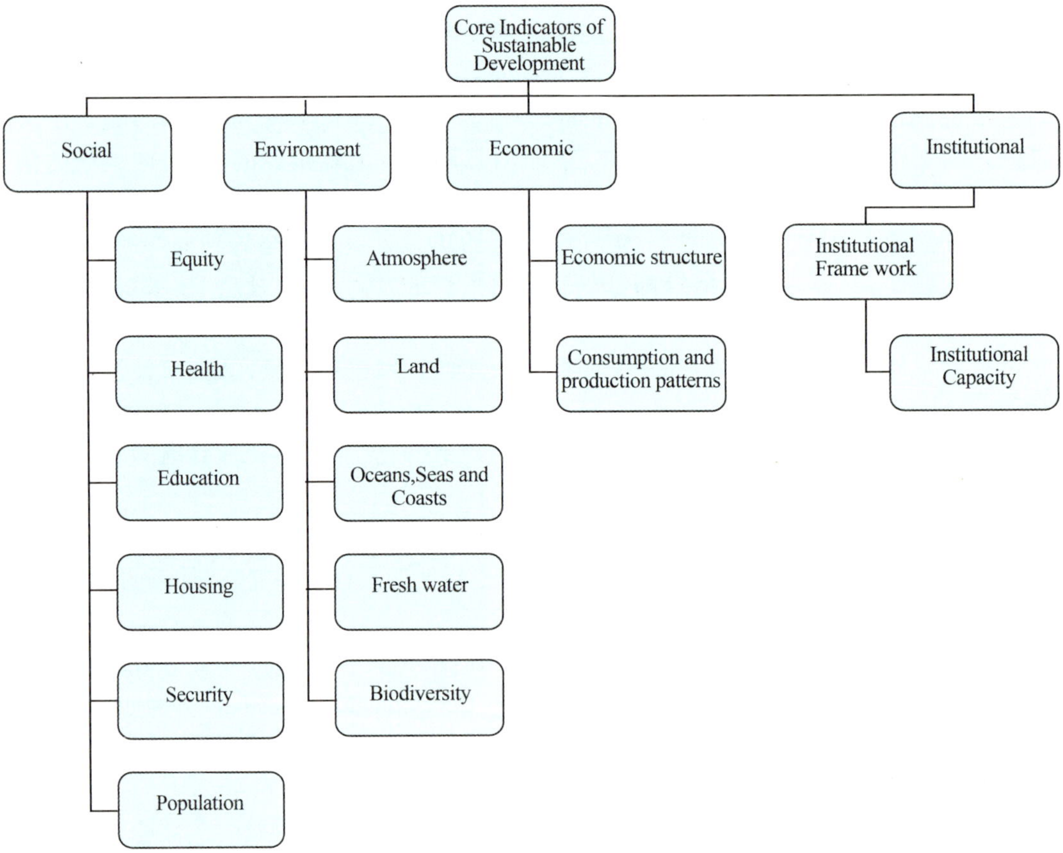

图1-9 联合国建议的可持续发展(SD)度量指标模型示意图

（来源：Rajesh Kumar Singh et al，An overview of sustainability assessment methodologies）

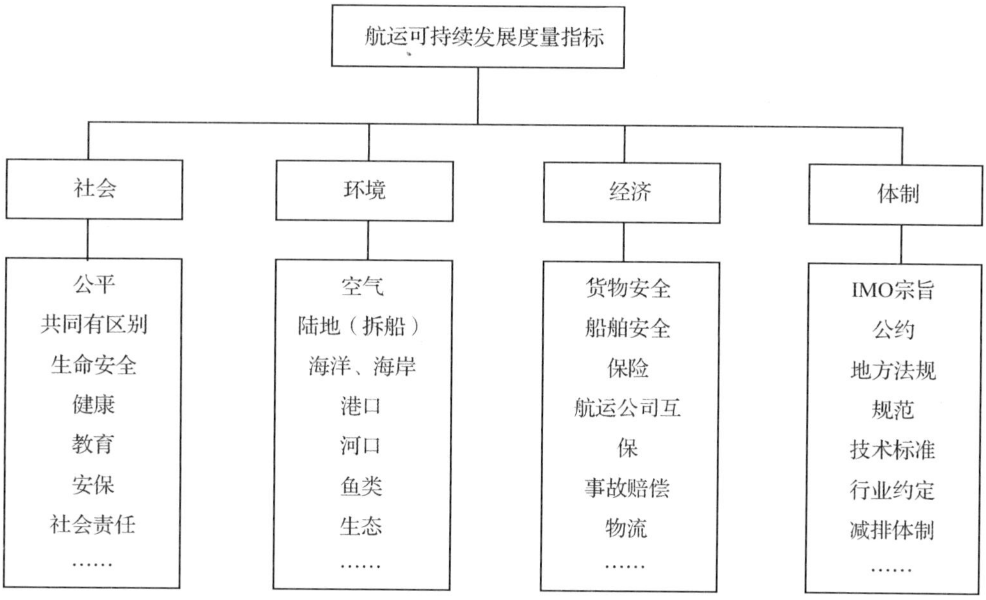

图1-10 航运可持续发展度量模型示意图

西方与东方之间的政治制度间游移，其结果只能是“妥协”的结果，据此所设计的船舶不会是先进的。判断一艘船舶先进与否在于航运公司/租船者在使用中对经济指标实现是否满意（详见第11章）。

国际、国内很多组织都对可持续性评价方法进行过研究分析，但大多是对特定的案例研究。目前国内外对可持续发展评价方法没有一个全面系统的分析比较，使得不同地区比较起来很困难。目前，被应用可持续发展评价方法有以下三类：

(1)环境可持续性指数法；

(2)生态足迹法（碳足迹法）；

(3)能量指标综合评价法。

上述各方法适用范围是不同的，如环境可持续性指数法适合于国家间的综合评价，生态足迹分析法适合于国家、区域、地区和小系统（第4章已经有这方面的例子）的分析，能量指标综合评价法对于小范围更合适。至于各种方法依据的理论已超出本书的范围。目前国际航运界所采用的方法是后两种方法。

1.2 全球航运面临的问题与解决方案

1.2.1 国际航运业温室气体减排分析

1.2.1.1 国际航运业排放来源

按照生态足迹法（碳足迹法）或能量指标综合评价法研究，航运业有害气体排放来源主要有以下三个方面：

(1)动力源(柴油机)对燃油的消耗(一次性燃料);

(2)货物的气化排放(如 Venting of Cargo Vapors,VOC);

(3)船舶设备中的泄漏(如制冷设备泄漏)。

并可从对地球气候与环境、人类社会带来的影响将上述排放分为以下两类(表 1 -1):

(1)温室气体排放(《京都议定书》规定的 6 种温室气体(GHGs:CO_2,CH_4,N_2O,HFCs,PFCs,SF_6));

(2)有毒/其他气体(NO_x,NMVOC(Non - Methane Volatile Organic Compounds),CO,PM,SO_x)。

表 1 -1 温室气体、有毒/其他气体对地球气候与环境、人类社会带来的影响

温室气体	有毒/其他气体
气温、降雨、飓风与极端天气等	降低空气质量
海洋酸化	损害人类健康
生物物种灭绝	环境酸化
对人类(福利)与社会带来冲击	物种灭绝、生物多样性消失
	生物化学/冰雪灾害

表 1 -2 给出了在 2007 年世界航运各类气体排放量。

表 1 -2 2007 年世界航运各类气体排放量(单位:百万吨)

	船舶排放	制冷设备	原油运输	合计
CO_2	1 050	—	—	1 050
CH_4	0.10	—	0.14	0.24
N_2O	0.03	—	—	0.03
HFC	—	0.000 4	—	0.000 4
PFC	—	—	—	—
SF_6	—	—	—	—
NO_x	25	—	—	25
NMVOC	0.8	—	2.3	3.1
CO	2.5	—	—	2.5
PM	1.8	—	—	1.8
SO_x	15	—	—	15

(来源:Marintec,2007)

1.2.1.2 数据库

目前从 IMO 开始到各国的相关研究机构无一例外地采用 LRFP(Lloyds Maritime Information Service)的数据,以 2008 年应用为例(表 1 -3),可以看出其中的数据需要进行大量的甄别才可以使用。

表 1-3　2008 年 LRFP 数据库情况

样本情况	数量
非商业/非自航(驳船、挖泥船、钻探船、渔船、破冰船、海洋工程船、拖船、军船、其他)(艘)	49 478
符合公约要求(Marpol Annex VI,商船 400 总吨级以上,油船 150 总吨级以上,占全球总吨位 95% 以上)(艘)	50 545
样本总数	100 293
其中不符合应用要求(缺数据、特种船(运水、牲畜船))样本 符合应用要求的样本	4 925 45 620

对于上述数据库的应用需要对应适当的计算方法,将在 1.3 中讨论。

1.2.1.3　国际航运温室气体排放现状

2007 年,IMO 研究报告指出:航运对地球大气的 CO_2 的贡献为 3.3%,其中国际航运为 2.7%,或为 8.7 亿吨 CO_2,2009 年此值升至 9.65 亿吨,并预报:如果不采取措施,这个比例在 2050 年将升至 18%[6]。另有资料预报,在 2030 年,航运业的 CO_2 排放将升至 15.3 亿吨[7]。

为了说明全球温室气体排放的严重性,以雅典国立技术大学的研究报告[8]为例,可以看出国际航运温室气体排放造成的后果。这份报告同时也是对航运进行碳足迹宏观研究的例子。

该例将表 1-3 中 45 620 艘船可被细分为如表 1-4 所示的 10 类船舶。

表 1-4　10 类船舶分布　单位:艘

干散货船	集装箱船	原油船	天然气船	石油气船	冷藏船	化学品船	客滚船	杂货船	其他	合计
6 462	4 232	2 028	250	1 089	1 091	6 548	1 999	12 839	9 082	45 620

对于上述分组再细分,按照装载、航速、海上航行天数、在港天数、海上航行利用率、燃油消耗、CO_2 排放、每种船舶吨-公里①、每吨公里 CO_2 排放、每种船舶的 CO_2 排放数、所占比率等均列入表 1-5 中。

① 1 公里 =1 千米。

表 1 – 5　各种船型的 CO_2 排放统计表

Typical Vessel Types and Sizes per Vessel Segment	Average Ship										Per Size Bracket		
	Number of Vessels in Size Group	Payload	Speed	Sea Days /%	Port Days /%	Cargo Capacity Utlization at Sea	Total CO_2, yr(tonnes)	Total Bunkers, yr	Total Tonne-kms, yr	gr CO_2 per Tonne-km	Total CO_2 per Size Bracket (million)	/% of Total	Total Billion MTkm per Size Bracket
Small Vessels 0 ~ 5′	517	1 937	12	70	30	60%	4 717	1 486. 00	139 158 763	33.9	2.44	1.60	72
Cosatal 5 ~ 15′	236	9 895	12	70	30	60%	10 641	3 356.80	710 875 741	15.0	2.61	1.70	168
Handysize 15′ ~ 35′	1 774	24 876	14	70	30	60%	18 513	5 840.00	2 084 936 872	8.9	32.64	21.70	3 699
Handymax 35′ ~ 60′	1 732	43 522	14	70	30	60%	22 804	7 193.60	3 647 781 825	6.3	39.50	26.20	6 318
Panamax 60′ ~ 85′	1 383	68 469	14	70	30	60%	27 095	8 547.20	5 738 689 444	4.7	37.47	24.80	7.937
Post-Panamax 85′ ~ 120′	98	87 129	14	80	20	60%	37 066	11 692.80	8 345 885 555	4.4	3.63	2.40	818
Capesize > 120′	722	160 425	15	80	20	60%	45 202	14 259.20	16 464 276 593	2.7	32.64	21.60	11 887
Total Dry Bulk	6462						166 037		37 131 605 092	4.5	151.03		30 898
Feeder (0 ~ 500)	363	5 169	13	70	30	70%	14 810	4 672.00	469 332 553	31.6	5.38	2.00	170
Feedermax(500 ~ 1 000)	757	9 873	16.5	70	30	70%	22 773	7 184.00	1 137 846 685	20.0	17.24	6.40	861
Handysize(1 000 ~ 2 000)	1 143	19 515	20	70	30	70%	37 279	11 760.00	2 725 036 069	13.7	42.61	15.80	3 116
Sub-Panamax(2 000 ~ 3 000)	689	34 088	20	70	30	70%	58 328	18 400.00	4 761 738 206	12.2	40.19	14.90	3 281
Panamax(3 000 ~ 4 400)	568	47 907	21	70	30	70%	94 502	29 811.20	8 030 486 625	11.8	53.68	19.90	4 561
Post Panamax(> 4 400 TEU)	712	75 190	24	70	30	70%	155 000	48 896.00	14 404 444 807	10.8	110.36	41.00	10 256
Total Container	4 232						382 693		31 529 885 245	12.1	269.45		22 246
Small tanker(0 ~ 10)	115	3 159	12	80	20	50%	6 289	1 984.00	216 120 361	29.1	0.72	0.70	25
Handysize(10 ~ 60)	240	37 841	14.5	80	20	50%	32 664	10 304.00	3 128 483 055	10.4	7.84	7.40	751
Panamax(60 ~ 80)	177	64 838	15	80	20	50%	36 113	11 392.00	5 545 193 472	6.5	6.39	6.00	981
Aframax(80 ~ 120)	648	97 921	14.7	80	20	50%	46 460	14 656.00	8 207 170 707	5.7	30.11	28.30	5 318

表 1-5(续)

Typical Vessel Types and Sizes per Vessel Segment	Average Ship										Per Size Bracket		
	Number of Vessels in Size Group	Payload	Speed	Sea Days /%	Port Days /%	Cargo Capacity Utlization at Sea	Total CO_2, yr(tonnes)	Total Bunkers, yr	Total Tonne-kms, yr	gr CO_2 per Tonne-km	Total CO_2 per Size Bracket (million)	/% of Total	Total Billion MTkm per Size Bracket
Suezmax(120~200)	332	146 099	15	80	20	50%	51 329	16 192.00	12 495 006 794	4.1	17.04	16.00	4 148
VLOC/ULCC(>200)	516	279 208	15	80	20	50%	85 615	27 008.00	23 879 106 183	3.6	44.18	41.60	12 322
Total Crude cil	2 028						258 469		53 71 080 573	5	106.00		23 545
LNG(0~50)	29	23 588	17	80	20	50%	52 167	16 456.50	1 902 263 059	27.4	1.51	7.60	55
LNG(>50)	221	71 099	19	80	20	50%	83 400	26 309.00	6 408 488 501	13.0	18.43	92.40	1 416
Total LNG	250						135 567		8 310 751 870	16.3	19.94		1 471
LPG(0~5)	651	2 012	13	80	20	50%	5 137	1 936.00	130 496 886	47.0	4.00	26.80	85
LPG(5~20)	235	9 069	15	80	20	50%	17 093	5 392.00	678 646 370	25.2	4.02	26.90	159
LPG(20~40)	68	25 764	16	80	20	50%	29 194	9 209 60	2 056 555 856	14.2	1.99	13.30	140
LPG(>40)	135	48 904	17	80	20	50%	36 356	11 468 80	4 147 643 575	8.8	4.91	32.90	560
Total LPG	1 091						88 780		7 013 342 687	12.7	14.91		944
Reefer(0~5)	508	2 060	13	80	20	60%	9 363	2 953.60	203 228 700	46.1	4.76	22.30	103
Reefer(5~10)	358	6 827	17.5	80	20	60%	25 838	815.080	906 791 931	28.5	9.25	43.40	325
Reffer(>10)	225	11 512	20	80	20	60%	32 410	10 224.00	1 747 605 300	18.5	7.29	34.20	393
Total Reefer	1 091						67 611		2 857 625 981	23.7	21.30		821
Product, chemical 0~5′	508	2 060	13	80	20	60%	8 651	2 729.10	142 654 101	60.6	27.04	20.80	446
Product, chemical 5′~15′	1 407	8 230	13	70	30	60%	15 953	5 032.50	660 522 652	24.2	22.45	17.30	929
Product, chemical 15′~25′	430	18 083	14.4	70	30	60%	26 571	8 382.00	1 607 649 695	16.5	11.43	8.80	691
Product, chemical 25′~40′	643	32 443	15	70	30	60%	44 668	14 091.00	3 004 401 819	14.9	28.72	22.10	1 932

表 1－5(续)

	Average Ship										Per Size Bracket		
Typical Vessel Types and Sizes per Vessel Segment	Number of Vessels in Size Group	Payload	Speed	Sea Days /%	Port Days /%	Cargo Capacity Utlization at Sea	Total CO_2, yr(tonnes)	Total Bunkers, yr	Total Tonne-kms, yr	gr CO_2 per Tonne-km	Total CO_2 per Size Bracket (million)	/% of Total	Total Billion MTkm per Size Bracket
Product, chemical 40′～60′	705	43 512	14.7	70	30	60%	42 053	13 266.00	4 513 046 136	9.3	29.65	22.80	3 182
Producl, chemical ＞60	238	78 339	15	70	30	60%	45 401	14 322.00	8 291 118 437	5.5	10.81	8.30	1 973
Total Chemical	6 548						183 298		18 219 392 840	10.1	130.08		9 153
RO-RO (excl. Pax)0～5 000	932	1 729	13	70	30	60%	8 394	2 647 80	138 768 467	60.5	7.82	16.20	129
RO-RO(excl. Pax)5～15	674	9 334	17	70	30	60%	28.532	9 000.50	979 619 744	29.1	19.23	44.90	660
RO-RO(excl. Pax)15～25	342	17 605	18	70	30	60%	38 981	12 296.80	1 956 459 426	19.9	13.33	31.10	559
RO-RO(excl. Pax)25～40	51	27 660	19	70	30	60%	48 726	15 371.00	3 246 941 650	15.0	2.49	5.80	166
Total RO-RO	1 999						124 632		6 321 789 286.69	19.7	42.87		4 624
General Cargo(0～5)	9 009	2 138	11	70	30	60%	3 943	1 244.00	145 225 951	27.2	35.53	42.60	1 308
General Cargo(5～15)	3 014	7 549	13	70	30	60%	10 872	3 429.80	605 853 976	17.9	32.77	39.30	1 826
General Cargo(15～35)	816	19 570	14	70	30	60%	18 477	5 828.80	1 691 497 286	10.9	15.08	18.10	1 380
Total General Cargo	12 839						33 293		2 442 577 212	13.6	83.37		4 515
GRAND TOTAL	36 538							Total CO_2 (million tonnes per year) =			838.95		
							Bunker Consumption(million tonnes per year) =				264.65		

(来源:National Technical University of Athens,2008)

从表1-5中,可以看出海上航行天数/在港天数的比值对排放的影响极大。在实践中,这个比值在不同航线、不同船类、不同尺度(同一船型)的船舶中进行变化(从70/30到80/20),但是对于大尺度船舶影响较小,对小尺度船舶影响较大。经统计,船舶在海上航行天数为320 d,即使在极端条件下假设365 d都在航行的不可能事件中,经计算,CO_2的排放增加仅10%。根据统计,船舶货物装载量(Cargo Payload)最大可达到95%。

船舶平均能力海上利用率(Average Capacity Utilization)有以下设定。

(1)油船:50%,因其返航压载,为穿梭(Shuttle)航行。

(2)散货船:60%,因其经常多港装载,不为穿梭航行。

(3)集装箱船:70%,由于集装箱贸易的特点,基本无穿梭航行。

经过上述计算(表1-5),可得全球国际航运业排放的各类船舶统计如图1-11,图1-12所示。

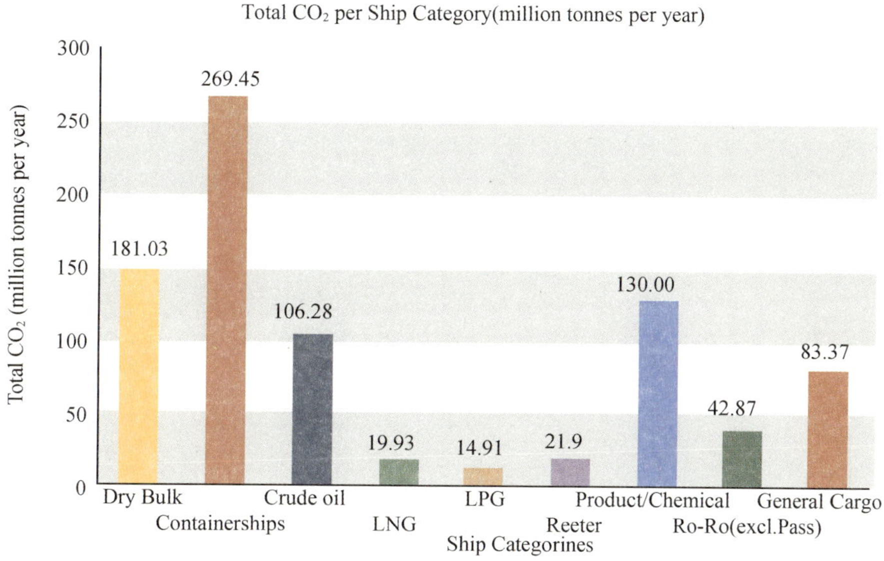

图1-11　全球国际航运业各类船舶CO_2排放数量统计图

(来源:National Technical University of Athens,2008)

各种船舶的具体排放量见图1-13。

1.2.2　各种船舶单位吨公里CO_2排放量曲线分析

由表1-3得到图1-11、图1-12、图1-13,图中的指标可以看出船舶温室气体排放有如下特点:

(1)航速高的大于航速低的;

(2)尺度小的大于尺度大的;

(3)油船与散货船排放的基本规律相同,油船每吨公里油耗高于散货船的原因是在港的油耗较大,且船舶海上利用率低于散货船。

因此,国际航运界的温室气体减排领域应该依次集中在:①集装箱船(占航运总排放的32.08%);②散货船(占航运总排放的17.98%);③化学品船(占航运总排放的15.49%);④原油船(占航运总排放的12.65%);⑤杂货船(占航运总排放的9.93%),上述五类船型

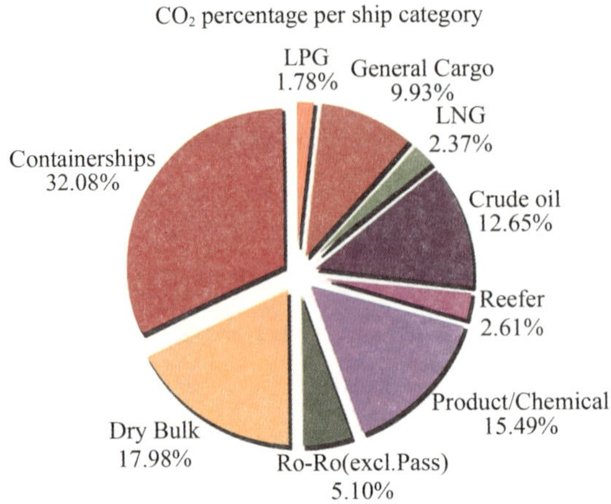

图 1 – 12　各类船舶所占比例示意图

（来源：National Technical University of Athens，2008）

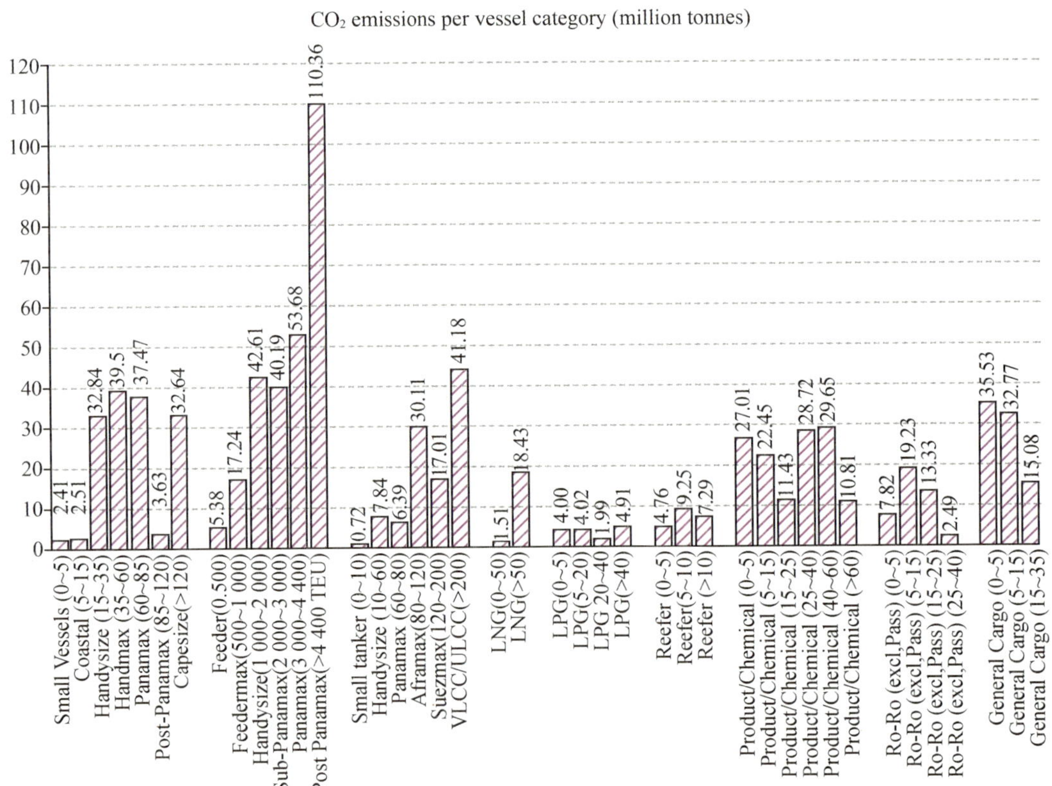

图 1 – 13　各种船舶的具体排放量柱状图

（来源：National Technical University of Athens，2008）

的温室气体排放总和占航运总量的 80% 以上。而在各类的船舶尺度中，其温室气体排放比例又不尽相同。

图 1 – 14（a）至图 1 – 14（e）分别给出了集装箱船、散货船、化学品船、油船、杂货船在

2008 年时全球的吨公里运量、CO_2 排放量、单位吨公里 CO_2 排放量三个指标。它们表明了以下趋势。

从图 1－13 可以看出，仅大型集装箱船（Post－Panamax，单船 4 400 TEU 以上）的温室气体排放就与全球油船队的排放相当。在全球金融危机中曾使得集装箱船的大型化锋芒稍敛，但是在目前，由于新航运物流的需要，集装箱船的建造尺度仍有愈来愈大的趋势（见第 4 章）。图 1－14（a）表明：集装箱船按照尺度统计的单位吨公里的 CO_2 排放量曲线变化平缓，在 Panamax 之后，其曲线走向趋于水平。但是排量甚大，对其设计概念合理性的分析见第 4 章。

散货船（图 1－14（b））单位吨公里 CO_2 排放量曲线在 Handymax（约 60 000 载重吨）后变得较为平坦，对于小于公约尺度（船长 150 m，20 000 载重吨）的船舶需要重新考虑其设计概念（如航速等）。

化学品（成品油）船（图 1－14（c））单位吨公里 CO_2 排放量曲线出现了两个拐点，一个发生在 5 000～15 000 载重吨处，另一个发生在 25 000～40 000 载重吨处，在两个拐点之间是一个变化较缓的平台。正如 1.2 节分析的那样，这个平台的形成可能与油船在港口的能耗有关。另外，这类船航速也较高（16 kn 以上），值得关注。

原油船（图 1－14（d））单位吨公里 CO_2 排放量曲线的拐点在 10 000～50 000 载重吨处，在此载重吨大的原油船单位吨公里 CO_2 排放量曲线近乎水平。因此，对原油船的工作有两点，一个关注小于 10 000～50 000 载重吨以下的小型原油船的设计概念（如设计航速是否如同实际需要设计过高（冗余）），另一个是关心在港的耗能指标。

杂货船（图 1－14（e））单位吨公里 CO_2 排放量曲线基本为线性下降。这是因为杂货船的载重量尽管数量很大，但是它的载重量在 35 000 吨以下，以短途与灵便运输为主。反映了其设计航速的冗余度过大，因此小船的单位吨公里 CO_2 排放量比较高。

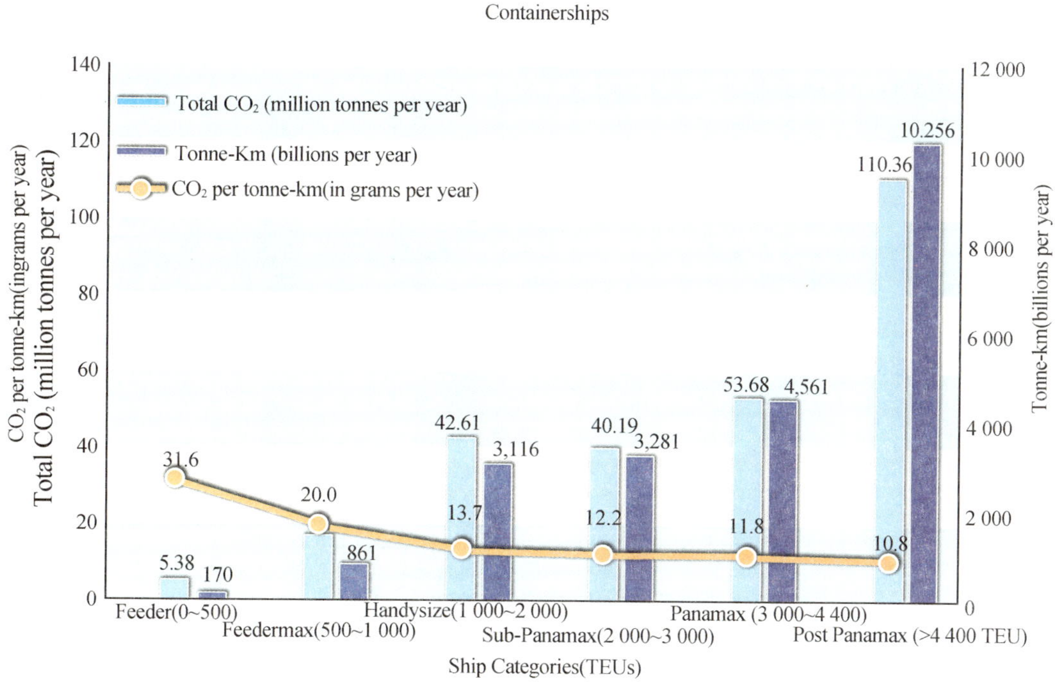

图 1－14（a）　集装箱船单位吨公里 CO_2 排放量曲线图

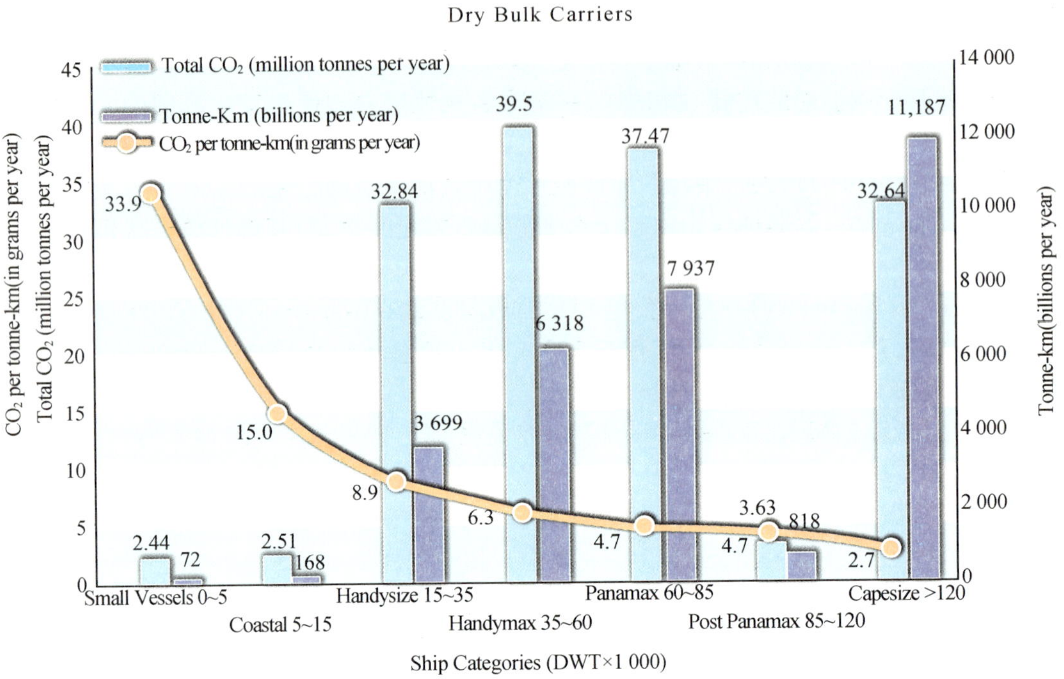

图 1-14(b) 散货船单位吨公里 CO_2 排放量曲线图

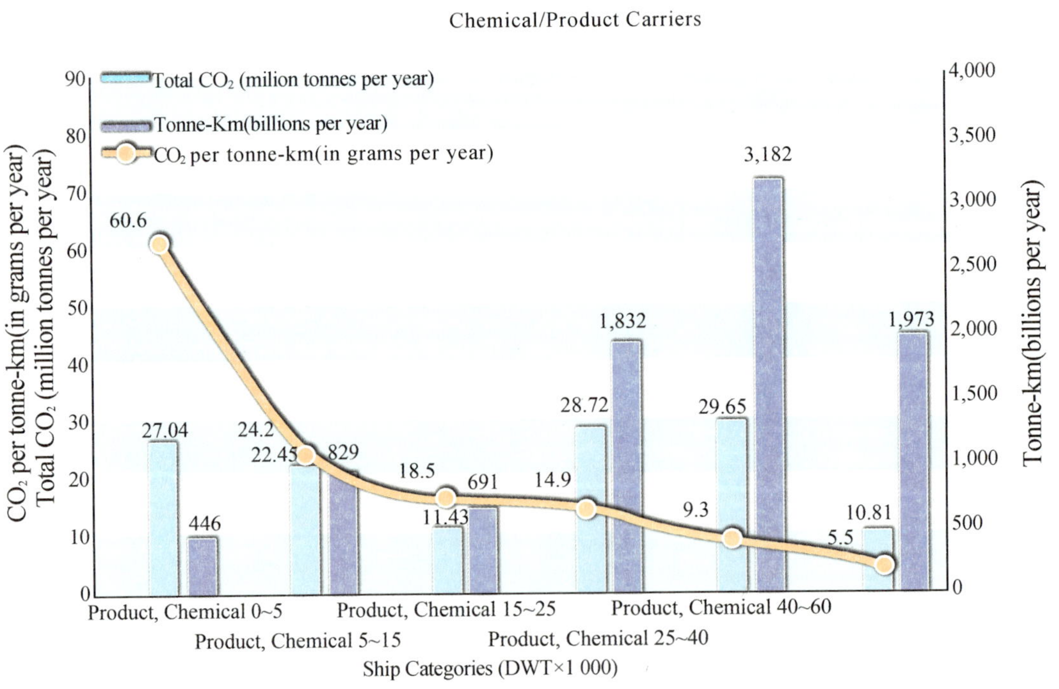

图 1-14(c) 化学品/成品油船单位吨公里 CO_2 排放量曲线图

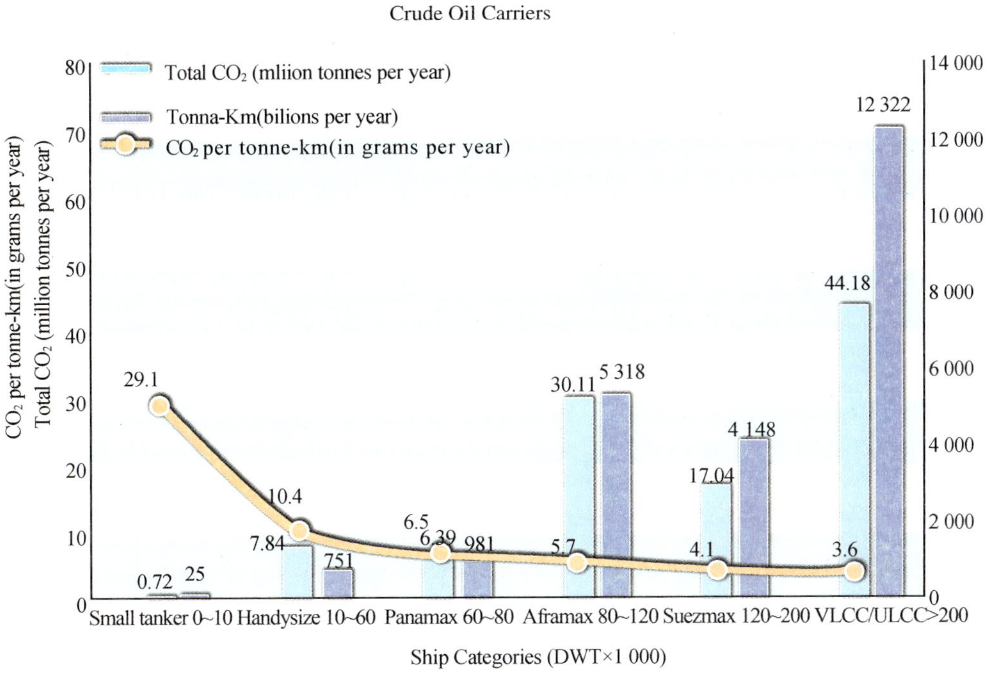

图 1－14(d)　原油船单位吨公里 CO_2 排放量曲线图

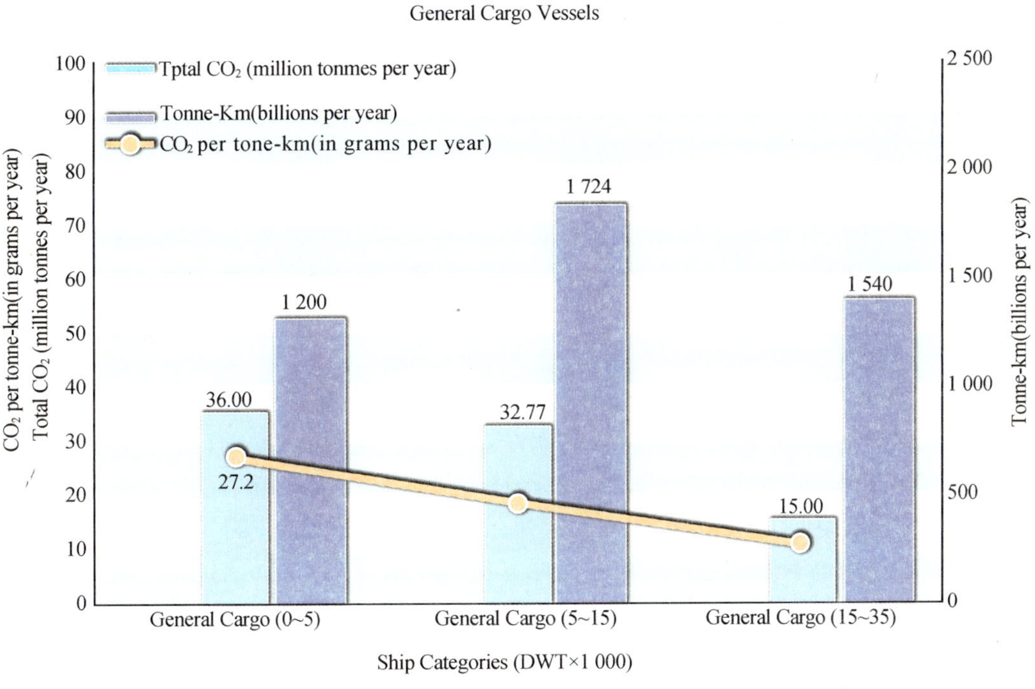

图 1－14(e)　杂货船单位吨公里 CO_2 排放量曲线图

(来源:National Technical University of Athens,2008)

基于上述分析可以看出:对船舶的温室气体排放有四个方面的普适工作是必须关注的。

第一是其概念设计的缺陷。如航速是否与国际经济发展(在一个稳定时期)相适应。在国际经济蓬勃发展时期需要物流链运转加速,需要高航速;而当国际经济发展低迷时,造成运力过剩,需要低航速,航速的选择需要以安全航行为基础。

第二是国际上的航运环境不断变化(如运河、海峡、河口、海湾、港口技术条件),使得船舶尺度产生较大的变化,可能加重航运公司的营运负担。

第三是港口的排放日益受到限制(在未来5~10年内),将有不少的国际、地区法规(如欧盟可能将2011年底作为IMO制定法规的最后时间)、技术措施出台。

第四是国际间关于航运温室气体排放交易市场框架与机制的建立日益成熟,预计在2015年后可能建立,这是MARPOL ANNEX VI温室气体修正案的迫切需求。

1.2.3 航运变革的主要方向——向低碳航运发展

1.2.3.1 航运业在温室气体排放方面基于市场的指导机制

由上所述,毋庸置疑低碳经济和技术变革对航运业和造船工业的发展既是机遇又是挑战。对应于1.1节中温室气体排放的十大重要影响领域,航运业应在改变消费行为,开展技术革命和遵守有效的公共环保政策方面尽到自己的社会责任(有关论述见第4章)。

目前普遍认为航运业是能源利用效率比较高的行业,因为它承受了全球90%的货物运输,但是CO_2的排放却仅占交通业的15%[9]。在实际的船舶市场中,尽管航运公司刻意挑选能耗低的船舶,但是造船业不总是能满足航运公司的要求。只有实力较强的大航运公司有条件按照其使用需要,可能提出新的设计概念,对传统的设计方法形成一定程度的冲击,中小航运公司几乎不具备上述能力。新的船舶设计概念可以定义为国际大航运公司新的物流理念对主要船舶设计参数的要求。

目前国际航运业可能倾向采用欧盟、美国正在使用的排放贸易机制(Cap and Trade Scheme)中所采用的基于市场的指导机制(Market Based Instruments,MBI,详见术语解释)去处理行业中的温室气体排放问题,但是这种机制必须是全球性的,如不受船旗国限制,货物运输物流链中的其他元素(如公路运输、航空运输、铁路运输等)必须遵守同一机制约定,同时具有国家(地区)、行业壁垒的穿透性,否则温室气体减排的目标不易达到。对市场中的负面影响纠正越多,货物物流模型越能向高能效进行转变。

航运业是最高度的国际化产业,在21世纪人类走向经济全球化的同时也意味着航运极度国际化的到来。船舶工业是航运业的前端产业,现代造船是将船舶(海洋工程)标准制定、设计、建造分离的,这种分离的背后是由经济发展规律与市场调节的“无形的手”控制着。例如,造船基地转向到了东方,标准制定却在西方;一般船舶(油船、散货船、集装箱船)建造转向了东方,而高端船舶制造却留在了西方(如邮船);又如LNG船设计在西方而建造在东方;船旗国在比较中立的岛国(如巴拿马、圣文森特、塞浦路斯、巴哈马等),而航运公司与所用船员又都不为上述国家所有;对船级社的选择则可以根据二手船买卖市场的规律、历史、服务质量、技术水平进行。因此,一艘船舶可能就具有了5~6个以上国家的各种元素。船舶作为一个正常又特别的贸易商品才可以在不同国家、不同航运公司间进行,可以变更其除IMO的编号以外的所有名称及内容。

根据航运/船舶非常国际化特点,国际航运业其自身政策与技术门槛必然具有航运业特色——即基于市场的指导机制，这就是必须满足国际海事组织（IMO）的公约、法规与国际船级社协会（IACS）成员的规范要求，另外还必须遵守国家（地区）法规更为严格的规定。因此，当前全世界 85 000 艘船舶构成了国际航运物流链的重要（甚至是决定性）因素，不可能由少数的大公司/租用者支配，也不可能由数字庞大的小的公司/租用者支配，只能在统一的法规（公约）下有组织地实施。

IMO 的环保会（MEPC）在 2008—2009 年制定了关于基于市场的指导机制的 12 条原则，其内容是：

（1）对全球温室气体减排具有有效贡献；

（2）在约束力与适用性方面对各船旗国是同等的；

（3）具有较好的成本效益；

（4）能够有效限制（至少缩小）产生竞争误解；

（5）促使全球贸易增长的可持续发展；

（6）基于 GBS 方法不另起炉灶；

（7）对整个航运业的技术创新与研发起到促进作用；

（8）能适应于能效领域引领新技术发展；

（9）实际应用性强、透明度高，易于采用；

（10）对于各关联方是可信的并且符合气候变化目标的要求，可监控；

（11）使已经采取了 GHG 减少的行为获得信誉；

（12）可具使航运业获得高度自信心。

上述原则已经取得了许多航运公司协会认可。但是，其执行的难度也是显而易见的。例如，在第（2）条中违反了《京都议定书》的“共同但有区别”原则。仅针对船舶来说，作为一个在全球水域航行的运输工具，且技术标准已经是全球化的产物，在温室气体减排方面如果遵守国际化的基于市场的指导机制，但是却把碳（信用）排放指标（Carbon Credits）的压力算到船旗国发展中国家头上，则会引起政治问题，遭到发展中国家的抵制。

再如，第（6）条中的指导原则就有原则性的障碍。原因是对于温室气体减排所依据的标准应该具有可持续发展的特点。那么，GBS 具有可持续发展的特点吗？从其发展的历史来看（2002—2010 年），答案是否定的，它正好缺乏了可持续发展的特质（图 1 - 16）。因为它出台的背景是双舷侧结构散货船在 IMO MSC（2001）被否决后出台的替换思想，它符合以希腊航运公司为代表的船舶强度“更强（Robust）”的概念。在民船发展历史上，人类第一次用粗暴的手段对以下长期存在两个不同的船舶工程发展方式作了一次“阶段性”总结。

发展方式一：考虑人类科学技术发展梯度与每一次适当的时间跨度，不必为船舶的拆解时间规定很长的时间，其设计概念为“Carry Cargo, Not Steel”，即对应船舶设计理念是“尽可能多的载货，尽可能地减少船体用钢成本”，如日本人实际设计寿命为 15 ~ 20 年（即结构腐蚀余量与此年限对应），这些充分体现在 1970—2000 年，第一次船舶大型化需求出现使得当时的规范不敷使用，从而采用有限元替代规范计算，在经济上使得船厂获得空船重量减轻的收益，使得建造成本降低，而航运公司则获得载重量增加的收益，使得运费收入增加。此理念一问世即受到航运界的好评。但是 20 世纪 90 年代中叶，因为巨大的海难使得航运公司遭到“人财双失”的惨痛教训。仅在 1992—2002 年 10 年内仅散货船就发生了 150 多起海难沉船、死亡 500 余人的事故[10]。其中一些海难如 1980 年 9 月 10 日，散货船 MV Derbyshire 沉没至今，在英国仍然设立了专门组织（Derbyshire Family Association, DFA）进行沉没原因研究，同时进行法律诉讼。这个设计理念的实质是在人类在对海洋环境（如波浪外力）、钢材腐蚀机理等因素研究不深的情况下，用牺牲安全换取了一定时期的经济性，最终收到了大自然的惩罚。

发展方式二：根据经验考虑船舶使用周期，以获得较大的经济利益，采用“Carry Cargo, Appropriate Steel”的设计概念进行船舶的全寿命设计，即对应的船舶设计理念是“尽可能多的载货，采用适当的船体用钢成本”。不仅考虑船舶的设计、建造成本，还要考虑船舶的维护、修理、拆解费用。采用生命周期概念设计并考虑船舶的年平均生命周期成本（Life Cycle Cost per Annum），也称平均年度成本（Average Annual Cost, AAC）。如前所述，由于每艘船基本具备 5 ~6 个以上国家参与的特质，导致目前这一设计概念的实施比较困难。但毫无疑问，这是船舶设计的发展方向。

图 1 –16 给出了 IMO GBS 框图的第一（目标）、第二（功能）层。第一层目录包含以下六个内容：

①环境保护（Protection of Environment）；

②货物安全（Safety of Cargo）；

③船舶安全（Safety of Ship）；

④旅客安全（Safety of Passenger）；

⑤第三方安全（Safety of Third Parties）；

⑥船员安全（Safety of Crew）。

对于目标所传导到第二层，GBS 目前仅要求根据经验、现有法规、有关危险性评估方法进行第二层的功能分析，在文献[11]中仅给出了船舶安全的向下传递途径。

图 1 –16 的构架（并结合 IMO 的工作计划），反映了 IMO 目前在执行 GBS 时（详见第 4 章），仅限于对船级社规范的验证（Verification），尚无暇顾及将 GBS 与温室气体排放联系起来。简言之，它缺乏可持续发展方面的指导。文献[12]建议将原第一层的“目标”，改为 0 层“IMO 宗旨”和第一层“目标”（图 1 –15）。

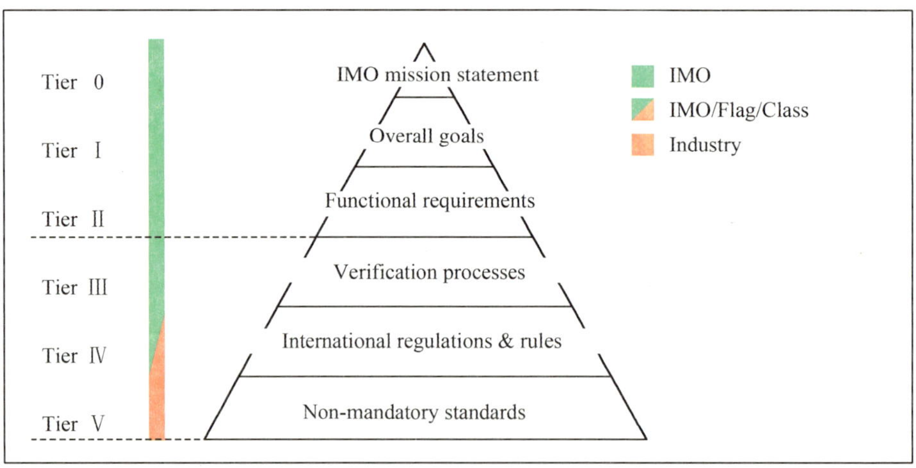

图 1 –15 建议修改后的 GBS 基本构架

（来源：ISSC IV. 1 Committee, 2007）

鉴于目前 IMO GBS 框架中缺乏“可持续发展”的要求，因此其仍然停留在传统的“安

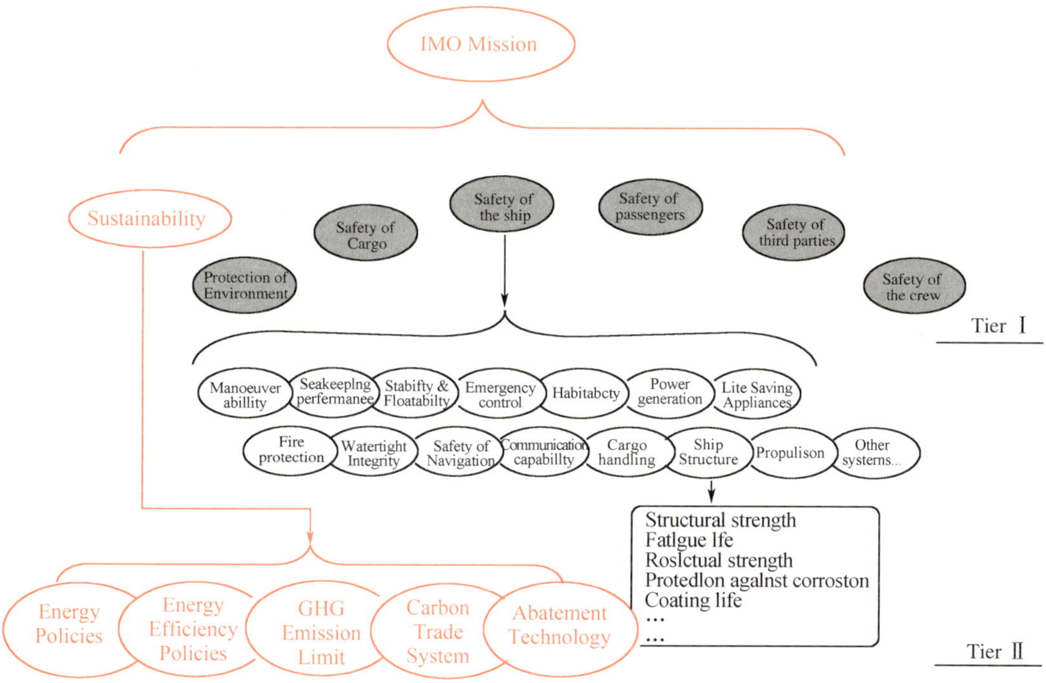

图 1-16　内容完善后的 GBS 示意图

全、防污染"概念上,图 1-16 建议在 GBS 第一层中应增加可持续发展"Sustainability"框,其在第二层中应体现五个方面的内容,即能源政策(Energy Policies)、能效政策(Energy Efficiency Policies),温室气体排放限制(GHG Emission Limit)、碳贸易机制(Carbon Trade Scheme)、碳减排技术(Abatement Technology)。

目前,IMO 对低碳技术的采用表现十分激进,如在上述第(8)条中表述为"能适应于能效领域引领新技术的发展"就值得商榷。需要以正视听的是:低碳技术并不全是"高技术、高投入、高回报"。在第 6 章中,管理在低碳航运中的作用、改善不合理的船舶概念设计、改善不合理的管理被提到相当高度的位置,采用伴随高成本的高技术进行温室气体减排将是人类无可奈何之举。尤其在全球目前尚未就减碳框架达成一致的情况下,首先向管理要能效无疑是明智的。

1.2.3.2　实现碳排放贸易机制的讨论

1. 传统的温室气体排放限制方法(Conventional Cap and Trade System)

目前,在航运界可能采用传统的温室气体排放限制方法,这种传统方法的核心是根据已有的航运业船队情况分配其排放定额(亦称许可排放额),不足部分需要购买碳指标(Carbon Credits)。上述方法有以下的缺陷。

(1)不能适应国际经济规模(发展或缩小)变化的需要,尤其在国际经济规模遭受金融危机冲击后的巨变无法确定航运业的走向时,对其表现的滞后性无法评估,其结果会造成温室气体排放增加。

(2)在当前加入国际运输的 85 000 余艘船舶中,其所有权、使用权不断地产生变更而造就新老航运企业的交替,这种传统的方法会使得排放权类似于股票市场一样,现有的航运公司可以采用缩小规模的形式迅速致富,而对于新的航运公司则被限制发展。

(3)现有航运公司在扩编船队时如同新航运公司一样需要购买碳排放指标。

(4)在实际营运过程中没有有效的方法识别经济所有人(Economic Owners)。如采用传统的分配方法进行碳指标分配,无法确定责任主体,不利于碳交易机制(Emission Trade Scheme,ETS)发展。即便经济所有人可以识别,但是他们往往不从事航运业务的管理,而是将他们的船租给租船者(Charterer),这才是真正控制船舶营运(如港口装卸、货物数量、航速航线选择等)的实体,因此理所当然地是温室气体排放的主要负责人。但是他们却不受碳排放指标的约束。

(5)小型航运公司如果直接参加航运管理既不具备充足的经验,加之规模太小也不能进行有效的温室气体排放管理与调度。

(6)一旦温室气体排放目标完成,航运公司不会再进行资金投入开展减排技术研究。

2. 国际补偿基金方法(IMO Compensation Fund Approach,CFA)

有的国际组织(如 BIMCO)建议采用国际补偿基金方法(IMO Compensation Fund Approach,CFA),用于进行航运低碳技术研发,其理论模型如图 1-17 所示。

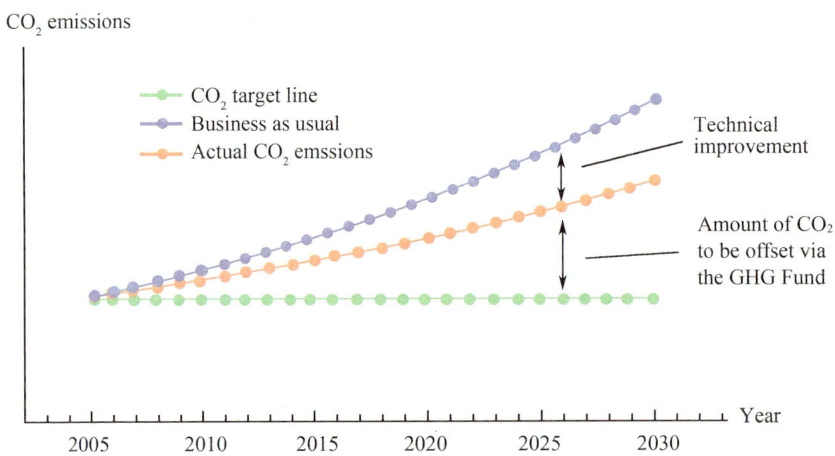

图 1-17 补偿基金方法模型示意图

(来源：Danish Shipowners' Association)

上图水平线为 2005—2030 年实现国际规定的理想情景而获得的减排线。由于采用的低碳技术及其效果不定性因素太多,需要根据 MBI 原则采用以定出实际的减排线。

图 1-18 表明 CFA 模型的基本原理是对船舶征收燃油附加 CO_2 费。

虽然 CFA 方法有它的优点,但是以下问题不能回避:

(1)激励减排的驱动力不如传统的分配指标法强劲。这是因为减排成本与燃油成本的叠加所产生的总和超过设定经济指标部分不会被基金足够"补偿"。

(2)无法在世界范围内的各种减碳机制间构筑接口。

(3)由于目前国际上并没有就 CTS 达成共识,在对于何种情景作为减排目标不能确定的情况下,没有足够可供贸易的碳指标等问题将干扰 CFA 的进展。

解决上述问题的前提是首先从事航运的航运公司按照其社会责任(见详第 4 章)不断增加对补偿基金的捐赠,使其扩大。其次,在全球 CTS 形成的情况下,有更多的碳指标可以进入碳贸易市场(来自其他行业,如造林、风能利用等)。第三,征燃油附加 CO_2 费的力度与

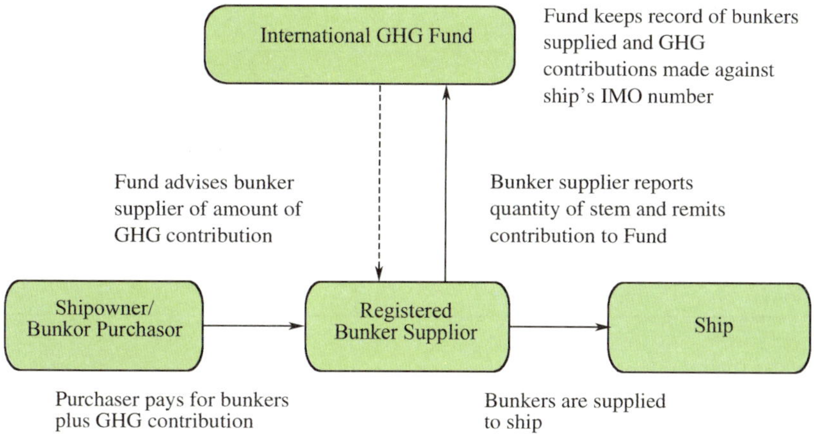

图 1－18　CFA 模型的基本原理示意图

（来源：HKSOA）

排放总量抑制相匹配，不断支持与扩大基金用于碳排放减少的项目。因为其直接受 IMO 节制，不受各国政府的税制政策影响，这将成为 CFA 的焦点，而且是最有效的手段。

1.2.3.3　国际航运关注的技术领域与实践

当前，在联合国气候变化框架公约（UNFCCC）的推动下，各国航运界都在进行温室气体减排的探索工作，其中比较有成效的尝试如下。

2009 年，在政府支持下，丹麦造船界推出“未来绿色船舶”联合项目作为未来 10 年新船设计的目标，并以 2007 年全球船队的平均排放水平为基础提出以下减排目标。

（1）二氧化碳（CO_2）减少 30%；

（2）硫氧化物（SO_x）、氮氧化物（NO_x）各减少 90%。

上述项目参加者众多，几乎囊括了欧洲实力较强的航运公司，高等院校，船级社，船舶，动力机，推进器制造企业，丹麦海军也加入其中，提出以下近 20 项技术开发计划：

（1）轮机系统，包括废热回收（WHR）、清洗（Scrubber）、废气循环（EGR）、燃油乳化（WIF）、泵系统（Pump System）、催化还原（SCR）等；

（2）推进系统，包括桨（Propeller）、舵（Rudders）、纵倾优化（Trim optimization）；

（3）营运系统，包括航线计划（Route planning）、性能监控（Performance monitoring）；

（4）物流系统，包括运输形式与船型的较好交互（Better Interface between Transport Forms and Development of Existing Ship Types）。

经过近一年的努力，一艘现有散货船（35 000 DWT）与一艘现有集装箱船（8 500 TEU）经过设计技术修改及设备改造，获得以下结果（表 1－6）。

表 1－6　集装箱船、散货船改造实例

	集装箱船	散货船
投入费用/Euro	1 000 万（相当造价 10%）	500 万（相当造价 20%）

表 1-6(续)

	集装箱船	散货船
采用技术	废热回收、废气清洗与循环、燃油乳化、废气锅炉透平发电	桨优化、导流罩、导流舵、燃油乳化、废热回收、废气清洗与循环、主机改造、冷却水系统优化、辅机采用轻柴油、海水制淡改造
CO_2 减少/%	11~14	7
NO_x 减少/%	80	90
SO_x 减少/%	90	79

上述改造项目表明:

(1)传统设计方法值得进一步改善;

(2)绿色节能装备是一个庞大的市场,投入市场的设备远远没有达到期待指标;

(3)NO_x,SO_x 的减少比 CO_2 容易,减少 NO_x 可能导致 CO_2 的排放增加;

(4)优化物流系统仍是不争的选择(在丹麦项目中尚无采用);

(5)仍然有不少节能技术可供采用,如减阻、高效推进、高效柴油机、清洁能源(LNG)、可再生能源(燃料电池、风能等)。

除了欧盟以外,日本也是一个研究节能措施发展比较成功的国家,在 MEPC60 会议上,日本政府宣布了日本船舶在 2013—2027 年 15 年间对散货船、运气船、油船、集装箱船、滚装船、杂货船的 CO_2 排放的减少量(表 1-7(a))[13],其方法主要采用 IMO Cir. 681 中能效指数算法(详见第 4 章)。表 1-7(b)(c)(d)是在表 1-7(a)的计划下,Capesize,VLCC,8 000 TEU 集装箱船在三个减排时间段中(2013—2017,2018—2022,2023—2027)所采用的技术与温室气体减少量的对应表。

表 1-7(a) 日本船舶在 2013—2027 年各类船舶减排规定

Year of Contract		2013—2017	2018—2022	2023—2027
Ship type	Size	Phase 1	Phase 2	Phase 3
Dry cargo carrier	20 000 DWT	9.90%	17.20%	25.30%
	52 000 DWT	14.50%	25.70%	36.90%
	77 000 DWT	14.50%	25.50%	36.40%
	175 000 DWT	14.50%	26.10%	37.70%
Gas tanker (Excluding steam turbine ship)	9 000 DWT	9.90%	16.70%	24.30%
	45 000 DWT	14.50%	25.00%	35.80%
Tanker	45 000 DWT	14.50%	25.40%	36.40%
	84 000 DWT	14.50%	25.90%	37.30%
	300 000 DWT	14.50%	26.10%	37.70%

表1-7(a)(续)

Year of Contract		2013—2017	2018—2022	2023—2027
Ship type	Size	Phase 1	Phase 2	Phase 3
Container	12 000 DWT	13.40%	17.10%	29.20%
	39 000 DWT	13.40%	17.20%	29.20%
	91 000 DWT	13.40%	17.30%	29.30%
Ro-ro cargo ship (Vehicle carrier)	7 000 DWT	13.20%	17.00%	28.80%
	18 000 DWT	13.50%	17.40%	29.20%
General cargo ship	9 000 DWT	9.90%	17.00%	24.90%
	13 000 DWT	9.90%	16.60%	35.40%

(来源:MEPC 60/4/36)

表 1 -7(b)　在表 1 -7(a)的计划下 Capesize 集装箱船所采用的技术与温室气体减少量

Dry cargo carrier (175 000 DWT)			Year of constract	2013—2017	2018—2022	2023—2027	
Component of resistance and propulsion	New technologies	Improvement effect of each technology/%	Contract	Phase 1 14.50%	Phase 2 26.10%	Phase 3 37.70%	Note
Reduction of air and wind resistance	Optimization of superstructure	30	2019			○	In the case of transition to electric population system which will be able to transfer engine room to bow-side, streamlining superstructure will be adopted
Reduction of wave making resistance by shape of stern	Optimization of stern shape						Optimization of stern shape mainly has effect in ocean waves
Reduction of friction resistance	Low friction coating	5	2012	○			Low friction coating can not be used with air lubrication method
	Air lubrication method	10	2020		○	○	Effectiveness of air lubrication method further improves by adopting sprit stern together
	Stern duct	2	2013	○	○	○	Stern duct has effect on reduction of friction pressure resistance.
	Stern fin						Stern fin can not be used with stern duct

表 1-7(b)(续)

Dry cargo carrier (175 000 DWT)			Year of constract	2013—2017	2018—2022	2023—2027	
Improvement of propeller efficiency	CRP	8	2013		○	○	CRP can not be used with Post - swirl system
	Pre - swirl fin						Pre-swirl fin can not be used with stern duct
	Sprit stern	4	2024			○	Sprit stern has effect on improvement of propeller efficiency caused by mitigation of propeller loading, and is suitable to beamy ship
		Hybrid pod					Hybrid pod has effect on improvement of propeller efficiency compared to multishaft ship
Improvement of propulsion efficiency by shape of stern	Stern duct	4	2013	○	○	○	
	Pre-swirl fin						Pre-swirl fin can not be used with stern duct.
	—	—		○			
	Post-swirl system	4	2013	○			Post-swirl
Waste heat recovery		—	—	○	○	○	Phase 1 : 5% (T/G), Phase 2 : 10% (+ Power Turbine), Phase 3 : 15% (+ Low boiling point medium, etc.)

注:○表示该年采用的减排技术。(来源:MEPC 60/4/36, Japan)

表 1 – 7(c)　在表 1 – 7(a)的计划下 VLCC 集装箱船所采用的技术与温室气体减少量

Tanker (300 000 DWT)				2013—2017	2018—2022	2023—2027	
Component of resistance and propulsion	New technologies	Improvement effect of each technology/%	Expected year the improvement reaches the maximum	Phase 1 14.50%	Phase 2 26.10%	Phase 3 37.70%	Note
Reduction of air and wind resistance	Optimization of superstructure	30	2019			○	In the case of transition to electric population system which will be able to transfer engine room to bow-side, streamlining superstructure will be adopted
Reduction of wave making resistance by shape of stern	Optimization of stern shape						Optimization of stern shape mainly has effect in ocean waves
Reduction of friction resistance	Low friction coating	5	2012	○			Low friction coating can not be used with air lubrication method
	Air lubrication method	10	2020		○	○	Effectiveness of air lubrication method further improves by adopting sprit stern together
	Stern duct	2	2013	○	○	○	Stern duct has effect on reduction of friction pressure resistance
	Stern fin						Stern fin can not be used with stern duct

表 1－7(c)(续)

Tanker (300 000 DWT)				2013—2017	2018—2022	2023—2027	
Improvement of propeller efficiency	CRP	8	2013		○	○	CRP can not be used with Post－swirl system
	Pre－swirl fin						Pre-swirl fin can not be used with stern duct
	Sprit stern	4	2024			○	Sprit stern has effect on improvement of propeller efficiency caused by mitigation of propeller loading, and is suitable to beamy ship
	Hybrid pod						Hybrid pod has effect on improvement of propeller efficiency compared to multishaft ship
Improvement of propulsion efficiency by shape of stern	Stern duct	4	2013	○	○	○	
	Pre-swirl fin						Pre-swirl fin can not be used with stern duct
	Sprit stern	—	—			○	
	Post-swirl system	4	2013	○			Post-swirl
Waste heat recovery		—	—	○	○	○	Phase 1 : 5% (T/G), Phase 2 : 10% (+ Power Turbine), Phase 3 : 15% (+ Low boiling point medium, etc.)

注:○表示该年采用的减排技术。(来源:MEPC 60/4/36,Japan)

表 1-7(d) 在表 1-7(a)的计划下 8 000 TEU 集装箱船所采用的技术与温室气体减少量

Container (91 000 DWT) 8 000 TEU				2013—2017	2018—2022	2023—2027	
Component of resistance and propulsion	New technologies	Improvement effect of each technology/%	Expected year the improvement reaches the maximum	Phase 1 13.40%	Phase 2 17.30%	Phase 3 29.30%	Note
Reduction of air and wind resistance	Optimization of superstructure	30	2019			○	In the case of transition to electric population system which will be able to transfer engine room to bow-side, streamlining superstructure will be adopted
Reduction of wave making resistance by shape of stern	Optimization of stern shape	10	2009	○	○	○	Optimization of stern shape mainly has effect in ocean waves
Reduction of friction resistance	Low friction coating	5	2012	○			Low friction coating can not be used with air lubrication method
	Air lubrication method	10	2020		○	○	Effectiveness of air lubrication method further improves by adopting sprit stern together
	Stern duct						Stern duct has effect on reduction of friction pressure resistance
	Stern fin						Stern fin can not be used with stern duct

表 1-7(d)(续)

Container (91 000 DWT) 8 000 TEU				2013—2017	2018—2022	2023—2027	
Improvement of propeller efficiency	CRP	8	2013	○	○	○	CRP can not be used with Post-swirl system
	Pre-swirl fin						Pre-swirl fin can not be used with stern duct
	Sprit stern	4	2024			○	Sprit stern has effect on improvement of propeller efficiency caused by mitigation of propeller loading, and is suitable to beamy ship
	Hybrid pod						Hybrid pod has effect on improvement of propeller efficiency compared to multishaft ship
Improvement of propulsion efficiency by shape of stern Sprit stern	Stern duct						
	Pre-swirl fin						Pre-swirl fin can not be used with stern duct
	Sprit stern	—	—			○	
	Post-swirl system						Post-swirl system can not use CRP
Waste heat recovery		—	—	○	○	○	Phase 1: 5% (T/G), Phase 2: 10% (+ Power Turbine), Phase 3: 15% (+ Low boiling point medium, etc.)

注:○表示该年采用的减排技术。(来源:MEPC 60/4/36,Japan)

从表(1-7)可以看出,日本在温室气体减少排放方面所采用的技术拿捏十分准确,仅仅涉及如下六个方面:

(1)减少空气阻力(Reduction of Air and Wind Resistance);

(2)减少波浪阻力(Reduction of Wave Making Resistance);

(3)减少摩擦阻力(Reduction of Friction Resistance);

(4)增加桨效(Improvement of Propeller Efficiency);

(5)增加推进效率(Improvement of Propulsion Efficiency);

(6)废热回收(Waste Heat Recovery)。

对一些正在研究、不成熟的技术则采取了较为谨慎的态度。

为了达到表1-7中的减排目标,日本造船界主要关注船舶的阻力与推进系统的改进,将其分为六大系统与拟采用的新技术对应(表1-8)。

表1-8 船舶阻力与推进系统的改进技术

序号	各种阻力减少与推进效率提高	拟采用技术	与 EEDI 相关因素
1	空气与风阻	上层建筑优化	航速
2	尾部形状引起的波浪阻力	尾部形状优化	航速与耐波性
3	船壳摩擦阻力	低摩擦涂层 船底空气润滑 尾导流罩 尾(组合)鳍	航速
4	桨效率	CRP 桨 桨前(组合)鳍 导流栅 混合吊舱	航速、操纵性
5	尾部形状与推进效率	尾导流罩 桨(组合)鳍 导流栅 桨涡系统	航速
6	废热回收	概念设计、新设备	创新系数

例如,日本在新尾鳍设计方面做了大量工作,其基本原理是使船尾伴流进一步均匀,从而获得较好的螺旋桨效率(约提高7%)。日本造船界抓住了航速是EEDI计算中最为敏感的主要因素进行研究(EEDI各系数敏感度分析见第4章),显然抓住了要害。

1.3 研究问题的方法

1.3.1 温室气体算法的演变

根据联合国政府间气候变化专家委员会(IPCC)的研究,人类活动是造成温室效应的主要原因(详见第3章)。这是因为自第二次世界大战以来的半个世纪的时间内,人类人口从20亿到今天的65亿,增加了3.25倍。西方发达国家在这段时间内迅速完成了工业化过程,但是地球在这一过程中,已经不堪重负。根据哥本哈根COP15的协议,地球需要在升温不超过2 ℃的情况下控制温室气体排放。这种情况使得地球的碳容量资源陡然紧张(图1-19)。

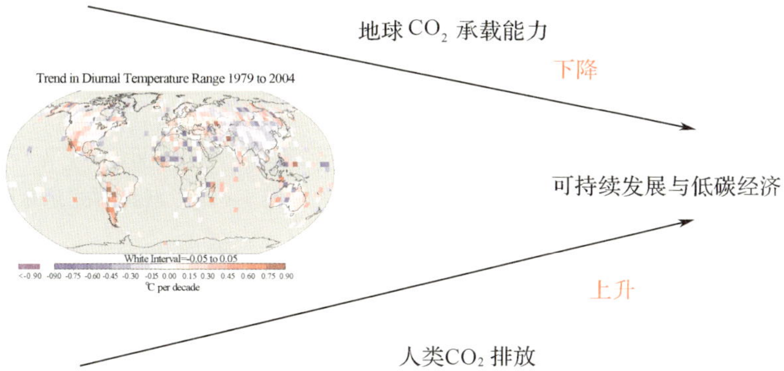

图1-19 碳资源的有限性示意图

关于人类行为对自然环境的冲击的研究,从20世纪70年代开始迄今已经有40年的时间,美国学者 Ehrlich 和 Holdren 建立了 IPAT 方程(式中,I 表示 PAT 的产物;P 表示 Population;A 表示 Affluence;T 表示 Technology)[14]。这也就是式(1-1)所表达的卡亚方程。最初,人们认为技术可以在可持续发展中扮演关键角色,人口的增加与其对自然的影响在许多情况下由技术系统的改善进行平衡。经过30年的研究,生态学者们发现,这个方程可以把人的行为与自然之间关系联系起来——与气候的变化相联系,用于人类能源分析进而推演到用于碳排放计算。

$$I = PAT \tag{1-1}$$

式中 I——城市增长的能源消耗;

P——人口;

A——消费(GDP/P),指单人消费水平(GDP/人);

T——科技与管理水平(能源(E)/GDP);

GDP——国内生产总值。

$$I = P \cdot \frac{GDP}{P} \cdot \frac{E}{GDP} \tag{1-2}$$

如果考虑到能源消耗及对环境影响,式中内容可改变为:

I——城市增长的能源消耗与环境影响;

P——人口;

A——消费(GDP/P),指单人消费水平(GDP/人);

T——科技与管理水平(CO_2/GDP),即用什么样的方式运作,可以写作(能源(E)/GDP)×(CO_2/能源(E))。

式(1-2)可以写作

$$I = P \cdot \frac{GDP}{P} \cdot \frac{E}{GDP} \cdot \frac{CO_2}{E} \tag{1-3}$$

式中 E——能源种类。

根据上述概念,国家可以按照"相对脱钩"与"绝对脱钩"建立不同的减排方式,如图1-20所示。一般来说,发达国家根据《京都议定书》要求按照建立"绝对脱钩"方式,即在选定 1990 年为基准年,在 2012 年减排的绝对值为基准年排放总量的5.2%。发展中国家采用"相对脱钩"方式,即在 GDP 发展的过程中,减少单位 GDP 的排放,即降低 I/GDP 的值。这种对 CO_2 的度量方式称为资源环境绩效(Environmental Effectiveness)。

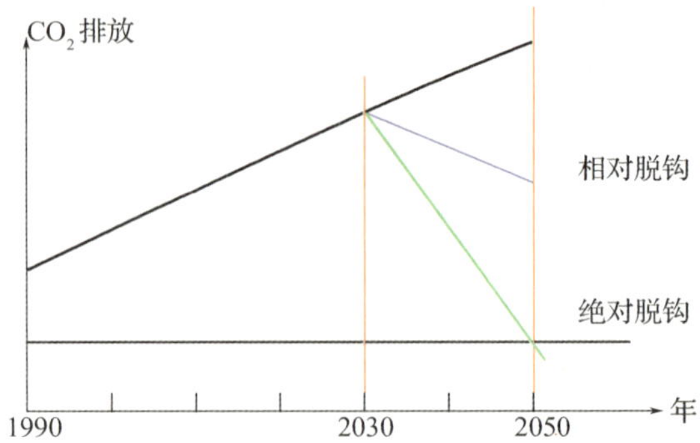

图 1-20 减排方式示意图

根据式(1-2)可得以下节能模式(表 1-7)。

表 1-7 节能模式 单位:%

	经济规模	能源结构		新能源
		产业结构	产品结构	
能源替代			30	70
提高能效		20	50	30
技术创新	40	30	10	20

按照单位 GDP 能源中的综合能耗消费量定义:通常是指每创造 1 万元的附加值过程中消耗的总能量,包括原材料和加工过程中消耗的能量。

1.3.2 如何构造航运温室气体计算方程——IPAT 概念的推广

根据实现船舶功能的结构可以得到以下的示意图(图 1-21)。

图 1-21 船舶排放过程示意图

航运业目前采用了"跟随式(Following)"节能减排模式,即以基准年(如 2009 年,见第 4 章)为基础进行减排。

IPAT 方程还可以用来支持航运的 CO_2 排放计算。如果将式(1-1)赋予新的含义,即 *P* 表示为行为主体,如船舶/公司等;*A* 表示由于行为主体的行为带来的影响;*T* 表示行为主体的管理方式(含有技术进步与采用技术的水平)。

以散货船为例,如果给式(1-1)的 P 赋予船舶能力(动力、或是载货量、载客量、载箱量等)指标,A 赋予单位能力值下的能耗,T 反映管理水平,赋予单位能耗的 CO_2 排放。式(1-3)可以改写为

$$I = DWT \cdot \frac{E}{DWT} \cdot \frac{CO_2}{E} \tag{1-4}$$

如果将设计技术反映进去,E/DWT 可以变为 kW/DWT,V/kW,E/V 三者的乘积,(1-4)可以改写为

$$I = DWT \cdot \frac{kW}{DWT} \cdot \frac{V}{kW} \tag{1-5}$$

式中　kW——主辅机动力;

V——航速。

如果考虑的是一个群体,如全球的散货船,式(1-5)可以写为

$$\sum_{i=1}^{n} I = \sum_{i=1}^{n} DWT_i \cdot \frac{kW_i}{DWT_i} \cdot \frac{V_i}{kW_i} \cdot \frac{E_i}{V_i} \cdot \frac{CO_2}{E_i} \tag{1-6}$$

式中　n——全球散货船的艘数。

式(1-5)可以充分反映设计技术不同带来的结果,如果确定了一个情景(例如,以2010年的设计技术为基础),那么上述中的第二项反映了空船重量水平;第三项反映了快速性水平;第四项反映了螺旋桨的设计水平,这里的 E 可以表述为能源种类;第五项可以反映管理水平(例如,与采用能源管理系统相关)。如果每一项可以做得最小,无疑 CO_2 的排放就是最低的。上述方程还可以细分,如将动力(kW)还可以拆成船舶电站与辅机数量等因素。由于其可以分项进行统计,因此可以作为计算各船类 ACC(见第4章)曲线(BAU)的指导思想。

对于航运公司 CO_2 的计算,可以将其拥有的各种船舶种类设为 m,每类船舶为 1,2,…,n 艘,则其整个公司的排放量为

$$I_m = \sum_{j=1}^{m} \sum_{i=1}^{n} I_{ij} \tag{1-7}$$

式中　m——公司拥有船舶种类数。

式(1-7)可以用作航运公司计算碳足迹的基本计算方法。

上述公式还可引入经济学的基本因素"质量、速度、价格"之间只能取其二的原则。为达到可持续发展性,在任取两个元素之中,加上清洁的理念。这也是美国在近半个世纪以来成功建立的创新机制("Cheaper, Faster" 到"Cheaper, Faster, Cleaner")。

1.3.3　船舶温室气体排放计算方法——CO_2 排放/(吨·公里)法

式(1-7)可以给出某航运公司的 CO_2 绝对排放量。多年来,国内外的能源效率分析基本上按照 CO_2 排放/(吨·公里)(如 EEDI 采用 $gCO_2/\{[t][nm]\}$)来计算。上述公式可被在同期(如一年内)的装载量与所航行的公里或海里(L)的乘积去除,即得平均概念下的某类船舶排放指标为

$$CO_2 \text{emission}/(t \cdot km) = \frac{I_m}{\sum DWT \cdot \sum L} \tag{1-8}$$

CO_2 排放/(吨·公里)的计算实质上对应于燃油消耗/(吨·公里),然后可按照燃料的种类乘上一个燃料与 CO_2 的转换因子即可(详见第4章)。这也是 IMO 的船舶营运能效指

数(EEOI)的计算原理。

根据上述原理,文献[8]发展了精确法与统计法。

1. 精确法(适用于公司的碳足迹分析)

对每船在一个航次中的每吨公里 CO_2 排放量采用以下计算方法:

$$每吨公里\ CO_2\ 排放量 = CO_2\ 与燃油转换系数 \times \frac{装货港燃油消耗 + 航行中燃油消耗 + 卸货港燃油消耗 + 返航燃油消耗}{货物配载 \times 航行距离}$$

写成公式为

$$CO_2 \text{emission}/(\text{t} \cdot \text{km}) = C \times \frac{GT + \frac{FL}{V} + gt + \frac{fL}{v}}{WL} \tag{1-9}$$

式中 G——装货港口能耗,吨/天(t/d);

T——装货港所用时间,天(d);

F——载货航行能耗,吨/天(t/d);

L——两港间距离,公里(km);

V——载货时航速,公里/天(km/d);

g——卸货港口能耗,吨/天(t/d);

t——卸货港所用时间,天(d);

f——压载航行能耗,吨/天(t/d);

v——压载航行速度,公里/天(km/d);

W——航次货物配载,吨(t);

C——CO_2 与每吨燃料转换系数,吨/吨(t/t)。

上述公式基于下述约定。

①上述计算模型是穿梭运输的营运模式(如油船、矿砂船),如用于散货(矿砂)船(多港装卸)、集装箱船运输(非穿梭运输),需要作相应修改。

②航次配载 W 可视为船舶载重线最大载重量的函数,$W = c \cdot DWT$,$0 < c \leqslant 1$。

③F,f(CO_2 排放)分别为 V 与 v 的函数(三次方的关系,但是比例系数不同),尤其在当前减速航行已经成为航运公司的一种长期策略后,V 与 v 都将小于设计航速。因而在计算中不采用这种函数关系。但是,从上述公式中可知,CO_2 与 V,v 成递减关系。因此,CO_2 排放可视为实际航速 V,v 的二次方关系。

④主辅机的燃油消耗值(g/kWh)是柴油机厂规定的,除非在实际的统计资料缺乏的情况下,此值一般不用。在航运企业中,燃油消耗应该是已知的。

⑤对 NO_x,SO_x 的计算可以采用雷同的方式。但是 SO_x 依赖于燃油的品质(含硫 4%,1.5%,0.5%,0.1%等),先计算燃油消耗总吨数,乘以含硫率,再乘以系数(取0.02)可算得 SO_x 排放量。NO_x 依赖于柴油机类型,一般以燃油消耗总吨数乘以系数(低速柴油机0.087,中速柴油机 0.057)。

2. 统计法(适用于全球航运的温室气体计算)

在 1.2.1.1 中,数据库(LRFP)的适用性已经被讨论。由于缺乏一些关键的数据资料(如计算参数运距 L、在港的装卸时间 T,t 等),仅有每年海上航行与在港时间的平均统计数等参数,因此,精确法在此无法使用。文献[14]建议采用以下原理:

$$每吨公里\ CO_2\ 排放量 = CO_2\ 与燃油转换系数 \times \frac{开航有效时间 \times 每天耗油量 + 在港时间 \times 每天港口耗油量}{货物配载 \times 航行距离}$$

写成公式为

$$CO_2\mathrm{emission/(t \cdot km)} = C \times \frac{xDF + (1 - x)DG}{(yW)(xDV)} = C \times \frac{F + \frac{1 - x}{x}G}{yWV} \tag{1-10}$$

式中　x——全年海上航行有效天数与全年 365 d 的比值,%;

D——船舶一年的使用时间,小于等于 365 d(减掉因某种原因(如维修、运力过剩)停船(lay out)的天数);

F——平均每天海上航行燃油消耗量,吨/天(t/d);

G——平均每天在港燃油消耗量,吨/天(t/d);

y——船舶能力平均海上利用率,%,$0 < y < 1$,对穿梭航行为 0.5;

V——平均航行速度,公里/天(km/d)。

如果令 $f = \frac{x}{1 - x}$,式(1-10)可写为

$$CO_2\mathrm{emission/(t \cdot km)} = C \times \frac{fF + G}{yWVf} \tag{1-11}$$

上述公式依据以下约定。

①对每种船型不必精确到主尺度不同。

②对采用上述数据库为基础的计算,由于缺乏运输距离等参数,无法比较各种船舶一年航行的吨·公里数。

③f 可称为公式的敏感系数,与 CO_2 的排放成反比例关系(因为其已经隐含了航行距离的关系)。

1.3.4　国际港口协会(International Association of Ports and Harbours,IAPH)关于船舶温室气体排放计算方法——打分法

2010 年 12 月,IAPH 推出了进港船舶打分法,其特点为:围绕船舶环境指数(Environmental Ship Index,ESI)进行计算与评分作为船舶进出港口、泊位时的温室气体、有毒气体排放的评价,分数低者可获得奖励(在目前为资源加入原则)。其计算公式为

$$ESI_{\mathrm{overall}} = \frac{1}{3.1}(2 \cdot ESI\_NO_x + ESI\_SO_x + RP\_CO_2) \tag{1-12}$$

式中　ESI_NO_x——船舶 NO_x 的环境指标;

ESI_SO_x——船舶 SO_x 的环境指标;

RR_CO_2——船舶基于 IMO EEOI/SEEMP 执行的奖励指标。

上述三指标的计算详见第 3 章 3.3.1.2。

IAPH 方法以执行 IMO 的相关要求为法规基础,适用于所有船型,目标是便于船舶计算/检查温室气体与有毒气体排放;重点关注 NO_x,SO_x 的排放的直接计算(PM 与 SO_x 相关);该活动目前是自愿与鼓励性的。

2011 年 3 月,欧洲委员会(EC)发布《港口环境指南》(Commission Issues Environmental Guidelines for Ports)用于河口、海岸的鸟与栖息地的保护,对欧盟有关港口环保法律条文进

行解释,其内容涉及港口建设、航运对环境影响要求。

参考文献

[1] IPCC. Climate Change 2007[R]. Geneva: IPCC HQ 2007.

[2] Congressional Budget Office. CBO Policy Options for Reducing CO_2 Emissions [R]. Washington D. C. :CBO,2008.

[3] 梁湘萍,甘巧林. 国际医疗旅游的兴起及其对我国的启示[J]. 华南师范大学学报:自然科学版,2008(1):130-136.

[4] Rajesh Kumar Singh, et al. An Overview of Sustainability Assessment Methodologies[J]. Ecological Indicators,2009(9):189-212.

[5] OECD Report 1998[R]. Paris:OECD,1998.

[6] Second IMO GHG Study. International Maritime Organization[C]. London: IMO,2009.

[7] Det Norse Veritas. Pathways to Low Carbon Shipping[R]. Norway:DnV HQ,2009.

[8] Laboratory for Maritime Transport. Ship Emissions Study[R]. Athens: National Technical University of Athens,2008.

[9] BIMCO. Applying Market Based Instruments to Control the Emissions of Greenhouse Gases by the Shipping Industry[R]. Bagsvaerd, Denmark:BIMCO HQ,2009.

[10] 陈映秋. IACS CSR 船型开发总结报告[R]. 北京:中国造船工程学会,2008.

[11] MSC 84/WP. 4. Goal-Based New Ship Construction Standards[C]. London:IMO,2008.

[12] ISSC IV. 1 Committee. Report on the Design Principle and Criteria[R]. Seoul: Seoul National University,2007.

[13] MEPC 60/4/36. Analysis on the Appropriate Values of the Reduction Rates of the Required EEDI[C]. London:IMO,2010.

[14] Marian R Chertow. The IPAT Equation and Its Variants[R]. New Haven, CT USA: Yale University,2001.

第 2 章　航运减排公共政策

2.1　航运减排公共政策需要解决的问题

2.1.1　社会公共风险与公共政策

对于社会公共风险，德国社会学家 Ulrich Beck 在其代表性著作《风险社会》(1986)一书中对风险社会理论作了充分的阐述，他把社会风险描述称为“技术对于环境产生的威胁”“是一个指明自然终结和传统终结的概念”“风险概念表明人们创造了一种文明，以便使自己的决定造成的不可预见的后果具备可预见性，从而控制‘不可控制’的事情，通过有意识地采取的预防性行动以及相应的制度化措施，战胜种种(发展带来的)副作用”。Beck 还认为“风险是应对现代化本身导致和带来的灾难与危害安全的方法”，这样就把风险与危险的概念严格区分开来，其最大的区别是风险具有“政治上的反思性”，风险产生的后果是“现代化产生的意料之外的后果”。危险则是风险存在的必要客观条件，反应实践中存在的与时代发展不相容忍的实际情况。

因此，社会公共风险在社会学家眼里是处理由于现代化导致的灾害与危险的方法，是“现实的虚拟与虚拟的现实”过程。当人类意识到社会必须面对现代化本身带来的特定风险时，必须改变其社会组织原则与采取特定措施。社会公共政策作为克服社会公共风险的措施就应运而生了。

一般来说，社会公共风险具有以下特征：

(1)风险的后果(灾害)不局限在发生地，而是产生无法弥补的全球性破坏；

(2)风险的后果超出预警与处理能力；

(3)由于风险产生对其适用边界(如时空环境范围)的超出而导致无法定量计算；

(4)灾难性后果出现多维性，超出目前的计算工具能力。

社会公共风险的属性具备不可选择性，它是指个人与企业无法承担又无法置身于风险之外的社会属性；社会公共风险还具备不可分割性，使得人们不可能根据面临的风险来承担风险成本；对社会公共风险化解与承担责任具备不可逃避性，必须由政府集中解决；社会公共风险后果不明显性使得在风险初期不会被发现，往往要在积累到一定程度后才会引起重视。例如，温室气体排放自西方开始工业化以来延续至今达 200 余年，直至 20 世纪 60 年代以后，地球上出现了环境与生态问题后才被人类关注。

经济全球化的高度发展推动了公共风险存在性。这是由于在经济全球化的过程中，社会分工发达导致风险积聚与扩大，各成员国之间的联络密切(电子技术更加推动这种发展)与各国之间的依存度极高又导致很大的风险不定性存在，科学技术进步与大自然的涵容能力不相容时会导致自然恢复能力大幅降低。

风险中的“社会关系”及风险关联方(Stakeholders)是评估风险中的主要因素,即要确定风险链的认知形式、传递路径、后果及可采纳程度,最为重要的是确定由谁界定风险、风险的责任归属与对受害者(可以是社会与个体)赔偿等。

由上可见,温室气体排放在学术上是一个累积存量的外部性(A Stock Externality)问题,在特性上完全符合上述四项社会公共风险特征,其严重后果并非在很短的时期内可以形成,而由 CO_2 浓度与寿命决定。每吨 CO_2 在地球上任何一处排放都在对全球的气温升高作出贡献。由于人类在工业化的过程中造成了对地球环境的破坏从而又危及到人类自身的生存条件,需要社会公共政策、现行制度(通过国际公约)的改变(重新制定游戏规则)对其反制。它体现了人类化解风险的过程。由于人类对社会公共风险认知的极大局限性(尤对不定性的认知),不能指望一种政策能解决所有的问题,因此,温室气体问题的解决只能长期地走循序渐进的途径。

2.1.2 航运减排公共政策制定的难度

全球温室气体排放限制已经成为21 世纪人类面临的重大问题之一,因此对其政策的制定也理所当然地成为各国(地区)不能回避的重要问题。然而,人类通过其活动对地球环境造成的损害程度又有非常强烈的不定性(表现为风险存在的不定性),又使得温室气体解决方案举步维艰。

污染贸易权分配概念(Concept of Distributing Tradable Pollution Rights)是处理上述问题的重要概念。这里权力的解释是指排放许可(Emission Allowances)权,它起源于 20 世纪 60 年代,核心是对排放许可权进行合理分配,合理的程度通过贸易的形式达到。这种特殊的(碳)贸易计划对排放超标(Cap)的污染源进行限制。它的优点是可有效地降低所限制排放指标需要的成本。

自 20 世纪 90 年代以来,美国为首的发达国家在许多方面采用了上述概念。如限制汽油使用量;减少船舶在内河、水库水域的排放;减少 NO_x,SO_x 在沿海的排放等,皆取得了成功。其中 NO_x,SO_x 的排放限制已经写入对国际航行船的限制文件(MARPOL)中。

目前,航运温室气体减排工作在国际海事组织讨论已经达十年之久,最近才有实质性进展(详见第 3 章),其原因在于在以下三个主要方面达成共识甚难。

1. 政策门槛

尽管联合国气候变化框架公约(UNFCCC)迄今已经举行了 16 次会议(2010 年在墨西哥坎昆),其中以 1997 年通过具法律效应的《京都议定书》和 2007 年通过的“巴厘岛路线图”最具影响(详见第 3 章)。由于在《京都议定书》中规定了“共同但有区别”原则,涉及发展中国家的根本利益。如何在 IMO 的减排框架下体现这一原则就成了解决航运温室气体排放问题的关键。根据国际海运物流链与船舶技术标准双国际性特点,如何体现发展中国家船队在“共同但有区别”原则下的利益,目前没有一个适当的处理方法。这一政策门槛不突破,将使得商务门槛设立特别困难。这一现象可能促使了单边区域政策出台(如欧盟可能在 2013 年推出该区域的航运限排门槛及惩罚政策)。

从历史上看,航运的现代化是伴随国家的工业化水平而发展的。100 多年前,美国海洋战略家马汉在他的著作《海权论》中提到了海洋强国发展的三个要素——“产品、海运、殖民地与市场”,成为发达国家的必由之路。在经济全球化的今天,这三个要素的殖民地被软化赋予了新的内容,即“产品、海运、市场”。一个强国的发展必经之路必须有强大的海上运输力量,以支持本国的国民经济发展与国防战略。因此,没有一个国家敢于放弃这条发展道路。

2. 商务门槛

2009 年,全球航运的 CO_2 排放占全球 CO_2 排放总量的3.3%(其中0.6%为各国国内航运所造成)[1]。迄今为止,只有全球船舶分类的 CO_2 排放统计,而没有各国家船队的 CO_2 排放统计,在制定 IMO 减排体制时就缺乏了针对“共同但有区别”原则的技术基础。尤其在全球温室气体减排大气候没有形成的情况下,在 IMO 进行机制上的突破因可能涉及各国的税收政策变得越来越困难。因此,目前只能在全球进行自愿性实行方针(如2010 年 IMO Cir. 681 ~684 的发布)与鼓励性方针(如国际港口协会的呼吁等)。

3. 技术门槛

尽管航运在交通物流链中 CO_2 排放低于其他行业(如航空、铁路与公路运输)(图2-1)。近30余年来,由于船舶大型化与技术改善,CO_2 的排放指标有了极大地降低。例如,1976 年建造的1 500 TEU 集装箱船,燃油消耗为96 g/(TEU · km)。而在2009 年建造的12 000 TEU集装箱船,其燃油消耗仅为24 g/(TEU · km)。航运与世界经济的发展程度严密相关,航运物流显然已经成了世界经济发展的主要方式。因此,无论国际就减排达成什么结论,但是减排实质是好的。因为它可以降低营运成本、提高健康水平、改善环境等,值得航运公司进一步考虑减排策略。在 CO_2 减排的总体思路下,在船舶设计与营运管理中仍然存在概念设计(包括航速、设备能力冗余)、节能创新设计(包括上层建筑节能)、轮机设计、推进设计、生活条件设计、使用维护设计、拆船环境设计等诸多方面的问题。在技术完备性及创新性方面,东西方差距近20 年。联合国开发计划署的报告(2010)称:中国有70%的节能技术需从发达国家进口[2]。如果在联合国框架内,技术免费转让、资金提供的协议不能达成,发展中国家的发展、全球的温室气体减排目标将是一句空话。

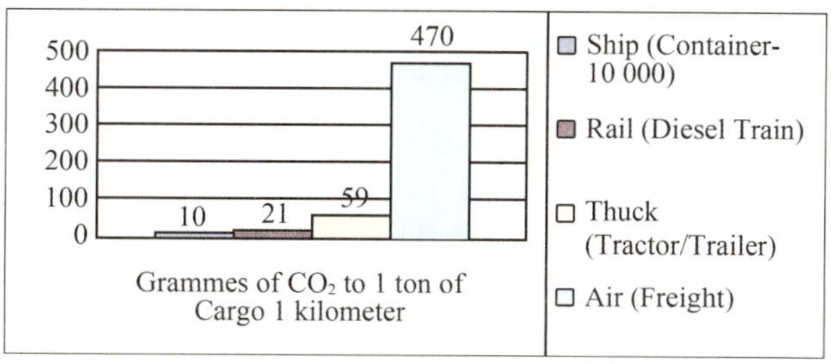

图2-1 航空、铁路、公路与海运运输每吨公里排出的 CO_2(g)比较

(来源:Data provided by Network for Transport and the Environment)

2.1.3 航运减排公共政策制定的责任框架

国际减排公共政策的制定过程需要由多学科(自然学科、人文、法律等)、各种技术、经济学原理、营运知识等进行指导,它反映了一个多学科交叉的综合性社会科学管理层面,在不同区域、国家的主管当局都可实施。与传统的船舶安全管理不同,IMO 的温室气体减排框架不可避免地受到联合国气候变化框架公约(UNFCCC)的制约。

根据上述论述,作者给出全球航运的温室气体减排框架,如图2-2 所示。

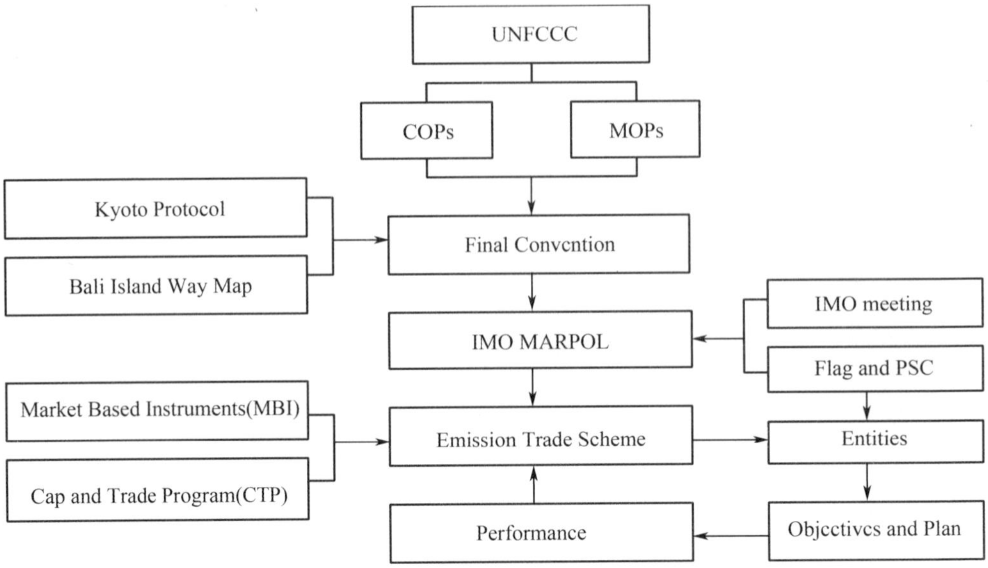

图 2-2 全球航运温室气体减排责任框架

2.1.4 航运减排公共政策的原则

文献[3]指出,温室气体排放属于积累性的环境破坏,因此它具有产品积累外部性以及内在化的特点。所谓内在化就是在外部性存在的情况下,需要把边际外部成本加到边际(私人或单位)成本之上。外部性的内在化导致价格变化,以便反映某一商品的全部边际社会成本或收益。这将在本书7.4节中进行论述。

为了适合温室气体减排外部性内在化特点,在选择政策时必须遵循以下目标:

(1)模型应该为节俭型;

(2)尽量遵循以前的法律框架;

(3)包含不可或缺应用于温室气体减排的所有基本元素(如价格(含税率与补贴)、成本、收益、基本排放许可额度等)以及由此产生的衍生元素(边际成本、收益、累积衰减率、成本不定性与相关系数、收益或成本增长率等);

(4)政策应具有激励特质与鼓励竞争。

目前,发达国家减少航运温室气体排放成功的经验是:对于参与该项活动的排放实体(公司)或个人进行"基于激励"的政策(Incentive - Based Policy),而不是由主管当局采用简单的"命令与控制"方式去规定排放量与指定采用的技术政策,因为前者比后者更具灵活性。

"基于激励"的政策包括税收、一年内的排放上限、与贸易相关联的排放许可等。它是通过引进"排放(碳)银行"条款对排放成本的限制而达到目标的,并包括以下三个原则:

(1)CO_2 减排行为可在维持可变的收益与成本的平衡中保持长效;

(2)执行时考虑不同部门特点,具有可行性;

(3)与其他的本国环保政策(如减排方式与数量等)相互协调与支持。

在上述第(1)项原则中,就涉及每吨碳税的征收价格与政策的长效性问题。如果能让排放实体感到必须采取一定(低于碳税)的成本措施避免被征税,即单位碳税成了每吨 CO_2 排放的上限,那么征税政策就有了积极效果。对于如何满足政策长效性,单位碳税的规定应该根据满足长期排放目标的要求而设定为呈一定规律的变化。

另外,在限制与贸易机制中(Cap and Trade Scheme,CTS),对应于某些选定情景,需要在某一时段规定排放源(或排放实体)CO_2 的总量(Cap),在总量下要求排放实体具有一定(基本)的 CO_2 排放许可(可以表现为碳排放指标或对应的燃油指标),超过这些指标,排放实体(公司)可在它们之间买卖这些不足或过剩的碳指标。这些碳指标的价格在不同的限排时限、不同的碳市场、不同季节所依据的减排技术成本是波动的,这就是碳交易中不定性的来源。

2.1.5 实施中的关键调控手段

在欧盟的排放贸易机制(EU - ETS)中,排放的碳信用(许可)额度(Carbon Credits)可以通过类似于"银行存款利率"方式进行调节,达到市场上温室气体排放总量(类似于银行的M2 货币投放)调节的目的。具体调控方法有以下三类。

(1)按照 2.1.3 中"基于激励"政策的第一个原则设置排放许可价格上限——或称"安全阀"价格,主管当局可依此作为参照,出售排放许可或制定拍卖退出时的保留价格。

(2)允许排放实体借助"银行排放许可方式"转移其在某一时段(如在一年内)的排放额度在今后几年使用,或者借后几年的额度在前几年使用。排放实体可以被激励在排放成本低的时候去使用"银行"额度,在成本高的时候存入额度。

(3)主管当局在排放许可价格太高或太低时应释放或收紧排放总额(Cap)限制带来的压力影响。如果市场上的排放许可价格超过规定价格时,总额的紧缩将逐渐停止,反之亦然。这些通过"银行"额度的存入或借出达到排放总额的收紧或放松。

上述方法已经在欧盟区域开展且收到积极成果。如同其他信贷资产一样,碳排放许用额度就成了一种新的资产,需要有关部门考虑安全运作。

2.2 航运减排公共政策选择

2.2.1 航运减排公共政策选择

航运减排公共政策选择包括以下三个方面:

(1)指令与控制措施(Command and Control(CAC) Measures);

(2)市场指导体系(Market - Based Instruments,MBI);

(3)自愿与鼓励原则。

在进行 CO_2 减排政策选择时,航运主管当局有很大的自由度。有以下的方法可以考虑。

1. 成本调节法

进行 CO_2 排放成本的调节,最为明显的例子是对碳税的调节。它可以限制排碳的成本,但是不能解决在指定时间段内 CO_2 排放总量的不定性问题。原因是排放实体将根据碳税价格去调整各自的减排策略。成本与碳税的关系将在 2.2.2 中进行描述。

2. 总量限制法

主管当局可以采用基于市场指导(Market - Based Instruments)方法去规范 CO_2 排放的总量。例如,主管当局可以制定政策对年度排放总量(Cap)及分配额度(排放许可)并纳入市场机制,如果监控或实施得力,限制与贸易机制可以在指定时间段内(如指定年限)起到限制 CO_2 排放总量的作用,但是这种方法不能解决在指定时间段内 CO_2 排放成本的不定性问题。总量限制法实行的前提是科学地制定排放基准(Emission Baseline)。

排放基准是一个国家(地区)温室气体(CO_2)排放量在基准年(Base Year)的历史记载,并包括排放源的纪录。这一记载(通常每年按 12 个月记录)在温室气体减排中作为主管当局强制或自愿的限制目标。例如,《京都议定书》将 1990 年定为缔约国的参考年,将在该年排放总量的 5.2% 作为 2012 年必须完成的减排目标。

此基准将形成温室气体减排的基础,它的确定将使国家(地区)主管当局清楚地识别该国家(地区)主要的温室气体排放源(包括排放实体及其各种活动)。它是制定与减排活动相联系的各种元素(如资产等)的法规基础,从此可以通过制定一项温室气体减排计划得出需要达到的减排范围与目标。

建立排放基准一般采用五步进行:

第一步,决定排放源的边界(范围);

第二步,识别温室气体排放源(排放实体);

第三步,确定基准年(代);

第四步,收集在基准年(代)的排放纪录;

第五步,评估上述纪录使其具可信程度,并转换为温室气体(CO_2)计量的标准单位(tCO_2e/kWh)。

3. 成本 - 总量调节混合法

为了使单位时间段内排放总量在不同的方式下(如上述 1,2)规定更为灵活,最好采用成本调节法和总量限制法结合的方式,称之为成本 - 总量调节混合法(简称为调节混合法)。在总体方针上采用限制与贸易计划并加入碳税来维护,使得上述排放总量与成本的不定性问题得以控制。

总的来说,对航运温室气体的排放限制采用激励的方法比采用命令控制的方法要好,既可控制总量又可控制成本,但是与单纯的经济效益方式有较大的区别,根本原因是揉进了政府的意志。在调节混合法中,主管当局还可以对个别排放严重的排放实体(如航运公司)实行特殊的政策,强制排放总量及采用的技术进行规范。

在国家(地区)采用调节混合法时,还有一个重要的因素必须考虑,那就是要与世界上主要国家与地区的减排政策相协调。其中最有代表性的是采用经济性能效政策,使得 CO_2 的边际减排成本与边际收益(Marginal Benefit)结合进行(使两者尽量接近)。在宏观上表现为所采取的 CO_2 减排措施不得对气候环境产生副作用。与之相关的概念是成本效率,采用成本效率政策可以有效降低完成减排目标的投入成本。判断成本效率的准则是所采用的政策能否缩小在今后几十年内的减排成本。主管当局应该着重关心在某时段中的关键时间点,如某情景下 CO_2 升高下降的拐点、同一时段末期应完成 CO_2 减排的趋势确定性等。

因此,当减排政策确定后,在成本与收益都不能被确定的情况下,航运主管当局的责任是对这两者加强评估。如果减排的措施与技术随着某些因素(如经济总量、市场环境、气候、技术转让等)变化,减排成本的变化就会发生。有些收益的显现是长期的,几年、几十年甚至一个世纪。因为 CO_2 产生后的存活率对自然环境的危害是长期的,所以评估 CO_2 减排的收益亦是长期的、复杂的,而且富有挑战性。其最大的问题还是由于各航运国家的利益不同,不易达成一个统一的减排框架与步调。例如,由于地球温度的升高环境出现重大的改变,导致海洋国家有不少海洋动(生)物可能消亡,这无法从经济的角度进行测量,无法在成本的核算中进行加权评定。另外对于 CO_2 排放强度,国际上有两类不同的专家观点,一类观点是人类可以采用适当的措施面对温室气体排放引起的问题,另一类观点是如果温室气体强度集中在某时间段,那么所产生的问题更大。

针对三种方法的描述,下面对与其相关的、目前国际所采用的价格与排放总量政策的数学模型进行介绍。

(1)温室气体减排的微观经济学数学模型

欧盟、美国的经验表明,成本(最小化)与收益(最大化)所反应的排放实体的利润最大化,都可在排放总量及碳税的价格上得到充分体现。同时税率的大小还体现了主管当局对于航运温室气体减排的意志与在排放总量概念下的价值观。提高(或紧缩)的排放总量都意味着减排中边际效益的变化。在排放额较多的情况下,排放许可价格较低,反之则增加。由上可见,温室气体排放总量(分为不随排放许用额度变化与随排放许用额度变化两类)与碳税水平及采用的减排脱钩方式(见第 1 章)的确定,是航运主管当局在温室气体减排中最为重要的工作。它们对社会的激励作用很大。因为在市场条件下,排放实体都会按照减排成本是否小于(或等于)所期望的收益的规律去决定本单位减排的策略。一开始都是采用低成本策略,随着减排难度增加(或减排数量增加)减排成本也会增加。不管何种措施(方法)被采用,都必须满足以下不等式:

$$M_B - M_C \geqslant 0 \tag{2-1}$$

式中 M_B——边际收益,$M_B = B'(tCO_2e)$(见式 2-3);

M_C——边际成本,$M_C = C'(tCO_2e)$(见式 2-3)。

为了说明上述原则的合理性,这里借助微观经济学[4]的基本原理予以证明。

在温室气体减排的工作中,人类一直打算降低温室气体对地球温度升高的影响程度。因此,不论各国政府(地区)采用的政策是“绝对脱钩”还是“相对脱钩”形式(见第 1 章),都会根据《京都议定书》要求或根据本国承诺或根据本国发展需要在一定的时间段内(以年为单位)制定出排放总额 Q_{CAP} 来:

$$Q_{CAP} = Q_{PRESENT/1990}(1-x)\% \tag{2-2}$$

式中 $Q_{PRESENT/1990}$——《京都议定书》规定的以 1990 年为基准年的排放总量;

x——减排比率,如《京都议定书》规定:2012 年发达国家 CO_2 排放量应在 1990 年排放基础上减少 5.2%,即 $x=5.2$。

根据经济学统计规律:在产品的产量 q 足够大时,收入 $B(q)$ 是凸函数,成本 $C(q)$ 是凹函数,在获得最大利润点前面,总有 $B'(0) > C'(0)$,$B'(q) < C'(q)$,$B''(q) < 0$,$C''(q) > 0$。如图 2-3 中的虚切线所示。

尽管航运业是一个服务行业,可以将航运公司的服务项目与上述产品相对应,收入与运费的总和相对应,CO_2 的减少可以视作对产品质量(成本效益)影响的重要因素。当这些排放总额 Q_{tCO_2e} 分配到排放实体(航运公司)中去时,就形成对其强制排放的制约,如果排放实体不能完成减排任务,就必须到市场(主要是 CDM 机制市场,见 CDM 术语解释)购买其他排放实体的碳信用转让指标(Carbon Credits),形成排放许可定额。这样就增加了排放实体的成本,可以用碳税的形式或增加的一次性石化能源费用表达出来,这在航运公司的运作中就具有了利润曲线的变化,如图 2－3 的实线所示。

由图 2－3 可见,成本 C、收入 B、利润 I 曲线都可写成 CO_2 减排量 Q_{tCO_2e} 的函数:

$$\begin{cases} B = B(Q_{tCO_2e}) \\ C = C(Q_{tCO_2e}) \\ I = B - C \end{cases} \tag{2-3}$$

那么边际收益(M_B)与边际成本(M_C)为

$$M_B = \frac{dB}{d(Q_{tCO_2e})} \text{ 和 } M_C = \frac{dC}{d(Q_{tCO_2e})}$$

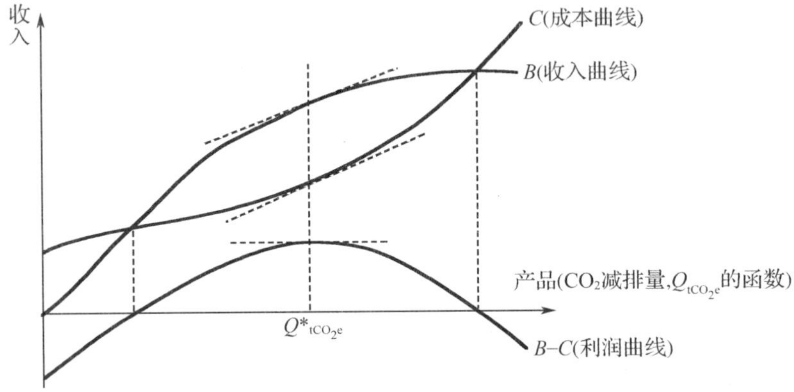

图 2－3　航运业收入与产品(CO_2 减少)的关系曲线

当利润曲线导数为零时,即 $Q_{tCO_2e} = Q^*_{tCO_2e}$,

$$\left.\begin{aligned} \frac{dI}{d(Q_{tCO_2e})} &= M_B - M_C = 0 \\ M_B(Q^*_{tCO_2e}) &= M_C(Q^*_{tCO_2e}) \end{aligned}\right\} \tag{2-4}$$

即在温室气体减排至 $Q^*_{tCO_2e}$点,优化的碳价格(碳税率)对应点 P^*(图 2－4)为

$$P^* \equiv I(Q^*_{tCO_2e}) = B'(Q^*_{tCO_2e}) - C'(Q_{tCO_2^*e}) \tag{2-5}$$

式(2－1)表示了利润曲线导数为零点的左侧部分。

下面,作者用文献[5]的方法推导温室气体减排模型。

在上述式(2－1)中,两者之间的差值就是在政策执行过程中出现的诸多不定性,例如,石油价格、国际航运物流链对航速的需求、港口技术状态、区域政策变化、技术采用与成本变化等,都是对排放实体激励程度的度量,它决定了年总减排量的完成程度。因此,实际的减排最优点 $Q^*_{tCO_2e}$并不容易得到,在制定政策框架时对今后的社会、经济、技术发展的水平也无法确定。为了更为合理地描述这种不定性,对成本 C 引进一个随机摄动系数 θ,

$$C = C(Q_{tCO_2e}, \theta) \tag{2-6}$$

由于减排的收益 B 受到随机因素(如气候变化、经济机制等)制约过多, 其与减排数量 Q_{tCO_2e}之间的函数关系、成本 C 与 Q_{tCO_2e}之间的函数关系具有不同影响因素,为了计算这些因素所产生的模糊性,如同处理成本 C 与 Q_{tCO_2e}之间的函数关系一样,引进一个随机参数 η。η,θ 皆为独立分布。

$$B = B(Q_{tCO_2e}, \eta) \tag{2-7}$$

CO_2 的减排数量与成本 C、收益 B 的模糊性都会发生关系，即

$$Q_{tCO_2e} = Q_{tCO_2e}(\theta, \eta) \tag{2-8}$$

这样，减排数量在利润最大点之值为 $Q^*_{tCO_2e}(\theta,\eta)$，(碳)价格最适宜点之值为 $P^*(\theta,\eta)$，与式(2－5)一样，有适宜的价格(表现为对碳税率)为

$$P^*(\theta,\eta) \equiv B(Q^*_{tCO_2e}(\theta,\eta),\eta) - C(Q^*_{tCO_2e}(\theta,\eta),\theta) \tag{2-9}$$

这时，B，C 分别是 θ，η 的边际函数。

按照数理统计原理，式(2－3)中 $I=B-C$ 表示收益，写成数学期望形式，即

$$E[B(Q^*_{tCO_2e}(\theta,\eta),\eta) - C(Q^*_{tCO_2e}(\theta,\eta),\theta)] = \max_{Q_{tCO_2e}}[B(Q_{tCO_2e},\eta) - C(Q_{tCO_2e},\theta)] \tag{2-10}$$

式(2－10)成立的条件为边际收益(入)与边际成本的期望值相等(一阶导数表达)，即

$$E[B'(Q^*_{tCO_2e}(\theta,\eta),\eta) = E[C'(Q^*_{tCO_2e}(\theta,\eta),\theta)] \tag{2-11}$$

如果价格(如碳税、补贴)P 被确定，对应减排数量则为

$$Q_{tCO_2e} = h(P,\theta) \tag{2-12}$$

利润为

$$B[h(P,\theta)] - C[h(P,\theta),\theta] = \max_{Q_{tCO_2e}}\{B[h(P,\theta)] - C[h(P,\theta),\theta]\} \tag{2-13}$$

根据微观经济学中对于竞争性企业的定义“在竞争市场上，单一企业(因其产量为全行业的一小部分)面对的需求曲线既是它的平价收益曲线又是它的边际收益曲线，在这条曲线上，边际收益与价格相等”，其必定将主管当局宣布的碳价格作为边际条件(图2－4)，即：

$$C'(h(P,\theta),\theta) = P \tag{2-14}$$

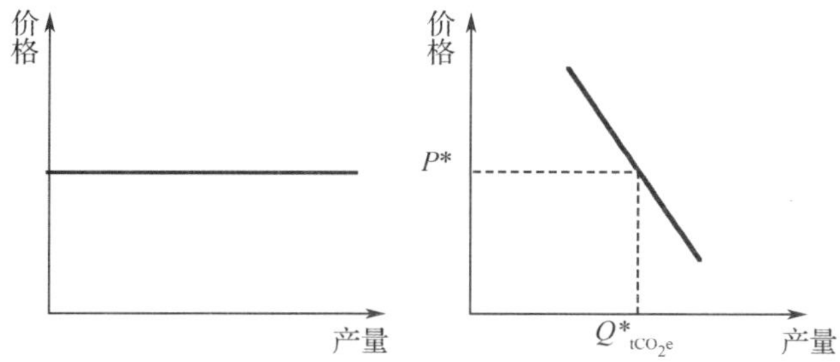

图2－4　碳价格作为边际条件曲线

主管当局可以理性地选择特殊价格(碳税率)$\bar{P}$，根据式(2－13)，有

$$E[B(h(\bar{P},\theta),\eta) - C(h(\bar{P},\theta),\theta)] = \max_{P} E[B(h(P,\theta),\eta) - C(h(P,\theta),\theta)] \tag{2-15}$$

对式(2－15)左端求导，考虑式(2－4)的条件，有

$$E[B'(h(\bar{P},\theta),\eta)\cdot h'(\bar{P},\theta)] = E[C'[h(\bar{P},\theta),\theta]\cdot h'(\bar{P},\theta)] \tag{2-16}$$

考虑式(2－14)，有

$$E[C'[h(\bar{P},\theta),\theta] = E(\bar{P}) = \bar{P}$$

代入式(2－16)有

$$\bar{P} = \frac{E[B'(h(\bar{P},\theta),\eta)\cdot h'(\bar{P},\theta)]}{E[h'(\bar{P},\theta)]} \tag{2-17}$$

根据式(2－11)，

$$\overset{\bar{P}}{Q}_{tCO_2e} = h(\bar{P},\theta) \tag{2-18}$$

从上面的推导中可以看出，θ,η 分别代表了价格（税率与补贴）与排放总量的不定性。在执行的初期由于其未知性，主管当局（企业）应该首先临时锁定可达到的预见成果，在前面已经假定为相互独立的基础上，随后去发现其不定性的分布规律，为消除不定性因素制定不同的调整措施。一旦减排目标被锁定，排放实体就会努力在特定时间内以下两式为基础通过各种手段达到目标，实现边际成本与边际效益相等。

$$\begin{cases} B'(Q^*_{tCO_2e},\eta) \neq C'(Q^*_{tCO_2e},\theta) & (2-19) \\ B'(\overset{\bar{P}}{Q}_{tCO_2e}(\theta),\eta) \neq C'(\overset{\bar{P}}{Q}_{tCO_2e}(\theta),\theta) & (2-20) \end{cases}$$

(2)价格与减排总量方式相互影响程度

假定价格与减排总量政策执行结果的差距为

$$\Delta \equiv E[B(\overset{\bar{P}}{Q}_{tCO_2e}(\theta),\eta) - C(\overset{\bar{P}}{Q}_{tCO_2e}(\theta),\theta)) - (B(Q^*_{tCO_2e},\eta) - C(Q^*_{tCO_2e},\theta))] \tag{2-21}$$

上式中的“Δ”在价格与总量两种控制模式下的收益期望值。其正值或负值都可反映这种值的大小。

为了分析实际中的不定性，把式(2－6)与式(2－7)在最大利润点 $Q^*_{tCO_2e}$展成泰勒级数形式，取至二次项。

$$C = C(Q_{tCO_2e},\theta) \approx a(\theta) + (M+\alpha(\theta))(Q_{tCO_2e} - Q^*_{tCO_2e}) + \frac{N}{2}(Q_{tCO_2e} - Q^*_{tCO_2e})^2 + \cdots \tag{2-22}$$

$$B = B(Q_{tCO_2e},\eta) \approx b(\eta) + (G+\beta(\eta))(Q_{tCO_2e} - Q^*_{tCO_2e}) + \frac{H}{2}(Q_{tCO_2e} - Q^*_{tCO_2e})^2 + \cdots \tag{2-23}$$

上式中，$a(\theta)$，$\alpha(\theta)$，$b(\eta)$，$\beta(\eta)$为随机函数，但是在实际中 $\alpha(\theta)$，$\beta(\eta)$为标量，M,N,G,H 是常量。因此，

$$E[\alpha(\theta)] = E[\beta(\eta)] = E[\alpha(\theta)\cdot\beta(\eta)] = 0 \tag{2-24}$$

将 $Q_{tCO_2e} = Q^*_{tCO_2e}$代入式(2－22)与式(2－23)中，

$$a(\theta) = C(Q^*_{tCO_2e},\theta) \tag{2-25}$$

$$b(\eta) = B(Q^*_{tCO_2e},\eta) \tag{2-26}$$

式(2－22)与式(2－23)两边对 Q_{tCO_2e}求导，可得：

$$C'(Q_{tCO_2e},\theta) \approx (M+\alpha(\theta)) + N(Q_{tCO_2e} - Q^*_{tCO_2e}) \tag{2-27}$$

$$B'(Q_{tCO_2e},\eta) \approx (G+\beta(\eta)) + H(Q_{tCO_2e} - Q^*_{tCO_2e}) \tag{2-28}$$

分别对式(2－27)与式(2－28)在 $Q_{tCO_2e} = Q^*_{tCO_2e}$取数学期望和对 Q_{tCO_2e}求导，得

$$\begin{cases} M \approx E[C'(Q^*_{tCO_2e},\theta)] \\ N \approx E[B'(Q^*_{tCO_2e},\eta)] \\ G \approx C''(Q_{tCO_2e},\theta) \\ H \approx B''(Q_{tCO_2e},\eta) \end{cases} \tag{2-29}$$

考虑式(2-10)的利润最大化条件,按照统计中均方差的计算方法,对边际成本有

$$\sigma^2 \equiv E\{[C'(Q_{tCO_2e},\theta) - E[C'(Q_{tCO_2e},\theta)]]^2\} \approx E[\alpha(\theta)^2] \tag{2-30}$$

同理,对边际收益有

$$E\{[B'(Q_{tCO_2e},\eta) - E[C'(Q_{tCO_2e},\eta)]]^2\} \approx E[\beta(\eta)^2] \tag{2-31}$$

根据式(2-12)和式(2-27),有

$$Q_{tCO_2e} = h(P,\theta) \approx Q^*_{tCO_2e} + \frac{P - C'(Q_{tCO_2e},\theta) - \alpha(\theta)}{C''(Q_{tCO_2e},\theta)} \tag{2-32}$$

在式(2-32)两边对价格 P 求导,有

$$h'(P,\theta) \approx \frac{1}{C''(Q_{tCO_2e},\theta)} \tag{2-33}$$

将式(2-33)代入式(2-17)中,可得

$$\bar{P} = \frac{E[B'(h(\bar{P},\theta),\eta)\cdot h'(\bar{P},\theta)]}{E[h'(\bar{P},\theta)]} \approx E[B'(h(\bar{P},\theta),\eta)] \tag{2-34}$$

考虑式(2-28)、式(2-32)、式(2-34)与式(2-24),有

$$\bar{P} \approx B'(Q_{tCO_2e},\eta) + \frac{B''(Q_{tCO_2e},\eta)}{C''(Q_{tCO_2e},\theta)}(\bar{P} - C'(Q_{tCO_2e},\theta)) \tag{2-35}$$

考虑利润最大化条件:

$$B'(Q_{tCO_2e},\eta) = C'(Q_{tCO_2e},\theta) \text{ 与 } B''(Q_{tCO_2e},\eta) < 0 < C''(Q_{tCO_2e},\theta)$$

可得

$$\bar{P} \approx C'(Q_{tCO_2e},\theta) \tag{2-36}$$

考虑式(2-18)、式(2-32)和式(2-36),可得

$$\overset{\bar{P}}{Q}_{tCO_2e}(\theta) = Q^*_{tCO_2e} - \frac{\alpha(\theta)}{C''(Q_{tCO_2e},\theta)} \tag{2-37}$$

如果取

$$Q_{tCO_2e} = Q^*_{tCO_2e} \text{ 与 } Q_{tCO_2e} = \overset{\bar{P}}{Q}_{tCO_2e}$$

将式(2-37)代入式(2-22)与式(2-23)中,再将其结果代入式(2-21)中,可得

$$\Delta \approx \frac{\sigma^2}{2}\left[\frac{B''(Q_{tCO_2e},\eta)}{C''(Q_{tCO_2e},\theta)^2} + \frac{1}{C''(Q_{tCO_2e},\theta)}\right] \tag{2-38}$$

分析式(2-38)有以下特点。

①Δ 与边际成本的均方差(σ^2)呈线性关系,因此均方差的值就决定了价格与排放总量两者方式之间的关系,如此均方差为零时,则表明无论是控制价格还是控制排放总量其两者结论趋同。

②在数学上,Δ 极大地依赖成本、收益曲线在两者导数相等附近的曲率。当 $\Delta = C'' + B''$,且收益曲线曲率大于成本曲线时,控制排放总量应为最佳方案。

③如果 $\Delta < 0$,表明收益曲线的曲率较大,与之对应,成本曲线的曲率过小(甚至趋向线性),这时如果着重采用碳价格政策控制则结果一定较差。

④如果收益曲线的曲率较小(甚至趋向线性),控制碳价格的方式就更有吸引力。

⑤当曲线成本趋于平坦时,即使最小的计算误差变化也会导致结果与所期望的总量相距甚大。

⑥$C''(Q_{tCO_2e},\theta)$,$B''(Q_{tCO_2e},\eta)$在评估 Δ 值中对收益、成本曲线的作用很大,应加以重视。

回到图 2 - 3 中,收益 B 与成本 C 的曲线是需要 IMO 或各国运主管当局根据大量的统计作出的,然后根据上述的结论进行分析,再行决定采用何种减排方略。

上述的分析结论已经成为美国、欧盟温室气体减排政策制定的主要理论依据。

除了上述之外,另外一个重要的因素是主管当局可能会非常在意在某一时间点的排放数量(如排放年计划指标的完成),因为在高级别协调时,排放总量具有更易操作的优点。

为了使得政策更具有效性,由于碳税与温室气体排放总量是一个近乎成反比的关系,因而碳税的逐步增加与碳排放总量逐步减少措施是必不可少的。未来的温室气体(CO_2)减排收益(资金时值)由于气候损害被有效防治是一个逐步增加的过程。碳税(升高)与排放总量(紧缩)的规定会日趋严格,这是因为越是接近减排目标越是需要较为平滑的过渡措施,市场上将拥有更多的装备与更好的技术可供选择。它使得排放实体在成本低时可以增加减排指标(将低成本省下来的资金用于更多的减排,如技术改造),而在成本高时可以降低减排指标。从图 2 - 3 上则表现为最大利润点向右移动。

文献[6]指出,收益函数的导数(即边际收益)的变化平缓或急剧程度将分别与价格体系或排放总量体系的相关度较高。导数变化平缓意味着一个单位的减排可获近似相等的收益,碳价格/税率可以很好地修正这种积累型的外部性。相反,导数变化急剧则意味着一个单位的减排收益面临着一个必须避免的门槛值,它只能由总量限制进行控制。进一步的研究发现,控制积累外部性模型的边际收益或边际成本最终可确定价格政策(如税收、补贴、拍卖底价)对于控制总量的影响。这就说明,在减排政策的制定中所采用的模型应该是动态的,包括某时间段内成本、贴现率、积累衰减率、收益(入)增长率等参数的相关性在内。在温室气体减排的政策运用中,价格政策(税收、补贴、拍卖底价)比排放总量控制更有优势。

2.2.2 航运减排公共政策模型

2.2.2.1 温室气体减排公共政策模型

当航运减排的公共政策逐渐被全世界认同时,政策制定者将面临着一个不可避免的问题,即不仅为政策设定一个单纯的目标,而是为所达到的目标进行政策执行说明。这种方法称为分段实施总体达标。如 MEPC61 已经决定了在 2030 年以前逐步达到的船舶减排目标(详见第 3 章),由于目前许多方面不成熟,需要进一步的说明。为了应付可能的国际变化情况,下面介绍西方发达国家的现时政策。

减排总量与贸易机制(Cap and Trade Scheme,CTS)

在决定航运温室气体减排框架之前,让我们来看看当前西方国家所采用的实际市场政策。

自《京都议定书》签订后,西方国家以欧盟、美国为首进行了大量关于温室气体减排政策研究。美国虽然没有在《京都议定书》上签字,但是研究这些政策方面却毫不逊色,各种立法也频频出台,现在已经建成美欧同步的温室气体减排机制或体系。在诸多的温室气体减排政策机制与体系中,美国、欧盟无独有偶地选择了排放总额贸易机制(CTS),何也?一方面在西方自由经济体制下,政府不会采用强制命令的方法;另一方面,这个体制具有与西方现行经济体制吻合的优越性。

在上述政策框架中,排放实体被确定,并且为其建立排放总额,允许对排放许可额度进行市场交易(贸易)。排放实体(包括上下游联系)在经济的各种层面上规定了其排放责任,那就是必须放弃排放许可额度等于其在参考年(或基准年)实际排放额度的做法。国家的排放总额等于这些排放实体排放量的总和。市场贸易机制为排放许可额度建立起价格体系,达到推动减排成本效益(Cost - Effective Abatement)与建立激励动力的效果。

在实际操作中,主管当局将排放许可额度分配给排放实体作为政府文件规定的主要内容,但是这种规定不是排放总额与贸易计划的内容。排放许可额度的分配往往是免费的。有时,主管当局也会采取拍卖方式去处理一部分排放许可额度。

为了清楚地描述 CTS,表 2 - 1 将其设计步骤及关注要点介绍如下[7]。

表 2 - 1 CTS 设计步骤

设计步骤	标题	内容
1	制定减排目标时间框架(强制性)	根据减排成本与收益关系确定建立政策适用的时间范围内的总体减排目标。目前这个时间段被定在 2050 年以前
2	制定政策(规则)要点	规定排放总额、排放许可额度的分配(免费)或拍卖方式。其要点为排放实体必须为满足排放监控、排放记录维护、排放许可目标等提交实施要求。如航运公司的减排成本来自于船队的燃料使用,包括船舶能耗效率、节能设备、燃料替代等均应报告。上游实体(如炼油厂)不能直接控制减排成本(除非在炼油生产过程中减少排放)
3	排放许可分配方法	无论在对于上、下游实体,排放许可都是有价资产,CTS 必须体现对其分配公平性。如果采取拍卖方式,分配方法将全面地影响到与收益相关的活动。如果分配采用"祖父原则(Grandfathering Principle,见术语解释),排放实体收到的是有价资产或稀缺资产。当主管当局仅关注使用燃料的实体(下游实体)时,实体将直接承担减排成本(如改善能效、燃料转换、硫冲洗等技术)。原因是上游实体总可以将其减排成本转移到下游实体,在此意义上对上游实体实施免费分配排放许可额度是不适当的
4	建立排放许可额度的银行储存与借贷机制	在 CTS 中,通常要设计排放总额限制的年度计划,并且将这一年度排放总额定向分配给排放实体。实体的社会责任可以通过其排放总额限制得到体现。如果减排成本的期货值较高,排放实体就会受到激励,在早期多减排,将多余的排放额度存入银行以期将来使用。反之亦然。在这种体系中,需要建立"碳银行"并建立碳排放许可额度的存储与借贷制度,但是须注意在借贷中存在违约风险。因此,CTS 体系对借贷是慎用的,它反映 CTS 是一个日趋收紧但又是一个灵活的体系,充分体现了以减排成本最低的思想,但又不会修改减排目标(总额)的初衷

表 2-1(续)

设计步骤	标题	内容
5	确定 CTS 覆盖温室气体种类与涉及的部门	目前,因为 CO_2 在温室气体占的比例较大,西方国家的 CTS 体系都是以 CO_2 的减排为主(有时也叠加一些其他的温室气体种类)。一个多种的温室气体减排体系(《京都议定书》规定为六类)要求一套在 CO_2 基础上能够对其影响评估的转换率。因此,提出的是 CO_2 等效吨(tCO_2e)的概念。另外,确定排放实体(部门)也非常重要,如欧盟,其 CTS 的排放实体仅适包括电力、重工业等部门。在 2012 年 1 月 1 日,航空被纳入 EU-ETS 机制
6	建立政府收益的再生使用制度	在部分排放许可额度被拍卖或安全阀价格被设置的情况下,主管当局将会有销售进项——政府收入。这些收入可用于减少一部分涉及实体(收入、红利、资本收益)或劳动力(劳动收入)方面的税收,使社会获得双赢(减排改善环境与改善经济)的结果。另外,这些收入可以用于减碳技术开发的补贴或奖励,促使减排成本直接降低,直接体现取之于民用之于民的精神。否则,政府的收入对经济的发展将起负作用。对于碳税较轻的国家(如美国),减税不起作用
7	建立安全阀价格制度	当排放总额度确定后,由于大量的不定性问题存在,如何决定碳额度的市场价格就是一个很重要的问题。为了避免过高减碳成本威胁 CTS 体系生存,碳价格最高限制(安全阀价格)应该被规定到体系中。主管当局可以以此价格向社会供应排放许可额度。何时启动安全阀价格应该由所分配的排放许可额度与当时的市场碳价格决定。如果安全阀价格过高(相对于碳时价),政府不可能出售碳排放额度。如果过低(在排放总额限制严格时),将造成排放增加甚至需要修改排放总额限制,使得排放许可额度分配失效
8	与其他国家的 CTS 链接	在全球经济一体化的今天,由于温室气体减排是全人类的工作,CTS 体系只有与全球经济发展相联系才有生命力。譬如在实行低成本减排时,它必须满足市场供求关系,如果航运减排成本较高,某部门排放实体必然在市场上寻购碳排放许可额度,如果本领域市场没有,就会在全球市场寻找其他领域的排放许可额度(如森林项目)。通过 CDM 等机制获得碳排放许可额度及碳信誉(额度)(见术语解释)

除了上述 CTS 设计步骤外,在执行中尚需考虑以下外部因素的影响。

1. 非本国减排政策影响

非本国减排政策影响主要反映在本国减排的成本上。当 CTS 体系与外国链接后,由于资金的流动特性总是去向获利的方向,如果外国的 CTS 体系采取的诸如上述表格中所列的 8 个环节与本国有差别时,将对本国 CTS 的效果——对排放许可额度的贸易造成严重影响。其中进出口交换比例效果(Terms of Trade Effects)起到了关键作用,在评估减排边际成本时是必须要考虑的。另外,国际油价将影响到本国的进出口油价水平,甚至影响到排放实体采用减排措施的决心。

例如,在 20 世纪 90 年代,中国主管当局支持了本国从事国际航运企业的节能技术开发，进行了风帆在集装箱船上的应用研究，当时的技术水平与日本采用的技术是相当的。但是由于当时油价极低，造成节能边际成本（研究制造、维护费等）过高，因此这些船用技术在两年内几乎销声匿迹。但在油价高昂的今天，关于船用风帆（翼）的研究又开展得如火如荼。日本、中国政府将新型风帆（翼）应用到大型远洋运输船列入2009—2014年的研究周期中。再如生物燃料的研究在油价高达一定的门槛值时才会有市场需求。

2. 贸易保护相关政策

在当前的国际关系中，无一不是以本国（集团）的利益为前提的。即使世界贸易组织（WTO）成功地组成了国际贸易网，在关键时刻（如2008年美国爆发了次贷危机）其毕竟与国家的利益发生冲突。各国都会采取符合本国利益的贸易保护政策。

例如，生物燃料（如酒精）已经被证明了是替代石油较好的符合低碳趋势的燃料，在当前高油价下，其成本也较低。除了技术发展之外，如果政策也允许的条件下（意味着各国都有根据本国减排目标所采用的热情），这些燃料生产的条件与贸易才是畅通的。因为它涉及了生产生物（如玉米）所需要的土地供应、土地环境的下降、粮食价格变化等因素。在酒精进口各国都采用严格的关税制度的情况下，一旦与各国土地资源有关的生产生物燃料的原材料需求增加，可能引起新的贸易大战。由于生物燃料的成本也牵涉了减排边际成本，所以贸易保护政策的影响在制定CTS中必须引起重视。

2.2.2.2 温室气体减排体系中各种参数优先权比较

根据上述，航运减排公共政策的选择与减排情景、排放限制（Cap）、排放实体（Entities）的积极程度、经济杠杆（如税收、补贴、拍卖底价）等有关，对于目前欧美实行的“排放总额贸易机制”在基于市场的指导（Market - Based Instruments，MBI）体系下进行运作情况，其中的要素何者为优，应进行比较研究。

如在CTS体系中，碳税（TAX）是处于重要地位的，这是因为它在市场的交易中碳税的大小对排放实体的激励、技术的采用、边际成本（Marginal Cost）的核算、与其他国家（地区）政策的协调等等都有举足轻重的作用。表2 - 2是在美国实施CTS中，碳税与其他政策的影响程度比较。

表2 - 2 碳税与其他政策的影响程度的比较

政策种类	影响	执行要求	国际协调
碳税	在西方国家的CTS中，其效果排在第一位，应该避免在一定期间的波动以免造成成本随之波动，航运公司会将其设置为减排边际收益，起到激励排放实体在减排成本高于期望收益时则多减，反之则少减的效果。研究指出，税收的净收益可能是固定限排总量收益的五倍，它的成本可以达到长期目标，并仅为固定减排目标成本的一小部分	执行中必须监控减排情况，与目前的行政管理税收制度协调，比较容易执行，类似于煤、石油的税收政策	碳税率可以与其他国家的碳税率协调。这种一致性需要验证与强制。如果各国的碳税政策分布在碳排放额度供应的不同节点上，需要特别的监控避免双重收税或对某种产品漏收。由于在不同国家需要预报排放许可价格，在不同的排放总额与贸易系统中，使得各参与国的碳税收与其他国家一致是比较困难的

表 2－2(续)

政策种类	影响	执行要求	国际协调
减排总量与安全阀及银行额度调节或最低限价	这种政策效果排在第二位。带有安全阀功能或最低限价的排放总额与贸易计划具有较大的税收效能优势,安全阀可以抑制市场碳价无休止上扬并防止减排成本超过被期待的收益,“碳银行”可防止减排许可价格太低。如果市场碳价在未来升高,最低限价的作用将更有效地起到防止减排成本高于目标水平	这种减排计划不需要对排放具体情况监控,但是它需要一个新的行政措施去跟踪排放许可的具体实体及其转移。安全阀的作用将是极其明显的,主管当局可以在安全阀下提供更多的排放许可额度。“碳银行”的职责必不可少。仅当主管当局以拍卖的形式推出排放许可额度的一部分时,最低限价将被使用	安全阀或银行调节对于参加减排国际联盟采用排放总额限制与贸易计划的国家都是可用的,问题是参加联盟的国家不能保证其减排量在指定时间(年)达到预期水平。对于不一致性的协调、执行力度的加强及国际资金流调整是必须的。在排放总额限制与碳贸易计划存在差别的国家中,有的(通过采用较小的最低限价或被达成的安全阀价格)可以从这些政策差别通过不同的体制连接中获益
带有银行调节和控制借贷或限制器功能的排放总额	其效果排在第三位。如果排放许可额度价格在将来可能升高(包括增加排放实体的借贷能力或限制器功能)超过期望值或上限,成本增高,可能没有效益。这时,允许排放实体将减排许可额存入银行将抵御排放许可价格的过大波动	这种减排计划不需要对排放具体情况监控,但是它需要一个新的行政措施去跟踪排放许可额度的具体实体及其转移情况。“碳银行”的职责必不可少。当启动限制器或修改借贷限制,需要调整现时与将来的排放许用额度价格。如果调整方法不恰当,将引起价格波动	包括“碳银行”调整和限制器或借贷在内等政策将降低减排联盟之间联系的协调能力,因为这些政策具有很大的不定性,使得各国间的排放总额与排放许可额度在全球贸易市场上出现很大的变数
固定排放总额	其效果排在第四位。许可排放额度价格在减排政策实施过程中可以变化。其缺陷是为了达到一定收益,如果达到减排目标的成本高于期待水平,固定的排放总额可能过大。如果满足减排目标的成本低于主管当局期待值,固定的减排额可能就过小	这种减排计划不需要对排放具体情况监控,但是它需要一个新的行政措施去跟踪排放许可额度的具体实体及其转移情况	在数个国家的排放总额与贸易机制相连接时,需要增加一致性的激励政策,在各国不一致的监控与执行力度将逐渐削弱整体减排体系。进而排放许可额度价格不可能达到一致,而资金向减排体系健康的国家流动最终导致总体的减排目标降低

表中的政策效果排队与上面温室气体减排数学模型及其效果完全一致。

目前,国际上常用的碳税模型如下。

1. 固定排放总额碳税模型(A Carbon Dioxide Tax Versus an Inflexible Carbon Dioxide Cap)

在此模型中,排放总额不被"排放许可额度"价格左右,着重强调碳税在 CO_2 减排中的作用。在指定时间段(年)内,减少每吨 CO_2 的收益大致相同,但是排放每吨 CO_2 的成本随着每吨碳指标的减少而增加,其理由是在完成减排指标过程中边际成本的提升。在减排开始,排放实体(航运公司)往往采用成本低廉的方式进行减排(如调整管理模式、改变设计理念等);而到了后期,当已经采取的措施(技术)不够理想时,则不得不采用减排成本愈来愈大的措施或技术。这使得温室气体减少过程中的边际成本总是增加的。

上面所述的边际收入(不断降低)与边际成本(不断升高)的差异反映了两者的不定性程度极大依赖于年度排放总额的规定。排放总量约束太紧将引起减排成本大于收益,如果约束太松则导致减排成本小于收益。这是因为在市场经济中,各种人类活动的后果(或产品)都应该满足经济学的基本原理——供给与需求的基本关系,出现过大(过小)的收益或成本不平衡都将会导致整个社会经济的不良发展,而目前调节这种不平衡只能通过碳税的征收来达到,所以碳税额度的规定在一定时期内是稳定的,但是长期来看它又是变化的。通过上述的不定性因素预估收益决定单位碳税上限值(Ceiling Value)是一件既繁重又复杂的工作。

在 UNFCCC 框架下,各国(地区)政府成了温室气体减排的责任主体。因此在采用固定排放总额模型时,由于其中参数充满了不定性,不能不研究主要关键参数(如排放总额、碳税率是其中两个主要杠杆)对整个减排效果的影响,主管当局必须在某一时间段内设定有关限制。

文献[5]指出,在大的经济体中,资源常以指令与价格或其他非限定途径的形式进行分配。而在今天,温室气体减排体系已经形成了低碳经济政策实施的核心,如果遵从市场经济的特色,应该把处理空气质量负面影响(温室气体减排)作为一种产品。因此,减排的配额已经成为了经济资源,它的操作应服从经济发展的规律。

以减排总量限制或价格(税收、补贴、拍卖底价)为主时,体系的设计将以配额(减排实体具体减排目标)或在特定的参考价格下的收益为主。

(1)规定"限制排放"的未来收益——排放总额(Cap)

根据式(2-11),可以假定在某一碳税率下,在政策适用期内,政府限制排放的未来收益在减排额度范围将保持为常量(称为政府预算内容),即

$$R_{\mathrm{TAX}} \cdot N_{\mathrm{CAP}} = C \tag{2-39}$$

式中　R_{TAX}——碳税率,美元或人民币/tCO_2e;

N_{CAP}——某时段内的排放总量,tCO_2e。

C——收益常数(主管当局期望值),如美元或人民币。

由式(2-39)可见,税率与总额呈反比例关系。如果排放总额贸易机制设置有安全阀功能,那么此碳税对减排效果将发挥很大作用。如何设定某时间段的排放总额(Cap)呢?实质上它是一个影响到国家(地区)经济可持续发展的重大问题,它必须与碳税税率(安全阀功能)相协调,这可能是美国政府不在《京都议定书》上签字的内在原因。自然地,碳税政策、排放总额政策(包括减排形式——绝对脱钩或相对脱钩,见第1章)就成了温室气体减

排中的两大政策杠杆。西方发达国家经验表明,税收政策比排放总额政策更有推动力。无论先设置哪一个(总量),另一个(税率)可采用对应的方式设置达到相同的目标。对于固定税率的碳税政策,其缺点是无法保证排放总额的实现。

例如,如果按照式(2-2)根据《京都议定书》的规定确定了某个国家的排放总额,则式(2-2)中的常数 C 应根据国民经济发展的情况进行决定,它对国家经济发展的影响表现在以下方面:

①降低 GDP 发展,增加的减排成本将提高资本成本(如减少投资、降低工资等);

②由于减排活动,减少的能源将降低已有的劳动资本的活力,进而降低 GDP;

③高能源价格伤害投资人的利益,使得资金流在国家间寻找投资渠道;

④排放许可额度进行国际贸易时,对外国的许可额度支付是将本国的投资与消费资源转移到外国;

⑤高能源价格将造成高通货膨胀,央行不得不提高利率,导致失业率增加;

⑥政府拍卖的排放许可额度使得税收与开支出现不同的波动,以致影响经济发展。

根据美国经验,如果政策有效期 10 年,考虑基本排放限制额度、减排技术的变化,碳税税收收益近似为排放限额收益的五倍[3]。如果按照《京都议定书》规定比 1990 年排放总量减排 5.2%,美国 2010 年 GDP 将受到降低 0.2% ~0.4% 的影响[8]。

(2)税收政策与税率

前面已经叙述过,在固定排放总额碳税模型中,碳税是与排放总额的设定同等重要的政策杠杆之一,由于其具有激励性,因而比排放总额的设定更具效果。

在确定的国家事件中,基于价格政策(如补贴、税率、拍卖底价)或限量(贸易许可量)政策的调节可以达到任何所希望的收益水平。即使有某些不定性存在,也可以通过国家意外保险予以调节。

在减排过程中存在三大变量:边际成本、边际收益、成本不定性程度。由于控制成本与收益仅仅是近似的,减排成本的不定性严重存在,这时碳税政策应该稳定,直到此不稳定性消失。碳税率比排放总量限制对减排效果要大。碳税激励排放实体(航运公司)减少排放直至其边际成本与碳价格(税率)相等。可见,碳税将对成本的不定性的消除起到引导作用。相反,排放许可贸易体系将对排放许可水平(对应情景设定的排放总量)与该项匹配的边际成本所对应的碳(税)价格在考虑成本不定性解决措施的前提下进行规定。

(3)碳税与排放总额的相互影响

在比较碳税与排放总额的净收益时,必须对二者进行减少每吨 CO_2 的边际收益进行评估。碳税优势并不依赖于对边际收益所采用的任何特殊措施,而是来源于气候变化的积累性质及其对排放实体的压力。碳税与排放总额的政策优势角色有时是可以互换的。例如,如果减排边际收益基本为常数的性质被排放总额(接近主管当局的期望值)破坏时,这时排放总额政策的优势可能高于碳税政策。

事实上,在减排过程中如果涉及的边际成本较低时,碳税政策可以鼓励排放实体在规定的年限内更多地减排以体现出时间框架上的灵活性,反之,如果减排边际成本较高则排放总量会增加,固定的排放总额则不能在规定的时间内提供灵活性。如果采用高效的新技术使得减排边际成本大幅降低,那么排放总额政策将比碳税政策更有效益。

碳税政策还有其他比排放总额更多的优势,一笔丰厚的税收可以使得主管当局有了投资能力去采用补贴手段平衡减排边际成本过高的现象。例如,能源价格较高时,可对承担

能力较差的实体和 CO_2 排放浓度较大的处所由于减排造成失业的工人进行补贴。在采用排放总额贸易机制时，分配的排放许可额度可能一部分是免费的，达到一定的减排额度的减排成本会高于采用碳税（碳税用于补贴现有的对经济活动起到障碍的税收）的减排成本。如果主管当局对排放许可额度不是赠予而是进行有偿获得时（在未来 IMO 的温室气体排放机制中可能不会完全免费，而是通过拍卖达到部分排放额度的分配），加上采用部分补贴政策，则对实施 CO_2 排放总额贸易机制有利。

2. 非固定排放总额碳税模型（A Carbon Dioxide Tax Versus an flexible Carbon Dioxide Cap）

在此模型中，允许一定时段的排放总额可以根据经济发展情况扩大或减小，而排放总额大小程度可以在维持其架构不变的前提下发挥碳税的优势，修改某些设计参数（如安全阀值等）。以下介绍某些参数变化对一定时段排放总额的影响。

（1）排放许可额度价格的最高（Ceiling）或最低（Floor）值

排放许用额度价格的最高或最低值是主管当局制订碳安全阀价格的基础，也是体现碳税优势的关键指标。如果减排成本（排放许用额度价格）升至“安全阀”水平（类似于物价上涨），主管当局会增加在该价格下的排放许可数量（相当于平抑物价），导致某时段排放总额增加。因此，具有安全阀机制的排放总额是不可能固定的。如果减排成本低于期望值时，设置了“安全阀”机制的排放总额将不对排放实体有更多的减排激励作用。这是因为减排成本（碳价格）太低时，排放实体宁可增加排放费用也不会采取减排措施增加成本。

图 2－5 反映了碳安全阀价格或排放总额变化对减排政策实施的影响。当安全阀价格向减排具有效益的碳税水平变化时，排放总额则向减少的方向变化。在最左端，碳税效果发挥到极致，排放总额逐渐减小直至为零（即排放总额的规定不起作用），排放实体不用在市场上购买许可排放额度，而仅以安全阀价格（即比碳税价格低）在主管当局处购买排放许可额度，碳税起到了减排激励作用。反之，排放总额增加。排放实体的减排成本高，必须在市场购买排放许可额度。

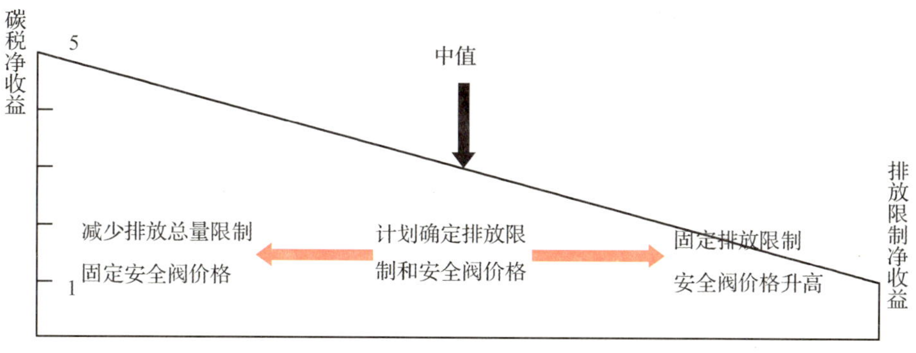

图 2－5　碳税、排放限制的收益关系

在 2.2.1 中，通过对温室气体的微观经济数学模型的推导，把碳（税）价格在一定时间内作为有效的调控手段，并且用作竞争性企业的边际成本。因此安全阀价格不能比碳税高，否则非固定排放总额碳税模型退化为固定排放总额碳税模型，安全阀价格就失去了意义。在安全阀价格的取向上，应是随着时间推移由低向高转变（以碳税为最高额）。就像期货价格一样，安全阀高的期货价格可使得排放实体（如航运企业）获得激励，将采取有效措施（如可再生能源、清洁能源技术）去取代目前的高密度的 CO_2 排放装备。

当然，安全阀价格也不能过低。对于排放许可额度采用过低的价格无疑是主管当局降低了减排政策的严肃性。如果对排放许可额度采用拍卖手段，也必须有最低价格的限制防止流拍，以限制过多的排放许可额度进入市场。安全阀价格与最低拍卖价格可以在排放限额与贸易系统中起到相辅相成的作用。

当采用免费方式分配排放许可额度时，强制实行最低价格是困难的。主管当局仅能在减少排放许可额度方面有所作为。如果排放许可额度不免费发放，主管当局增减排放总额允许排放额度价格波动，所规定的排放许可额度价格超过某价格时，排放实体可能拒绝（向政府）购买排放许可额度，直到主管当局增加排放额度使得排放许可额度价格降下来。一旦对排放许可额度的需求下降，其价格就会随之降低。这种降低重又唤醒排放实体的购买热情，价格又复上升。这样，排放许可额度（如石油一样）就遵从了商品的市场规律。另外，在采用稳定的安全阀价格时，还可以解决在研发中投资不足的问题。由此可见，安全阀价格对确定排放总额与排放许可额度价格都是重要的。当减排成本降低时，它可以维持排放总额在一定水平上。在减排投资不足时，安全阀价格还可以推动排放实体在银行存入排放许可额度，以便将来使用。

（2）银行借贷（Banking and Borrowing Allowances）

建立"碳银行"类似于商务银行处理存款或借贷业务，允许排放实体获得一定的处理排放许可额度的自由，使得排放许可额度在特定的时间段内可有效使用。排放实体可以在规定的时间段（按年计算）根据碳税率、安全阀价格、市场价格、本身的经济技术状态与减排边际成本调整每年的排放额度。尤其在判断未来的排放许可价格（即边际成本）可能会增加（例如，经济放缓导致资金紧缺、燃料价格上扬、排放许可总额收紧等）时就会将排放许可额度存入"碳银行"以备后用。反之，他们会从"碳银行"借贷排放许可增加排放额度。尤其在未来二十年，新的低成本减排技术将会频繁出现，提供这种契机。

（3）"碳银行"的存储（Banking Allowances）

对排放许可额度设置"碳银行"的存储无论在排放总额贸易机制中是否设置安全阀价格都是一种改善措施。当安全阀价格起到防止许可排放价格太高时，"碳银行"的存储机制就可以起到防止主管当局不愿意看到的碳价格太低的现象。尤其对于排放实体来说，需要根据当年减排任务的完成情况进行调整时，就需要视减排成本情况借助于"碳银行"机制。这包括在排放许可额度价格较低时购入指标以备将来的需求之用，使得"碳银行"的存储机制、安全阀价格结合减排边际成本在一定条件下与预期的计划一致。例如，如果新技术的采用使得市场的许可排放额度价格低于安全阀价格（意味着低于边际效益的期望值），排放实体不能获得最佳的利润。这时的减排政策不能激励减排，排放总额就应该收紧与安全阀价格相适应（如图 2－5 所示）。当某一时间段内的安全阀价格低于排放总额的实际成本时，就可能被淘汰。安全阀价格与"碳银行"存储机制相结合可以激励排放实体购买大量的排放许可额度以备将来之需，当然不排除主管当局可以以安全阀价格进行排放许可额度的拍卖。

（4）"碳银行"借贷（Borrowing Allowances）

与"碳银行"存储相反，"碳银行"借贷与安全阀价格的结合可以防止排放许可额度价格在某一时段急速上升。如果排放许可额度的期货价格的下降被预期，排放实体可以通过借贷将远期的指标用到现时的年限内。虽然"碳银行"的借贷可以帮助避免排放许可额度价格急剧上升，但不能保证减排成本不偏离期望效益。相比之下，安全阀价格可以防止减排成本偏离期望效益。

但是，安全阀价格也有其不可忽视的缺点：

①可能突破排放总额计划；

②作为各国的独立政策，不利于多国的减排计划连接；

③影响资金投入决心与妨碍技术创新；

④在政治压力下此政策可以演变为政治决定。

在减排成本总是上升的前提下，允许排放实体在今天与将来就排放许可额度进行贸易，实际上是赋予它们极大的灵活性去激励开展减排工作。因为排放实体可以对未来的减排成本折扣进行评估，如果低于现时，使其有激励动力从事排放许可借贷，从而延迟了减排成本集中在某一时段发生。主管当局应该采取一定措施（即对排放许可额度借贷采用一定的比率进行折扣，折扣视不同的实体变化）避免实体排放许可额度借贷的过度化。另外，主管当局还可采用限制排放实体排放的许可借贷额度、修改排放实体的排放许可借贷有效期、强制实行单位排放许可额度价格的最高限额等方法以求达到减排政策可达到的最佳效果。排放许可额度借贷的弱化将增加借贷指标的供应量以导致近期排放许可额度价格降低。如果将来的减排成本不能折扣，这种激励荡然无存，主管当局则需要延长减排期限。

(5)排放总额限止价格(Circuit Breaker Price)

当排放总额以预先可控的下滑率下降时，为了避免减排政策的严重失误，需要制订排放总额限止价格，它的作用是相对于带有安全阀的排放总额固定模型来说可以提供更好的经济调控优势。如果排放许可额度价格超过了规定值（限止价格），表明成本偏高。根据前面的论述，排放总额就不可能完成，这时排放总额限止价格就可以“冻”住排放总额，使其不下滑。如果这一价格设置在有效水平，它可以明确反映成本或收益的最好信息。

带有排放总额限止价格的非固定排放总额模型比带有安全阀固定排放总额模型更有效率。尤其在排放总额衰退的过程中，当边际成本高于期待的边际效益时，这种模型更具经济优势。与安全阀价格不同，排放总额限止价格不对减排成本设上限值。一旦此价格达到，排放总额停止下滑。

2.2.3　航运减排的边际成本不定性处理

在航运减排的过程中，航运公司一直会进行减排成本比较的工作，但是人们首先关心的必然是零成本减排措施（如4.2.1中图4－8所示）。由于未来经济、技术、市场发展的不定性，带来的边际成本的不定性是必然的。如何抑制边际成本是每一个航运公司必然关心的事情。

由于每一个减排时间段都很长，少到几年、几十年，多到半个世纪、一个世纪。总结起来，边际成本应该考虑以下方面内容：

①成本不定性的性质——许可排放价格水平与波动性（图2－6）；

②减排的冲击程度——对经济、航运行业、航运公司的冲击；

③时间范围——短期、中期、长期。

用表2－3表示其相互关系。

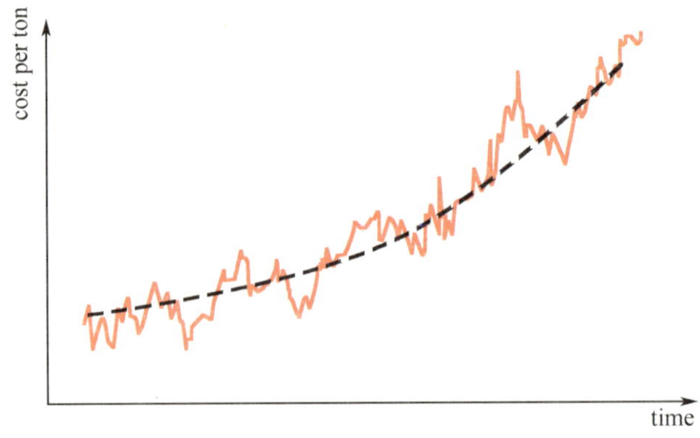

图 2－6　许可排放价格水平与波动性曲线

表 2－3　减排冲击对不同对象的影响

	长期	短/中期
对实体层面(航运公司)冲击	贸易(物流份额)	贸易(物流份额)
	许可排放额度分配	"碳银行"(许可排放额度储蓄与借贷)
	固定价格拍卖(＊)	碳交易市场
对经济层面冲击	农业与森林补偿	排放许可额度储备(应对价格过高时)
	森林碳循环	
	国际许可排放额	

注:(＊)这种拍卖意味着主管当局在提高税收与保证排放总额时,给予航运公司的固定减排成本,它包括①主管当局设置拍卖中的价格;②市场设置低于主管当局的安全阀价格。

如果在安全阀价格水平上,排放许可额度供应大于需求时,这时价格设置失效,排放许可额应免费分配(相当于零价格拍卖)。

2.2.3.1　分析模型——排放预报与政策分析模型(Emissions Prediction and Policy Analysis (EPPA) Model)

为了评估上述减排的成本与能源应用情况,美国麻省理工学院(MIT)(Paltsev et al., 2005)推荐了一个排放预报与政策分析模型(图 2－7),这是一个全球性的多区域、多部门动态回归数学模型。该模型提供了世界经济发展与温室气体排放的评估方法和对温室气体排放的过程所应持政策进行评价。通过这种评价给出减排成本数量与分布范围,并给出在国家间进行碳贸易的途径。

在回归数学模型中,采用了将当前的投资、储蓄、消费作为当前价格的基础,特点如下所述。

1. 国家(地区)范围

(1)发达国家(地区):美国、加拿大、日本、欧盟、澳大利亚、新西兰、前苏联、东欧;

(2)发展中国家(地区):印度、中国、印尼、墨西哥、中南美、中东、非洲、其他区域。

2. 涉及行业

(1)非能源生产行业(Non－Energy Sector):农业、服务业、能量密集型产业(如钢铁)、其他工业产业、公共交通、家庭交通等；

(2)能源生产行业(Energy Sector)：煤炭、原油、炼油、天然气、电力(水电、核电、太阳能与风能、生物能、天然气、火电等)、矿物油、合成气、生物燃油等。

3. 模型参数

资金资源、劳动力资源、原油资源、矿油资源、煤炭资源、天然气资源、核能资源、水利资源、风能或太阳能资源、土地资源等。

4. 所有的温室气体种类(CO_2, CH_4, N_2O, HFCs, PFCs, SF_6)的影响

在计算中，除了考虑了上述六种气体减排外，还考虑《加拿大蒙特利尔修正案》规定的CFCs。

EPPA 还是一个可计算的通用平衡(Computable General Equilibrium, CGE)经济模型。它采用可计量的温室气体或其他气体、税收和被选定的减排部门排放数据库(GTAP ,在 Purdue 大学维护)进行分析。同时考虑了人为因素影响，如人口增长、经济发展速度和所采用技术发展方向。模型给出了经济变量(国内生产总值(GDP)、能源消费(Energy Use)、部门产量(Sectoral Output)、能耗(Consumption)等)、温室气体(CO_2, CH_4, N_2O, HFCs, PFCs, SF_6)及其他来自石化能源、生产过程所产生的污染源(CO, VOC, NO_x, SO_2, NH_3, Black Carbon, Organic Carbon)及空气污染与健康的交互关系。

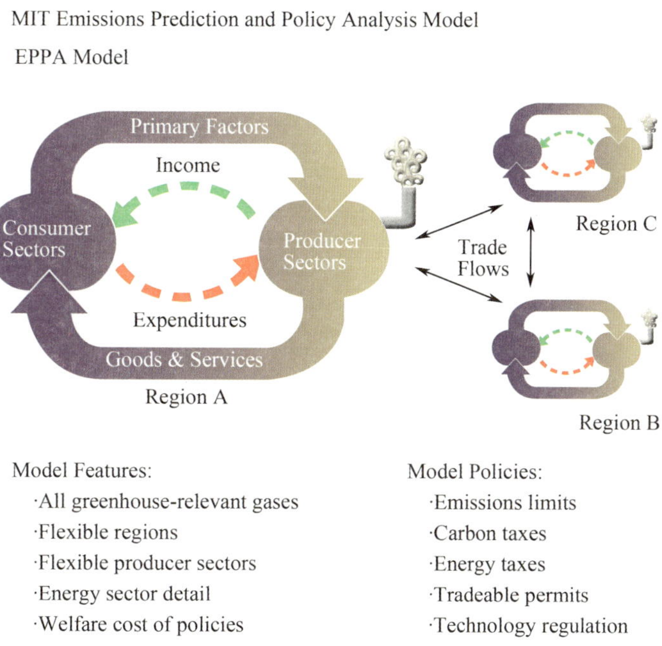

图 2-7　EPPA 模型

(来源：MIT,2005)

图 2-7 所示模型的特点是将一个一个的地区首先独立处理(形成子模型)，在生产部门与消费部门之间建立两个通道：货物运输与服务通道和主要因素(如资金或劳动力)通道。通过收入(效益)与开支(成本)建立排放实体(Producer Sector)，也就是该地区的排放分析模型(Cap and Trade Scheme)。然后把每一个地区的排放模型关联起来，就可以形成国家或地区联盟的总排放。

目前,美国与欧盟国家都采用这个模型对所采用的政策执行情况进行效果评估,其评估方法可参阅文献[7]。

2.2.4 航运碳税的国际协调

2.2.4.1 碳税的国际协调

根据发达国家20余年在温室气体排放方面控制的经验,碳税的征收被认为是最有效的经济手段之一。碳税的征收在减少温室气体排放,减缓气候变化方面发挥了重要作用。其优点是:

①提高了一次性石化能源的价格(增加了使用成本),促进了提高能源使用效率研究投资;

②促进了燃料转换、产品结构、消费模式的转变;

③提高了社会公平度。

其不足之处是在国家间存在"碳泄漏"现象(见术语),即一个国家征税后减少的碳排放量可能被其他国家增加的碳排放量抵消。

但是,由于各国的经济不平衡与各自关注点不同,即使保持碳税的性能不变,被征的行业、税率也会有一定差别。这样造成的"碳泄漏"现象如无全球性的政策协调,将不会受到有效抑制。只有通过国际合作实现碳税征收的国际间协调工作,才能达到预期效果。

国际间的碳税协调离不开机制创新。这是因为,目前广泛采用的广义税收协调(即各国税种、税收政策全方位协调)是主权国家间的合作方式。碳税在实质上属于国内商品税,所以碳税的国际协调应实行国内商品税的国际协调的原则与方法,应避免贸易壁垒与重复征税。现在法、美等国想将此国内商品税发展为对国外收税,遭到了发展中国家抵制,因为它不可避免地发展成了发达国家的贸易保护手段。

由于近20余年来,国际社会已经在应对气候变化全球公共风险方面取得了较大共识,如《联合国气候变化框架公约》(UNFCCC)与《京都议定书》(*Kyoto Protocol*)的通过。在对应的缔约国COP,MOP协商制度的不断推动下,可以预见在将来,在人类公共利益的前提下,必将达成有效的公共政策及实现减排目标。尤其对《京都议定书》中的全球环境基金(GEF)、碳税、联合履约(JI)、清洁发展机制(CDM)、国际排放贸易(IET)的进一步落实及最后三项采用灵活的市场机制将会逐步解决。这些实质上是碳税的国际协商制度的创新。然而,由于温室气体问题已经涉及国家利益与发展权益。它已经被涂上了更多的政治化色彩,这对碳税的国际协商是一个障碍。

对碳税的国际协调,有以下步骤可供考虑[9]。

①排碳的国家采用一致的碳税,这就需要全球一致激励性质的MBI系统进行类似的监控、验证与强制性法规。各国都采用排放总额贸易机制(Cap and Trade Scheme,CTS)。

②所有的排碳国家赞成共同体制把各自国家的排放总额贸易机制整合或链接(Link)起来,国家间CO_2排放许可额度价格或碳税率应趋于一致。一致性的监控与法规是政策成败的关键。只要一国采用了灵活的碳税率、较松的监控与法规都会导致体系整体性失效。

这种对各国的CTS整合或链接将导致资金从购买排放许可额度国家向出售排放许可额度的国家间流动。各国可以根据这种"资金流动的大小"通过排放许可额度最高价格或排放许可额度的"碳银行"存入与借贷控制政策调整其减排目标水平。如果这种整合或链接在具有安全阀功能CTS的国家(如美国)与不具有安全阀功能的CTS国家(如欧盟)之间进行，不具备安全阀的国家由于资金流的不可调整将不能保证其温室气体限排目标的完成。此外，对于采用相同的 CO_2 排放许可价格政策的国家在独立执行各自的CTS时（意味着各国不放弃主权与各自CTS的完整性），在各自的CTS中设置相似的“安全阀”水平也会获得如同CTS链接一样的收益。

欧、美的实践证明：通过对各国CTS的整合或链接，对不同温室气体减排目标的国家在减排的边际成本趋同方面具有极大的优越性。在各国都具有CTS的情况下，如果只是在上述的安全阀价格、相互链接程度具有较大的差别，那么最大的挑战就会出现在发达国家与发展中国家之间。尤其是在发展中国家中出现一批新兴国家（中国、巴西、俄罗斯、印度、南非）后，增加了CTS执行的复杂性。主要原因是这些国家在近15年工业化的过程中，其温室气体排放对全球的贡献量成倍增加，发达国家不甘于将“共同但有区别”原则适用于这些国家。这就意味着在初期，这些国家与其他发展中国家一样可以依靠发达国家提供的减排基金与技术，尔后视国力增长与社会责任的匹配情况逐步建立基金与碳税的税收混合模式。最终，这些国家应建立碳税的税收模式。

2.2.4.2 航运碳税的国际协调

在前面的内容中，初步讨论了碳税的国际协商原则。对于国际航运来说，鉴于其特点，不是一个单纯地将这些原则拿来就能应用的问题，这是因为：

①《京都议定书》中只关注了主权国家（地区）的减排问题，排除了海运、空运行业，直到2007年制定巴厘岛路线图时才将海运、航空纳入了全球减排框架中，因而这些原则没有考虑国际航运的特征（见本章2.1.2）；

②航运温室气体排放符合2.1节中社会公共风险特性（不可选择性、不可分割性、不可逃避性、不明显性），其不能由一个数个国家的联合行动就可以奏效，必须走国际合作的道路才能解决；

③航运物流链的最显著特点是其国际化，作为物流链中的关键载体（船舶）是物流链中温室气体排放的主体，其造成的后果是全球性的；

④国际航运温室气体排放主体——船舶的技术标准（包括入级与法定两个方面）是全球统一的，但是由于现存公约缺乏可持续发展的要求内容（缺乏全寿命成本核算设计要求的协调内容），造成船舶本身也不可能具备全寿命设计、建造的功能。

在上述四个条件制约下，目前航运碳税的国际协调工作在国际上没有成熟模式与经验可以借鉴，具有极大的难度。第一，由于国际碳税已经被赋予了某些政治含义，这使得航运碳税也无法摆脱政治烙印。第二，IMO组织没有取得UNFCCC的正式授权，在构筑国际航运温室气体减排创新机制方面受到一定制约，仅凭MARPOL ANNEX VI纳入某些技术政策条款而无对应的航运碳税国际协调机制，其效果将难于达到目标。第三，如何实现在《京都议定书》“共同但有区别（CBDR）”的框架下制定全球环境基金（GEF）、碳税、联合履约（JI）、清洁发展机制（CDM）、国际排放贸易（IET）机制，目前没有达成全球共识。第四，如果采用碳税的国际协调，如何将前述碳税的国内商品税实行国内商品税的国际协调的原则与方法，并且考虑国际航运四条件的特点，并避免贸易壁垒与重复征税，这是一个重大的课题。第五，由于发达国家（如欧盟）已经实行了碳税制度，改变其模式已经不易。由于碳税是实现公约的主要经济手段，通过经济刺激手段减少温室气体排放，碳税税制的设计必然与一国的减排量及成本密切相关。在“共同但有区别”原则下，发展中国家允许采用与发达国家不同的碳税制度如何实现，还有待商榷。

目前,在IMO中正在讨论国际航运温室气体排放的市场机制问题,提出解决碳税国际协调机制(详见第3章),在UNFCCC及*Kyoto Protocol*框架下没有形成国际性温室气体机制共识前恐怕难有作为。

2.3 航运减排模型及方案

2.3.1 IMO的减排机制逐渐形成

作者建议从图2-2中,延伸出航运的减排框架,如图2-8所示。

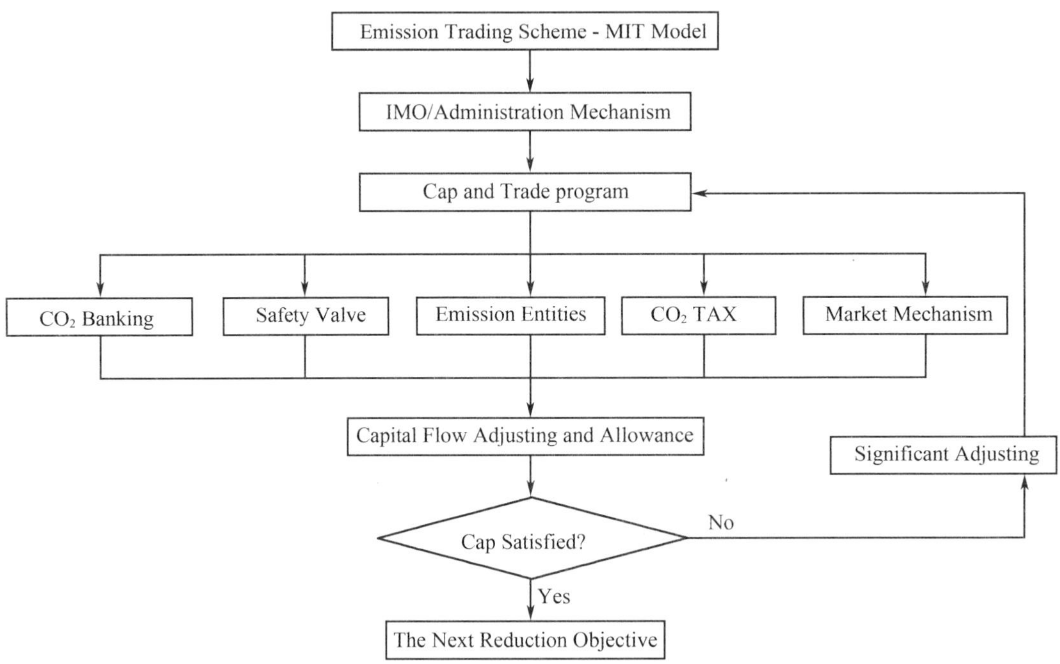

图2-8 航运减排框架

2.3.2 IMO的实现减排的模型选择

IMO目前关于温室气体减排的工作由三个部分组成:

①技术措施部分主要针对新船(如能效设计指数(EEDI));

②营运部分针对新船与现有船,能效营运指数(EEOI)与船舶能效管理(SEEMP);

③海运市场减排机制(Maritime Carbon Trading Scheme,MCTS)。

第3部分的建立是因为仅靠前两项不足以完成所希望的减排目标。减排市场机制必须在近期5年内与MARPOL ANNEX VI GHG减排配套。它包括如下目标:

①减少船舶排放与建立补偿机制;

②对航运界进行有效的激励使之在高能效船舶或高能效营运方面投资。

在 MEPC60 上，IMO 秘书处公布了一篇相当重要的研究报告[1]，其中重要结论为：

①在 BAU 情景下，国际航运 CO_2 排放将相对于 2007 年的水平增加 2~3 倍。

②根据所设定的市场指导(MBI)机制，通过适当的(税收)收益分配，其中较高的比例分配给最不发达的国家用于减排目的，使得 UNFCCC 的“共同但有区别(CBDR)”原则可以得到体现。市场机制(MBI)对减排有积极影响(对这些国家的 GDP 的增长有利)。

③国际航运的减排水平取决于碳价或碳税(与每吨燃料价格相关)。碳价越高，CO_2 减排量越多。

④通过市场指导(MBI)机制所获得的收益依赖于在排放总额下的碳价。仅当排放总额下排放许可额度被拍卖时，减排机制才可在排放贸易机制(ETS)下获得较大收益。

⑤清洁发展机制(CDM)的碳信用(额度)可以从发展中国家购买，使得这些国家将从国际航运市场指导机制中获益。

从 2009 年开始，MEPC59 批准了在国际航行船上进行温室气体排放市场方法建立的研究。它包括以下两点内容。

①对国际航行船进行市场指导机制(MBI)建设：建立国际航行船温室气体排放基金(International Fund for Greenhouse Gas Emissions from Ships，IFGES)。在从事国际航行的船舶上以其使用的燃料数量筹集这些基金(由丹麦等国提出)。

②国际航运对国际温室气体减排的资金贡献及在“共同但有区别”的原则下建立不同的市场指导机制与温室气体排放贸易框架(由法国、德国、挪威等国提出)。

2009 年(MEPC60)IMO 秘书处推荐了以英国剑桥大学为首五个研究单位发表的一篇研究报告[10]，其中要点如下。

①假定 98% 的国际航行船能被包括在减排框架中。

②航运温室气体减排目标主要为 CO_2。

③建立一个由 IMO 直接管理(不受任何国家控制)的机构进行市场贸易机制的管理、监控并定期报告此机制运行情况。

④基本情景选择：采用 A2 情景(见第 3 章表 3-2)，因为它可以正确反映国际最严重的航运排放(BAU)情况。如图 2-9 所示。

在 2010 年(MEPC61)IMO 秘书处推荐了根据 MEPC59 决定所建立的专家组发表的另一份关于碳贸易机制的报告[11]。在该报告中有以下假定。

①世界船队的排放：在 2010 年假定与 2007 年相同。

②在该报告中，采用了政府间气候变化专家委员会(IPCC)关于航运减排的同样的排放样本特殊报告(Special Report on Emissions Scenarios，SRES)推荐的情景，如图 2-9 所示。然而采用的情景为 A1B(假定人类理智地采用比较和谐的能源政策)与 B2(局部政策，经济、人口比较和谐增长，详见第 3 章表 3-2)。在考虑 2007—2012 年的世界金融危机因素后，假定船队的退役率为 4%，2012 年后增长率为 3%。

③不考虑各国国内航运排放，仅考虑国际航运排放占全球 2.7% 的比率。

④对航运采用技术与营运中措施为基本积极或很积极。

⑤Fairplay 数据库被用于 2020 年与 2030 年的减排分析。

在上述报告中，对未来的情况比较乐观。就目前在 IMO 的讨论情况来看，实施的困难较大。故本节重点介绍第一份报告的内容。

上述情景的选择是基于国际航运与全球的温室气体排放情况与 IPCC 对特别排放情景

的建议挂钩。它反映了在2050年以前国际航运排放在BAU下的各个时段的过程。按照上述原则计算,可得以下结果(图2-10)。

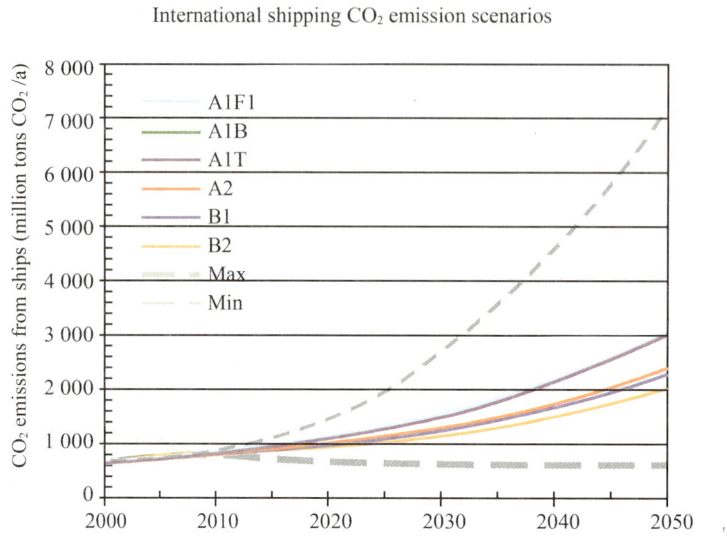

图2-9 航运各类情景排放曲线

(来源:Document MEPC 59/INF. 10)

为了达到上述目标,市场指导机制在2050年以前应作为主要政策采用。根据该报告,在2015年,国际航运排放不能高于2005年水平(7.95亿吨为基数),在2020年应在2005年排放的基础上减少20%(1.59亿吨)。在2050年应在2005年排放的基础上减少50%(3.975亿吨)。这相当于比1990年排放水平减少15%。这样国际航运就与《京都议定书》规定的以1990为基准年相挂钩了,使得国际航运界与全球的温室气体排放协调起来。应注意上述数量都是以A2情景为基础的,如果情景变了,排放目标(Cap或Target Line)亦发生相应变化。注意这与IMO规定的在各种船舶基线值下在2015—2025年减少10%~30%的含义是不同的(见第3章表3-8),目前IMO还只是处于单船技术减排阶段。

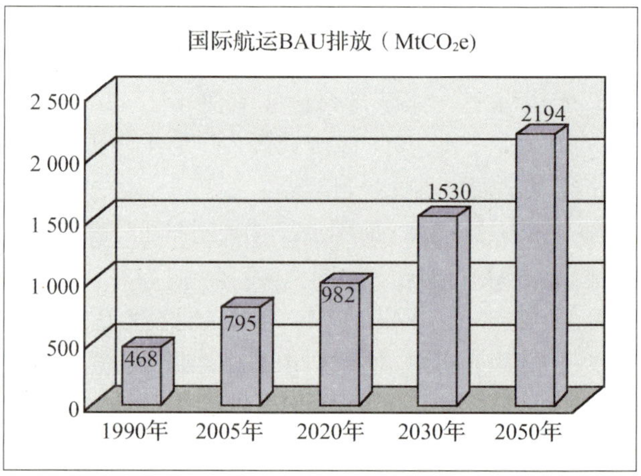

图2-10 BAU下国际航运的排放示意图

在碳市场贸易的设计中,规定了基金(通过燃料数量的收费)或通过拍卖(在总排放额下)排放许可额度所得应用于管理成本、IMO控制下进行提高能效的研究、联合国规定的最不发达国家(Least Developed Countries,LDCs)的减排补贴及在发展中国家购买CDM碳排放许可额度的原则。发展中国家可通过CDM的碳排放许可额度获得收益,最不发达国家可通过基金下的专项资金帮助这类国家应对气候变化的直接投入资金收益。经过上述报告研究[10]，基金减排框架下的碳贸易对LDCs的经济影响增幅很小，仅为0.01%左右。

由于基金主要来源是燃料消耗总量（按照每吨燃料价格作为CO_2排放的收费基础），且每年按全球平均通胀率予以增加，它与购买被拍卖的排放许可额度的成本一起可以防止排放量超过预设的目标，但是这两者都具有不定性。例如，每吨燃油排出的CO_2收费率如果是45美元，且假定全球的每年平均通胀率是3%，可以计算出全球航运在2020年可以减排11%。当然，此收费率大小应与经济发展水平、气候、油价、技术发展情况等因素相关。除了碳价的不定性之外，如果此时MBI是不稳定的，同时缺乏预报与透明度，使得同时段的CDM市场也就具备了同样的不定性。上述MBI的预报与透明度是刺激航运低碳技术发展长期投资的动力。

目前，在欧洲已经建立了碳贸易体系（Emission Trade Scheme of International Shipping，ETSIS），它预报2013年的碳价为28美元/t，2020年则为56美元/t，每年按7%的比率增加（考虑3%的通胀率）。这种体系甚至考虑从《京都议定书》附件一中的国家购买碳许可指标以及购买CDM机制指标。国际航运的排放许可额度要在排放总额限制下通过拍卖购买。超过排放总额15%的部分则需要通过国际减排贸易机制（IETS）购买。

在BAU排放的情景下，如果某年的基线值已经获得（设为C_{Baseline}），在排放总额（C_{Cap}）确定后，有以下的关系：

$$C_{\text{Baseline}} = C_{\text{Cap}} + C_{\text{Direct reduction}} + C_{\text{Offseting}} + C_{\text{Allowance from market}} + C_{\text{Emission not offset under scheme}} \tag{2-40}$$

式中　$C_{\text{Direct reduction}}$——超过Cap的由航运业直接减排；

$C_{\text{Offsetting}}$——在发展中国家购买CDM碳信用，属于非直接减排；

$C_{\text{Allowance from market}}$——在其他部门购买碳排放许可，属于非直接减排；

$C_{\text{Emission not offset under scheme}}$——在机制下不需要补偿的排放，在欧盟ETSIS中取为0；

C_{Cap}——通过拍卖获得，有时也分配一部分作为不需要补偿的排放（但在ETSIS中都是通过拍卖获得）。

主管部门需要设定的减排率（Y）为

$$Y = \frac{C_{\text{Baseline}} - C_{\text{Cap}}}{C_{\text{Baseline}}} \times 100\% = \left(1 - \frac{C_{\text{Cap}}}{C_{\text{Baseline}}}\right) \times 100\% \tag{2-41}$$

一般地，在减排的中期，C_{Cap}比目标末期值大（由于愈后边际成本愈高，碳价格升高），$C_{\text{Direct reduction}}$与$C_{\text{Allowance from market}}$比目标末期值小（由于技术进步）。根据设计，在2020年和2050年设立碳贸易体制（ETSIS）与设立基金（IMO FUND）所采取的过程不同，其减排效果也不同。现将其试算结果列入表2-4中。

表2-4　ETSIS与FUND对减排效果影响

	ETSIS（$56）		FUND（Proposal）（$45）	
Point Carbon	2020	2050	2020	2050
Baseline emissions	981（100%）	2 181（100%）	981（100%）	2 181（100%）
Cap（Target line）	636（65%）	398（18%）	636（65%）	398（18%）
Direct reduction	287（29%）	1 126（52%）	111（11%）	119（5%）

表 2－4(续)

	ETSIS($ 56)		FUND(Proposal)($ 45)	
Point Carbon	2020	2050	2020	2050
Offsetting(indirect reduction) Allowances from the market(indirect reduction)	58(6%) 0(0%)	60(3%) 597 (27%)	63(6%)	72(3%)
Emissions not offset under the scheme	0(0%)	0(0%)	171(18%)	1 592(73%)

(来源:University of Cambridge)

根据上表,可以根据式(2－40)算出在 ETSIS 下的减排情况并将结论列在表 2－5 中。

表 2－5　ETSIS 下的减排情况

体系	年度	减排效果/%
ETSIS	2020	100－65－6＝29
	2050	100－18－3－27＝52
FUND	2020	100－65－6－18＝11
	2050	100－18－3－73＝6

可见,采用贸易机制(ETS)比基金机制(FUND)的优点多,其优点如下:

①减排效果好;

②如果碳价格(拍卖或 CDM Certified Emission Reduction Unit,CER)高将促使排放实体采取新技术进行减排;

③更有利于体现“共同但有区别”的原则(在 ETSIS 下,由于补偿部分(Offset 或 Indirect Reduction)需要发展中国家提供的 CDM CER 额度大,可以提供技术与资金)。

与 FUND 不同的是,在 ETS 机制下最不发达国家与小岛国等拿不到如同 FUND 提供的专项资金。

下面就国际航运的市场指导体系(MBI)作一个介绍。在目前的市场指导体系中,有以下三种方式被采用。

(1)环境费(Environmental Fees (Contribution))

环境费将对航运公司有激励作用,但是若过低将不起作用。一般以税收的形式执行。它低于排放许可额度的市场交易价格。如果将其作为 MBI 的主要选择,在选择税率时,税收总量应与国家政体一致。由于航运排放贸易体系跨越国界,因此需要建立一个国际化的管理机构,无形中提高了成本。在不同的 MBI 中,碳的交易成本是不同的。

(2)排放许可额贸易体系

在排放额贸易体系中,从航运市场参与者(航运公司)收缴的总额被限制在一定水平上。这是因为排放许可额度是根据分配给航运公司/船舶的额度来确定的。这种体系鼓励航运公司/船舶采取较低边际减排成本,从而排放许可额度可以(出售)给高边际减排成本的航运公司/船舶。

(3)责任体系

责任体系可以通过 ISO 26000 的标准建立,见第 4 章。

一般是将上述三种方式结合使用,被称为混合体系(Hybrid Schemes)。

在航运界,现在热烈讨论的有两类 MBI。

①设立航运温室气体排放基金,它按照每吨燃油油价的百分数收取。从本质上讲,它属于上述 MBI 三种类型的第一类,属于环境税类型。

②建立国际航运排放贸易机制(Emissions Trading Scheme for International Shipping, ETSIS),这属于上述 MBI 三种类型的第二类,属于贸易许可机制。

由于 CO_2 是温室气体的主要成分,故关注点应该放在 CO_2 的排放控制上。

前面已经叙述过,国际间的温室气体基金(FUND)/贸易机制(ETSIS)需要在 IMO 的支持下建立并独立于各国的管理机构。这些管理将涉及以下几方面:

①国际航运 MBI 的两类机制均涉及基金中单船收费(碳税)与在 ETSIS 中排放许可额度的拍卖费用;

②对船的航行控制,可使用 IMO 长途识别与跟踪系统(Long Range Identification and Tracking, LRIT);

③对燃料供应商的控制;

④金融交易控制;

⑤体系执行有效性的评估报告;

⑥建立中心数据库。

上述温室气体排放机制的管理应在 IMO 法定要求框架下进行,由船旗国、港口国进行监督。按照 EEDI 计算的燃油消耗数据库、船舶登记的数据库、船舶动态数据库(指 EEOI,进行船舶的监控,按照 IMO LRIT)进行相互校正(得到某船型排放的基准(Baseline))。这就给港口主管当局滞留船舶提供一个技术上的标准下限。目前,IMO 正在努力建立上述所需的新的公约条款,以便上述体制能在 2015 年生效。

上述机制基于以下假定:

①只能覆盖 IMO 公约所涉及的 98% 的船舶,可能存在极少的碳泄漏;

②适用于 400 总吨以上的国际航行船舶;

③管理成本将总收入(基金中的碳税与国际排放贸易机制的拍卖所得)的 2% 在本机制的每个区域收入中分摊;

④总收入的 3% 将用于在 IMO 监控下的能效研究,面向船舶建造、航运与相关服务部门、减少排放的专业性研究;

⑤为应对气候变化进行减排的联合国确定的最贫穷国家、小岛国和内陆发展中国家提供经费转为其他投资,如公共行政、健康与安全等方面;

⑥来自发展中国家的碳信用额度在 2013—2020 年的平均供应为 6.93 亿许可排放单位(Certified Emission Reduction Unit, CER)/年。

作为一种总结,将 IMO 目前的温室气体排放政策体系列于表 2-6。

据此可将目前在 IMO 正在讨论的 MBI 仅限于温室气体排放的两种碳市场机制 METS(Marine Emission Trade Scheme)与 ICF(International Compensation Fund)特点总结如下:

①不能对能效管理进行指导;

②原则上适用于所有船;

③提高了使用燃油的成本,从而可激励每艘船提高能效;

④都由专门机构进行两种机制的管理。

表 2-6 IMO 温室气体排放政策体系

	Market - Based Instruments	Command - and - Control Instruments	Voluntary Measures
Maritime GHG Emissions	Emissions trading, e. g. , METS. Emissions levy, e. g. , ICF		
Operational Efficiency	EEOI levy. EEOI levy/benefit scheme	Mandatory EEOI limit. Mandatory EEOI reporting. Mandatory SEEMP	Voluntary agreement to improve EEOI. Voluntary agreement to implement SEEMP
Design Efficiency	EEDI levy. EEDI levy/benefit scheme	Mandatory EEDI limit for new ships	Voluntary agreement to improve EEDI, meet voluntary standards
Fuel Life - Cycle Carbon Emissions	Differentiated fuel levy	Fuel life - cycle carbon emissions standard. Biofuel standard	

表 2-7 给出了在实行 SEEMP,METS,ICF 时各有关方的职责。

表 2-7 实行 SEEMP,METS,ICF 各有关方的职责

	Ship	Flag State	Port State	Other Organizations
Voluntary Use of SEEMP	Draft SEEMP on a voluntary basis			IMO to establish SEEMP guidelines
METS	Monitor emissions and/or fuel use. Verify emissions and/or fuel use. Report emissions and/or fuel use. Acquire allowances. Surrender allowances	Manage allowance registries for ships. Monitor compliance. Receive emission allowances	Inspect proof of surrender of allowances	International organization to set a cap. International organization to allocate allowances. International organization to manage the fund.
ICF	Monitor emissions and/or fuel use. Verify emissions and/or fuel use. Report emissions and/or fuel use. Pay levy	Collect levy	Inspect proof of payment of levy	International organization to maintain a register of payments of levy. International organization to manage the fund

上表中,METS 与 ICF 机制有如下主要区别。

①METS 表示国际航运业在温室气体排放方面对全球温室气体(主要是 CO_2)排放的净

贡献。如果航运业的排放需要增加，只有在其他行业同时减少的基础上才可以。因为全球的排放被联合国统一控制，而基金机制（ICF）不存在这一特点。

②METS 建立激励机制、改善船舶能效、减少温室气体排放对全球的温室气体减排作出贡献的同时，有责任感的航运公司/船舶还可从其他行业购买排放许可额度以改变原定的总额。

③ICF 建立激励机制改善船舶能效、减少温室气体排放对全球的温室气体减排作出贡献的同时，可以在其他行业购买补偿额度（基金需要的）。

④ICF 在每四年内具有固定的税收来源，而在 METS 中排放许可额度价格由市场设定而且多变。

2.3.3 航运公司的低碳发展策略

在上述 IMO 国际航运温室气体排放贸易机制（ETSIS）中，航运公司将面临以下三种成本的增加，即排放许可额度的拍卖、市场排放许可额度的购买、根据所使用燃油量需缴纳的碳税（基金）。尽管这些成本最终会被所增加的运价抵消，但是它们却构成了航运公司市场竞争力的重要部分。因而，它们将给航运业燃油需求带来冲击。由于 CO_2 与燃油间有固定的换算关系，自然就会对减排产生推进作用。

图 2－8 给出了航运业可以选择的不同发展路径，它必须服从以下的规律。

设排放实体的经济模型中的收益 π 为

$$\max_{y_{ri},x_{rji},k_{rfi}} \pi_{ri} = p_{ri}y_{ri} - C_{ri}(p_{ri}, w_{rf}, y_{ri}) \tag{2-42}$$

$$y_{ri} = \varphi_{ri}(x_{rji}, k_{rfi}) \tag{2-43}$$

$$p_{ri} = c_{ri}(p_{rj}, w_{rf}) \tag{2-44}$$

式中 r——地区（国家）代码；

i,j——部门代码，如果排放实体为航运公司，则表示航运业的减排，例如，在减排过程中，i 表示航运公司（排放实体），j 表示供油部门，经过分析可知（见第 6 章），油价（涉及营运船速 V）对航运公司的影响极大，f 表示航线；

y——航运公司（排放实体）提供的服务产品水平（如运输量、班轮及时率等），是运输量系数与油价等因素的函数；

k——运输量系数，受油价影响，在油价波动时，其值为

$$k_{rji} = y_{ri}\frac{\partial c_{ri}}{\partial w_{rf}} \tag{2-45}$$

x——油价波动对最大利润的影响（考虑营运措施的变化，如减速等），在油价波动时，其值为

$$x_{rji} = y_{ri}\frac{\partial c_{ri}}{\partial p_{rj}} \tag{2-46}$$

C——表示边际成本函数，是运价、加价、服务水平（运输量）的函数；

c——单位成本函数；

p——在 i 下表示运价，在 j 下表示油价；

w——排放实体规定的系数，如成本增加（如油价上升）所考虑的加价。

从上面公式可以看出，航运公司（排放实体）要达到收益（利润）最大，应该在减排机制中寻找合适的时机，与减排技术的成熟程度、成本相互配合，充分利用 Cap and Trade Scheme

中的灵活性来决定本实体的减排策略。

在实践中，航运公司（排放实体）可以从三个方面进行综合选择（表 2－6）：①最低能效需求；②营运优化；③能效产品选用。然后再根据在第 5 章中所叙述的技术视其进展情况予以采用。目前，国际上见诸于文字的减排技术近 30 项（表 5－16），成熟者只有 1/3 左右，其余皆需投入大量经费进行科研与试验，其中有些与当前的公约发生矛盾，如 LNG 的使用涉及“C”型液舱（C Type Tank）在船上布置问题。公约不解决这一限制，设计者就无法应用，但是该技术又是解决避免使用低硫油的大好途径，估计在 2～3 年后才能出现成熟方案。

表 2－8 的第（一）栏最低能效需求的真实意义将在第 3 章图 3－6 中详述，它反映了当前船舶设计中不合理部分的改进（这是对硬件的改进，如 EEDI 的设计）。第（二）栏反映了当前航运公司（排放实体）在软件（管理）方面应该加强的工作。不管物流链速度如何随经济发展变化，都应该寻求一个最优的模式，这个模式应该与各个排放实体的安全管理（ISM Code）、质量体系（ISO 9000）、环保体系、能效管理体系有机地结合在一起，将船舶航行管理（SEEMP）、数据库管理、船员培训管理、成本核算（IRR）结合在一起（图 2－11）。第（三）栏反映了船舶在机械设备方面的优选工作，这部分工作是需要增加边际成本的，在减排目标（时段）后期的政治压力下，或许可能采用。

表 2－8　绿色船舶概念

序号	（一）	（二）	（三）
	最低能效需求	营运优化	能效产品选用
1	最低能效设计	船队优化配置	高效主机选择
2	舱容优化	适当减速	机械优化配置（如电推）
3	空船重量优化	优化航程（线）	废热利用（WHR）产品
4	高效设备	最优（阻力最小）纵倾	清洁能源产品（如 LNG）
5	提高装载能力	风、波的利用	风能产品
6	降低船体（包括附体）阻力	综合实时监控	太阳能产品
7	提高推进效率	能源再循环利用	可再生能源产品
	……		
最终目标	绿色船舶		

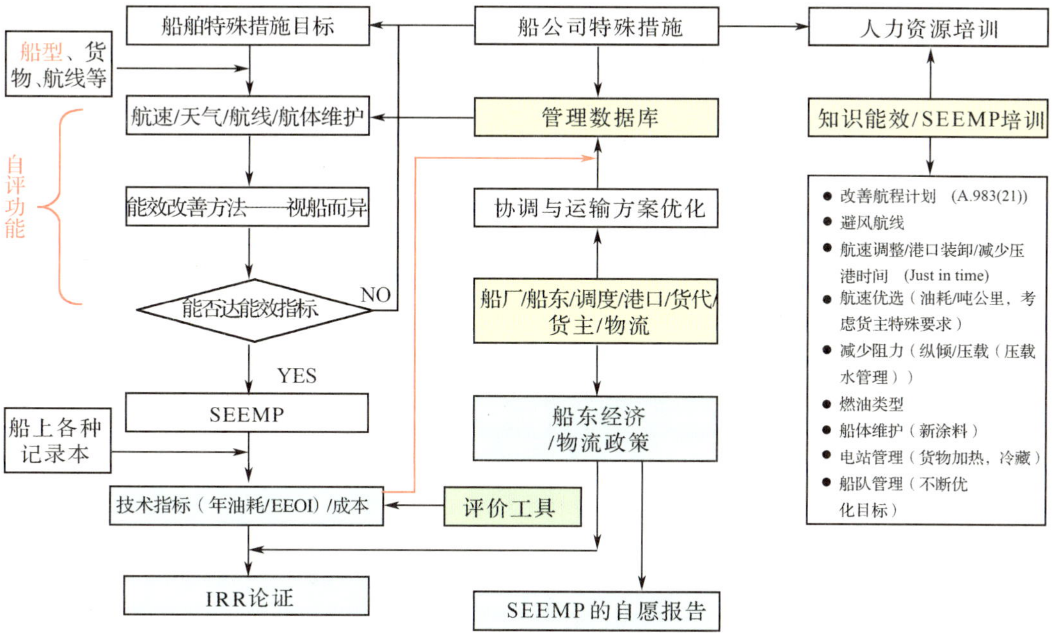

图2-11　航运公司减排框架图

（来源:陈映秋,2010）

参考文献

[1]MEPC Secretariat. Second International Maritime Organization Green House Gases Study[C]. London:IMO,2009.

[2]联合国开发计划署.2010年中国人类发展报告——迈向低碳经济和社会的可持续未来[R].北京:中国人民大学,2010.

[3]Richard G Newell, et al. Regulating Stock Externalities under Uncertainty [J]. Journal of Environmental Economics and Management,2003(45):416-432.

[4]Robert S Pindyck, Daniel L Rubinfeld. Microeconomics, Third version[M]. New Jersey, USA:Prentice Hall,1995.

[5]Weitzman M L. Price vs Quantities[J]. The Review of Economic Studies,1974(4):477-491.

[6]Richard G Newell, et al. Regulating Stock Externalities under Uncertainty[R]. Washington, D. C. :http://www. rff. org. ,2000.

[7]MIT. Assessment of U. S. Cap and Trade Proposals Report 146[R]. USA: Massachusetts Institute of Technology,2007.

[8] Mark Lasky. The Economic Costs of Reducing Emissions of Greenhouse Gases [R]. Washington, D. C. :Congressional Budget Office,2003.

[9] Congressional Budget Office. CBO Policy Options for Reducing CO_2 Emissions [R]. Washington D. C. :CBO,2008.

[10]University of Cambridge, et al. International Shipping and Market Based Instruments[R].

London: University of Cambridge,2009.

[11]MEPC61 或 INF.2. Report of the Expert Group. Feasibility Study and Impact Assessment of Possible Market - Based Measures[C]. London:IMO,2010.

第3章　低碳环保政策和法规

3.1　联合国气候变化框架公约(United Nations Framework Convention on Climate Chang,UNFCCC)简介

3.1.1　地球气候变化解决方案的形成

可以说,应对地球气候变化的挑战是人类迄今为止最为广泛的活动。自18世纪到21世纪的发展过程中,在地球上发生了四次工业革命。

第一次工业革命产生于18世纪,蒸汽机的发明代替了手工劳动,吹响了工业革命的号角。

第二次工业革命产生于19世纪,开始了电时代,能源生产规模化。

第三次工业革命产生于20世纪,计算机与互联网的发明,改变了人类社会的一切。

第四次工业革命产生于21世纪,防止不可再生能源枯竭的能源革命、防止地球变暖。围绕着低碳政策发展的经济也为称低碳经济。有些学者认为,至少在未来40年内,低碳经济可持续发展[1]。

人类与温室气体排放造成地球气候变化的斗争由来已久,它经过了三个阶段(图3-1)。与其他的事物变化规律一样,它也是以科学家的发现作为起源的。1958—1962年,美国大气科学家查尔斯·基林(Cheeles Keeling)在夏威夷进行了4年的监测分析研究工作,证明大气的CO_2浓度在上升。1981年,美国国家航天航空局(NASA)大气科学家詹姆士·汉森(James Hensen)将CO_2浓度的上升与全球温度变化联系起来,证明了大气温度整体在上升,并于1988年在美国国会听证会上把地球变暖的结论通报给政界,完成了由科学家到政治家的交接棒过程。1992年6月4日,《联合国气候变化框架公约》(UNFCCC)大会在里约热内卢召开,154个国家签署了该公约,公约于1994年3月21日生效。截止到2009年,已经有192个缔约国(地区)加入。从那时起,联合国开始了主导气候谈判的漫长的历程。迄今为止,《联合国气候变化框架公约》缔约方会议(Conference of the Parties,COP)已经召开了16次(表3-1),自2005年在COP11开始,增加了《京都议定书》的缔约方会议(Meeting of the Parties,MOP),两会同时举行。

表3-1　COP与MOP会议召开进程

1995年	德国柏林 Berlin,Germany	COP1,会议通过了《柏林授权书》等文件,同意立即开始谈判,就2000年后应该采取何种适当的行动来保护气候进行磋商
1996年	瑞士日内瓦 Geneva, Switzerland	COP2,会议就"柏林授权"所涉及的"议定书"起草问题进行讨论,未获一致意见,决定由全体缔约方参加继续讨论,并向COP3报告结果

表 3－1(续)

1997 年	日本京都 Kyoto, Japan	COP3，149 个国家和地区的代表在大会上通过了《京都议定书》，它规定从 2008 到 2012 年期间，主要工业发达国家的温室气体排放量减少的承诺
1998 年	布宜诺斯艾利斯 Buenos Aires	COP4，大会上，发展中国家集团分化为 3 个集团，一是小岛国联盟；二是期待 CDM 的国家；三是中国和印度，坚持目前不承诺减排义务
1999 年	德国波恩 Bonn, Germany	COP5，通过了《公约》附件一所列缔约方国家信息通报编制指南、温室气体清单技术审查指南、全球气候观测系统报告编写指南
2000 年	荷兰海牙 Hague, Netherlands	COP6，谈判形成欧盟－美国－发展中大国（中、印）的三足鼎立之势。美国等少数发达国家执意推销“抵消排放”等方案，并试图以此代替减排
2001 年	德国波恩 Bonn, Germany	COP6，达成了一个包括碳交易机制、碳汇、行动、财政支持在内的协议
2001 年	摩洛哥马拉喀什 Marrakech, Morocco	COP7，通过了有关京都议定书履约问题（尤其是 CDM）的一揽子高级别政治决定，形成马拉喀什协议文件
2002 年	印度新德里 New Delhi, India	COP8，会议通过的《德里宣言》强调减少温室气体的排放与可持续发展仍然是各缔约国今后履约的重要任务
2003 年	意大利米兰 Milan, Italy	COP9，在美国退出《京都议定书》的情况下，俄罗斯不顾许多与会代表的劝说，仍然拒绝批准其议定书，致使该议定书不能生效
2004 年	布宜诺斯艾利斯 Buenos Aires, Argentina	COP10，来自 150 多个国家的与会代表围绕《联合国气候变化框架公约》生效 10 周年来取得的成就和未来面临的挑战等重要问题进行了讨论
2005 年	加拿大蒙特利尔 Montreal, Canada	COP11/MOP1，2005 年 2 月 16 日，《京都议定书》正式生效。同年 11 月，在加拿大蒙特利尔市举行的 COP11 达成了 40 多项重要决定
2006 年	肯尼亚内罗毕 Nairobi, Kenya	COP12/MOP2，大会取得了 2 项重要成果：一是达成包括“内罗毕工作计划”在内的几十项决定；二是在管理“适应基金”的问题上取得一致
2007 年	印尼巴厘岛 Bali, Indonesia	COP13/MOP3，会议着重讨论《京都议定书》一期承诺在 2012 年到期后如何进一步降低温室气体的排放。通过了“巴厘岛路线图”
2008 年	波兰波兹南 Poznan, Poland	COP14/MOP4，八国集团领导人就温室气体长期减排目标达成一致，其他缔约国共同实现到 2050 年将全球温室气体排放量减少至少一半的长期目标
2009 年	丹麦哥本哈根 Copenhagen, Denmark	COP15/MOP5，2009 年 12 月 7 日起，192 个国家的谈判代表将在哥本哈根召开 COP15 会议，商讨《京都议定书》一期承诺到期后的后续方案
2010 年	墨西哥坎昆 Cancun, Mexico	COP16/MOP6，继续 COP15 的讨论，很难有结论
2011 年	南非德班 Durdan, South Africa	COP17/MOP7，继续 COP16 的讨论
2012 年	卡塔尔、韩国 Qatar and South Korea	COP18/MOP8

在 16 次 COP 会议中，最富有成果的是 COP3（1997 年，日本京都）与 COP13（2007 年，印尼巴厘岛）。在 COP3 会议上签订的具有法律约束力的《京都议定书》（*Kyoto Protocol*）是 UNFCCC 取得的第一个具有里程碑意义的成果，它规定发达国家在 2008—2012 年对本国 CO_2 的排放量在 1990 年（基准年）的基础上减排 5.2%。同时，制定了基于商业机制的减排措施。在 COP13 会议上，制定了确定 2013 年以后行动巴厘岛路线图（后京都议定书阶段），低碳经济框架与机制、航空/航运被纳入减排范围。它被称为获得了第二个里程碑意义的成果，把发展中国家拉进了温室气体减排行列。欧盟的碳交易商为了执行《京都议定书》里的基于商业机制的减排措施，积极参加巴厘岛会议，将温室气体的减排由政治家讲坛逐步移交到商人的经济框架之下。

自 20 世纪 90 年代至今，对于地球气候的研究基本上由西方发达国家主导，最为代表性的是联合国政府间气候变化专家委员会（成立于 1988 年，Intergovernmental Panel on Climate Change）集中了全世界的专家对地球温室气体排放及后果作了深入研究。

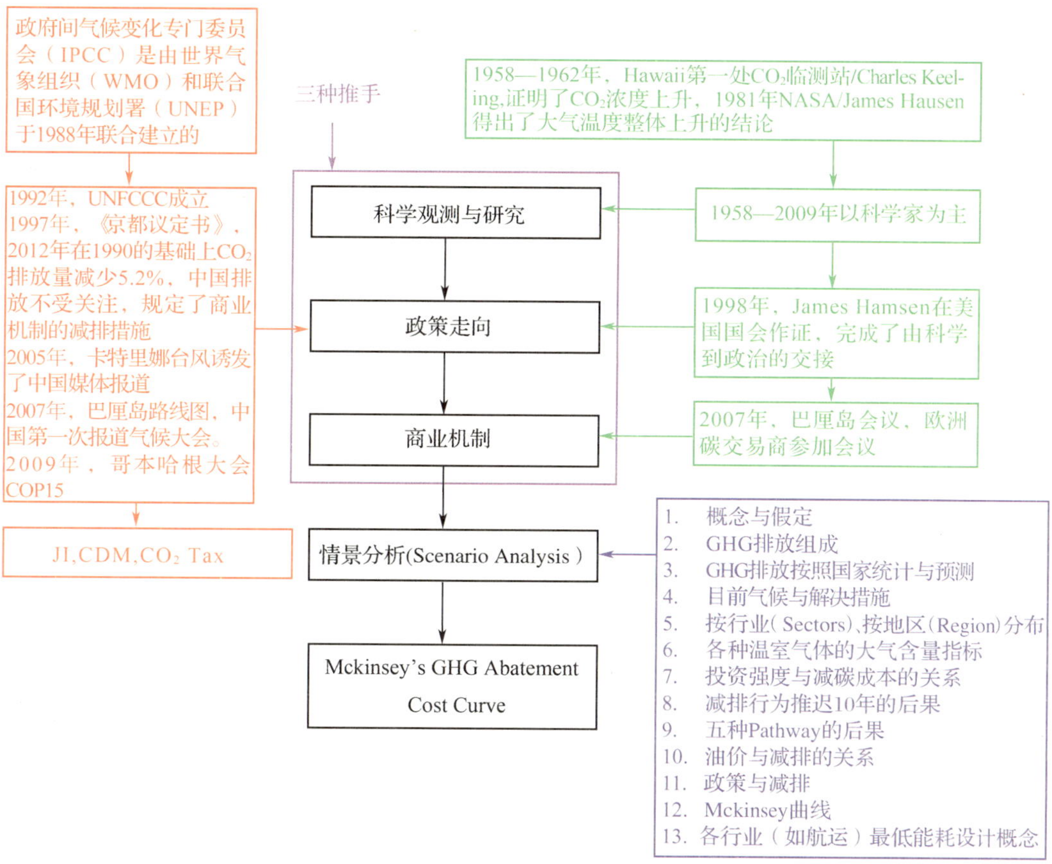

图 3－1　温室气体排放应对机制形成的三个推手

政府间气候变化专门委员会是由世界气象组织（WMO）和联合国环境规划署（UNEP）于 1988 年联合建立的，其主要职责是评估有关气候变化问题的科学信息以及评价气候变化的环境和社会经济后果，并制定现实的应对策略。自那时起，IPCC 的多卷评估报告已在协助各国政府采取并执行应对气候变化的政策方面发挥了重大作用，特别作为最为权威性咨询文件满足了 1992 年建立的《联合国气候变化框架公约》缔约方大会以及 1997 年的《京都议定书》的需求。尤其是 2007 年，IPCC 与前美国副总统科尔一起分享了诺贝尔和平奖(Nobel Peace Prize)。

各国学者对如何控制温室气体排放在博客(Blog)上出现了许多观点，最具代表性的为麦肯锡公司(Mckinsey&Company)报告[2]。

迄今为止，联合国气候变化政府间专家委员会已经发出了四次地球气候变化的研究报告[3]。

第一次研究报告(FAR)　1990 年；

第二次研究报告(SAR)　1995 年；

第三次研究报告(TAR)　2001 年；

第四次研究报告　2007 年；

第五次研究报告 预计　2013 年。

四次研究报告的研究成果与范围可如图 3－2 所示。

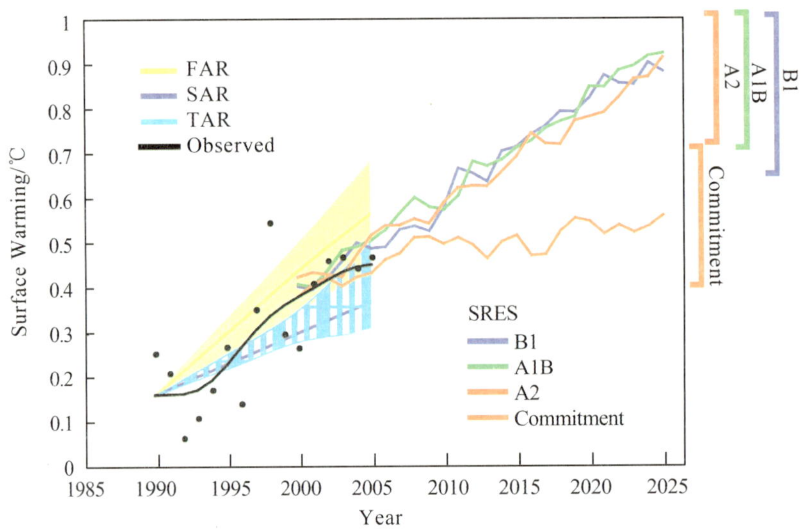

图 3－2　IPCC 研究成果与范围

在图 3－2 中，IPCC 提供了温室气体排放样本的特殊报告(Special Report on Emission Scenarios，SRES)，该报告对采用的情景(Scenarios)作了规定(表 3－2)。共分为探索可替代发展路径的四个情景族(A1，A2，B1 和 B2)，涉及人口、经济和技术驱动力以及由此产生的温室气体排放总量及后果。SRES 情景不包括超出现有政策之外的其他气候情景。排放预估结果被广泛用于评估未来的气候变化，预估中所采用的社会经济、人口和技术变化的各种假设已经作为许多部门关于气候变化脆弱性和影响评估所考虑的基本内容。例如，IMO 的 2009 年关于国际航运温室气体排放的报告即以上述的 SRES 情景为基础。四个基本情景及其衍生情景简介如下。

A1 情景假定了这样一个世界：经济增长非常快，全球人口数量峰值将出现在本世纪中叶，新的和更高效的技术被迅速引进。A1 情景分为三组，分别描述了技术变化中可供选择的方向：化石燃料密集型(A1FI)、非化石燃料能源型(A1T)以及各种能源之间的平衡型(A1B)。

A2 情景描述了一个很不均衡的世界：人口快速增长、经济发展缓慢、技术进步缓慢。对任何的 SRES 情景均未赋予任何可能性。

B1 情景描述了一个趋同的世界：全球人口数量与 A1 情景相同，但经济结构向服务和信息经济方向更加迅速地调整。

B2 情景描述了一个人口和经济增长速度处于中等水平的世界：强调经济、社会和环境可持续发展的局部解决方案。

表 3－2 给出了上述四个情景及其衍生情景的关系。

自 1990 年 IPCC 第一次评估报告以来，评估结果表明，在 1990 年至 2005 年期间全球平均温度升幅在每 10 年 0.15 ℃至 0.3 ℃之间，而观测结果为每 10 年增加大约 0.2 ℃，二者的可比性增加了近期预估结果的可信度。

表 3－2　PICC 建议的四个情景

强调经济发展 ⟶

A1　情节	A2　情节
世界：面向市场 经济：人均增长最快 人口：2050年达到峰值后下降 管理：地域互动强且收入集中 技术：划分为以下三类 ·A1FI　化石能源密集 ·A1T　非化石能源 ·A1B　各种能源均衡	世界：分化 经济：面向地域；人均增长最慢 人口：持续增长 管理：自给自足且保持当地特色 技术：发展最慢且多数不连续
B1　情节	**B2　情节**
世界：趋同 经济：基于服务和信息；低于A1情景族 人口：同A1情景族 管理：全球解决方案，社会和环境可持续发展 技术：清洁和资源高效	世界：局地解决方案 经济：发展处于中等水平 人口：以低于A1情景族的增长率持续增长 管理：局地和地域层面环境保护和社会公平解决方案 技术：比A1景族更为快速，与B1和A1情景族相比较为缓慢且更加多样化

（左侧纵向：全球协同 ↑；右侧纵向：强调区域性 ↓）

⟵ 强调环境保护

IPCC 的每次报告均由三个专家工作组的报告组成，分别是第一工作组的报告“自然科学基础”，第二工作组的报告“影响、适应和脆弱性”，第三工作组的报告“减缓气候变化”。参加起草的专家达到 500 人，参加评审的专家达到 2 000 人。报告论述了一系列与政策相关的广泛问题，其结构围绕 IPCC 全会同意的以下 6 个主题，并对交叉性问题给予了审慎的关注。图 3－3 给出了该报告的框架。

主题 1　观测到的气候变化以及过去的气候变化对自然系统和人类社会的影响。

主题 2　气候变化的原因，既考虑到气候变化的自然驱动因子，也考虑到这一变化的人为驱动因素。该主题分析了从温室气体排放和浓度到强迫辐射并最终引起气候变化的整个循环链，并对观测到的气候变化、自然系统和生物系统的变化是否可归因于自然原因或人类活动作了评估。

主题 3　预估的未来气候变化及其影响。该主题还提供了关于 21 世纪乃至更长时期内各类排放情景和预估气候变化的最新情况，并阐述了预估的未来气候变化对各系统、部门/行业和区域的影响。该主题重点关注与人类福祉和发展有关的问题。

主题4　适应和减缓选择方案、气候变化和应对措施与可持续发展的相互关系。该主题的重点放在2030年之前实施的应对措施。该主题还联同协同作用和利弊权衡取舍问题论述了相关的技术、政策、措施、行政手段以及实施过程中的障碍。

主题5　可持续发展的长期观点,并分析了与适应和减缓相关的科学、技术和社会经济问题,这与《联合国气候变化框架公约》的目标和条款是一致的。该主题将有关气候的决策纳入风险管理,关注更宽泛的环境和整合问题。该主题描述了温室气体浓度不同稳定水平的排放轨迹和相关的温度升高问题,并提供了有关减缓成本所需的技术开发、启用和可避免的气候影响的信息。

主题6　确凿的后果发现和关键的不确定性。

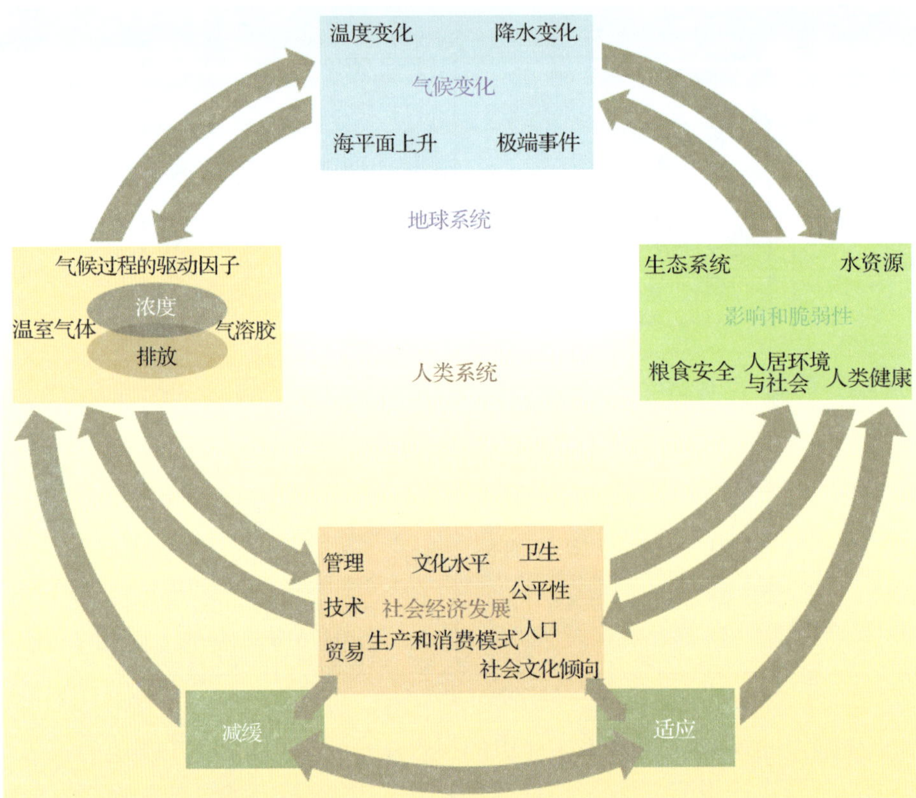

图3-3　IPCC报告编写框架

(来源:IPCC,2007)

上述研究成果表明:证实了目前的气候变化主要是因人类活动引起的。报告列举了已经发生的和预计未来发生的全球变暖的影响,并阐述了社会的适应潜力,旨在降低社会的脆弱性。最后,本报告提出了旨在限制未来气候系统变化幅度的成本、政策和技术分析。

在观测到的气候变化及其影响中,研究结果毋庸置疑地表明气候系统是变暖的,目前从全球平均气温和海水温度升高,大范围积雪和冰融化,全球平均海平面上升的观测(图3-4)中可以看出气候系统变暖是明显的。它们表现在:

①自1850年以来,最近12年(1995—2006年)中,有11年位列最暖的12个年份之中。

②全球温度普遍升高，在北半球高纬度地区温度升幅较大。陆地区域的变暖速率比海洋快。

③海平面的逐渐上升与变暖相一致。自 1961 年以来，全球平均海平面上升的平均速率为每年 1.8 mm，而从 1993 年以来平均速率为每年 3.1 mm，热膨胀、冰川、冰帽和极地冰盖的融化为海平面上升作出了贡献。

④风场变化影响了温带风暴的路径和温度场。

⑤积雪和海冰面积减少也与变暖相一致。从 1978 年以来的卫星资料显示，北极年平均海冰面积已经以每 10 年 2.7% 的速率退缩，夏季的海冰退缩率较大，为每 10 年 7.4%。南北半球的山地冰川和积雪平均面积已呈现退缩趋势（图 3－4）。

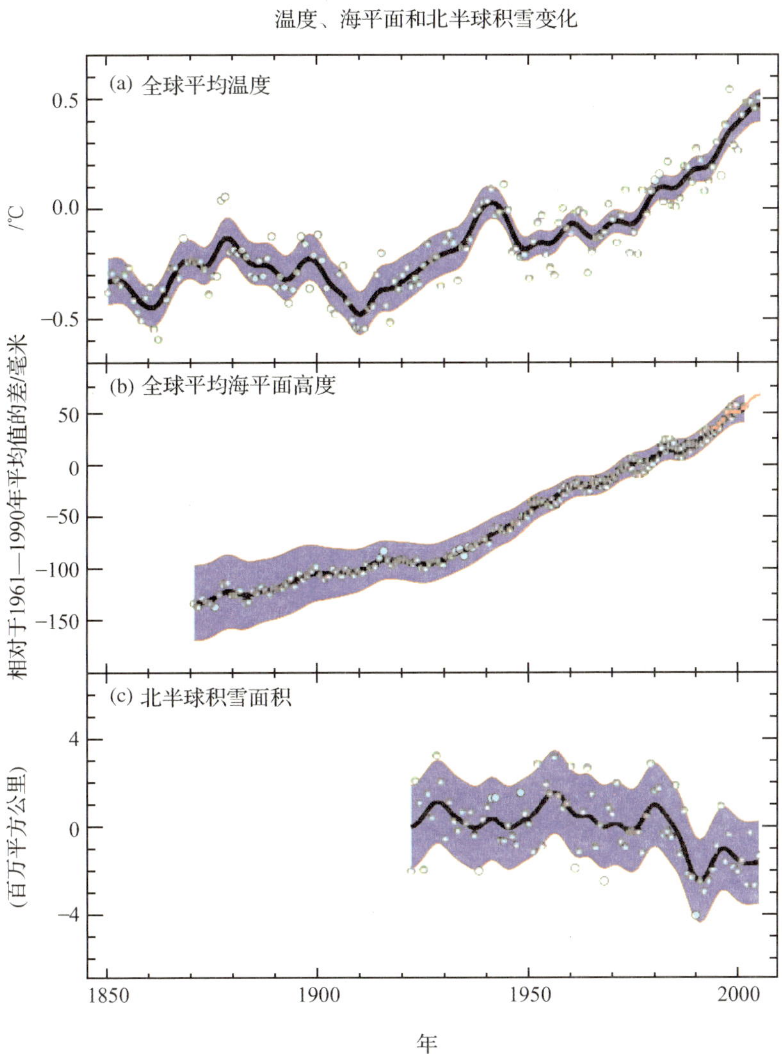

图 3－4　温度、海平面和北半球积雪变化

（来源：IPCC，2007）

就全球而言，自从 20 世纪 70 年代以来，受干旱影响的面积已经扩大；陆地生态系统紊乱；大部分陆地地区发生冷昼、冷夜和霜冻的频率已经减少；大部分陆地地区热浪已变得更加频繁;大部分地区,发生强降水事件的频率已增加;海洋酸化程度不断提高。自从 1970 年以来,北大西洋的强热带气旋活动增加。

上述研究表明,气候变化毋庸置疑是人类社会在实现文明的过程中造成的后果,所引起的自然规律变化在上面已经有了例子,更为严重的是它将给人类的生活必需资源带来灾难,在水、生态系统、粮食、海岸线、健康等方面最为突出(具体情况见表 3 -3)。

表 3 -3　相对于 1980—1999 年全球年平均温度变化

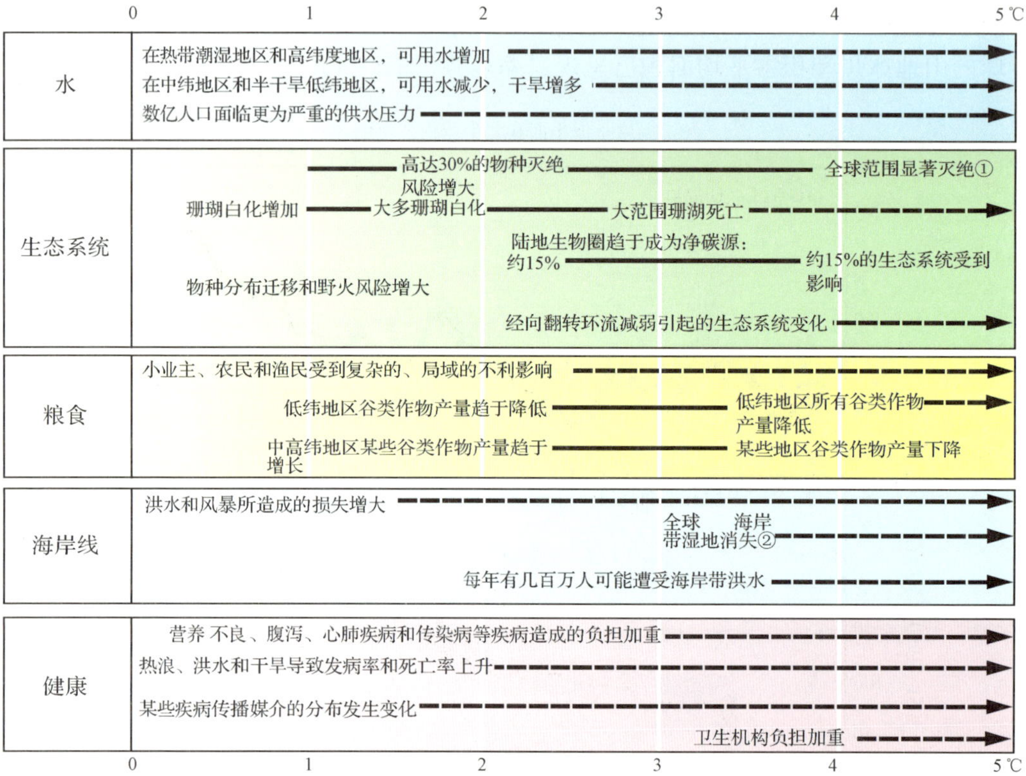

注：①这里的显著定义为40%以上的概率;②基于2000—2080年海平面平均上升速度4.2 mm/年。（来源：IPCC，2007）

近来,也出现了一些反面的意见,有的学者(如美国斯坦福大学教授罗伯特·劳特林)认为,人类减排努力徒劳无功,地球有超强的自愈能力。虽然反面意见渺渺,本书也希望他们预言成功。按照作者的观点,即使不进行强制性的人类增减(碳)排放指标活动,从降低各类成本去开展各个领域的工作总是有益于经济发展的。

3.1.2 《京都议定书》简介

1.《京都议定书》目标与内容

《京都议定书》是《联合国气候变化框架公约》的一份十分重要的文件,是历经四年谈判,于 1997 年在日本京都召开的第三次缔约国大会(3nd Conference of the Parties,COP3)上通过的。其目标是减缓全球的气温升高过程,对大多数发达国家的温室气体排放的减少是一份强制的法律性文件。美国、澳大利亚没有签署的原因是基于减排成本昂贵、影响到本国经济发展和发展中国家被排除在外三点理由。《京都议定书》的生效条件是:55 个国家签署和受到占全球温室气体排放总量(1990 年为基准)55% 的发达国家的支持。在 2004 年

11 月俄罗斯批准后,支持国家的排放总量已经占全球的 61.6% ,使得该法律文件得以生效。目前已经有 141 个国家批准了该议定书。

《京都议定书》规定的温室气体种类为六类:

①二氧化碳(Carbon Dioxide,CO_2);

②甲烷(Methane,CH_4);

③氧化亚氮(Nitrous Oxide,N_2O);

④氢氟碳化物(Hydrofluorocarbons,HFCs);

⑤全氟化碳(Perfluorocarbons,PFCs);

⑥六氟化硫(Sulphur Hexafluoride,SF_6) 。

在 2008—2012 年的 5 年间要求附件一中发达国家以 1990 年的温室气体总量为基准减少 5.2% 作为第一承诺期的目标。

2.《京都议定书》执行情况[4]

目前仅有 39 个国家(大多为欧盟成员,其承诺减少 1990 年 CO_2 排放量的 8%)在 2008—2012 年 5 年间按照上述水平执行。

在 2001 年德国会议上(COP6),在 2012 年达到减排目标的国家将从 2013 年开始承诺减排 30% 以上,但是反对对减排未达标的国家实施经济处罚措施。

《京都议定书》遵循了《联合国气候变化框架公约》的目标、原则和惯例。其重要的成果体现在以下几个方面:

①《京都议定书》的附件一的缔约方(一旦议定书生效)有了减少温室气体排放的法律约束,公约的缔约国成为议定书的签字国(分为批准、接受、满意、加入四个层次);

②《京都议定书》促进了世界各国(地区)一系列国家政策的出台,这为未来的减缓努力奠定了基础;

③《京都议定书》规定了执行《联合国气候变化框架公约》的基本框架与执行体系,建立了全球应对气候变化的机制和创建了全球碳市场,有了滚动减排的计划,使公约的执行有了实质性的进步;

④《京都议定书》规定了在2008—2012 年5 年间以全球1990 年的温室气体总量为基准(Benchmark)减少 5.2% 的强制性定量要求。

《京都议定书》规定了如下四种温室气体的排放类型:

①在附件一中的国家排放限额采用分配数量单位(Assigned Amount Units,AAU)计量;

②在附件一国家通过 JI 项目获得碳信用(额度)采用排放减少单位(Emission Reduction Units,ERU)计量;

③在发展中国家通过 CDM 项目获得碳信用(额度)采用鉴定排放减少单位(Certified Emission Reductions,CER)计量;

④在附件一国家由于陆地技术(如造林)采用碳转化单位(Removal Units,RMU)计量。

哥本哈根 COP15(15 th Conference of the Parties)协议主要内容包括以下几个方面[5]:

①应当依照 IPCC 第四次评估报告所述愿景,将全球气温升幅控制在 2 ℃以下。

②认为社会和经济发展以及消除贫困对于发展中国家来说仍然是首要的以及更为重要的目标,不过低碳排放的发展战略对可持续发展而言是必不可少的。

③发达国家应当提供充足的、可预测的和持续的资金资源、技术以及经验,以支持发展中国家实行对抗气候变化举措。

④各缔约方将在 2010 年 1 月 31 日之前向秘书处提交经济层面量化的 2020 年排放目标,并承诺单独或者联合执行这些目标。

⑤建立包括减少由于森林砍伐/减少而增加的排放(Reduce Emissions from Deforestation and Forest Degradation,REDD)在内的机制,为这类举措提供正面激励,促进发达国家提供的援助资金的流动。提供大量资金以减少滥砍滥伐和森林退化产生的碳排放(REDD +)、支持技术开发和转让、提高减排能力等,从而提高该协定的执行力。

⑥采取各种方法,包括使用碳交易市场来提高减排措施的成本效益。

⑦建立技术机制(Technology Mechanism),以加快技术研发和转让。

⑧2015 年结束以前完成对该协议及其执行情况的评估,包括该协议的最终目标。这一评估还应包括加强长期目标,比如将全球平均气温升幅控制在 1.5 ℃以内等。

上述第一条是本协议最为本质的规定。所谓将地球温度的升幅控制在 2 ℃以内,是指地球温度应在第一次工业革命前(1750 年)的温度基础上的升温控制,当时的 CO_2 的大气含量为 280 ppm (parts of per million,百万分率)。而 2009 年大气的 CO_2 含量为 370 ~ 380 ppm。

图 3 - 5 给出了人类自拥有了测量仪器以来,地球的 CO_2 排放浓度的纪录。

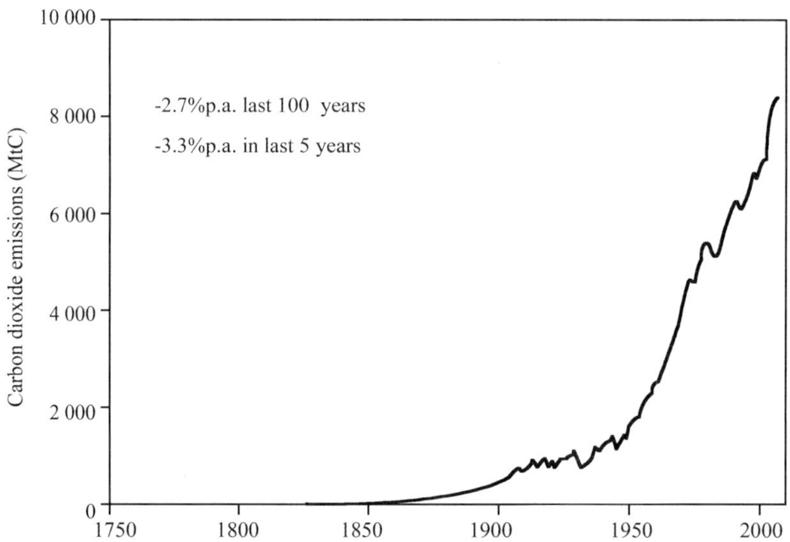

图 3 - 5 地球温室气体排放记录曲线

(来源:IPCC,2007)

2010 年 12 月在墨西哥坎昆召开的 COP16 会议上,一些国家呼吁延长《京都议定书》(*Kyoto Protocol*)的时间(该议定书将于 2012 年到期,日本等国反对延长),这是在墨西哥坎昆举行的联合国气候变化大会最主要的争论议题。在国际社会的共同努力下,会议最终通过了有利于人类减排活动继续发展的决议,最终达成了为发展中国家适应气候变化提供了资金和技术帮助的协议,并且得到了《京都议定书》的第二期承诺。

3.2 国际海事组织(IMO)温室气体排放政策

3.2.1 IMO的温室气体排放政策

自2008年MEPC 57起,为了支持国际航运界采用减排技术与营运管理,IMO就开始形成全球航运温室气体排放的政策框架。通过近四年的讨论终达成以下共识。

①新船设计的法定要求:能效设计指数(Energy Efficiency Design Index,EEDI);

②新船能效设计指数强制/自愿报告;

③新船与现有船能效营运指数(Energy Efficiency Operational Indicator,EEOI)强制/自愿报告;

④船舶能效管理计划(Ship Energy Efficiency Management Plan,SEEMP)强制/自愿报告;

⑤制定法定EEOI限制值规定与不符合者的处罚;

⑥建立国际航运排放贸易机制(Maritime Emissions Trading Scheme,METS);

⑦建立国际航运补偿基金(International Compensation Fund,ICF),按照使用的燃油数量征税。

本节重点讨论EEDI的技术问题,METS/ICF已在第2章讨论,EEOI/SEEMP分别在第4,6章讨论。

3.2.2 IMO的能效设计指数发展

早在2000年,IMO就发表了来自于船舶温室气体排放的报告[6],按照今天的观点来看,由于认识上的局限性,该报告只能初步、近似估算1996年度船舶排放温室气体的总量,建议了一些减排措施等。但是温室气体的分类不太严格,没有仅针对CO_2进行分析,在分析中没有采用BAU方法与现代减排的观点(如设置情景等)去分析问题。

在2003年,在国际海事组织的第23届外交大会上通过了963号决议(IMO POLICIES AND PRACTICES RELATED TO THE REDUCTION OF GREENHOUSE GAS EMISSIONS FROM SHIPS),提出了减少来自船舶温室气体排放的方针和行动,并且计划在2009年7月的MEPC59次环保会上完成相关的立法,主要目标对船舶的设计、建造与试航三个阶段提出温室气体排放的标准与校核方法,它包括以下内容[7]:

①建立温室气体排放基准线概念;

②采用船舶温室气体(以CO_2为主要成分)排放指标描述船舶的温室气体排放;

③温室气体排放基准线应是实际度量的标尺;

④进行技术、营运操作与市场的运作方案的评估。

与第2章中所介绍的基金(FUND)及贸易市场机制(CTS)对CBDR原则有不同考虑相反,IMO的"技术政策"没有把《京都议定书》(*Kyoto Protocol*)"共同但有区别"(Common but Differentiated Responsibilities,CBDR)的原则作为首选考虑,并将"国家(States)"责任改为"船舶(Ships)"责任。并且IMO一直在追求UNFCCC的授权,使得船舶的温室气体减少排放在IMO框架下合法化,但是由于UNFCCC的主权模式责任限制及技术与资金向发展中国家转移仍未达成共识。自2009年的哥本哈根UNFCCC的15次大会(COP15)至今,IMO并没有达到目的。

在 IPCC SRES 的情景选取中，规定了国际航运业计算温室气体排放的计量单位（表 3－4）。

表 3－4 国际航运业计算温室气体排放的计量单位

Category	Variable	Related Elements
Economy	Shipping transport demand (tonne－miles/year)	Population, global and regional economic growth, modal shifts, sectoral demand shifts
Transport efficiency	Transport efficiency (MJ/tonne－mile) － depends on fleet composition, ship technology and operation	Ship design, propulsion advancements, vessel speed, regulation aimed at achieving other objectives but that have a GHG emissions consequence
Energy	Shipping fuel carbon fraction (gC/MJ fuel energy)	Cost and availability of fuels (e. g. , use of residual fuel, distillates, LNG, biofuels, or other fuels)

该表规定了各类运输业采用的单位为 MJ/tonne－mile，可转换成 IMO 现在采用的能效单位。

对 EEDI 制定的历史回顾是一件非常有意义的事情，它反映了国际海事界的逐步认知过程。

MEPC47（2001 年 7 月）次会议上确定船舶温室气体指标为 CO_2 排放，应达到设计指数（Attained Design CO_2 Index）。

2007 年 11 月 20 日，在 25 届 IMO 大会上通过了决议 A. 989（25）—— IMO 2008—2013 年的 6 年战略，它体现了 IMO 宗旨的效能指标（Performance Indicators），其中第 9 项关于船舶排放包括以下内容：

①船用燃油含硫量采用 3 年滚动平均；

②来自船舶的 NO_x，SO_x，CO_2排量应在 IMO 控制下；

③规定每年海上运输的吨海里（Tonne－mile）排放 SO_x，NO_x 和 CO_2 的排放比率。

2009 年，IMO 发布了第二份关于航运温室气体排放的研究报告[8]。2010 年日本、美国、挪威提案建议对新造船舶发放国际 EEDI 证书，使得 EEDI 写入 MARPOL ANNEX VI 成为近两年 IMO 的主要工作。为了使得 EEDI 能够成功地应用于船舶设计，自 2006 年以来，IMO 一直在组织对船舶 CO_2 排放设计基线（作为设计的下限值）的构成进行探索。注意这里的船舶 CO_2 设计基线与第 2 章所述的设计基线是不同的，本节的设计基线仅对船舶设计时提出温室气体排放的技术要求，是一个硬件方面的要求，与第 2 章所述的某国/地区/行业的基线（如《京都议定书》规定 1990 年的 CO_2 排放为发达国家减排的基准值）不同。

设计基线（Baseline）的原理为

$$\underset{\text{g/tonnes-mile}}{EEDI} = \frac{EnginePower(\text{kW}) \times SFC(\text{g/kWh}) \times C_F}{Capacity(\text{DWT}) \times Speed(\text{kn})} \tag{3-1}$$

其单位 $gCO_2/\{[t][nm]\}$ 表达为每吨海里排放 CO_2 数量，公式（3－1）的发展过程如下。

首先，把温室排放问题看作由于经济发展需要导致航运不可避免地排放 CO_2 对地球生态的冲击转化为成本与社会收益的比值，此值应该根据社会经济、人文发展的程度及与风险分析中的适度可行低风险(As Low As Reasonably Practicable,ALARP)指标相匹配,有一个社会可接受水平,这个可接受水平根据 IPCC 的建议(在 2009 年 12 月 COP15 上得到重申)应该为在全球工业化开始前(1750 年以前)的温度的基础上不得超过 2 ℃,在此前提下调整空气中的 CO_2 的浓度(最理想为大气中 CO_2 含量不超过 480 ppm)。

其次,将上述冲击转换为船舶温室气体排放量与货物(包括旅客)运输的成果(如吨海里、TEU 海里)的比值,这样就与目前常规的船舶概念设计中的诸要素如船舶主尺度、排水量、空船重量、柴油机功率、航速等结合起来。

为了使 EEDI 达到优化,对以下方面应加以注意[9]:

①快速性设计(上层建筑、型线、经济航速、与推进器的关系);

②耐波性设计(波浪增阻与螺旋桨出水);

③减少压载水设计;

④人员耐久性设计(船舶运动、振动、噪声);

⑤特种需求设计(破冰能力等);

⑥容积率设计(TEU、DWT、容积需求等);

⑦推进系统能效设计;

⑧机械(包括动力与电站系统)选型设计(经济航速、冗余、废热锅炉能力等);

⑨各种能源需求冗余度评估与设计(采热需求与必要消耗);

⑩轮机的节能设计;

⑪航行环境评估(混合层厚度与吃水的关系——温差能利用);

⑫可持续能源设计(太阳辐射能及其衍射能的应用——风能、热泵技术);

⑬热源管理技术等。

上述内容可分为船体减阻与载重量增容、推进系统、轮机节能设计、可再生能源应用四个部分,详见第 5 章。

在上述工作开展前,进行船舶最低能耗设计,包括以下步骤:

①原型能效分析;

②总体设计相关的节能措施分析;

③提高能效的节能技术途径分析与模型试验验证;

④能效指标分析。

新能源在船型开发中的应用的可行性研究框图如图 3 - 6 所示。

第三,综合考虑在船舶营运中的各种影响因素,如船舶特殊用途(如冰区加强)、货物种类的集载因素修正(如谷物、矿石、钢铁等),船舶在航行中的失速等,其过程如图 3 - 7 所示。

在上述论证的基础上可以建立一个数学模型,将船舶能效设计指数(EEDI)变换为一个可微的多元函数与若干个限制(约束)条件的组合,多元函数中每一个参数 $x_1, x_2, \cdots, x_n$ 可以分别代替航速、装载能力、耐波性数值、主机功率、推进系统参数、轮机系统参数等共 n 个,限制(约束)条件中每一个都可以表达为 $x_1, x_2, \cdots, x_k$ 的函数,见式(3 - 2)。可以按照数学规划的方法变为无限制(约束)问题寻求最低 EEDI 的目标求解,求解方法有专著,在此不再赘述。

$$\left.\begin{aligned} f(x_1, x_2, \cdots, x_n, \mathrm{EEDI}) &= 0 \\ \sum_{j=1}^{m} q(x_1, x_2, \cdots, x_k) &\leqslant 0 \end{aligned}\right\} \tag{3-2}$$

式中 m——约束条件个数，如基线限制、航运公司排放目标、航线选择、北极航线中的季节、风力、冰级限制等，其涉及 k 个参数。

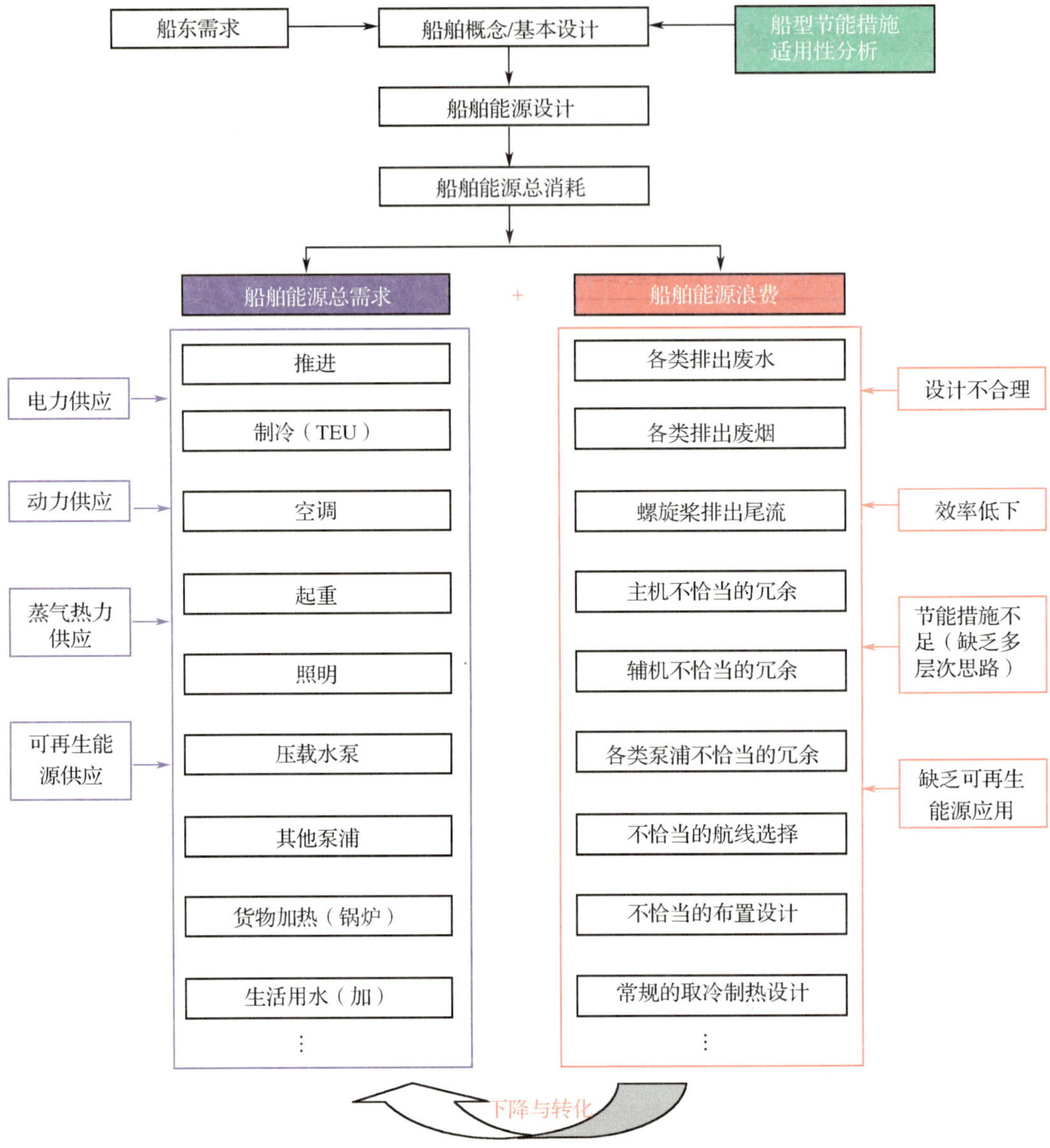

图 3－6　船舶最低能耗设计框图

通过此种方法，可以对每一种船型获得以单位吨海里或单位 TEU 海里排放 CO_2 最低、最优的 EEDI 设计方法。这是一个待研究的非常实用的课题，留给有兴趣者为之。

图 3－7 中的 aa，bb，cc 值即式(3－3)中的 X，可按照表 3－8 取值。

在 MEPC59 会议上，公式中辅机的计算方法发生重要变化，只要求计入了必要的功率去支持各种械机、系统、设备、生活工况运作，采用主机功率的百分数（以 10 000 kW 为分界）表示。

上述公式使用要点列入表 3－5 中。

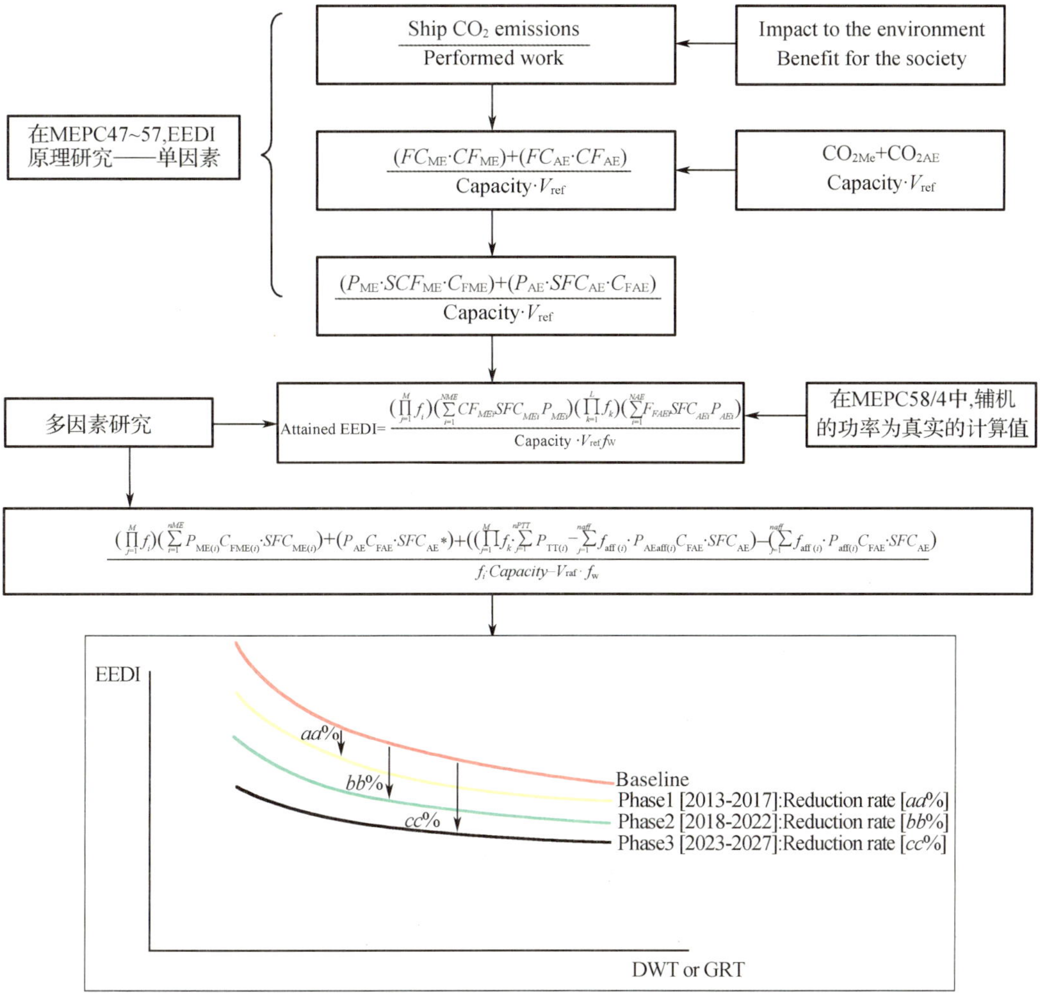

图 3-7　EEDI 概念发展的理论基础

表 3-5　EEDI 公式要点

序号	参数名称	符号	单位	说明
1	能力(DWT)	Capacity	t	对应结构吃水的载重量/载箱量/载客量
2	主机功率	P_{ME}	kW	额定功率 75%。如果采用轴带发电机,每台轴带发电功率取 75% 负荷: $P_{ME(i)}=0.75\times(MCR_{MEi}-PPTOi)$,$i$ = 主机台数
3	辅机功率	P_{AE}	kW	恶劣海况下必需的功率,包括推进系统与舱室用电(如主机循环水泵(2.5%)、航行系统与设备、生活系统),但是不包括不为推进系统服务的系统(如推进块、货油泵、起重设备、压载泵、货物维护(冷藏、通风风扇)),在 V_{ref} 下: $P_{AE(PEM\geqslant 10\,000\ kW)}=[0.025\times\sum_{i=1}^{nME}MCR_{MEi}]+250$ 注:主机 < 10 000 kW 时另有规定。在 PAE 估算值与实际使用(如客船)值差别较大时,采用 IMO Cir. 681 所规定方法另行计算

表 3-5(续)

序号	参数名称	符号	单位	说明
4	航速	V_{ref}	kn	结构吃水时主机功率(扣除轴带发电机后)75%时对应的航速(试验条件应特别确定)。目前设计速度与试航速度不同(不在同一装载工况下),由于尺寸效益,船模速度与实船相比存在一定的误差,如何根据实船试航(不会满载)时的速度换算到实船(满载)速度上来,除了ISO 15016标准外,可使用的其他方法但需要主管机关认可
5	主机燃油消耗率	SFC	g/kWh	EIAPP证书所注NO_x(NO_x Technical Code 2008,)排放时的主、辅机的燃油消耗率;在主机75% MCR、辅机50% MCR的未经修正的值
6	油碳转换系数	C_F		指南规定(但主机C_{FME},辅机C_{FAE}可以不同)
7	轴带电动机功率	P_{PTI}	kW	对应V_{ref}的取值。对采用轴带发电机、马达混合使用时,应确定其记入计算的操作模式
8	辅机功率减少量	P_{AEeff}	kW	利用主机的废气发电对船舶电站贡献,在主机功率基础上进行度量
9	主机功率减少量	P_{eff}	kW	采用高能效技术所减少的主机功率的75%,对机械式直接回收的与桨轴有关的废热能不必记入
10	主机科技技术影响系数	$f_{eff(i)}$		≥1,采用高能效技术(废能回收系统取1)。如减少主机功率(降低尾轴系统所需功率),采用非石化能源等
11	能力系数	f_i		对应于Capacity的调整,一般取1,如冰区航行需要改变装载能力可根据指南要求选取
12	特殊用途系数	f_j		根据指南要求选取,如冰区航行
13	耐波性指标系数	f_W		根据指南要求选取。在蒲氏风级(Beaufort Scale)6级情况下的指标,涉及波高、波浪频率。可以由船舶航行具代表的海况模拟确定(如果GBS要求为北大西洋海况,如何制定),海况模拟方法缺乏定论。此值与船舶首尾水下形状、船舶运动情况有很大关系

CF值规定如下(表3-6)。

表 3-6 CF值选取表

	Type of Fuel	Reference	Carbon Content	C_F ($t-CO_2/t-Fuel$)
1	Diesel/Gas Oil	ISO 8217 Grades DMX through DMC	0.875	3.206
2	Light Fuel Oil (LFO)	ISO 8217 Grades RMA through RMD	0.86	3.151 04
3	Heavy Fuel Oil(HFO)	ISO 8217 Grades RME through RMK	0.85	3.114 4
4	Liquified Petroleum Gas (LPG)	Propane	0.819	3
		Butane	0.827	3.03
5	Liquified Natural Gas (LNG)		0.75	2.75

(来源:IMOCir.681,2009)

2008 年 3 月,国际海事组织船舶温室气体减排工作组第二次会间会(温室气体 - WG2)在 MEPC57 次会议以后举行,会议上对船舶排放的基准线(Baselines)、新船能效设计指数、船舶能效营运指数、船舶能效管理计划、自愿运营方法导则等进行了确定。

国际海事组织(IMO)船舶温室气体减排文件制定工作在 MEPC59(2009 年 7 月)取得新进展。通过了关于新船能效设计指数(EEDI)、现有船舶能效营运指数(EEOI)、船舶能效管理(SEEMP)、自愿验证 EEDI 的四个通函(Cir. 681 ~684),内容见表 3 -7。

表 3 -7　MEPC59 通过的四个通函

通函号	内容	适用范围
Cir. 681	Interim guidelines on EEDI method for new ship	鼓励政府与观察员在自愿的基础上进行试用
Cir. 682	Interim guidelines for voluntary verification of the EEDI	要求各国政府率先自愿执行 EEDI 的验证,执行《用于验证的 EEDI 指导性文件》
Cir. 683	Guidance for the development of SEEMP	提供了主管当局、业界、航运/航运公司、其他利益方监测船舶/船队有效运行与可选择的方法(优化航运方式,如航线选择)
Cir. 684	Guidelines for voluntary use of the EEOI	适用于现有船的 EEOI 计算

IMO Cir. 681 中的 EEDI 目标是从降低航运业 CO_2 排放的硬件需求出发,适用于新造船。其原理是计算(客、货)运输效率下的 CO_2 排放指标。根据不同时期的造船的 CO_2 排放统计,并且要求在某些情景下(1 - $X\%$),新设计船舶的 CO_2 排放的值不得大于这些统计量(制成了法定的 EEDI 基线)的中值。能效设计指数是在规定的柴油机转速与“特殊的海况”下船舶 CO_2 的排放计量,不同类型的船舶因其概念设计所确定的主尺度、主机功率的基础不同而不存在可比性。它不能表达船舶实际运输中的 CO_2 排放情况,其原因是在技术上它的度量固定在某个转速与规定的海况下,与实际航运中各种船类采用的营运方式不同。

根据 MEPC61 会议(2010 年 9 月),形成强制性 EEDI 要求适用的船舶类型、尺度、折减率($X\%$)及目标年限如下(表 3 - 8),同意表格中的年限时间将会在条款正式通过时(MEPC62(2011 年 7 月))确定。

$$\text{requiredEEDI} = (1 - X\%) \times \text{attianedEEDI} \tag{3-3}$$

其中,attained EEDI 取自表 3 -9(b)各类船舶曲线。

表 3 -8　MEPC61 会议通过的减排年限

Ship Type	Size	Phase 0 [2013. 1. 1—2014. 12. 31]	Phase 1 [2015. 1. 1—2019. 12. 31]	Phase 2 [2020. 1. 1—2024. 12. 31]	Phase 3 [2025. 1. 1 及以后]
Bulk Carriers	20 000 DWT 及以上	$X = 0^{**}$	$X = 10$	$X = 20$	$X = 30$
	10 000 ~ 20 000 DWT	N/A	$0 \sim 10^{*}$	$0 \sim 20^{*}$	$0 \sim 30^{*}$

表 3－8(续)

Ship Type	Size	Phase 0 [2013.1.1—2014.12.31]	Phase 1 [2015.1.1—2019.12.31]	Phase 2 [2020.1.1—2024.12.31]	Phase 3 [2025.1.1 及以后]
Gas Tankers	10 000 DWT 及以上	0	10	20	30
	2 000～10 000 DWT	N/A	0～10*	0～20*	0～30*
Tankers	20 000 DWT 及以上	0	10	20	30
	4 000～20 000 DWT	N/A	0～10*	0～20*	0～30*
Container Ships	15 000 DWT 及以上	0	10	20	30
	10 000～15 000 DWT	N/A	0～10*	0～20*	0～30*
General Cargo Ships	15 000 DWT 及以上	0	10	15	30
	3 000～15 000 DWT	N/A	0～10*	0～15*	0～30*
Refrigerated Cargo	5 000 DWT 及以上	0	10	15	30
	3 000～5 000 DWT	N/A	0～10*	0～15*	0～30*
Combination Carrier	20 000 DWT 及以上	0	10	20	30
	4 000～20 000 DWT	N/A	0～10*	0～20*	0～30*

注：* 表示根据船舶尺度由小到大的折减率在这两个值之间取线性插值。N/A 表示不适用 Required EEDI。** 表示表 3－9(b)对应的基线生效。上述表中仅仅有五型船与 IMO Cir. 681 对应。

上述内容被纳入 MARPOL ANNEX VI(1997 年议定书)的修正案(由澳大利亚、比利时、加拿大、丹麦、德国、日本、利比里亚、挪威、英国等国提出),由 IMO 秘书长以通函 3128 号通知到所有缔约国,按照 MARPOL 中 Aarticle 16 关于修正的条款形式,在 2011 年 7 月召开的 MEPC62 会议上按照 MARPOL 公约修正案的修订程序通过,将于 2013 年 1 月 1 日生效。届时,意味着 IMO 的 EEDI 基线值与 SEEMP 进入强制生效。在该修正案中第 19 条"适用范围"有如下主要规定：

①适用于所有 400 总吨以上的"新"建船舶(2013 年 1 月 1 日以后签订建造合同/如无合同,2013 年 7 月 1 日以后安放龙骨或类似建造阶段/2015 年 7 月 1 日或以后交船)；

②不适用于国内航行船舶；

③不适用于柴电推进、涡轮推进、混合推进的船舶；

④主管机关有权免除 400 总吨及以上船舶的关于 EEDI 与表 3－8 的要求,但是不能免除以下 400 总吨及以上船舶的要求,即 2017 年 1 月 1 日及以后签订合同/无建造合同,2017 年 7 月 1 日安放龙骨或类似建造阶段/2019 年 7 月 1 日或以后交船。

乍看起来,好像对发展中国家有一点让步,然而在发达国家的单边政策下,将会采取市场措施(Market－Based Neasure,MBM),具体为碳税、碳贸易等市场机制,实质上对发展中国家仍然是一种压力。

至此,原有船舶公约证书《国际防止空气污染证书》(*International Air Pollution Prevention Certificate*,简称 IAPP 证书)与 EEDI 的验证与新的船舶公约证书《国际能效证书》(*International Energy Efficiency Certificate*,简称 IEE 证书)就有了关联,且通过 SEEMP 对现有

船具有追溯性。但是目前如何操作尚缺乏规定。

MARPOL ANNEX Ⅵ 修正案中的 22 条还对“船舶能效管理计划”(SEEMP)作为 SOLAS 公约的船舶安全管理体系的一部分进行了强制规定,并要求签发《国际船舶能效证书》时并要验证 SEEMP 文件是否保存在船上。

上述修正案仍有以下遗留问题需要解决:

①虽然强调适用于所有 400 总吨以上的船舶,表 3－8 只能适用七种船,覆盖范围不足;

②耐波性系数 f_W 的计算方法;

③试航条件(风浪的修正)方法;

④与 EEDI 计算相关的风力规定;

⑤EEDI 的验证方法;

⑥满足船舶耐波性要求的最低船速;

⑦结构自愿加强条款等。

上面的各条均应在图 3－25 中的设计与建造的框内得到解决。

因此,Cir681 中的 EEDI 值并不能衡量实际的排放值。它只有在船舶实行能效管理计划(Cir. 683 Ship Energy Efficiency Management Plan,SEEMP)与实际排放指数 EEOI(Cir. 684 Energy Efficiency Operation Indicator)相结合时才能发生作用,它们之间的关系如图 3－8 所示。

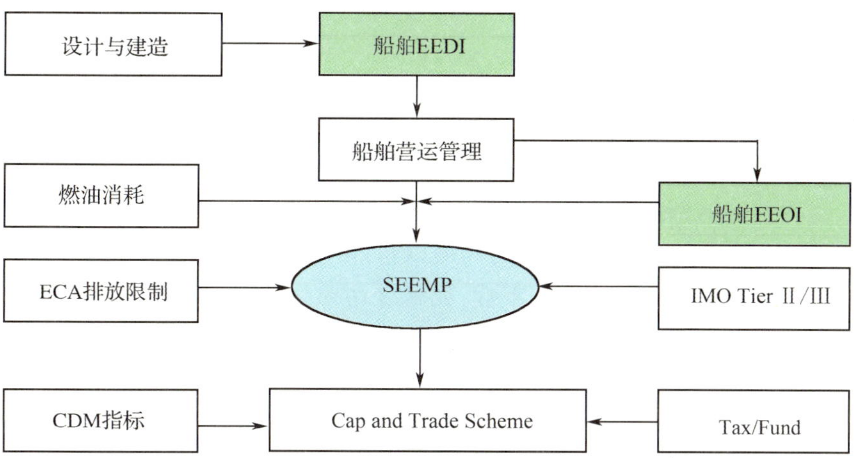

图 3－8　SEEMP 与各项技术政策、减排机制的关系

上面 IMO 通函目前虽然在 2010 年颁布时没有强制执行,但是根据当前的国际节能减排的进展,某些国家(如欧盟)国内采取(单边法律)减排指标的配额与碳交易的减排手段给航运界带来压力,强制执行 Cir. 681,683,684 在 MARPOL ANNEX Ⅵ 温室气体修正案通过后已经成为事实。

EEDI 公式是一个综合传统设计技术(如阻力优化——采用优秀型线)、实用技术(耐波性(航线选取——传统设计不考虑))、高科技新技术(高能效螺旋桨推进系统、轮机节能措施与装备、可再生能源应用)于一体的船舶硬件环保性能的量化公式。它将成为引领船舶设计技术发展的指标与竞争平台。但是,EEDI 设计技术不是一个传统的、绝对的易于执行的技术机制,尚有大量的技术选择可供特殊考虑的设计中使用。其前提是只要满足所规定的能效水平,设计/建造者拥有很大的空间去采用更为有效的能效解决方案。

3.2.3 IMO EEDI 通函(IMO Cir.681)点评

目前,EEDI 的基线值是不全面的,具有以下特点。

1. 不能涵盖所有的船型

Cir. 681 包括了 10 类船型,即客船(Passenger Ship)、干散货船(Dry Cargo Carrier)、液化气船(Gas Tanker)、油船(Tanker)、集装箱船(Containership)、汽车滚装船(Ro-Ro Cargo Ship:Vehicle Carrier, Volume Carrier, Weight Carrier,其具体区别见 Cir. 681)、杂货船(General Cargo Ship)、客滚船(Ro - Ro Passenger Ship)。这些船舶必须是常规推进方式,不适用于采用柴电、透平、混合推进系统的船舶。

另外,国际海事组织定义不能覆盖的繁杂船舶(Miscellaneous Types)种类有:拖轮(Tugs)、海洋守护船(Offshore Stand-by Vessels)、防污染船(Anti - Pollution Vessels)、救助打捞船(Salvage Vessels)、斗链挖泥船(Bucket Dredgers)、海底电缆船(Cable Repair Ships)、放缆船(Cable - Laying Ships)、铺管船(Pipe Layers)、护渔船(Fisheries Protection Vessels)、捕鱼船(Fishing Vessels)、医院船(Hospital Ships)、破冰船(Icebreakers)、海洋调查船(Oceanographic Research Vessels)、引水船(Pilot Vessels)、帆式训练船(Sail training Vessels)、载泥船(Sludge Carriers)、捕鲸船(Whaling Ships)、钻探船(Drilling Ships)、特种重吊船(Specially Designed heavy Lift Vessels)、钻井平台(Drilling Rigs)等。由于它们的总耗油量只占当前世界运输船舶总量的 4% 左右(2007 年为 4.8%,2020 年为 3.8%),故不作为工作重点[10]。

2. 公式中某些系数缺乏公认一致的计算方法

f_W——耐波性指标系数,在蒲氏风级(Beaufort Scale)6 级情况下的指标,涉及波高、波浪频率。可以由船舶航行具代表的海况模拟确定(如果 GBS 要求为北大西洋海况,如何制定),海况模拟方法缺乏定论。此值与船舶首尾水下形状、船舶运动情况有很大关系。

f_i,f_j——分别对应于 Capacity(能力)与特殊目的(如冰区航行)因素的系数。

f_{eff}——考虑采用科技技术的影响系数,如减少功率与回收废热/采用非石化能源。

Speed——船速的确定技术。目前设计速度与试航速度不同(不在同一装载工况下),由于尺寸效益,船模速度(存在一定的误差)如何根据实船试航时的速度换算成实船(满载)速度,采用 ISO15016 标准及其他方法需要主管机关/船级社认可。

由于船舶概念设计是根据航运公司的使用目标决定的。因此,即使是同类船舶,其排放也不尽相同。最为明显的例子是,如果续航力(由于航区不同造成)的大小存在差异,其排放可通过运输链的优化达到减排目的。

3. 公式在使用中的技术漏洞

①安装有主机轴带发电机的船舶的 EEDI 将优于不安装轴带发电机的船舶,轴带发电机功率越大,EEDI 值越小。

②从主机切换功率到辅机时,如果采用的不是轴带发电机而是采用其他助推,由于增加了电机功率,其 EEDI 值也将上升。技术的关键是能不能将增加的功率作技术隐藏。

③装载能力的操作留有较大空间。以 Ro-Ro Passenger Ship 为例,其总吨位很大,有很多空仓,这样就可以增加 Capacity 系数,使得 EEDI 值降低。

④对于 EEDI 基线比较陡处的小船由于 Capacity 比较敏感,只要稍微调整,就可以降低 EEDI 的设计值,而对十万载重吨以上的大船,基本没有调整空间。

⑤EEDI 的计算中存在许多不唯一性,如减少主机功率(即减少航速)有时不如采用 Peff 的修正收益更大,需要权衡比较。

4. 关于 EEDI 基准线

在理论上,基线建立的基本原则为[11]:

①基线应该以项目特性为基础,同时考虑相关国家与行业的政策及经济发展情况,如行业改革深度、当地燃料利用率、行业发展趋势、行业面临的形势;

②基线符合简化的、便于制作的原则;

③途径、假定、方法、参数、样本数据采集、关键系数、额外性的选定在考虑不定性时应该是透明的(新方法需要另行批准);

④基准线的样本可以包括项目东道国(如中国内河)的特殊经济条件,尽管排放指标可能高于现有水平;

⑤在选择基准线方法时,可在以下途径中挑选最为适当者并报批。

a. 考虑历史与现时的排放情景;

b. 在采用某种具有经济效益技术降低排放时,应考虑对投资者的壁垒;

c. 考虑 5 年前,在类似的社会、经济、环境与技术条件下的排放均值。

基准线可以采用以下的类型。

根据数学模型分为:

①静/动态型(Static and Dynamic);

②项目特有型(Project Specific);

③标准型(Standardized Baselines)。

根据适用性分为:

④国家水平型(National);

⑤行业水平型(Sectoral);

⑥项目水平型(Project Level)。

根据排列组合的方法,可以得到 9 类基线模型,绘出的组合方式如图 3-9 所示。IMO 采用的是图中的红线的类型:"项目特有型 + 行业水平型"。

对于中国国内减排,宜采用"项目特有型 + 国家水平型"。

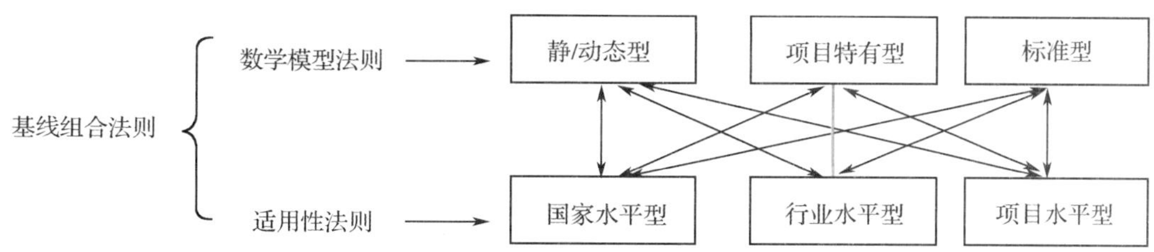

图 3-9　基准线的组合方法

根据 IMO A.963(23)的要求,在 MEPC 的温室气体 WG2 会议上建立了基于统计方法之下的 EEDI 基准线作为评判船舶设计 CO_2 排放的基本要求(以后以缔约国达成的情景共识来作分阶段要求(为 X 的确定,见表 3-8)。由于时间短暂,方法没有事先达成共识,这组基线出台后,由于缺乏可操作的系数与路径,被一些研究组织批评为[12]"基线对于实际航行是没有意义的,其根本原因是所选的样本值与实船不一致,一旦 EEDI 方法被采用,基线必须是精确可靠的样本”。这表明，尽管其表达为克/(每吨·海里)(g/(ton·mile))，燃油消耗从概念上讲没有多大问题，但由于在实际营运中，尚存在不可避免的假定与简化条件，燃油消耗率(SFC，有时写作SFOC)的采用在新船中是实际的，在LRFP(IMO目前采用的数据库)中的现有船中则为模糊数据，因此在基线制定的过程中只能设为常量。

目前建议的基线值还不能作为设计者在设计中的约束边界。这是因为船舶种类太多，尺度太过繁杂，如果考虑船舶用途与尺寸，船舶分类应该在67种以上。

IMO建立了温室气体排放模型(Global Integrated Shipping Information System，GISIS)，将数据库LRFP中400总吨(GT)以上的船舶分为67类，它们是：

Crude Tankers <60 000 DWT
Crude Tankers,60 ~ 80 000 DWT
Crude Tankers,80 ~ 120 000 DWT
Crude Tankers,120 ~ 200 000 DWT
Crude Tankers,200 000 + DWT
Product Tankers, <10 000 DWT
Product Tankers,10 ~ 35 000 DWT
Product Tankers, 35 ~ 60 000 DWT
Product Tankers,80 000 + DWT
Chemical Tankers, <2 000 DWT
Chemical Tankers, 2 ~ 10 000 DWT
Chemical Tankers, 10 ~ 20 000 DWT
Chemical Tankers, 20 ~ 30 000 DWT
Chemical Tankers, 30 000 + DWT
Misc. Tankers, <2 000 DWT
Misc. Tankers,2 ~ 10 000 DWT
Misc. Tankers,10 000 + DWT
LPG Carriers,<=2 000 DWT
LPG Carriers, <5 000 CBM
LPG Carriers,5 ~ 20 000 CBM
LPG Carriers,20 ~ 60 000 CBM
LPG Carriers,60 000 + CBM
LNG Carriers, 2 000 + DWT
Container Ships, up to 500 TEU
Container Ships, 500 ~ 1 000 TEU
Container Ships, 1 ~ 2 000 TEU
Container Ships, 2 ~ 3 000 TEU
Container Ships, 3-panamax Beam
Container Ships, Post Panamax
Container Ships, ≥10 100 + TEU
Semi-Containcr Ships, up to 500 TEU
Semi-Container Ships, 500 ~ 1 000 TEU
Semi-Container Ships, 1 ~ 2 000 TEU

Refrigerated Fish Carriers
Reefer Ships, <200 tCuFt
Reefer Ships, 200 ~ 450 tCuFt
Reefer Ships, 450 + tCuFt
RoRo Ships, <2 000 DWT
RoRo Ships, 2 ~ 5 000 DWT
RoRo Ships, 5 ~ 10 000 DWT
RoRo Ships, 10 000 + DWT
Car Carriers, <2 000 DWT
Car Carriers, 2 ~ 10 000 DWT
Car Carriers, 10 ~ 20 000 DWT
Car Carriers, 20 000 + DWT
Conv. Cargo Ships, <2 000 DWT
Conv. Cargo Ships, 2 ~ 5 000 DWT
Conv. Cargo Ships, 5 ~ 10 000 DWT
Conv. Cargo Ships, 10 000 + DWT
Bulk Carriers, <10 000 DWT
Bulk Carriers, 10 ~ 40 000 DWT
Bulk Carriers, 40 ~ 60 000 DWT
Bulk Carriers, 60 ~ 80 000 DWT
Bulk Carriers, 80 000 + DWT
Passenger Ships, <2 000 GT
Passenger Ships, 2 ~ 10 000 GT
Passenger Ships, 10 ~ 30 000 GT
Passenger Ships, 30 000 GT
Cruise Ships, <2 000 GT
Cruise Ships,2 ~ 10 000 GT
Cruise Ships,10 ~ 60 000 GT
Cruise Ships,60 ~ 100 000 GT
Cruise Ships,100 000 + GT
Tugs & Supply Vessels, <1 000 GT
Tugs & Supply Vessels, 1 000 ~ 2 500 GT
Tugs & Supply Vessels, 2 500 + GT

IMO规定了以下原则：

①为了使基线值更为准确，IMO要求各国政府予以配合收集在其管辖下港口所挂本国

旗代表性实船的排放资料;

②上述资料的收集应为一年或一定周期(如三年);

③基准线应覆盖67种船型。

在MEPC57(2007年12月)会议上,丹麦以挪威船级社的技术报告为基础推出了基准线的概念,基准线值表现为现有船平均、以指数函数形式 $a \times b^{-c}$ 表达,设计所需的EEDI(Attained EEDI)指数需按照情景(1 - X%)得到(见式(3 - 2))。由于共同规范于2006年4月1日生效,自然就将共同规范(CSR)的船舶排除在统计样本之外,这样在排放方面的草率决定有可能导致国际航运界提高船舶强度的努力赋之东流。

丹麦所提交的曲线依照MEPC58 EEDI公式的简化计算统计而成,表达如下:

$$\text{Estinated EEDI of an existing ship} = 3.114 \cdot 0.75 \cdot \frac{190 \cdot \sum_{i=1}^{n_{ME}} P_{MEi} + 210 \cdot \sum_{i=1}^{n_{ME}} P_{AEi}}{Capacity \cdot V_{ref}} \tag{3-4}$$

其中,P_{MEi},P_{AEi},$Capacity$,V_{ref},N_{ME},N_{AE} 分别表示主机、辅机功率、装载量(TEU,DWT)、参考航速、主机数、辅机数。

上述曲线的样本(考虑两个标准差)取自LRFP的1998年至2007年的六类船舶:油船、散货船、集装箱船、天然/石油气运输船、杂货船、滚装船。然而,这些样本的可靠性却无从证实,因此对当时所形成的 a,c 参数不能在与会者之间得到认可,见表3 - 9(a)。

表3 - 9(a) IMO 2009年基线建议值

Ship Type	a	c	R^2	Capcity	Number of Samples	Excluded
Dry Bulk Carriers	1 340.0	0.511 7	0.93	DWT	2 365	59
Tankers	1 950.7	0.533 7	0.97	DWT	3 116	59
Gas Carriers	1 252.6	0.459 7	0.93	DWT	416	11
Container Ships	139.38	0.216 6	0.66	DWT	2 189	87
General Cargo Ships	290.28	0.330 0	0.63	DWT	1 824	90
Ro-ro Cargo Ships	1 978.8	0.731 3	0.80	DWT	402	27

(来源:EMSA,2009)

为了取得共识,MEPC61委托专门机构进行了 a 与 c 值的研究,增加了新船取样,见表3 - 9(b)[13]。新旧取样使得 a,c 系数有相当大的误差(见阴影部分)。

表3 - 9(b) IMO 2011年基线建议值

Ship Type	Ship Size	Parameters		R^2	Population	Excluded
		a	c			
Bulk Carrier	≥400 GT	961.79	0.477	0.928 9	2 512	16
Gas Tanker	≥400 GT	1 120.00	0.456	0.944 6	354	0
Tanker	≥400 GT	1 218.8	0.488	0.957 4	3 655	14

表 3-9(b)(续)

Ship Type	Ship Size	Parameters		R^2	Population	Excluded
		a	c			
Container Ship	≥400 GT	186.52	0.200	0.619 1	2 406	32
General Cargo Ship	≥400 GT	107.48	0.216	0.334 4	2 086	47
Refrigerated Cargo Carrier	≥400 GT	227.01	0.244	0.513	61	1
Combination Carrier	≥400 GT	1 219.00	0.488	0.957 5	6	0

(来源:MEPC61)

根据 MEPC59 的新公式,简化计算表达如下:

$$\text{Estimated EEDI of an existing ship} = 3.114 \cdot \frac{190 \cdot 0.75 \sum_{i=1}^{n_{ME}} P_{MEi} + 210 P_{AEi}}{Capacity\ V_{ref}} \quad (3-5)$$

目前基准线被认为有以下缺陷。

(1)技术上的不成熟

在上述系数缺乏公允的情况下,EEDI 的基准线形成作了许多假定,首先将 IMO Cir. 681 里的公式中目前无法取值的系数假定为 1(实际上有很大影响,如图 3-10 所示)。

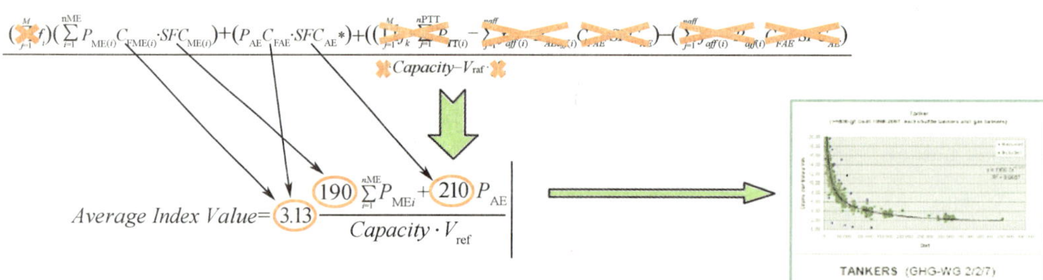

图 3-10 EEDI 基线的推导思路

数据库(Lloyds/Fairplay Database of the World's Fleet of Merchant Ships, LRFP)[10]中的船速(设计、结构吃水)与实际能力(集装箱数(TEU)、载重量(DWT))不在同一协调状态。

(2)样本的差异性

目前的基线值是采用 LRFP[14]从 1995 年 1 月 1 日到 2004 年 12 月 31 日 10 年间的样本,采用如上的式(3-4)和式(3-5)分别计算相同的样本,其 EEDI 值差别极大(表 3-10)。

表 3-10 样本不同所造成的 EEDI 差别

	Old Formula(1)	New Formula(2)
Dry Bulk Carriers	1 255	2 224
Tankers	1 814	2 422
Container Ships	1 561	1 890

(来源:Japan,2009)

上述说明，IMO 目前的基准线值的确定如果样本、公式不同可引起很大的误差。尽管表 3－9(b)被勉强接受，但对其缺陷的改造是一个长期的任务。

根据两个公式得出的基线差距约 12%，如图 3－11～图 3－14 所示。

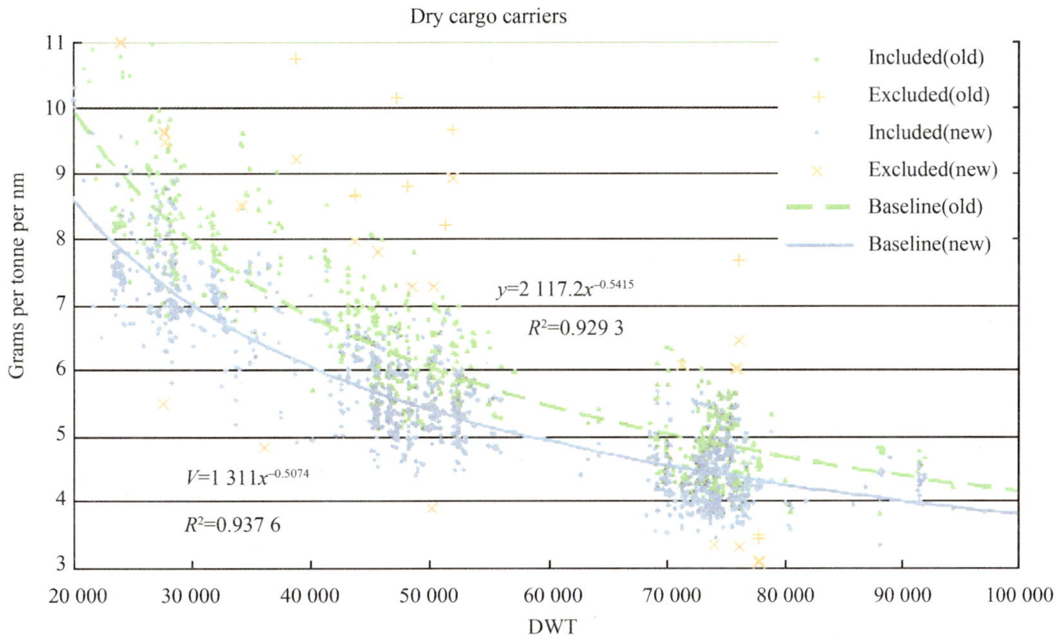

图 3－11　干货船的统计曲线

（来源：WG 2/2/18，2009）

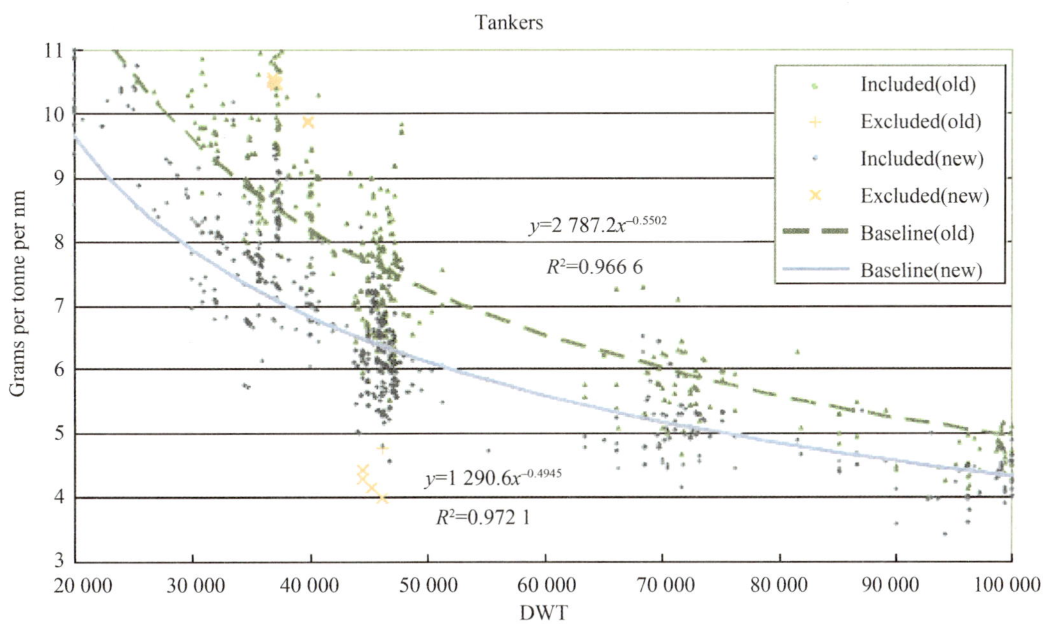

图 3－12　油船的统计曲线

（来源：WG 2/2/18，2009）

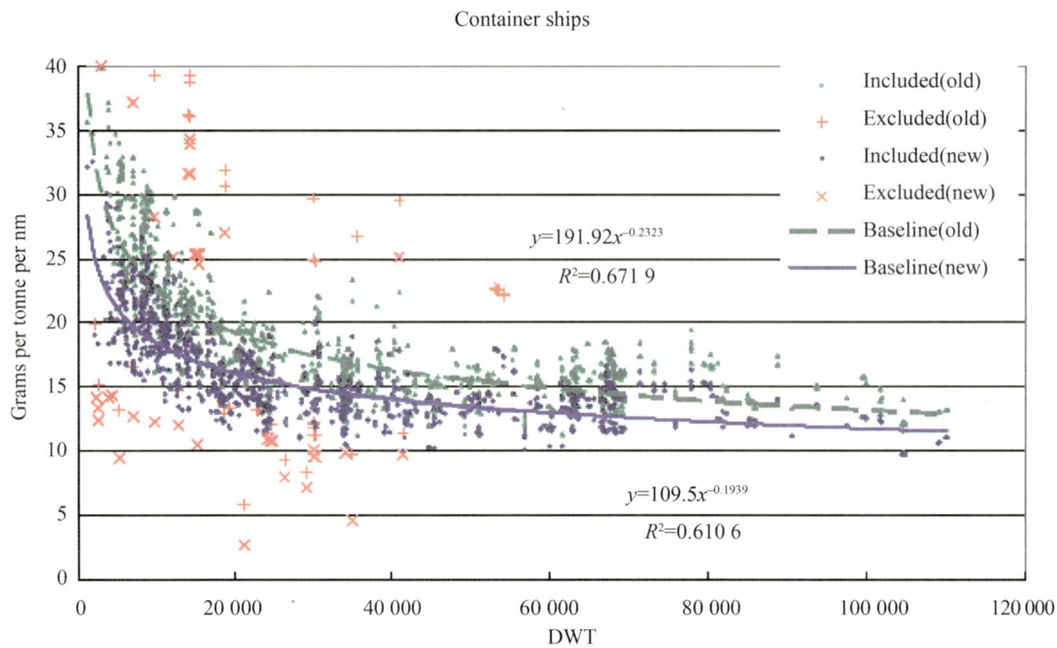

图 3-13　集装箱船的统计曲线

（来源：WG 2/2/18,2009）

如采用式(3-5)对不同时期建造的船舶(以油船为例)作为样本进行基线设计，可得图 3-14 所示曲线。

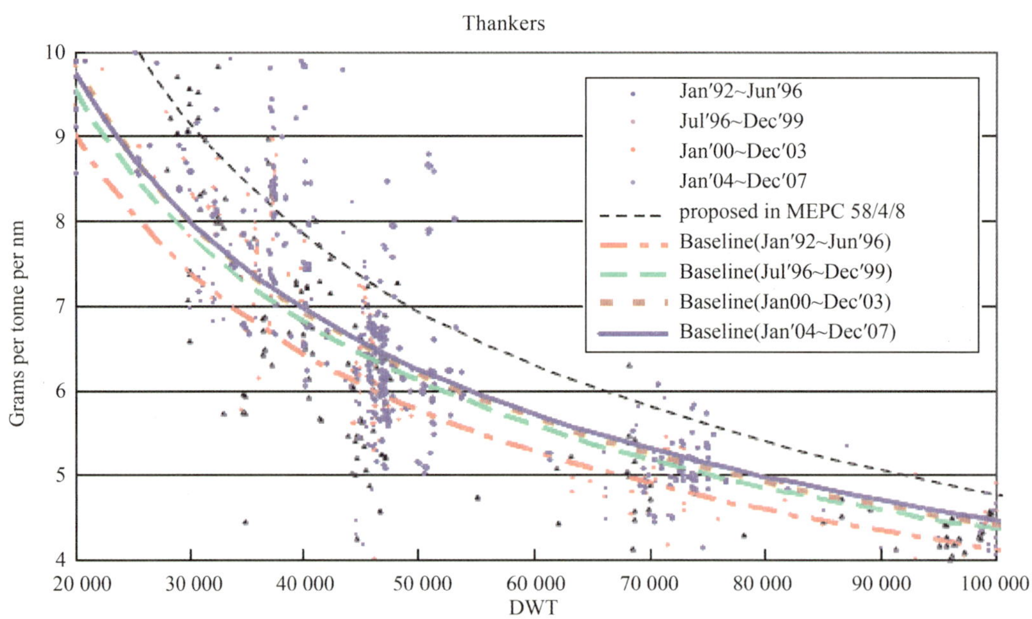

图 3-14　油船不同的统计样本对统计结果的影响曲线

（来源：WG 2/2/18,2009）

图(3-14)曲线的误差情况反映了 IMO 技术政策变化对船舶燃油消耗呈增长的事实。如 1992—1996 年的油船大都为单壳，重量轻，船舶功率小，以后变为双壳(1996 年以后)，在航速基本不变的情况下，只能增加功率，造成曲线不断上移。上面的样本缺乏共同规范（CSR）油船（2006 年）。可以预见，如以 CSR 为样本，曲线趋势还将移动。文献［15］研究表明，关于 CSR 船型船用钢料增加（3% ~7%）对 EEDI 的评估影响不甚敏感。

因此，由于样本取向与实船概念设计的不一致性，基准线对船舶来说只有参考意义。如若基线达到精确，样本必须精确，但在目前是不可能的。国际社会充分认识到这一点，在 MEPC59 基线通函试用的基础上，MEPC60（2010 年 3 月）会上各国、组织对不同船型基线回归、数据的获取方法进行了分析讨论，会议共识是：

①新增“Fefrigerated Cargo Carrier ”船型；

②容积和重量型客滚船的基线，现有的基线方法不适用，需要进一步研究；

③在以前基线公式的基础上，可探讨其他的基线计算方法；

④基线计算仍然以使用 LRFP 的数据为基础，基线计算导则没有完成，将在 2010 年 6 月会间会时进一步完善；

⑤传统驱动的客船的辅机功率（P_{AE}）可使用 LRFP 总的辅机安装功率乘以系数，建议取值为 0.35；

⑥试航条件除了 ISO 15016 标准外，可使用其他替代方法；

⑦制定船舶基线时，兼顾到船舶的安全性和最小限制速度。

基线太严可能使得船用功率减少太多，航行安全可能会降低；基线太松很容易满足，对进一步的温室气体减排没有益处。目前为了配合表 3 - 8 的使用，对于最新的基线方案表 3 - 9（b）作者建议也应根据 IMO 减排的三个时间段进行相应的调整。

5. 现有船型的评估

IMO Cir. 681 建议的公式在使用上仅能适用于新船。为了避免在使用中的误解，以下分析其对实船评估存在非常大的模糊性。这是因为在这种评估过程中，它将三种不同体系的数据放在一起使用，如图 3 - 15 所示。

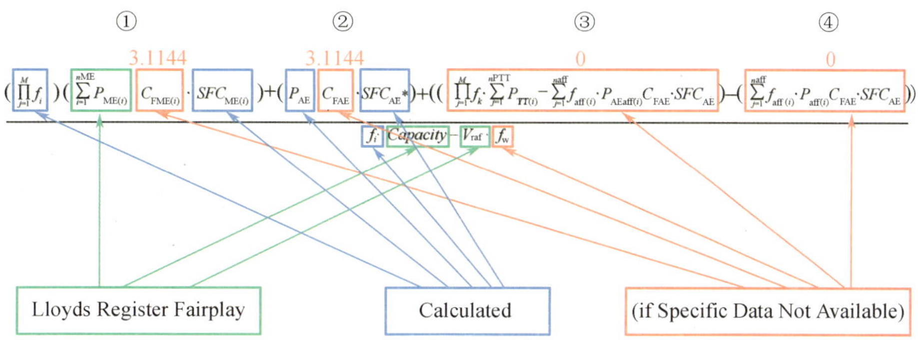

图 3 - 15　EEDI 公式计算结果的不确定性

①—主机项；②—辅机项；③—轮机项；④—推进装置项

上面三种数据分别来源于 LRFP、直接计算、设定值（当不能获得此项数据时），分别涵盖的内容如下。

①LRFP 数据库：涉及主机、装载能力与航速，其数据的要求与 EEDI 的选取不一致，如船速（V_{ref}）在公式中为满载航速 75%，这在 LRFP 中是不准确的；

②直接计算：涉及船舶特征系数（f_j（冰区加强修正）、f_i（装载能力修正））、航速（需要模型试验/实船试验校正）、柴油机参数（SFC_{ME}（主机燃油消耗率，根据主机型号））、P_{AE}（最

严重海况辅机功率)、SFC_{AE}(辅机燃油消耗率,根据主机型号)、P_{PTO}(轴带发电机功率,每台轴带发电功率75%,其值是由厂家说明书规定的,而计算则来源于平均值)等。

③设定值:涉及 C_{FME}(主机碳油转换系数,假定为采用重油)、C_{FEA}(辅机碳油转换系数)、P_{PTI}(轴马达功率),P_{eff}(主机创新系数)、P_{AEeff}(辅机创新系数)、f_W(耐波性系数,与船舶运动、颤振、波浪中失速有关,目前假定为"1")、科学技术/非石化能源的采用。

根据上述因素计算的结果很难说就是设计条件下的 CO_2 排放程度,因此需要一个实际校验过程,但是遗憾的是目前没有成熟方法。

在上述情况下,欧盟立项进行了新造船对该公式的适应性评估[12],其样本选自2007年以后建造的船舶共6 000余艘,样本选取范围/种类如下(见表3-11)。

表3-11　欧盟研究中的样本分布

Ship Type	Number of Ships by Building Location				
	EU	China	S-Korea	Japan	Total
Tankers	53	445	826	401	1 725
Bulk Carriers	13	745	278	748	1 784
Container Ships	212	479	590	119	1 400
General Cargo Ships	249	553	16	147	965
Gas Tankers	21	13	165	63	262
Total	548	2 235	1 875	1 478	6 136

上述样本的选取涵盖了当前国际航运90%的运力种类与国际主要造船国家/地区,且为新船与共同规范(CSR)船舶,其针对IMO所建议的基线的考核方法应该是具有指导意义的。其结论如下。

①在国际当前造船的主要四个板块中,EEDI设计指标的优劣排序是韩国、日本、中国、欧盟(但是欧盟是短途航运,类似于中国的近海航区,对其比较没有实际意义),图3-16表现了这一趋势(各国造船EEDI的算术平均值以不同曲线表示),它反映了中国大陆目前船舶设计技术发展受到以下设计水平与工业水平(原材料、建造工艺、管理)的制约。

设计水平因素:

a. 航速(同样的方形系数,中国设计的船速偏低);

b. 空船重量(我国仍偏重5%~8%);

c. 高强度钢(HTS)采用比例(中国设计的船舶偏低);

d. 油耗较高(8%左右);

f. 螺旋桨设计(性能较日本、德国等差);

g. 振动噪声控制(缺乏新标准);

h. 设备选型(配备不经济,冗余度大);

i. 设计理念(如经济、节能结构概念(NOBS)等)。

工业水平因素:

a. 船板正公差(9万吨的散货船船体钢料多500 t,8.2万吨的散货船船体钢料多300 t);

b. 国产设备重(重于日、韩、欧);

c. 无适当的宽钢板(增加焊缝重量);

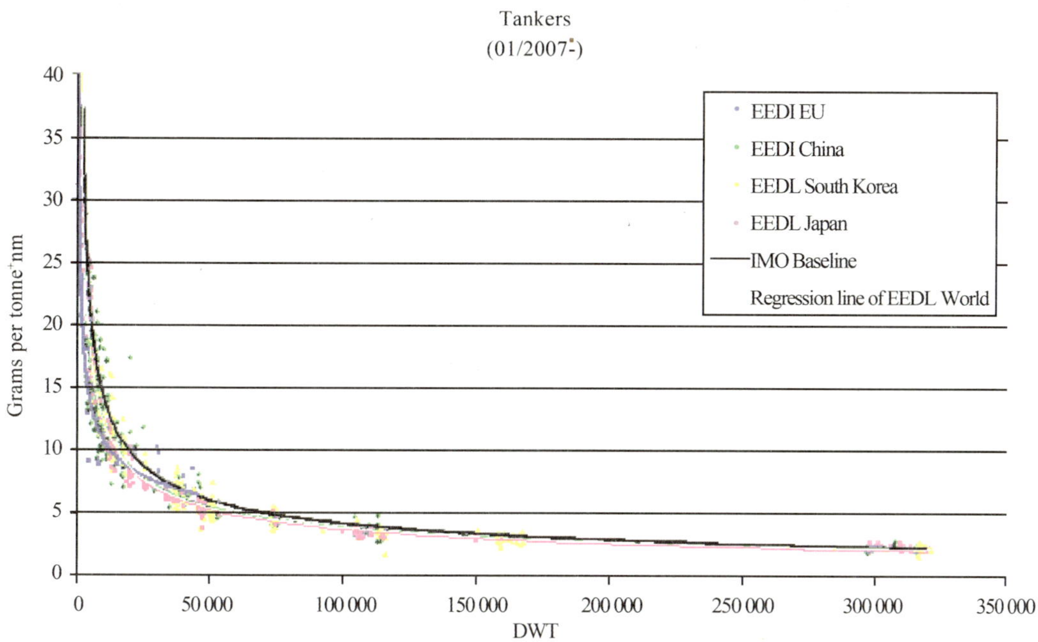

图3-16 中国所造油船 EEDI 高于韩、日

(来源:EMSA,2009)

d. 不能生产 EH40 以上的高强度钢(HTS),现在外国商船用到了 560 N/mm^2;

e. 国产同级钢的可焊接性较(国外)差;

f. 钢材裂纹尖端张开韧性(CTOD)试验困难。

②由于在一个公式中同时采用统计值(尤其是航速的统计,高航速船舶无法采用此曲线)、计算值与设定值使得 EEDI 的计算精度没有保证,此误差在 5% ~10% 左右。

③由于采用的数据库数据不全面,最终的 EEDI 曲线只能反映部分船舶的 EEDI 计算状态。

④不在统一的设计准则下的船舶(如穿梭油船,Shuttle Tanker)构成的模糊性对技术进步是一个阻碍。

⑤在 2007 年以后建造的船舶中,韩国 EEDI 设计水平超过日本。

现将主要船型的情况分析如下。

(1)油船

EEDI 的排序由低到高为韩、日、中(表3-12)。

表3-12 油船 EEDI 排序

油船	单位	欧洲	中国	韩国	日本	全球
抽样	pcs	53	446	826	401	1 726
平均载重量	t	20 783.98	57 779.26	74 099.74	66 675.50	66 525.54
平均主机功率	kW	5 968.34	7 826.42	10 048.46	8 785.33	9 056.25
平均航速	kn	14.31	13.59	14.75	14.58	14.40
平均 EEDI	g/t · nm	9.99	9.986	6.56	8.848	8.08

(来源:EMSA,2009)

油船的样本包括 Panamax（＜75 000 DWT），Aframax（120 000 DWT），Suezmax（150 000 DWT），VLCC（300 000 DWT），五万吨以下的油船（化学品、成品油）对 IMO 基线（WG2/2/7）的离散度高于大船，从适用性的观点来说，25 000 DWT 以上的油船（14～16 kn 航速）误差稍为小一些。为了使新船的 EEDI 的计算更为准确，应考虑基线细分为 Panamax（＜75 000 DWT），Aframax（120 000 DWT），Suezmax（150 000 DWT），VLCC（300 000 DWT）四部分。

（2）散货船

EEDI 的排序由低到高为韩、中、日（表 3－13，图 3－17）。

表 3－13　散货船 EEDI 排序

散货船	单位	欧洲	中国	韩国	日本	全球
抽样	pcs	13	746	278	748	1 785
平均载重量	t	102 058.69	88 721.8	127 672.76	79 872.82	91 178.47
平均主机功率	kW	11 210.69	10 216.18	13 256.49	9 694.49	10 478.46
平均航速	kn	14.80	14.20	14.52	14.45	14.36
平均 EEDI	g/t · nm	5.12	4.65	3.76	4.71	4.54

（来源：EMSA，2009）

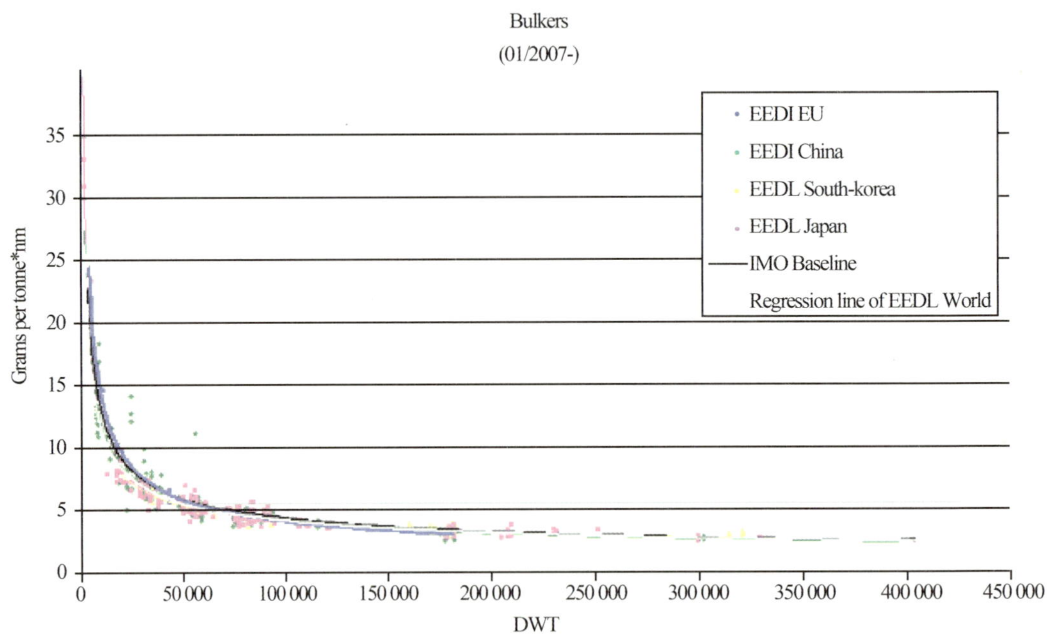

图 3－17　中国所造散货船 EEDI 高于韩日

（来源：EMSA，2009）

由于远东三国造船彼此 EEDI 误差较少，各自形成的 EEDI 基线区别不大，因此可以说，EEDI 基线最为成功的当属散货船。它表明，散货船在发展的 50 余年历史中，虽然其装载货物种类繁多（主要货物的密度从小于 1.0 的谷物到逐步递增的煤、水泥、矿石等，直至 7.8 的钢卷)其遵循了一条十分合理的设计概念,尤其在主尺度、方型系数、航速(幅度为 14 ~ 15 kn)的配比上通过单位能效系数将不同尺度的散货船联系在一起,使得最大装载能力与油耗相匹配。值得注意的是:在中国所造的 20 000 ~ 30 000 载重吨的 handysize 的离散度偏大,其原因是该类型船的航速设计较高(15 kn 以上)。

在散货船的基线方面,如同油船一样,应该分为 Capesize,Panamax,Handysize 三类,从上图可以看出,在 7 ~ 10 万吨的船舶离散度较大。

在今天的散货船设计中,如果不能遵循上面航速(14 ~ 15 kn)的匹配,尤其对于小载重量的船舶(如 25 000 DWT 以下,航速 15 kn 以上)与大湖船,则不易满足要求。因此对这些船舶应用 EEDI 基线是应该仔细商榷的。

(3)集装箱船

EEDI 的排序由低到高为韩、日、中(表 3 - 14,图 3 - 18)。

表 3 - 14 集装箱船 EEDI 排序

集装箱船	单位	欧洲	中国	韩国	日本	全球
抽样	pcs	212	479	590	119	1 400
平均载重量	t	35 068.17	29 637.30	78 061.16	51 677.45	52 740.30
平均主机功率	kW	20 284.25	18 713.98	44 922.18	35 011.04	31 381.90
平均航速	kn	20.91	20.53	24.01	22.56	22.22
平均 EEDI	g/t · nm	12.79	13.82	10.94	13.16	12.39

(来源:EMSA,2009)

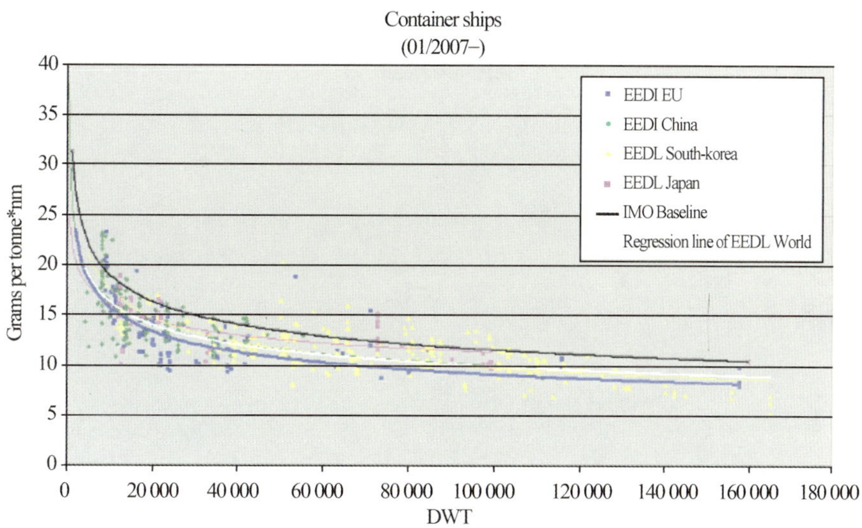

图 3 - 18 韩国集装箱船 EEDI 指标低于中、日

(来源:EMSA,2009)

通过图 3 - 18 曲线可以看出,集装箱船样本的离散度相当大,其原因主要体现在航速的设计上。首先,比起油船与散货船,集装箱船的设计速度相当高,速度功率曲线在 20 kn 时的切线梯度变化剧烈(陡度很大),功率与航速的关系与上述船型有一定区别。其次,除了航速整体高于油船、散货船外，集装箱船本身同型船之间的航速相差较大，对于 60 000 载重吨的集装箱船(IMO Cir. 681 规定集装箱船的能力按照载重量的 65% 确定)，其设计航速可以从 21 kn 到 28 kn。因此，这种采用最小二乘法的均值方法对于集装箱船的设计没有指导意义。从图中还可以看出，不同国家(地区)所造的集装箱船的主尺度区别较大。从经验上看，中国大陆所造集装箱船大都为 50 000 载重吨以下，日本所造为 100 000 载重吨以下，欧洲与韩国(平均航速 24 kn 大于全球 22 kn 平均航速)造了所有尺度的集装箱船。由于航线需求复杂造成 CO_2 排放的离散度相当大。有关资料[16]已经表明这一点，如图 3－19 与图3－20。

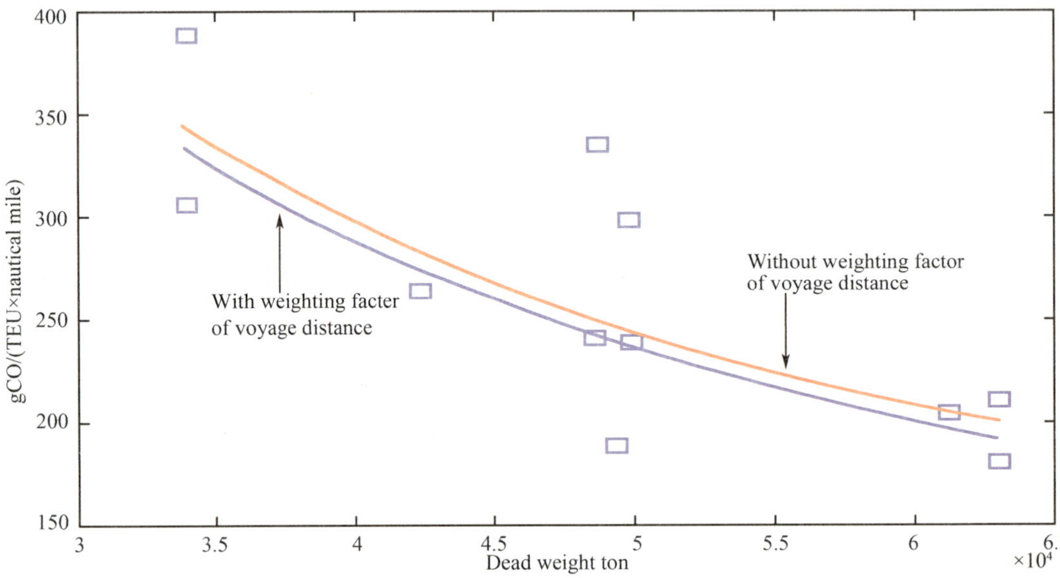

图 3－19　CO_2 indexing value vs dead weight on the 11 voyages in container ship(5 500 TEU class)

(来源：EMSA，2009)

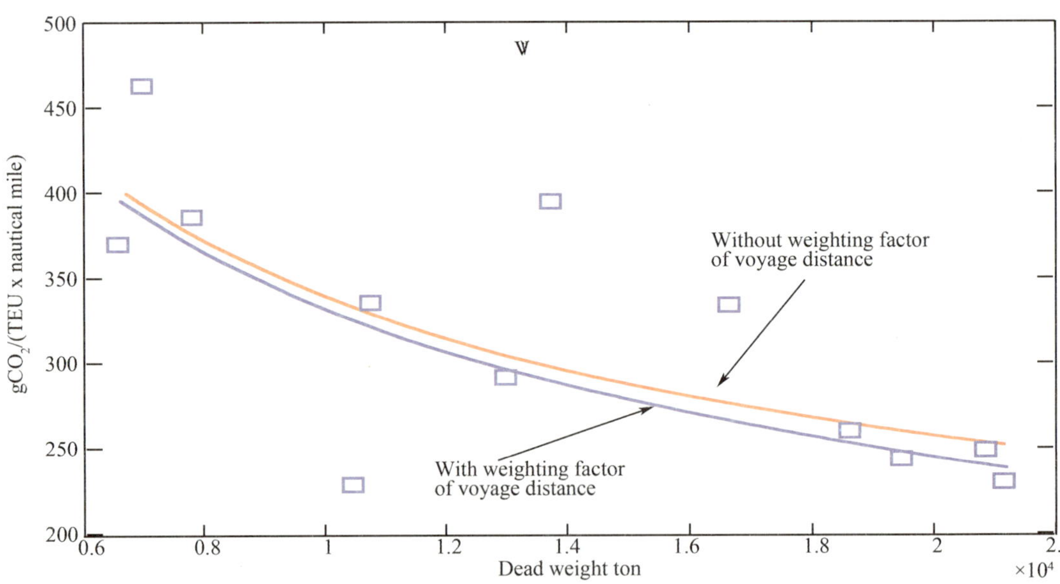

图 3－20　CO_2 indexing value vs dead weight on the 12 voyages in container ship(2 200 TEU class)

(来源：EMSA，2009)

图 3-19、图 3-20 说明 5 500TEU/2 200TEU 两艘集装箱船在各自 11 个/12 个航次中每个 TEU 燃烧燃油的情况，就其离散度而言，无法拟合为一个规律性的曲线。而导致这些离散度的因素恰为不同的载重量不能与装箱数对应。因此，集装箱船的能力用载重量的 65% 表示值得商榷（现在已经改为 70%）。如果要制定真实的集装箱船的 EEDI 基线，根据图 3-1 中有关要求进行集装箱船的碳足迹（Carbon Feetpriont）研究是不可避免的。

还有些特殊的集装箱船不在上述研究之列，如支线集装箱船（Feeder Containerships）被限制了吃水/主尺度，需要大的功率与灵活性。另外，从巴拿马运河目前的扩容工程来看（图 3-21），今后 Post-Panamax 型的集装箱船也有同样的需要[17]。目前，这种船型正在大量建造之中（见第 4 章）。

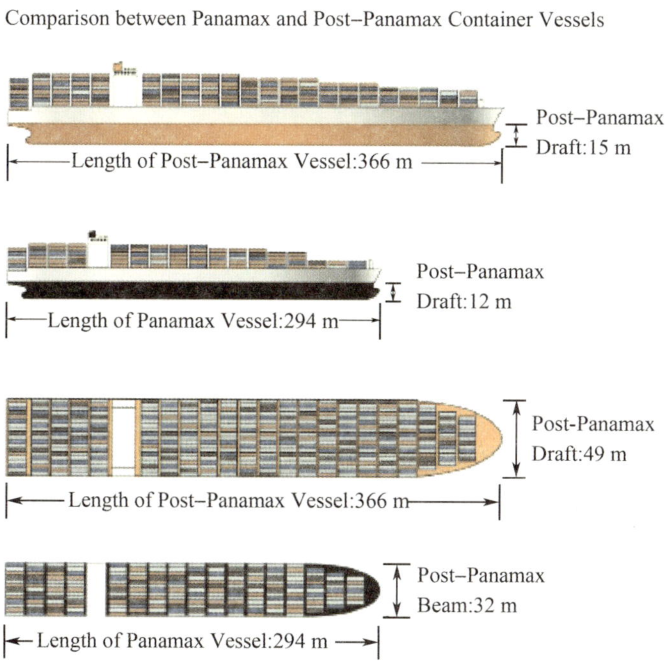

	Panamax	Post–Panamax
Capacity:		
Containerv(TEUs)	4 500	12 000
Dimensions:		
Beam	32 m(106′)	49 m(160′)
Length	294 m(965′)	49 m(160′)
Draft	12 m(39.5′)	15 m(50′)

图 3-21 巴拿马运河扩容工程前后集装箱船最大尺度比较

（来源：Panama Canal Authority）

巴拿马运河扩容工程前后通航截面具体尺度变化如图 3-22 所示。

图 3-22 给出了上述航道对应的最大船舶尺度。

对于集装箱船基线的严重缺陷，文献[18]给出了建议：Δ 和 V 可以视为独立的自变量，P 看作 Δ，V 和船型的函数；而 SFC 与机型有关，但优秀机型的 SFC 基本上相同，故把 SFC 作为不变值不至于产生明显的误差。至于 C_F，对同种燃油则是常数。所以 EEDI 可以看作为 Δ，V 和船型的函数，即

$$EEDI_m = f(\Delta, V, \text{船型}) \qquad (3-6)$$

因此根据中国船舶科学研究中心（CSSRC）的资料，可以依据上述方法得出集装箱船分速度的 EEDI 基线，如图 3-23 所示。

近年来，航运公司（如马士基）为了降低营运成本，海运集装箱物流由“钟摆式”（如中

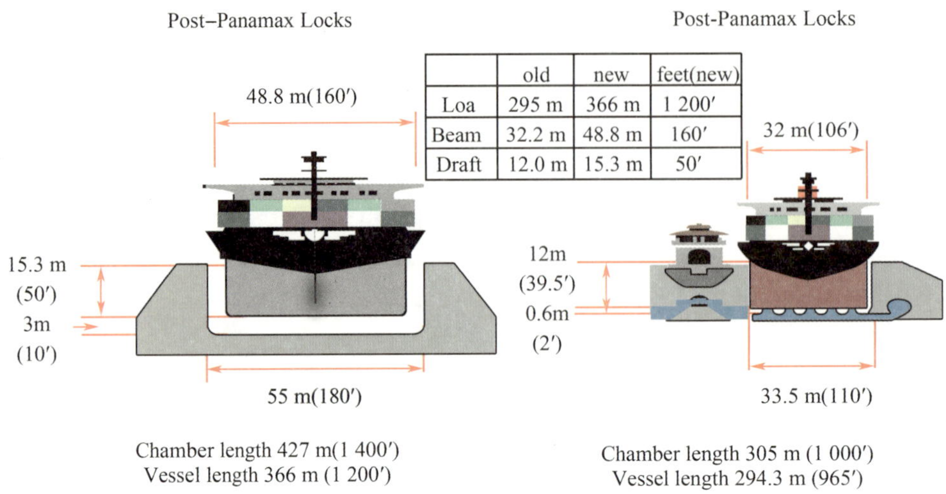

图 3-22 巴拿马运河扩容工程前后通航截面尺度变化

（来源：Hans G. Payer，2005）

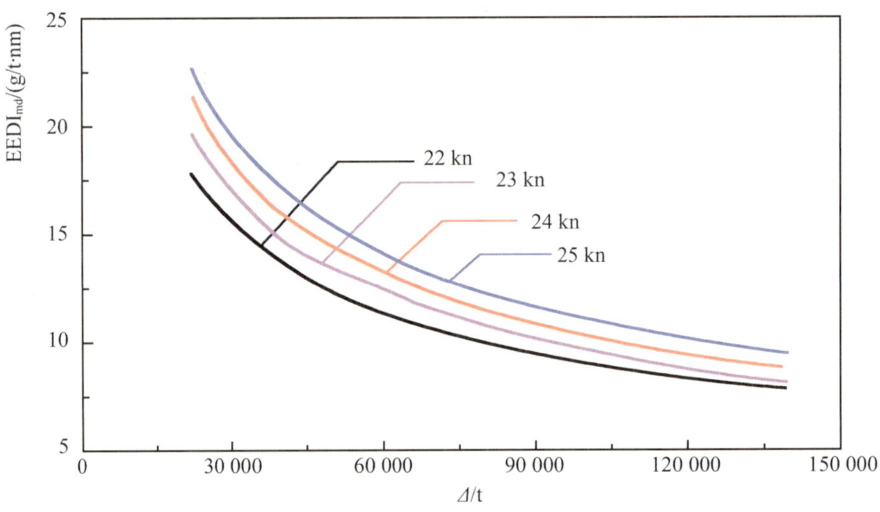

图 3-23 集装箱船按船速划分的 EEDI 基线

（来源：李百齐，2011）

欧、中美班轮）变为“轴辐式”（赤道附近航行，通过苏伊士、巴拿马运河），船舶的装箱能力提高到 18 000 TEU 或更高（见第 4 章）。这种新型集装箱船的出现对 IMO 所建议的 EEDI 基线的适用性也是一个考验。

（4）杂货船（General Cargo Ships）

EEDI 的排序由低到高为韩、中、日（表 3-15，图 3-24）。

表 3－15　杂货船 EEDI 排序

杂货船	单位	欧洲	中国	韩国	日本	全球
抽样	pcs	249	553	16	147	965
平均载重量	t	5 939.58	11 811.37	19 640.25	18 191.87	11 398.02
平均主机功率	kW	2 661.46	4 843.97	6 104.00	4 244.37	4 210.37
平均航速	kn	12.98	14.22	15.56	13.61	13.83
平均 EEDI	g/t · nm	14.43	13.59	12.06	16.26	14.19

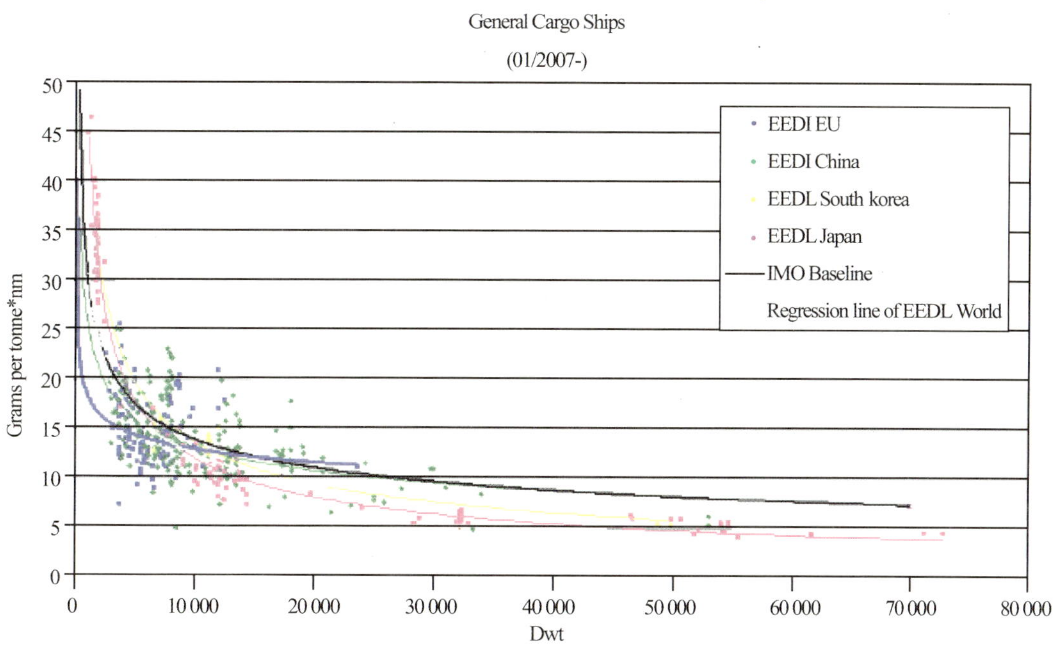

图 3－24　韩国的杂货船的 EEDI 指标低于中、日

（来源：EMSA，2009）

由于杂货船的载重量较小，一般在 20 000 ~ 30 000 t 之间；装载货品多样，如钢（Steel）、木材（Forest Products）、工业加工原料（Manufactured Goods）、重装备（Heavy Equipment）、机械（Machinery）、食品（Food）、包装货物（Bagged Goods）与集装箱（Containers）等，有的还具备超大件、特殊（化工）件的运输能力，经常自有起吊设备。在航速上，杂货船更是无出其右，以 12 000 DWT 的杂货船为例，其航速从 7 kn 到 20 kn。从图（3－23）可以看出，样本的离散度较大是不足为怪的。除在日本所建 50 000 吨以上的船舶吻合较好外，在中国与欧盟所建的船舶（2 000 ~ 8 000 吨，区别在于冰区加强，欧盟多为定制，中国多为标准型）离散度较大，韩国建造的船舶样本太少，不足以构成 EEDI 曲线。因此目前构成 EEDI 曲线的时机尚不成熟，目前建议的 EEDI 基线的适用性最差。

为了更好地做好杂货船的 EEDI 基线制定工作，应该从过去的盲目的样本选择解脱出来，将杂货船的概念设计内容归类，重新进行情景分析，制定出合理的曲线。

根据分析,EEDI 的基线如果统计样本得当,对于油船、散货船、集装箱船、运气船(LNG,LPG)、汽车运输船的概念设计原理与其相近,可以在进一步细化后使用。但是,对于小船(不同种类船舶的载重能力不同)、特种船、客(滚)船、短途(支线)运输船(包括杂货船、滚装船等)因为其概念设计原理与目前 EEDI 的原理(指数化方法(Indexation Methodology))相左,对目前建议的该类船舶的 EEDI 基线适用性应进一步探索。

对于 Cir.681 所涉及的 10 种船舶(客船、散货船、油船、运气船、集装箱船、车辆运输船、大(容量)滚装船、重物滚装船、杂货船、客滚船),其总评价如下。

种类	基线适用情况与原因
客船	不适用,理由同客滚船。
散货船	50 000 载重吨船舶以上适用,需要进一步分类。
油船	50 000 载重吨船舶以上适用,需要进一步分类。
运气船	虽然适用,但需分类。
集装箱船	25 000 载重吨以上船舶适用,但如果航速差别太大,则不准确。
车辆运输船	适合 PCC 与 PCTC 型船舶,但需注意恶劣海况下的安全裕度。
大(容量)滚装船	不适用,因其概念设计多样,航线复杂。
重物滚装船	不适用,因其概念设计多样,航线复杂。
杂货船	50 000 载重吨以上船舶适用。
客滚船	不适用,因为设计概念、航线、装载能力定义困难。

6. EEDI 在船舶设计中的敏感度分析

IMO 的温室气体减排工作已经在不可逆转的前进了。在这种情况下,如何与传统的船舶设计技术相结合,使得设计成本不致极大升高值得研究。欧洲一些科研工作结果业已证明,盲目的减排可能适得其反,任何时候都应该把节能放在第一位。

如果把 EEDI 中主要系数进行设计敏感度分析,可以分为 4 类,即不敏感、一般敏感、敏感、极敏感。分析内容见表 3-16。

表 3-16 EEDI 中主要系数的敏感度

参数名称	分析	敏感度评价
能力(Capacity)	除非船舶的概念设计重新考虑,一般同型船的载重量变化不大。但是如果对于船用钢板(高强度钢比例)发生变化与采用较轻的设备,能力将变得灵活	一般敏感(在设计中潜力不大)
航速(V_{ref})与主机功率(P_{ME})	这是互为关联的一对参数,是船舶效率评价的关键指标。在设计中,航速是决定船舶设计准则的重要参数,与设计者水平及船舶的水动力性能相关	极敏感(在设计中影响极大,应引起重视)
耗油率(SFC)	与主机的选择(如两冲程/四冲程)相关,当机型决定后,此参数很难变化;不能排除主机采用降低 NO_x,SO_x 技术对 SFC 的影响	不敏感(在设计中影响不大且可回避,设计中不用投入关注)

表 3-16(续)

参数名称	分析	敏感度评价
油碳转换系数(C_F)	选择油种是航运公司第一关心的事物,船舶电站的油耗是极其敏感的,一般航运公司都会选择重油(HFO),但是在排放控制水域(ECA)与某些船型,低硫油/天然气(LNG)成为另外一种选择,它们对 CO_2 的排放量有严重的影响。目前采用 LNG 作为船用燃料还存在技术问题(尤其是公约限制)	敏感(设计中应该关注)
辅机功率(P_{AE})	通过优化系统可以将辅机功率有较大的下降,如采用码头岸电等。但是由于在 EEDI 计算中,辅机取值为主机的百分数,只要主机确定,辅机不必考虑	不敏感
主、辅机创新系数($f_{eff(i)}$ 对应 P_{eff},P_{Aeeff} 收益)	此类系数将决定设计水平,极大减少 CO_2 排放,如船体减阻(表面仿生、航行船态调节、船尾伴流改善)、可再生能源应用、柴油机新技术、废气再循环(EGR)、废热再利用(WHR)、燃油乳化(WIF)、辅机优化、废气清扫(EGS)、新型空调、清洁能源(LNG)、高效浆等概念的引入	敏感
耐波性系数(f_w)	涉及船舶的运动、砰击、波浪中增阻(失速),与船舶水动力性能有关	敏感
特殊用途系数(f_j)	对排放影响大,如特种用途(破冰、港作、短途运输),但是对应特殊排放要求	不敏感
技术限制系数(f_i)	仅在冰级要求时使用,其他船型取 1.0	不敏感

在上面分析中,设计者在设计初期不会考虑的因素是航速/主机的技术指标(航运公司提出)与创新技术。对于航速/主机的技术指标的优化不是无限的,它取决于水动力性能的研究与初始参考船的选择,如果参考船本身就很优秀,优化的可能性不大。另外,EEDI 中的航速/主机功率因为其对应的条件不同(如在 75% 的装机功率下)不利于优化。如果这时优化推进装置,其收益(如 10%)应该转化到主机的运行条件下(75% 额定功率,图 3-24)航速应该有一定的增加(3.6%),它意味着 EEDI 被降低了(±1/1.036)。

尽管创新系数对 EEDI 排放的减少作用很大,由于目前没有非常成熟的技术可用,需要投入研发,有的技术需要大量投资,这些应根据 ACC 曲线进行分析酌情采用(见第 4 章)。

在目前国际对温室气体排放十分关注的情况下,航运界采用高航速将面临挑战,尤其是集装箱船,挪威船级社甚至建议降到 18 kn,但是这种提法不应指设计概念,应指营运概念,否则会使得船舶安全性下降(见第 4 章)。

在短途船/特种船的 EEDI 计算上,在设计中显然不能采用同一种速度(如设计航速)进行计算,应采用以航行时间为加权平均的方法,即

船舶的航速在不同区域的情景(航速)为 $V_1, V_2, \cdots, V_n$;

在每一情景下对应的 EEDI 值为 $E_1, E_2, \cdots, E_n$;

在不同情景下的航行时间占寿命期的比例(%)为 $t_1, t_2, \cdots, t_n$;

这样船舶的航速在不同区域的情景(航速)为 $V_1, V_2, \cdots, V_n$;

在每一情景下对应的 EEDI 值为 $E_1, E_2, \cdots, E_n$；

在不同情景下的航行时间占寿命期的比例(%)为 $t_1, t_2, \cdots, t_n$。

这样

$$EEDI_{\text{final}} = \left(\sum_{i=1}^{n} E_i t_i\right)/n \tag{3-7}$$

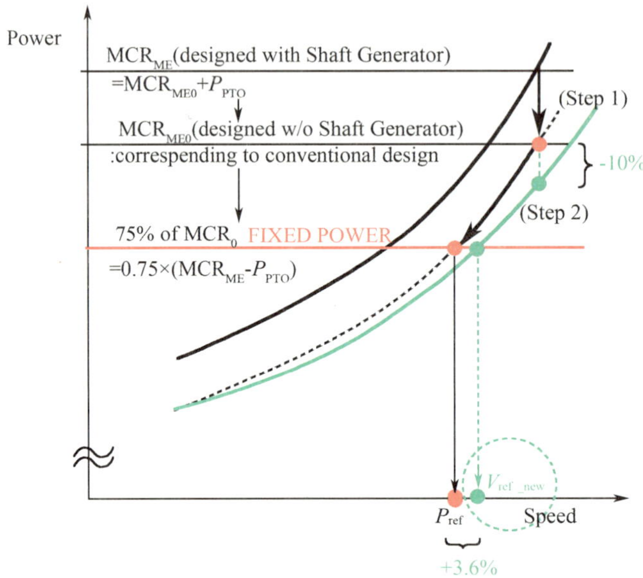

图 3-25 EEDI 中速度的决定方法示意图

由此可以看出，这些船都有功率储备(Power Margin)，其排放的情况将依据管理制度，计算原理与欧盟私人汽车的排放试验方法类似。而目前 IMO 的 EEDI 基线不具备这种功能。

7. 关于减少 EEDI 的设计途径

目前，人类社会公认减轻 CO_2 排放的四条途径为：

①改变不合理的设计与操作规程以减少石化能源的使用；

②寻求清洁能源(如核能、天然气等)；

③开发可再生能源(如风能、海水温差能等)；

④改变人为行为。

航运界采用哪种措施呢？从上述分析可见，EEDI 方法仅仅是一个涉及面不广的与船舶设计有一定关系的指标，不能涵盖如 Mckinsey 曲线(见第 4,5 章)分析那样的全部内容。如果将 EEDI 作为一种设计优化技术，其指标方程作为数学规划的目标方程，将排放限制作为边界方程处理，可以按照概念设计的基本要求进行优化，找到在 EEDI 控制下(较好情况下)的主机与航速、能力等因素关系，这是式(3-2)所介绍的方法。此处介绍的是根据 EEDI 参数敏感分析提出针对性较强的优化方向，其目标是在不牺牲安全为前提的情况下尽量提高能效。尽量在各类方法上给出优劣评判供 EEDI 设计时参考，较为全面的节能方法见第 5 章。

(1)船舶水动力性能优化

船舶水动力性能优化属于常规设计技术。主要目的是对船首兴波、船尾伴流进行改善，减少船体在静水中的阻力、波浪中的增阻(失速)，提高船舶桨的推进效率。主要工作目标是对球艏修改、其他线型微调。根据船模试验统计,如果主机功率不变,在推进效率提高5%,在75%的MCR时其航速将提高1.7%,减去进行水池试验部分能耗支出,EEDI值将减少2%左右。

(2)对桨、舵系统优化

此技术属于常规设计技术。主要目标是提高推进效率。在主机功率不变的情况下,采用优良的桨舵系统(如带舵球的悬挂舵桨的采用)。如同水动力优化一样,如果能够减少推进功率,相当于在航速方面的增加收益。EEDI值将可能减少2%。

(3)采用反转推进(Contra Rotating Propeller,CRP)桨

此技术属于特种技术。尽管这种设备不包括在EEDI的各个系数中,但是它对推进效率有大约10%的收益(航速可以提高0.7 kn)。这种设备将涉及机电推进系统。这项技术在EEDI中没有反应,这是因为辅机功率是在主机的基础上用百分比表示的,相当于把CRP需要的功率给隐藏起来。EEDI值可能减少3%左右。

(4)减少空船重量

此技术属于常规设计技术,其目标是增加船舶载重量。在未来5~10年中有大量新材料——船用阻燃复合材料出现可用于船舶的上层建筑设计,此材料比现在正在大规模生产的复合材料树脂更具有阻燃性、重量更轻、更不容易被腐蚀、成本更加低廉,新研制的复合材料首先将用于船舶的上层建筑。另外,船用钢中高强度钢(High Tensional Steel)的比例增加(尤对油船、散货船等CSR船舶)与合适的船用设备选择可以降低船舶空船重量。SPS(Sandwich Plate System)技术可用于舱口盖的设计,大幅减轻舱口盖重量。EEDI值将减少8%左右。

(5)采用废热回收系统(Waste Heat Recovery System)

此技术属于部分创新技术设计,对主机创新系数P_{eff}产生作用。如安装废热蒸汽发电/蒸汽涡轮发电机对电力推进增加电力,这种措施通过废气可回收主机约5%~7%的功率,相当于在75% MCR下增加0.5 kn的航速。这种影响可从EEDI中P_{eff}扣除,甚至比减少主机功率的益处来的更大,EEDI值将减少7%左右。

(6)开发可再生能源——风能

此技术属于技术创新设计,对主机创新系数P_{eff}产生作用。*Sea Source*一书指出,太阳每天给地球的能源近60%被地球表面及海洋吸收,对其利用只要不超过2%成为可再生能源就可以维持能量平衡。已有研究证明,海洋中某些航线上的风力资源是非常稳定与可利用的,它涉及(高性能)风帆(翼)的设计、船舶稳性标准、船体型线/桨/舵/风翼组合系统的水动力、空气动力设计、中央控制系统设计等。由于风帆对大型船舶的推进效果不如传统的柴油机推进,因此风帆的使用相当给船舶安装了另外一个空气推进器。新材料的逐步出现给大型风帆实现提供了新的有利条件。在未来五年内,风帆在节能的程度上(包括性价比)的乐观估计,采用风帆技术可节能10%甚至更高。值得注意的是,MARPOL ANNEX VI修正案规定对混合推进船舶不适用。

(7)清洁能源——天然气的使用

此技术属于部分技术创新设计,主要目的为减少油耗指标(SFC)值,但是受能源供应链的制约。在采用LNG作为燃料时,需要采用双(单)燃料发动机,燃料舱的设计无论采用低温式还是压力式都受到专利制约。由于天然气的密度比重油轻,其液舱接近重油舱容积的两倍,围护系统及仪表昂贵。由于天然气的热燃烧值比重油大20%(50 MJ/kg),使得双燃

料柴油机的效率(天然气高10%)及油耗指标(*SFC*)应该另作考虑。除上述因素外,如果再考虑 CO_2 的转换系数为2.75,仅为重油(3.114 4)的88%。综合考虑,采用LNG作为燃料将减少 CO_2 排放20%左右(换算到EEDI的减少需要另行计算)。

(8)太阳能电池的应用

此技术属于技术创新设计,但是效果不明显。由于船用太阳能电池的效率较低(最大18%),目前的用途仅限于照明等。

毫无疑问,EEDI设计技术将成为未来十年内船舶设计的关键技术之一。下面简述EEDI在船舶设计各阶段的关系。

现代船舶概念设计是设计者实现航运公司使用目标的"基本状态"设计过程,在考虑以下主要因素的情况下(装载能力(货物/TEU/旅客数)),以船舶成本、物流速度、航行与港口燃油消耗、续航力、货物装载率、靠挂港口数、航行天数/年、船舶寿命、船员成本、每日成本、燃料类型、燃油价格、港口费、运价、货物装卸费、贴现率、折旧政策、融资手段、补贴政策、货运成本等为变量,进行目标船舶主要参数(如船长、船宽、型深、吃水、排水量、空船重量、能力(载货、客等)、航速、主机功率等)为基础的技术可行性研究与确定主要参数的工作。此阶段的工作可以提供建造与运行成本分析的通用描述文件(如规格书草案)与总布置图。在现阶段情况下,此概念应该改革为经济投入产出全寿命设计模型(EIO - LCA Performance Design)(见第7章的图7-7),关键应将最低能耗概念设计(如将有关最低能耗指标(CO_2减排指标/EEDI)及有毒气体(SO_x,NO_x)排放)指标增加到参数中。

在基本设计中,将概念设计中的各类技术参数(包括能耗)、技术文件、总布置图(包括推进)进一步细化到基本可以履行并估算建造成本。在此项工作结束时,船舶的主要参数(如主尺度、航速、能力)被固定下来,符合航运公司基本要求,并作为下一阶段设计的基础。由于这一阶段轮机、舾装设计并不完善,其厂商表(Maker List)仍有变数,因此实际的能耗指标不能完全确定。

合同设计阶段是船舶设计最为重要的阶段,这一阶段应该具有基本满足航运公司要求的有关图纸(总布置图、中横剖面图、规格书、厂商表等)文件与建造合同,可以用于建造厂投标。按照螺旋型上升设计理念,这一阶段主要围绕一个或更多的航运公司要求(如节能要求)对基本设计进行优化,船舶的特点如型线、推进器类型、桨的数量与转速、耐波性操纵性指标、船用材料、结构布置、精确的重量分布与重心、建造时间阶段等。总布置图应精确反映推进系统、各类舱室、货舱的位置及之间的关联,货物起重、轮机设备特点被写入规格书中。完成型线图、轮机轴系布置图、电力负荷分析、能效设计指数电功率表(EPT - EEDI Form)、仓容图、完整与破舱稳性计算书等。上述的规格书是一份十分重要的文件。以油船为例,它包括总则、船体构造、甲板机械与舾装、居住舱室、设备与货物系统、冷冻/冷藏与空调、船体管系、轮机、轮机管系、电站及相关描述、自动化与控制等诸方面内容,其他船类根据概念设计的不同略有增减。在规格书中将给出船舶(船体和舾装等)遵循的公约、规范、行业要求、特殊要求以及轮机设备要求,在提交的有限的图纸中不包括的一些必要的技术细节、试验、试航的基本要求。这时,航运公司关于EEDI的要求就被列入在有关内容之中(图3-26)。

图3-26是EEDI设计、计算、验证的程序框图。与一般的设计内容不同,它需要通过设计预报与试航验证两个阶段。在预报阶段,需要在有合格资质的水池进行船模试验。

在合同签署后,设计者应按船级社要求的图纸及技术文件内容准备送审。与传统的审图内容不同,船级社须根据有关规定对 EEDI 的预报进行验证。

生产设计是在合同设计的基础上进一步细化与发展的过程,包括详细设计与建造设计两部分,这样区分的原因是前者大都由设计者进行,后者由船厂进行。

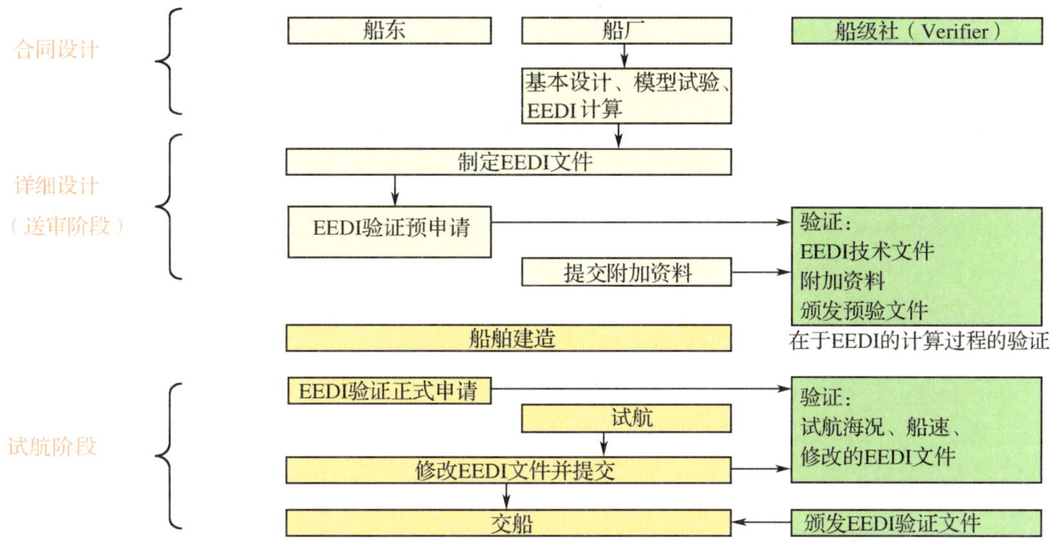

图 3-26 EEDI 设计、计算、验证的程序框图

详细设计主要对船体结构、总装、轮机、设备及安装、基本试验做进一步设计。对船舶的 EEDI 要求进行水池试验,其结果交船级社评估,完成 EEDI 技术文件的验证。

建造设计主要在详细设计的基础上考虑建造中的结构设计、安装、总装、设备安装、调试等设计过程。其工作还考验设计者的工作是否符合实际情况。如果出现问题,只能在合同总费用与建造时间框架下解决。

试航是设计成功与否的验证过程,设计者的责任应该根据试航结构去仔细调整与规格书内容出现差距的地方,采取必要的技术措施进行改进,如振动与噪声、航速等。这里着重分析航速的确认条件问题。

由于 IMO 的 EEDI 计算与判定方法还存在一些问题,在试航中需要对于 EEDI 要求的试航水域条件的满足情况进行评估。如采用 ISO 15016 标准(Ships and Marine Technology – Guidelines for the Assessment of Speed and Power Performance by Analysis of Speed Trial Data,需要船级社批准)时,如何考虑修正。IMO Cir. 681 要求船舶速度(称为参考速度)应是在设计满载能力下,海况是静水、无风、无浪的情况下,75% MCR 下的航速,比较理想化。ISO 15016 中则要求风不大于蒲氏 5 级风(船长小于 100 m)、6 级风(船长大于 100 m)、浪流仅根据有限条件进行了限制。两者之间的修正方法应该进一步研究。

营运是试航交船后船舶进入航运市场的过程,对船舶设计进行完全的考验。船舶的排放则应根据船舶能效管理计划(SEEMP)按照 EEOI 方法进行计数统计分析,这种管理的效果最终受到 IMO 关于温室气体的管理机制的制约(可参阅 3.4 节)。

3.3 各国(地区)政府温室气体排放政策

3.3.1 欧盟

3.3.1.1 欧盟地区法规

无论在历史上还是在今天,航运在欧盟27国集团中都有十分重要的地位。它已经与全球的航运结为综合体,是欧盟经济繁荣与增长的标志之一。当前,世界贸易的90%依靠航运完成,欧盟内部成员之间贸易的40%货运也依靠着航运,每年通过欧盟港口的乘船旅客达4亿人,欧洲石油的40%依靠航运。这表示航运在欧盟不仅与经济相联系,而且与当地居民的生活息息相关。

在目前全球经济受美国次贷危机影响,欧盟的重要成员——希腊面临主权危机,以致欧盟不得不建立一个7 000亿欧元的基金对其帮助,在这种情况下,航运成为了欧盟经济重振的领域之一。欧盟的航运在全球的竞争中占有一定优势,它除了经济上支持财政收入以外,还提供了大量的就业机会。

欧盟对《京都议定书》的执行是全球目前力度最大的区域之一,主要表现在其对参考基准年(Base Year/Reference Year)的选定与CO_2排放指标控制上基本与《京都议定书》的规定一致。

作为第一期承诺(2008—2012),欧盟接受了将1990年作为基准年,并在此基础上规定了减排8%的目标。由于《京都议定书》并没有规定如何采取措施并达到目标,欧盟规定每一个在附件一中的成员根据《摩洛哥马拉喀什备忘录》(*Marrakech Records*)采用《京都议定书》中的贸易机制((Emission Trading Scheme,ETS),2005年1月生效)作为各成员符合规定的温室气体排放总量(Cap)行动的补充内容,使得JI与CDM成了各成员间碳交易的机制。

欧盟采用了温室气体限制与贸易机制(Cap and Trade Scheme),形成了目前全球规模最大、最成熟的温室气体交易市场,这个机制规定2005—2007年为预警阶段(Warning up Phase),2008—2012年为执行阶段,这与《京都议定书》要求完全一致。其对象覆盖了欧盟27国境内的12 000个排放源,涉及钢铁、水泥、玻璃、造纸、电力、石油等诸多产业。对航空业将特殊规定[19],并在2012年1月1日执行。仅在2006年,就有价值230亿美元与10亿吨CO_2排放指标在欧盟的排放贸易机制(ETS)范围内进行了交易。

在2009年1月,欧盟发表了《航运战略(2009—2018)》(*Maritime Transport Strategy* (2009—2018)),其中就欧盟航运与全球市场、人力资源与航运技术、质量航运、航运安全(能源安全)、国际协调、欧盟成员间的短途航运开发、欧盟成为航运技术创新主体等诸方面进行了10年规划。现将其中与航运相关的部分摘录如下。

1. 航运公司竞争力

随着航运的最终用户对航运公司及其支持链的"绿色"水平愈来愈感兴趣,航运公司的竞争优势主要体现在:

①努力探索环保航运方式;

②可持续发展能力;

③关注航运公司的社会责任。

2. 质量航运中的环保要求

鉴于当前世界船队中75%的船舶不再加入《京都议定书》的国家，欧盟要求国际的法定措施应该适用于所有船舶，这与当前IMO的主要论调一致。《航运战略》要求，要逐步达到长远的“零废料、零排放”航运业要求，必须进行：

①综合技术、操作、市场行为措施于一体，稳步减少温室气体排放；

②在UNFCCC框架下推进温室气体减排；

③各成员保证其水域在2020年处于良好环境；

④增加港口处理废物能力(设备)、拆船能力；

⑤加强 NO_x，SO_x 的减排执行力度；

⑥替代燃油措施(如岸电接船)的减(免)税政策；

⑦推进政府与航运业的质量航运契约；

⑧推进具有绿色特征的“欧盟海运环境管理体系”(European Environmental Management System for Maritime Transport，EMS - MT)。

3. 欧盟努力成为航运技术创新政策主体

认识到欧盟航运业的核心竞争力在于满足环保、能源、安全、人为因素的航运技术创新，《航运战略》要求加大在以下方面科研部门的投入：

①改善船舶与设备的安全与环保性(新概念、新结构型式、新材料、新式推进方式、能效解决方案)；

②技术发展与先进物流，增强运输链(港口、船舶、公司、货带等)的效率(尤对短途、内河)；

③建立统一的研究技术平台(RTD，如Waterborne)，以使得解决方案能在该平台上在欧盟的 *European Marine and Maritime Research Strategy* 的指导下构成与使用；

④采用信息与通信技术(Information and Communication Technologies，ICT)进行船舶监控，如船舶技术管理(包括主机状态、结构强度和操作遥控)；

⑤在欧盟与全球为主管当局、港口社团、航运公司建立电子海事服务(e-Maritime)系统。

与美国一样，欧盟将IMO同意的排放控制区域(Emission Control Areas，ECA' s)由自己单边法律进行了扩大(扩展到离岸200海里)。上述2中的“加强 NO_x，SO_x 的减排执行力度”已经在其法规中得到体现[20]。

图3 - 27(a)与(b)分别给出了IMO(Annex VI to MARPOL Convention)未来六年内对 NO_x，SO_x 的排放限制要求。它要求自2015年起燃油将采用含硫量不高于0.1%的低硫油(Low Sulphur FO)，而且自2016年起，NO_x 的减排量应该不低于80%。由于当前国际低硫油产品不能满足需要，必须改造当前的废气净化装置——使其成为 SO_x 洗刷装置(Scrubbers)。这些规定不是一个简单的重油(HFO)向低硫油(LFO)油种的替换，它还涉及主机(供油系统、燃烧装置、燃油转换装置、监控系统)、泵浦、锅炉(目前都是按照以重油为燃料进行设计，如果长期使用黏度、润滑性能低的低硫油引起机器的异常磨损)、管路等设备的安全使用，应进行适当选型[21]。

欧盟比IMO提前五年执行上述规定(在2010年7月1日执行)。它要求：自2010年1月1日起，所有在欧盟港口停泊的船舶，如果时间超过2小时，其燃油含硫重量比不得超过0.1%。并在一些研究项目[21]中将减排目标明确规定为：

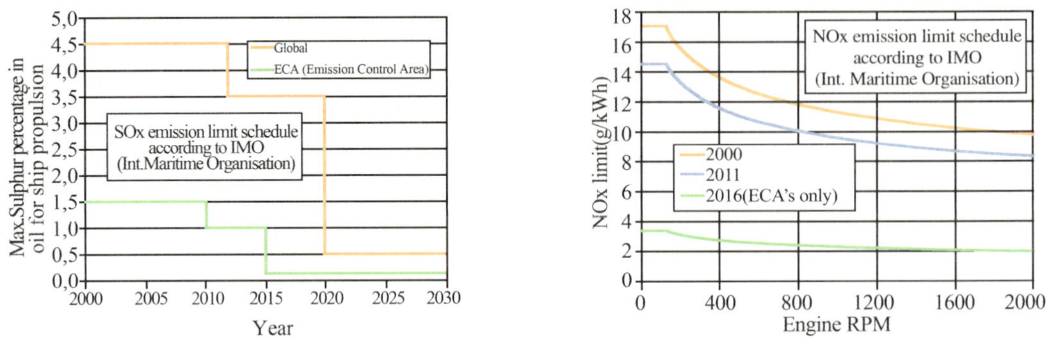

图 3 – 27　IMO 的排放规定

(a) IMO SO_x 的排放规定;(b) IMO NO_x 的排放规定

近期(2020 年),CO_2 减少 30% ,NO_x 与 SO_x——减少 90%;

中期(2030 年),CO_2 减少 60%;

长期 CO_2 减少至零排放(零排放的概念:向社会排放与对减排的贡献之和为零)。

上述目标需要提高成本,其原因是在降低 NO_x(大约 40%),需要提高 CO_2 的排放 1% ~2%。

图 3 – 28(a)与图(b)分别是 IMO 与 EU 执行时间的对照表。

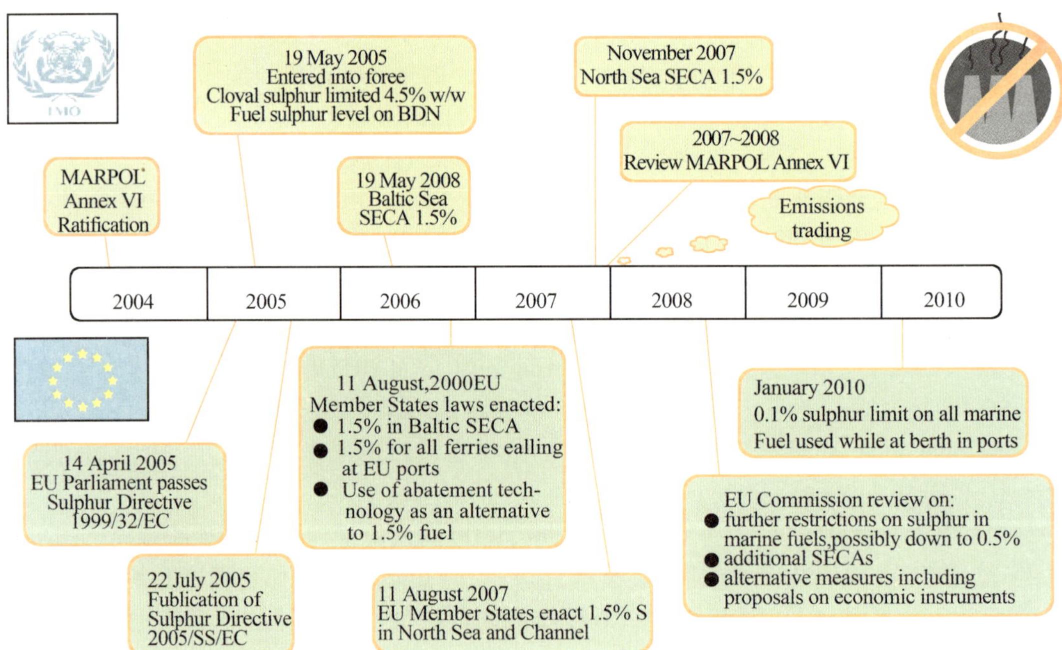

(a)

MARPOL 73/78 Annex VI				
Application Time	Regulation	Area	Application	Sulfer Content
2005.05.19~	MARPOL Annex VI	Global	All Ships	Below 4.5%m/m
2006.05.19~	MARPOL Annex VI	Baltic Sea (SECA)	All Ships	Below 1.5%m/m
2007.11.22~	MARPOL Annex VI	North Sea (SECA)	All Ships	Below 1.5%m/m

EU Directive 2005/33/EC				
Applicceation Time	Regulation	Area	Application	Sulfer Content
2006.08.11~	2005/33/EC	EU Ports	Passenger Ship (>12people)	Below 1.5 % m/m
2006.08.11~	2005/33/EC	Baltic Sea (SECA)	All Ships	Below 1.5 % m/m
2007.08.11~	2005/33/EC	North Sea (SECA)	All Ships	Below 1.5 % m/m
2008.01.01~	2005/33/EC 2005/33/EC	EU Ports	All Ships	Below 0.1 % m/m for Marine Gas Oil
2010.01.01~	2005/33/EC	EU Ports	All Ships	Below 0.1 % m/m

(b)

图 3-28 IMO 与 EU 减少 NO_x,SO_x 对照表

(a)IMO,EU 执行时间对照表;(b)IMO,EU 执行细节对照

目前,据有关资料(参考文献[22])反映,上述目标极难达到,其结论见表 3-17。

表 3-17 开发结果与概念设计的差距

	概念设计	开发结果
CO_2	-30%	-7.2%
NO_x	-90%	-98.6%
SO_x	-90%	-79.1%

但是改造目标船(35 000 DWT 散货船)的费用却增加了 20% 以上,经济性的下降可能不为航运公司所欢迎。

3.3.1.2 国际港口协会(IAPH)

欧盟在推动 IMO 在温室气体方面的立法起到了关键作用,甚至打算将 2011 年作为 IMO 能否达成公约要求的底线。届时如果在 IMO 无果,欧盟将如同航空限制温室气体排放一样(2012 年 1 月 1 日生效)也将航运纳入 EU-ETS 机制。如果 IMO 无法给出实际可行的全球减排措施,欧洲委员会将考虑实行一个强制的法规,即所有进入欧盟港口的船舶必须限速。

2010 年 12 月召开的国际港口协会(International Association of Ports and Harbours, IAPH)55 届大会上推出世界港口气候计划(World Port Climate Initiative, WPCI),欧盟地区的港口联盟推出船舶环境指数(Environmental Ship Index, ESI)要求作为奖励条件。图 3-29 给出了航运公司/托运人/港口(码头)三者之间的关系。下面将其有关情况介绍如下。

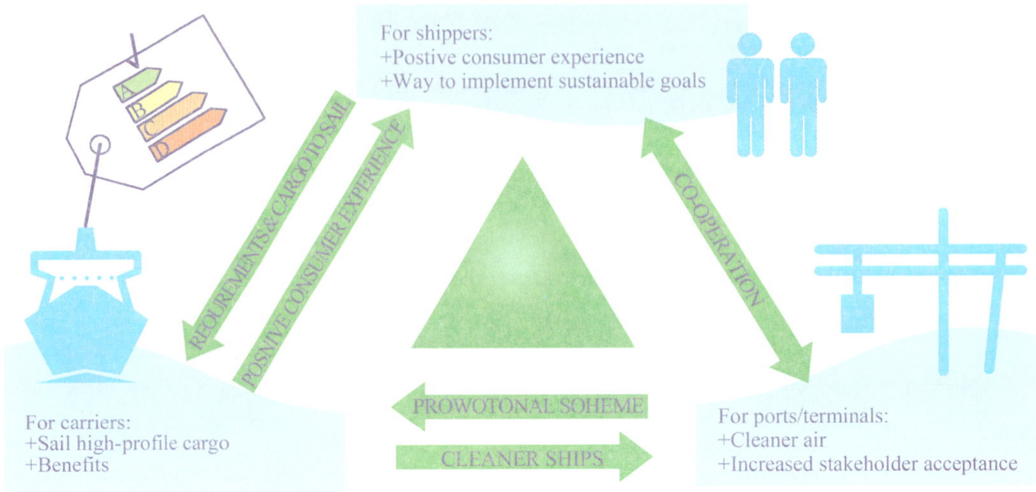

图 3－29 航运公司/托运人/港口(码头)的关系示意图

(来源:http://environmentalshipindex.org/Public/Home)

1. 船舶环境指数(ESI)特点

①便于船舶计算/检查温室气体与有毒气体排放;

②适用于所有船型;

③重点关注 NO_x,SO_x 的排放的直接计算,PM 与 SO_x 相关,采用非直接计算;

④以执行 IMO 的相关要求为法规基础;

⑤该活动目前是自愿与鼓励性的。

2. 船舶环境指数(ESI)计算方法

ESI 的计分在 0～100 的范围内取值,考虑 SO_x,NO_x 的排放程度,将 NO_x 对环境损坏程度近似为 SO_x 的两倍,其能效水平(CO_2 排放)应与 IMO/欧盟规定相关。

ESI 的计算公式为

$$ESI_{\text{overall}} = \frac{1}{3.1}(2 \cdot ESI\_NO_x + ESI\_SO_x + RR\_CO_2) \tag{3－8}$$

①ESI_NO_x 计算—— ESI_NO_x 是船舶 NO_x 的环境指标,与主、辅柴油机额定功率有关,EIAPP 证书用于计算目的。如果采用了 IMO 批准的技术(如选择性催化还原(Selective Catalyst Reduction))的等效计算结果可以用于计算,其标准分别对应于 MARPOL 公约附则 6 对 Tier I,Tier II 的规定。没有 EIAPP 证书的船舶此项指标不能得分,除非此船具有符合声明表明其符合 Tier I/Tier II 的规定,计算公式为

$$ESI\_NO_x = \frac{100}{\sum_{i=1}^{n} P_i} \times \sum_{i=1}^{n} \frac{(NO_x Limit\_value_i - NO_x rating_i) \times P_i}{NO_x Limit\_value_i} \tag{3－9}$$

式中 P_i——第 i 台柴油机的额定功率;

$NO_x rating$——被认定的第 i 台柴油机的 NO_x 额定排放,g/kWh;

$NO_x Limit\_value$——被认定的第 i 台柴油机在柴油机转速下的 NO_x 最大允许排放;

n——柴油机总台数。

图 3－29 给出了所需的 IMO 在不同期限的限制值。

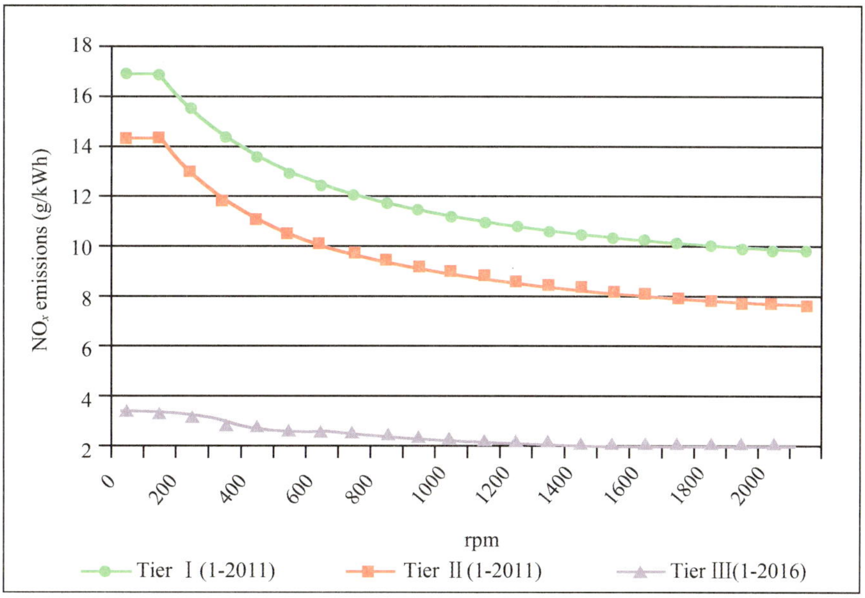

图 3－30　IMO 关于 NO_x 的排放限制

②ESI_SO_x 计算 ——ESI_SO_x 是船舶 SO_x 的环境指标，反映燃料中硫成分低于 IMO/欧盟限制值的技术状况，分为三类：高排放区、控制排放区（ECA）、港口（泊位）区。IMO 关于 SO_x 排放的限制值是最起码的值，ESI_SO_x 由于其对港口及周边环境冲击较小，在该区域得分较多。如果采用了 IMO 批准的废气清洗系统（Exhaust Gas Cleaning System），其等效值可以用于计算。

各种不同燃料在对应区域使用情况应被记录。对船舶所有燃料的使用，要求有一份证明文件（燃料提货单，Bunker Delivery Notes，BDN）。

ESI_SO_x 计算公式如下：

$$ESI\_SO_x = A\% \cdot 30 + B\% \cdot 35 + C\% \cdot 35 \tag{3-10}$$

其中，A，B，C 分别表示在高排放区、排放控制区（ECA）、港口（泊位）区使用的燃料平均硫成分的相对减少量，等于（限制值－实际值）/限制值。

表 3－18 给出了 IMO 对于不同时期燃料中含硫量的规定。

表 3－18　IMO 对于不同时期燃料中含硫量的规定

<table>
<tr><th rowspan="2">生效日期（Date）</th><th colspan="2">燃油中硫成分限制/（% m/m）</th></tr>
<tr><th>高排放区（High Area）</th><th>硫限排区域/（SO_x ECA）</th></tr>
<tr><td>2005</td><td rowspan="2">4.5%</td><td>1.5%</td></tr>
<tr><td>2010（Only）</td><td rowspan="2">1.0%</td></tr>
<tr><td>2012</td><td rowspan="2">3.5%</td></tr>
<tr><td>2015</td><td rowspan="2">0.1%</td></tr>
<tr><td>2020 *</td><td>0.5%</td></tr>
</table>

注：* 是否推迟到 2025 年，由 2018 年的评审决定。

欧盟在其法令(EU Marine Fuel Sulphur Directive (2005/33/EC))中规定在2010年1月1日提前采用IMO在2015年的标准,因燃料不敷供应,改为同年7月1日执行。

表3-19给出了欧盟关于燃料含硫量执行的时间表。

③RR_CO_2—— 船舶基于IMO EEOI/SEEMP执行的奖励指标,总分为10,不直接计算。

由公式可见,上面计分规则如下:ESI_NO_x(0~100),ESI_SO_x(0~100),RR_CO_2(0~10),如果都是满分,括号内总分为310分。

表3-19 欧盟关于燃料含硫量执行的时间

<table>
<tr><th rowspan="2">生效日期(Date)</th><th colspan="3">燃油中硫成分限制/(%m/m)</th></tr>
<tr><th>高排放区(High Area)</th><th>硫限排区域(SO_xECA)</th><th>港口(泊位)(Berth)</th></tr>
<tr><td>2009</td><td rowspan="3">4.5%</td><td rowspan="2">1.5%</td><td>1.5%</td></tr>
<tr><td>2010</td><td rowspan="5">0.1%</td></tr>
<tr><td>2010(Only)</td><td rowspan="2">1.0%</td></tr>
<tr><td>2012</td><td rowspan="2">3.5%</td></tr>
<tr><td>2015</td><td rowspan="2">0.1%</td></tr>
<tr><td>2020</td><td>0.05%</td></tr>
</table>

3. 申请*ESI*认证需要的资料与计算实例

计算船舶的*ESI*得分需要以下资料,见表3-20。

表3-20 船舶*ESI*计算所需资料

	ESI_NO_x	ESI_SO_x	RR_CO_2
文件名	EIAPP证书	燃料提货单(BDN)	EEOI报告或SEEMP
日期	主机额定功率/kW 与转速/($r \cdot min^{-1}$)	每种每批燃料平均硫含量/%	EEOI报告或SEEMP
	辅机额定功率/kW 与转速/($r \cdot min^{-1}$)	每种燃料数值/t	
	实际NO_x排放值/(g/kWh)		

上述资料对每一艘船舶每年准备2~4 h即够。ESI_NO_x的计算应将IMO限制值与认定在EIAPP(Engine International Air Pollution Prevention)证书中(2000年以后颁发,符合IMO Tier I)的实际排放值进行比较。没有EIAPP证书的船舶不能取得此项分数。事实证明,IMO关于NO_x,SO_x的排放标准并不难达到。据统计,目前满足Tier I的主、辅机分别在限制值80%,90%左右。

下面举一个例子说明上面方法的应用。在一艘一台主机、三台辅机的船舶上(表3-21),使用三种不同种类的燃料(油)。

表 3 - 21　计算举例

标准值	Tier I				
主机			辅机		
允许排放值（MARPOL ANNEX VI）	17	g/kWh	允许排放值（MARPOL ANNEX VI）	11.5	g/kWh
实际排放值	15	g/kWh	实际排放值	11	g/kWh
功率	9 480	kW	功率	970	kW
数量	1		数量	3	

按照 ESI_NO_x 计算公式：

$$ESI\_NO_x = \frac{100}{\sum_{i=1}^{n} P_i} \times \sum_{i=1}^{n} \frac{(NO_x Limit\_value_i - NO_x rating_i) \times P_i}{NO_x Limit\_value_i}$$

$$= \frac{100}{9\,480 + 970 \times 3}\left[\frac{(17 - 15) \times 9\,480}{17} + \frac{(11.5 - 11) \times 970 \times 3}{11.5}\right] = 10$$

对于 ESI_SO_x 的计算，实际的参数可从燃料提货单（BDN）查到，组成了表 3 - 22。

表 3 - 22　ESI_SO_x 的提取

	高排放区（High Area）	硫限排区域（SO_xECA）	港口（泊位）（Berth）
允许含硫量	4.5%	1.0%	0.1%
实际含硫量	2.0%	0.5%	0.08%

$$ESI\_SO_x = A\% \cdot 30 + B\% \cdot 35 + C\% \cdot 35 = \frac{4.5 - 2.0}{4.5} \times 30 + \frac{1.0 - 0.5}{1.0} \times 35 + \frac{0.1 - 0.08}{0.1} \times 35 = 41$$

如果执行了 IMO SEEMP，则 $RR\_CO_2 = 10$，该船的 ESI 值为

$$ESI_{overall} = \frac{1}{3.1}(2 \cdot ESI\_NO_x + ESI\_SO_x + RR\_CO_2) = \frac{1}{3.1}(2 \times 10 + 41 + 10) \approx 23$$

3.3.1.3　碳交易贸易机制（Emission Trade Scheme）

由 MIT 推出的碳交易贸易机制除了在美国使用外（见第 2 章），在欧盟也建立了这一体制。它意味着，根据欧盟气候变化政策所建立的这一机制（EU - ETS）是当今世界最大的跨越国界的碳贸易机制。本书第 2 章已经就其内容进行了介绍，它在 2005 年开始执行。分为如下两个阶段。

第一阶段：2005—2007 年，未能形成碳的价格体系。这一阶段，欧盟的单位排放许可额度价格（European Union Allowance Unit，EUA）几乎是零收费的。这是由于排放许可是免费分配的。总的来说，这是欧盟成员的学习及与其他国家（如美国）磨合期，并主要集中在产生 CO_2 的能源工业（如发电、炼油等）部门 10 000 家左右，碳交易也尽限于这些范围。

第二阶段：2008—2012 年，处于碳交易贸易的成熟期，它将航空业的排放纳入到这一机制中，航运业亦在考虑（在第三阶段（2012 年）以后考虑）。

3.3.2 美国

自 1995 年起,美国环保署(EPA)就制定了 SO_x 的排放限制与贸易计划(ETS),如酸雨计划(Acid Rain Program)针对发电部门的 SO_2 的排放。这个计划在 2000 年扩展到美国国内其他部门,并置于银行条款中。在 20 世纪 90 年代以来,氮氧化物预算贸易计划(NO_x Budget Trading Program)在加州、哥伦比亚等 19 个州开展,由各州分配排放计划,国家环保署进行排放存档、验证排放情况、执行贸易计划的当年结算。

美国众议院 2009 年 9 月通过了《美国清洁能源安全法案》,规定:美国到 2020 年将使温室气体排放量在 2005 年的基础上减少 20%,到 2050 年减少 83%。此外,法案引入了名为"总量控制与排放交易"的温室气体排放权交易机制。根据这一机制,美国发电、炼油、炼钢等工业部门的温室气体排放配额将逐步减少,超额排放需要购买排放许可额度。法案一旦生效,美国 85% 的行业和领域将会被涵盖,基本上包括所有的电力企业和每年 CO_2 排放当量超过 25 000 t 的主要工业企业。这将比欧盟现行的气候变化法案的覆盖面还要广泛。法案采用"排放总额贸易交易"(Cap and Trade)模式,即市场化手段。但是该法案并没有明确给出排放权初始指标该如何拍卖的指导方针。

这个法案将会对国际上其他国家产生影响。其规定,如果一个国外的企业要有资格成为 CO_2 减排指标的供应商,前提条件是这个国家自己已经有强制性的减排额度;如果想以行业减排的方式来操作,也需要该行业在这个国家有强制性的减排目标。该法案还要求,在这样的前提条件下,还需要美国与该国签订协议之后才能开始相关减排额度交易。一个"低碳美元"的概念呼之欲出。这个法案在美国参议院没有如期通过,主要原因是某些减排指标需要进一步修改。

法案没有通过并不妨碍美国各州的节能减排行动。2010 年美国东北部和大西洋沿岸中部 10 个州的代表会聚康涅狄格州,签署了一项谅解备忘录,将制定强制性的、多个州的低碳燃料标准(LCFS)。美国加州制定了单边法律,规定从 2009 年 5 月起,在加州港口与距美国海岸线 24 海里的船舶,其 SO_x 排放不得超过 0.50%。

美国和加拿大的废气排放管制区域(ECA)计划书被国际海事组织(IMO)正式批准。根据计划,所有驶经两国近岸水域的船舶,必须严控硫化物排放。新规定将在 2012 年 8 月正式实施。

3.3.3 UNFCCC 谈判的 7 股政治力量

上面仅介绍了联合国、欧盟、美国等在地球上影响较大的板块,这些政治板块行动缜密、迅速。除此之外,地球上尚有其他政治板块根据利益的不同在 UNFCCC 中提出了不同的减排目标(表 3-23)。

表 3-23 各政治板块不同的减排目标

欧盟	2020 年在 1990 年基础上减排 20%,如果其他发达国家有类似的减排承诺,可在 1990 年基础上减排 30%
基础四国(中国除外)	南非:2020 年削减 34% 预期排放增加量 印度:2020 年碳密度比 2005 年降低 20% ~25% 巴西:2020 年的 BAU 基础上减排 42%

表 3-23(续)

伞型国家（除美国外）	日本:2020 年在 1990 年基础上减排 25% 俄罗斯:目前温室气体排放较 1990 年降 30% 澳大利亚:2000 年的基础上减排 25%
中国	2020 年单位 GDP CO_2 排放量比 2005 年下降 40% ~45%
小岛联盟	2050 年全球减排 85%
美国	2020 年在 2005 年基础上减排 17%，相当在 1990 年基础上减少 4%
雨林国家联盟	2020 年发展中国家乱砍滥伐减少 50%

上述国家包括了以下受温室气体排放影响的 10 个地区(图 3-31)。

图 3-31　受温室气体排放严重影响的 10 个地区示意图

3.4　航运界碳市场贸易

3.4.1　国际碳市场贸易机制框架

图 3-24 说明，船舶的低碳设计即使非常成功，只能说进行节能减排工作有了硬件的基础，没有合理的能效管理计划(Ship Energy Efficiency Management Plan, SEEMP, IMO Cir. 683，图 3-8)，节能减排工作不可能取得最佳效果。

在《京都议定书》中，设计了如下的碳交易机制(又称灵活机制，适用于《京都议定书》中的附件一中的国家)。

联合履约(Joint Implementation，JI)机制，这是某发达国家将高成本的国内温室气体减排技术在另外发达国家所设置的项目，适用于发达国家间的合作。

清洁发展(Clean Development Mechanism，CDM)机制，这是发达国家当温室气体减排的成本较低时作为发起人在发展中国家设置的项目，但是要求项目对于大气的影响与全球要求同步，而且在发展中国家获得资金投入与相应技术时应有回报，发达国家将获得与其排放限制目标相同的碳信用(额度)。

国际排放贸易(International Emissions Trading，IET)机制，国家间可以在国际碳信用(额度)市场去获得它的被分配的碳排放缺额,碳信用(额度)过剩的国家可以出售碳信用(额度)给《京都议定书》附件二的国家。

围绕上述问题所争论的焦点仍然是:全球的排放总量(Cap)限制、贸易系统和碳税征收如何合理。

3.4.2 航运界碳市场贸易机制

根据第2章分析,目前在IMO正在讨论如下碳交易市场机制。

1. 排放贸易体系(Emission Trade System)

在排放总额限定的情况下,每艘船通过一定的方式(有三种选择的方式,即免费分配、拍卖及二者混合)来获得排放额。

2. 温室气体补偿基金机制(Compensation Fund)

船舶购买燃料时,需按购买量加税,而税的收入作为基金。

3. 能效标准指数(Efficiency Standards Index)交易

利用EEDI公式的概念对船舶(即包括现有船)按对各类船舶和大小所定的基准线进行衡量,并规定船舶限期满足要求。如何满足规定的能效标准有三种方式:一是对船舶进行技术改造;二是采取操作限制(如限速);三是根据船舶的满足度进行记分(Credits),这一记分可以进行船舶间交易。

4. 补偿基金下的激励机制(Leveraged Incentive Scheme)

补偿基金下的激励机制为2+3的结合形式。该机制建立船舶的EEDI和EEOI的衡量评估体系,对EEDI和EEOI表现优越的船舶,由所建立的补偿基金进行奖励。

5. 船舶能效体制(Vessel Efficiency System)

船舶能效体制为3的派生。该体制借鉴EEDI的原理,建立船舶能效衡准机制,对达不到其衡准标准的船舶,按不满足的程度,在其购买燃油时进行课税。

6. 市场机制下的返还机制(Rebate Mechanism for a MBI)

该机制号称能满足"共同但有区别"(CBDR)原则,主要是将通过市场机制所获收入,以发展中国家进口量的多少进行比例返还。

7. 船舶交通、能源和环境模式(Ship Traffic, Energy and Environment Model)

该模式主要是建立港口国收费机制,对到港的所有船舶,按船舶燃料种类进行课税,对重燃油课重税,对清洁燃料如天然气课轻税。

上述7类机制,前三项为基础,后四项为前三项的变种。但是无论采用哪一种,船公司都必须提高经营成本。

当前IMO正在讨论市场措施(Market - Based Measures, MBM),总的来说有以下的模式,(表3-24[23]):

①碳税机制(基金)(Levy Scheme (GHG Fund));

②不同的碳排放贸易机制(The Different ETS Variations),与第2章中的减排总量与贸易机制(Cap and Trade System, CTS)部分相同;

③上面两者混合机制(考虑EEDI因素);

④其他(杠杆激励机制(Leverage Incentive Scheme))。

表 3－24　IMO 正在讨论的 MBM 模式

Main criterion (Japan)	GHG Fund (Denmark)	Leverage Incentive Scheme	ETS (Norway, UK, France)	SECT (USA)
1. Environmental effectiveness (certainty of a MBM achieving specific reduction target)	There may be less certainty of CO_2 reductions than ETS, but MAC curves of DNV can give an estimate. If the price is the same, the CO_2 reductions are the same as the ETS*. Offsets can contribute to meeting a target * assuming equal cost effectiveness which not the case	Lower than GHG Fund, but may have side-effects due to possible distortions induced by misuse of EEDI (e. g., an underpowered ship has a low EEDI but may emit more CO_2)	There may be higher certainty of CO_2 reduction, but the reduction target is arbitrary (or difficult to determine). Plus, enforcing the cap can be difficult and carbon price may skyrocket if close to the cap. Significant carbon leakage risks exist (e. g., if not all ships are covered, some countries like LDCs excluded, etc.)	Low. CO_2 reduction certainty does not exist, as the scheme trades on EEDI. No attempt to compute CO_2 directly
2. Cost effectiveness	High. Costs are known as price is known. Simplest scheme (except Bahamas). According to several studies, levy is most efficient way to reduce emissions	High, but lower than GHG Fund, due to costs of tracking EEDI	Low. High administrative costs, very Unpredictable carbon price	Low. Combines problems of ETS with EEDI distortions and other problems
3. Incentives to technological change	High. Investors will respond to known price	High, but lower than GHG Fund, due to possible mixed EEDI signals (e. g., invest in underpowered ships)	Low. Investors will not know what future prices they will encounter and will pay high administrative costs	Same as above. May provide the wrong signals in favour of low – EEDI ships than may emit more CO_2
4. Practical feasibility	Reasonable. Can be modelled from IOPCF	Lower than GHG Fund, due to tracking of EEDI for existing ships	Low. All GHG Fund (option 2) processes, plus auction permits, monitor allowance market, enforce compliance, indentify fraud, etc	Worse than ETS. Combines problems of ETS with tracking EEDI for existing ships and estimating activity levels

表 3 - 24(续)

Main criterion (Japan)	GHG Fund (Denmark)	Leverage Incentive Scheme	ETS (Norway, UK, France)	SECT (USA)
5. Impact on LDCs and SIDS (UNFCCC)	Neutral. From a revenue perspective, if prices are same, revenue is same as ETS.	Same as GHG Fund although the scheme will likely benefit developed countries more (as these are more likely to have low EEDI ships)	A distortion likely, as traffic to LDCs and SIDS are exempted, which may lead to traffic being diverted through these countries	Neutral
6. National administrative burden	Reasonable. Tracking bunkers is not trivial but burden is lower than all other schemes (except Bahamas)	Higher than GHG Fund	Significant. High admin. costs to track, monitor, enforce, avoid evasion and fraud, etc. If all ships in the scheme, impossible to implement.	Worse than ETS
7. Administrative burden on industry	Same as above	Higher than GHG Fund	Same as above	Same as above
OTHER CRITERIA				
8. Impact on safety	Neutral	Problem if under - powered ships are advocated due to low EEDI.	Neutral.	Problem if under - powered ships are advocated due to low EEDI
9. Risk of fraud	Average. Low at refinery level	Average	High - documented cases in EU - ETS and elsewhere	Higher than GHG Fund
10. Money collected	Limited to in - sector contributions. Depends on level of levy	Same as GHG Fund minus difference in admin. Costs - some of the proceeds go to ships of low EEDI	If GHG Fund Levy and ETS carbon price are same, amount of money collected for ETS is same as GHG Fund minus difference in administrative costs	Depends on price of EEDI traded

注:LDC(Least Developed Countries);SID(Small Islands);SECT(Ship Efficiency Credit Trading Scheme,SECTS)。

在表3－24中，对所建议的方案给出了如下10项评估内容：

①资源环境绩效(Environmental Effectiveness (Certainty of a MBM Achieving Specific Reduction Target))；

②成本绩效(Cost Effectiveness)；

③技术变化激励(Incentives to Technological Change)；

④实际可行性(Practical Feasibility)；

⑤对最不发达国家与小岛国的冲击(Impact on LDCs and SIDS)；

⑥国家行政负担(National Administrative Burden)

⑦行业感受行政压力(Administrative Burden on Industry)；

⑧对于安全的冲击(Impact on Safety)；

⑨欺诈风险(Risk of Fraud)；

⑩资金积累(Money Collected)。

尽管国际上关于温室气体排放控制趋紧，目前能起多大作用需要进行长期评估。仅依靠市场肯定不能达到目标。欧洲托运商委员会、英国托运商委员会以及全球托运商论坛三大组织经过评估，得到的结论并不能令人乐观，即碳排放税的征收不会起到减少航运废气排放或鼓励托运商使用更节能船舶的作用，而是以另一种新额外费用形式转移至顾客。

参考文献

[1] 石波. 低碳经济革命[J]. 证券市场周刊,2009(2):21－28.

[2] Mckinsey & Company. Pathways to Low－Carbon Emission Economy[R]. New York,USA: Mckinsey & Company,2009.

[3] UN IPCC. Climate Change 2007[R]. Geneva,Switzerland:IPCC Secretariat,2007.

[4] UNFCCC. The Kyoto Protocol on Global Warming Officially Went into Effect at 0500 GMT with 34 Industrialized Countries Legally Bound to control Pollution [C]. Geneva, Switzerland:IPCC Secretariat,1997.

[5] MEPC60/4/9. Outcome of the United Nations Climate Change Conference held in Copenhagen[C]. London:IMO,2009.

[6] MEPC Secretariat. Report on The Outcome of The IMO Study on Greenhouse Gas Emissions from Ships[C]. London:IMO,2000.

[7] IMO Resolution A. 963 (23). IMO Policies and Practices Related to The Reduction of Greenhouse Gas Emissions from Shipping[R]. London:IMO,5 Dec. 2003.

[8] MEPC59/INF. 10. Prevention of Air Pollution from Ships. Second IMO GHG Study[C]. London:IMO,April 2009.

[9] 陈映秋."绿色"船舶的法定基础变化与创新设计[C]. 中国船舶工业发展论坛暨纪念中国造船创刊60周年论文集. 北京:中国造船工程学会,2008.

[10] WG1/4. Possible Methodology and Regulatory Framework for Establishing CO_2 Efficiency Baselines for Different Segments of International Shipping [C]. London:IMO,2008.

[11] UNFCCC. Marrakesh Accord[G]. Bonn, Germany:UNFCCC Secretariat,2006.

[12] Deltamarin Ltd. EEDI Tests and Trails for EMSA[R]. Lisbon,Portugal:EMSA,2009.

[13] MEPC 62/6/4. Calculation of Parameters for Determination of EEDI Reference values[C]. London:IMO,2011.

[14] WG 2/2/18. Japan. Technical Consideration of Baselines for Energy Efficiency Design Index (EEDI)[C]. London:IMO,2009.

[15] 陈映秋. IACS CSR 船型开发总结报告[R]. 北京:中国造船工程学会,2008.

[16] MEPC 55/4/8. Information about Indexing Trials According to The Interim Guidelines for Voluntary Ship CO_2 Emission Indexing[C]. London: IMO,2006.

[17] Panama Canal Authority. Proposal for The Expansion of The Panama Canal[R]. Panama: MSA,2006.

[18] 李百齐,程红蓉. 关于 EEDI 衡准基线的研究[J]. 中国造船. 2010 年第 4 期:. 51 -57.

[19] Congressional Budget Office. CBO Policy Options for Reducing CO_2 Emissions [R]. Washington D. C. :CBO,2008.

[20] European Commission. Directive 2005/33/EC on The Sulphur Content of Certain Liquid Fuels[S]. Lisbon,Portugal:EMSA,2005.

[21] MAN Diesel & Turbo. Operation on Low Sulphur Fuels foral onsiderations elated to perating MAN B&W Two - Stroke Engines [R]. Copenhagen,Denmark MAN Diesel & Turbo,2009.

[22] OECD. Green Ship of the Future[R]. Paris:OECD,2009.

[23] GHG-WG 3/3. Grouping and Evaluation of Proposed MBMs[C]. London:IMO. 2011.

第 4 章　航运业的社会责任

4.1　航运公司的社会责任

4.1.1　航运公司的社会责任

航运公司作为社会的一员，其社会责任是什么？这是社会学中经常讨论的问题之一。从社会风险的角度来看，航运业从初步投资到得到社会回报，究竟是否平衡呢？这个答案往往是否定的，航运公司从社会上获取的往往多于其对社会的贡献，尤其发生事故时对社会造成的冲击时更是这样。从温室气体排放的管理角度上看，上述问题可以视为社会与航运公司的博弈过程（图 4 –1），图中指出了航运温室气体排放链的构成是以航运业为首构成博弈的一方，其他诸如设计、造船、机械、船级社、金融、教育、保险等都是这一方的元素；另一博弈方则为政府（主管当局）。

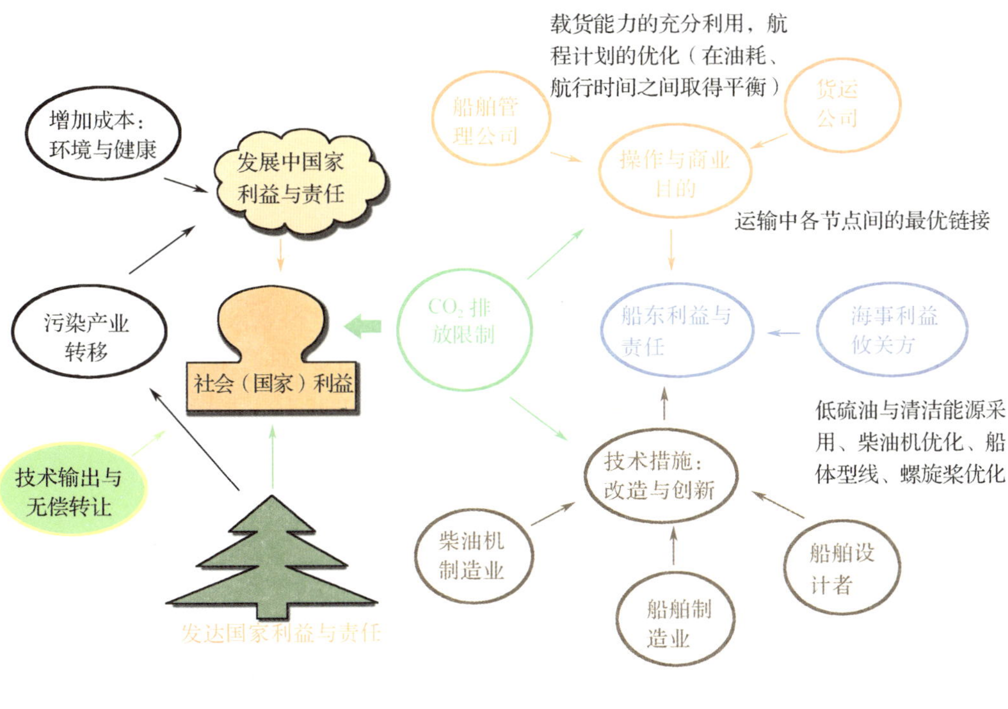

图 4 –1　航运业与社会（政府）的利益博弈示意图

图 4 –2 给出了一个企业（公司）对社会的影响，它的核心为公司的管理质量，对外可辐射到四个领域（市场份额、工作机会、社团活动、环境冲击）与社会相关的利益关联方

(Stakeholders)发生关系。当然,其责任就不言而喻了。

从理论上讲,企业社会责任(Corporate Social Responsibility,CSR)可以定义为:企业如何通过业务管理过程对社会产生积极的回报(作用)。为了产生积极的回报,企业必须回答两个问题:

①核心集团领导、员工的管理质量如何?

②在涉及的领域对社会的贡献程度(包括正面与负面两方面)如何?

外部投资者被视作一个企业的利益关联方,他们从该企业的产品与服务、从对周边环境与社团的贡献大小/对从业人员的情况来判断该企业业绩的好坏。这些投资者相当于一个财务分析师关注该企业过去的财务表现以及将来的发展。从可持续发展的角度来看,企业社会责任(CSR)也可以定义为:企业社会责任是一种持久的承诺,在全体员工及其家庭、当地社会及全社会的基本生活条件水平不断提高过程中,遵守职业道德和承诺对经济发展的贡献。从全社会的角度来看,企业社会责任(CSR)还可以被看作可持续发展的能力建设,它关注企业文化的差异和以人为本为核心努力发展职工与社团、政府的业务机会。这样充分地考虑了社会、企业与政府的相互关联关系。

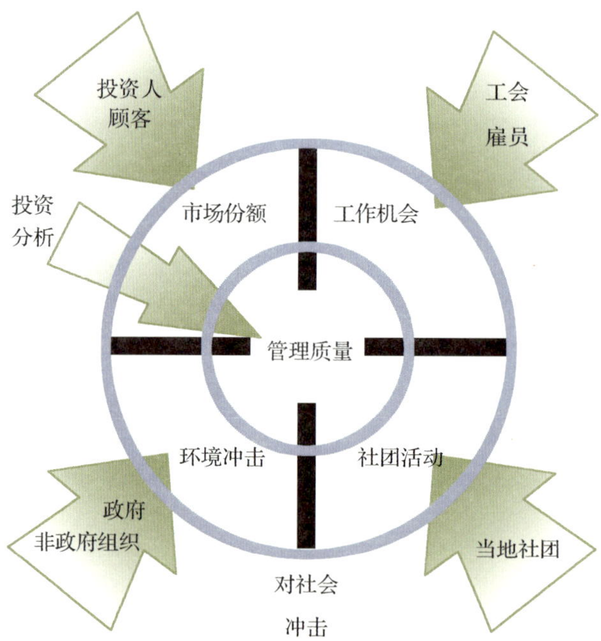

图 4-2 企业的社会责任关联网示意图

根据上述定义,航运公司应确认其活动(包括商业与其他活动)对社会改善人命安全质量有增值的价值。这意味着航运公司至少必须负有由于公司人员的所有活动造成的对于社会人命的死亡(伤害)、自然环境的破坏,以及对过度温室气体排放、下一代船队技术改进的责任。当然,航运公司对于航运的投资通过促进经济发展并缴纳税收方式是有利于社会的,在短期内(一般 5 年左右)航运公司无法收回成本。但是在过了 5 年或稍长的时间,航运公司就可以开始赢利。社会就会对其船舶所产生的负面影响(如发生事故、人员死亡)承担压力与经济赔偿。最明显的例子是对海洋的污染所造成的巨大环境破坏的修复需要大量的人力、物力、财力支持,而航运公司可以在保险机构取得赔偿,甚至宣布破产。在海事界中由主管当局所采用的防范措施总是能力有限的。从 IMO 的历史看来，总是事故(具有随机性)发生在前，制定措施在后。如油船的双壳、目标型安全标准(GBS)、海上人命安全公约(SOLAS)的国际船舶安全管理准则(ISM Code)、散货船的加强检验(ESP)等，其例不胜枚举。有时为了平衡经济与安全的关系，IMO 的规定总是在各种政治势力(因其代表的政治、经济利益不同)之间取舍，因此，它不是最为合理的规定。这样做的原因还有科学技术发展不成熟因素的牵制，往往是一种风险得到钳制，又会产生新的风险。

文献[1]推荐了一个评估社会对航运公司接受准则的方法。

如果航运公司一年中/船舶寿命周期内的净收益为 G，由于在恶劣天气中随机发生的损坏、碰撞、搁浅以及火灾的各种频率为 λ，航运公司的经济损失为 μ_o，为了赢利，有以下关系

$$G - \sum_{i=1}^{N} \lambda_i \mu_{oi} > 0 \tag{4-1}$$

其中，N 为发生损失事件的总数；$\sum \lambda_i \mu_{oi}$ 定义为风险，航运公司将为此付出保险费用。如果将上式的左端乘上一个政策系数 γ_p(体现了航运公司对社会责任的重视程度)，它应该大于以下式表达的社会最大风险，即

$$\sum_{i=1}^{N} \lambda_i \max\{(\mu_{pi} - \mu_{oi});0\} \tag{4-2}$$

其中，μ_{pi} 表示社会的经济损失，一般大于航运公司的赔偿。这样可得到社会对航运公司责任要求的数学模型为

$$(G - \sum_{i=1}^{N} \lambda_i \mu_{oi})\gamma_p > \sum_{i=1}^{N} \lambda_i \max\{(\mu_{pi} - \mu_{oi});0\} \tag{4-3}$$

如果满足了式(4-3)，航运公司的行为就对社会有了增值的价值，也就尽到了社会责任。方程的平衡由 γ_p 进行调节，这也是 ISO 26000 的核心指标——污染者承担原则(见 4.2.1 节)。例如，IMO 近 5 年在对公约条款进行风险评估时，必须考虑如何平衡此方程，目前的风险经济评价标准中，减少一个人员死亡的成本以 300 万美元为界限(图 4-3)。

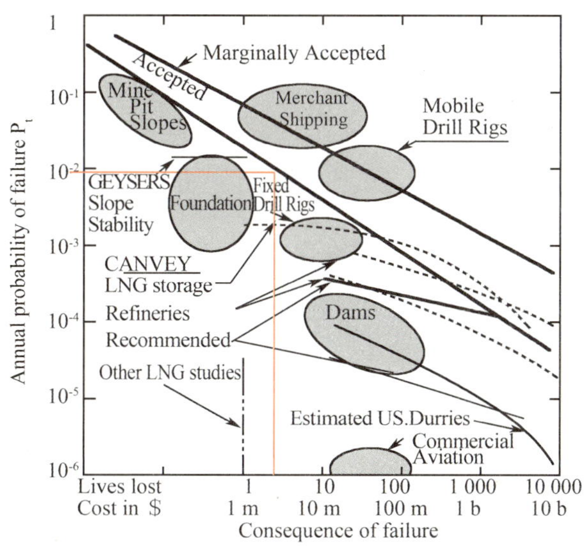

图 4-3 IMO 公约修改可接受的风险水平及对应的经济标准

(来源：ISSC IV.1 2007)

上述风险评估方法对于传统的设计技术非常适用，但对于创新型设计，应特别注意其政策收益(如企业形象)与经济收益的关系。

为了使得问题不致太复杂，目前IMO关注的是人命安全与环境保护，温室气体的排放控制被列入防污染公约附则六(MARPOL ANNEX VI)的条款中。

文献[1]指出了社会接受航运公司活动所造成风险的基本原则，亦是决定γ_p值应该考虑的以下因素。

①凡是对公众引起危害但没有防止与补偿措施的任何航运公司的行为应被禁止。

例如，现阶段的核能在船上的应用尽管在理论、技术上可行，但由于全球在安全、商务标准上未达成共识，不能随意停靠港口/码头。另外，各国在以下核能技术应用标准上互认尚存在一定差距，有些尚在研究之中。如船舶碰撞对反应堆安全影响；船的沉没速度与反应堆的关闭速度匹配程度；防海盗的措施；应急发电机能力应保证基本航速(需6 kn以上的航速)；退役模式复杂；废反应堆处理的长期性，船舶、陆基、安保人才的培养时间周期长；投资成本过大，造价是传统船价的一倍以上，等等。尽管1982年IMO A. 491(Code of Safety for Nuclear Merchant Ships)作为非强制文件已经生效，由于缺乏应用维护，民船对核能的应用在短期内实现就有一定困难。另外，船级社在国家的安全政策与反应堆燃料添加周期的限制下，将无法执行目前的5年一次特检期的制度。海事部门无法“单方”对船员发证(将不同于目前的船员配备与技能要求)。如果国际上对反应堆的安全能有统一标准而且有专门租赁民用船用反应堆的核能公司(机构)负责技术上的维护，实现核动力技术在民船上的应用还是有可能的。目前，全世界采用核能(低浓缩铀二代压水反应堆(PWR)技术)推进的民船共有14艘，其中9艘为破冰船，其余5艘为美国、德国、日本、俄罗斯等国所有，由于其营运经济状况不好，或改装柴油机、或退役，目前，鉴于核技术的政治、商务、技术上的多重敏感性，尤其是2011年日本福岛核电站事件反映了核技术的安全性方面存在的严重问题，并造成过高的社会风险，尽管它对温室气体的排放有独特的优势，估计在15～20年以内不会在商船上使用。

②在船舶营运中，船员取得的工资用于税收部分不能涵盖社会为维护船员社会福利的基本开支。这将造成无休止的法律诉讼。如1980年9月9日所发生的Derbyshire沉没、死亡44人事故，船员死亡后的索赔仍在进行中。

③在船舶营运中存在与其相关联的对社会损害不能被船员工资所产生的税收或基本购置消费税补偿，当他们对海洋环境污染的责任不能明确划分时，航运公司不能对营运损害付出足够补偿。

④当操作引起环境/健康损害的船员/公司必须进行损害补偿时，航运公司上缴社会的税收必须足够覆盖社会所蒙受的损失，而这种损失往往超过在损害发生后法律规定航运公司直接的补偿。

这种情况在实际中表现十分突出，如“EXXON VALDEZ”油轮搁浅(1990美国)、ERICA油轮折断沉没(1999法国)、PRESTIGE舷侧损坏沉没(2002西班牙)等事故除了造成重大的经济损失外，对于生态的破坏更加引起人们的重视。航运公司基本不能对环境的损害进行补偿。

上述社会的概念是指全球范围，不仅限于国家的边界。在这个模型中，并不关心是否在某区域内的一个/多个国家交纳税金。航运公司税金/地区评估参数应该受到特别考虑。

温室气体排放尽管不能视为航运公司对于社会的直接损害，但是由于国际航运的排放为全球温室气体排放的2.7%,2009年达9.25亿吨,2030年将达到15.3亿吨,将占全球排放比例的4.78%[2]。

文献[3]指出,航运公司的社会责任应该在IMO目标型强度标准(Goal - Based Standards,GBS)写入SOLAS公约II-1/3-6(MSC87/(2010年5月)时充分考虑,明确与船级社规范、工业标准的联系渠道。然而GBS的缺陷是只关注了安全性的加强,而忽视了温室气体排放的影响(即航运业可持续发展的需要)。可以预见,如果不研究进一步的措施,与传统的船舶之BAU值相比,所建造的GBS型船将属于高碳船。

文献[4]指出,航运业需要在GBS的框架下考虑自己的社会责任(图4-4和图4-5),且应与可持续发展的方向相联系。这一责任的体现应该通过EIO-LCA设计概念(见第5章)的变化完成,充分考虑表4-1中的风险因素。

图4-4 航运业社会责任的其他关联示意图
(来源:ISSC VI.1, 2006)

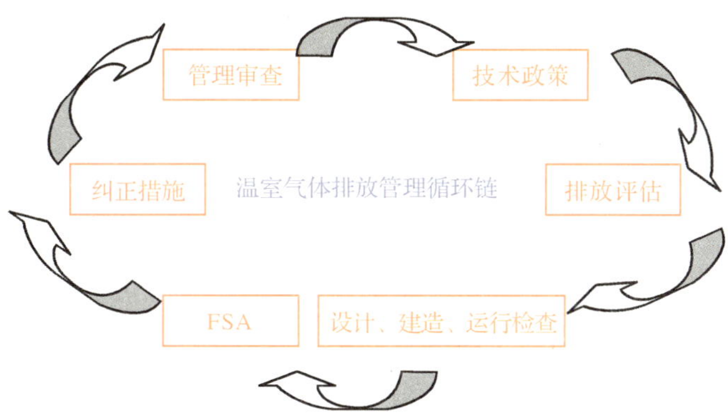

图4-5 航运业减少温室气体排放的实施循环图

表 4-1 航运业的风险因素

贡献对象 Entity	系统成本与法定规定(必然事件) P = 1 (systemic)	随机事件 P < 1 (random)
经济 Economic	首次投入与运行成本 First & operating costs (Design concern)	船舶灭失与损坏 Loss, damage of vessel (Owner's concern hedged via insurance)
人为因素 Human Element	人命质量/社会责任(CSR) Quality of Life / Corporate Social Responsibility (Regulatory concern)	人命死亡 Loss of Life (Regulatory concern)
环境 Environmental	环境可持续发展 Environmental Impact "Sustainability" (New concern)	污染 Pollution (Regulatory concern)

4.1.2 航运公司责任认证

4.1.2.1 国际标准组织(ISO)的 ISO 26000:2010

目前,ISO 已经颁布了可用于航运公司责任认证的有关文件[5]。随着人类社会发展进入了一个日益透明的时代,社会中的各类组织与利益关联方愈来愈觉得需要在社交、所处环境中确立其行为准则。该文件在这种需求下应运而生,为社会中任何机构(包括跨国公司、学(协)会、非政府组织、政府机构等)提供了一条关于其执行社会责任的途径,它帮助这些机构在社会责任范畴内如何处理本机构的事务。在目前,这是一份自愿执行的文件,不能成为类似于 ISO 9001/ISO 14001 的认证标准。因此它不是一个管理系统标准,不适合作为认证目的使用。尽管如此,社会经济活动的需要不会妨碍其逐渐发展成为一个实际标准。因为在社会/业务活动中,由于社会诚信的需要,参与的各类组织需要各个利益关联方能够证明该组织符合/认可/支持 ISO 26000 的原则。目前西方一些发达国家,如丹麦国家标准 DS 26001 已经等效采用这个 ISO 标准。

当前,已经有中国航运公司为了降低成本,单方面减少航速造成物流速度降低以致罚款的事例,它表明如果执行 ISO 26000 认证,此类事件可能不会发生。

在新兴国家(Advanced Developing Countries)中,由于社会体制的原因执行这个标准可能会有许多障碍(国家元素、普适价值等),不是一件容易的事情。但是,如同 WTO 一样,由于全球经济化的推动,对社会"诚信"标准需要将成为社会各机构追求的目标。

鉴于本 ISO 文件的新颖性,现将该文件内容简介如下(表 4-2)。

表4－2　ISO 26000:2010 内容

章节号	题目	描述内容
1	适用范围	定义26000的使用范围并确认应用限制
2	术语及定义	为正确理解社会责任，进行有关术语的定义
3	社会责任概念	描述社会责任的重要参数及影响社会责任发展、特性与实践的相关条件。同时，社会责任的自身概念在此得以澄清，即它如何适用于应用它的组织
4	社会责任有关原理	社会责任原理描述，包括社会责任、道德、伦理等及对利益关联方、法律、国际惯例、人权的尊重等方面的描述
5	承认社会责任与利益关联方约定	强调社会责任的对等实践性：本组织社会责任的认可与利益关联方关系的约定。描述了本组织与社会其他组织、利益关联方及在社会责任核心内容与社会责任、业务领域方面联系的认可
6	社会责任核心内容指南	描述社会责任核心内容与社会责任之间的联系、每一内容及信息范围与社会责任的联系、相关原理与相关活动与期望的联系等
7	组织社会责任实践指南	指导社会责任在一个组织中的实践方法，包括本组织社会责任的理解、本组织社会责任的整体范围、社会责任相关的信息交互、改善本组织社会责任的信誉、自愿执行ISO 26000执行的进展与改善的评估
附录A	自愿执行ISO26000的举例	列出一个关于本组织社会责任的清单及处理途径

ISO 26000描述了社会责任的7个方面（义务、透明度、伦理道德、业务关联方利益、法律、国际惯例、人权），其中社会责任的核心内容对应着ISO 26000第6章的2.7节（图4－6）。

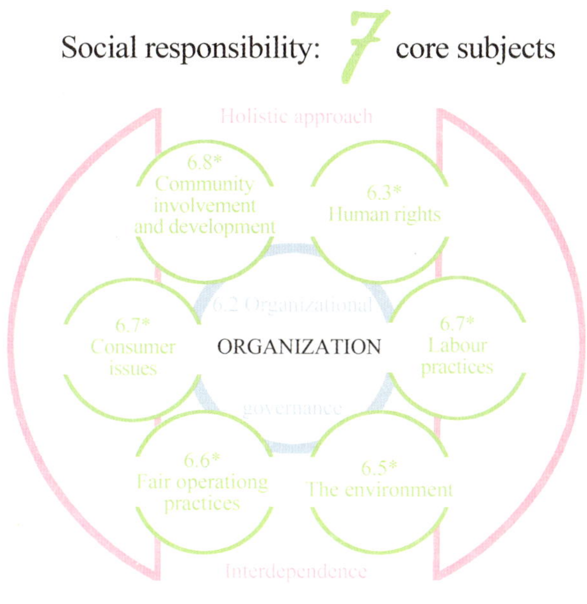

图4－6　社会责任的7项核心事务示意图

（来源：Eugene Tay,2011）

ISO 26000中6.5中对自然环境保护有特殊要求。无论航运公司设在何处，它的（排放策略）决定与（航行物流）活动所产生的污染及废料势必对自然环境和生物带来直接/非直接影响，这些影响包括资源消耗、环境污染、气候变化、生物生存环境破坏、物种灭失、生态破坏、人类生存环境下降等。因而对组织的各种决定与生产过程及结果应有经济、社会、环境方面的综合性、系统性、共同性影响评估。因此，在此意义上可以将此社会责任称之为环境责任——它是人类社会走向繁荣可持续发展的先决条件。环境责任是社会责任中重要的一环，并与其他社会责任密切关联。这样，ISO 14000 系列的标准就可以转化为环境责任认证的工具。

环境责任的各项机制/准则如下。

1. 设立环境责任准则(Environmental Responsibility)

除了执行相关法律与法规，航运公司应该保证履行因其生产活动引起的环境恶化改善其行为的责任。

2. 建立预防准则(Precautionary Approach)

根据一系列国际间达成的宣言(如《里约环境与发展宣言》(*Rio Declaration on Environment and Development*，1992)，又称《地球宪章》(*Earth Charter*))与协议，对于环境与人类健康严重的威胁行为如缺乏防止措施的科学论证将不允许采用。

3. 建立环境风险管理机制(Environmental Risk Management)

该组织应该执行基于风险与可持续发展技术政策，减少/评估/避免由于本组织行为所造成环境负面影响。该组织还应该执行应急响应预案，降低/缓和由于事故引起的环境、健康与安全条件恶化并及时通知主管当局。

4. 建立污染者承担原则(Polluter Pays Principle)

组织应该承担因其业务活动所造成的治理污染成本。根据污染的程度进行有偿承担机制(见文献[6]中16条)。该组织应该建立污染者承担原则，在组织内部预留污染治理成本，在经济上对所造成的环境污染进行补偿。

在 ISO 26000 中，各章的联系是一个有机的整体，可用图 4－7 表示。

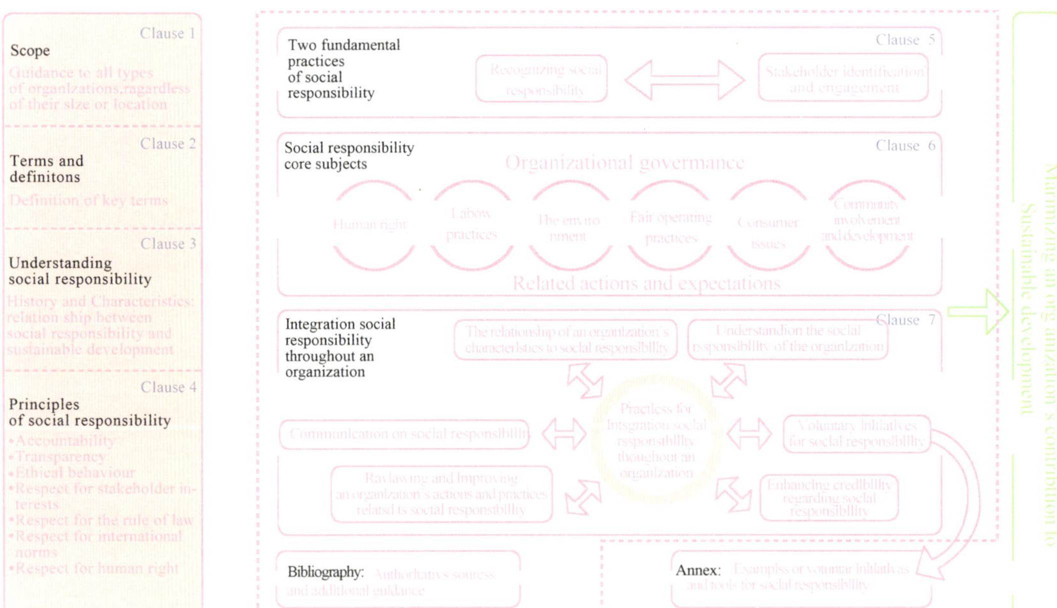

图 4－7　ISO 26000 各章的联系示意图

(来源：ISO 26000：2010)

如何执行ISO 26000,以下建议可供参考。

第一步:ISO 26000理解。包括发展历史、要求与含义,内部员工的培训。

第二步:自我评审。自我进行对当前活动与ISO 26000原则及核心内容的符合性进行评估。

第三步:自我定位。确认组织的优缺点、执行ISO 26000的差距。

第四步:制定措施。根据ISO 26000的要求制定执行ISO 26000计划及如何弥补上述差距。

根据上述介绍,可以相信ISO 26000在未来建立航运范畴内业务往来、与其他各业务方的社会责任联系将会发挥极大的作用,每个有远见的航运公司都不会放弃这种"自我强身"的机会。尤其在国际交往中,它将成为重塑或建立航运公司社会诚信的有力工具。

4.2 航运公司低碳策略

4.2.1 航运公司积极应对态度

4.2.1.1 航运业在低碳经济中的现状

由于航运公司是航运链的上端,构成了航运业对社会责任的入口(图4-2),亦是国际贸易发展情况的晴雨表,造就了其在社会中扮演的主要博弈角色(航运、设计、造船、机械、船级社、金融、教育、保险等)的总代表角色。然而,航运业在温室气体的控制方面却走在其他行业的后面。这是由以下原因造成的。

1. 国家地缘主流政治概念约束

由于目前地球上的管理是以地缘政治——国家主权为主,谈判是国家间利益分配的博弈,这是国际事务的主流。在20世纪90年代初期,很少人关心公海上发生的事情。这使得航运业的温室排放在10余年的时间中处于UNFCCC的谈判范围之外。1997年签订的《京都议定书》将航运业、航空业排除在外就是一个明显的例证。仅在2007年的巴厘岛会议上,国际舆论才开始关注航运业的温室气体排放,但没有提出明确的解决办法。

根据"共同但有区别"(CBDR)的原则,在国家间可用人口、经济发展程度衡量,可以用发达与发展中国家来做基本区分。目前的新兴国家处于一个中间的灰色地带,仍然按照发展中国家标准对待,已经引起了争论。对于国际航行船舶来说,既具有国家属性(体现在悬挂国旗)又不具备国家属性(体现在入级活动),在国际水域、国家沿海甚至是近岸航线、码头作业的过程中都在排放温室/有毒气体。这种属性使得航运业的温室气体排放极难处理。例如,有些国家(美国、挪威、荷兰、中国等)在实行岸电接船技术,虽然减少了船舶温室气体的排放,但是其输出的却是二次清洁能源(电能),加重了主权国家在电力对温室气体排放的压力。目前,尚缺少由此所省下的碳信用(额度)转移政策与方法。

2. 海上安全对新技术应用的约束,技术标准体制偏于保守

航运业由于其高风险性,必须遵守航行安全与防止海洋污染规则,新技术的应用如果不能经过长期的经验证实其可靠性,无法被航运公司采纳。这使得新技术、新材料在航运业中的应用大打折扣。一般来说,发达国家间对新技术的应用相差半年到一年时间是常有的事情,发达与发展中国家间的转移需要一年甚至更长的时间。这种约束带来的技术标准

体制偏于保守，使得目前的海事公约、船舶技术规范基本上不能代表最先进的技术理念，而是各种利益平衡结果的产物。这里也有一些例外，如国际船级社协会的油船/散货船共同结构规范的制定是在不同技术团体技术竞争的框架下产生的，采用了较为先进的理念[7]。

3. 国际碳交易机制的不完善导致了航运业碳交易机制的缺乏

虽然 IMO 目前在讨论 7 种温室气体的交易机制/方案（见第 3 章），由于国际（UNFCCC）主流温室气体减排机制并不完善，加之金融危机的原因，三五年内在国际间达成协议并非易事。在国际主流机制没有结论之前，国际航运界形成机制举步维艰。因此，航运业尚有 3 ~5 年时间做好准备工作。

4. 对航运技术"高效"的过于乐观

由于航运排放所占份额较低（仅占全球温室气体排放的 2.7% 左右），但是近年来这种观点被一系列的研究结论推翻。许多研究证实，航运的排放对某些海域的生态乃至沿海港口的居民的身体健康都带来了极大的威胁。如美国国家海洋和大气管理局的 2008 年报告，对来往于多条海上航线的 200 多艘商船进行了污染物排放的检测。结论是，全球海上船舶每年排放的颗粒污染物（PM）可达约 220 万磅，全球每年排放的氮氧化物气体中 30% 来自海上船舶。海上行驶船舶所排放的污染物可与汽车尾气一样能严重污染空气，从而对沿海居民的健康造成影响。该研究表明，一个巨型的集装箱船，可以释放等同 50 辆车排放的引起癌症和哮喘的化学物质。如 2008 年在美国，来自世界的 9 万艘货船的污染导致了沿岸 6 万人死亡，每年用于肺癌和心脏病方面的医疗费高达 3.3 亿美元。丹麦政府环保机构进行的研究表明，航运排放让丹麦公共卫生服务每年损失近 500 万英镑，主要是治疗癌症和心脏病。这就是 IMO 海上控制海域（Emission Control Area，ECA）规定的根本原因。

长期以来，航运业被认为是高效能产业。实际上，从船舶航运总体上看，其主要功能是要达到一定航速，完成此功能的主要船舶螺旋桨的推进效益（不到 60%）与柴油机的机械效益（不到 50%），造成船舶的总体效益在 30% 左右，如果其他方面设计不尽合理，造成的能源损失就更大。由此可见，船舶对一次性石化能源的利用效益是低下的，具有很大的改造空间。

4.2.1.2 加速执行能效管理计划（SEEMP）

第 3 章已经就国际温室气体排放、IMO 所采取的措施作了一个较完整的介绍。在碳交易的机制下，航运公司在管理机制、造船标准等方面如何采取政治与技术策略是航运公司在未来 10 年间必须面对的问题。

从投入产出比的观点出发，航运公司第一位要考虑的是如何减低运输成本（包括船价、船舶标准、燃油种类等），如同文献[2]所给出的 Mckinsey 全球航运减排成本曲线（ACC），其中船舶减速航行尽管在该曲线的横坐标以上（图 4 - 8），但由于其减速所能取得的减排效果十分明显，在能够采取措施减排的 8.5 亿吨 CO_2 中占了近 15% 的比例。该图的制作将在下面进一步介绍。

图 4 - 9 给出了 2030 年的情景值（BAU 下 15.3 亿 tCO_2e）。

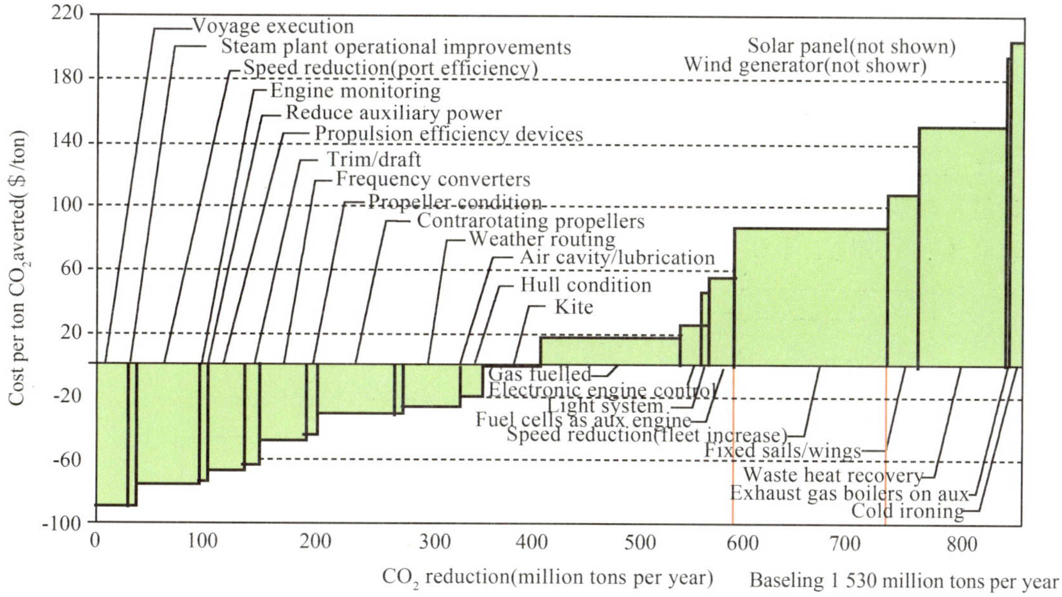

图 4－8　减排成本曲线

（来源：DnV，2009）

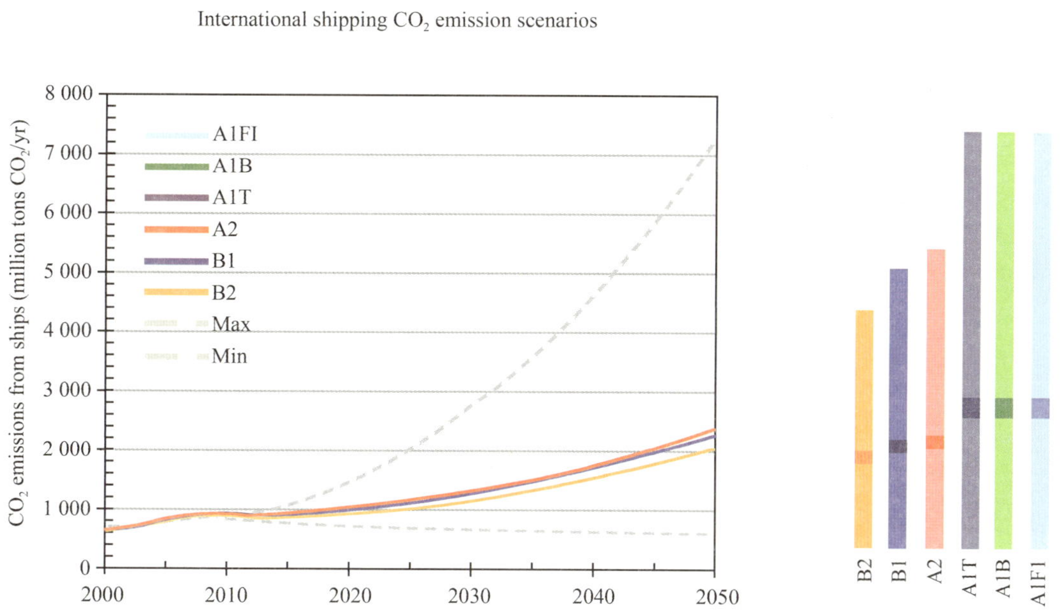

图 4－9　航运业排放的 SERS 情景示意图

（来源：IPCC，2007）

现有研究结果证明：目前追求高航速是不可取的，如集装箱船的航速不应是 25 kn，而应是 18 kn。在保证恶劣海况中航运安全的前提下，航运公司都青睐高航速设计、减速营运的方式，实际上这也是船舶能效管理（SEEMP）中采用的方法之一。关键技术是与物流最低需求相适应，根据减速幅度曲线与 CO_2 的减排曲线所找到的适合点决定的（图 4－10）。目前，虽然有的航运公司甚至减速到 40%（辅助风机不启动），这种减速尚不至影响安全，但是新船设计船速可以低到什么程度（保留抵御自然环境能力）在航运界没有定论。尽管人们已经知道它与船舶尺度、主机功率大小、船员的操作经验等因素有关。这类问题对船舶设计来说尚属一个难题。本章下面将进行论述。

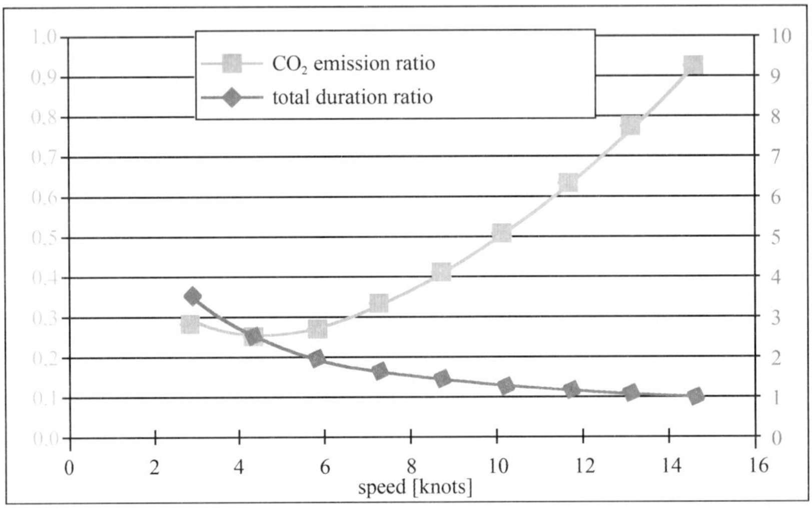

图 4－10　减速节能与船舶排放的关系曲线

（来源：Søren Schnack，2009）

虽然上述措施对航运公司有吸引力，但是对不久即将建成的国际航运碳交易市场中航运公司所需建立的碳信用（额度）（Carbon Credits）却没有帮助。

碳信用（额度）是碳交易市场中的一个专用名词，它表示温室气体减少/补偿的额度，在交易中排放主体（Entity）间以金融方式建立起来的交换机制，可由国家/国际的框架决定。一个碳信用（额度）等于 1 吨当量的 CO_2。由于碳信用（额度）反映了一个航运公司自觉减排的信心，在交易中，其价格往往低于需要从清洁能源发展机制（Clean Development Mechanism，CDM）框架下购买的强制性价格。

碳信用（额度）成立的资格条件为：如果一个企业要有资格成为 CO_2 减排指标的供应商，前提条件是这个企业所在国家自己已经有强制性的减排额度；如果想以行业减排的方式来操作，也需要该行业在这个国家有强制性的减排目标。为了得到碳信用，航运公司必须在政府要求下建立排放额度原则。这一原则尤其在美国、欧盟的碳市场框架中必不可少。航运公司必须建立自己的碳足迹并与竞争者比较。减排的情况应是“三可”（可测量、可报告、可验证（Measuring, reporting, verification，MRV））。

一个航运公司如果想增加本身的碳信用（额度），应该在碳额度交易前进行内部减少温室气体排放的成本控制（Abatement Cost），了解本系统/企业碳信用的基本情况，这是一个称之为“碳项目”的复杂过程。在这个过程中，温室气体的排放被证实真正地有效、可度量、稳定地减少。因此，航运公司第一步应该了解 CDM 的基本法则——主管当局（如 IMO、各国政府)根据减排目标所制定的排放总量(Cap),绝对不允许超过。

在上述的方法中,由于主管当局对于排放的主体——船舶是要进行认可的,就像上面所介绍的IMO制定的EEDI值一样,一旦船舶经过IMO Cir.682程序的认可,那么排放的主体就被肯定下来了,就可以与排放总量贸易机制相联系(Cap and Trade Scheme)。除了基线之外还与其他规定的情景(1－*X*%)中的*X*值相联系(表3－8)。另外,船舶投入营运后,如不采用SEEMP管理与EEOI统计,温室气体排放将会很高。但如果采用了EEOI/SEEMP的管理,由于其太灵活,无法形成固定的碳信用(额度)。这对于航运公司是一个两难的事情。如果能像质量体系一样进行认证,也只能解决程序性问题。要想获得碳信用(额度),还需配备国际碳交易市场普遍认可的测量设备,以达到可测量、可报告、可验证的结果,而这些结果应低于航运业的某个排放总量(Cap),各航运公司排放应低于其承诺的排放上限。

在2009年,由于燃油价格的上涨,全球的集装箱船船队广泛采用了低速航行,平均航速从24 kn减至12～14 kn。因此,采用低速航行只能有一定的经济效益。另外,在欧盟与美国的排放控制水域(ECA)采用低硫油是否能获得碳信用(额度),在目前的排放总量没有确定的情况下也是无法确定的。

4.3 航运公司的低碳措施

4.3.1 航运公司的低碳途径

在全球航运温室气体贸易机制完备之前,由于无章可循,现在许多航运公司大都采用观望态度。因为他们不能很好地回答两个问题:

①低碳航运离我们有多远?

②采用何种低碳途径最为有效?

当然,采取积极应对措施是一个负责任公司的行为。目前国际某些航运公司针对上述问题采取以下几方面措施。

1.进行碳足迹研究与策略制定

要计算航运公司的碳足迹,必须进行减排成本曲线计算,它融含了如下两个内容。

(1)碳足迹定义

按照目前《京都议定书》的框架与UNFCCC的未来发展,国际航运与航空已经纳入到主席声明等主流渠道,IMO欲在UNFCCC取得授权、其技术政策的制定与生效也需假以时日。各个航运公司在这场低碳革命中如何占得先机,做到未雨绸缪,在未来的碳交易市场(Carbon Trade Scheme,CTS)取得“碳信用(额度)”并作交易,这是衡量一个航运公司在低碳经济中能否分到一杯羹的先决条件之一。其中主要的工作就是要按照“可测量、可报告、可验证”的原则做好自己的碳足迹(Carbon Foot Print)研究工作。

碳足迹是在国际上已经讨论多年的生态足迹(Ecological Foot Print)的组成部分之一。因此,它具有生态足迹的以下定义特征(见第1章):衡量人类对地球生态系与自然资源的需求的一种分析方法。它将人类对自然资源的消耗与地球生态涵容能力进行比较。在此基础上产生了生态损害的警戒线、生命周期评估、人均度量方法(公顷土地)与指标、损害区域与预防、能源政策、合作与同盟等诸项内容。

以日本为例,设计了以下公式进行与 GDP 挂钩的生态足迹度量[4]:

$$III = (EF + \alpha ER) + \frac{\sum EF_{\text{Domestic}}}{\sum GDP}(\beta HR + C - B) \tag{4-4}$$

式中 EF——生态足迹;

ER——生态风险;

HR——人为风险;

C——成本;

B——收益;

EF_{Domestic}——区域/国家的生态;

GDP——区域/国家的国内生产总值。

α,β——值可根据参考文献[4]选取。

据此,碳足迹应该与航运公司的日常经营活动、生产规模、技术水平、人员及管理水平相关,其度量单位为等效 CO_2 排放量(tCO_2e)。因此,可得航运碳足迹定义如下。

航运碳足迹:是航运公司经营活动排出 CO_2(tCO_2e)的总和,可以分为船舶全寿命期内(也可按照不同的技术标准的阶段划分)的碳足迹与航运公司的阶段碳足迹,后者与前者为覆盖关系。

为了便于度量,这里仅考虑 CO_2 直接排放(图 4-11 的核心部分),并未考虑船队在更新/报废各个阶段引起的材料、运输、使用、处置中所产生的 CO_2 度量。如果把碳足迹理解为 CO_2 的等效排放,那么,建议的 gCO_2e/kWh 度量也可以理解为狭隘的碳足迹定义。

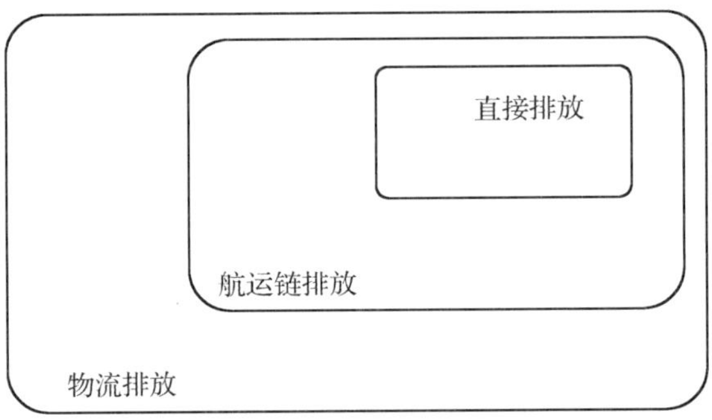

图 4-11 温室气体排放的多层关系示意图

航运公司碳足迹报告的内容如下。

①碳排放定义(仅指 CO_2 的直接排放);

②碳排放的来源;

③碳排放的企业间差异化(本单位特色);

④碳足迹的国际比较;

⑤碳足迹与本航运公司的可持续发展;

⑥航运公司碳足迹的关键因素:船队规模;船队基础设施建设;各类船舶能耗(BAU)因素(涂料、船壳清理(船体效率)、坞修间隔、桨光洁清理间隔、主辅机效率、电站、燃油消耗与航速、吃水、时间的关系等);低碳技术发展阶段和结构(航线能耗);能源资源(燃料种类);技术水平。

上述能源资源(燃料种类)应考虑清洁能源、可再生能源因素。

图 4－12 给出了 2010 年到 2030 年，假定船舶增长速度为 2.45%[2]，绿色船舶与标准（常规）船舶之间竞争力变化趋势。随着国际温室气体的政策完善，未来 10 年为目前的标准船型向绿色船舶转变的关键期。

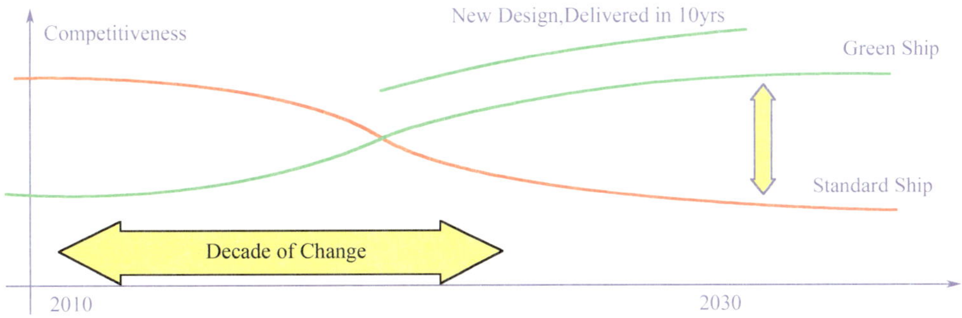

图 4－12　绿色船舶与标准船舶之间竞争力变化趋势示意图

（来源：Maersk，2009）

2. 低碳战略——航运物流研究为新型船舶概念设计提供了前提

在世界经贸发展趋势形成世界经济一体化、经济区域集团化、经济中心向亚太地区转移的情况下，经济知识化日益加深。国际航运与世界经贸的相关性在世界经济的周期性波动、长期趋势的规律性、经济冲击三个方面表现得十分强烈。因而，航运物流型式遂成了决定航运公司抵御经济风险的手段。

由于船舶是海上 CO_2 排放的主体，因而关注船舶（队）的设计与组成技术就成了十分重要的事情。如何摒弃传统的设计方法——型式类比法（Form Follows Form，FFF）而代以航运物流发展的要素（货物集散度、港口能力、航道限制、物流速度等）需要为核心进行设计是一个十分复杂的技术。它需要一个质量上的突破，其相关要素应在船舶尺度、船速、推进功率方面等得到体现。在解决这一问题时，应根据航运经济学的基本原理去确定上述要素。初期可忽略建造技术、材料的影响。

国际上比较有远见的航运公司对此采用积极的做法，逐步形成了一整套体系，东西方的航运公司对此事认知与行动均相差了 10 年。例如，马士基集团（A. P. Moller－Maersk）自 2006 年以来就着手研究自己的低碳政策体系。

马士基战略支柱（Strategic Pillars）如下。

①碳足迹研究；

②社会责任；

③可持续发展与合作；

④绿色物流（理论框架委托麻省理工学院（MIT））：优化物流网能力与速度；优化船舶调度、监控、采用经济航速；优化技能与知识；应用新技术，改善重要元素与有关系统；对外合作，包括新造船合同、货物代理、供应渠道等。

马士基的减排措施是构造一个绿色物流链（Green Logistics Chain），实行“门到门”运输（图 4－13）。

在上述工作的基础上，2011 年 6 月，马士基联合其他相关机构（如 LR 船级社等）组成了更大范围的温室气体减排联盟。

马士基集团拟以低碳运输保证其在国际航运界的竞争力作为其基本策略。并且关注：

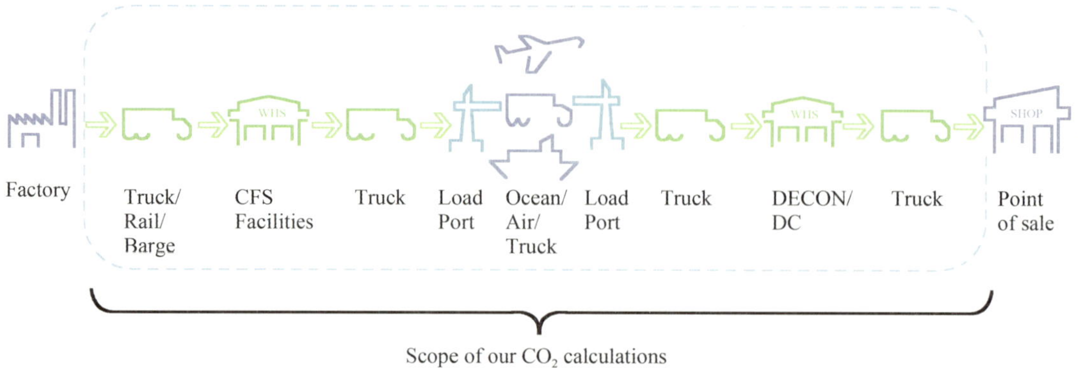

图 4－13　马士基全物流概念示意图

（来源：Maersk，2009）

①顾客在运输中（对物流）有更为环保的要求；

②国际环境保护（范围、限制、追溯性）更为严格；

③能源成本上升；

④新技术将逐步发挥作用；

⑤雇员对环境保护的期待增加等因素。

根据碳足迹的计算，2008 年马士基集团的 CO_2 排放为 0.48 亿吨（tCO_2e），比 2007 年减少 500 万吨，其 2012 年以前的减排目标以 2007 年为基准年，每年减排 10%（图4－14），对于马士基航运来说，具体指标如下[10]。

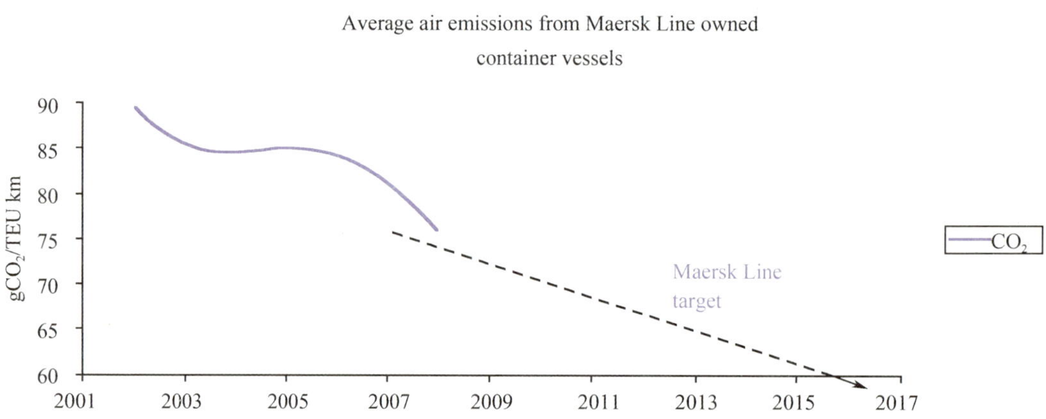

图 4－14　马士基集装箱船队温室气体减排目标曲线

（来源：Maersk，2009）

①对于载重型船舶，从 2007 到 2015 年，每吨公里减排 15%。

②对于供应船舶，2012 年以前减排 5%。

③对于集装箱船，从 2007 年到 2017 年，每箱公里减排 20%。

马士基公司为了降低航线营运成本（以 6 000 TEU 集装箱船为基准进行比较）30% 与每箱减少 CO_2 排放 50% 以上的目标，准备将目前采用“钟摆”式（Bi－Directional Service，如图 4－15所示，如中美、中欧班轮）改为“轴辐”式（Hub－And－Spoke，主要航线环赤道航行与支流航线相结合），如图 4－16 所示。这与地中海公司（MSC）的物流链明显不同。采用干线集装箱船(18 000 TEU,Malacca - Max 与 15 000 TEU,SUEZMAX)与支线(转运)集装线船(Small Feeder,Feeder,Feedermax,在 1 500 ~ 3 000 TEU 之间)相结合。

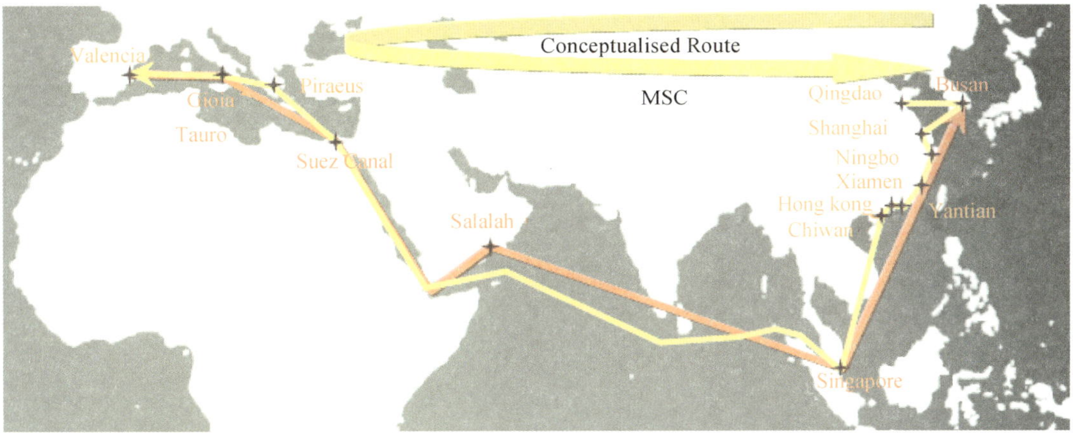

图 4 - 15　MSC 物流航线示意图

(来源:Arduino, Giulia, 2010)

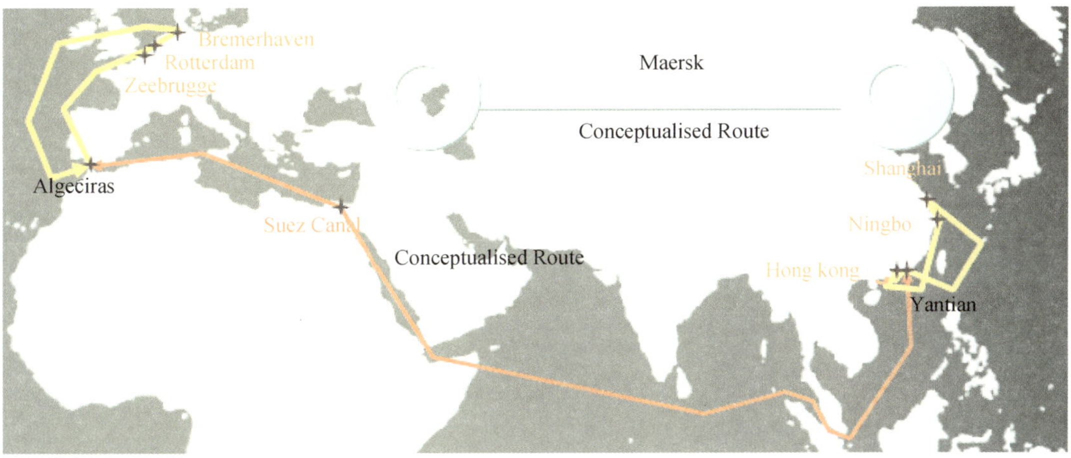

图 4 - 16　马士基物流航线示意图

(来源:Arduino, Giulia, 2010)

上述结论基于以下的研究成果。

研究表明:在短、中期内,采用超大型集装箱船(13 000 TEU 以上)有以下必须关注的问题。

第一个主要关注的问题是这些集装箱船只能使用在能够达到适当装载率主要的航线上,其主要原因是装卸时间与成本的支出必须在一定海运规模经济的基础上是适当的。

第二个关注的问题是造船技术中的突破——在 10 000 TEU 以上的集装箱船究竟采用单主机还是双主机合适。尽管双主机有更多的灵活性,但其建造/维护费用增加又成了短处。需要谨慎地对比。

第三个关注的问题是对于超大型集装箱船,甲板上将达到 9 层箱,增加的压力可能损坏底层的箱内货物。

第四个关注的问题是港口的能力,包括航道、港口水深、码头设备、装卸时间、集散能力等。

第五个关注的问题是保险商的赔付能力,据估计,一艘超大型集装箱船如果发生恶性事故,赔偿总额可能会达到30亿美元,足以使国际保险市场瘫痪[8]。

因此,一个具有高度责任感的航运公司必须研究物流变化的规律——由以下三个核心要素组成。

①集散中心是否形成;

②造船技术是否完善;

③政策(包括沿物流线港口的政府及航运公司的政策)是否配套。

航运物流(集装箱班轮物流需要)的建立,考虑的是寻求单箱最高的边际效益与最低的边际成本——包括造船、燃油、港口等重要开支成本的考虑,以增加航运公司的核心竞争力。

以两艘6 200 TEU集装箱船与一艘12 000 TEU集装箱船为例。在计算成本时,在建造成本上,一艘12 000 TEU集装箱船比造两艘6 200 TEU集装箱船省16%,单箱燃料费省17%。对于6 200 TEU集装箱船,每年的燃油费约为1.3亿美元,这种节能效果具有强大的吸引力。另外,在船舶大型化后,靠挂港的数量必然减少以保持物流速度。

在运力过剩的情况下求大于供时,这些联盟将采用Hub与Feeder物流形式,以减少超大型船舶的靠挂港数量(Lifts Per Calling,LPC)。

船型是执行物流计划的核心力量。在选择船型时,必须充分考虑物流(速度、箱重、集散地中心)要素、技术现状(设计、造船、材料、工艺技术等)等。

按照航运界正常的预计,10 000~12 000 TEU集装箱船在2010年出现后,15 000 TEU应在2020年出现,但是18 000 TEU订单在2010年的出现打破了常规,比预计提前了10年,在集装箱船发展史上形成两个跃升期(1995—2000年与2005—2011年),后者跃升的梯度更大。能够提前的原因是:造船、材料、工艺技术已经趋于成熟,为设计建造提供了先决条件,集装箱(集散地)中心的形成促使物流形式得以改变,而全球气候变化形成了助推政策。

上述情况促使港口建设分类产生了变化(将在后面论述)。在国外,大量码头建设与航运公司有关。在中国大陆,外资、民营航运公司也在政府的允许下进行同样的工作。在目前全球经济并未全面复苏的情况下,因为中国因素存在,带动三个因素表现异常活跃。第一是欧洲—远东航线上的运输愈加繁忙(平均箱重下降在10 t/TEU以下);第二是亚洲经济庞大的新需求日益强劲,文献[9]指出,到2050年,亚洲经济总量或将占到全球国内生产总值(GDP)的51%,约较当前27%的份额翻一番;第三是新兴国家的需要(如印度与巴西)。结论是集装箱船运输应符合规模经济的特征,在设计概念上与传统概念决裂并不奇怪。

为了分散船舶大型化的投资风险,由于中国经济元素催生物流大联盟,其必须与大规模经济适应,从而在货运市场支配上拥有决定权。目前,国际上已经存在的几大联盟有:

Maersk - Sealand;

Grand Alliance (NYK, OOCL);

New World Alliance(Hyundai,APL);

United Alliance (Hanjin,CKY)。

截至2011年7月的统计,以丹麦马士基(Maersk)及瑞士地中海航运(MSC)为首的全球

20 大集装箱班轮公司拥有的运力占市场份额的 84.5%，较 10 年前的 70% 高出 14.5%。这种高比例，令有意加入集装箱运输行业的小型集装箱班轮公司难以与业界巨头竞争。

可以预见，在未来 5 年内将形成全球大物流概念，如图 4－17 所示。

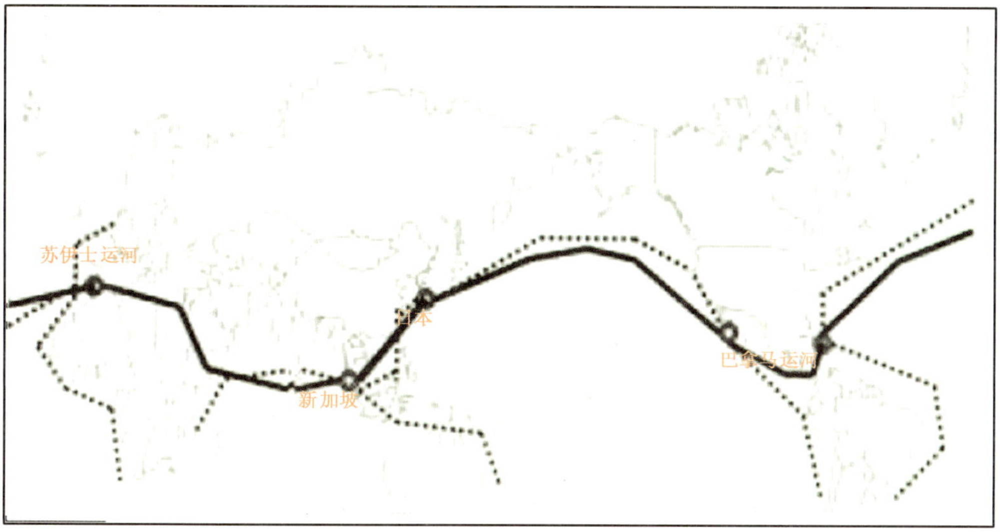

图 4－17　全球航运大物流概念

（来源：Korea Maritime Institute，2009）

港口亦随着物流概念重新进行分级。在从货物集散中心（Hub）到小港口的运输，共分为以下四级。

（1）货物集散中心（Regional Distribution Centre）

在物流链上起到轴心（Hub）的作用，辐射能力巨大，能够提供安全、高效、准确、准时服务，具有超大型远洋船舶的靠泊（专用/多用途码头）条件（码头与航道水深、靠泊能力、起重能力等）与多种货物堆场（集装箱、干/液散货）、仓库及相应设备。例如，在东南亚选择 Hub 港口时，在地域上的要求，必须距中国、日本、韩国距离较近，保证转运成本最小。因而，新加坡、马来西亚成为首选。

（2）大型区域港口（Large Regional Port）

具有大型远洋船舶的靠泊（专用/多用途码头）条件（码头与航道水深、靠泊能力、起重能力等）与多种货物堆场（集装箱、干散货）、仓库及相应设备，辐射能力强。

（3）大型地方港口（Large Local Port）

具有大/中型远洋船舶的靠泊（专用/多用途码头）条件（码头与航道水深、靠泊能力、起重能力等）与多种货物堆场（集装箱、干散货）、仓库及相应设备，辐射能力较强。

（4）小型地方港口（Small Local Port）

具有小型远洋船舶的靠泊（专用/多用途码头）条件（码头与航道水深、靠泊能力、起重能力等）与货物堆场（集装箱或干散货）、仓库及相应设备，辐射能力一般。

航运中心的概念应伴随着上述的港口功能进行定义。其核心内容体现在散货船、油船、集装箱船靠泊、装卸能力与其相应主要货物品种的完善上。

上述航运物流链的形成来源于以下的全球集装箱航运物流分析，它基于以下的物流端（中心）：

①北美(North America,NA);
②南美(South America,SA);
③远东(East Asia,EA);
④中东(Middle East,ME);
⑤大洋洲(Oceania,OC);
⑥欧盟(Europe,EU);
⑦非洲(Africa,AF)。

表4-3给出了2006年上述7个物流端(中心)的集装箱量分布,并列于图4-18中。

表4-3 2006年全球7个物流端(中心)的集装箱量分布 单位:千箱

	NA	SA	EA	ME	OC	EU	AF
NA	2 752	2 973	22 201	1 860	516	6 400	471
	SA	540	1 938	150	44	4 141	317
		EA	39 542	6 074	3 352	23 120	340
			ME	4 750	180	5 443	1 646
				OC	452	395	52
					EU	11 211	4 495
						AF	493

World total:146 645 kTEU

(来源:the University of Southern Denmark,2009)

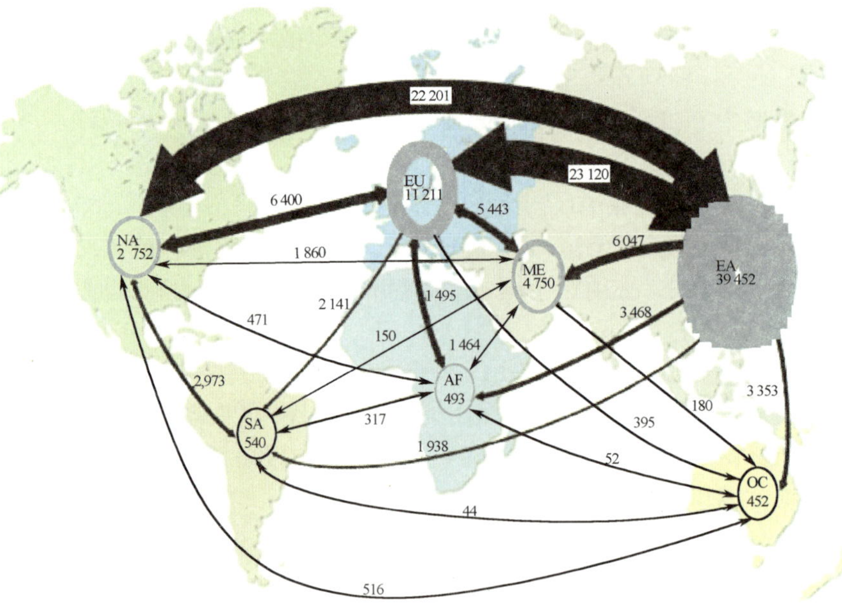

图4-18 国际集装箱物流链的形成

(来源:MEPC 60/INF.7,the University of Southern Denmark,2009)

由图4-18可见,集装箱源在全球分布形成了7个大型的集装箱物流中心,其中3个较大——欧洲、亚洲(远东)、北美,这就是形成环球"轴辐"式(Hub and Spoke)主要航线的来源。以三个中心为"轴"心(Hub),两条粗线为"辐"条,进行集装箱物流的辐射。在每一个物流中心内部，特别是处于排放限制区（SECA）的处所应该着重考虑减少支线航运/短途航运（Short Sea Shipping，如图 4－19 所示），由于采用低硫油所增加的成本使货运尽量采用水运的低成本物流，其中减少航速可能成为首选方案。可以预见，这种物流的改变将导致支线集装箱船（Small Feeder，Feeder，Feedermax）需求量的增加。因此近来在国际航运公司间租 1 100 TEU 左右支线船的业务火爆，而且租约一签就是 10 年的情景就不奇怪了。支线集装箱船由此成为租船市场上的明星。

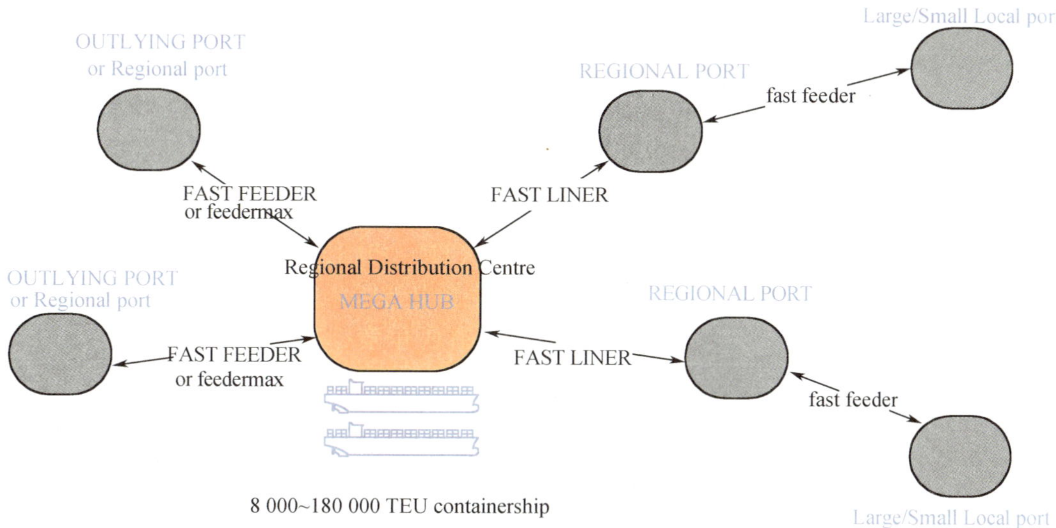

图 4－19　支线航运（Short Sea Shipping，SSS）示意图

表 4－4 给出了 18 000 TEU 集装箱船传统的设计尺度与新概念设计尺度的比较。

表 4－4　18 000 TEU 集装箱船传统的设计尺度与新概念设计尺度的比较

载箱量	18 000（traditional）	18 000（new concept）
船型	Post－Suezmax	Post－Suezmax
载重吨	200 000	165 000
总长	470	400
两柱间长	450	380
船宽	60	59
吃水	15.7	14～16
TEU 列数/箱重/t	22/12	23/10
方形系数	0.62	0.69
航速	25.5	19/25
海上功率裕度/%	15	15
主机功率/kW	2×51 400	2×43 000

由表 4－4 可以看出，集装箱船设计概念随物流的变化而发生变化，朝着船长较短、船宽较大（23 列 TEU，较传统设计多一列，如图 4－20 所示）。在符合某航线物流的要求下，集装

箱的质量变轻趋势增加,导致在载重量方面不需要预留太大。主要改变在横向增加一列,可多增加 1 500 个箱位;将驾驶室与机舱分开前移,呈双岛式,且改善了视线,可获得近 1 000 多个箱位(图 4 – 20)。但是因其船宽 59 m,超过 2014 年后的巴拿马运河标准集装箱船(船长 366 m,船宽 49 m,吃水 15 m,载重量 150 000 t),仍不能通过该运河。

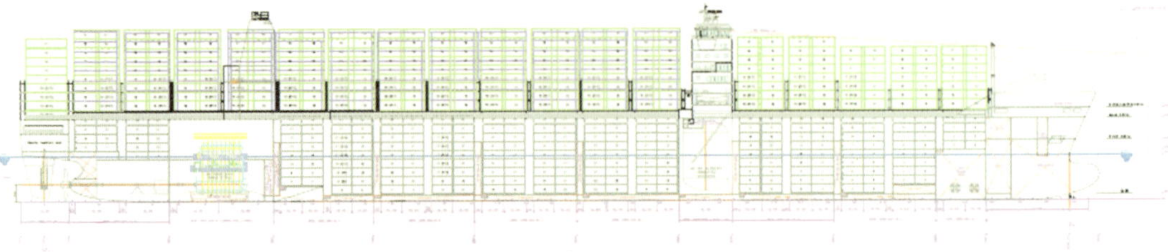

图 4 – 20 超大型集装箱船的上层建筑示意图

(来源:DnV,2010)

长期以来,人们喜欢用“代”来描述集装箱船的技术能力,同时还冠以“超大(Ultra Large)”“很大(Very Large)”“大型(Mega)”的头衔,造成了集装箱船在能力(装箱量、载重量)、尺度方面的混淆。本书推荐采用甲板横向排列箱列数与吃水来区分,这样就对港口所需水深、码头所需起重能力有所明确要求。至于船长,由于上层建筑的变化与航线上箱重的变化,船长不再是决定因素。载箱量可以对应于上述两个主要参数进行决定。

按照现代物流的分类方法,可得表 4 – 5。

表 4 – 5 集装箱船船型分类

船舶种类	装载能力/TEU
超大型(Ultra Large Container Vessel,ULCV)	14 501 及以上
新巴拿马(New Panamax)	10 000 ~ 14 500
后巴拿马(Post Panamax)	5 101 ~ 10 000
巴拿马(Panamax)	3 001 ~ 5 100
大型支线(Feedermax)	2 001 ~ 3 000
一般支线(Feeder)	1 001 ~ 2 000
小型支线(Small Feeder)	1 000 及以下

图 4 – 21 给出了传统的集装箱船(按“代”区分)设计概念(小方形系数、L/B 较大、高航速等),根据当前的集装箱物流的研究,已经受到严重挑战。

新 18 000 TEU 集装箱船被称为 3E(Triple E Class)级集装箱船,其含义为:

①规模经济(Economy of Scale);

②能源效益(Energy Efficiency);

③环境改善(Environmentally Improved)。

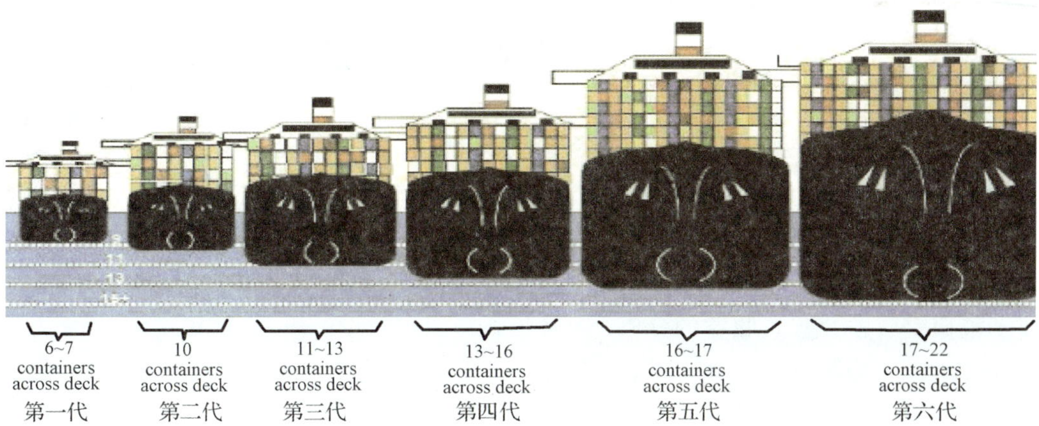

图 4－21　传统集装箱船的“代”概念示意图

(来源:Waals(2005)and Wijlnost(2006))

由表 4－4 可见,马士基采用了新概念设计的 18 000 TEU 集装箱船并没有像以往一样追求船舶尺度上的突破,而是追求营运成本最低,并达到在亚欧航线上每箱降低 50% CO_2 排放。其关键是维持船舶效率——有效载荷(TEU)与航速的乘积(Payload × Speed)。

在上述目标下,该船在概念设计上有以下两个方面的突破。

①容积配置合理(Capacity's Balancing Act)。这将取决于该航线上的货物种类对船舶载重能力的需要。

②超尺度挑战(Super－Sized Challenge)。近年来,许多银行对船舶贷款提出警告,要警惕大型船舶过剩。马士基以规模经济与长期管理手段对此作了回应。在设计上(尤其对平均箱重与吃水)作了充分考虑,将风险降到最低。

集装箱船市场决定于箱流规模与运价趋势,因而具有不同的解决方案,同时也带来不同的船队、码头规模、风险与技术要求。自 1956 年以来,集装箱船的尺度呈现了大型化趋势(图 4－22)。尤在 20 世纪 70 年代,集装箱船的尺度受到船舶力学(如扭转、疲劳、水平弯曲强度等)的限制[10],因此大型的集装箱船外载荷、结构强度实船测试(最为经典的有美国 Sea Land－Seven(SL－7))直至 20 世纪 80 年代中期,前后历时 12 年才得以完成[11]。目前的超大型化的发展(船长 >350 m)也促进了船舶力学的进展[12]。

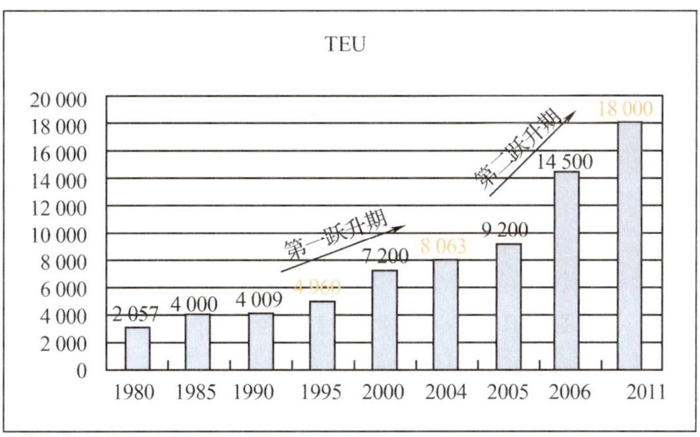

图 4－22　集装箱船大型化历程示意图

采用超大型集装箱船方案具有以下方面的高风险性：

①保险公司的严重损失；

②增加航运公司的巨额固定资产成本（Sunk Cost）；

③港口建设、装卸、管理投资。要求港口具有10台以上后巴拿马型集装箱船的箱吊，并在两天内将18 000 TEU装卸完。

研究的结论是，伴随着高风险具有高收益，尤在当前金融危机情况下，这种高收益将由港口、航运公司、物流公司分享。

通过全球集装箱运输市场的发展趋势、操作特点、船舶尺度对港口适用性（停靠/装卸条件与港口费收益）、投资收益的分析，未来集装箱船在新设计概念（L/B减小、较大方形系数、可变航速、平均箱重小于10 t/TEU）下可以将第六代（按横向箱列数与吃水区分）集装箱船发展到极致（Post－SEUZMAX），用于图4－17的环赤道航行。

图4－19给出了短途（相对于轴心港口的距离）运输（SSS）的模型，它适用于某国家（地区）的国内/国际干、湿散货、集装箱、旅客沿海、内河运输。短途运输通常指在上述定义下的“支”线运输，对轴辐式物流链上的大型轴心港口（按照18 000 TEU集装箱船所需要水深为17 m左右）的货物通过短途运输（辐条）向中小港口（接近货物的目的地）进行分流。对于干散货物，船舶载重吨视需要设定（即几千到几万吨）。在欧洲地区，推荐为1 000 t左右。对中国来说，由于沿海吃水不同，以30 000～50 000载重吨/1 000 TEU的船舶为好。尤其是中国的长江，承担了较大的水运任务，在南京以下河段，在2015年，水深将达到12.5 m，可以通行50 000载重吨左右的船舶。

短途运输船舶及其他工具的组合配备的合理性（与短途贸易业务相谐调）对轴辐式物流形式及其温室气体排放（计量单位为gCO_2/t（货物）与gCO_2/TEU）的有效性、完整性、可持续发展有极大的影响。其潜在的优势在于减少海、河沿岸的其他运输形式（如铁道、公路）基础设施的维护成本（将沿江、海路运改为水运）、减少这些区域的运输拥堵、有害气体（CO_2，NO_x、SO_x等）排放及沿岸大型交通枢纽的形成，从而使得物流速度与经济发展速度得以协调。

综合上述，新航运物流链可以表达如下：

$$NewLogoicalChain = HubandSpoke + ShortSeaShipping$$

在轴辐式运输中，当辐线过长，尤其在内河水深条件苛刻时，可以采用多级的轴辐物流模型。在亚洲，已经有了很长时间海、河联运的一程运输历史。例如，在中国，可以以上海（马迹山港）为轴心构成铁矿石的轴辐式航运，其中最为重要的是，在所定义的经济形势下寻求最优的效率，避免转运成本过高，使其与当时高效的全球物流相适应。

当前，超大型船舶（集装箱船8 000 TEU以上，矿砂船40万载重吨以上）在2013年以前有了大量订单。截至2009年统计，其中以集装箱船为例，2013年订单已达220艘以上（图4－23），目前这一数字仍在大幅增加。

上述思想也正在为其他货种的航运物流采用。如在2010年，巴西淡水河谷公司（CVRD）也正在构造这样的铁矿石物流航线，其核心船队为35艘38.8万～40万载重吨超大型矿砂船组成的，主尺度见表4－6。其中50 t矿砂船是中国在2010年开发的新船型。

当前，世界铁矿石的物流主要方向为：

①南美（巴西）→欧洲、美国、日本、中国、韩国；

②澳大利亚→日本、西欧、美国、中国、韩国；

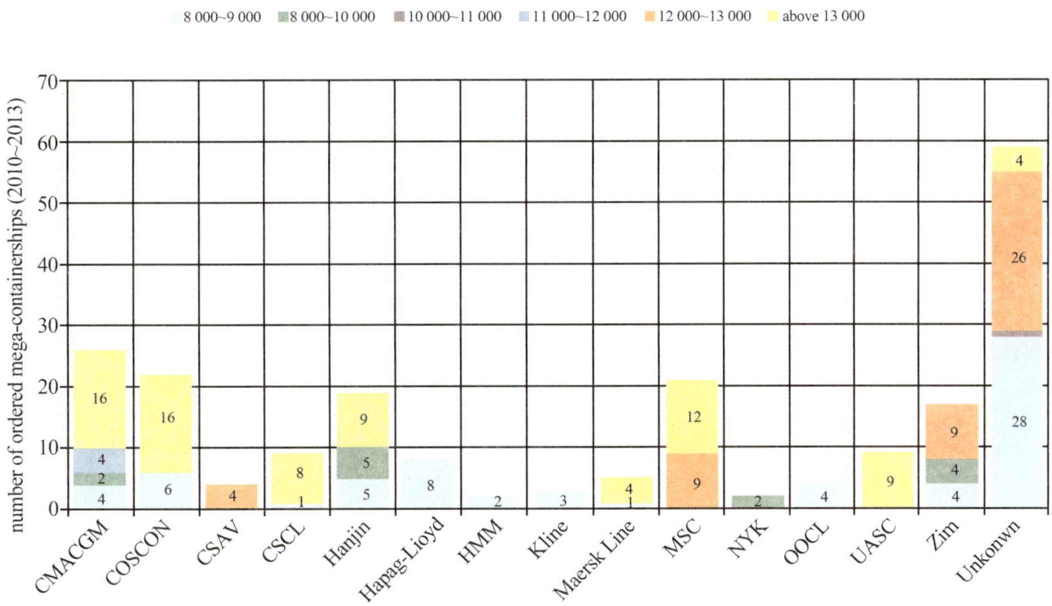

图 4-23　集装箱船 2012 年订单情况示意图

（来源：the University of Southern Denmark，2009）

③加拿大→美国；

④亚洲（印度）→中国、日本、韩国；

⑤西非→欧洲、日本；

⑥斯堪的纳维亚→西欧；

⑦北非→欧洲、日本。

由于目前在矿石生产上已经形成了巴西（29.2%）、澳大利亚（40.2%）、加拿大（3%）、印度（10.2%）、南非（4.5%）、俄罗斯（4.9%）6 个铁矿石集散地（表 4-7（a）），铁矿石的使用大户皆在中国大陆（619.1 百万吨）、中国台湾（18.9 百万吨）、日本（134 百万吨）、韩国（56.3百万吨），占了国际整个铁矿石生产的 77% 以上（表 4-7（b））。因此，在东南亚某国设立铁矿石集散地是一个降低成本的非常可观的选择。

表 4-6　超大型矿砂船主尺度参数

Principal Dimension	400 000 DWT	500 000 DWT
Length (L_{OA})	362.00	425.0
Length (L_{PP})	345.60	410.0
Breadth (m)	65.00	68.0
Depth Moulded (m)	30.40	31.8
Draught (m)	23.00	23.0
Speed (knots)	14.8	15
DWT	400 000	500 000
Main Engine Type & Power	MAN – B&W 7S80ME – C8 27 162 (kW)	Watsila 8RT – flex82T 36 160(kW)
GRT	200 000	240 000

表 4－7(a) 全球铁矿石生产地(单位:百万吨)

	1980	1985	1990	1995	2000	2005	2008	2009	2010	2010 年所占百分比/%
Australia	83.5	88	100	137.1	165.2	250.8	324.8	381.1	421.9	40.161 83
Brazil	78.9	92.3	114.3	131.4	160.1	223.4	281.7	265.8	306.5	29.176 58
Canada	39	32.3	27	28.7	26.5	27.9	28.2	31.2	29	2.760 59
India	26.2	28.8	31.6	32.3	34.9	80.9	106	115.5	107.5	10.233 22
S. Africa	13.8	10.2	17	21.8	21.4	26.6	32.8	44.6	47.5	4.521 66
FSU	46.9	43.9	38.6	30	27.4	37	43	49	52	4.950 02
Other	96.3	80.3	68.6	64.5	55.9	69.5	78.4	70.7	86.1	8.196 1
Total	384.6	375.8	397.1	445.8	491.4	716.1	894.9	957.9	1 050.50	100

表 4－7(b) 使用铁矿石的主要国家(单位:百万吨)

	1980	1985	1990	1995	2000	2005	2008	2009	2010	2010 年所占百分比/%
EU15	134.2	133.9	140.4	143.3	138.7	134.8	134.9	76.8	111.4	9.4
Other W. Europe	1.2	1.7	2	3.4	4.1	17.2	6.8	5.3	6.7	0.6
E. Europe	60.2	58.8	47.7	35.2	30	31.9	32	20.6	26.6	2.2
Europe (E+W)	195.6	194.4	190.1	181.9	172.8	183.9	173.7	102.7	144.7	12.3
Japan	133.7	124.5	125.3	120.4	131.7	132.3	140.4	105.4	134.3	11.4
South Korea	9.1	13.2	22.6	35.1	39	43.5	49.5	42.1	56.3	4.8
Taiwan of China	2.8	4.9	7.8	9.2	14.9	14.6	15.6	11.9	18.9	1.6
China	5.8	10	14.3	41.2	70	275.2	444	628.2	619.1	52.3
Other Asia	5	3.8	5.7	7.7	9.1	8.4	13	8.3	11	0.9
Other	35.3	26.7	33.5	43.7	47.9	62.3	57.9	42	53.7	4.5
Total	387.3	377.5	399.3	439.2	485.4	720.2	894.1	940.6	1 182.7	100

综上所述,航运公司在新的物流链下,应该在以下方面有所作为。

①不断降低物流成本(造船价格、燃油成本、港口费用)与竞争力提升(具有维护 3～4 条航线的能力)。

②增加船舶(队)载重能力(单位成本,美元/吨 EU(t))。

③不断提高能效水平,减少有害气体排放(CO_2/TEU(t),NO_x,SO_x,PM)。

④适用物流条件:

a. 硬件(港口条件(是否具有大物流条件考虑)、种类定义与发展趋势),停靠港数由船舶数量与航行距离决定(表 4－8 给出亚太航线上的运力调整与挂靠港口的关系);

表4-8 亚太航线上的运力调整与挂靠港口的关系

船型(Asia - Pacific)	减少挂靠港数量/个	航行天数
2 500 TEU ×6	0	42(基准)
4 000 TEU ×5	2～3	35
5 000 TEU ×4	2～3	28

b. 软件(船队能效管理、港口管理);

c. 货物集散能力与经济发展趋势(WT/TEU)——每个被物流选定的靠挂港的LPC(Lifts Per Call)次数随着船舶大型化呈增加趋势,见表4-9(以亚太航线为例)。

表4-9 LPC次数的增加趋势

船舶种类	往返装卸载系数	物流选定装卸港口数	LPC数
4 500 TEU(平均)(3 000～5500)	1.6	3	1 875
12 000 TEU	1.6	2	7 500

每个港口平均每小时完成52个TEU的装/卸(6台装卸桥)。由表4-9可以看出:12 000 TEU为4 500 TEU的2.7倍,但是LPC数却数增加了4倍,说明大船的靠挂港数减少,但是被靠挂港的装卸箱量却不成比例增加。

⑤减少总投资费用(不包括分支机构管理、码头投资等),例如,在亚欧航线上,可以通过采用大型集装箱船减少满足航线需求上的总投资,见表4-10。

表4-10 集装箱船大型化可减少总投资

船型(亚-欧2006)	船队投资/万美元	总投资增加/万美元
3 000 TEU ×8(56天)	3 300 ×8 = 26 400	基准
5 000 TEU ×8(56天)	5 775 ×8 = 46 200	300～800
12 000 TEU ×4(56天)	11 500 ×4 = 46 000	同上

⑥物流联盟与市场支配——大联盟必须与大规模经济适应,分散投资风险。在求大于供下采用Hub与Feeder物流形式(改变上述LPC)。

⑦高装卸速率与低港口费的吸引力。

⑧大宗货物影响使得物流联盟寻找合适的Hub港口,使得转运成本最低。

新物流链对港口、码头(主要是政策)的需求如下。

①港口能力规划(靠泊能力(航道、码头水深与起重能力)、集散能力);

②硬件配置(大型散货、油船、集装箱船、码头设施、堆场、通信设施配置);

③节能减排政策的规模(争取作为超大型集装箱船的装卸港口(LPC)、应对各大联盟的竞争以获巨大利益);

④软件配置(大型散货、油船、集装箱船、码头设施、堆场之间界面)、提供安全、高效、准确、准时服务、转运成本最小服务;

⑤将港口(Hub)营造成物流平台(航运公司物流的一部分、内陆集装箱转运、铁道、货车、支线系统、仓库储存、附加值服务的集成)加强与其他港口的协作;

⑥港口竞争力要素由单一的能力需求(船舶待港时间、装卸货物能力、转运能力)向物流平台的发展变化。

4.4 航运碳足迹计算方法

4.4.1 碳足迹分析方法

碳足迹的建立首先需进行技术水平的评估,可以采用两种不同的途径。

第一种:由上而下(Top - Down)/由下而上(Bottom - Up)的过程分析。

第二种:经济投入/产出全寿命分析(EIO - LCA)。

但无论采用何种方式,都应该处理船舶全寿命的影响因素。有文献指出:仅仅采用由上而下或由下而上的过程分析方式,由于分析边界条件(政策限制)不清晰(影响系统误差)不适用于航运公司的碳足迹分析[13]。第二种途径适用于航运公司的碳足迹分析(图4 - 24),其优点是受不定因素(如人为)的制约较小,也可将两种方式混合使用,称为 Hybrid - EIO - LCA 方法,以下将介绍这种方法。

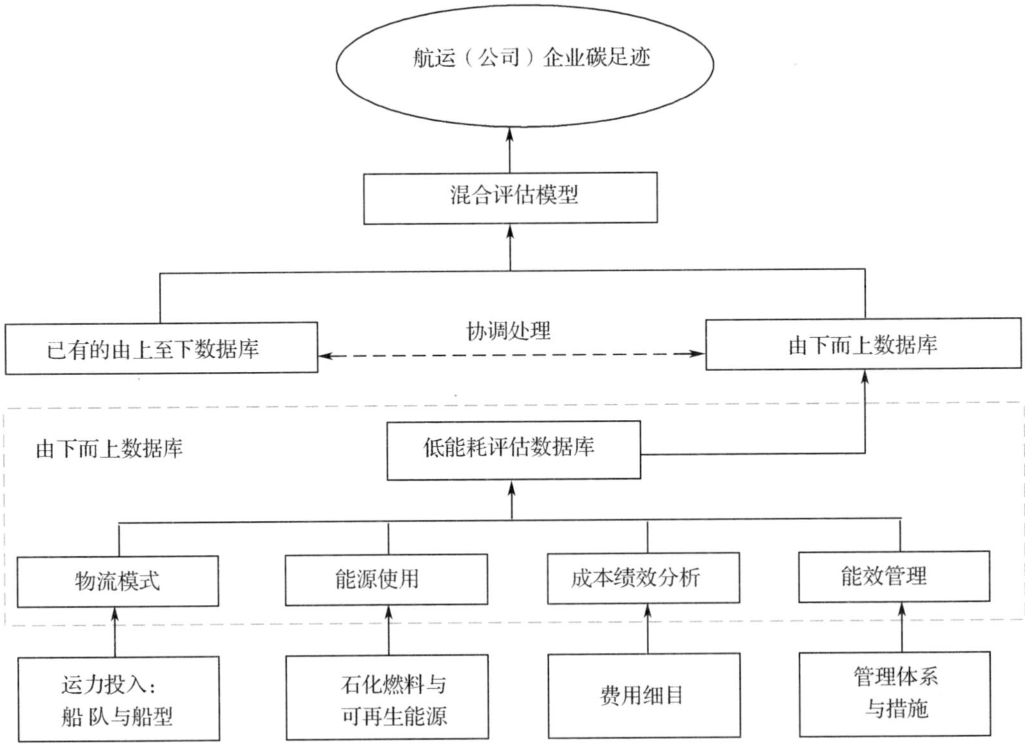

图 4 - 24 Hybrid - EIO - LCA 方法示意图

Hybrid - EIO - LCA 方法也称为盘点法(Inventory Approach)。它包括以下步骤。

①基于实际使用情况进行 CO_2 排放的盘点(图4－24),图中混合评估模型框可以采用资源与能源分析(Resource and Energy Analysis Program,REAP)模型,如图4－25所示。

②分析燃料使用寿命周期(Fuel Life Cycle),如图4－26所示。

③采用由下而上(Bottom－Up)方法(图4－24)进行 CO_2 计算,而进行燃油统计时采用由上而下法(Top－Down)。

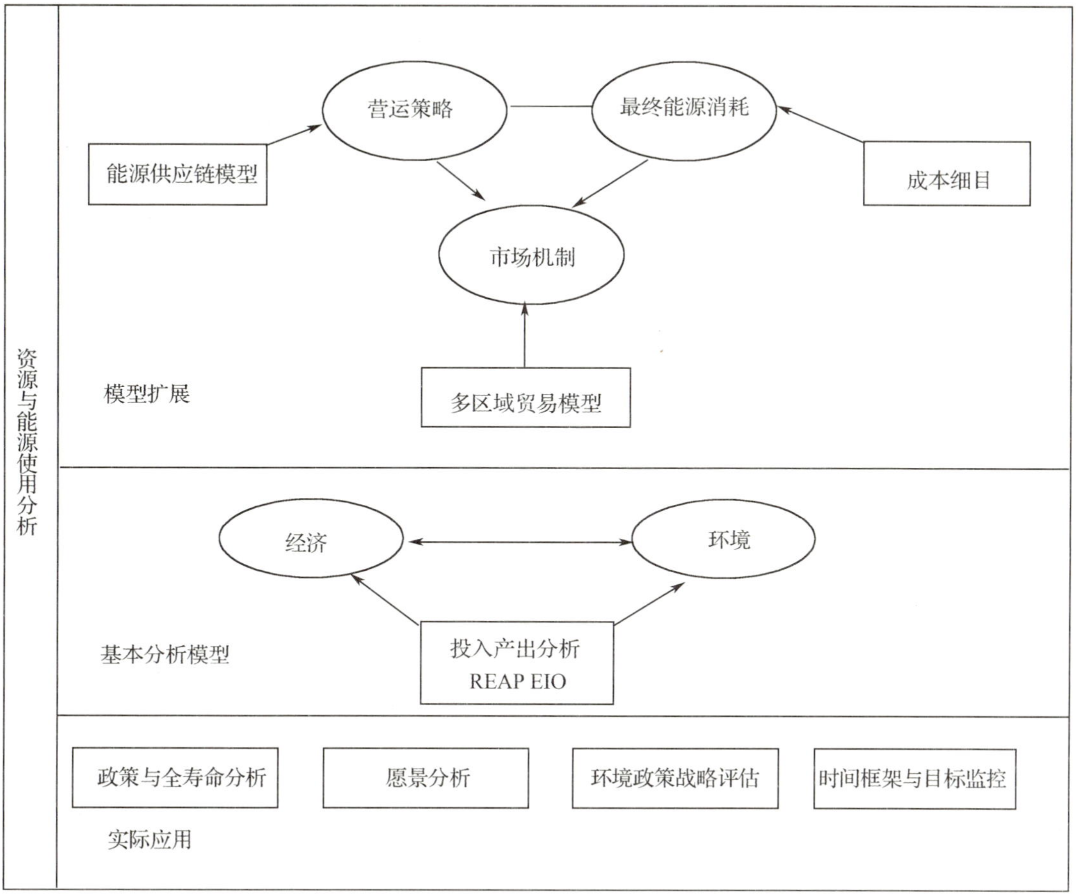

图4－25 REAP(Resource and Energy Analysis Program)结构示意图

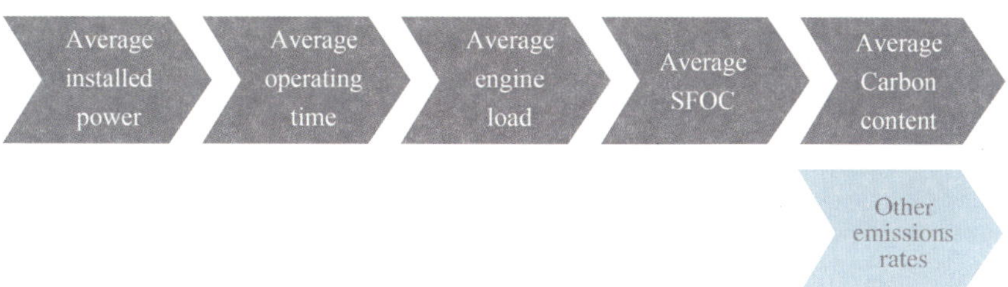

图4－26 燃料使用寿命周期分析方法

在仅对石化能源消耗时,可以采用EEDI,EEOI,SEEMP作为工具分析一些单元(船舶)/整体(企业)局部指标。

为了对航运公司碳足迹的REAP评估更为清晰与避免遗漏,其工作步骤可按照表4－11的内容进行。

表 4－11 REAP 的工作步骤

工作步骤	工作要点	工作内容	工作要求
1	航运公司碳足迹范围评审	气候政策评估	全球（地区 EU）/部门（IMO）气候政策 国家气候政策 未来影响（战略） 具体减排目标
		可持续发展能力评估	教育与技能教育
			未来影响（战略）
		政策评估	航运公司社会责任
			可持续发展自评
2	与航运相关的碳排放识别	航运公司详细调查与检验证实	DELPH 方法
		方法（混合法）	进行资源与能量分析（REAP）/EIO－LCA
		范围与领域（直接排放/全部排放）	数据库（矩阵法，如图 4－27 所示），识别所有的相关部门、中间商、最终用户
		减排成本计算	减排成本曲线制作（见 3）
3	影响碳排放的技术及管理趋势	航运运力增长态势	本企业的船队增加对此态势的符合情况
		低碳技术发展态势	技术可用程度及前瞻性评估
		低碳经济影响	在 CTS 中的碳信用（额度）的获得情况
		燃油/货币汇率	对航运成本的影响
		可采用燃料种类	低硫油/天然气等
		BDI 情况	对航运收益的影响
		能源管理计划	如减速航行，航次计划等可否实行
		其他杂项	如港口费、人员工资等其他消耗
4	碳排放实践指南	整体能源管理	根据主管当局规定，进行低/无边际成本效果测量、人为活动、决议过程而非技术的监控
		技术标准指南	参照主管当局最低能耗标准/碳信用公布/示范
		可再生能源利用	可利用种类（太阳能、风能、海水温差能等）
		新技术应用	废热回收系统/废气循环系统/乳化油系统/压载水系统
		绿色物流构成	提高物流效率/采购

在 REAP EIO 表 4－11 中，生产者、中间商与最终用户可以用矩阵格式表达（图 4－27）。

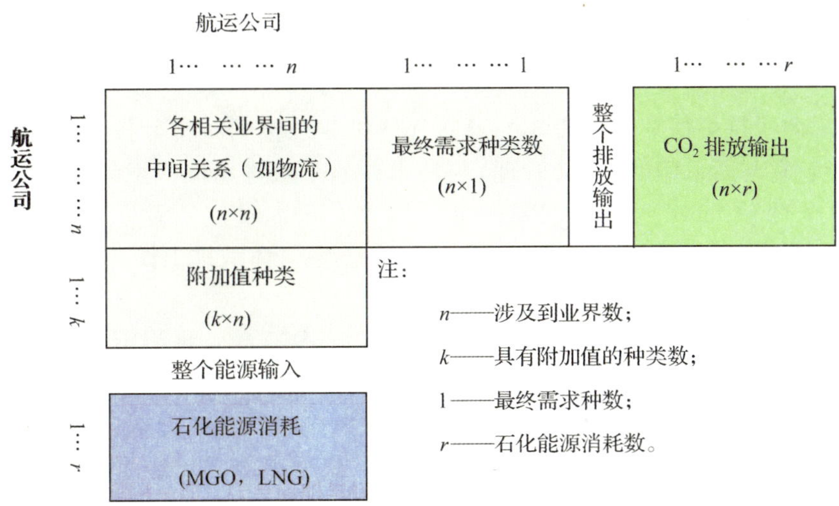

图4－27　碳排放识别的矩阵法示意图

例如，采用上下法（Up－Down Approach）可以计算出2007年世界船队的燃油消耗量如表4－12与图4－28所示。

表4－12　2007年世界船队的燃油消耗量

2007	Low Bound	Best	High Bound
Total Fuel Consumption	279	333	400

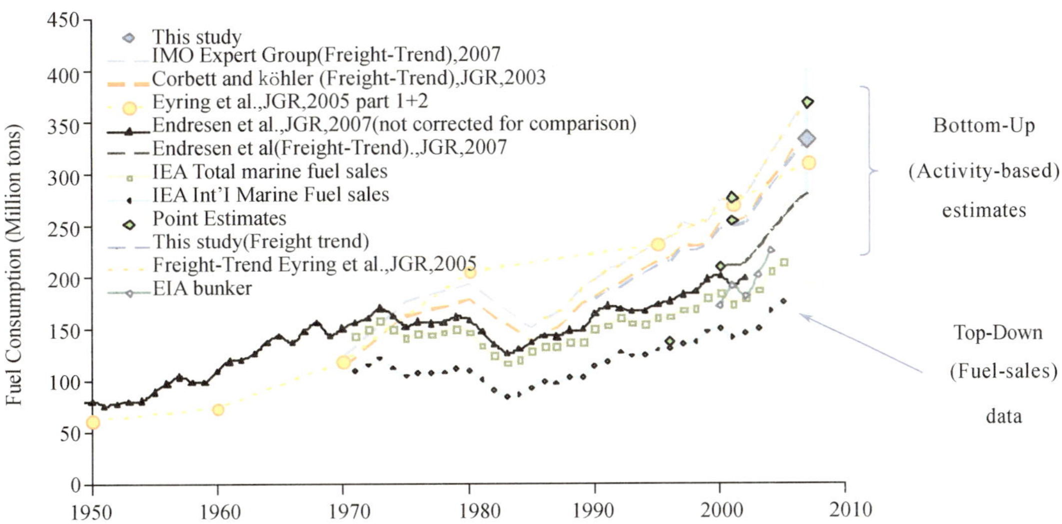

图4－28　2007年世界船队的燃油消耗量示意图

（来源：Marintex，2007）

上面介绍的方法仅为框架型简介，在使用中需要专业知识与专用分析工具。

4.4.2 减排成本曲线(Abatement Cost Curve,ACC)

4.4.2.1 基本原理

减排成本曲线是根据某一阶段年的温室气体排放总量的减排额按照减排成本大小进行排列的曲线,它与所采用的措施(管理)与技术在整个减排总额中贡献发生明确的联系,可用于指导全球(Global)、地区(Regional)、国家(National)、行业(Sectors)、航运公司(Companies)、船队(Fleet)、船舶种类(Ship Type)的温室气体减排工作。它有以下要素。

1. 设定基准年

上面已经阐述过,《京都议定书》规定的基准年为1990年。世界野生动物保护协会在其研究报告中表明,在1987年之后,地球的自恢复能力小于人类对地球资源的攫取总量,攫取总量与自恢复能力之比已经接近1.3倍。它意味着这个平衡一旦被打破不能及时恢复,给人类的可持续发展将带来破坏性作用。目前,对《京都议定书》的执行,除欧盟外的其他国家都不执行以1990年作为基准年。如澳大利亚为2000年,日本、美国为2005年,加拿大为2006年等。选取不同的基准年与不同减排比例的选取是对该国排放总量(在BAU概念下)的修正。因此,这是一个非常重要的指标。

2. 选定排放的阶段情景与第一阶段年

地球的温室气体减排工作应该是全球的事情,不是一个国家、一个行业能左右全局的,目前根据IPCC等组织的推荐,排放情景选定为480×10^{-6},510×10^{-6},550×10^{-6}。第一阶段年选为2030年。目前,国际航运业大都以2030年作为目标[14]。

3. 计算BAU排放总量(C_{total})

目前,国际上流行着BAU总量估算法与碳强度(单位GDP的CO_2排放量)计算法,发达国家采用的是BAU总量计算法(绝对脱钩),发展中国家使用碳强度计算法(相对脱钩,见第1章),前者的优点容易找到排放边界并便于与边际成本(Marginal Cost)相联系,后者容易与发展的速度相联系(其变量多不易控制)。但是,无论采用何种方法,最起作用的还是某一阶段年的控制总量。因此,为了便于制作ACC曲线,应该将碳强度计算法换算为BAU总量估算法。

4. 制作ACC曲线(Mckinsey曲线)

图4-29给出了船舶温室气体减排技术成本的示意图,这张图将EEDI的设计方法与船舶减排技术的应用联系在一起。为了便于航运公司(排放实体)采用,图中的文字所在位置即代表了该技术(措施)在ACC曲线中所处于的位置。

按照国际/地区/国家的减排承诺(基准年、%),设减排总额为C_{red},减排所需投资成本为F,这样,

$$C_{red} = \sum_{i=1}^{n} \Delta C_i \qquad (4-5)$$

$$F = \sum_{i=1}^{n} \Delta F_{ui} = \sum_{i=1}^{n} \Delta f_{ui} \Delta C_i \qquad (4-6)$$

$$\Delta C_i = C_i - C_{i-1} \qquad (4-7)$$

式中 ΔC_i——第i项措施(管理)与技术对减排的贡献,tCO_2e;

ΔF_{ui}——第i项措施(管理)与技术需要的投入/直接受益;

Δf_{ui}——第i项措施(管理)与技术单位碳排放所需投入/直接受益,USD/tCO_2e;

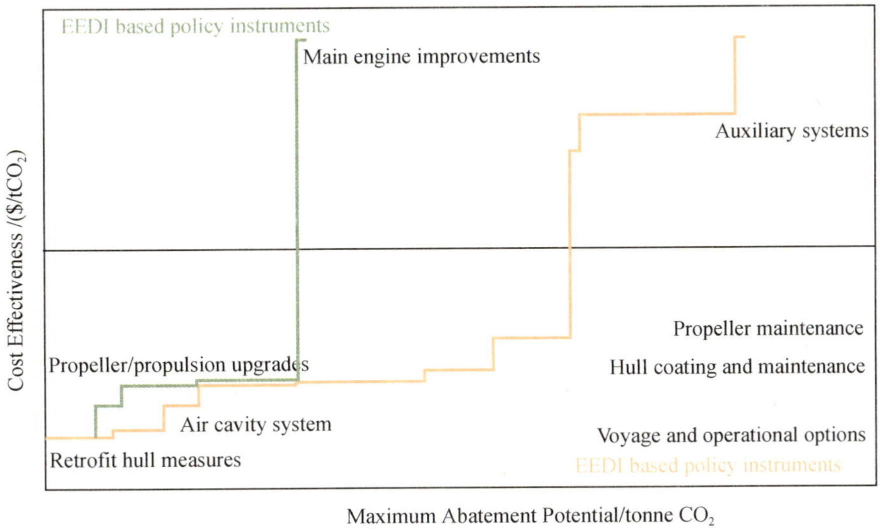

图 4－29　船舶温室气体减排技术成本示意图

C_i, C_{i-1}——ACC 曲线图中横轴上第 i 项措施(管理)与技术的首尾坐标。

这样,可做出 ACC 曲线(图 4－30)。

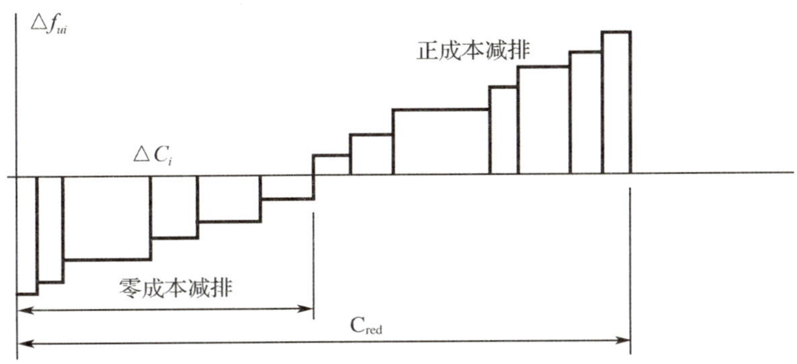

图 4－30　ACC 曲线制作基本原理

4.4.2.2　航运减排成本曲线

根据上述原理,可以得到航运的 ACC 曲线[2],见图 4－8。

4.2 节中图 4－8 中的曲线是基于 2009 年的 CO_2 排放为 9.25 亿吨,在 2030 年每年世界船队以2.45%增长的情景下,BAU 排放将达到 15.3 亿吨。根据预估,届时可能的温室气体减排为 8.5 亿吨,为整个 BAU 排放的 56%。这里未考虑届时其他科技的可能发展,因此属于比较保守的估计。如未来 20 年中燃料电池催化剂——铂的替代物被研制出来;核能届时也可能解决了技术、商务、政策方面的障碍得到大量应用;现代风能(如风翼助航技术)飞速发展得以大面积推广;太阳能发电(电池与太空发电)克服了效率低下等方面问题成为船舶供电的主要来源等,这些船舶主要能源的技术发展可能导致柴油机不再是船舶主要动力。另外还有其他技术发展,导致船舶设计技术得到飞跃发展,如超导发电机使得发动机的体积变小,发电能力变大;仿生学成果使得船舶阻力进一步减低;新的高强度材料出现使得船舶重量进一步大幅度减轻等。

将上述 ACC 曲线的项目制成表格，可以算得每减少 1tCO_2 最终的成本约为 20 美元/吨，但是这仅仅是目前的一个算术平均值，此值与第 2 章中的碳税、安全阀值比较是有经济意义的。航运业当前的主要任务是先解决图 4－8 坐标轴下（1～13 项）的技术实现，减排目标可达 30% 左右（表 4－13）。

表 4－13 各种船舶减排措施成本

序号	减排措施	收益/（美元/吨）
1	Voyage Execution（航线选择）	－88
2	Steam Plant Operational Improvement（蒸汽动力改善）	－85
3	Speed Reduction Considering Port Efficiency（考虑港口效益的降低航速）	－78
4	Engine Monitoring（轮机监控）	－75
5	Reducing Auxiliary Power（减少辅机功率）	－72
6	Propulsion Efficiency Devices（推进增效装置）	－70
7	Trim/Draft（纵倾/吃水）	－68
8	Frequency Converters（频率转换器）	－50
9	Propeller Condition（推进器技术条件）	－46
10	Contra－Rotation Propellers（可逆转螺旋桨）	－33
11	Weather Routing（气候定线）	－30
12	Air Cavity Lubrication（气泡润滑）	－29
13	Hull Condition（船体条件）	－22
14	Kite（风筝）	－4
15	Gas Fuelled（气体燃料）	18
16	Electronic Engine Control（电子机械控制）	23
17	Light System（照明系统）	42
18	Fuel Cell As Auxiliary Engine（辅机燃料电池）	58
19	Fleet Increase Due to Speed Reduction（由于减速增加船队）	88
20	Fixed Sail/Wings（固定帆）	105
21	Waste Heat Recovery（废热回收）	149
22	Exhaust Gas Boiler on Auxiliary（辅助废气锅炉）	190
23	Cold Ironing（冷热转换）	205
24	Wind Generation（风力电站）	208
25	Solar Panel（太阳能电池板）	210
平均总支出		546
平均单项支出		21.84

目前，日、韩等国又将其进行细化。如日本制定了与 IMO 温室气体减排计划（MEPC62 通过）十分贴合的发展策略。

4.4.2.3 船舶种类减排成本曲线

在制作船舶种类减排成本曲线前，需要按照本章表 4－11 进行船舶的碳足迹计算，然后按照公司的节能减排政策（即对某年/某船型减排的百分比）进行 ACC 曲线的制作。

按照航运 ACC 曲线的原理，可以统计出某船型（如集装箱船）涉及 CO_2 减排的主要项目（图 4－31），并可计算出它的减排成本曲线（图 4－32）。

注意，上述模型是集装箱船"群"体的共性因素，对于不同的船型(载重量、装箱量等)可进行具体的碳足迹分析。

公司总的 CO_2 排放量可按第1章式(1-7)进行计算。

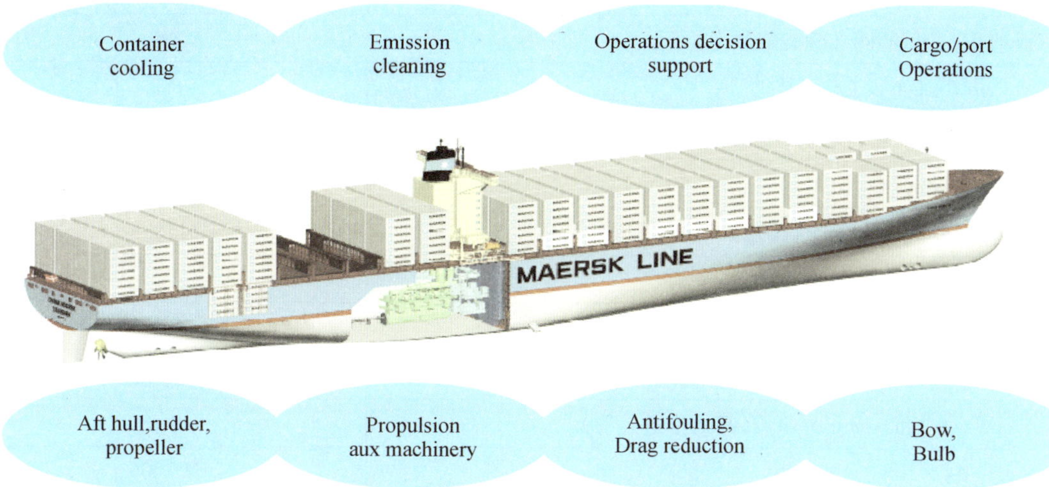

图4-31　集装箱船 CO_2 减排主要涉及的项目示意图

(来源：Maersk,2009)

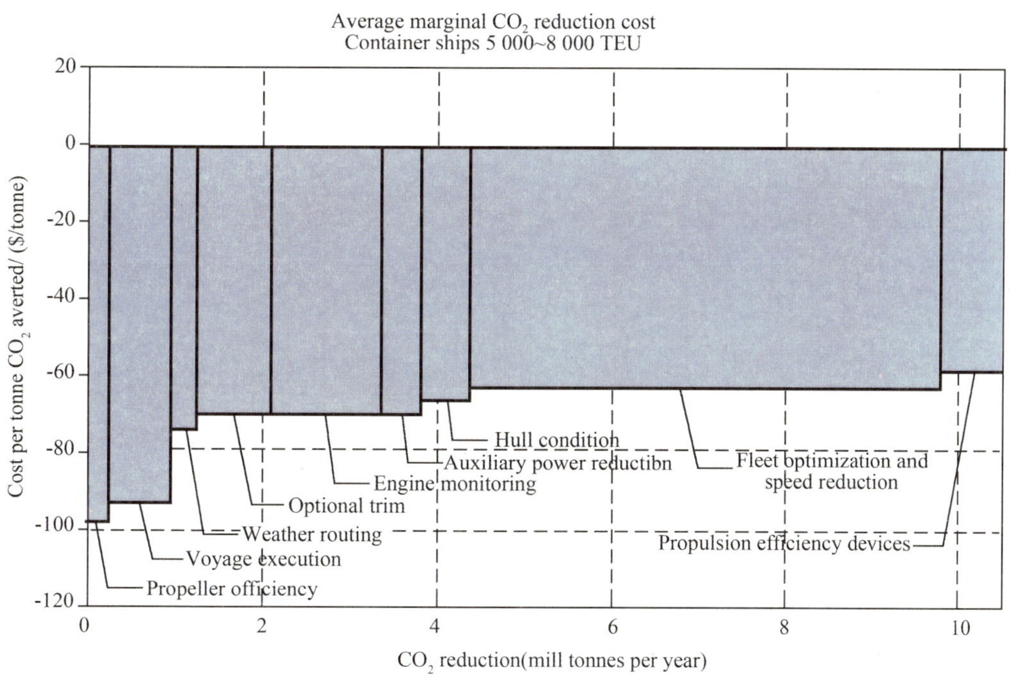

图4-32　集装箱船 ACC 曲线

(来源：DnV,2009)

根据集装箱船的 ACC 曲线也可算出其减排成本，见表 4－14。

表 4－14 集装箱船减排技术与减排比例的关系

减排措施	减排比例
Propeller Efficiency（螺旋桨效率）	－3%
Voyage Execution（航行技能）	－8%
Weather Routing（按气候定航线）	－3%
Optimal Trim（优化设计）	－8%
Engine Monitoring（轮机监控）	－11%
Auxiliary Reduction（减少辅机功率）	－4%
Hull Condition（船体条件）	－5%
Feet Optimization and Speed Reduction（船队优化与减速）	－50%
Propulsion Efficiency Devices（高效推进装置）	－8%
Total（14×106（t））	－100.00%

从表 4－14 可以看出，远洋集装箱船的设计目前是一种高能耗的设计，文献[15]指出：对于 60 000 载重吨（3 500 TEU）的集装箱船，其能耗之高造成了航运公司的巨大不合理的经济投入，因此新开发的集装箱船必须从设计上将 EEDI 降低 25%（图 4－33），船型降低阻力、柴油机选择、废热回收是主要方面。

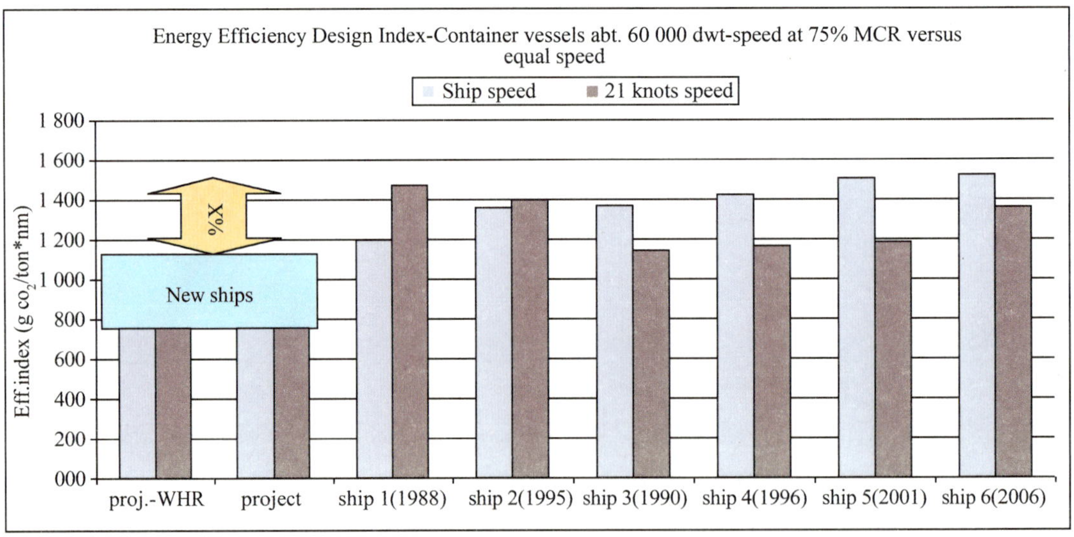

图 4－33 新型集装箱船的减排率

（来源：Maersk，2009）

4.4.3 在风浪中安全航行的技术条件

上面所讨论的航运公司为降低成本所采取的减速航行措施并不对已有船舶的安全航行条件带来威胁。然而，如果航运公司为降低成本意欲建造低航速的船就必须采取慎重态度。本章对这些问题进行一些叙述。

造成这种设计的原因在于航运公司对船舶速度的决定依赖以下条件：

①航线（货物市场）的不固定性；

②航运公司追求企业形象。

因此，航运公司在决定船舶的设计航速时应该慎重。

实际上，集装箱船的航速经统计其造成高能耗的不合理性显而易见。图 4－34 给出了目前世界上所有集装箱船设计速度与航速统计，可以肯定的是没有一艘集装箱船是按照设计速度常年航行的。目前集装箱船的速度设计平均值为 25 kn（吃水 15 m）左右，最高可达 28 kn。而实际营运中的航速主要集中在 16～19 kn（占营运时间 80% 以上），最高不超过 21 kn。因此盲目采用高航速是非常不明智的。根据航运界的共识，文献[16]建议：未来集装箱船应采用“革新设计（Quantum）”概念，内容是用更少的燃料消耗运输更多的货物，降低对环境的影响，针对未来市场的不定性提出更为“灵活”的设计，保持高效可靠的操作。根据近 5 年的估计，未来全球将出现美国、南美、中东、南亚、东亚进出口的高峰。因此集装箱船的设计应该关注以下因素。

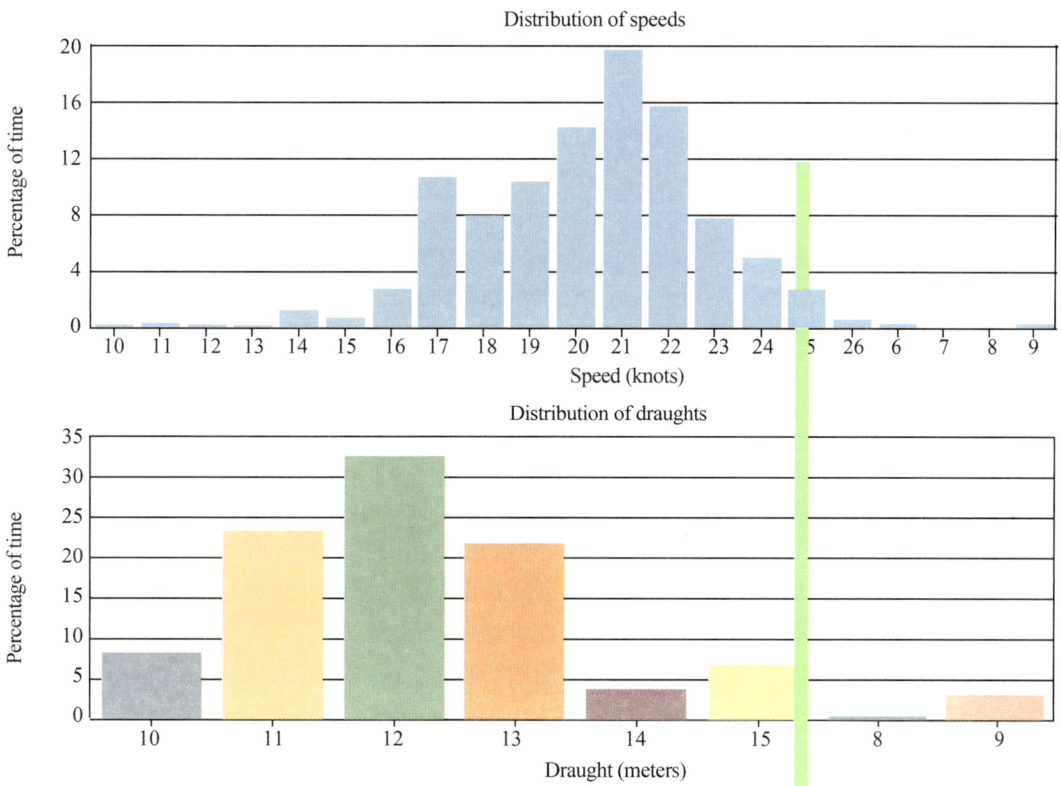

图 4－34　集装箱船最佳营运吃水统计

（来源：Maersk，2009）

①载箱量适中，集装箱船大型化在近 3 年已经完成，未来应集中使用在与新兴经济体（巴西、中国、印度、南非）相联系的新兴航线上。

②必须兼顾港口设施的条件/操作能力，如吃水、长度、吊车前伸能力、起重能力的限制。兼顾后巴拿马运河（船宽 49 m）的通过，根据图 4－34 统计，吃水为 12～15 m。

③关注新兴航线上枢纽港与一般港口的配套。

④关注环保要求，采用双燃料发动机（柴油/天然气）。

Alphaliner 认为 5 500 TEU 集装箱船可兼顾全球主要传统航线与新兴国家航线需求（钟摆式物流），可能成为世界航运业所倚重的船型。

4.4.3.1　船舶减速的实质

在世界经济增长较慢的时期，航运公司在航运中将采取较低的航速以获取较大的利润（这时船舶的年（日）租金（Charter Rates）也较低），这是因为物流（Logistical Chain）放缓的原因所造成的。在世界经济高速发展期，物流的高速发展使得船舶速度提高。因此，船速的大小应该根据经济发展的趋势来决定，但是其前提为船舶在恶劣航行条件下应该具有维护自身安全的能力（Maneuverability）。例如，前面提及的核动力商船在核反应堆失灵情况下要求具有 6 kn 的航速。遗憾的是，当前国际航运界、造船界、海事界并没有解决这个问题。由于使用船龄（非设计船龄）目前都在 30 年左右，往往跨了世界几个经济危机周期。因此，航运公司在下船舶订单时应考虑船速的余地（Speed Margin），而不是根据当时的经济状态设定设计航速（即主机的功率具有一定的裕度）。

另外，采用低速航行还有高油价、温室气体排放控制的因素对其影响。当航运公司受到国际/国家节能减排的政策压力时，在运力过剩的情况下，首先想到在物流链去寻求变革与获利。

目前，国际传统的做法是在设计航速 V 下，航运公司将船租给租船者（Charterer）获取以下的利润（Benefit）：

$$\Delta B_{SO} = ACR - C_o \tag{4-8}$$

式中　ACR——船舶年租金（Annual Cost Rate）；

C_o——航运公司每船年的平均运行成本，包括船员成本（工资、培训、健康保险等）、维护与修理成本。

融资的平均年还款额假定为常数，也可考虑在式（4－8）中，这里为了简化问题，暂不考虑其影响。

在运输中，租船者（Charterer）应该支付由于运输带来的直接费用，如燃料费（Bunkers）、港口费（Port Charges）、运河费（Canal Dues）、货物装卸费（Cargo Handling Cost）等。

在节能减排情况下，省下来的利益应该由航运公司与租船者分担，如果按照利益均沾的原则：在船舶运输链中，航运公司与货主对于由于减速（Slow Streaming）得来的利益应该平均分配。否则，由于船舶减速所带来物流速度减缓需要增加的运力（船舶）则无人问津。

在上述的习俗下，航运公司由于船舶减速对于收益 ΔP_{SO} 的影响是[17]：

$$\Delta P_{SO} = \alpha(V) \cdot \Delta B_{SO} - (ACR - C_{OA}) \geqslant 0 \tag{4-9}$$

式中　$\alpha(V)$——由于减速所带来的加权系数，由于年（日）租费与船舶航速有关，$\alpha(V) = \frac{V_A}{V}$，假定 V_A 对航运公司收入为线性关系，V_A 为实际中所采用的航速。

C_{OA}——在实际船速下，航运公司的平均年支出，假定维护、修理成本一般不变。

租船者的租费与航运中的支出为

$$\Delta B_C = -(ACR + C_{FO}) \tag{4-10}$$

租船者在船舶减速的情况下，应该体现在燃料费（C_{FO}）的变化和付出成本的减少：

$$\Delta P_C = \alpha(V) \cdot \Delta B_C - (-ACR - C_{FOA}) \leqslant 0 \tag{4-11}$$

假定港口费、运河费、货物装卸费、船舶年租费(ACR)等不变。

如果航运公司自行运作船舶,其收益为

$$\Delta P_{TOTAL} = \Delta P_{SO} + \Delta P_C = -\alpha(V)(C_O + C_{FO}) + (C_{OA} + C_{FOA}) \tag{4-11}$$

如果没有收益(即不降低船速),$\Delta P_{TOTAL} = 0$,有

$$\alpha(V) = \frac{C_{OA} + C_{FOA}}{C_O + C_{FO}} = \frac{V_A}{V} \leqslant 1 \tag{4-12}$$

上式说明,船舶进行恰当的减速,应是航运公司节约成本、减少排放的长远措施。目前已经形成的各类船舶航速是近半个世纪以来,国际航运界根据世界经济发展、航运物流的发展水平、船舶海上安全航行的经验所得到的结论。在此基础上进行降速航行(以主机技术最低要求为底线)并不涉及安全问题。但是如果欲按照目前的“经济”航速来进行船舶设计,需要受到船舶性能(主要是耐波性(Seakeeping))涉及诸多技术因素(如在恶劣波浪中的航速与主机功率配比、船体砰击边界条件、甲板上浪的淹湿性、桨沉深度、人员操作技能等)的制约,尤其是恶劣波浪中的航速与主机功率配比需要通过船模试验、航行经验、自然环境(蒲氏风级、海况等)进行确定(图4-35)。

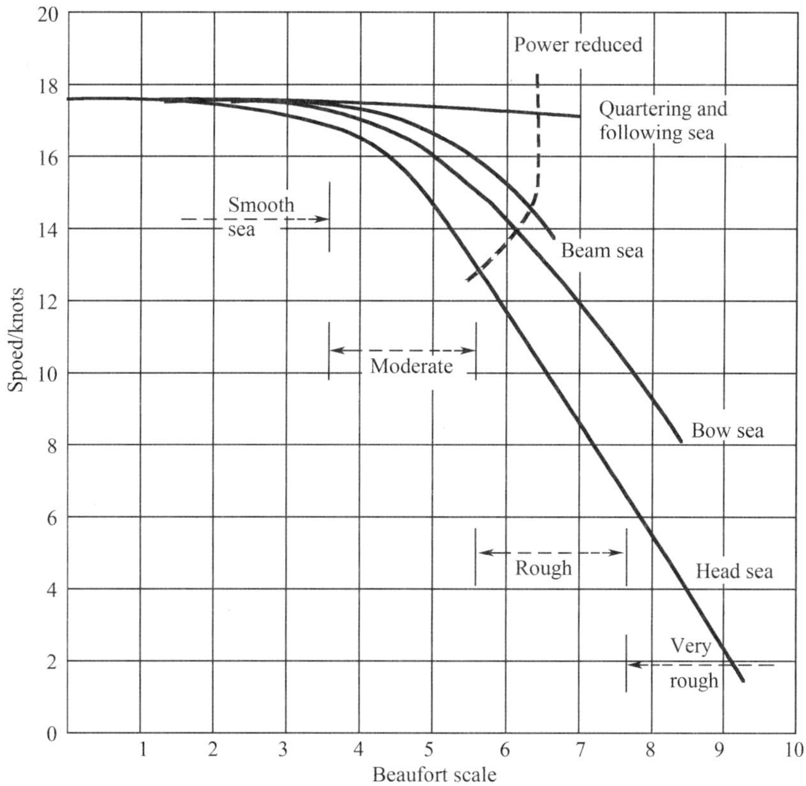

图4-35 由船舶航行的最高海情所要求的最低航速决定设计航速

(来源:“Basic Ship Theory”5th Version)

4.4.3.2 海情、最低航速、风浪等级的综合安全要求

根据目前国际稳性要求(A. 749),船舶稳性对应的风力为10级蒲氏风力(Beaufort Scale),相当于7~8级海情,见表4-15,表中的每种海情重现期还在讨论中。

表 4－15 船舶稳性与设计航速的关系

Probability	Return period	Sea state	Sig. wave height /m	Wave period /s	Beaufort	Mean wind speed /knots
2%	one week	7	7.5	7.5～14.5	9	44
0.50%	one month	8	9.8	8.5～13.5	10	51.5

由表4－15可见，在10级蒲式风级时，对应8级海情发生的概率为0.50%，已经是很低的概率，采取这一标准可以保证船舶在99.5%的概率下航行。对船舶设计技术指标（如适用于高海清）要求较高，建造成本也较大。船舶设计技术指标较低，船舶设计较易，建造成本也较低，但是船舶不适航的环境条件增加。根据油船船长的航行经验与有关报告[18]，大型油船（如VLCC）在此海情下应具有足够的安全操纵能力。

文献[18]建议采用简化法（Simplified Approach）与综合法（Comprehensive Approach）进行船舶在设定风浪下的安全操纵能力评估。现将其介绍如下。

1. 简化法

评估船舶在设定风浪条件下的安全操纵能力（航向稳定能力与最低航速要求），这种方法的局限性是仅仅适用于船舶在风浪中运动与操纵性能耦合不被考虑为主要的因素，它要求：

①傅若德数（Froude Number）小于［0.2/0.3］（中括号内数值需要进一步确定）；

②在船舶最大载重吃水下，船舶水上侧投影面积与船舶整个侧投影面积的比值（侧面比数）小于［0.65/0.75］（中括号内数值需要进一步确定）。

被评估船舶的最低航速应满足下面的要求载荷条件。

①船舶设计的最深吃水（对应最大夏季载重线）；

②最大推进功率被采用；

③舵叶处于无偏移（舵叶中心面与中纵剖面重合）状态；

④顶风顶浪；

⑤采用不规则的短/长峰波的最大有义波高的向上穿零周期（秒（s））在以下范围内变化（方括号内数值需要进一步确定）：［7.5］，8.5，9.5，10.5，11.5，12.5，13.5，［14.5］。

上述规定适用于船舶的模型试验与数值计算。其目的是确定船舶在顶风顶浪条件下所需的前进速度及与其匹配的主机功率。上述约定对于具有低傅若德数船舶，低傅若德数与低侧面比值是真实的，如油船与散货船（载重型船舶/结构干舷船）等，因而在该类船舶上可以被很好地应用。但对于在强风中操纵能力可能降低的船舶（高低傅若德数），如集装箱船（布置型船舶、富裕干舷船）就不能很好地适用。因此对于集装箱船的傅若德数船舶/侧面比数较大的船舶需要根据模型试验/数值计算决定。

对应上述规定，可接受准则如下。

（1）回转能力与位移

回转能力（满舵能力）：完成180°回转所需要的时间小于［15/30］（待定）s。

在波浪方向的位移（Δ/m）小于下式

$$\Delta = 5fL \tag{4-13}$$

式中 f——系数，取［1.2/1.5］，根据实船/模型试验结果选取（方括号内数值需要进一步确定)；

L——船长，m。

(2)在规定航速下维持航向的能力

在规定风浪环境中(如 8 级海情)的最低航速[2/4]kn；

偏离航线的角度应小于[±5/10°](方括号内数值需要进一步确定)。

上述回转所需要的时间、最低航速、偏离航线的角度等参数(中括号中者)应根据船型及主要参数、驾驶人员经验、数值计算与船模试验结果而定。此类问题是目前 IMO 尚未决定的问题。

根据上面讨论，图 4－35 所选样船在 2 kn 航速下只能在 9 级风的情况下航行，因而该船的静水设计航速可为 18 kn，并由此配置所需的最低功率。因此，在一定主机功率下，静水中船舶的航速值越高适用的海情就越高，这些对于航运公司航线的自然环境要求非常重要，也是 EEDI 公式的重要指标——耐波性系数 f_W。

2. 综合法

除了上述简单法外，也可采用综合法利用模型试验/数值模拟对船舶在必要的恶劣海情进行安全航行评估。其满足的安全准则同简单法。

为了验证船舶回转能力与航向稳定性能力，对特定海情的模型试验应满足表 4－16 的技术条件。

表 4－16　特定海情的模型试验条件

	回转能力	航向稳定能力
载荷条件	满足两个具有代表性的条件： ①最大吃水(最大夏季载重线)；②最大侧面比数	
推进功率	使用在推进中的尾轴功率	
偏航角(舵角)	最大	实际中所需
风向	三个风向： ①与波浪方向一致；②与波浪方向成 ±30°夹角	
波浪方向	①在试验程序要求进行 360°旋转时，仅需要进行一个浪向； ②在试验程序要求进行 180°旋转时，0° ~ 180°按照每 15°测试一次	0° ~ 180°按照每 15°测试一次
波浪方向	不规则的短/长风波的最大有义波高的向上穿零周期(秒(s))在以下范围内变化(中括号内数值需要进一步确定)：[7.5]，8.5，9.5，10.5，11.5，12.5，13.5，[14.5]	

每个波浪方向都应进行一定数量的重复试验以证明其结果的重现率(达 95%)及试验精度。为了保证船舶在设定风浪下的安全操纵能力评估更加具有可靠性，可将简单法、综合法按照以下“两步法”的思路进行。

第一步：采用简单法时仅考虑船舶顶风顶浪的航向，确定所需推进功率，即考虑静水时的船体与附体阻力并与风浪所造成阻力相叠加。

第二步:综合法考虑船舶所有规定海情下操纵性,包括在360°范围内的试验论证与数值模拟,它意味着简单法是综合法的一个特例。进行第二步评估的前提是根据经验怀疑第一步的准确性及其分析工具的可靠性与实用性。

4.4.3.3 配合现有船舶工业技术的改善是航运公司未来工作的重点

上面已经论述过,在船舶节能减排的过程中,并不都是进行技术创新工作。这是因为在科学[19]严格的定义中,创新将会导致一个新系统的诞生(见第10章)。显然,船舶技术体系在若干世纪内不会有别的体系将其替代。因此,对于船舶的节能减排来说,如何将目前已有的技术应用到位是一个很深入广泛的工作。

欧洲海洋装备理事会(European Marine Equipment Council,EMEC)在2010年4月公布了《绿色船舶技术手册》(*Green Ship Technology Book*),其中强调了对现有技术的利用以应对日益增多的船舶温室气体排放,可以减少船舶15% ~20%的温室气体排放。目前所发展的新技术可以使得此指标达到33%。

该组织将短期(2010年)的温室气体减排指标定为30%,中期的(2030年)减排指标定为60%,逐步向将来零排放目标过渡。

目前,航运公司面对的温室气体减排技术为:

①有害气体(包括温室气体、有毒气体(NO_x,SO_x,CO_2,Soot,Smoke,PM等))减排;

②船舶废料处理;

③舱底水处理;

④黑色废水处理;

⑤灰色废水处理;

⑥压载水处理;

⑦水下涂料等。

每项内容的解决方案都有以下三个方面的因素:

①法律层面(IMO国际公约、欧盟法令、地方法规);

②问题描述(形成机理与后果(危害)描述);

③解决途径(设计/采用的措施)。

航运公司温室气体排放政策在上述层面的表现可以充分体现其社会责任。

参考文献

[1] ISSC IV.1 Committee. Report of Design Principles and Criteria[R]. South Korea:Seoul National University,2009.

[2] Det Noske Veritas. Pathways to Low Carbon Shipping[R]. Oslo,Norway:DnV HQ,2009.

[3] 陈映秋. 国际船舶与海洋工程结构发展前沿研究阶段总结与我国船舶工业的基础学科研发方向[R]. 北京:中国船级社技术咨询暨评议委员会,2010.

[4] ISSC IV.1 Committee. Report of Design Principles and Criteria[R]. Southampton,England:Southampton University,2006.

[5] ISO. ISO 26000 – Guidance on Social Responsibility[S]. Geneva:ISO,2010.

[6] United Nations Conference on Environment and Development: Rio Declaration on Environment and Development[C]. New York:UNFCCC,1992.

[7] 陈映秋. IACS CSR中的计算力学的应用及对传统船舶设计方案的影响[R]. 无锡:中国

造船工程学会力学委员会(中船重工702研究所),2006.

[8] Youroukos Epaminondas. Economic Feasibility Study of ULMCS [R]. Athens: National Technology University of Athens,2007.

[9] 亚洲开发银行. 亚洲2050:实现亚洲世纪[R]. 北京:亚洲开发银行中国代表处,2011.

[10] R. A. Fain. Design and Installation of a Ship Response Instrumentation System Aboard the SL-7 Class Containership S. S. Sea-Land McLean [R]. Washington D. C: Ship Structure Committee,1973.

[11] Jeng Wen Chiou, Yung Kuang Chen. Fatigue Prediction Analysis Validation From SL-7 Hatch Corner Strain Data[R]. Washington D. C: Ship Structure Committee,1985.

[12] 陈映秋. 超大型矿砂船船型开发技术总结报告[R]. 北京:中国造船工程学会,2009.

[13] Wiedmann T, Minx J. A Definition of Carbon Footprint [M]. NY: Nova Science Publishers,2008.

[14] NYK. The Shipping sector's Efforts to Address GHG Emissions from The International Shipping[C]. Http://www.oecd.org/dataoecd/58/30/42903157.pdf 2009.

[15] Bo Cerup-Simonsen. Innovation, Technology and Criteria for Green Shipping [R]. Denmark: Maersk HQ,2009.

[16] Det Norse Veritas. QUANTUM[J]. Oslo: DnV HQ,2010.

[17] Alan Klanac, et al. Economics and Environmental Impact of Ship Speed Reduction for Aframax Tankers[R]. Proceedings of XIX SORTA Conference,2010:31-38.

[18] MEPC 62/5/19. Consideration of the Energy Efficiency Design Index for New Ships Minimum Propulsion Power to Ensure Safe Manoeuvring in Adverse Conditions. London: IMO,2011.

[19] 中国科学院. 2010中国可持续发展报告[M]. 北京:科学出版社,2010.

第5章　低碳船舶的概念设计与低碳技术

5.1　2030年前的船舶技术发展评估

5.1.1　采用经济船型(Eco - Ship)应对全球温室气体排放严峻形势

5.1.1.1　现有节能减排政策与技术评价

图4 - 30中的ACC(亦称Mckinsey)曲线介绍了三个方面的知识:

①关于减排成本的计算方法;

②所采用减排技术(措施)可以在BAU排放下的所占总量的百分数;

③进而根据ACC曲线,可以知道各种技术(措施)在温室气体减排中的作用。

但是必须说明的是:节能减排技术不一定都有高技术含量和需要高额成本。另一个关键的问题是节能减排技术的发展有其不定性,即今天的人们无法预测将来用于温室气体减排的理论技术的发展程度与速度。即使列入第4章图4 - 8中的ACC曲线内的技术也不一定都有很好的作用。在采用一些新技术的同时需要考虑它对环境的负面影响,并注意其蝴蝶效应(Butterfly Effect)。例如,超导发电机、船舶减阻仿生技术的应用应该考虑其技术的成熟程度与成本,燃料电池的应用尚存在催化剂(铂Pt)在全球的资源不足的问题,核能的应用尚有技术、商业、政策方面的风险需要进一步防范,太空太阳能发电站的开发(通过激光束和微波将电能传送回地球)都还处于概念水平上。

在目前阶段,最有意义的是现时的人类可以先根据在ACC曲线中横轴下方的技术或措施去解决特定的问题。据估计,如能完成这些项目,即可以在"零"成本下达到减排30%的效果。因此,人类在2030年以前最有可能减少温室气体的排放措施应围绕以下诸方面进行:

①减少一次性石化能源的使用;

②尽可能地采用清洁能源;

③增加可再生能源的使用开发;

④改变人为增加温室气体排放的陋习。

这样,对于2030年以前航运业技术发展的评估就有非常明确的目标。

5.1.1.2　经济船型是节能减排政策推动的必然选择

目前,有关大学都设置了船舶工程专业,其目标就是利用船舶科学设计建造出符合社会需要的产品——船舶或海洋工程装备,使社会受益。在市场经济下,社会通过购买这些产品去满足经济发展的需要。而传统的船舶设计者却往往忽视了经济性要求,这在21世纪前10年表现得淋漓尽致。在10年内的前6年,全球经济推动航运发展,使得船舶需求大为提高,形成了"卖"方市场,传统的工程观点占了上风,经济性稍差的船舶也会受到航运公司的青睐。在2008年以后,美国次贷金融危机席卷全球,全球银根紧缩,国际航运业首受冲击,船舶需求(尤其是散货船)急剧下降,“买”方市场逐步形成,传统的设计概念必然受到冲击。

传统的船舶设计概念有以下的不足之处。

①设计基于已有的船舶,对于新船设计缺乏实际经验。

②选优方案局限性,通常只关注一种设计方案、一种主尺度、一种航速。

③传统的成本评估方法不能反映船型概念、建造模式改变对成本的重大影响,例如,最近“Traility”概念设计的 VLCC,建造成本高出传统设计 15% ,但是其全寿命的成本减少 25% ,仍然有 10% 的收益。这些用传统的设计方法就无法计算。

④缺乏对设计方案评价的一般经济准则(这是本书重点解决的问题,见第 9、第 11 章)。

传统设计概念对船舶营运经济性的忽视(或不掌握)带来了严重后果。除了在设计建造阶段浪费资源外,更严重的是使得(船舶)产品不能更经济地履行服务于社会的功能。除了在经济上使航运公司不能达到预期目标,其较高的能耗对全球的温室气体排放雪上加霜。因此,掌握船舶全寿命的经济性是船舶专业学生服务社会时必不可少的知识。

在目前节能减排政策目标日益明确的情况下,船舶设计者应该遵从航运公司的业务需要——物流与低碳战略的需要。这两个战略的结合点就是经济性的至高要求。这就是经济船型(Eco - Ship)的由来,它们对于现代航运的贡献与 20 世纪末出现的经济航运(Eco - Shipping)相比更多了低碳的内容。通过船舶或海洋工程装备获得各种资源(人力、材料、资金)的合理利用。

在具体要求上,新的船舶设计概念应该:

①考虑在激烈竞争中资金最好的投资机会;

②考虑物流需要与风险排除措施,如船型、尺度等;

③考虑与经济发展趋势相适用的技术措施,如变航速设计等;

④考虑首次投资、营运成本与收益的优选;

⑤考虑多方案的比选;

⑥考虑适用于营运中的各种机制,如碳税(Fund)与排放贸易机制(ETS)等。

文献[1]建议与经济性相关的参数如下,见表 5 - 1。

表 5 - 1 与经济性相关的参数

设计阶段经济性分析主要参数(the principal parameters used in economics analysis at design stages)	
1. 货物载荷(Cargo payload)	12. 其他每天成本(Other daily running costs) *
2. 船舶成本(Ship cost)	13. 燃料类型(Bunkering pattern)
3. 航速(Speed)	14. 燃料(油)价格(Fuel price) * *
4. 在海上与港口燃油消耗量(Fuel consumption at sea and in ports)	15. 港口费(Port charges) * *
5. 续航力(Round trip distance)	16. 运价(Freight rate) *
6. 货物装载率(Cargo handling rate) *	17. 货物装卸费(Cargo handling charges) * *
7. 靠港数量(Number of ports of call) *	18. 贴现率(Discount rate) *
8. 年航行天数(Service days per year) *	19. 折旧政策(Depreciation policies) *
9. 船舶使用寿命(Ship's life) *	20. 信贷方式(Credit facilities) *
10. 船员成本(Crew costs) *	21. 补贴政策(Subsidies) *
11. 物流形式(Logistics pattern) *	22. 成本与货运的扩充(Escalation of costs and freights) * *

注:“ * ”表示与公司内部运作有关,属于商务机密;“ * * ”表示可以变化的量;第 11 项是作者建议增加的。

5.1.1.3 经济船型内容

与军船、游艇不直接服务于经济性营运目标不同，民用商船具有强烈的经济意识要求。这是因为它必须在航运安全的前提下实现国家/集团的经济性指标。定义经济船型的立场在船舶营运链（包括设计、建造、航运）中的利益攸关方因其利益的不同而不同。

例如，船厂把经济船舶定义为消耗成本（原材料、人工时）最少、周期最短而获得最大效益。

航运公司把经济船型定义为具有最小建造与营运成本，从而获得最大的收益和在航运市场上获得最大的核心竞争力。

设计者把经济船型定义为，在规定的航行环境与装载工况和在有关的主尺度与规定的航速下，船体型线阻力最低、船舶具有最大的积载因数，在静水及装载条件下螺旋桨具有最好的推进效率。

通常，设计者的经济船型观点通过一定的修改可与航运公司的目标基本协调。船厂则不然，为了低成本的生产流水线，常常拒绝修改图纸。21 世纪初，中国可以按照 Intercargo 的要求开发优选型散货船（Optimum Bulk Carriers，OBC），而日、韩则不能开发就是一个明确的例证。因此，航运公司应该让设计者理解其意图至关重要。

在 20 世纪 70—90 年代，由于亚洲金融危机的影响，市场竞争处于一个不正常的时期，出现了大量的低标准（Sub - Standard）船。非常奇怪的是，船厂与航运公司的观点居然得到统一。船厂建造低标准造船（减少结构尺寸与改变结构型式、增加结构间距等）获得了减少原材料带来的低成本。航运公司则获得由于结构尺度减少与船体钢料的减少所带来载重量增加的效益。然而自然界对其惩罚也是非常及时的，正如本书"序"中所述那样，造成了船沉人亡惨痛教训及巨额的经济损失。

因此，对于上述经济船型不同理解的三个立场进行总结是非常必要的。造船厂的理解只能是内部的管理所涉及的内容，其利润只不过是航运业利润的分成部分。"实践是检验真理的唯一标准"应该体现在航运公司的社会责任（见第 4 章）及其效益上。这样经济船型应该是在安全营运及最高能效的前提下实现投入资本增值的极大化的船型。这里的最高能效是一个随着经济、技术发展变化的与时俱进的概念。最近，国际上出现了"Better Economics with Safer Tanker，BEST"的油船设计概念就表示了上述观点。

5.1.2 船舶强度发展趋势对原材料的影响

在船舶强度方面，"对船板厚度的要求也相应地经历了一个从厚到薄再走向较厚的演变过程"的趋势在未来 20 年内不会改变[2]（图 5 - 1）。

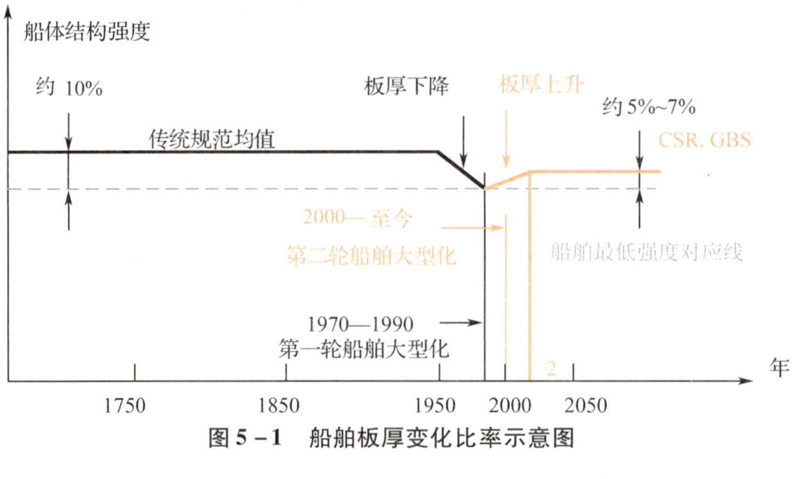

图 5 - 1 船舶板厚变化比率示意图

1995—2005 年 10 年间频繁发生的海难事故和国际海事组织日益严格的环保要求是催生国际船级社协会共同规范(IACS CSR)的主要动因。从技术发展来说,共同规范的出台也是人类造船理念和对海洋环境认识不断深化、理智不断增加的结果。自 1760 年船级社诞生以来,船级社对船舶结构的要求与强度标准就在不断变化,船级社 250 年的历史就是一个对船舶力学研究由“经验”到“半经验加经典理论”再到“半经验加经典理论加计算力学(直接计算法)”的过程。归根结底,不管其理论用得如何先进,最终还是要回归到人类的经验与技术积累上来,因此共同规范的性质仍然是“约定俗成的(Prescriptive)”的,而不是其他内容(如可靠度(Reliability)、风险(Risk)设计)。

共同规范与目前船级社规范的最大不同是它立足于维护船舶营运时的安全,要求船舶在整个生命周期内(25 年内)都有一个基本的安全保证。譬如,目前各船级社的维护船级的检验以船板腐蚀的百分比来确定在维修中是否换板,并且各自标准不一,而共同规范所采用的“净尺寸”的概念保证了船舶结构在北大西洋环境下达到安全要求的基本厚度不会减少。这意味着在船舶维护的过程中,船级社、航运公司的工作理念、方法都会随之发生变化。船级社必须考虑共同规范船舶的维修标准,航运公司更要考虑如何保养船舶,什么时候修理和如何修理最经济。

共同规范考虑了以下四种力学模型的应用[3]:

①服务有限状态(Serviceability Limit States,SLS);

②船梁有限状态(Ultimate Limit States,ULS);

③疲劳有限状态(Fatigue Limit States,FLS);

④破损有限状态(Accidental Collapse Limit States,ALS)。

但是,搁浅有限状态(Grounding Limit States,GLS)由于极限条件(载荷)的复杂没有达成共识,没有被考虑在目前已经生效的规范中。

上述定义见表 5-2。

表 5-2　船舶强度五种有限状态定义

序号	种类	力学定义	后果描述	力学性质/评估方法
1	SLS	变形限制	大变形造成结构的怪、啸叫;损害涂层、影响船舶的系泊系统正常使用	力学上的宏观表现,屈服与屈曲的控制
		振动限制	工作环境不舒适,损害机械系统的基础,影响船舶的系泊系统正常使用	限制加速度、避开共振区
		晃荡/砰击/冲击力限制	在营运条件下,影响船体强度	动载荷(波浪)在 10^{-4} 的概率水平
		局部屈曲能力	船板、扶强材、纵行由于拉伸剪切、压缩造成	参与总纵强度的构件控制在先弹性范围内
		局部塑性变形	底部砰击/晃荡/首部冲击造成板永久变形(板上骨材不允许变形)	Post-Buckling 应用

表 5 - 2(续)

序号	种类	力学定义	后果描述	力学性质/评估方法
2	ULS	船梁坍塌	在中拱/中垂弯矩/剪力作用下发生	Smith, Non - FEM 方法 $Ms + \alpha Mw \leqslant Mu/\eta_1\eta_2$
3	FLS	高周应力循环	波浪载荷(包括 Spring 现象)引起疲劳破坏	线性积累损伤理论
		低周应力循环	装卸货/压载造成的重复性屈服冲击	热点应力
		超低周应力循环	螺旋桨振动诱导疲劳破坏	避振设计与措施
4	ALS	结构屈曲	事故载荷直接引起结构失效	以救助为目的进行判断
		船梁坍塌	事故后损坏结构的承载能力冗余	结构破坏前后的极限载荷
5	GLS	结构屈曲破坏/最小总纵强度要求	直接导致船梁破坏	适当的总纵强度冗余

表 5 - 3 给出了传统规范与 IACS CSR 的区别。

表 5 - 3　共同规范、传统规范的比较

力学模型	计算要求	共同规范	传统规范
屈服	线性(SLS, ALS)	√	√(部分)
	非线性	√	N/A
屈曲	线性(SLS)	√	√(部分)
	非线性(Post - Buckling)	√	N/A
疲劳	名义、热点应力(FLS)	√	N/A
极限	可靠度(ULS)	√	N/A
搁浅	非线性(GLS)	N/A	N/A

注:N/A 表示不适用。

共同规范对船舶的直接经济影响是船用钢板质量的增加(CSR 船舶钢料的增加在原有同型船的基础上不能超过 3% ~7%),对船舶快速性以及延伸到对节能减排有不可忽视的影响。在船舶市场价格较好的情况下,用钢量的增加带来的影响对船舶建造中的经济性还不明显。

共同规范的另一个特点是对设计、建造、船检、使用等各个行业的法律责任作了明确的规定。船舶设计和制造部门对船舶质量负责,验证设计的合理性。造船厂对船舶建造符合审过的图纸负责,提供符合规定的高质量产品。船级社负责图纸审查和建造检验,并证明它满足船级社规范。航运公司负责船舶的安全航行和维护。国外已经有了判设计者承担由于设计缺陷造成事故的责任的类似案例,而不是去追究船级社的责任。

国际船级社协会共同规范的出现,积极意义是在技术上基本解决了人类历史上延续

250余年的把统计技术放在第一位的船舶工程思想，一定程度上采用了风险设计的概念，其风险可接受水平为10^{-3}。其消极意义是两本规范采用了上述正在研究的不十分成熟的力学前沿方法（如疲劳设计），并且对同一理论采用了不同的力学模型，变得十分难懂，给造船界带来一定的迷惑，远远超越了当前船舶设计中以经验为重要基础的设计方法。

由于国际船级社共同规范比国际海事组织（IMO）的目标型标准（Goal – Based Standards，GBS）生效要早（在2006年4月1日已经生效），采用了除搁浅强度（GLS）以外的其余四个强度概念（SLS，ULS，FLS，ALS）。在IMO GBS发展的10年间，人们已经关注到IACS CSR不能满足IMO GBS的第二层次15项功能要求，表5–3是IACS在申请IMO GBS审核时的自评表表明CSR对GBS的完成覆盖率仅为52%。在上述的项目中，存在较大的不定性，尤其表5–4中"设计"里的三项：剩余强度（II.5 Residual Strength）、结构冗余度（II.7 Structural redundancy）、人为因素（II.9 Human Element）目前尚缺乏基本的评估标准。为此，IACS决定对目前IACS CSR中已经存在的理论、方法、格式、标准不一致的诸方面进行大规模修改，将油船/散货船两本规范从各自不同的理论框架下统一为一个框架（图5–2和图5–3），称之为协调下的国际船级社规范（Harmonized IACS CSR，HCSR）。

表5–4 CSR规范不能完全满足GBS要求

序号	项目	完全满足	部分满足	不满足	说明
设计					
II.1	设计寿命	√			
II.2	环境条件	√			
II.3	结构强度	√			
II.4	疲劳寿命	√			
II.5	剩余强度		√		比较含蓄、不明确
II.6	腐蚀防护				
II.6.1	涂层寿命	√			
II.6.2	腐蚀环境条件	√			
II.7	结构冗余		√		比较含蓄、不明确
II.8	水密/风雨密完整性	√			
II.9	人为因素		√		部分满足，有待公约规定
II.10	设计透明		√		有待公约/规范规定
建造					
II.11	建造过程质量	√			
检验					
II.12	检验	√			
营运					
II.13	检验与维护		√		在设计与建造的要求中规定
II.14	结构可达性			√	规定在SOLAS II–1/3 PMA中
退役					
II.15	拆船			√	IMO拆船公约

（来源：IACS，2007）

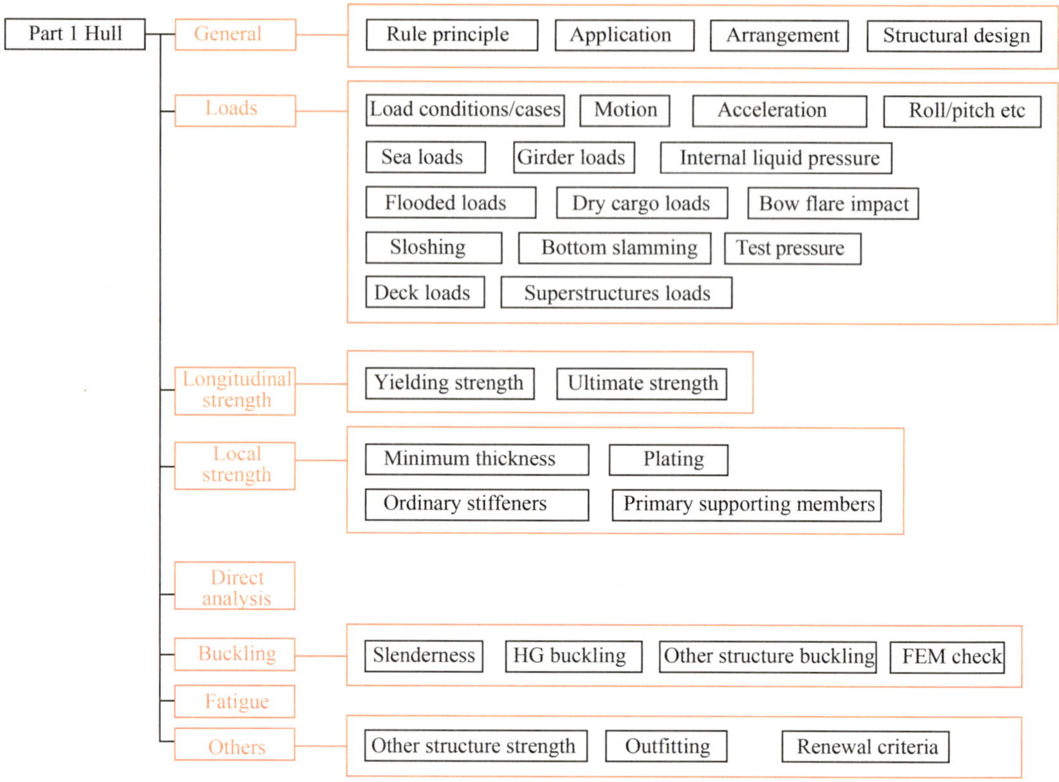

图 5－2　HCSR 第一部分(公共)示意图

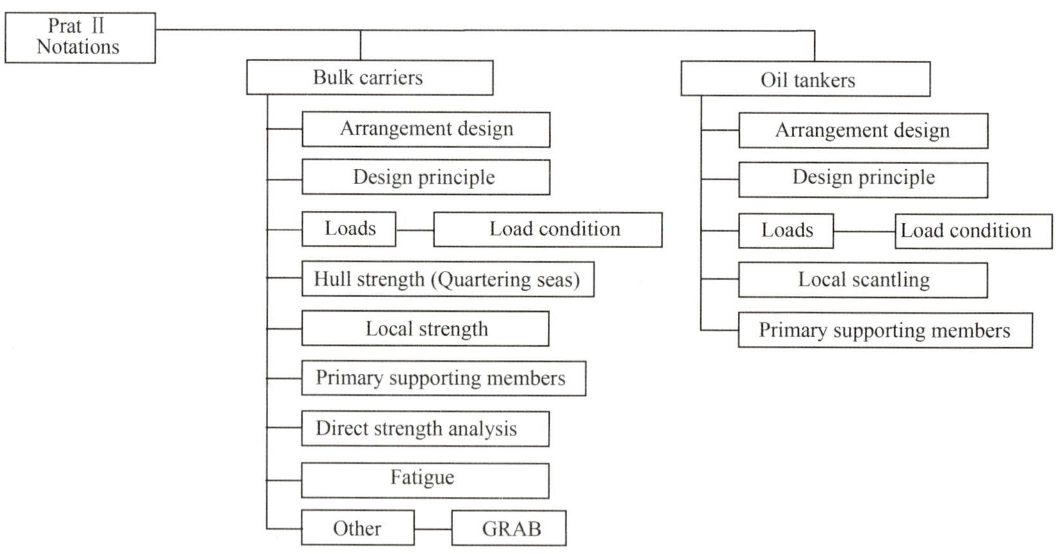

图 5－3　HCSR 第二部分(分船舶种类)示意图

上述规范将在 2014 年 1 月 1 日生效。其与 CSR 的不同点将集中在船型开发上更灵活,赋予设计者、航运公司更大的灵活性。在此意义上,对船级社的技术积累与评估技术是一个重大考验。

为了推进 GBS 的执行，IMO 已经在 MSC87(2010 年 5 月)会议上通过决议 MSC. 290(87)和 MSC 291(87)，将 GBS 的内容写入了以下 SOLAS 公约 II－1 章的 3－10 条款，内容如下。

Regulation 3－10

Goal－based ship construction standards for bulk carriers and oil tankers

1 This regulation shall apply to oil tankers of 150 m in length and above and to bulk carriers of 150 m in length and above, constructed with single deck, top－side tanks and hopper side tanks in cargo spaces, excluding ore carriers and combination carriers:

.1 for which the building contract is placed on or after 1 July 2016;

.2 in the absence of a building contract, the keels of which are laid or which are at a similar stage of construction on or after 1 July 2017; or

.3 the delivery of which is on or after 1 July 2020.

上述内容规定最早生效时间为 2016 年。适用于 2016 年 7 月 1 日签订合同，或 2017 年 7 月 1 日安放龙骨，或 2020 年 7 月 1 日交付的 150 m 及以上油船和散货船，不包括矿砂船和兼装船。

GBS 采用了船舶所需的五个强度体系，是船舶科学发展的里程碑。

由于 IACS CSR 采用了“净”厚度概念，使得国际造船史上形成了三类共存的规范体系。

第 1 类表示设计超出当前的规范覆盖范围，主要体现在目前各家规范不适用于此类船舶(如超大型矿砂船)，有船舶力学的前沿问题(例如，波激振动、颤振、晃荡等对船舶强度影响问题)需要通过试验与计算力学相结合的方法解决。

第 2 类表示可以依据 IACS CSR 进行设计(到 2013 年底，2014 年依据新的规范)的船舶(油船/散货船)。

第 3 类表示可以依据船级社现行规范设计的船舶(集装箱船，船长在 350 m 以下)。

上面叙述了 IACS 成员规范在未来的变化。应该注意，虽然针对的是船舶强度，由于其增加了船体钢料，在船舶设计中与原材料(钢材)发生了重大关联，一艘 CSR 的 VLCC 船舶仅从原材料计算，势必在建造时多增加 5 000～8 000 tCO_2 排放，不能不令设计者注意。

5.1.3 航运业面临的环保形势

迄今，国际上形成了法定(环保政策)、入级(环保技术标准)要求、航运公司使用(航运政策要求)要求、设计方法(造船工业政策)四大部分组合于一体的框架(图 5－4)。

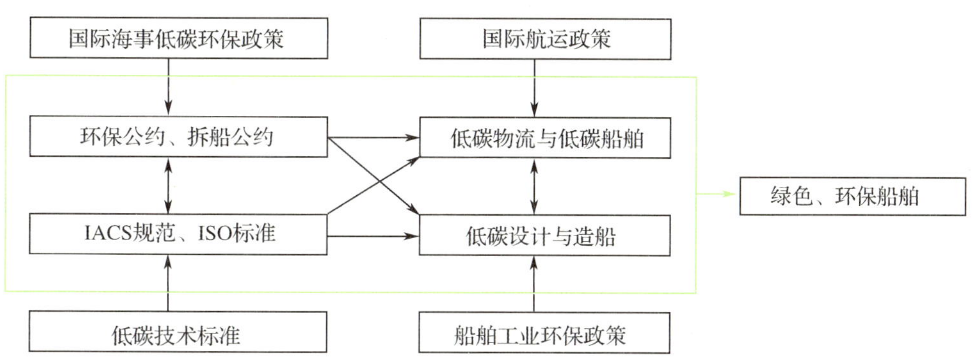

图 5－4 低碳、环保船舶的配套政策示意图

在未来 20 年内，全球将在以低碳为特征的经济框架推动下，航运的发展将沿着“三低

一高(低排放、低污染、低能耗、高能效)"的途径发展,其中的"低"或"高"的程度将反映对应时代的经济与技术发展特点与航运"绿"色的程度。在近5年内,较低的CO_2,NO_x,SO_x排放,涉及排放的压载水技术,船舶噪声的控制,生活污染物的零排放、轻造船材料的应用、减少船舶能耗的新技术应用等将成为主要努力方向。

5.1.4　船用燃料发展趋势

自1912年丹麦建造了世界第一艘远洋柴油机船"锡兰迪亚"号起,船用内燃机技术及其发展在船舶推进方面起到了举足轻重的作用。在未来20年内,淘汰船用内燃机的可能性将微乎其微。因此,石化能源仍是首选。文献[4]指出,2030年的80%以上的能源仍是石化能源。国际能源组织(IEA)在2010年世界能源展望中指出:在2035年,石化能源的三种产品(石油、煤、天然气)仍是主要能源,但是可再生能源的应用率将有大幅的提高(见图5-5)。

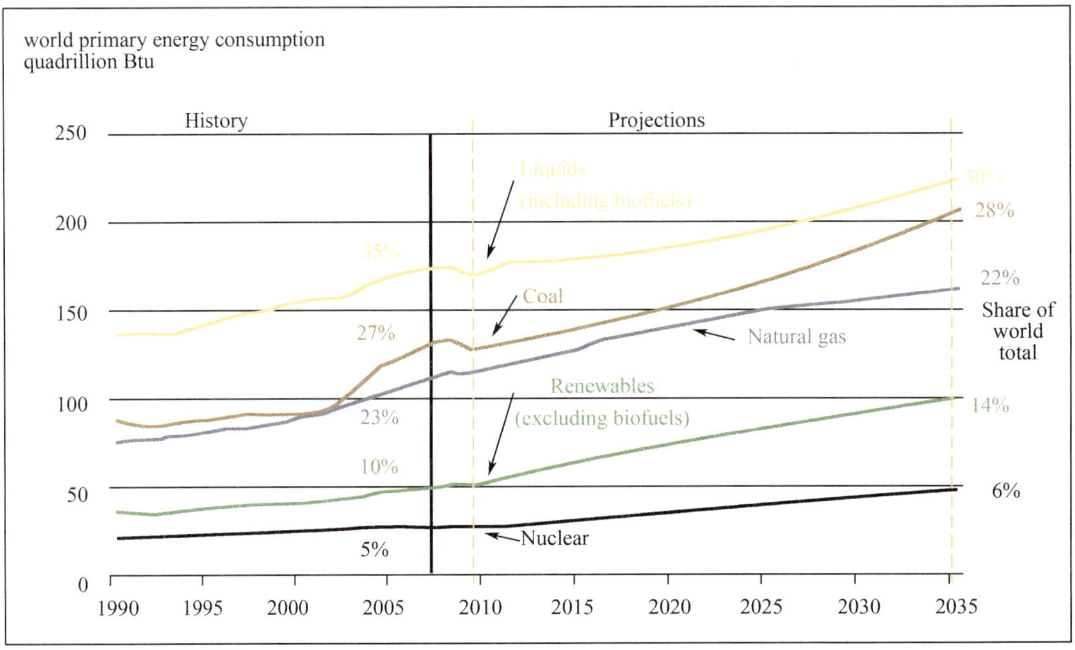

图5-5　未来各种能源使用比例变化趋势曲线

(来源:IEA,2010)

未来20年,由于减排等强制性要求,能够使用清洁能源(如天然气(LNG))的单燃料发动机(LNG)、双燃料发动机(LNG ,Marine Gas Oil(MGO))可能成为航运宠儿,其关键技术不仅仅是柴油机种类的突破,而且还有清洁能源的供应、服务与相应的安全环境的技术突破(如LNG的储存等)。IMO、某些国家与地区(欧盟、美国、加拿大等)所设置的排放控制区(Emission Control Area,ECA)的扩大趋势使得燃料油多样化。除了传统船用重燃油(Heavry Fuel Oil,HFO)仍是船舶使用最多的燃油外,低硫油(Low Sulphur HFO,L/S HFO)在船舶进入特定海域或港口时(ECA)使用,船用轻柴油(Marine Gas Oil,MGO)在船舶进入特定海域或港口时使用(美国加利福尼亚或欧洲北海等很少的特定区域)。

未来20年,燃料电池的关键技术(如催化剂的替代)有可能取得突破。在有限功率的条件下可以投入使用,在船用辅机方面将有所作为。

未来20年,核动力(属于清洁能源)船舶是一个很好的发展方向。在人类将核动力用于船舶已经有半个世纪以上经验的基础上，将在技术发展如压水反应堆（PWR）小型化、低浓缩铀（3% ~4% 含量）的使用、推进方式等方面获得发展，在船级管理如检验周期、人员培训、日常管理等制度方面取得协调，在商务运作如安全技术标准、物流形式、维护保养等方面取得共识，在国家间的协商如安全政策、船旗国、港口国的职责与检查等方面取得突破。2011 年 3 月，日本福岛核电站由于地震海啸引起的核事件反映了人类在核能利用方面并没有在技术上取得完全的突破，目前的二、三代反应堆技术面临重新审视。

未来 20 年，可再生能源（太阳能、风能、生物能）的使用将获得突破（将达到整个能源的 20%）。其技术成熟的判断在于商业链的形成、金融市场融资的可行性（即不需要政府支持）等要素。由于地球主要航线上风力长期分布稳定的优势，风能的利用将重新成为远洋船舶的重要动力。与传统的风帆概念不同，机翼理论将被使用在的大吨位的远洋船舶（例如，30 万吨级的 VLCC）高性能的风力助推技术上，受到吨位制约的瓶颈将被打破。在以电力推进的船舶上，风力发电机的型式转变将使风电技术变得足够“经济与绿色”。

未来 20 年，太阳能发电技术（如太阳能电池技术与空间太阳能发电站等）可能在能效方面与电能传输方式取得突破，使得在船舶推进上投入使用的可能性大大增加。

在未来 20 年，在燃料选择方面，航运公司将是被动的，它受到主管机关颁布法规的制约，表5 -5 给出了航运公司可能采用的措施。尽管生物能有一定突破，因其价格昂贵，推广有一定困难。

在上面 10 项相关法规要求下，尽管航运公司有一定选择措施机会，但是从燃料的性质来看，低硫油（L/S HFO）、轻柴油（MGO）不能减少 NO_x 的减排。由于其挥发性强，尚存在主机启动困难、易引起气缸内爆燃的缺陷，在使用中还有冷却，储存等一系列问题有待研究。另外，低硫燃油价格较高，目前每吨价格较普通燃油贵 250 美元，将增加航运公司的燃料成本。

LNG 燃料由于主要成分是甲烷（CH_4），除了可以降低 CO_2 排放 12% 以外，对于 NO_x，SO_x 的减排是首选，但是它也存在以下问题需要解决。

①可能增加成本（LNG 内燃机与 LNG 燃料储存与管路系统特殊要求需要增加 10% ~ 20% 的成本）使得使用者信心降低。

②使用需求使得船舶经济性降低，其原因是：储存 LNG 需要的容积太大，使得船舶载货容积减少；设置燃料添加的专用码头，对续航力大的远洋船有一定制约；采用 LNG 燃料将限制船舶使用的灵活性。

③设计受到相关公约（IGC Code / IGF Code）制约。LNG 在船上储存必须满足“C”型舱要求，目前满足公约布置困难，需要修改相应公约，对 IGF Code 的制定最快需要在 2014 年完成。

综上所述，在 LNG 供应条件完备的情况下，LNG 燃料用于短途（Short Sea Shipping，SSS）或国内航行（如中国长江、西江等）应该是可行的，正如欧盟在其成员国范围内推荐 LNG 作为燃料的使用一样，是一个可持续发展的方案。这样只要将供气站按照一定的距离设在岸上，解决船舶在设计中考虑储存 LNG 造成货物容积损失过大的问题，仍然可以考虑采用 LNG 作为理想的燃料。在岸站供气方式上，为了节省时间防止危险，应该考虑直接供应标准的 LNG 罐（组），而不是直接灌气。

未来 20 年，鉴于地球上石化燃油资源日益短缺，海运生物燃油的应用也日益增长，英国保赔协会 2010 年关于海运生物燃油趋势研究报告称，全球 2010 年生物燃油需求将达 2 000 万吨，往后数年的需求将以 15% 的年增幅上升。但是在使用生物燃油时，须理解各种不同类型的生物燃油特性，确保运输和储存过程安全。

表 5－5 航运公司的燃料选择

法规名称	生效日期	内容简述	适用区域	适用船舶	后果	航运公司可能的选择
2005/33/EC	2010/01/01	在 EU 港口/河流停泊时硫排放低于 0.1%	欧盟范围	在航与新船	增加设备与航运成本	采用低硫油/LNG 燃料
Marpol Annex VI	2010/07/01	在硫排放规定区域（SECA）内，硫排放低于 1%	IMO 规定的 SECA 内	在航与新船	增加设备（废气净化装置）与航运成本	采用 1% 以下的低硫油/如采用含硫 1% 以上的燃料需配置清洗机（Scrubber）/LNG 燃料
	2011/01/01	NO_x 减少到 Tier II 水平，比 Tier I 水平减少 20%。	全球水域	新船	选择特殊的柴油机/废气净化，增加航运成本与资金投入	选择低 NO_x 排放柴油机/选择 TierI 的柴油机需与 SCR，EGR，HAM，WIF 同时使用/LNG 燃料
	2010/01/01	硫含量低于 3.5%，2020 年低于 0.5%	全球水域	在航与新船	增加航运成本	2012 年采用低于 3.5% 含硫量燃油/2020 年采用低于 0.5% 含硫量燃油/或传统燃油与清洗机同时使用/LNG 燃料
	2015/01/01	在硫排放规定区域（SECA）内，硫排放低于 0.1%	IMO 规定的 SECA 内	在航与新船	增加设备（废气净化装置）与航运成本	采用低于含硫量低于 0.1% 的低硫油/大于 0.1% 的低硫油与清洗机同时使用/LNG 燃料
	2016/01/01	NO_x 减少低于 Tier II 水平在排放区内（ECA），低于 Tier II 水平的 75%	IMO 规定的 ECA 区域/各国单边规定的 ECA 区域	新船	增加废气净化装置（除非柴油机有重大改善），增加航运成本与资金投入	使用废气净化装置（如 SCR）/其他措施/LNG 燃料
	2013/01/01	SEEMP 作为 SOLAS 公约的船舶安全管理体系的一部分、基线值生效	全球水域	400 总吨以上的新船与现有船(7 类)	不满足要求者将受到处罚	以 EEOI 为工具进行能效管理认证
	2015/01/01	EEDI 及设计排放在基线上下降 10%	全球水域	400 总吨以上的新船（10 类）	增加减排边际成本	采用减排技术
	2020/01/01	EEDI 及设计排放在基线上下降 20%	全球水域	400 总吨以上的新船（10 类）	较多地增加减排边际成本	采用减排技术
	2025/01/01	EEDI 及设计排放在基线上下降 30%	全球水域	400 总吨以上的新船（10 类）	更多地增加减排边际成本	采用减排技术

从上面可以看出，尽管石化燃料仍是船舶首选，但如果每吨燃油达到 500 美元（72 美元/桶）以上时，航运公司将欢迎一切可以降低成本的措施。目前在业界有一个误解，将低碳经济等同于新能源的开发和使用。其实根据当前世界的技术能力，利用新的能源不是当前最急迫的方向，而是 2030 年后的产业主流。目前，应该把注意力集中在更高效率地用好化石能源即传统能源上。

对于上述新能源应用可能发生的技术革命，成本不菲，在选用时，应该慎重。

5.2 船舶最低能耗设计概念

5.2.1 船舶最低能耗设计（Lowest - Energy Design，LED）定义

在目前对船舶最低能耗设计下一个确切的定义确实有一定的难度。难就难在何谓“最低”能耗。这是一个与经济发展、成本核算具有密切关系的模糊性概念，是一个动态变化的概念。

从理论上讲，设计是将船舶工程实施前期按照一定的法规、规范、标准与航运公司（业主）要求相结合进行规划、核算、研究、最终得到所需阶段的实施图纸与有关技术文件的过程。工程上的概念一般都会理解为这种设计应该比已有规定的标准或等效准则要好。目前，船舶设计者面临的问题是：在船舶“能效”方面，没有一个可遵循的标准，全世界的学者都在探索。本节力图通过研究，在当前国际能效发展的趋势下，提供一种可给船舶能效设计定义的方法。

根据第 4 章的分析，航运业的主要工具是根据船舶温室气体减排成本核算（ACC）方法，针对 IMO 在 2030 年的情景规划而定出其最低能耗的含义。遗憾的是，目前没有这方面的法规规定，所有的仅是 MARPOL ANNEX VI 关于 NO_x，SO_x，CO_2 排放的规定与硫排放区域或排放区域（SECA/ECA）的划分，仅满足这些要求不足以称之为最低能耗设计而只能称之为现阶段的环保设计。

作者建议，最低能耗设计核心技术为“降低负荷”与“利用可再生能源”并体现为一个循环过程，在不同的时期具有不同的能耗目标，有五个阶段组成（图 5 - 6）。

在上述的概念下，船舶最低能耗设计可定义为：所谓船舶最低能耗就是通过确定能效管理的潜在优化环节，分析节能潜力，并采取相应的技术措施的全套理念提升船舶设计的能效——在完成船舶功能（规格书要求）的基础上使能源使用合理、多极多层次利用、去向清晰，能耗达到最低状态，使得船舶保持一个良好的经济效益与良好的舒适条件，永久降低能效成本以及温室气体（CO_2）排放量。

由于最低能耗设计概念中清洁能源、可再生能源的使用，航运业温室气体减排不能单纯依据对石化能源的消耗多寡决定。所以 CO_2 的排放只能在一定程度上与燃油用量相联系。在此意义上它可以定义为 CO_2 的最低排放设计（尤其在一次性石化能源为主的情况下更是这样），它包括了温室气体（GHG）排放、电站负荷平衡（燃油消耗）、能效设计指数电功率表（EPT - EEDI Form）编制、预算成本、货物重量等因素的影响。

在传统的船舶设计中，能量的利用率极低，大概只有 30% ~ 35%（柴油机 60% 与桨 50% 两者相乘），浪费很大，如图 5 - 7 所示。

在图 4 - 8 中，电力、动力、蒸汽热力供应等方面可以分为麦肯锡曲线（ACC）坐标轴下面部分与上面部分两个部分减排项目，下面部分可以通过设计技术来获益，上面部分可以通过预先的投入（Upfront Investment）进行科研达到。另外，还可采用以下的优化轮机设计

措施(以常规船为例)进行船舶阻力与轴马力的优化。传统船舶主机功率确定基本框图如图 5 -7 所示。

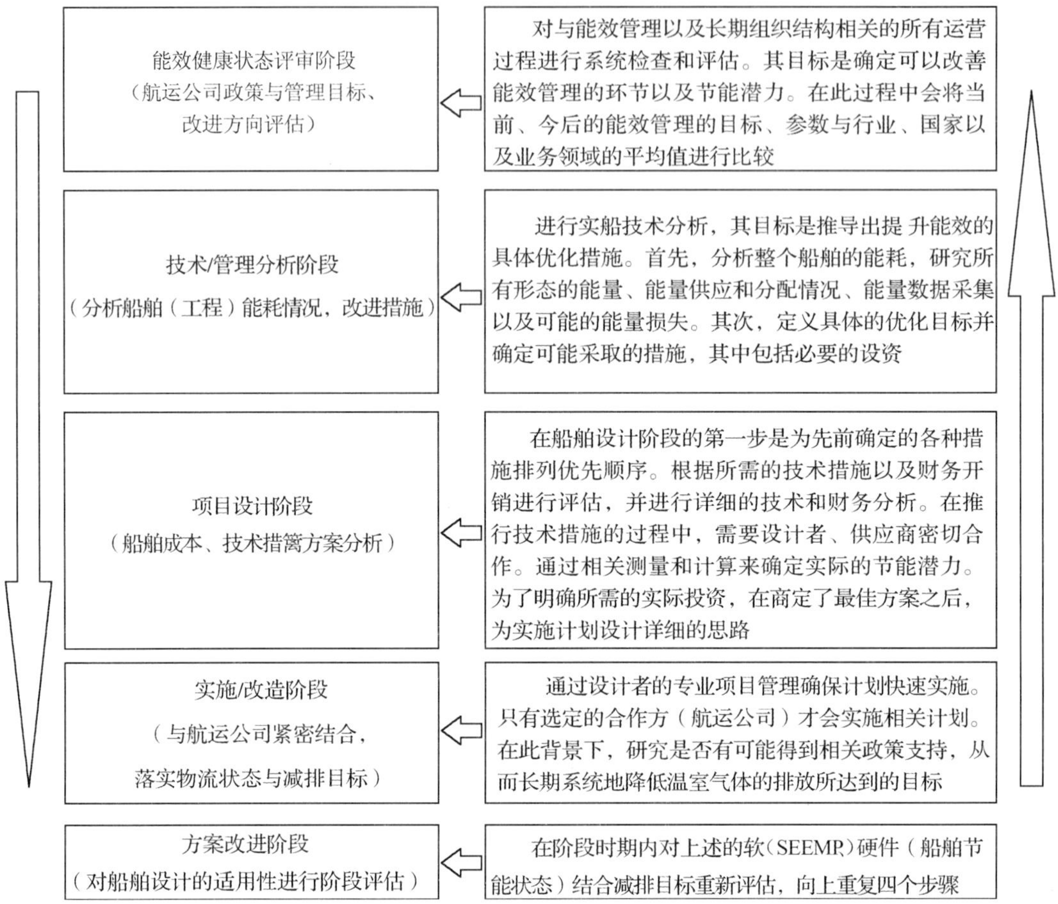

图 5 -6　不同设计阶段对应不同的能耗目标示意图

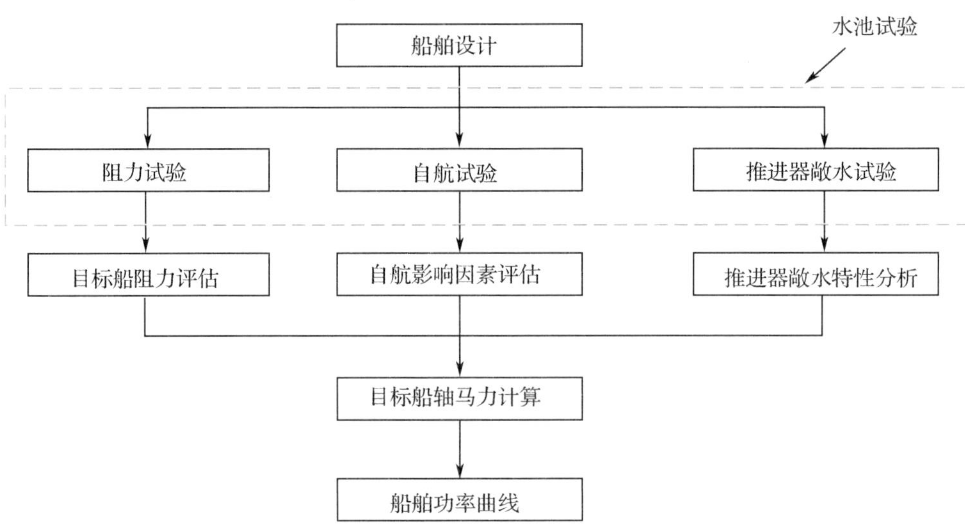

图 5 -7　传统船舶主机功率确定基本框图

上述环节在常规的设计中是一个及其重要的环节,但如果只是为了满足航运公司的航速要求而忽视了能量利用,造出来的船舶必然具有较高的能耗,其中缺乏了现代技术——计算流体动力学(CFD)的预报。韩国 STX 对其进行了改进(图 5-8),获得了提高能效 4%的成果。

图 5-8　STX 的优化方案示意图

5.2.2　传统的设计与最低能耗设计(Lowest Energy Consumption Design,LECD)模型

作者建议采用图 5-9 中的 LECD 模型进行船舶全寿命设计。

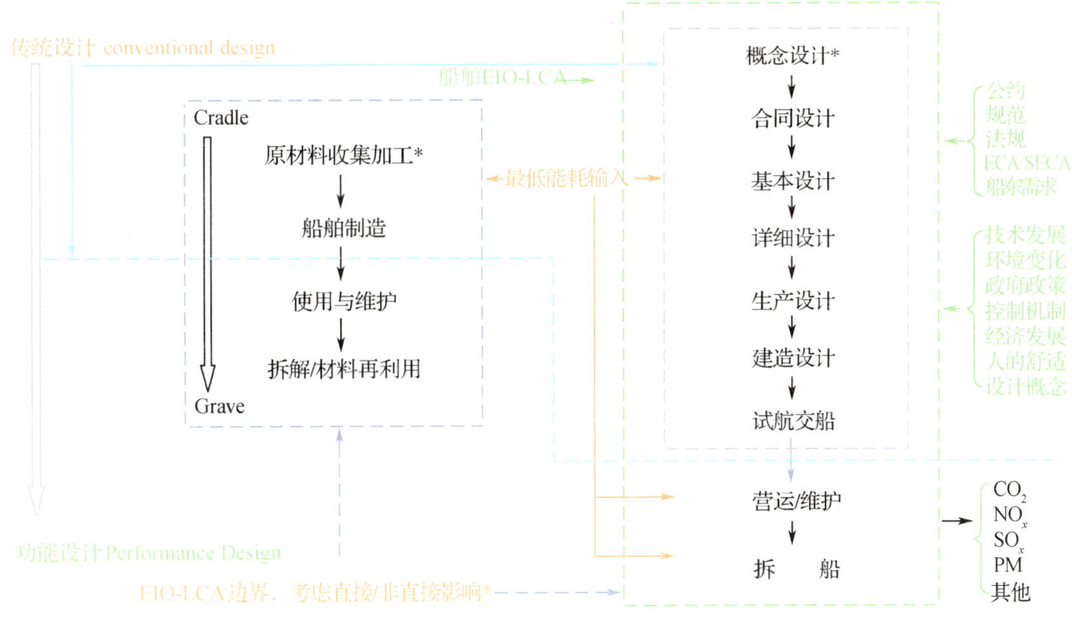

图 5-9　LECD 模型中的各个阶段

图 5 -9 的左端采用了 20 世纪 90 年代诺贝尔奖获得者、美国康奈尔大学教授 Wassily Leontief 在 1930 年提出的 EIO - LCA 理论,现在这一理论广泛应用在西方发达国家的能源政策的论证与国家发展规划的评估中。上述理论与传统的 LCA 理论相比,有着极大的优越性。

表 5 -6 给出了两者的比较。

表 5 -6　EIO - LCA 与传统的 LCA 比较

	传统的 LCA	EIO - LCA
对于 data 的需求	比较局限,不适合作全面的分析。根据样船设计,没有新船设计经验。通常研究一种船型设计方案、一种航速、一种主尺度	Data 的收集源于在经济活动中产品的生产商(制造)与服务商(航运公司与物流),比较真实地反映全面的能源使用情况
对于分析边界的界定在整个寿命期内(从 Cradle 到 Grave)需要根据不同的部门(Sector)划定	边界的选取由设计者决定,包括任何供应链之间的过程。分析的正确性也只能体现在所分析的边界内,只能针对产品本身,不能针对社会影响(如仅限于造船过程)	自动赋予了经济活动的因素,包括整个的生产、物流服务过程,甚至非直接的影响(不仅包括造船,还要包括对社会的影响,如物流速度、温室气体排放等)
数学模型精度	由于太倾向采用过于高精度的数学模型(只能涉及技术)使分析困难,不能建立环境影响与经济发展的关系	经过统计,建立了与经济变化相关的线性比例关系,可以宏观全面地反映产品的经济性,如与航运温室气体排放税收、贸易的关系
商品流	考虑生产过程中构成产品不同的对象(如钢材、设备等)分析,然后综合其结果。不考虑对社会商品流的影响。在设计中缺乏航运经济观点	不仅考虑传统的投资分析过程,采用现金业务观点,考虑生产商家(工业)在代理商(非工业)之间的商品流,如动态考虑资金与原材料、设备之间的关系

总的来说,在图 5 -9 中对应于传统的设计/制造阶段的传统的 LCA 模型不能反映对社会的影响。

图 5 -9 反映了 EIO - LCA 概念与全寿命周期设计的结合,与常规的设计概念不同主要表现在 EIO - LCA 的过程考虑最低能耗。

根据上述的规定,可以编制一艘船舶寿命期内碳足迹的计算表(表 5 -7)。

表 5 -7　船舶寿命期内碳足迹计算表

阶段	因素		tCO_2e 的折算系数
原材料收集	材料种类	总量	
	钢	t	2.768 t / per ton steel
	铝	t	10 ~ 20
	……	……	……
	运输方式	燃料消耗率	
	水路	柴油/万吨公里	3.114 4t /t HFO 等
	铁路	22.4 kg 柴油/万吨公里	3.026t/t diesel
	……	……	……
船舶建造	加工种类	总量	
	耗电	MWh	1.006 9 t/MWh
	耗蒸汽用煤	t (0.15t/每吨热水)	1.96 t /t coal
	乙炔	m^3	0.004t/m^3 ethyne
	……	……	……
	试航耗油	t	3.114 4t /t HFO
使用与维护	燃油种类	总量	
	HFO	t/day × days/year	3.114 4t /t HFO
	MGO	t/day × days/year	3.026t/t MGO
	LNG	t/day × days/year	2.75 t/t LNG
	……	……	……
船舶拆解	加工种类	总量	
	耗电	MWh	1.006 9 t/MWh
	耗蒸汽用煤	t (0.15t/每吨热水)	1.781t /t coal
	乙炔	m^3	0.004t/m^3 ethyne
	……	……	……

图 5 -9 对 EIO - LCA 的概念诠释包括四个关键阶段:原材料的采购与处理、船舶建造、营运与维护、拆船与再生等过程。在每一个阶段都必须把能源的使用放入进行检验是否最佳方案。例如,在营运与维护中就包括检查(Inspection)、监控(Monitoring)、维护(Maintenance)和修理(Repaire),即所谓的 IMMR 过程。

传统的设计(Prescriptive Design)是与当前规范的性质相关的(因为当前规范也是 Prescriptive 性质的),因此在船舶、海洋工程的设计中,船级社的规范性质负有极大的责任,将功能性设计概念引入现代船舶技术中,可以摒弃传统设计方法遗留的问题(图 5 -9)。

图 5 - 10 将传统设计概念与功能性设计概念进行了比较,可以看出,在船舶设计中由公约、规范主导的约束条件,往往是不能满足航运公司营运中的目的,其中最大的问题是维护中的费用与航运公司目的相悖(这些因素与航运公司对于船舶使用目标有关,如航线、货种

等因素)。尤其不能忍受地是,航运公司必须接受公约、规范所开列的技术水平,而公约、规范从来不是最优的技术指标并具妥协性,成本无法下降。因此,由现代 IMO 技术政策主导的目标型标准(GBS)仅仅是一个与环保相关的强度色彩极强的标准,不是一个可以容纳节能安全环保技术于一体的政策,要达到节能型技术标准,仍然有很长的路要走(见第 1 章图 1-16)。

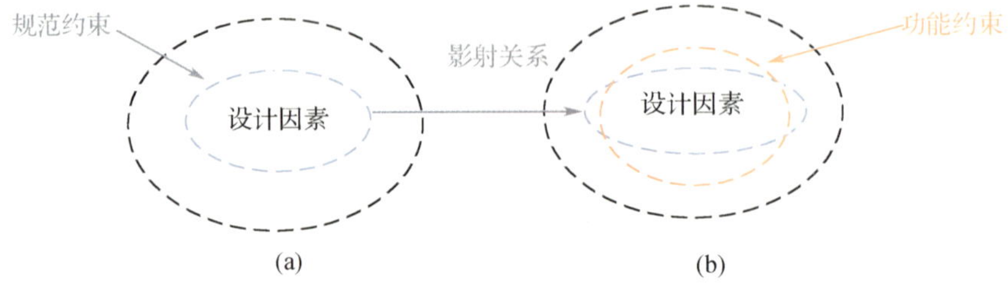

图 5-10 传统设计概念与功能性设计概念的映射关系示意图

(a)传统设计概念;(b)功能性设计概念

文献[5]按照上述的四个阶段的思路,以 18 万吨散货船为例,粗略地计算了该船在船龄期间(每年 20 个航次,每个航次 12 天,这些数据有待商榷)的能耗。发现在船龄寿命期内的使用与维护阶段中,CO_2 的排放占了大约 95%。如果航运公司根据其经营策略进行变化,可以取得较好的结果。

EIO-LCA 的评估方法与功能型设计(Performance Design Method,PDM)(见第 4 章)是分不开的,这是因为在 PDM 中,已经贯穿了"全面考虑的概念(Holistic Concept)"。

5.2.3 船舶概念设计领域的拓展

在概念设计阶段,在保持安全的前提下,应该对基本船型、最低能耗、技术发展三个方面进行反复斟酌(图 5-11),同时应突破公约技术政策的约束(如 LNG 燃料的应用)。因为公约的要求从来不是最高要求而是各种势力博弈的结果,不应成为束缚概念设计的约束条件。

从集合论的观点上看,上图中的基本船型(I)、技术发展(II)、最低能耗(III)为基本集合,其他的交集 IV,V,VI,VII 则为基本集合之间的交集。其内容如下。

①集合 I:在表 5-1 中带"*"与不带"*"的部分作为航运公司的基本需求。

②集合 II:技术发展,涵盖内容很广,如设计、材料、节能、建造技术皆在其中。

③集合 III:维持本船功能所需最低能耗,应考虑各类减排政策限制,包括碳税、许可排放额度的贸易机制等。

④集合 IV:考虑技术发展对所需基本船型的改进,如轻型材料、高强度钢、防腐钢应用等。

⑤集合 V:按照最低能耗要求进行的 ACC 曲线分析(见第 4 章),确定被采用技术的优先位置。

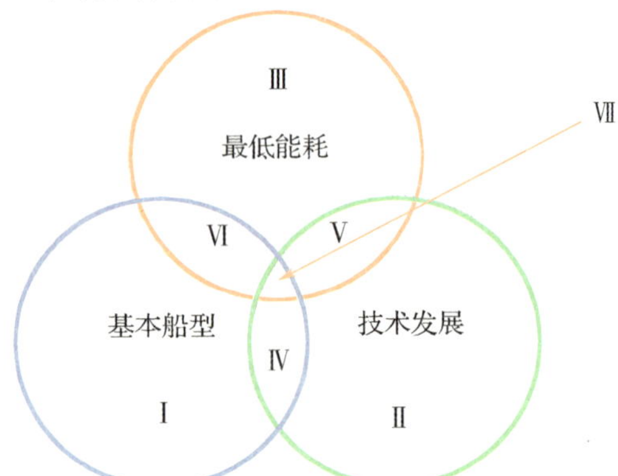

图 5-11 经济船型概念设计应考虑的因素示意图

⑥集合 VI:按照最低能耗要求对船

舶进行设计中的改进，包括新技术措施的引进。

⑦集合 VII：在 I，II，III 中寻求优选的技术方案。

按照通俗说法，概念设计（内容见第 3 章）应是实现航运公司实际营运要求框架（Outline）的技术过程。概念设计内容除了惯例外，尚应考虑目前公约、船舶规范并未考虑全球气候变暖造成的海洋航行条件的恶化，如波浪高度每 10 年增加 8 ~ 10 cm 等[6]。对于特殊海域，汹涌波（Rogue Waves，见图 5 - 12（a）（上浪）、图 5 - 12（b）（船首毁坏））伴随着飓风（Hurricanes）、台风（Typhoons）、猛烈风暴（Severe Storms）产生，其发生概率将影响到船级社的技术标准（目前船级社没有对应标准），必要时可考虑在 ALS 计算时适当提高安全性标准。主要的概念设计核心技术应为船型的水动力性能的优化，目标为提高同类船舶的航速、减少船体空船重量以获得更多的装载量。文献［7］指出，即使是 CSR 船型，其换板也将在 10 年后发生，维护与修理的成本在整个寿命期的平均所得的年成本值并不最优。IACS HCSR 的特点将给航运公司、设计者更多的灵活性，比较聪明的航运公司应该考虑上述问题。

由于现行的 IACS CSR 存在一些缺陷，例如，按照 GBS 的 25 年设计寿命的要求，航运公司发现在关键部位（如散货船的货舱区肋骨、槽行舱壁下列板、压载舱内的骨材等）进行必要增强（即稍微提高腐蚀增量）就可以在寿命期获得最佳的平均年收益。这就产生另一种概念设计模型：在船型/排水量不变的前提下，采用略增加一点空船重量（在关键结构部位增加厚度）从而在寿命期内大大降低维护费，减少维护时所需钢料达到 CO_2 减排目标，取得最好的经济效益。

(a)　　(b)

图 5 - 12　汹涌波的形成对船舶的破坏示意图

（a）汹涌波（上浪）；（b）汹涌波造成船首损坏

（来源：Peter Müller，2005）

在采用的造船材料方面，尽管钢材在未来船体的设计中仍是主要材料，但是随着对上层建筑降阻、减轻船体质重量的要求增强，西方国家（如英国）已经在考虑新的船舶建造材料的应用。

在选择船舶配套设备方面，除了材料的重量优化被配套厂控制外，应在船舶总装过程加强对船用设备的一体化设计及物流链的控制，增加总装过程的效率。

为了减少航行中的人为因素造成事故率、加强船舶的中控系统设计（考虑冗余度与应急响应），选用高可靠度的配套设备。诸多产品和系统如自动化、推进系统与发动机及其他报警系统等相关设备系统完全融入到一个界面，具有高效和整体掌控的优点，船舶操作运行更简便安全。

现将两个近些年来国际航运界比较认可的概念简介如下。

(1)绿色航运(Greener Shipping)

在营运中的合理操作需要气象、风力风向、浪流、港口装卸、锚地、港口船舶密度、码头、航道等情况的预报，甚至包括引水员的提供、船员培训、航行经验都对船舶的能耗有重大影响。因此，应该在能效管理(Energy Efficiency Management，EEM)的基础上开发远程通信软件是必要的。这些预报应结合本船的装载状态(纵倾、横倾、吃水等)进行航线、航速的选择。在日常加强船舶的科学维护(如船体表面的粗糙度)，特别关注装载腐蚀性强的货物(如煤炭等)对涂层的破坏程度，使得涂层寿命能够延长(因为涂层一旦损坏不易进行日常维护)，保持船舶处于良好技术状态与保值。

(2)设计与退役(Design and Decommissioning)

在设计初期即按照"拆船公约"的要求进行造船材料的登记处理，挑选环保材料(可再生材料)制造的配套设备。据统计，船用材料的90%以上是可以再生的。

上述两个概念可以分别在表5-1中的6，12，15，17，19中考虑。

5.3 低碳船舶设计技术

5.3.1 常规的节能减排设计

第4章已经描述了现有船舶设计技术的利用对日益增多的船舶温室气体排放[8]可以减少船舶15%~20%的排放水平。如果加上目前所发展的新技术可以使得此指标达到33%。它可以分为以下四类(表5-16)：

①船舶性能设计(主要为减阻)；

②轮机能效设计(包括主机、其他船用设备)；

③推进装置设计(提高能效)；

④清洁能源与可再生能源应用(减少一次性石化能源应用)。

上述四类方法如能在最低能耗设计的概念下进行则可获较好的结果。

上述内容都在第4章的ACC曲线上可以找到对应内容。其中②涉及船用设备的性能与技术指标，③则涉及船体(尾)型线、桨效率、船尾附体布置等。

本节将对船用设备环保要求的技术范畴作较为详细的介绍，其中解决方案中有些技术尚在试验室阶段，在采用时应予以甄别。

5.3.1.1 轮机的节能设计——优化轮机设计的附加措施

1. 技术要求与处理方案

(1)有害气体(包括温室气体、有毒气体(SO_x，NO_x，CO_2，Soot，Smoke，PM等))减排技术

①SO_x。

a. 法规要求：

* MARPOL 73/78 Annex VI。
* Directive 2005/33/EC。
* 其他主管当局规定(如美、加等国)。

b. 危害程度：

SO_x 的严重排放是沿岸造成酸雨从而对环境引起破坏的原因之一。从航运来说，如若降低燃油燃烧后留下的 SO_x 使其满足 IMO/政府主管部门的要求可以通过以下方式解决：改用低硫油（L/S HFO）/轻质柴油（MGO），同时可以减少残存的颗粒物（Particulate Matter（PM））及主机与锅炉的废气通过清洗处理。

c. 解决方案：

* 增加低硫油或 MGO 的使用，尤其在规定的排放控制区（ECA）内。

* 采用双燃料发动机使得船舶在选择燃油方面更加灵活，在公海上使用重油（HFO），在沿岸/港口使用清洁燃料（如天然气（LNG））。

* 对 SO_x 中的 SO_2 采用（湿式）清洗技术与中和（干式）技术（在 SO_2 的封闭回路上增加碱性化学物质），可使其排放减少至 85%。采用何种技术应关注公约要求并与当前船舶设计水平协调。

* 采用废热回收系统可以使得废热变为船舶所需的电能，可以减少主机/辅机燃油消耗，同时减少了 SO_x 的排放。

②NO_x。

a. 法规要求：

* MARPOL 73/78 Annex VI。

b. 危害程度：

船舶 NO_x 的严重排放是沿岸造成酸雨从而对空气质量引起破坏造成沿岸人口疾病甚至死亡，船舶的 NO_x 排放约占总量 30%。

c. 解决方案：

* 改善燃烧系统技术可获得良好的效果：有米勒循环（Miller Cycle）、涡轮增压（2 - Stage Turbocharging）、燃油喷射装置（Fuel Injection Equipment （Valves and Combustion Pumps））技术可供选择。

* 控制燃烧室温度技术使得 NO_x 大量减少：潮湿空气动力机（Humid Air Motors）、直接喷水（Direct Water Injection）、废气再循环设计（Exhaust Gas Recirculation）、燃油乳化（Fuel - Water Emulsification）等可供选择。

* 其他技术：多重废气利用（Exhaust Gas After Treatment Technologies）、废热回收系统（Waste Heat Recovery Systems）有效减少 NO_x 排放、电控凸轮（Electronically Controlled Camshaft Less Engines）、涡轮增压器（Turbochargers）、阀控（Valve Control）、燃烧过程优化（Optimised Combustion Processes）等可供选择。

③CO_2。

a. 法规要求：

* IMO 制定的能效设计指数（Energy Efficiency Design Index，EEDI）已纳入 MARPOL ANNEX VI。

b. 危害程度：

在温室气体（CO_2，CH_4，N_2O，HFCs，PFCs，SF_6）排放中，CO_2 的成分占了 56.6%（图 5 - 13），是造成地球气温上升的主要原因（详见第 3 章）。航运的 CO_2 排放主要来源为燃油的燃烧排放，其占全球 CO_2 排放的 3.3%（国际航运 2.7%，国内航运 0.6%），如图 5 - 14 所示。

各种船舶的排放与公路、铁路的比较如图 5 - 15 所示。

c. 解决方案：

由于 CO_2 的排放与燃油消耗有直接的关系，在船舶最低能耗量计算的基础上，所需总能耗减去利用可再生能源所产生的能量即为船舶石化能所产生的温室气体的影响。目前航运公司采用较多的措施是：在安全前提下减少航速（但在 CDM 概念下不占优势，见第 4 章）、采用现有技术（新技术在后面介绍）、严格管理三种措施达到目标。除此之外，正在进行研究的新技术有以下 8 类。

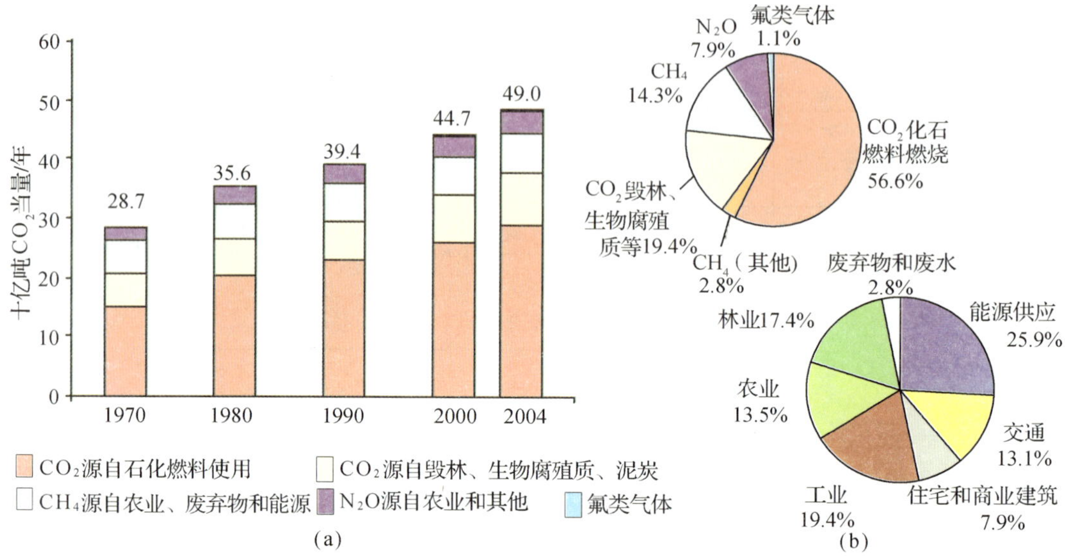

图 5－13　全球人为温室气体排放量示意图

（来源：IPCC，2007）

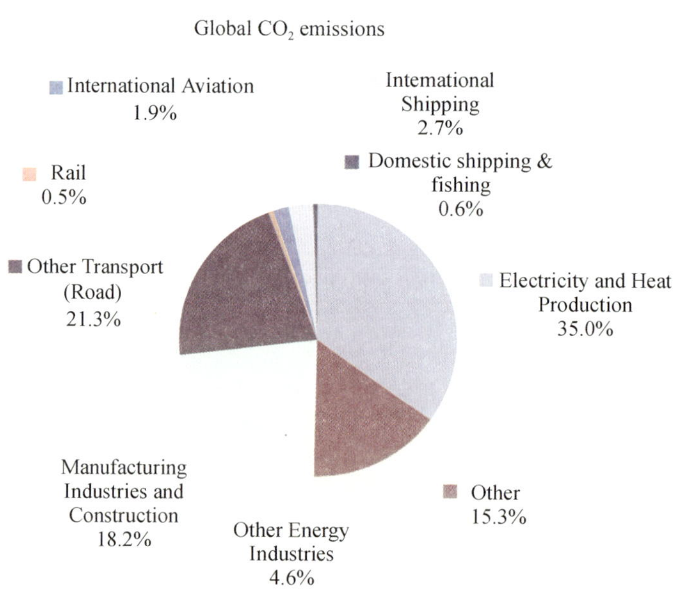

图 5－14　全球 CO_2 排放统计示意图

（来源：IMO MEPC 59/INF. 10，2009）

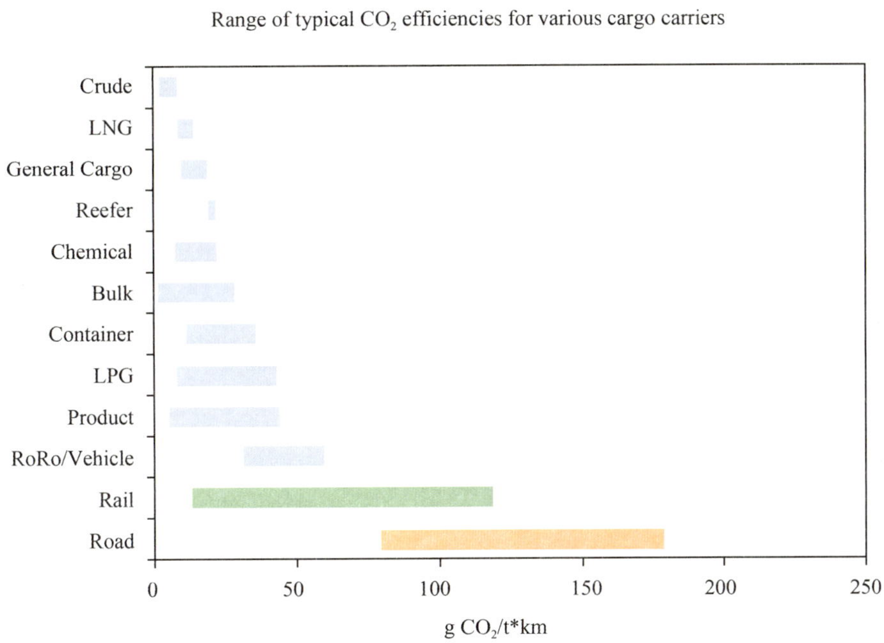

图5-15 各种运输方式 CO_2 排放统计示意图

（来源：IMO MEPC 59/INF. 10，2009）

* 混合辅助发电机，由燃料电池、柴油发电机组、蓄电池组成，各组成部分发挥最大能效的情况由智能控制系统进行平衡。这是一个开放的系统，目前正在发展的其他技术也可置于其中，如风力发电、太阳能电池等。

* 采用天然气作为主要燃料。

* 风能辅助推进方式，此项技术在上个世纪后期得到发展，但是由于油价下滑、推进技术不成熟、材料不过关限制了其发展。据文献[9]估计，此项技术可取得节省燃料10%～15%以上的效益，它意味着 CO_2 的排放可减少10%～15%以上。

* 废热回收，作为传统船舶推进技术的重要延伸方案，大概有12%的节能收益，主要体现在概念设计/操作技术。

* 岸电使用（冷方案（Cold Ironing）），增加船舶接岸电装置使得船舶电站系统与岸电协调，在停泊/在码头作业时关闭船上动力（主辅机）减少燃油消耗。应注意此举存在碳信用转移问题，但是目前国际上缺乏规定。其关键技术是将岸电主要参数（6 000 V，50 Hz）与船舶电力系统的技术参数进行转换，目前船舶上的电力系统有高压6 000 V、中压3 000 V与低压440 V、电流60 Hz，中间需要增加变频装置。

岸电的转换有如下功能要求：使用方便；装置体积不大；电罗经需要不间断电源。有采用低压上船（图5-16）与高压上船两种方式，后者对船上的装备有特殊要求。

上述船舶使用岸电的思想在目前国际全力推进温室气体减排及IMO在有害气体排放限制的形势下有着积极的意义，除了从船上 NO_x，SO_x，PM这些危害沿岸与港口人体健康的物资可以被清除至少减少90%以上以外，另外还可以收到降低噪声的效果，计算表明岸电使用成本远低于船舶直接排放成本（约70%）。

上述岸电方式采用相当于将一个国家的清洁能源（二次能源）输出，对于中国这样的煤电达到80%的发展中国家不一定是一个优选方案。上述方法最适合在码头必须大功率发

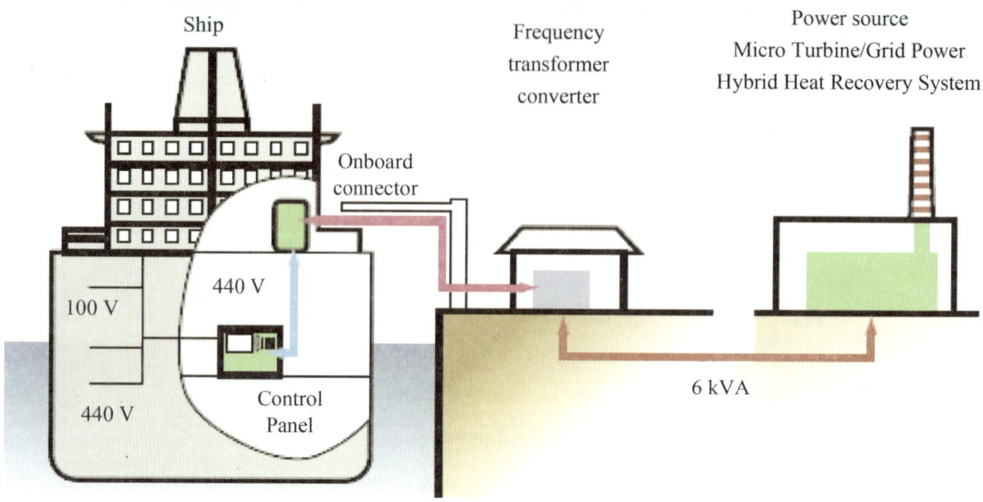

图 5-16　船舶连接岸电示意图
（来源：EMEC,2010）

电作业的船舶，如大型邮轮、集装箱船船等，尽管油船也属于码头大功率作业船舶，由于安全条件限制，在无新规之前不宜使用。

* 燃料电池（氢）系统，正在欧洲投入资金与人力资源进行研发。有报告称该系统可望比常规的柴油机的能效提高 50%，同时减少 NO_x，SO_x，PM 的排放，对 CO_2 的减排有一定收益。

* 高效船体系统，包括高效舵（减阻 5%）、可获得减少 $CO_2$2% ~5% 的收益。

* 船舶航线能耗管理，既与第 6 章 SEEMP 内容相关，又有其专一的特色，如图 5-17 所示。这适用于现有船的航线管理。包括船/船队的航线计划、减速航行、天气导航、缩小靠挂港口的待港时间、船舶（船体/轮机）管理等。

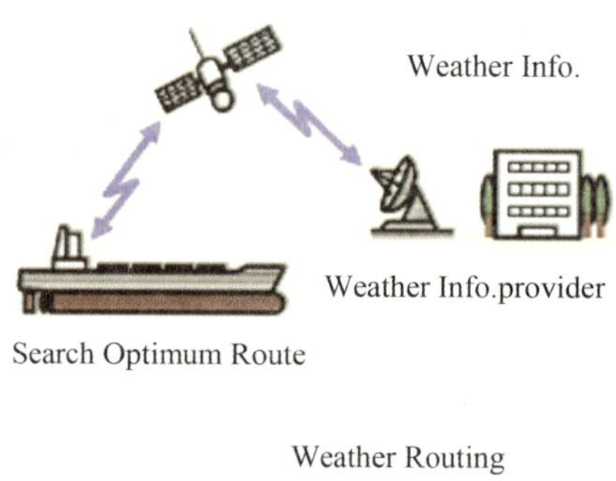

图 5-17　船舶航线能耗管理示意图

近年来，国际上流行 CO_2“零”排放的说法。这里要强调的是：CO_2“零”排放是一种平衡的概念（与后面所说垃圾物的“零”排放概念不同），即向大气进行温室气体排放与对减排的贡献之和为零。可以理解为对社会的索取（如一定量的石化能源）与回馈社会消除相当当量的 CO_2 的平衡。如“碳扑捉（Carbon Capture Storage，CCS）”技术的应用等。

④Particulate Matter,PM。

a. 法规要求：

* MARPOL 73/78 ANNEX VI,仅包括排放中的颗粒物(PM),不包括烟与烟灰。

b. 危害程度：

颗粒物(PM)的合成物成分与性质变化很大,不易定义与确定。目前,烟的浓度与颗粒数量的联系尚未确定。

c. 解决方案：

减少 PM 的最佳方法是采用低硫油作为燃料,在减少硫排放的过程中同时可以减少 PM,其次增加燃料在进入气缸时的喷射压力、采用电喷方法都具有良好效果。

(2)船舶废料处理

①法规要求：

* MARPOL 73/78 ANNEX V。
* Directive 2000/59/EC(欧盟)。

②危害程度：

船用废料包括各种生活垃圾、生活废料,不包括鲜鱼与正常航行中连续或周期产生的废料。目前,船舶修理中的排放被禁止在海上进行,严格限制船舶垃圾排放在近海水域中。

船用垃圾的产生不易被公众舆论监督。目前船舶垃圾的 70% 沉入海底,15% 的垃圾被冲到岸边,这些垃圾(如玻璃瓶及其碎片、开口容器)造成鱼类、海洋生物死亡。剩下的 15% 浮在海面或海面以下一定的深度,结成“垃圾岛”并随海流运动吸收更多的垃圾而增长。尤其运动到极地,使该地区域生态极易因不同的有机物侵入而遭到损害。

MARPOL 公约允许在一定条件下有些垃圾可以排入海中,但是须要有专用的以被检查的垃圾排放簿记录:排放的垃圾类型、数量、时间与地点。表 5-8 是 MARPOL ANNEX V 的规定。

表 5-8　MARPOL ANNEX V 关于垃圾排放的规定

垃圾类型	在特殊海域以外	特殊海域
合成材料:索具、网、塑料袋等	禁止	禁止
漂浮物:软木、泡沫、包装袋等	距岸 25 海里外允许排放	禁止
金属、纸片、陶器、玻璃等	距岸 12 海里外允许排放	禁止
其他:包括金属、纸盒、陶器、玻璃等的碎片,厚度小于 25 mm	距岸 3 海里外允许排放	禁止
食品残留物,未剁碎	距岸 12 海里外允许排放	距岸 12 海里外允许排放
食品残留物,剁碎	距岸 3 海里外允许排放	距岸 12 海里外允许排放
混合垃圾	符合混合垃圾排放限制规则	符合混合垃圾排放限制规则

③解决方案：

现行技术方案的执行是符合上述规定,最终的目标是在海上实现“零”排放。由于船舶空间的限制不可能对垃圾存储,因此研发垃圾处理装置/技术是唯一出路。

* 垃圾压缩机:采用挤压/粉碎及压缩功能可有效减少垃圾体积,在卸载至岸上垃圾处理装置之前可在船上存储。抛弃物不可循环使用。
* 解体技术:由该技术制作的装置可以达到 6 000 ℃高温,将垃圾变为无毒的可制为

塑料的高黏度软混合物,并可减少氢化物及 CO_2 的排放。

(3)舱底污水处理

①法规要求:

MARPOL 73/78 ANNEX I,主要目标是处理来自船舶的污底舱的油污(不是来自油船事故溢油)。

②产生原因:

船舶高黏度重油随着质量变坏,必须进行处理避免对环境、人的健康、柴油机寿命带来影响。一些昂贵的技术措施被使用来改善燃油处理、燃烧特性及其排放。它抵消了重油低成本的优点。

由于低质燃油分子中含有水分,在其进入柴油机之前必须采用分离器(Separator)进行处理。在处理后仍然残存有油水的混合物(Sludge),根据燃油质量情况,船舶产生的这种残存物从几升到几吨不等,且不能在焚化炉中处理,必须在船舶靠岸时才能进行处理。另一种方法是在专用液舱内抽出在油层底部的水分通过污水舱处理系统排出船外。表 5-9 给出每年全球的排出污染物数量及其所占比例,仅第 1,4 项占几近一半(49%)。

表 5-9　每年全球的排出污染物数量及所占比例

序号	项目	排出污染物数量/(t/年)	所占比例/%
1	舱底污油和燃油	252 000	45
2	船舶修	4 000	1
3	油船事故	121 000	22
4	油品变质(不是油船事故)	20 000	4
5	油船正常残留/排放	158 000	28
	合计	555 000	100

(来源:EMEC,2010)

舱底污水可以通过专门管系用泵排到污油舱或经过油水分离后排出船外。近些年来,由于油品的复杂性使舱底污水的成分变得复杂,它们包括:

* 浓缩的冷冻液;
* 各种不同的油分:润滑油、齿轮油、水溶液等;
* 各种不同的燃油:柴油、燃油、不同黏性的重油等;
* 污垢及油漆碎片;
* 防腐物屑。

③解决方案:

有效的污水处理方法是从源头解决,即采用质量较好的燃油使其不能产生较多的油污染、空气污染与人的健康恶化源。其次是在排放前进行有效的处理,措施如下。

* 采用高速离心机(High Speed Centrifuges):有效地消除污水中的乳胶状物质与悬浮物质后通过过滤网将水分排出船外,剩余的油污可以存于专用油舱进行处理;
* 采用高低液舱(Cascade Tanks):舱底污水先被泵入高位液舱,液体在重力下通过海绵吸附含油物质而让水进入低液舱,这仅适用于一定黏度的油质,油滴越小,方法越有效。

(4)黑色废水处理

①法规要求：

* MARPOL 73/78 Annex IV(灰水处理没有被纳入公约)

②产生原因及危害程度：

黑水：厕所排出的废水。

灰水：厨房、洗澡间、洗衣间排出的废水。

黑、灰水带来沿海地区的卫生问题。除对海水中所含的微生物带来危害外，在受保护的水域带来有害的富营养物质、消毒剂、洗涤剂等，导致其他生物的疯长。

黑、灰水净化装置的设计、建造与操作是一种迥异于陆用的装备。其核心是该废水的内部成分复杂，或可溶或固态，如塑料、硬粒、头发、纤维等，不能自然降解。过量的脂肪常常堵塞装置过滤系统必须周期性处理。

③解决方案：

黑、灰水净化装置对大型邮船显得尤为重要。目前采用的技术(设备)有以下两类。

* 薄膜生物反应器(Membrane Bioreactors，MBR)：废水首先通过生物反应器使其有机物被隔离减少，或再设置次级的生物反应器使其达到排放要求。图 5 - 18 给出了工作原理。

* 真空厕所：据研究，真空厕所可减少黑水 1/3，如将灰水通过处理(木炭过滤)再用于真空厕所，可将黑水减少 3/4。

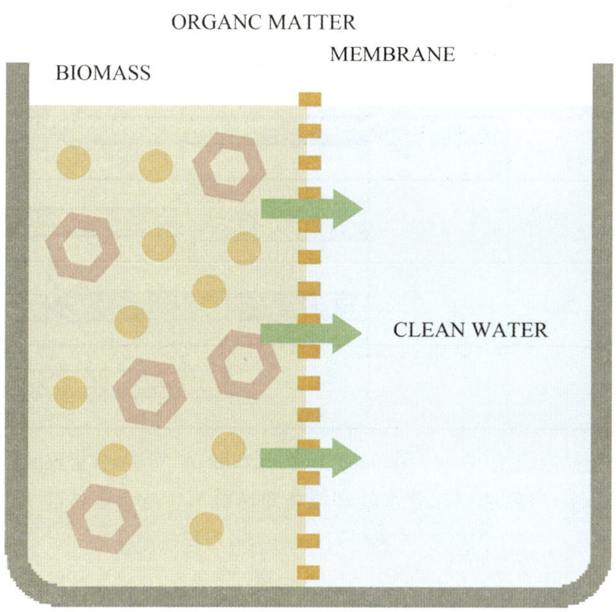

图 5 - 18　薄膜生物反应器工作原理

(5)压载水处理

①法规要求：

国际船舶压载水及沉淀物控制和管理公约(International Convention for the Control and Management of Ships' Ballast Water and Sediments，2004)，预计 2013 年可以达到生效条件。

该公约有以下导则：

* 沉积物接收设施导则(G1，MEPC. 152(55))；

* 压载水取样导则(G2，MEPC. 173(58))；

* 压载水管理等效符合导则(G3,MEPC.123(53));
* 压载水管理和制定压载水管理计划导则(G4,MEPC.127(53));
* 压载水接收设施导则(G5,MEPC.153(55));
* 压载水置换导则(G6,MEPC.124(53));
* 压载水公约 A-4 条规定下的风险评估导则(G7,MEPC.162(56));
* 压载水管理系统批准导则(G8,MEPC.125(53));
* 使用活性物质的压载水管理系统批准程序(G9,MEPC.126(53));
* 压载水原型处理技术批准和审议程序导则压载水原型处理技术计划项目的批准和监督导则(G10,MEPC.140(54));
* 压载水置换设计和建造标准导则(G11,MEPC.149(55));
* 船舶压载舱中沉积物控制导则(G12,MEPC.150(55));
* 紧急状态下的压载水管理附加措施导则(G13,MEPC.161(56));
* 制定压载水置换区域导则(G14,MEPC.151(55))。

上述公约一旦生效对现有船具有追溯性,见表 5-10(a)。

表 5-10(a) 国际船舶压载水及沉淀物控制和管理公约的追溯性

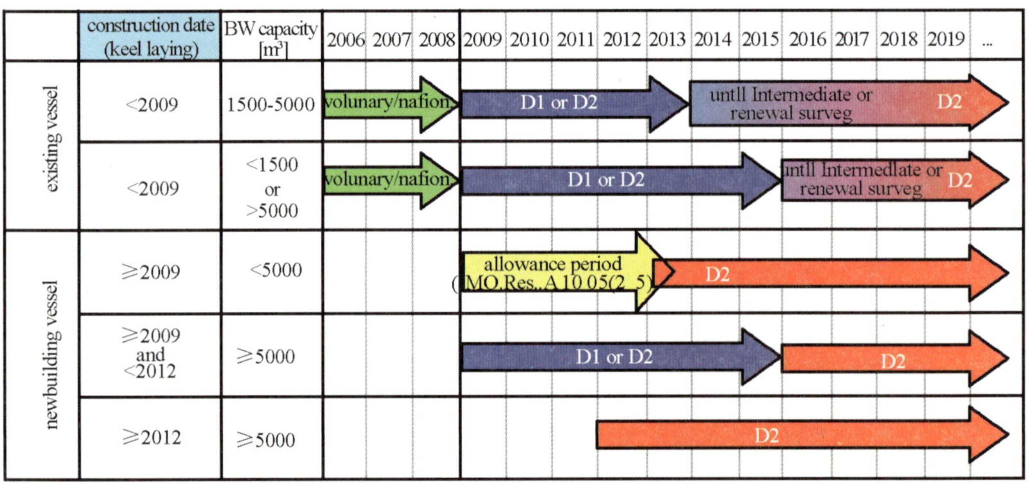

注:D1,压载水交换,包括溢流法(Flow-Through Method,Dilution Method)与置换法(Sequential Method)。
D2,压载水性能标准,需要通过压载水处理设备对压载水中的有害水生物按一定标准进行杀灭。
(来源:GL-group,2011)

②产生原因及危害程度:

在船舶受到不均匀分布载荷时,压载水是调整船舶稳性使其达到要求的重要手段。在船舶空载时,压载水是使得船舶获得足够的吃水避免首部遭受海浪砰击、尾部螺旋桨有足够的沉深避免飞车引起机械事故。在设计中它又是船舶具有合理的重心高度从而具有横摇周期使得船舶耐波性得以提高。在常规的船舶设计中是一项非常重要的技术指标。

船舶常带有其装载重量 10%~50% 的压载水能力(见第 4 章,各种船型不等),例如,20 万吨的油船具有 6 万吨的压载能力,集装箱船具有 10%~20% 的压载能力(当空载时)。这些压载水都在沿海区域装载与排放。据统计,每年全世界的压载水达到 120 亿吨。

图 5-19 给出了散货船在营运中压载水的循环图。在这些循环过程中,海水中的有机物(Aquatic organisms,有 3 000~4 000 种)随着船舶航行从地球上的一个港口(海域)被运

到另一个港口(海域)。有害的有机物将使得海中的动、植物的物种群遭到严重危害,其中渔业尤甚。表5-10(b)给出了这种危害的途径。

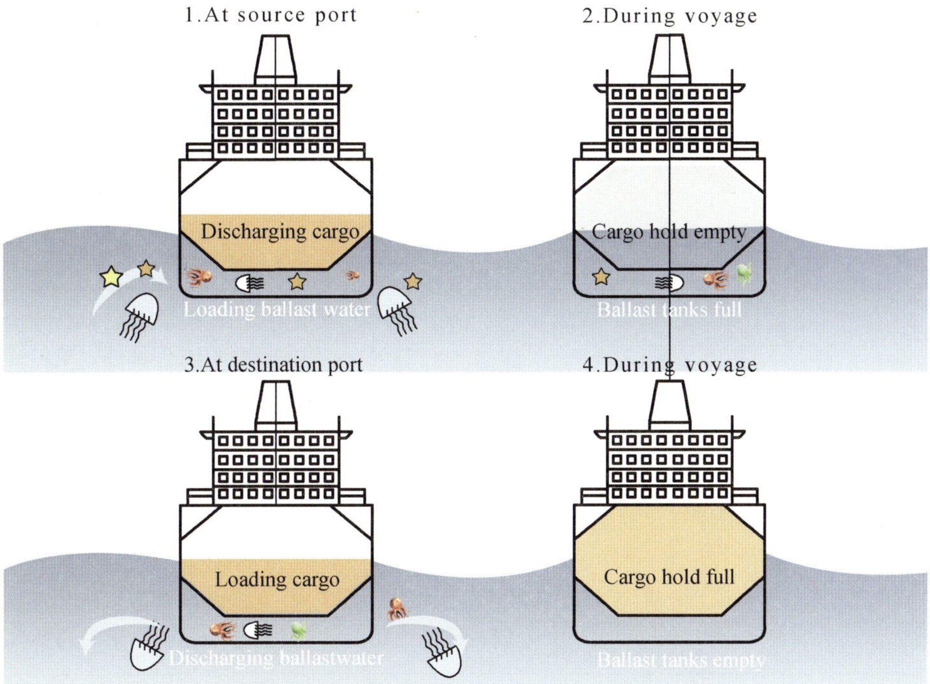

图5-19 散货船在营运中压载水的循环图

表5-10(b) 有害的有机物的传播途径

有害有机物种类	来源地	危害区域	危害种类
霍乱(Cholero)	不同种类分布范围广泛	南非、墨西哥湾和其他区域	传播流行病
水蚤(Cladoceran Water Flea)	黑海、里海	波罗的海	大量繁殖形成控制因素,妨碍渔网的正常使用,破坏渔业经济
螃蟹(Mitten Crab)	北亚	西欧、波罗的海、北美西海岸	经过迁移的蟹种会依附河口、堤坝大量繁殖,破坏当地的水族物种及水利工程
毒藻(Toxic Algae)	各种毒藻分布范围广泛	世界各地沿海	通过破坏水中的含氧量使得海洋生物大量死亡,释放有毒物质与黏液;污染海滩损害旅游业;污染贝壳动物的食物链,使得餐饮业受到损害;引起人类疾病与死亡
园型虾虎鱼(Round Goby)	黑海、亚速海、里海	波罗的海与北美	对环境具有高适应性,繁衍速度快,与当地鱼类争夺栖息地与食物,以它们的鱼卵与鱼苗为食

表 5－10(b)(续)

有害有机物种类	来源地	危害区域	危害种类
North American Comb Jelly	美洲东岸	黑海、亚速海、里海	在适宜环境下繁衍能力强(本身具雌雄两体),以大量浮游动物为食,破坏浮游动物数量的平衡及生态平衡,90年代曾对黑海、亚速海、里海的生态引起极大的破坏
北太平洋海星(North Pacifi c Seastar)	太平洋北部	澳大利亚南部	繁殖速度快,以贝类(扇贝、牡蛎、蚌等)为食,破坏餐饮业
斑纹贻贝(Zebra Mussel)	东欧(黑海)	西北欧(爱尔兰、波罗的海);北美洲东部	栖于物体硬质表面,取代水生生物抢夺其栖息地、食物链。对船壳与水中建筑造成严重污染,堵塞进水口及管路、水利工程闸门。1989～2000年,美国因此所产生损失为7.5～10亿美元以上
亚洲褐藻(Asian Kelp)	北亚	南澳大利亚、新西兰、美国欧洲阿根廷西海岸	通过孢子分裂繁衍迅速,取代当地水藻,争夺其栖息地、食物链、破坏生态平衡,影响餐饮业所需的贝类质量

③解决方案:

公约生效后,因为其追溯性,各类船舶不得不增加压载水处理装置,目前常用的方法有化学处理(电解、臭氧、羟基自由基、灭杀剂)、机械处理(过滤、旋流分离)、物理处理(加热、紫外、超声、惰化、空泡)等方法。

目前,被IMO认可的压载水处理装置有十余家,处理能力从300～16 000 t/h不等,需要根据船舶的压载水需求及处理时间长短进行选择,但是由于这些装置费用不菲,因而产生其他的解决方案,其中最为有效者采用减少压载水或无压载水设计方案。

(6)水下涂料

①法规要求:

* 船舶有害防污系统控制公约(International Convention on the Control of Harmful Anti－fouling Systems on Ships, October 2001,AFS)。
* Biocidal Products Directive 98/8/EC。
* REACH Regulation (EC) N° 1907/2006。
* CLP Regulation (EC) N° 1272/2008。

②产生原因及危害程度:

在船舶水下涂装了防腐油漆后,容易被海洋微生物附着产生水生物污染。它们导致了船舶阻力的增加从而增加油耗,使得安全性降低。此外,被水生物污染的船舶还在其营运的航线上传播着其携带的入侵生物种群。由于附着的微生物不断破坏船舶腐蚀防护系统,使得船体结构加速腐蚀的过程。因此,更好的防护油漆(避免含有破坏海洋环境的有害成分)可以使得船舶的快速性不致下降,从而达到减排的目的。该公约的附则I列出了有害防污系统应被采取有效措施的清单。

③解决方案：

* 具有低风险的生物灭杀剂可以被公约接受。
* 现代生物灭杀剂释放系统：灭杀剂的数量得到有效控制不致污染海洋。
* 海生物防污控制涂料（Biocide – Free Fouling Control Paints）：适合有特定要求（停车时间频率一定）的船舶使用。

目前，对于船体涂料的研制除了满足防污染目的外，同时还具有减少船舶阻力的功能。试验结果表明，这种低阻力涂料（Low Resistance Coating）的作用可以减少阻力10% ~30%左右。

2. 新技术开发

上面介绍了有关环保、节能减排要求与现有的有效的解决方案，其中对于重油（HFO）的处理技术与设备需要很大的成本投入从而掩盖了重油价格低的优点，因此对燃料的储存、处理、供应等环节的技术应该降低成本。即使对于清洁能源，如天然气（LNG）、石油气（LPG）、燃料酒精等也应该进行降低成本加强安全措施的研究。这一点对短途航运（如沿岸、沿江航线）尤其重要，它可以使得船舶增加载货容积从而使经济性得以提高。

在未来20年内，研究领域仍然集中在石化燃料的处理、清洁能源、可再生能源的使用、船舶推进系统设计（风力作为助推能量）、能耗管理的整体分析（最低能耗分析，见下节）、系统的废热、废水转换使用、废气的清洁系统、压载水的科学管理、新型环保材料、高能效推进系统设计、新的成本效益分析（结合新的技术与环保技术）、燃料电池、船用混合能源发电机（采用光电/风/波能的转换）等方面。

由于船舶的大部分能耗由船舶推进造成，它与船舶阻力及推进系统相关联。一般都在船舶尺度（涉及阻力、船体重量、主机重量、传动系统重量、燃油舱重量等）、型线、降低航速（涉及主机功率储备（Margin）、轴带发电机、辅机功率等）（减速的经济意义见第4章）等方面加强研究，现将最新成果介绍如下。

（1）主机增加部分功率

船舶尾部设计、舵桨技术采用可得到良好的伴流，主机的功率可以随轴功率的减少而下降，在0.85（Sea Margin）的额定功率下（在转速不变前提下），其所需主机功率为

$$\text{所需主机功率}=\frac{\text{轴功率(kW)}}{0.85}$$

为了增加主机的热效能可以降低燃烧室的平均有效压力与最大压力比值对柴油机进行改进。由于此项工作只有柴油机生产厂家才能完成。有研究表明，在按照图5 –7传统能耗设计方法所得到的航速与功率曲线再略增加一些功率（如2% ~5%），大船增加得少，小船则大，根据计算/能效管理决定，可以获得日燃油消耗不变，单位kWh耗油较少的益处。图5 –20给出了设计思路。表5 –11给出了Handymax成品油船在航速15.2节时进行两个方案设计的例子。（a）栏是常规设计，（b）栏是改进设计。

表5 –11　Handymax成品油船算例

Items	(a)	(b)	[(b) – (a)]/(a)
Main engine	6S50MC – C7(TII)	6S50MC – C8(TII)	N/A
MCR/rpm	9 480/127	9 960/127	+5%
Used Powe/(kW/rpm)	9 480/127	9 480/127	0
Sea margin(15%)	8 058/120.3	8 058/120.3	0
SFOC/(g/kWh) at NCR	172.3	170.8	–0.87%
DFOC/(t) at NCR	33.3	33.0	–0.9%

（来源：STX，2010）

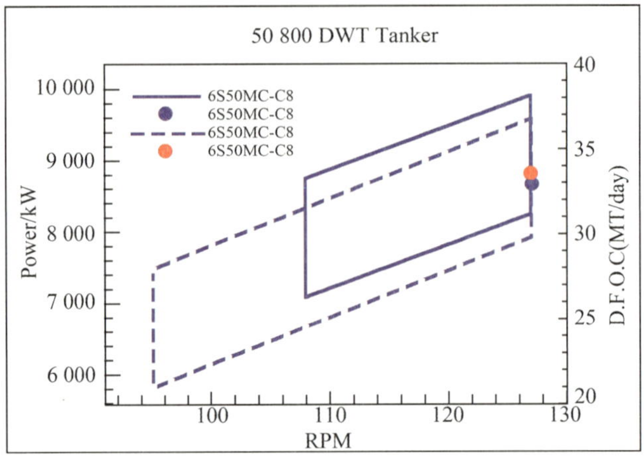

图 5-20 在转速相同时，功率较大的柴油机节省燃油

（来源：STX，2010）

（2）水油混合技术（Water in Fuel，WIF）—— 燃油乳化技术

在国际海事组织（IMO）的 Tier II 的 NO_x 排放限制下，见图 5-21（2），与 EEDI 计算中的 CO_2 转换值相关。采用 WIF 技术可以取得在增加 CO_2 排放 1%～2% 的条件下取得减少 30%～35% NO_x 的收益。

2016 年生效的 Tier III，将实行更高的要求，届时如果 NO_x 排放达不到要求，航运公司将面临进行后处理的责任。图 5-21 给出国际航行船舶执行时间表。

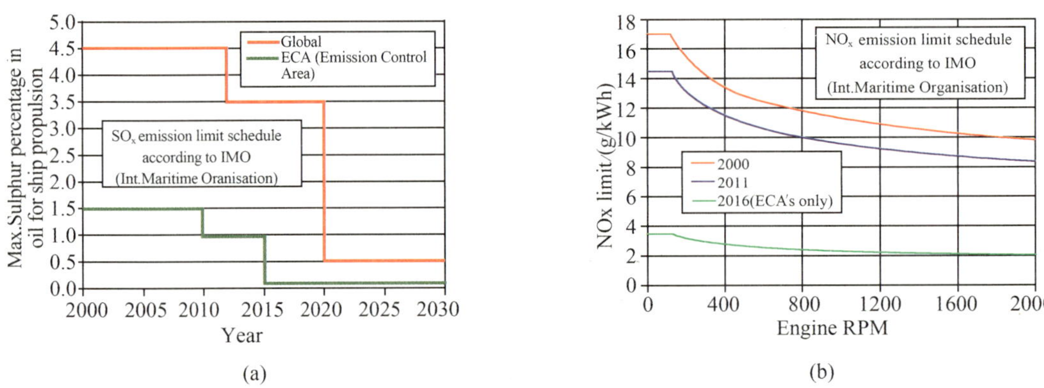

图 5-21 IMO 对硫氧化物、氮氧化物排放的规定

（a）SO_x 排放限制；（b）NO_x 排放限制

WIF 技术的原理是利用水蒸气降温时具有较高的吸热能力使得温度峰值下降以及比环境空气温度的水蒸气具较高的热容量。由于这一过程中水的沸点低于包围它的燃油沸点，燃油乳化过程出现微爆炸或次级雾化现象改善了油雾与燃烧空气的混合，由于水雾增加了混合物的质量从而增加了燃油喷射动量，使得汽缸点火滞后具有充足时间进一步加深预混合过程，其最终影响是生成羟（基）氢氧基（Hydroxyl），加速了 CO，THC 的氧化，减少了 CO，THC，PM 的集中出现，使得燃烧遗留物（PM）值在采用 WIF 同时得以减少。目前，在 MAN 发动机中，增加了 WIF 装置（见图 5-22）。

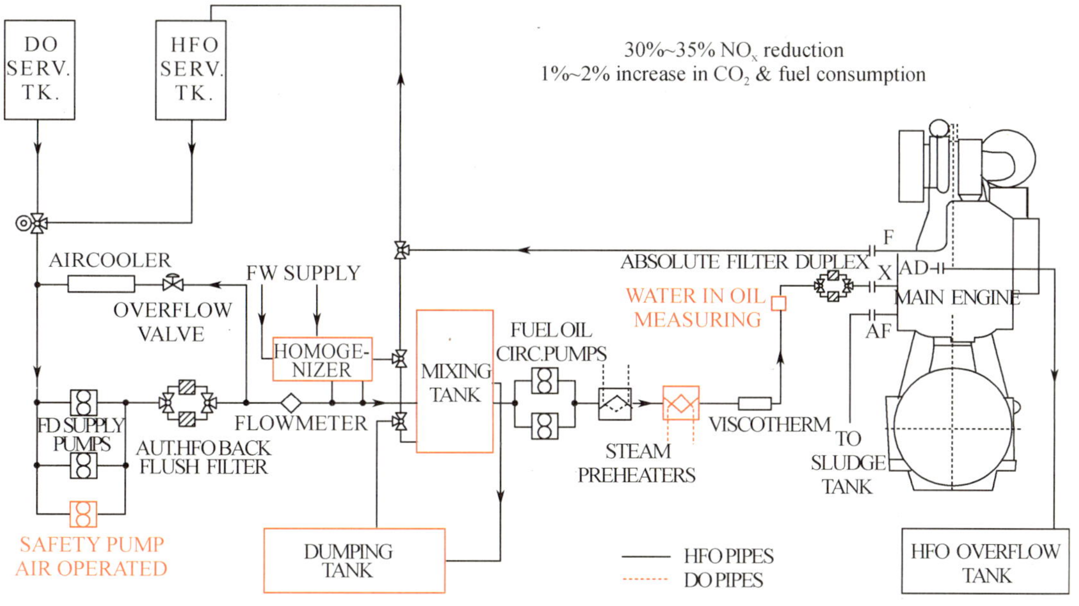

图 5－22　WIF 装置

（来源：Grontmij，2009）

为保证燃油的黏度，上述技术对冷却环节的把握十分重要，可以以牺牲少量油耗为代价对 WIF 装置加热/搅拌/加压（见表 5－12），达到保证燃烧过程中的温度控制，满足 NO_x 减排的目的。

对于辅机，这种乳状燃油需要在无水条件下加热至 180℃，同时为了防止水分蒸发，需要增加压力（1 倍以上）。一般来说，由于水与油是等量的，这需要增加淡水发生器或淡水舱容，热量可由主机循环水提供。值得注意的是，在新造船中，这是规格书的额外投资。对现有船，在管路设计时，需要将所有器件放在这一压力下。因此，管路系统需要更换，费用亦不菲。

可以考虑主机适当增加功率、WIF，EGR 综合使用，其效果更好。

表 5－12　NO_x 的减排与 CO_2 排放相关（%）

SFC	CO_2	SO_x	NO_x	PM
3.5	3.5	－28.5	－80.0	－49.7

来源（EU Green Ship，2009）

上表中 SFC 是柴油机耗油率（Specific Fuel Oil Consumption，SFC（g/kWh））。

（3）废气再循环（Exhaust Gas Recirculation － EGR）技术 —— 减少 NO_x 形成

为了减少燃烧温度峰值抑制 NO_x 的形成，可采用 EGR 技术，这是因为循环废气的加热能力高于常规混合空气，其氧含量又低于燃油燃烧时所需常规混合空气的氧含量，使得 NO_x 不易形成。在 EGR 系统中需要洗涤器（Scrubber）、冷却器（Cooler）、风扇（Blower）等设备及一些阀件（Gas valve、Shutdown valve 等），见图 5－23。在洗涤器中，由封闭的循环淡水系统及苛性钠（NaOH）中和作用组成，对于 SO_x，PM，HC 的减少有明显作用。

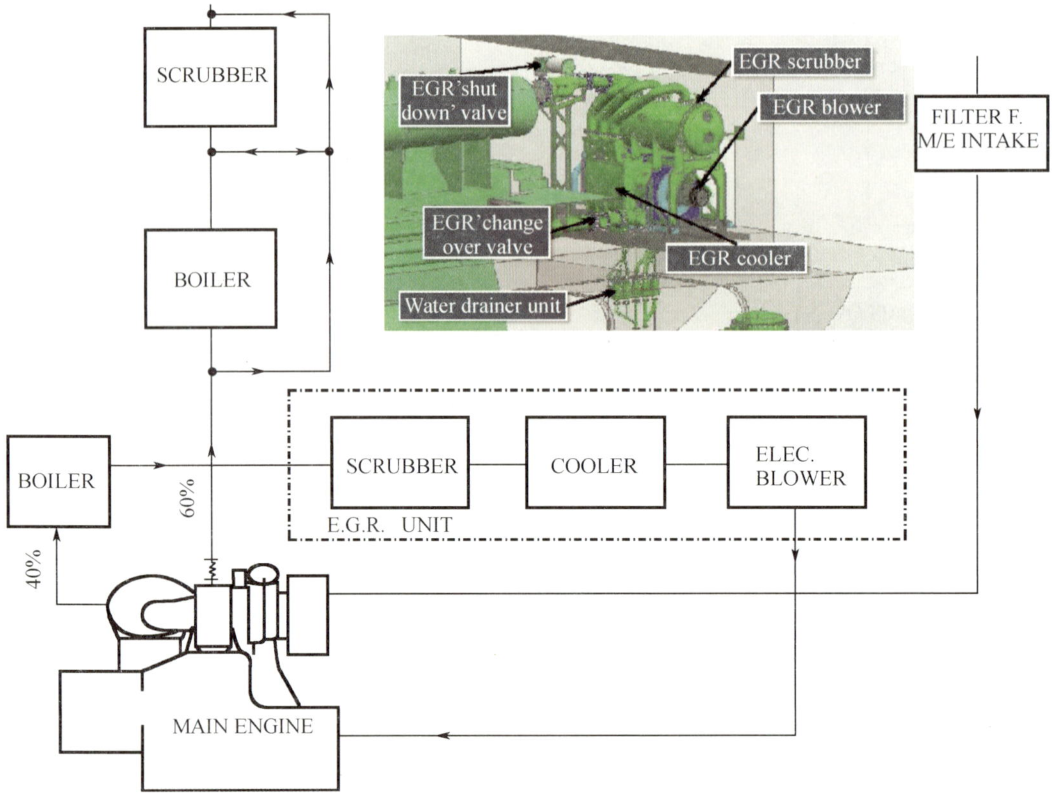

图 5-23 废热回收技术

（资料来源：BIMCO、2009）

(4)废热回收(Waste Heat Recovery,WHR)技术

在废气离开柴油机排气管时,其温度接近 800 ℃。利用废气锅炉可以将大部分废热转换为所需蒸汽供蒸汽透平发电机组使用。通常在废气利用中采用“单/双/三”种蒸汽压力系统(高、中、低压锅炉)与主机废气再循环系统匹配。这种复杂的多级压力系统分别加热不同需求的供水系统/水套/空气以达到其加热目的。如预热主机进气与对低于饱和温度的水加热等。因而在设计这种系统时,主机、废气锅炉、透平间的协调需要仔细考虑。蒸汽透平/涡轮增压设备承压一侧上部的加热装置的位置尤为重要。在实际的散货船、油船轮机设计中,单压 WHR 系统比较简单,为与主机轴带发电机输出功率(约 10%)匹配,其设计规模上有一定限制。

主机废热回收技术未来发展方向是:当 NO_x 的减少采用废气再循环(EGR)技术时,为了增加对高温废气利用,将废热利用系统(WHR)与 EGR 综合考虑。这时,可能三种蒸汽压力系统是最佳方案。据研究表明,在低速柴油机 85% 的额定功率下(Sea Margin 15%),废气/热利用可以达到相当高的水平(比上述单压系统提高 3~4 个百分点)[10]。

研究表明,WHR 技术是一个传统的技术,如果使用得当,将得到减少排放 10% ~15% 的 CO_2。一部分废气可以用于蒸气透平发电机以代替常用的柴油发电机(图 5-24),发电蒸汽的大部分还可用于燃油加热,特别是 WIF 装置(图 5-22)。

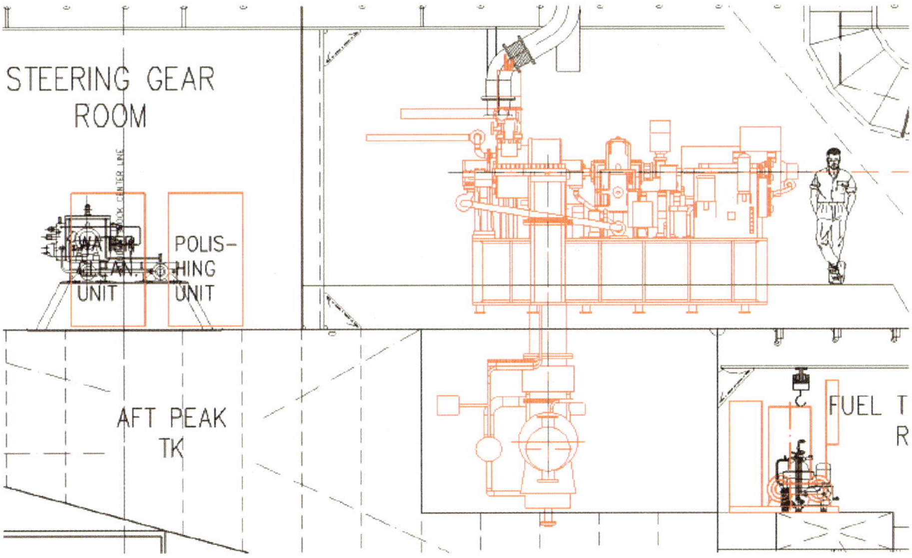

图 5－24　蒸汽透平发电机

（来源：Grontmij，2009）

总之，WHR 技术的采用在降低船舶温室气体（CO_2）排放与降低航运公司的营运（主要是燃油）成本是大有裨益的，由于 WHR 设备的增加，在建造上需要增加一部分成本，需要航运公司根据其经济接受程度与减排压力决定。图 5－25 是一艘 35 000 DWT 散货船蒸汽废热回收系统图，图 5－26 是该船的蒸汽系统。

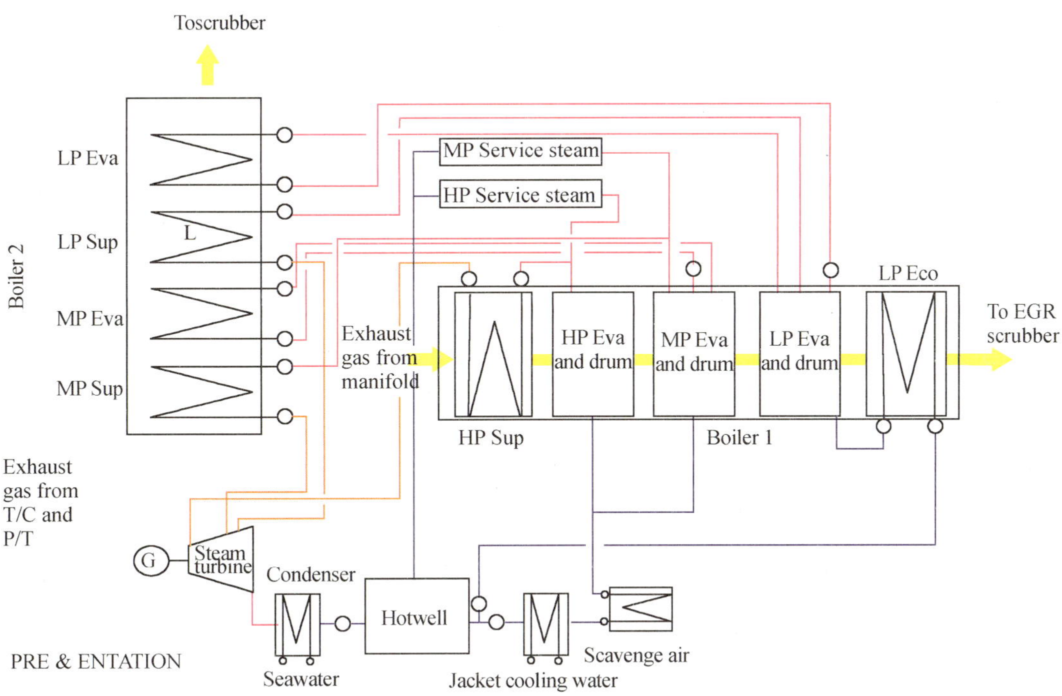

图 5－25　35 000 DWT 散货船蒸汽废热回收系统

（来源：Grontmij，2009）

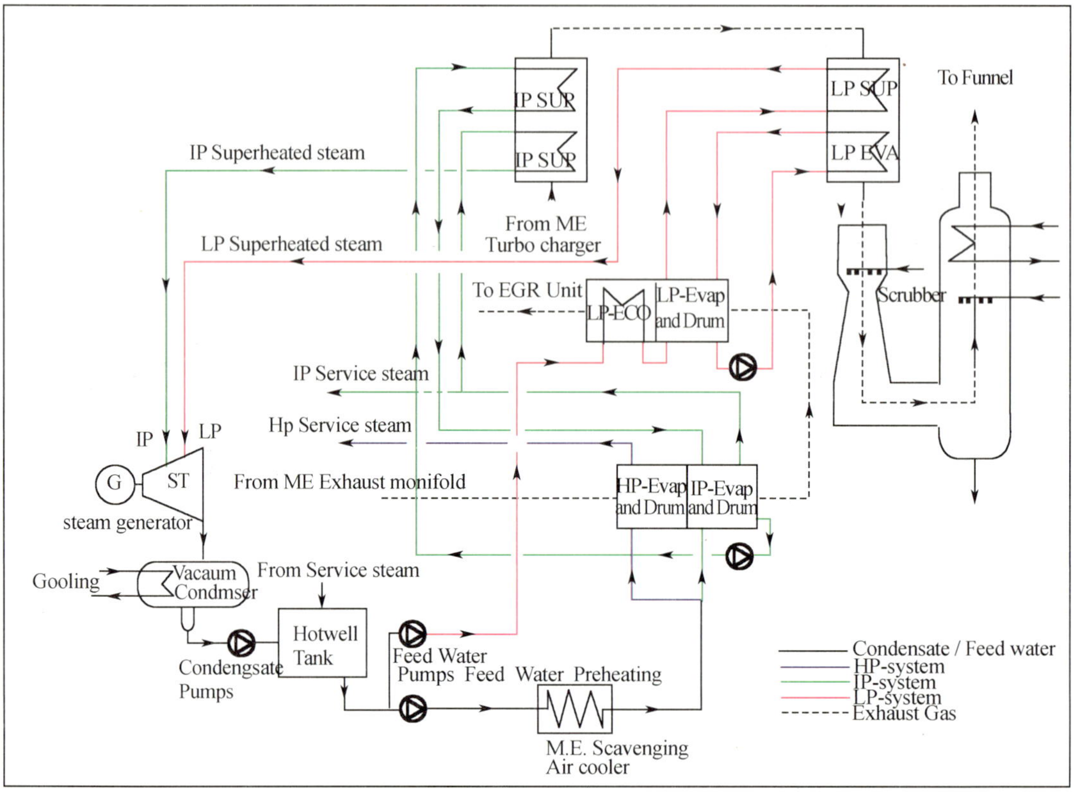

图 5－26　35 000 DWT 散货船蒸汽系统

（来源：Grontmij，2009）

（5）废气洗涤技术（Exhaust gas scrubbers，EGS）

为了满足 Tier III 的要求，公约与欧盟法规要求采用低硫油（L/S HFO），但是 EGS（湿式）技术可以用作柴油机使用低硫油的替代措施。洗涤器可以被用来去洗涤来自主机的废气。在原理上，它就像装在船舶烟道中的喷淋箱使得废气中的含硫量降到类似于低硫油燃烧后的排气水平，从而 HFO 可以继续在船上使用，避免了设置不同的燃油舱。这种技术十分吸引航运公司的理由不言而喻。目前，为了保证洗涤过程中的环保性，与采用化学原料（干式）相比，湿式方法是在洗涤器中使用海水、淡水、苛性钠的混合液。采用湿式方法缺陷是所形成的亚硫酸物因有毒性不能直接排入海中（需要一段放置时间），这样在设计时需要布置较大的废水舱。因为这些问题，美加等国商在考虑不允许采用此类方法转而要求船舶使用低硫油。

为了加强对废气中热量的利用和清扫大部分的 SO_x（98%）和 PM（80%），与 HFO 转 MGO 相比，还可以减少 3% 的 CO_2。废气清扫装置应该安装在废气锅炉后面的防护区域，并与海水、硫酸、碎木屑一起使用，然后经过处理冲到海中。海水泵是在服务航速下消耗能源的主要根源之一，因此其高度应慎重考虑，使得废气可从上方进入并向上排出，见图 5－27（a）。图 5－27（b）是 MAN 所研究的 EGS 设备。

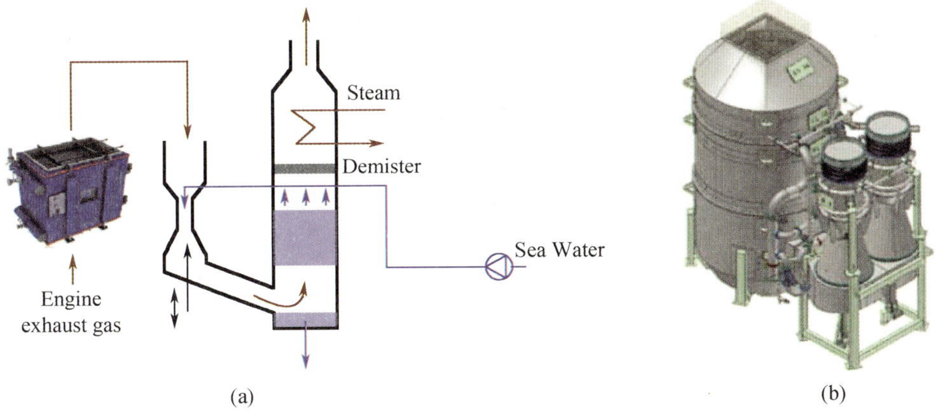

图 5－27　EGS 设备

（来源：MAN，2009）

（6）收集燃油的有机挥发物（Volatile Organic Compounds，VOC）

关于工业 VOC 回收问题，在 1997 年所签订的《京都议定书》已经作了要求。欧盟 Directive 94/63/EC 法令也有同样要求，其中第 9 款要求关注船舶的 VOC 控制情况。

据统计，每年全世界原油的 0.177% 的挥发损失来自原油的 VOC 挥发，接近 2 500 万桶（barrels）。若按 7 桶/t 计算，则有 357 万吨的燃油白白挥发了，既造成重大经济损失，也造成空气污染，还损害人的健康破坏植物生长。在船舶这种消耗一次性石化能源量特别大的运载工具具有特别重要的意义。油船的 VOC 排放可能发生在装、卸、运输、压载的诸环节中，重点在装卸与运输环节。

以 VLCC 为例，每单航次就可以收集 500 t VOC，其中一半可以用作卸油时的锅炉加热燃料，因此是非常可观的。

收集 VOC 的技术包括三个部分：气味材料降解（Odor Material Decomposition）、VOC 分解、能量回收。采用的具体技术有减轻挥发（不易实现）、气压平衡（不易实现）、热氧化作用、吸收、薄膜分离和低温冷凝等。本节讲的是能量回收问题。图 5－28 是各类技术的成本，列在这里提供设计者参考。

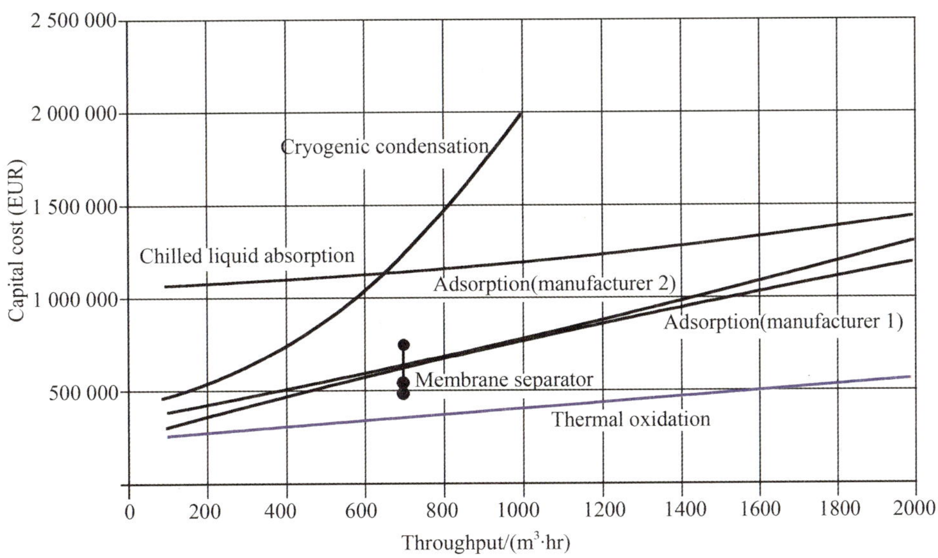

图 5－28　VOC 收集的各类技术成本对比

图 5 - 29 表示一艘油船的 VOC 收集过程,其关键技术是将 VOC 压缩与冷却处理,再重回油舱及进行气味材料的降解。对于船舶则只作能量回收即可。后两步是对岸上设备在装载原油时所设,如果船舶营运中使用,造成成本太高。

关于执行 VOC 回收所涉及的安全标准,建议采用 IMO MSC Cir. 585,"Standards for Vapour Emission Control Systems"。

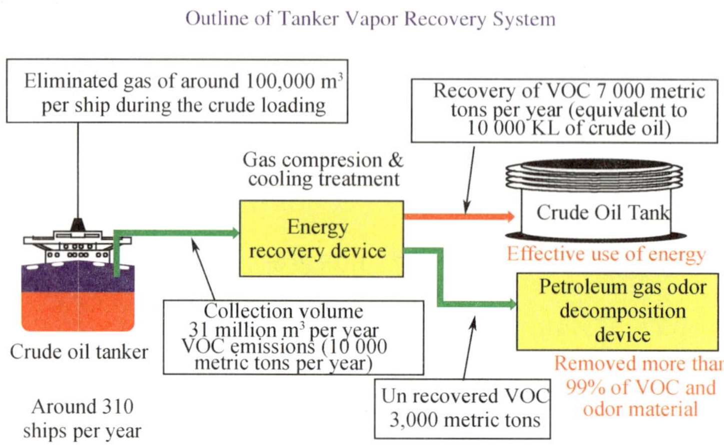

图 5 - 29 油船在码头的 VOC 收集过程

(7) 低速航行(Slow Steaming)的轮机控制

远洋船舶主机为二冲程低速柴油机,配置全制式调速器。主机按照螺旋桨特性运作,其运转为速度/负荷控制模式,即通过设定转速/负荷确定柴油机的功率输出。

船舶在定速航行期间,其船体消耗的功率 PR 由下式决定。

$$P_R = P_e \times \eta_c = P_P \times \eta_P \times \eta_c \qquad (5-1)$$

式中 η_p——螺旋桨综合效率;

η_c——传动系统综合效率;

P_P——螺旋桨消耗功率;

P_e——主机输出功率。

随着船舶航速的不同,船体所消耗的功率 P_R 就不同,消耗功率变化在 20% 以内的情况下,η_c 的变化很小,η_p 虽然略有差别,但变化也很小,都可以忽略不计。因此可以认为,在船舶定速航行期间,其保持航行速度所需功率 P_R 的变化量值可以近似看作主机的有效功率变化量,即

$$\Delta P_R \approx \Delta P_e \qquad (5-2)$$

主机有效功率变化会导致主机的效率变化。一般情况下,主机的标定工作点的效率最高,耗油率值最低。随着主机的输出的功率减小,其油耗将增加。

航速降低,主机降功率航行,在以下诸方面有一定收益。

①燃油消耗降低。

图 5 - 30 为 MAN B&W 公司 S60 系列柴油机的功率减额油耗曲线。根据此图可以得到节省燃油为 $P_f = P_e(1 - X\%)$,式中 X 为对应减速的柴油机功率减少率。可由上图查得。

②减速后主机转速降低对主机增压器的影响。

主机降功率运转,废气中所包含的能量降低,涡轮增压器偏离原先设计的标定工况,致使其效率下降,增压压力和进入气缸的空气量下降,在此时的情况下,喷入的燃油量和缸内存有的空气量比例可能失调,致使柴油机油耗上升,排放及冒烟严重,磨损加剧。在柴油机

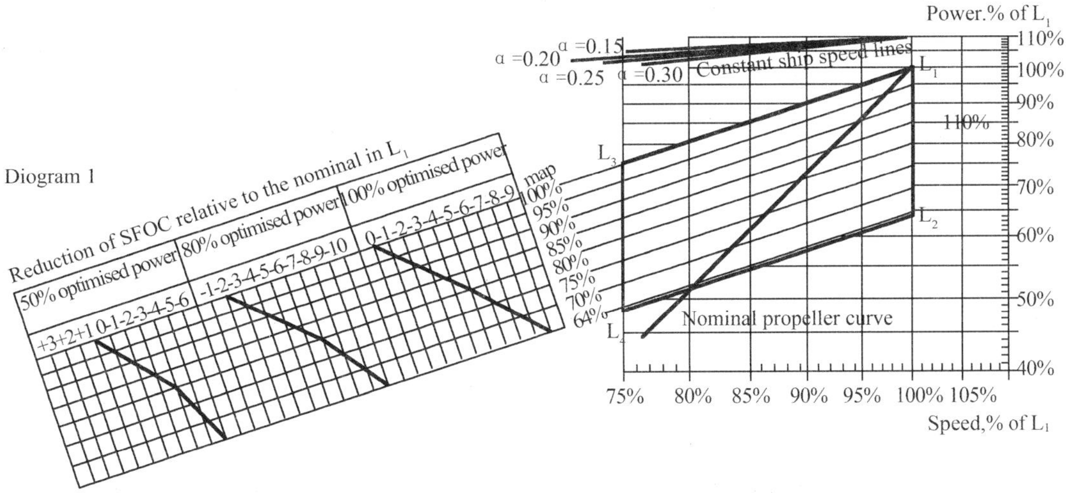

图 5-30　MAN B&W 公司 S60 系列柴油机的功率减额油耗曲线

减油降功率运行下，增压器对主机的性能影响主要反映在油耗率上，油耗率稍微有一些增加。解决方法为重新设计增压器。目前国际上出现双增压器柴油机。

③对气缸油的影响。

柴油机降功率后，汽缸油的供应量也会相应的降低。

(8)其他技术

①主机进气所需的通风。

这项技术涉及主机舱在服务航速下的通风及风扇数量的布置，如果设计得当，可以有一定收益。为了使通风管中的风速降到 8 m/s 以下，应考虑适当的风道截面积。值得注意的是，加速通风设计应关注噪声的增加。

②冷却器(冰箱)冷却压缩机(泵)的优化设计。

大部分船舶的泵是依靠具有相当大的冗余的辅机系统支持，原因是在系统设计前，这些泵的订单已经完成，其指标来源于制造厂的技术手册，偏于保守。因此，早期的管路系统压强降低分析是必须的，可采用专用软件进行。另外，泵的内部涂层与叶轮选择对泵系统有 10% 的收益。

③船用轻质油(MGO)在辅机与锅炉方面的应用。

由于许多限制水域(如欧盟 2010 年 7 月 1 日)限制燃烧重油(HFO)，上述的废热回收装置(WHR)只能用于公海以及辅机的 WIF 系统且必须具备独立的燃油支持系统等。在规定的港口附近必须使用船用轻质油，且仅用于进出港口，这对液舱的设计提出新的要求。

④高能淡水发生器。

由于 WIF 系统需要大量淡水、废气清扫系统需要小量的淡水，这些所需淡水的一部分应该由淡水发生器供应。采用高能淡水处理器可使其处理能力有成倍增加，其所需热能在服务航速下可来源于主机循环水以节省能源。

针对上述所介绍的 8 个技术层面，设计者需要在如下轮机方面设计与之配套：增设设备的处所与空间、船舶电力负荷平衡的影响、蒸汽平衡计算、减排计算与目标比较、载重量损失、经济性分析等。

例如，尽管船舶机舱空间很大，但是由于新增设备的体积，需要对设计方案进行仔细斟酌。EGR 流水线的设计就有一定困难。这是因为三种锅炉(高、中、低压)与较大的 EGR 设备应该考虑在适当的平台上安装,可能与机舱吊车的位置发生矛盾,甚至包括上部舱室模块的高度变化。再如对废热利用时需要采用蒸汽透平,其体积与常规的柴油发电机组相比,所占的处所不尽相同。废气锅炉的安装、废气的有效流动、提高利用率等的考虑及与此相关的多种设备的安装需要对合理性进行考虑。否则达不到设计的节能目标。

5.3.1.2 推进装置设计

1. 加速导流罩(与螺旋桨、主机减少功率一并设计)

船尾水下形状在压载下螺旋桨的沉深须满足公约要求但桨的直径通常受到限制,这样有可能导致桨负荷增加。在船速降低时,由于通过桨盘面的水流减少,螺旋桨的效率下降。这意味着必须增加螺旋桨尾流中的动能以使得通过桨盘面的水流流速提高。"加速导流罩"可以解决这一问题。加速导流罩概念是从低航速(12 节)大推力船(如推轮、拖网渔船等)由于船尾水下空间或转速限制的情况演变而来。航运公司在节能减排的压力下,以大功率主机低速运转方式以寻求减低成本时,采用加速导流罩不失为有效的途径。其原理是利用导流罩的机翼形状使得水流流通量变化,从而使得桨前面的水流压力增大流经桨后时得到与高效螺旋桨等效水流效果。由于安装了加速导流罩改变了桨的特性。因此,应将导流罩与螺旋桨作为一个整体设计,其中导流罩的外径是一个重要参数。

图 5-31(a)与(b)反映了韩国、日本对船舶尾部伴流采用的不同导流措施。左图将传统的导流罩至于螺旋桨的前方,右图采用的是类似于导流鳍的结构。

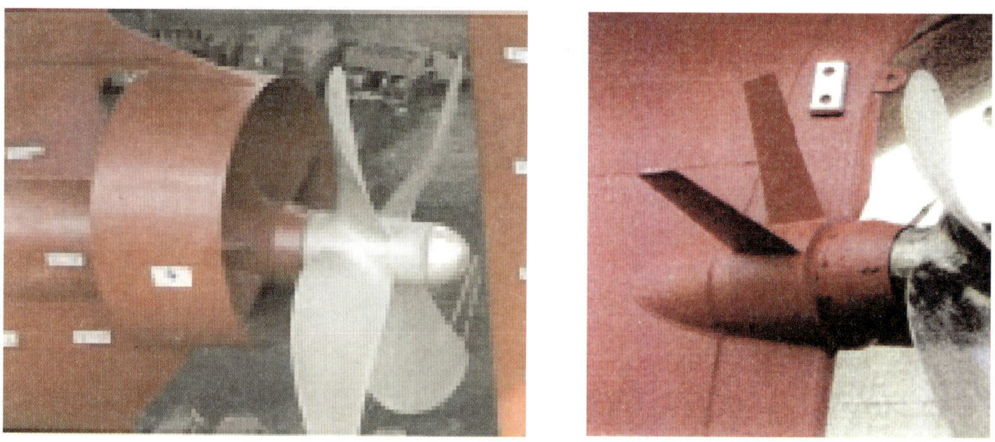

(a) (b)

图 5-31 船尾伴流的导流技术

(a)前置导流罩(来源:STX,2010);(b)前置导流鳍
(来源:日本,2003)

2. 反旋螺旋桨(Contra - Rotating Propeller,CRP)与混合 CRP(Hybrid CRP)

CRP 的概念起源于 1836 年,早期用在鱼雷与摩托艇上。日本造船界计划在 2013 年以前对其研究有所突破,可节能 8%,具有非常诱人的前景。现在将其与吊舱推进器组合(各自有不同的动力传动)称之为混合推进(Hybrid CRP)(见图 5-32)。混合推进具有良好的推进效率,与船体阻力、船体(由于增加了吊舱,其附体如桨轴、吊架、尾鳍与舵等产生的附加阻力)推进效率一并考虑。它的原理是充分利用螺旋桨尾流中的转动能。对于较低的螺旋桨载荷,尽可能增加桨的直径可以降低桨叶上的激振压力,补充 CRP 的轴功率损失。上述设计将船舶所需的推力分配在两个桨系统上从而提高了桨的效率,在上述的技术基础上再考虑有利于空泡几率减小的技术,如优化桨的直径、增加盘面比,减少桨叶载荷等。但是

不可忽视后部的吊舱增加的阻力。总的来说,桨效率增加的受益大于附体增加的阻力。另外的优点是螺旋桨的直径减少增加了与船体的距离,激振力得以降低。尤对集装箱船,需要主机功率较大,螺旋桨负荷较大时,此方案有较大吸引力。另外还应关注空泡与噪声的产生。实践证明,采用该技术船体的阻力并无增加。由于吊舱兼作舵用,其效能比舵优越,转动角可以减小。

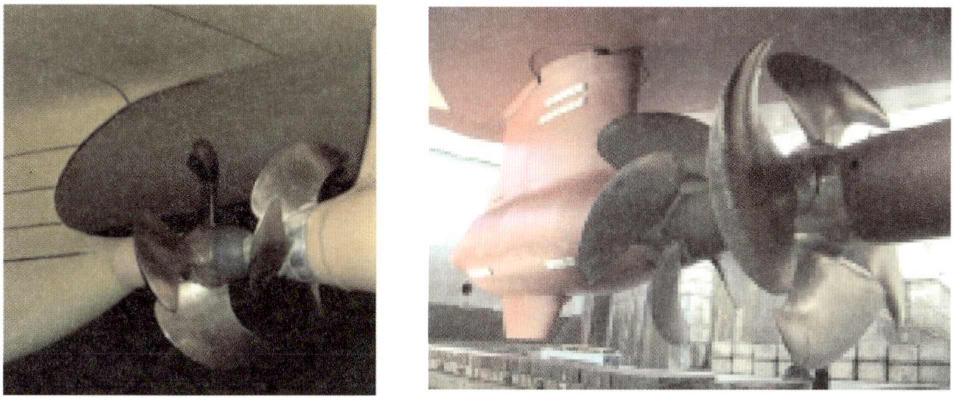

图 5 - 32　Hybrid CRP

3. 带整流体的扭转悬挂舵

这种舵的关键技术在于整流体的形状,它是一个流线型物体安装在悬挂舵的中部,中线与桨轴的中心线重合,在船速不变的前提下,这一技术可使得桨轴所需功率将低 4% 左右。另外应注意的是,上面 1,2 两项技术的使用不仅是增加导流罩与舵叶增加整流体的设计,还应关注由于桨的激振力频率改变,涉及上层建筑(如烟囱、上层建筑模块)的固有频率设计的变动。

4. 尾部组合鳍

在目前船舶大型化的情况下,尤其是散货船、油船一类的载重型船舶,其船体方型系数上升很快(有的 Cb 在 0.86 以上),这已经成了是提高船舶经济性指标的重要措施。但是带来了船舶尾流伴流场不均与的问题。尾部伴流场的不均匀将使得螺旋桨得不到足够的水流,从而降低了螺旋桨的效率。尾部组合鳍可以使上述情况得到改善。尾部组合鳍由一组不对称形状的叶片(鳍)组成,与螺旋桨反方向转动,使得前面来流均匀。如果这一技术与高效舵结合使用,将获得更好的推进与操纵性。图 5 - 33(a)是尾部组合鳍的示意图,图 5 - 33(b)是加装组合鳍后水流改善的情况。

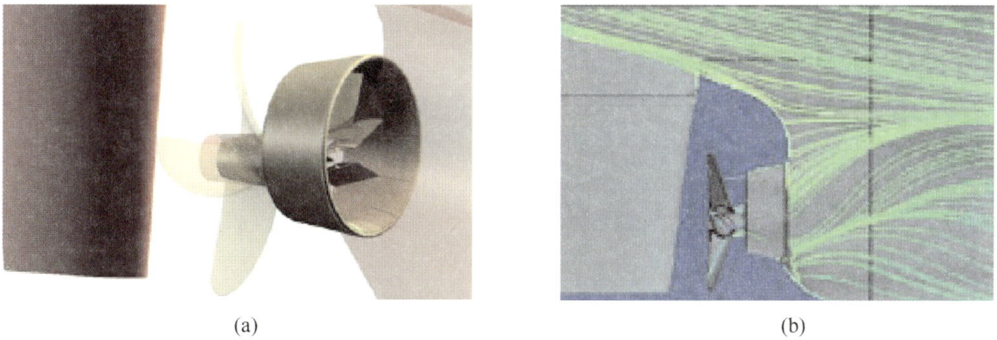

图 5 - 33　尾部组合鳍及其作用

(a)尾部组合鳍;(b)加装组合后水流改善情况

5. 小盘面比无毂涡(Limited Small Blade Area with Non - Hub Vortex, NHV)螺旋桨

模型试验的结果证实,如果叶尖附近的叶宽设计适当可以减少常规设计叶片表面面积、降低常规设计中的空泡侵蚀,同时可以减少船艉振动。在此基础上采用无毂涡(NHV)技术可明显降低或消除由于毂涡所带来的空泡现象,从而提高螺旋桨效率(约 3%)。

上述技术效果已经在日本四艘船上得到证实,其关键技术是采用 CFD 理论分析与模型试验验证所需要桨毂的尺寸及改善毂涡所需的节能附体(Energy - Saving Appendages)型式与大小。

5.3.1.3 压载水处理装置(BWT)

压载水处理装置在其功能上不能算作未来的低碳技术,但是由于目前压载水公约即将生效且具有追溯性。压载水处理装置的安装却极大地影响到船舶设计技术。比如目前这种装置的处理能力大都在 500 ~ 16 000 t/h,小的仅 300 t/h,仅能适用于巴拿马型船舶,对于一艘 VLCC,其压载水大约 10 万吨左右。如果将其处理压载水的时间列入表 5 - 13 进行处理时间的比较,可以看出,航运公司将无法接受过于冗长的处理时间。

表 5 - 13 压载水处理装置能力

单台处理能力	VLCC(约 10 万吨)	SUEZMAX(约 5.5 万吨)	AFRAMAX(约 4 万吨)
吨/小时	处理所需时间/h	处理所需时间/h	处理所需时间/h
300	333.3	183.3	133.0
1 000	100.0	55.0	40.0
6 000	16.7	9.2	6.7
10 000	10.0	5.5	4.0
16 000	6.5	3.4	2.5

从上表可以看出,对于大型油船,小的压载水处理装置尽管体积不大,由于其处理时间太长不能采用。大的处理装置,尽管处理时间可以短一些,但是体积较大,船上可能缺乏足够的空间供其安装,需要与水泵能力匹配,经费也较昂贵。最大的问题是船舶在港期间,除了需要满足作业要求的供电外,额外地增加了压载水处理所需用电,使得船舶电站的能力在设计时就得加大。

结论是,多套的压载水处理装置对于航运公司来说,几乎是不可接受的。只有在设计技术上另辟蹊径。所幸的是《国际船舶压载水及沉淀物控制和管理公约》(2004 年通过,尚未生效)截至 2009 年 9 月,已有 18 个国家批准了此公约,船队规模占世界商船队的 15.27%。)其允许经 IMO 的替代措施被采用:

"Descriptions of two alternative BW(Ballast Water) management concepts were received and found to show some promise to the extent that they might be considered suitable for approval in principle by the Committee. Although the BWM Convention allows for such alternative methods, provided that such methods ensure at least the same level of protection to the environment, human health, property or Sources, and are approved in principle by the Committee."

根据上述,日本政府于 2006 年 8 月向 MEPC55 提案,提出无压载水船舶的设计概念,针对油船、散货船在空载返航时必须装载压载水达到安全航行的吃水的要求,以避免首部的波浪砰击(slamming)和尾部螺旋桨出水状态出现,从而使得船舶结构的完整性得以保证。日本造船研究中心(Shipbuilding Research Centre of Japan, SRC)自 2001 年开始通过 6 年的研究,开发了这一船型并取得专利,其原理见图 5 - 34。

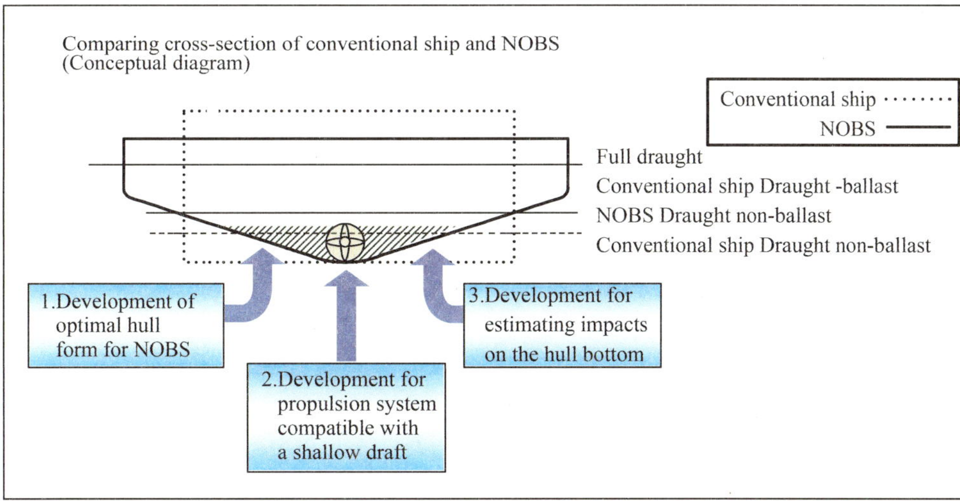

图 5-34 NOBS 船型设计原理

（来源：日本，2006）

NOBS 技术特点为：

①要求艏部吃水为 3 m 以上；

②在传统装载 1/4 的压载水情况下，船舶能在恶劣海况下安全航行，舒适性应能满足 ISO 6498/2000 要求；

③比传统油船节能 5% 以上；

④强度能满足现行公约、规范要求；

⑤船舶传统的功能仍能保持；

⑥须采用适当的横摇周期；

⑦操纵性满足 MSC. 137(76)；

⑧建造与维护成本应为适当。

该船型的设计关键技术是以传统油船（虚线）压载水线为平衡点，进行横剖面的设计，使得新船型达到以下要求，设计特点总结见表 5-14。

表 5-14 NOBS 船型设计特点

序号	设计技术内容	技术指标相关影响
1	新型船的空船重量与所需压载水之和等于传统油船的空船重量与压载水重量之和（与船体钢料重量相关）	不增加排水体积
2	新型船的型宽增加，型深减少	船舶横摇周期适度
3	船底的形状由传统船的平底变化为斜底，其角度（≤15°）由压载水线的位置决定	强度与稳性相关需作变更
4	由于船体变宽，螺旋桨由深水性能的螺旋桨变为浅水性能的螺旋桨	与浅水效应相关，桨效降低
5	由于舷侧外移（船宽加大），舷侧在空船时容易出水需解决其砰击强度问题	与横强度、局部强度、甲板剪切滞后力学特性相关
6	新型船干舷降低	与 ILL66 相关
7	船体变宽，操纵灵活性降低	满足 IMO MSC. 137(76)

上述理念尽管简单,但是由于涉及的因素太多,在 VLCC 上使用时,可能产生船体钢料过多使用而带来相关的重大影响。据统计,因为增强船舶结构、增加船舶宽度、选用超强度钢材等项使得新型无压舱水 VLCC 油船自重增加大约 4 500 吨,造价增加 650 万美元,船用发动机功率需要增大。同样新型无压舱水苏伊士型油船造价需增加 520 万美元。在设计时,诸多的因素应综合考虑,以寻找较好的技术交集。此理念允许少量压载水,避免不了压载水处理装置。尽管日本人是此设计概念的先驱,由于船舶经济性指标不是非常理想,至今没有实船出现。

此项工作的研究正在继续。2010 年 12 月,挪威船级社(DNV)正式公布了其最新的无压载水船舶设计方案,主要特点是采用天然气作为主要燃料。与传统的 VLCC 具有相同的载货能力和操作范围的船舶相比,此项革新的结果可以有效地减少其 CO_2(约 30%),硫氧化物(约 95%)和氮氧化物(约 80%)的排放,几乎消除了除温室气体以外的对大气产生污染的排放的气体。该船艏部采用"V"线型,最大程度地减少甚至不需压载水设置,采用创新技术将每次航程中数以百吨计的货油蒸汽(VOC)加以有效利用。在经济性方面,以天然气作为燃料驱动的新船每日成本约为 32 260 美元,而传统的以重油为燃料的 VLCC 成本则为每日 37 000 美元。新船造价比常规船高出 15%,但是整个营运期内的维护成本降低 25%,使得该船仍有 10% 的收益。LNG 作为燃料在船上的应用技术将在 5.3.1.5 中讨论。

5.3.1.4 船舶外部形状与内部结构合理布置设计

1. 采用新的建筑能源设计概念

由于船舶在海上航行,受到日照的影响甚大,尤其在热带、温带、寒带航行的船舶,室外条件从 -50 ℃到 +60 ℃之间变化,因此对于外形与内部结构尤其在通风方面的设计应该引起重视。如欧洲正在推行建筑的"被动设计(Passive Design)"与"主动设计(Positive Design)"概念[11],前者称之为超低能耗建筑,它的能源除了自身获取,如太阳能、地热、人的体温等,极少依赖外部供给能源,因此被称 passive,评判标准是该建筑是否能在一定的期限内(如 1 年)零能耗的情况下可保持舒适的温度,它意味着建筑物在一定时期内可能从能源供应网上获取能源,但是在另外的时段又可返还同样数量的能源,二者达到平衡。后者是在一定时间内(如 1 年)利用外部能源进行可再生能源开发,开发的能源远大于其吸收的能源,所采用的措施是在适当处所对小型发电机、太阳能(电池)、绝缘设计等技术进行利用。这种技术的核心是对于结构优化设计、先进材料利用、可再生能源的应用三个方面。由于船舶的流动性,远比地面建筑的环境恶劣,但是可以引进其理念,改进目前的船舶总布置设计技术。据文献[11]报告,采用这种设计,前期投资需增加 10% 左右,这些费用大都用在对外环境保护如绝缘、制订方案、人员培训等方面。在基础较差的项目上,前期投入可能有适当增加(约 15%),但是技术发展成熟后,它会降低至 8% 左右。

将上述设计理念用于船舶,在总布置设计中应关注以下因素:

①充分考虑航行区域设计外形与光照面积减少热负荷;

②吸收不希望的日照热量(主要对热带航行船)以降低冷却负荷(如采用太阳能电池板敷设);

③利用充分的日照热量减少加热负荷(主要对寒带航行船);

④尽量采用自然光作为电照明的补充;

⑤尽可能采用自然通风(满足防火要求的特殊倒漏斗型式);

⑥采用能效更好的加热/制冷设备使得电负荷的降低不危及安全;

⑦采用新型的上层建筑材料(取代目前效果不佳的一般隔热材料);

⑧采用全船热负荷平衡控制系统。

这种总布置设计的优化将是船舶设计始终不渝的目标。根据欧、美、日等国的经验，将单位面积能耗设为 15 ~ 20 kWh/(m^2a)(千瓦小时/每平方米面积)。虽然上述概念对船舶设计来说是一个新的领域，作者相信未来将有船舶设计的类似成果出现，作为研究生的研究内容不失为一个好的研究方向。

2. 首尾形状设计及船型参数优化

船舶首尾形状的进一步优化设计对改善船舶阻力提高船舶速度，改善包括运动、砰击、波浪增阻内容在内的耐波性指标，改善伴流提高螺旋桨推进效率降低尾轴马力等方面都有极大的益处(见图 5 - 35)。

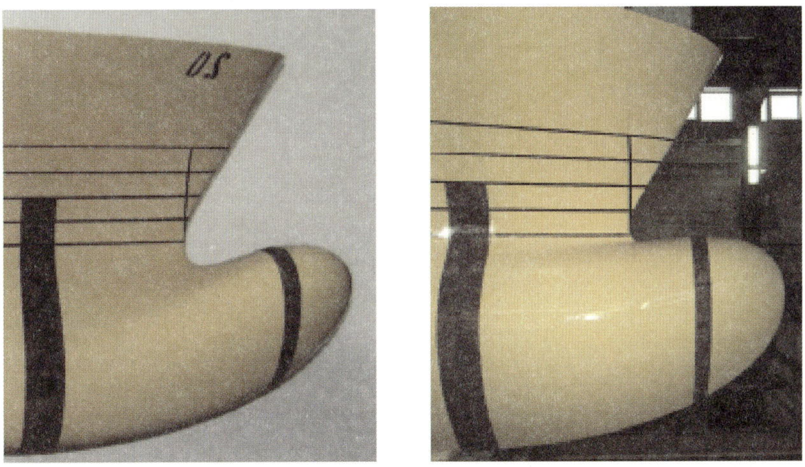

(a)　　(b)

图 5 - 35　球鼻艏变化

(a)原球鼻;(b)新型球鼻

(来源:Bo Cerup - Simonsen,2009)

另外，船舶阻力还与船舶尺度及船速相关，用无因次量纲佛罗德数 $F_n = V\sqrt{gL}$ 表示(V:船速,m/s;1 kn = 0.514 4 m/s;g = 9.81 m/s^2;L:两柱间长)，表 5 - 15 给出了实船裸船体阻力(不含附体)的比例。

表 5 - 15　实船裸船体阻力(不含附体)的比例

	F_n	摩擦阻力	兴波阻力	剩余阻力
Tanker 250 000 DWT	0.131	66%	8%	26%
Bulker 170 000 DWT	0.145	66%	10%	24%
Bulker 45 000 DWT	0.171	65%	10%	25%
Tanker 41 000 DWT	0.181	65%	10%	25%
Container 10 000 TEU	0.234	63%	25%	12%
Container 3 500 TEU	0.250	60%	30%	10%
Catamaran Ferry	0.700	30%	60%	10%

表 5 - 15 中的摩擦(Friction)阻力、兴波(Wave)阻力、剩余(Residual)阻力都与 F_n 值的

大小有极大的关系。如摩擦阻力在航速一定时与湿表面积、表面粗糙度相关。在主尺度与船型参数一定时,摩擦阻力就没有多少改善的空间的情况下,表面的粗糙度应引起极大的关注。它涉及涂料种类的选取与在船舶寿命期内抗污着的管理技术。在涂料的选择上,应严格控制在 65 ~ 150 μm 之间,研究资料[12]表明,船体每增加 25 μm 粗糙度,桨轴功率将增加 0.7% ~1%。

3. 减少船舶静水磨擦阻力与附体阻力技术

图 5 - 36 给出了船底表面的空气润滑系统(Air Lubrication System, ALS)用于减少船舶阻力的示意图。气泡由专门设备制造沿船底分别减少该部位的海水对于船底的摩擦阻力。

在现代,兴波阻力比较容易解决,如图 5 - 33(b)所揭示的水流流线的改善。成功的球鼻艏不应仅对应一个单一的船速,而应该对应一个相当的航速范围,这种现象在集装箱船的设计中应尤其注意,在第 4 章中已经知道集装箱船的最高航速在船龄期内仅使用 10% 左右的时间,该航速几乎成了航运公司的广告效用目的而非实际应用。

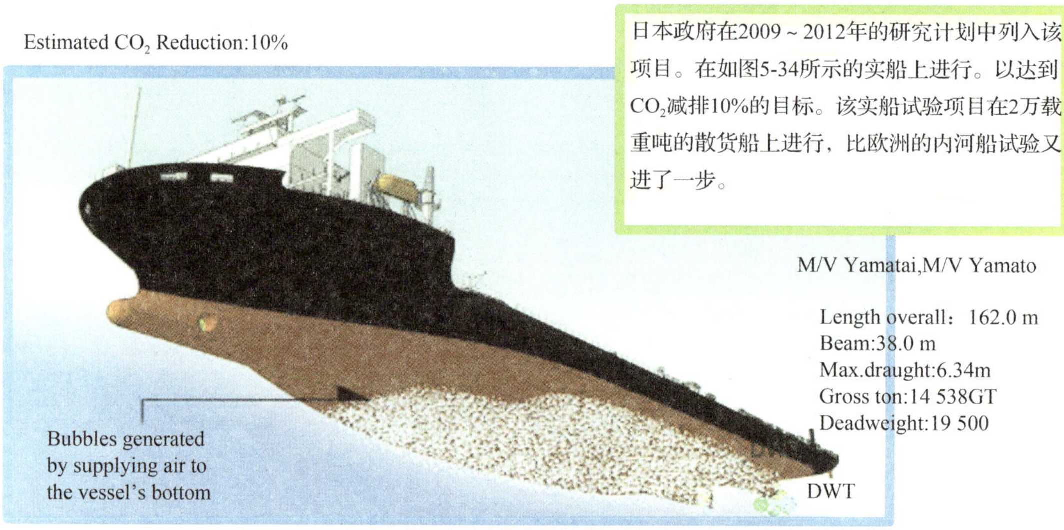

图 5 - 36　船底表面的空气润滑系统

(来源,NKK,2011)

关于船体的剩余阻力,应注意在速度梯度变化太大的船体表面,避免使用曲率太大的曲面,避免流体分离(Flow Seperation)现象发生。在船尾的流体分离现象与螺旋桨产生的水流加速度与尺度效应有关,CFD 技术可以很好地寻求一个较好的水动力方案。首尾形状的局部修改可以获得意想不到的效果。

附体阻力没有规律可循,一般可采用 CFD 技术调整附体安装的较佳位置,如采用低空泡高性能舵,可以收到比传统的半平衡舵节能 4% 的收益(见图 5 - 37)。

图 5 - 37　低空泡高性能舵

关于在恶劣风浪中波浪所增加的阻力,这也是目前航运公司所关心的,一般在设计中给予 15% 的裕度(称之为 Sea Margin),实际使用时应与船型、主尺度、运输货物、航线一并考虑。过度富裕功率的主机将会产生过度的燃油消耗,但是适量的功率富裕却能收到好的节能效果(见表

5-11)。船舶耐波性指标(f_w)对于此种阻力有极大的影响。

在设计中最容易忽视的是风的阻力,尤其对于 F_n 数不大的船舶,它的量级不大。根据统计,风阻为总阻力的2%~4%。对于大部分货船,上层建筑的改进可以使得此项阻力下降20%,在整个节能中有近似0.5%的收益。但是,如果上层建筑的固有频率设计过低会造成过大过多的共振现象产生,造成船员的舒适性甚至场所安全性下降。

4.减少船舶纵倾阻力技术

目前,航行中的纵倾阻力则几乎被设计者忽略,然而对每艘船来说,一个对于阻力优选的纵倾状态是存在的。据统计,对于采用球首与大方尾型的船舶,由于纵倾的不适当,可能有10%的油耗差距。这一项可以在相当低的投资下解决。在未来若干年内,必将成为设计者们必须考虑的因素之一。船舶不恰当的纵倾与排水量、吃水、航道水深一起影响着船舶的航速,进而影响船舶的 CO_2 排放。解决的方法应根据船模试验或CFD计算的结果为船舶制定一张纵倾-功率曲线图或表格。图5-38(a)是根据专用阻力软件(ECO)计算预报的,图5-38(b)是一艘多用途船在某一船速-吃水下的Trim-Power曲线)。

从上面可以看出,对纵倾的分析的实质是对船舶在各种可能发生的状态实现阻力的最低。对于不同的船舶最优的纵倾角是不同的。

根据目前的经验[13],仅有2/3的主机功率被使用在推进中,各种推进系统的改善装置已经研究了30余年,效果皆不理想。船舶经常以航运公司的航速要求进行设计的,统计结果表明,实际中很多船舶都是在低速状态下航行的(不是刻意追求低速,详见第4章对集装箱船设计速度的不合理性进行的分析),如果船舶能以统计的概率"平均"速度进行设计则可以节能。这是一个深刻的概念设计问题。为此,船舶监控系统(为中央控制系统的一部分)在实践中被证明可以为船舶电站节能,最高可达20%左右。

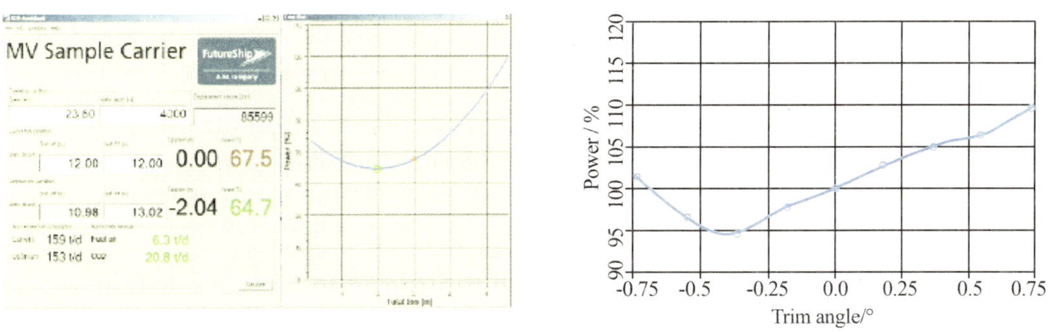

(a) (b)

图5-38 纵倾与船舶阻力

(a)纵倾-功率曲线;(b)某一船速-吃水下的Trim-Power曲线

(来源,GL,2010)

5.减少船舶上层建筑空气阻力技术

传统的上层建筑大都采用较为宽大的尺度以获得良好的居住环境,这一方案已经延续了五十多年。因为上层建筑在船舶阻力中只占1%~2%的比重,故长期以来并不为船舶设计者重视。而在对节能设计斤斤计较的今天,减少船舶上层建筑空气阻力技术获得了航运公司的青睐。在2011年第二季度,日本NYK公司已经采用了称之为"MT-COWL"型式的上层建筑的设计概念以减少风阻力并用在180 000 DWT散货船上。风洞模型试验证实:所采用的新上层建筑(见图5-39(a)),可以在9 m/s的迎风环境、航速15节时获得减少风阻力 10% 的利益，并且每年可减少 520 tCO_2 排放。

"MT－COWL"的设计概念为减少上层建筑的迎风面积，向两侧伸出的桥楼采用流线型形状（见图 5－39（b）），并将居住面积至于斜撑结构之内。

(a)

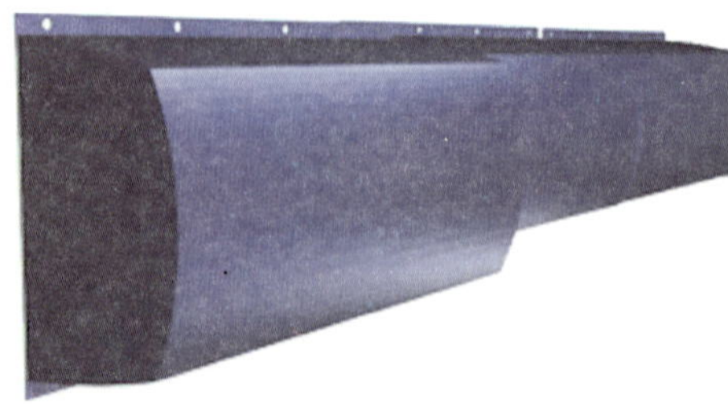

(b)

图 5－39　减少上层建筑的空气阻力

（a）MT－COWL 上层建筑；（b）边翼的流线型设计

（来源：NYK，2011）

5.3.1.5　采用双燃料发动机设计方案

采用 LNG 作为燃料的双燃料发动机的概念最初用在天然气（LNG）运输船上。近年来，随着温室气体，NO_x，SO_x 等有毒气体的减排要求，关于 LNG 用于其他的船型的设计概念正在探讨。

尽管采用 LNG 作为船用燃料是一个好的思路，由于目前存在一些问题，有的专家或航运公司将其仅仅看作一项长远的发展计划。

气源的供应网点及其布置距离的要求是 LNG 能否成功用作船舶主燃料的基本条件，即保证船舶的经济性与同常规设计一样优秀。另外，在技术上还存在以下问题。

LNG 燃料压力液舱在总布置图中的布置目前采用了两种设计方案。

①设置在船尾的露天甲板上。这种方案大多为海峡渡船（Ferry）所采用。

②设置在船舶舱室模块下方。这种方案目前被采用在大型集装箱船上。

由于 LNG 燃料压力液舱在 IMO 公约（IGC Code）中属于"C"型液舱，在居住舱室下方布置该液舱不满足规则要求。

在考虑 LNG 燃料压力液舱（4 巴，－163 ℃）时，一般都会考虑不降低船舶的经济性（尽量不占船舶货舱的容积）。过大会影响船舶经济性，过小则影响船舶的续航力并且应该考虑燃料的补充距离。目前 IMO 正在考虑制定符合 IGC 规则的可燃气体作为燃料的准则（IGF Code），其中包括在居住舱室下方布置 LNG 燃料压力液舱时，必须满足与舷侧的距离要求（船宽的 1/5）。

按照"C"型舱的要求，其应该独立于船体结构，这意味着传统的燃料舱/LNG 船的薄膜舱都不能采用，一般采用独立罐装型式。

Finland Wärtsilä 公司建议在上层建筑或烟囱通道中布置垂直液舱改善通风降低风险。鉴于 LNG 燃料压力液舱可能被使用在除集装箱船外汽车运输船（Car Carriers）及滚装船（Ro－Ro）上，但是如果 IGF，IGC codes 不修改在居住舱室下严禁设置 LNG 储存舱的条款，LNG 作为主燃料在远洋船上使用将带来设计上的困难。

5.3.1.6　船舶新型能源动力技术

目前，对该题目的讨论主要集中在两个研发方向上。

1. 可再生能源助推技术：海上风翼－柴油机混合动力技术

其内容为突破混合推进关键技术，向节能、环保船舶转型，大幅降低氮氧、硫氧化物和碳排放（图 5－40 是中国风帆组合推进概念方案的风洞试验模型）。

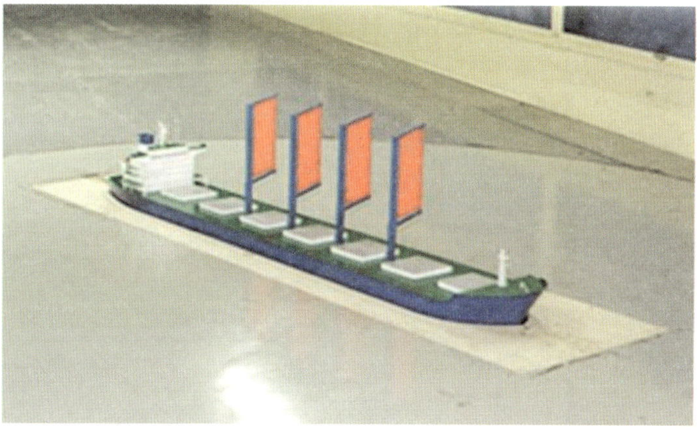

图 5－40　风帆组合推进概念方案的风洞试验模型

（来源：中国船舶科学研究中心，2009）

核心技术为：

①风翼与船舶运功能适配的船型优化技术；

②综合控制技术；

③高性能风翼设计以及收放技术；

④船用风翼材料的可靠性评估技术；

⑤风帆辅助推进船舶样机组装演示验证技术。

2. 远洋民用船舶的核能应用技术

尽管 2011 年 3 月日本福岛核事件动摇了人类对采用核电的信心，但是在地球一次性石化能源（石油）日益枯竭的形势下，核电仍然是未来人类应用的基本能源。只要在安全技术上进一步加强，在未来 20 年内用作船舶主要能源可能有应用前景。

利用核能有利于减少温室气体排放。突破民用船舶核能应用技术、商务、政策等三方面瓶颈的情况下，可实现其在远洋民用船舶上的应用。

其关键技术包括以下几方面。

（1）低浓缩铀反应堆在民船上的应用

①核物理与核燃料燃烧过程、反应堆型式（如压水反应堆（PWR）及自动化安全性要求）与燃料的研究；

②核推进系统设计与工程实施；

③反应堆日常控制与应急措施。

（2）保健物理

（3）人员培训

（4）环境保护：退役维护

(5)风险研究

①政策环境;

②适用船型与航线;

③经济航运成本模型。

图5-41给出了民用船舶的低浓缩铀核反应堆的推进装置原理。

与军用不同,民船的核燃料采用低浓缩铀燃料(3%~5%),且日常的维护、燃料的添加、退役的管理等方面亦有较大的区别。

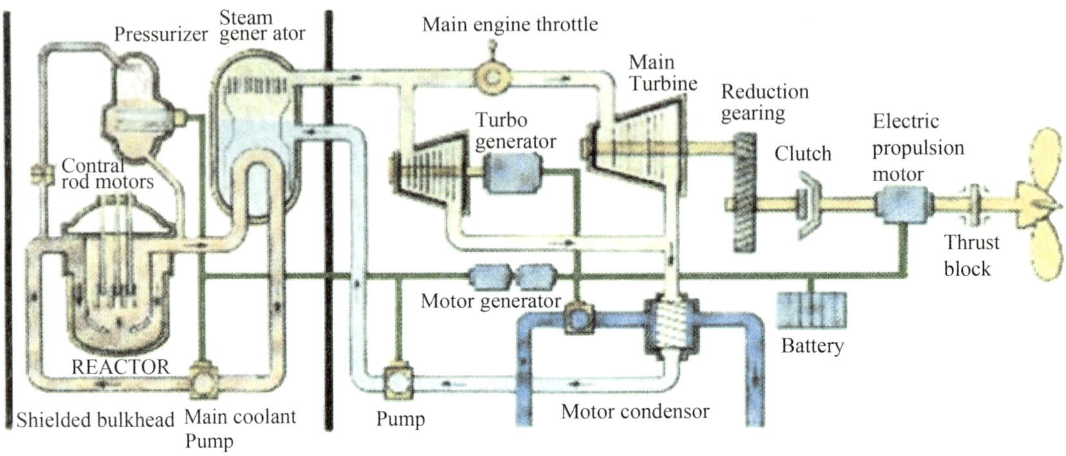

图5-41　船舶压水反应堆(PWR)— 推进工作原理

作为总结,现将目前国际上常用的节能减排技术(不包括在营运中采取的管理技术)及其相关性列表如下(表5-16)。

表 5－16 目前国际上常用的节能减排技术相关表

		1	2	3	4	5	6	7	8	9	10	11	12	13	14	15	16	17	18	19	20	21	22	23	24	25	26	技术分类
	船舶节能减排技术	船型优化技术	主尺度优化	纵倾优化	上层建筑空阻优化	船底板空气润滑	表面光滑技术	舵桨技术CRP	对旋桨技术	舵球技术	螺旋桨优化技术	桨前导流罩技术	桨前导流鳍技术	桨舵一体化技术	喷流高推力舵	螺旋桨宽叶技术	发动机适增功率	新型照明	催化还原技术SCR	废热利用技术EGR	硫清洗技术	减少燃油挥发技术	新型风力发电机	双燃料发动机	新式风力推进技术	太阳能电池应用	核能推进技术	节能技术总汇
1	船型优化技术																											船舶设计优化
2	主尺度优化																											
3	纵倾优化																											
4	上层建筑空阻优化																											
5	船底板空气润滑																											推进装置设计
6	表面光滑技术																											
7	舵桨技术 CRP																											
8	对旋桨技术																											
9	舵球技术																											
10	螺旋桨优化技术																											
11	桨前导流罩技术																											
12	桨前导流鳍技术																											
13	桨舵一体化技术																											
14	喷流高推力舵																											
15	螺旋桨宽叶技术																											
16	发动机适增功率																											轮机能效设计
17	新型照明																											
18	催化还原技术 SCR																											
19	废热利用技术 EGR																											
20	硫清洗技术																											
21	减少燃油挥发技术																											
22	新型风力发电机																											清洁能源
23	双燃料发动机																											
24	新式风力推进技术																											
25	太阳能电池应用																											
26	核能推进技术																											

5.4 低碳船舶标准

5.4.1 低碳船舶标准的与时俱进性

通过上述各章的论述可以看出,低碳航运是一个复杂的范畴,与全球的温室气体减排一样,涉及以下方面,见表5-17。

表5-17 低碳航运所涉及的范畴

范畴	内容
政策	与经济相关的航运公司的社会责任、与全球责任相关的主管当局(能源主管机关、船旗国、港口国)的减排政策、世界航运温室气体减排运作机制等
技术	全球温室气体排放上限(如地球开始工业化时的温度不得超过2℃)与航运对应情景的技术要求及成熟程度
商务	与世界贸易匹配的物流链、减排成本与收益、与世界经济发展相匹配的航运业可持续发展目标

目前,表5-16的内容不定性因素太多。

①UNFCCC还在进行COP、MOP谈判(见第3章),CDM机制中的技术与资金无法落实,国际航运温室气体减排机制(FUND与Cap and Trade Scheme)的完成还需假以时日,国际海事组织及各主管当局因政策措施不成熟而缺乏统一的政策与行动准则。

②大量的减排技术、可再生能源利用技术、清洁能源使用技术处于研发阶段、减排措施缺乏安全底线(如减速航行)。

③全球航运物流链正在按照货源种类发生根本性变化,而在物流链中的船舶与港口没有做好应对准备,航运公司的成本剧增的风险加剧,与SEEMP相关的认证工作尚未普遍开展等。

低碳船舶标准中的“低”完全是一个模糊性概念,与“绿色”的概念一样,与社会、经济、技术发展水平相关,是一个与时俱进的过程。在一个时期内能满足国际航运主要的减排要求,就意味着该航运公司的船舶符合对应时期的低碳船舶标准。这里并没有单独提出技术标准就是因为低碳船舶标准并不是由单纯技术指标控制的。

针对上述问题,是不是航运业在有害气体(温室、有毒)的减排方面就无所作为了呢?其实不然,仅从降低航运成本来看,上述工作目标就值得一个有社会责任感的航运公司孜孜以求的。

显而易见,从事国际航运业务的航运公司目前能做的只是在技术、物流环节等方面。因而就可以提出本航运公司的减排目标,为下一步进入国际温室气体排放机制做好准入准备。例如,NYK提出船舶在2030年对应2009年温室气体(CO_2)减排69%;STX提出在2030年船舶能效增加50%、减排成本减少50%;欧盟的绿色船舶计划则提出在目前技术基础上实现船舶CO_2排放减少30%,NO_x,SO_x各减少90%的目标。其共同特点都是在船舶的有害气体(温室气体,NO_x,SO_x)排放做足文章。图5-42给出了韩国STX公司船舶节能减排技术的发展方向,这是一个集设计概念、技术发展、航运管理于一身的混编计划,它反映了航运节能减排仅仅依靠技术发展是不全面的客观事实。

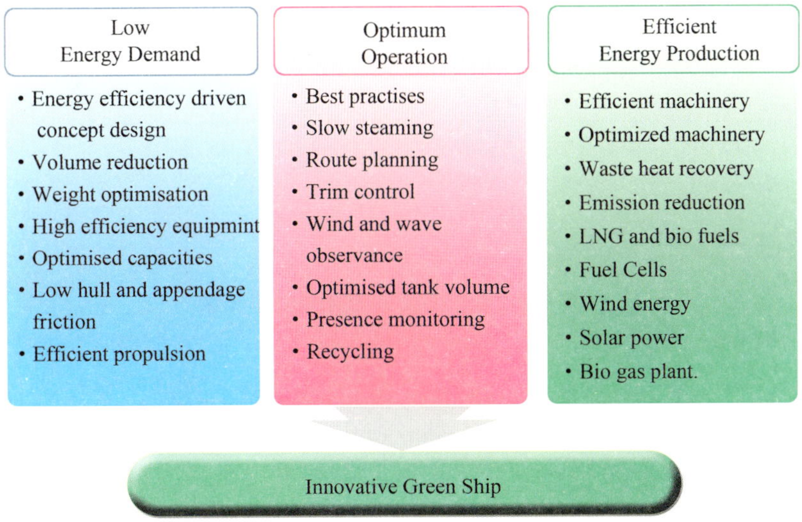

图 5－42　船舶节能减排技术的发展方向

（来源：STX，2011）

5.4.2　低碳船舶标准分类及应用

在未来 5～10 年，国际航运业将迎来低碳技术发展、物流变革的高峰期。根据第 4 章的 ACC 曲线预测结果，航运公司在第一阶段（2015～2019 年）应该在现有船上进行 SEEMP 认证及新船中不合理的设计改造及成熟技术的应用，第二阶段（2020～2024 年）将近十年的新技术成果应用到新船设计中，在第三阶段（2025～）集中在可再生能源的应用方面。这是比较容易与当时政策相对应的措施。

总的来说，可将低碳船舶标准分为如下两类。

1. 硬件（船舶）

开发与实时法定政策对应、技术指标优秀、成本较低的运输船舶。建议采用第 3 章 IMO 所建议的表 3－8 作为新船设计的阶段性低碳船舶标准，EEDI（CO_2）减排基本范围是：

①2015～2019 年，10% 以上；

②2020～2024 年，20% 以上：

③2025～，30% 以上。

2. 软件（能效管理）

利用 EEOI 进行 SEEMP 的认证，参加本书第 1 章所介绍的 IAPH 鼓励自愿采用的管理方法。本书在第 2 章中已经介绍过，在全球以 EEOI 为基础且通过 SEEMP 过程形成的数据库基本完成后，结合考虑形成的 EEDI 数据库的船舶排放设计水平，通过 IMO LRIT 系统，就可以定义出船舶实际排放水平，见图 5－43。

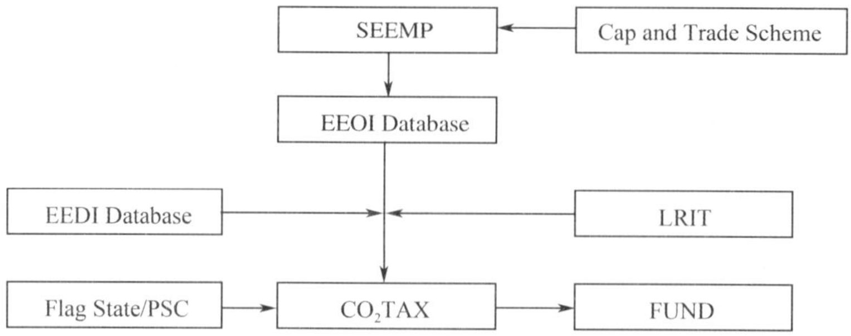

图 5-43 船舶实际排放水平计算框架

参考文献

[1] Galal Younis, et al. Ship Economy[R]. Port said, Egypt: University of Suez Canal, 2003.

[2] 陈映秋. "绿色"船舶的法定基础变化与创新设计[R]. 北京:中国造船工程学会,2008.

[3] 陈映秋. IACS CSR 中的计算力学的应用及对传统船舶设计方案的影响[R]. 无锡:中国造船工程学会力学委员会(中船重工 702 研究所),2006.

[4] 诸大建. 从上海世博会看低碳城市发展[R]. 上海:同济大学,2010.

[5] 中国船级社研发中心. 船舶碳足迹计算[J]. 中国船检,2010(10):48-51.

[6] ISSC I. 1 Committee. Report of Environment[R]. Seoul:Seoul National University, 2009.

[7] Gratsos F A, et al. Life Cycle Cost of Maintaining The Effectiveness of A Ship's Structure and Environmental Impact of Ship Design Parameters[R]. Athens, Greece: Hellenic Chamber of Shipping, 2009.

[8] Alan Klanac, et al. Economics and Environmental Impact of Ship Speed Reduction for Aframax Tankers[R]. Italy: Proceedings of XIX SORTA Conference, 2010:31-38.

[9] 上野道雄,等. 次世代型帆装船基础研究[R]. 日本东京:海上技术安全研究所,2004.

[10] Hans Otto Kristensen. 35 000 DWT Bulk Carrier Exhaust Gas Emission Reduction Concept Study[R]. Denmark: Grontmij Carl Bro, Glostrup, 2009.

[11] Fangzhu Zhang & Philip Cooke. Green Buildings and Energy Efficiency[R]. Wales, England: Centre for Advanced Studies, Cardiff University, 2010.

[12] OCIMF. GHG Emission-Mitigating Measures for Oil Tankers[R]. London: Oil Companies International Marine Forum, 2011.

[13] Karsten Hochkirch, et al. Fluid Dynamic Options for Reducing CO_2 Emissions[R]. Hamburg, Germany: GL-group, 2010.

第 6 章　低碳航运管理

6.1　低碳船舶技术在营运船上应用的必然性

6.1.1　IMO 温室气体排放政策渐成框架

由于经济全球化,国际贸易 90% 以上货物运输需要依靠国际航运。图 6－1 给出了当今世界上航线的分布情况,同时也反映了国际航运对国际温室气体排放贡献的主要地理分布。不管船舶在世界何处排放,它都符合本书第 2 章所描述的四项社会风险特征。

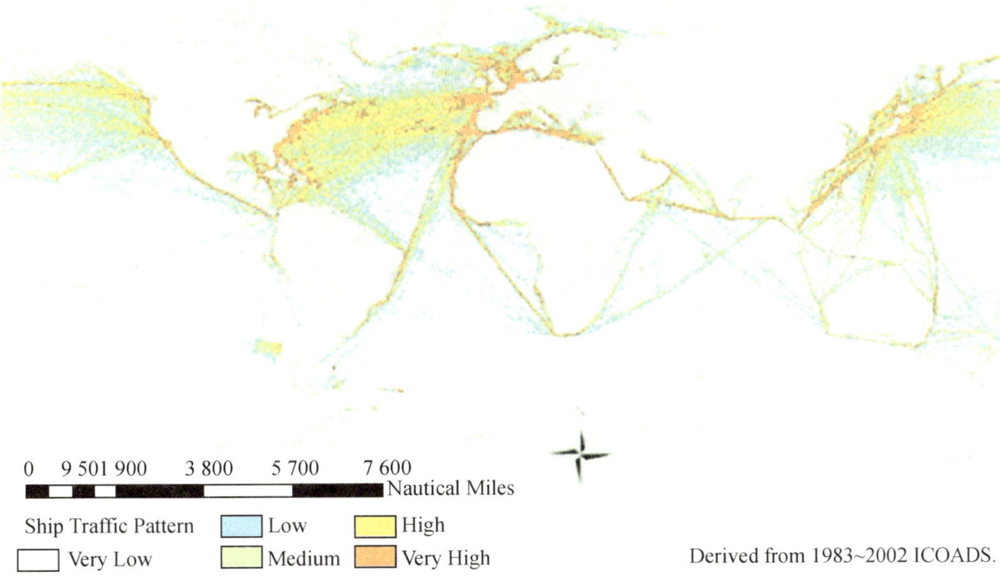

图 6－1　国际航线的分布

(来源：MEPC 59/INF. 10)

在 2009 年 MEPC59 次会议上,IMO 发表了一份重要技术文件,对 2000 年 IMO 关于温室气体排放的研究进行了修正[1]。在该文献中对航运业的温室气体排放进行了评估。

它指出,2007 年,航运温室气体排放为 1.046 亿吨为当时全球排放的 3.3%。其中国际航运温室气体排放为 8.7 亿吨占全球排放的 2.7%(见图 6－2)。这些废气排放主要来自于船舶,CO_2 占了主要成分。根据“中度”情景进行 BAU 评估,2050 年国际航运温室气体排放可能在 2007 年排放的基础上增加 150% ~250%。该文献得出的结论是:如果能采用适当技术措施提高船舶在设计时的能源效益,采取管理措施对船舶的营运进行能效管理,其收益将是巨大的,二者之和可以比 2007 年排放的总量减少 25% ~75%。

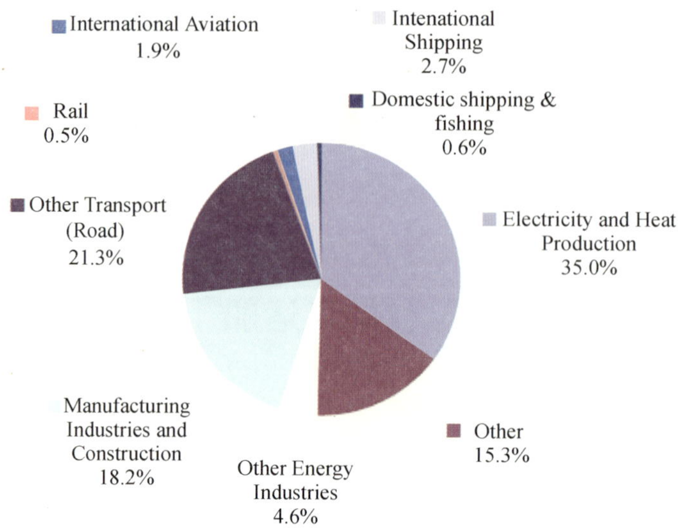

图 6－2　航运温室气体排放占全球排放的百分比

（来源：MEPC 59/4/7）

表 6－1 给出了这一评估前景。它对船舶设计（采用能效设计指数（EEDI）技术——适用于新船）、船舶营运（采用能效营运指数（EEOI）及船舶能效管理计划（SEEMP）——适用于所有船舶）分别作了评估。尤其是采用后者，可以以较低的技术管理成本获得较好的温室气体减排结果。

表 6－1　采用低碳技术对新船、现有船 CO_2 排放的减排作用

<table>
<tr><td>DESIGN（New ships）</td><td>Saving of CO_2/tonne – mile</td><td>Combined</td><td>Combined</td></tr>
<tr><td>Concept, speed and capability</td><td>2% to 50% +</td><td rowspan="6">10% to 50% +</td><td rowspan="10">25% to 75% +</td></tr>
<tr><td>Hull and superstructure</td><td>2% to 20%</td></tr>
<tr><td>Power and propulsion systems</td><td>5% to 15%</td></tr>
<tr><td>Low – carbon fuels</td><td>5% to 15% *</td></tr>
<tr><td>Renewable energy</td><td>1% to 10%</td></tr>
<tr><td>Exhaust gas CO_2 reduction</td><td>0%</td></tr>
<tr><td>OPERATION（All ships）</td><td></td><td></td></tr>
<tr><td>Fleet management, logistics and incentives</td><td>5% to 50% +</td><td rowspan="3">10% to 50% +</td></tr>
<tr><td>Voyage optimization</td><td>1% to 10%</td></tr>
<tr><td>Energy management</td><td>1% to 10%</td></tr>
</table>

注：表 6－1 的结果基于当前国际航运物流速度的变化，如航速的适当降低（来源：文献[1]）；新船、现有船的定义见第 3 章。

表 3－8 给出 IMO 在未来三个阶段中（2015—2019 年，2020—2024 年，2025 以后），在基准线的基础上 X 值在 10%～30% 间变化，这是 IMO 对于航运的硬件——新设计船舶给出的技术指标。在 2011 年 7 月的 MEPC62 会议通过的 MARPOL ANNEX VI 温室气体排放修

正案表明人类第一次在 MARPOL 公约的框架下对温室气体排放有了约束条款。在目前尚未生效的情况下,可以让航运公司在订造新船时自愿选择。在目前“买”方市场渐成的情况下,对船舶设计者来说并不亚于公约的强制规定。

上表告诉我们,新设计船应首重概念、航速与运输能力;营运船舶应首重管理、物流链(速度与方式)与激励政策,而且营运是排放限制温室气体的关键,它构成了 IMO 目前制定温室气体排放各类政策的基石。

从图 6-1 可以看出,欧盟区域是当前世界航运特别繁忙地区。鉴于生态的保护与沿岸人们健康的需要,在欧盟/美国的推动下,全球设立了除了温室气体以外的其他有害气体/物质排放的控制区域(Emission Control Area,ECA)并作为 IMO 长期的基本减排政策之一。表 6-2 给出了这一强制排放限制的结果。

表 6-2 ECA 与全球其他水域在 NO_x、SO_x 排放指标方面的区别

	Global	ECA
NO_x/(g/kWh)	15% ~20%	80%
SO_x/(g/kWh)	80%	96%
PM (mass)/(g/kWh)	73%	83%

这也是欧盟自 2010 年 7 月 1 日起,要求各类船舶 SO_x 的排放不得超过 0.1% 的理由。

由于船舶用途、设计概念、设计技术、采用设备、管理水平等因素不同,不是所有船舶都是高能效船舶。因此要将国际航运温室气体排放通过政策与机制将目前负面消极影响在短期内变为正面积极作用并在长期内具有长效作用是十分困难的。尽管全球航运业温室气体排放只占全球的 3.3%,如仍然按照 BAU 的形式排放,后果仍是严重的。这就是在 21 世纪内地球温度升高控制在 2 ℃范围内的情景下,国际航运业可以对全球温室气体排放的减少起到积极推动作用的原因。

6.1.2 温室气体排放政策对航运业的成本影响

文献[2]通过集装箱船对温室气体排放政策所增加的成本及市场指导(MBI)的分析,得出以下结论。

国际航行船舶由于温室气体减排成本的增加对于运费仅有非常有限的冲击。货物运价由固定与可变两部分组成,温室气体减排造成成本的增加仅仅影响到可变成本。运输成本的增加(导致运费增加)将影响着被运输的商品价格。其他的价格因素,如生产、产品升级等,则不受温室气体排放事件的影响。

以集装箱船为例,在油价 550 USD,减排成本(购买碳税)为 45 USD/tCO_2e 时,仅对运输成本有 1% ~5% 的影响(见图 6-3(e))。

上面的结论尚缺乏燃料供应链的经济分析,实际上这种成本的增加已经被货主分担。下面对集装箱船(样本为 6 000 TEU,8 000 TEU,10 000 TEU,14 000 TEU)运输影响较大的五个因素(航行距离、装载率、船速、燃油价格、碳税)进行分析(见图 6-3)。在五个因素中,航行距离、装载系数的变化对船舶成本变化率影响不大,因此图 6-3(a)和图 6-3(b)表现为水平线。而船速、燃油价格、碳税则不然,其变化对船舶成本变化率影响极大。这是因为,主机功率为航速的三次方关系。当航速增加/减小时,主机消耗燃料也会大量增加/

减少。在全球每桶燃油价格不断攀升的今天,许多航运公司采取了减速航行,既降低了成本,又减少了温室气体排放。但是,减速航行是否有利,需要仔细分析(分析方法见第4章)。

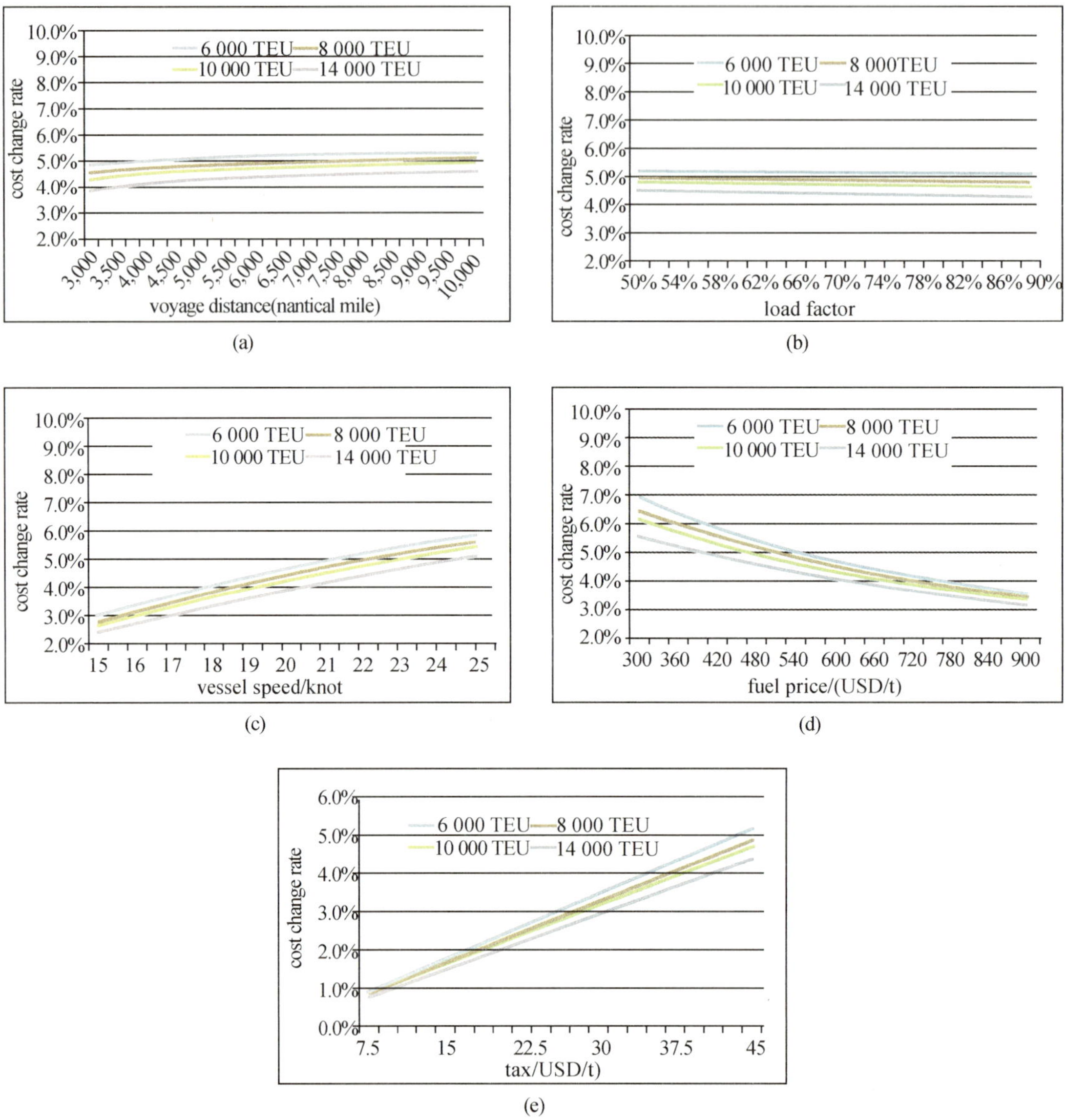

图 6-3 影响航运成本的五种因素

(来源:the University of Southern Denmark,2009)

从图 6-3(e)还可以看出,在未来碳税(碳基金)(International Carbon Fund,ICF)机制中,碳税(按照每吨燃油收取)对成本有相当一部分增量。

6.2 能效管理计划

6.2.1 CO_2 排放要素(Factors determining maritime emissions of CO_2)

设置这些要素的目的是透过温室气体排放过程中的分析去确定有效减排措施(包括管理与技术措施)。每个要素都与温室气体的排放存在直接或非直接的联系。至于各种系数间的相互联系,应通过详细的分析得到。根据 IPCC 所建议的情景分析(SERS)中的关键参数见表6-3。

表6-3 IPCC所建议的情景分析(SERS)中的关键参数

Category	Variable	Related elements
Economy	Shipping transport demand (tonne - miles/year)	Population, global and regional economic growth, modal shifts, shifts in sectoral demand
Transport efficiency	Transport efficiency (MJ/tonne - mile) - depends on fleet composition, ship technology and operation	Ship design, advances in propulsion, vessel speed, regulations aimed at achieving other objectives but that have consequences for emissions of GHG
Energy	Carbon fraction of the fuel that is used by shipping (g of C/MJ of fuel energy)	Cost and availability of fuels (e.g., use of residual fuel, distillates, biofuels, or other fuels)

(来源:MEPC59)

表6-3给出航运业温室气体排放的关键参数如下。

①经济。每年的航运需求,与人口、全球与地区经济增长、(物流)模式转变、航运业需求相关。

②运输效率。单位,MJ/tonne - mile,与船队构成、减排技术、营运管理相关。

③能源。单位重量(gC/t 或 gMJ/t)燃油的碳成分含量,涉及可用燃料的成本。

上面参数最终影响到 CO_2 与各类污染物排放的量级。

图6-4给出了航运公司 CO_2 排放要素的确定过程,包括主辅机机型及技术条件、燃料类型、功率、输出功率等。

图6-4中的框图将现代航运物流的 CO_2 排放所涉及内容悉数包括,它分为经营生产组织、船队生产管理、船舶收益或成本估算、最终限制目标等内容。

图中"燃料使用寿命期内 CO_2 排放"(Fuel life cycle carbon dioxide)采用图6-5的框图完成。

应注意,图6-5中的船舶系统边界对不同种类、不同尺度的船舶是不同的,应区别对待。

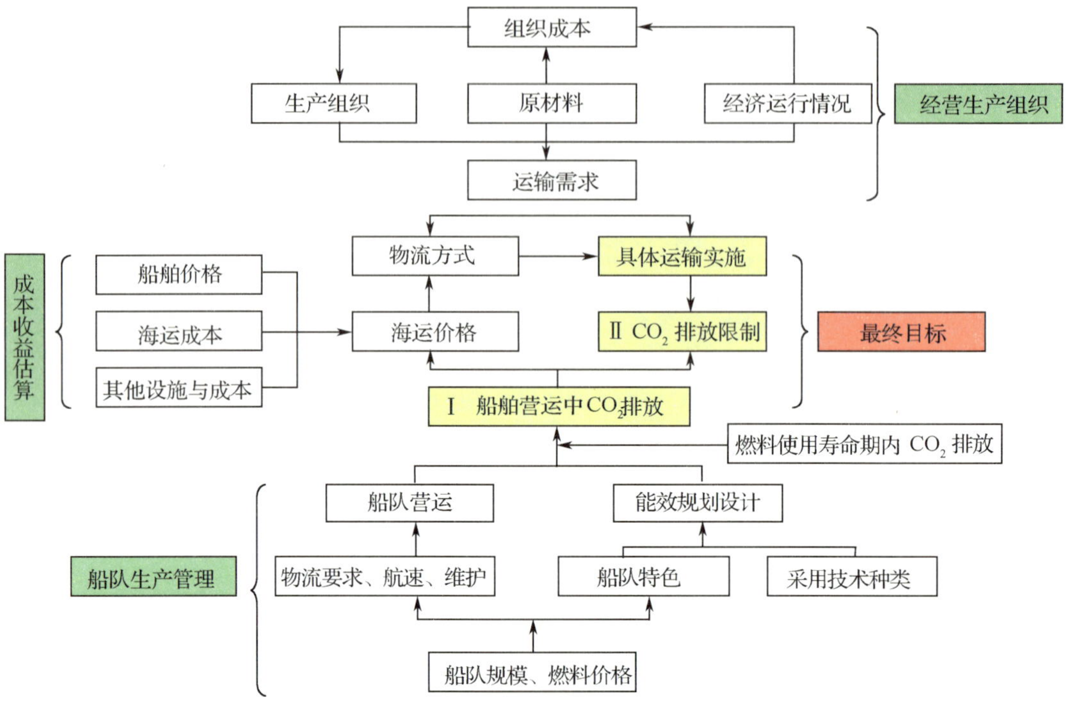

图 6－4　航运公司 CO_2 排放要素的确定过程

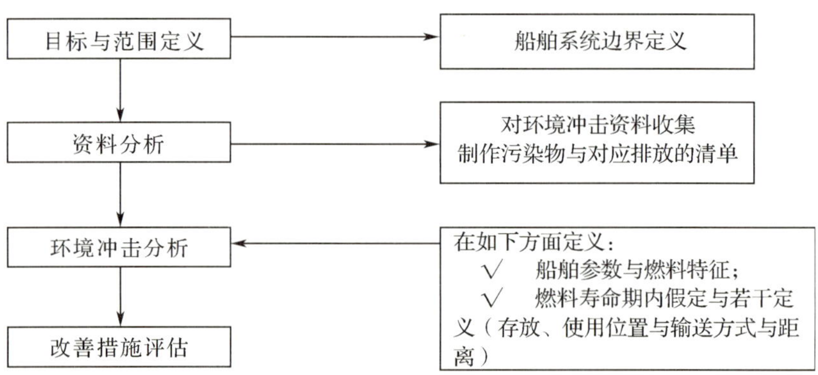

图 6－5　船舶系统边界在不同种类、不同尺度船舶上的区别

从图 6－4 可见，本书关注的船队生产管理中 CO_2 排放要素基本内容如下：

(1)主、辅机类型

船舶自带的能源设备，也是船舶 CO_2 主要排放源（见表 6－4）。它们包括主辅机、应急发电机组、锅炉、焚化炉等。主辅机是 CO_2 排放的主要设备，后面三者排放很少（有时可以忽略）。表 6－4 给出了船用主、辅机等机械的使用情况。

表 6－4　船舶 CO_2 主要发生源

CO_2 发生源	使用描述
主机	船舶用以驱动螺旋桨轴的主要推进能源，有时安装轴带发电机在航行时代替辅机提供电能/为废气锅炉提供加热蒸气。近来的柴－电推进技术得到长足发展，螺旋桨依靠电动马达驱动。在初期投资时比传统推进方式要大，从长远成本看，后者优于前者
辅机	为船舶电站所采用，为照明、通风、起重、泵浦等设备服务
应急发电机组	短期应急情况下使用（如在进港时启动首推用于船舶操纵/或在辅机损坏时）
锅炉	船上加热设备，除了其他加热方式外，一般还利用主机废气进行加热
焚化炉	经常在跨洋航行船上使用，作为船舶垃圾焚烧设备

在排放的组成上，CO_2 与 SO_x 依赖于一次性石化能源的燃烧，NO_x 却依赖于燃料的燃烧过程，这样与主辅机的类型（二/四冲程、转速（r/min）等）有了相关度。

（2）燃料类型

船舶所使用的燃料按照其分馏物的黏性划分，还可在船用轻柴油（Marine Gas Oils，MGO）与船用柴油（Marine Diesel Oils，MDO）之间进一步划分。

表 6－5 给出了目前船舶所用的燃料/油品[3]。

表 6－5　目前船舶所用的燃料/油品种类与特性

Fuel type	Properties			
Residual Oil (RO) (Viscosity 50 ~ 810)	Density at 15 ℃/(kg/m^3) Effective heating value/(MJ/kg) Carbon/% Sulphur/% Oxygen/%	0.965 40.96 86.61 1.91 <0.1	Viscosity at 50 ℃/(mm^2/s) Hydrogen/% Nitrogen/%	204 11.34 0.33
Marine Diesel Oil (MDO) (Viscosity 5.5 ~ 50)	Density at 15 ℃/(kg/m^3) Effective heating value/(MJ/kg) Carbon/% Sulphur/% Oxygen/%	0.900 42.19 86.68 0.93 <0.1	Viscosity at 50 ℃/(mm^2/s) Hydrogen/% Nitrogen/%	19.3 12.62 <0.1
Marine Gas Oil (MGO) (Viscosity 1 ~ 5.5)	Density at 15 ℃/(kg/m^3) Effective heating value/(MJ/kg) Carbon/% Sulphur/% Oxygen/%	0.852 42.65 86.74 0.23 <0.1	Viscosity at 50 ℃/(mm^2/s) Hydrogen/% Nitrogen/%	3.1 13.23 <0.1

注：上表结果来自于北欧地区航运中常用的 50 个渣油（RO），11 个船用柴油（MDO）与 43 个船用轻柴油的调查。

根据上表，即使采用 MGO 作为柴油机的主要燃料，其硫含量也不能满足 IMO Tier III

(见图 6 - 6)的要求(含硫量 <0.1%)。因此柴油机制造厂面临着柴油机的性能改善方面的巨大压力。

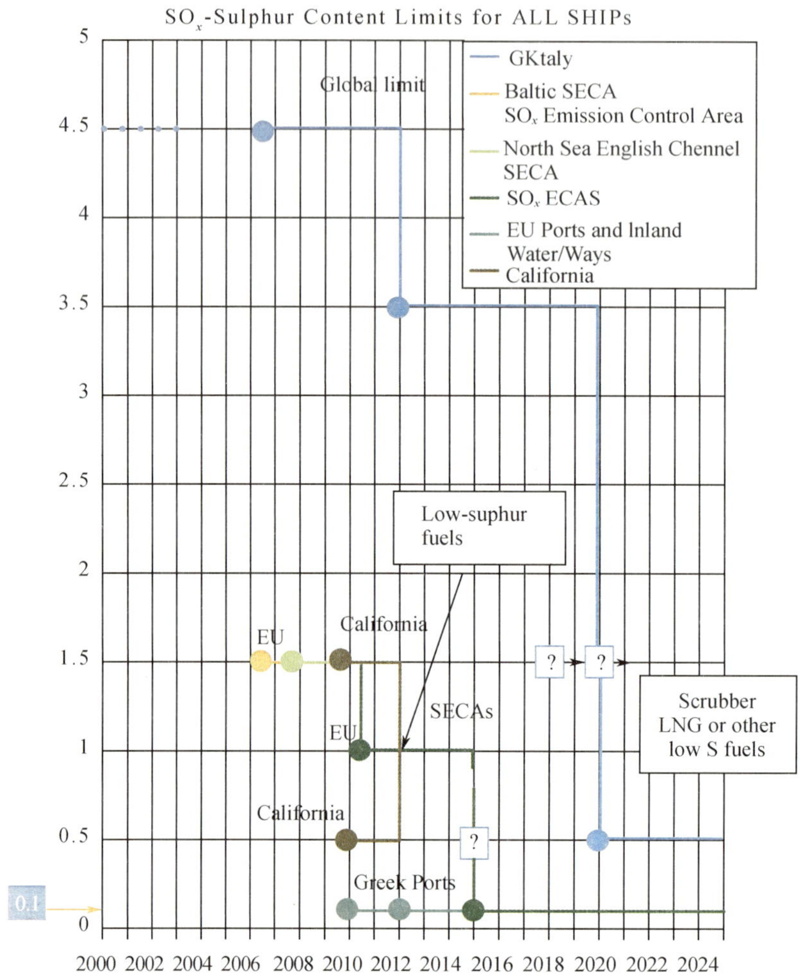

图 6 - 6　IMO Tier III 要求

上述压力使得船用柴油机的研发走了两种不同的技术路线。如双燃料发动机的研发(以 MAN 为代表)与低硫油使用改装(以 Wärtsilä 为代表),在目前技术条件下,低硫油使用改装在高能效方面仍欠火候。尤其对于双燃料柴油机使用上,在螺旋桨负荷小的时候仍然需要使用柴油。航运公司应谨慎为之。

当油船在港装卸作业时,有大量的挥发性气体(VOC—Volatile Organic Compounds)逸出,即使在航行中也会有 VOC 重大损失发生,如 VLCC 在单航次航程中由于 VOC 的挥发会损失 500 t 左右。这些挥发物可以被收集用于锅炉燃料。

文献[3]指出:表 6 - 5 仅开列了北欧地区航运业所用燃料。对于不同国家(地区),燃油的硫含量是不同的。除此之外,它还带来氮氧化物(NO_x)、可燃性(HC(cetane index or ignitability))与硫灰含量(PM(sulphur and ash contents))的不同。

(3)综合条件——主辅机功率、机龄、技术条件与输出功率等

通常,柴油机的排放与主辅机功率(MCR - kW)、机龄、技术条件(检修间隔)与输出功率等综合性能相关。这是一个多变量的数学规划问题。文献[4]指出:适当增加主机功率在给定的转速下(如营运航速对应的转速),可以减少 CO_2 排放(实际降低了油耗)。但对于 NO_x,却可能有轻微增加(见图6-7)。这个过程已经在本书第5章描述过。

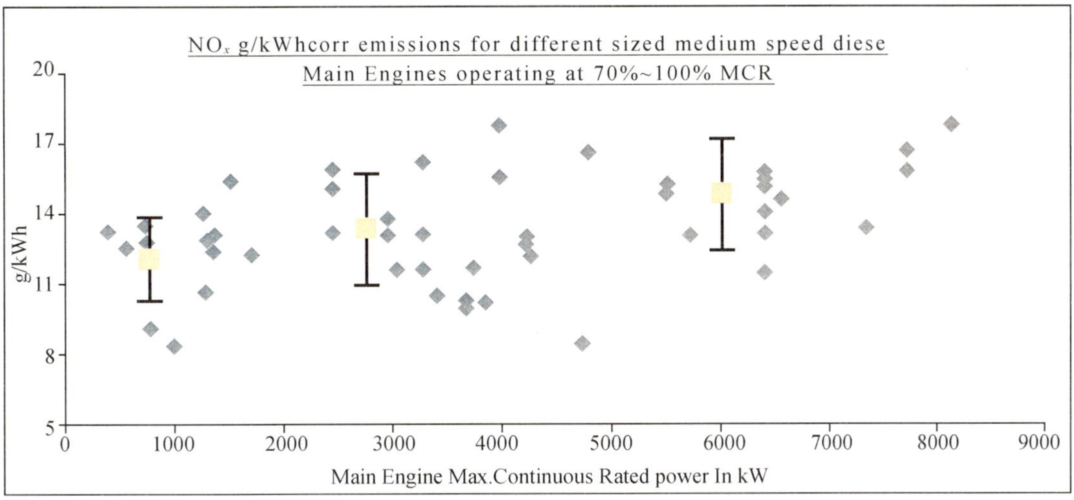

图6-7 在70%~100% MCR 区间不同规格柴油机的 NO_x 排放

(来源:IVL Swedish Environmental Research Institute Ltd.,2002)

根据目前的资料,柴油机固定功率的排放要素似乎比较稳定,而机龄与技术条件对于排放影响较大,但是定量分析比较困难。柴油机的功率输出在船舶减速时有较大的影响,SO_x 与 CO_2 的排放服从耗油率(Specific Fuel Consumption)曲线,尽管其在一定的输出功率范围内保持常量,但是在设计/营运航速下(85% MCR)有一个最小值。NO_x 随输出功率的增加而增加。

6.2.2 计算排放要素的建议

对于现有船,船舶排放不能仅按新船(机)状况进行计算。通过研究可以看出上述三大排放因素(主辅机类型、燃料类型、综合条件)的决定(尤其是综合条件)比较复杂,在欧盟进行了大范围的调查研究,现将其结论介绍如下。

表6-6给出了在海上、港口、风浪中船舶主辅机载荷、运行时间、轴带发电机的工作情况[3]。

表6-6 在海上、港口、风浪中船舶主辅机载荷、运行时间、轴带发电机的工作情况

	% load of MCR for ME operation	% of time all ME operating	% of electric power from shaft generators	% load of MCR for AE operation
at sea	80	100	50	30
in port (tankers a)	20	100	0	60
in port	20	5	0	40
(manoeuvring b)	20	100	0	50

表 6－7 给出了在海上航行时，船舶主机的排放情况[3]。

表 6－7 海上航行时船舶主机的排放情况 单位：g/kWh

MEs AT SEA Engine type/ Fuel type	NO_x	SO_2	CO_2	HC	Specific Fuel Consumption
SSD/MGO	17	0.9	588	0.6	185
SSD / MDO	17	3.7	588	0.6	185
SSD / RO	18.1	10.5	620	0.6	195
MSD / MGO	13.2	1	645	0.5	203
MSD / MDO	13.2	4.1	645	0.5	203
MSD / RO	14	11.5	677	0.5	213
HSD / MGO	12	1	645	0.2	203
HSD / MDO	12	4.1	645	0.2	203
HSD / RO	12.7	11.5	677	0.2	213
GT / MGO	5.7	1.5	922	0.1	290
GT / MDO	5.7	5.8	922	0.1	290
GT / RO	6.1	16.5	970	0.1	305
ST / MGO	2	1.5	922	0.1	290
ST / MDO	2	5.8	922	0.1	290
ST / RO	2.1	16.5	970	0.1	305

注：SSD(Slow Speed Diesel)；MSD(Medium Speed Diesel)；HSD(High Speed Diesel)；GT(Gas Turbine)；ST(Steam Turbine)；MGO(Marine Gas Oil)；MDO(Marine Diesel Oil)；RO(Residual Oil)。

表 6－8 给出港口、海上遇风浪时，船舶主机种类(低、中、高速、燃气透平、蒸汽透平等)与所采用燃料排列组合的排放情况[3]。

表 6－8 船舶主机种类与所采用燃料排放的排列组合 单位：g/kWh

Engine type / Fuel type	NO_x	SO_2	CO_2	HC	PM	Specific Fuel Consumption
SSD / MGO	13.6	1	647	1.8	0.9	204
SSD / MDO	13.6	4.1	647	1.8	0.9	204
SSD / RO	14.5	11.6	682	1.8	2.4	215
MSD / MGO	10.6	1.1	710	1.5	0.9	223
MSD / MDO	10.6	4.5	710	1.5	0.9	223
MSD / RO	11.2	12.7	745	1.5	2.4	234
HSD / MGO	9.6	1.1	710	0.6	0.9	223
HSD / MDO	9.6	4.5	710	0.6	0.9	223
HSD / RO	10.2	12.7	745	0.6	2.4	234
GT / MGO	2.9	1.6	1 014	0.5	0.5	319
GT / MDO	2.9	6.4	1 014	0.5	0.5	319
GT / RO	3.1	18.1	1 067	0.5	1.5	336
ST / MGO	1.6	1.6	1 014	0.3	0.9	319
ST / MDO	1.6	6.4	1 014	0.3	0.9	319
ST / RO	1.7	18.1	1067	0.3	2.4	336

注：表中符号同表 6－7。

表 6 -9 给出了各类辅机(中、高速)与所采用燃油种类排列组合的排放情况[3]。

表 6 -9 各类辅机(中、高速)与所采用燃油种类排放的排列组合 单位:g/kWh

AEs Engine type / Fuel type / Size	NO_x	SO_2	CO_2	HC	PM	Specific Fuel Consumption
MSD / MGO	13.9	1.1	690	0.4	0.3	217
MSD / MDO	13.9	4.3	690	0.4	0.3	217
MSD / RO	14.7	12.3	722	0.4	0.8	227
HSD / MGO	10.9	1.1	690	0.4	0.3	217
HSD / MDO	10.9	4.3	690	0.4	0.3	217
HSD / RO	11.6	12.3	722	0.4	0.8	227

注:表中符号同表 6 -7。

表 6 -6 至表 6 -9 可以用来对船队进行实时排放计算。

表 6 -10 给出了各种船舶在海上航行时的排放情况[3]。

表 6 -10 各种船舶在海上航行时的排放

AT SEA	NO_x	SO_2	CO_2	HC	SFC	NO_x	SO_2	CO_2	HC
	in g/kWh					in kg/t fuel			
Liquefied Gas	8.5	12.4	822	0.3	258	41	49	3 179	1.4
Chemical	16.5	11	645	0.6	203	83	54	3 179	2.8
Oil	14.9	11.7	689	0.5	217	75	54	3 179	2.5
Other liquid	16.6	10.9	641	0.6	202	83	54	3 179	2.8
Bulk dry	17.9	10.6	624	0.6	196	92	54	3 179	3
Bulk dry/oil	16.8	10.3	643	0.6	202	86	52	3 179	2.9
Self – discharging bulk dry	14.3	11.5	695	0.5	218	71	53	3 179	2.4
Other bulk dry	17.4	10.6	631	0.6	198	88	53	3 179	2.9
General cargo	16.3	10.9	644	0.6	203	81	54	3 179	2.7
Passenger/general cargo	15.8	11.1	653	0.5	205	77	54	3 179	2.7
Container	17.5	10.7	631	0.6	199	89	54	3 179	3
Refrigerated cargo	17.4	10.7	631	0.6	198	88	54	3 179	2.9
Roro cargo	15.6	11.2	659	0.5	207	76	54	3 179	2.6
Passenger/Ro – ro cargo	13.3	9.8	686	0.4	216	63	46	3 179	2
Passenger	13.2	11.7	696	0.5	219	62	54	3 179	2.2
Other dry cargo	11.1	12.9	757	0.4	238	53	54	3 179	1.9
Fish catching	13.9	11.5	685	0.5	215	65	53	3 179	2.1
Other fishing	13.3	12.3	722	0.5	227	66	54	3 179	2.2
Offshore supply	14	11	675	0.5	212	66	52	3 179	2.3
Other offshore	13.5	11.1	682	0.4	215	63	52	3 179	2.1
Research	14.2	11.4	673	0.5	212	67	54	3 179	2.3
Towing/Pushing	13.7	10.8	673	0.4	212	65	51	3 179	2
Dredging	14.1	11.4	674	0.5	212	67	54	3 179	2.3
Other activities	14	11.5	678	0.5	213	66	54	3 179	2.3

表6－11给出了各种船舶在港口作业时的排放情况[3]。

表6－11 各种船舶在港口作业时的排放

IN PORT	NO_x	SO_2	CO_2	HC	PM	SFC	NO_x	SO_2	CO_2	HC	PM
	in g/kWh						in kg/t fuel				
Liquefied Gas	7.5	13.4	884	0.9	2.1	278	33	49	3 179	3.7	7.8
Chemical	13.3	12.1	710	1.5	2.2	223	60	54	3 179	6.7	9.7
Oil	12.1	12.8	754	1.4	2.2	237	55	54	3 179	6.3	9.6
Other liquid	13.3	12	707	1.5	2.2	222	60	54	3 179	7	10
Bulk dry	13.8	12	706	1	1.5	222	62	54	3 179	4.5	6.8
Bulk dry/oil	13.4	11.9	715	0.9	1.4	225	60	53	3 179	4.3	6.5
Self－discharging bulk dry	13.1	12.3	727	0.5	1	229	58	54	3 179	2.4	4.4
Other bulk dry	13.6	12	709	1	1.5	223	61	54	3 179	4.6	6.9
General cargo	13.3	12.1	716	0.9	1.5	225	59	54	3 179	4.1	6.5
Passenger/general cargo	13.2	12.2	721	0.6	1.1	227	59	54	3 179	2.9	5
Container	13.7	12.1	710	1	1.5	223	62	54	3 179	4.4	6.7
Refrigerated cargo	13.5	12.1	714	0.7	1.2	225	60	54	3 179	3.4	5.5
Roro cargo	13	12.3	723	0.9	1.4	227	58	54	3 179	3.9	6.3
Passenger/Ro－ro cargo	11.3	11.2	746	1	1.8	235	49	48	3 179	4.4	7.6
Passenger	11.6	12.6	750	1	1.8	236	50	54	3 179	4.4	7.7
Other dry cargo	11.8	12.9	761	0.7	1.4	239	52	54	3 179	2.9	5.6
Fish catching	13.4	12.2	722	0.4	0.8	227	59	54	3 179	1.8	3.6
Other fishing	11.3	13.2	776	1.1	2	244	51	54	3 179	5.1	8.4
Offshore supply	12	11.9	734	1.1	1.7	231	52	52	3 179	4.6	7.5
Other offshore	12	12.2	737	0.9	1.6	232	52	53	3 179	3.8	6.9
Research	11.8	12.5	736	1.2	2	232	51	54	3 179	5.2	8.7
Towing/Pushing	11.8	12	734	1	1.8	231	51	52	3 179	4.2	7.7
Dredging	11.9	12.4	736	1.2	2	232	51	54	3 179	5.1	8.4
Other activities	12.7	12.4	729	0.8	1.3	229	55	54	3 179	3.2	5.7

表6－12给出了各种船舶在海上遇到风浪时的排放情况[3]。

表6－12 各种船舶在海上遇到风浪时的排放

MANOEUVRING	NO_x	SO_2	CO_2	HC	PM	SFC	NO_x	SO_2	CO_2	HC	PM
	in g/kWh						in kg/t fuel				
Liquefied Gas	7.4	13.5	887	0.9	2.1	279	32	49	3 179	3.7	7.8
Chemical	13.3	12.1	710	1.5	2.2	223	60	54	3 179	6.9	9.9
Oil	12	12.8	754	1.4	2.3	237	55	54	3 179	6.4	9.7
Other liquid	13.3	12	706	1.6	2.3	222	60	54	3 179	7.1	10.2
Bulk dry	14.3	11.7	688	1.7	2.3	217	66	54	3 179	7.8	10.6
Bulk dry/oil	13.5	11.4	708	1.6	2.2	223	62	52	3 179	7.3	10.1
Self－discharging bulk dry	12	12.5	751	1.1	1.9	236	54	53	3 179	5.2	8.2
Other bulk dry	13.9	11.6	695	1.6	2.3	219	64	53	3 179	7.6	10.4
General cargo	13.1	12	709	1.6	2.3	223	59	54	3 179	7	10.2
Passenger/general cargo	12.8	12.2	718	1.4	2.1	226	57	54	3 179	6.2	9.2
Container	14	11.8	696	1.6	2.3	219	65	54	3 179	7.6	10.4
Refrigerated cargo	13.9	11.8	697	1.5	2.2	219	63	54	3 179	7.1	9.9
Roro cargo	12.5	12.3	724	1.5	2.3	228	56	54	3 179	6.7	10
Passenger/Ro－ro cargo	10.6	10.8	754	1.3	2.1	237	46	46	3 179	5.4	9
Passenger	10.7	12.9	764	1.4	2.3	240	46	54	3 179	5.8	9.8
Other dry cargo	9.3	14	821	1.1	2.2	258	40	54	3 179	4.7	8.9
Fish catching	13	12.2	725	0.6	1.1	228	57	54	3 179	2.6	4.8
Other fishing	10.7	13.5	792	1.3	2.4	249	49	54	3 179	6	9.9
Offshore supply	11.2	12.1	742	1.4	2.3	233	48	52	3 179	6.1	9.7
Other offshore	10.9	12.2	749	1.3	2.2	236	47	52	3 179	5.4	9.5
Research	11.4	12.6	740	1.4	2.4	233	49	54	3 179	6.2	10.2
Towing/Pushing	11	11.8	740	1.2	2.3	233	48	51	3 179	5.3	9.7
Dredging	11.4	12.5	741	1.4	2.4	233	49	54	3 179	6.2	10.1
Other activities	11.5	12.6	742	1.4	2.2	233	49	54	3 179	5.9	9.5

除了表6－4至表6－10的实际统计值外，还应注意涉及这些因素的不定性问题，以便对其进行修正。这些不定性原因来自于：

①使用测试排放因素的统计样本仅为世界整个数据库的一部分；

②不同的测试技术；

③使用状况（如主机在港口运行）的假定；

④排放因素对特种船（因其数量较少）的适用性。

因此,应该对上述不定性进行估计,以便实际计算中使用。

表 6 - 13 给出了在 95% 的置信区间内的计算误差值[3]。

表 6 - 13　计算误差值

	At Sea	Manoeuvring	In Port
NO_x	20	40	30
SO_2	10	30	20
CO_2	10	30	20
HC	25	50	40
PM	25	50	40
SFC	10	30	20

上述表格可以用于大规模船队的排放计算。至于小港口(没有多少船舶进入)将有较大的不定性存在。主要表现在港口操作的时间、船舶种类(尤其是特种船)及其燃油类型等。例如,在海上 NO_x 的不定性可达 20%,从表 6 - 7 中可查得化学品船(Chemical Tanker)的 NO_x 排放为 16.5 g/kWh,视不同情况乘以 $(1 \pm 20)\%$,可得 NO_x 的排放量为 13.2 ~ 19.8 g/kWh。

除了上述的统计可供实际应用之外。目前欧洲尚推出一些依据某些数据库的排放因素的近似计算方法。只不过其采用的样本过于陈旧(1995 数据库),同时需要考虑不定性问题。但是其方法可供(主管部门)参考(表 6 - 14[3])。

表 6 - 14　各种气体排放计算的近似公式

kg/h

	ME medium speed	ME slow speed	AE (medium speed)
NO_x	$4.25 \times 10^{-3} \times P^{1.15} \times N$	$17.50 \times 10^{-3} \times P \times N$	$4.25 \times 10^{-3} \times A^{1.15}$
CO	$15.32 \times 10^{-3} \times P^{0.68} \times N$	$0.68 \times 10^{-3} \times P^{1.08} \times N$	$15.32 \times 10^{-3} \times A^{0.68}$
HC	$4.86 \times 10^{-3} \times P^{0.69} \times N$	$0.28 \times 10^{-3} \times P \times N$	$4.86 \times 10^{-3} \times A^{0.69}$
SO_2^a	$2.31 \times 10^{-3} \times P \times N$	—	—
SO_2^b	$12.47 \times 10^{-3} \times P \times N$	$11.34 \times 10^{-3} \times P \times N$	—
SO_2	—	—	$2.36 \times 10^{-3} \times A \times C$

注:a—主机功率 <2 000 kW;b—主机功率≥2 000 kW;CO 继续氧化后成为 CO_2($2CO + O_2 = 2CO_2$)。

表 6 - 14 中符号意义如下:

P = engine power (kW) × engine load (85% MCR);

N —— No. of MEs;

A —— Total auxiliary power, kW;

C —— 按照表 6 - 15 取值。

表 6 - 15　C 取值表

C	1	2	3	4	5
GT	<1 000	1 000 ~ 5 000	5 000 ~ 10 000	10 000 ~ 50 000	>50 000

6.2.3　航运业选择适当的减排政策

上面内容提供了可采用的航运业温室气体排放的计算方法。尤其在没有庞大经费去支持某航运单位(排放实体)进行碳足迹研究时,可以进行预先的评估计算。应与强调的是,这仅仅是航运温室气体的计算方法,不能离开适当的减排政策的支持。

根据燃料价格,航运业(排放实体)都会确认所采用的技术或操作措施使得船舶的 CO_2 排放减少情况,但这些措施应在经营考量下使得船舶的边际效益上升。有时在油价较高时,航运公司不会单纯考虑经营成本收益(如维护船队的竞争力)。这时,他们会如同第 2 章所述寻求有利的政策激励。

表 6 - 16 给出了迄今为止 IMO 在温室气体排放方面采用的技术、环境、碳市场指导政策,其中技术政策针对新船设计、营运政策针对新船与现有船管理、碳市场指导政策针对未来的碳市场交易机制。

表 6 - 16　新船、现有船减排技术与 IMO 政策的关系

<table>
<tr><th></th><th>技术政策</th><th>营运政策</th><th>碳市场指导机制(MBI)</th></tr>
<tr><td colspan="4">1. 设计(新船)</td></tr>
<tr><td>概念、航速与能力</td><td rowspan="3">IMO Cir. 681、Marpol ANNEX VI—EEDI</td><td rowspan="5">包括所有的设计与营运要素,并具备实施的硬件要求</td><td rowspan="5">所有的设计与营运要素中考虑 CO_2 的排放将符合 MBI 的要求</td></tr>
<tr><td>船体与上层建筑</td></tr>
<tr><td>船舶动力与推进系统</td></tr>
<tr><td>低碳燃料</td><td rowspan="2">在 EEDI 中包括其内容,目前不强制</td></tr>
<tr><td>可再生能源</td></tr>
<tr><td colspan="4">2. 营运(所有船)</td></tr>
<tr><td>船队管理、物流与激励</td><td rowspan="3">IMO Cir. 683 - 684:管理技术</td><td rowspan="3">包括所有的设计与营运要素,并具备实施的硬件要求</td><td rowspan="3">所有的设计与营运要素中考虑 CO_2 的排放将符合 MBI 的要求</td></tr>
<tr><td>航线优化</td></tr>
<tr><td>能源管理</td></tr>
<tr><td colspan="4">3. 其他</td></tr>
<tr><td>从市场购买碳信用(额)</td><td>不适用</td><td>不适用</td><td>适用</td></tr>
</table>

目前,IMO 在 Cir. 683 与 Cir. 684 中分别将船舶能效管理计划(Ship Energy Efficiency Management Plan, SEEMP)与营运船舶的能效指数(Energy Efficiency Operation Indicator, EEOI)推荐给航运公司(排放实体)作为一种的自愿行为使用。本书在第 1 章中已经介绍了国际港口协会(IAPH)在计算船舶排放时专门给采用 EEOI/SEEMP 的船舶有一个加分。无论从航运业的社会责任还是从航运业增加能效来看,EEOI/SEEMP 都应该是明智航运公司的选择。尤其在不久的将来(或许为 2015 年)全球航运碳排放机制(已在第 2 章、第 5 章中

介绍)实现时,EEOI/SEEMP 将成为航运公司在温室气体排放计划中采用的方案与策略的技术基础。除了目前的对航运公司采用 EEOI/SEEMP 的激励之外,还可能出现以下情况。

①因为 MARPOL ANNEX VI 在 2013 年 1 月 1 日生效,最近的 3 年出现空白。一些地区(如欧盟)在 2012 年以后如实行单边政策(对航运业/船舶征税)将导致 EEOI 的记录作为收税的基础,这样 EEOI 的采用就成为强制性措施。

②在船舶进出港时,强制向港口国当局(PSC)提交 EEOI 的记录。

③在 EEOI 强制政策下,SEEMP 成为唯一伴随 EEOI 的能效管理方法。

④在制定主管当局的排放限制政策时,EEOI 的统计结论可能成为制定排放下限的基础。

开展船舶 EEOI 记录既凸现了航运公司(排放实体)的社会责任又可为主管当局(如港口当局)制定温室气体减排激励政策的基础还可以成为第三方(如船级社)进行能效管理(SEEMP)体系验证的首要目标。正如本书第 1 章所述,如果 EEOI 成为政策激励的关键环节,它必须需要有分级验证的标准,这一分级反映了航运公司的管理水平。

单船的 EEOI 记录对于航运公司(排放实体)的中心 EEOI 数据库(见图 2 - 11)的构成非常重要,它将滚动形成该航运公司在不同时期的管理基准及未来减排的目标。除此之外,EEOI 数据库的作用还可以作为港口作业预报、航线分析与跟踪统计的基本数据。作为主管当局构建其减排框架与政策基础也是必不可少的。

在图 2 - 11 中已经叙述了 SEEMP 与 EEOI 的关系。它表明,在 SEEMP 中,每艘船 EEOI 为 SEEMP 的执行提供了工具与方法,反过来又可以通过 EEOI 去检验 SEEMP 的成效。在此意义上,EEOI 理所当然地成为 SEEMP 的一部分。也可以说,这是 IMO 全球航运业的减排框架政策或机制设计的一部分,没有航运业热身的这一步,就不可能有较为成熟的 IMO 减排机制。它为其他政策的制定奠定了基础。

尽管在 2009 年,IMO 将 EEOI/SEEMP 的执行作为推荐性政策,但是其在后续工作中继续加强了制定 EEOI 的限制值的工作[5],这对航运公司不能不说是一种极大的压力。

上述工作可能发展的方向为:

①在收集了足够的船舶 EEOI 数据后,关于 EEOI 的基线可以被确定,表示 EEOI 对船舶(队)的最佳配置。因为 EEOI 是一个不定的数值,制定 EEOI 的基线比实行 EEOI 更困难。

②根据 EEOI 基线制定调整 EEOI 的目标与达标时间表。

③要求船舶根据 EEOI 基线进行比较。在自觉实行阶段用以改善航运公司的 SEEMP,在强制阶段(来自 IMO/EU)就成为征税的依据。

④IMO 目前正在制定某些规定,船舶将被要求向船旗国(Flag State)报告其 EEOI 进行登记。为了防止虚假行为,将授权独立的机构(如船级社)对此报告进行认证。

(⑤当船舶的 EEOI 值不满足主管当局所规定的 EEOI 下限值时,船旗国将规定一定时限改进船舶的营运效率水平,港口国(PSC)将进行经济罚款。表 6 - 17 给出执行 EEOI/SEEMP 的各个相关方的责任。

表 6 – 17　执行 EEOI/SEEMP 的各个相关方的责任

	Ship	Flag State	Port State	Other organizations
Mandatory EEOI reporting	Calculate EEOI annually Have EEOI verified annually Report EEOI annually	Register ship's EEOI	Inspect ship EEOI	IMO to set baseline and reduction target
Mandatory use of SEEMP	Draft SEEMP	Register and verify whether ship has a SEEMP	Inspect whether ship has a SEEMP	IMO to establish SEEMP guidelines
Mandatory EEOI limit value	Calculate EEOI annually Have EEOI verified annually Report EEOI annually	Register ship's EEOI	Inspect ship's EEOI	IMO to set baseline and reduction target
Voluntary EEOI reporting	Calculate EEOI annually Have EEOI verified annually Report EEOI annually (all on a voluntary basis)			IMO to maintain register

2011 年初，中国船级社等 IACS 成员率先执行船舶能源管理认证工作[6]。所形成的 SEEMP/EEOI 数据库与航运公司目前其他管理工作留有接口并具有上述向船旗国/港口国/排放主管当局报告的功能。这些工作将帮助航运公司建立能效管理体系、船舶 EEOI 体系及相关的验证发证。

6.3　能效管理与数据库建立

6.3.1　能效管理模型

6.3.1.1　ISO14064 与 IMO SEEMP

2006 年 3 月，国际标准组织（ISO）颁布了温室气体排放管理有关文件，内容如下。

Part 1: Specification with guidance at the organization level for quantification and reporting of greenhouse gas emissions and removals

Part 2: Specification with guidance at the Project level for quantification, monitoring and reporting of greenhouse gas emissions reduction or removals enhancement

Part 3: Specification with guidance for the validation and verification of greenhouse gas assertions

ISO14064 与 IMO SEEMP、EEOI、船级社认证的联系见图 6 – 8。

图 6 – 8 是执行图 6 – 4 思路的一个更为深入的描述。

IMO Cir. 683 要求在全球 70 000 艘（2009 年的统计数字，2011 年底达 85 000 艘）以上的船舶试行船舶能效管理计划（Ship Energy Efficiency Management Plan，SEEMP），目标为：

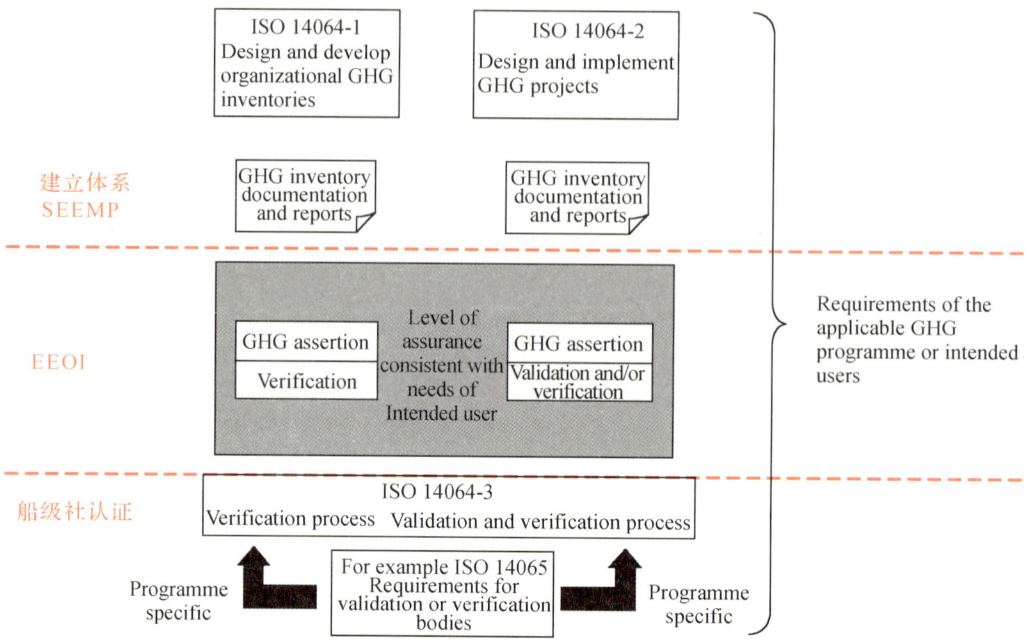

图 6－8　ISO14064 与 IMO SEEMP、EEOI、船级社认证的联系

①建立航运公司、船舶的 SEEMP 框架(涉及公司的能源政策)；

②与公司 ISO 14001 相结合；

③航运公司应制定相关程序文件使 SEEMP 顺利实施；

④船舶在计划(Plan)、执行(Implementation)、监控(Monitoring)、自评与改善(Self－Evaluation and Improvement)4 个环节制定改善能效的措施(一个可变的优化过程)(见表 6－18)。

表 6－18　船舶在 4 个环节制定改善能效的措施

序号	项目	内　　容
1	计划	营运船舶能效管理计划的执行。包括能效计划执行体系以及执行能效措施的相关记录
2	实施	建立营运船舶能效管理监控体系,包括营运船舶能效评估工具
3	监控	在运行一个能效管理计划周期之后,对管理计划进行整体评价,识别存在的问题,并提出相应的改进措施
4	评估和改进	营运船舶能效管理计划的设定目标及策划

注:上述表格以 1—2—3—4—1 循环运行,不断改进 SEEMP 的质量与水平。

表 6－16 可以看出船舶能效管理计划(SEEMP)包括制订计划、实施、监控、评估和改进四个阶段,将能效目标分解到每个可能提高燃油效率的操作中进行考虑。如改进航程计划、航行环境、气候影响、到港时间与港口装卸条件、航速、主机转速、船舶操作、压载水装载与排放、螺旋桨性能调节(只适用于具有该功能的船舶)、船舶纵倾、舵机使用与船首方向控制、船体维护、推进系统维护和改进、船队管理、货物物流、能耗管理、燃油种类、可再生能源

(如风能、太阳能电池、风力推进等)、其他相应的措施(利用岸电等)等因素。

2011年7月,IMO环保会第63次会议(MEPC63)上以投票形式最终赞成EEDI以及SEEMP的实施,IMO Cir. 681~684的内容则由自愿走向强制。

6.3.1.2 EEOI内容简介

EEOI指数是评估营运船舶CO_2实际排放水平的一个特征指标,其概念是通过船舶货物周转量与燃油消耗量的比值,来衡量船舶营运能效的高低。EEOI作为营运船舶能效的指标,可纳入船舶能效的监测性指标体系,有助于营运船舶建立有效的能效管理机制。计算公式如下

$$EEOI = \frac{m(CO_2)}{Transport\ work} = \frac{\sum_i FC_i \times C_{carbon}}{\sum_i m_{cargo,i} \times D_i}(gco_2/tmiles) \tag{6-1}$$

$$EEOI = \frac{(\sum_i FC \times C_{carbon})_{Fuel\ type1} + (\sum_i FC \times C_{carbon})_{Fuel\ type2} + \cdots}{\sum_i m_{cargo,i} \times D_i} \tag{6-2}$$

式中 FC(Fuel Consumption)——燃料消耗,船舶主副机包括锅炉及焚烧炉等在海上、港口或某段时间内(如1天内)所消耗的所有燃料,t;

D(Distance sailed)——航行距离,某段航程或某段时间航行的实际距离,即驾驶室航海日志记数, n mile;

C_{carbon}——碳转换系数,通过该系数,将燃料中的碳含量转换成CO_2质量(见表5-6);

m_{cargo}——运输的货物量,一段航程运输的货物量,根据船型用不同的计量单位,如对散装液货船和油船,用吨;对于客船,用乘客数量;对于汽车渡船和汽车运输船用汽车单位数量或占据的通道尺度(m);对于集装箱船,用TEU数量等。

式(6-1)与式(6-2)分别用于船舶单一燃料与多种燃料的计算。

建立某船的EEOI,需要完成下列主要步骤:

①定义EEOI计算的时段;

②为数据收集定义数据源;

③收集数据;

④将数据转换成适当的格式;

⑤计算EEOI。

计算船舶EEOI时,应注意以下两点:

①对于现有船,EEOI应代表一年以上船舶营运的能量效率的平均值。

②对于新建船,EEOI应代表不少于6个月的船舶营运的能量效率的平均值。

采用滚动平均法对已确定数量的航次(如10次)的CO_2排放进行加权平均,然后不断增加后续航次新数据并剔除前面数据,仅保留已确定数量的航次(如10次)进行计算。该方法对能效高的某几个航次或阶段非常敏感,该数据对识别船舶能效非常有用,可以作为港口国当局进行管理/收税的主要判据。

为了说明IMO Cir. 684的应用,本节给出算例(表6-19)。

表 6－19 IMO Cir.684 的应用算例

船名和船型						
航程或天数 (i)	在海上和港口中的燃料消耗(FC),t				航程数据	
	燃料类型 (HFO)	燃料类型 (HDO)	燃料类型 (其他)	…	货物 (m) /t	距离 (D) /n mile
1	20	5			25 000	300
2	20	5			0	300
3	50	10			25 000	750
4	10	3			15 000	150
…	…	…			…	…

根据 IMO 的设计,EEOI 只有纳入航运公司(排放实体)船舶能效管理体系才能发挥作用,这是因为:

①在未来全球的航运温室气体排放体系中,各个航运公司都是该体系的排放实体,无论是征税(Fund)还是碳贸易(Carbon Credit Trade)都会针对与 EEOI 相关的 SEEMP 水平。

②为船舶单位所制定船舶能效管理计划中,EEOI 是其中一个重要的考核指标。

③EEOI 作为某一单船或一个船队的某一阶段的能效水平,通过采用各种节能技术或操作手段,在下一阶段通过 EEOI 指标的变化来反应船舶或船队能效水平的提高程度。采用 EEOI 可进行诸如货舱利用率、压载航行的燃油消耗、航速变化、天气因素影响、港口条件等相关分析。

6.3.1.3 能效管理组织

尽管在 2013 年以前,IMO 在是将新造船能效指数(EEDI)、营运船能效记录(EEOI)与船舶能效管理(SEEMP)作为自愿性文件推动,由于其将给航运公司带来巨大效益,因此为其寻求一个合理的途径是必要的。

为了满足国际、国内的相关要求,同时也考虑到航运公司降低成本、持续发展的需要,必须用系统的方法进行船舶能效管理,更经济、更有效地提高船舶能效、减少 CO_2 排放。最有效的途径是建立船舶能效管理体系,将能效管理纳入公司整体的结构化的管理体系予以实施。例如,可将本章所规定的要素与其他管理体系标准(如 ISO 14001,ISO 9001,ISM CODE)的要素进行协调/整合。通过这些具体规定的实施,把航运公司(排放实体)最高管理者的决策和船、岸管理/操作人员的参与结合起来以达到以下目的。

①实行船舶的能效管理工作与国际公约、船级社规范、国际标准及主管部门要求相结合,使之相互协调、有目标地降低船舶的燃油消耗、减少 CO_2 排放,提高船舶能源利用效率;

②优化船舶营运中的耗能因素/环节,达到能效管理过程的控制和持续改进的目的;

③尽可能应用先进有效的节能技术和方法、推广最佳的节能管理与实践经验;

④利用欧盟港口(IAPH)关于船舶能效管理(SEEMP)的激励政策,达到在明确 EEOI 指标下,免于征收额外费用(税)的技术要求。

图 6－9 给出了航运公司(排放实体)的能源管理体系框图,根据组织特点将其分为决策、管理、执行三层,并各司其职。在目前的情况下,航运公司的排放在减少成本的前提下具有一定的自愿性。随着欧盟等地区关于航运温室气体排放的管理架构有了明确规定,具

有了能效管理体系的公司将有很大的运作空间。

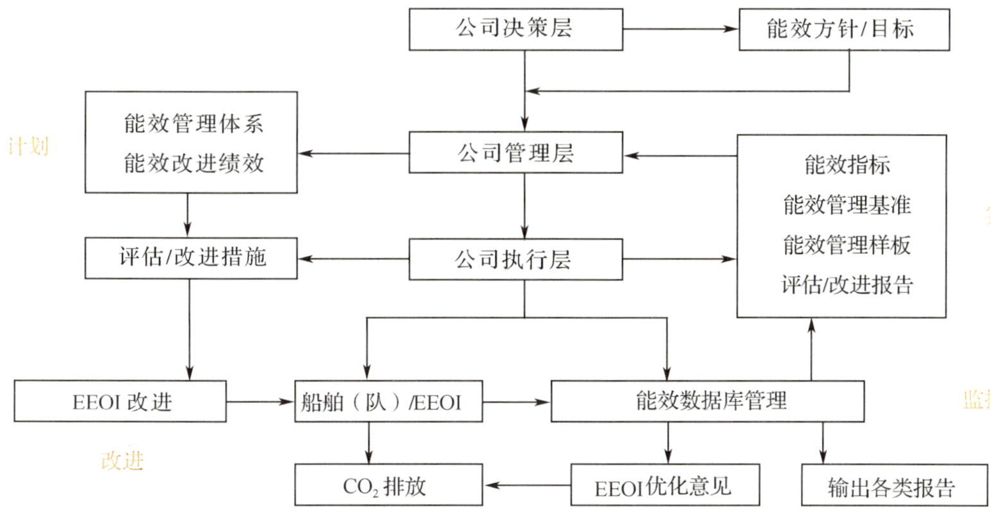

图 6－9　航运公司(排放实体)的能源管理体系

6.3.2　能效管理数据库构成

船舶的能效管理应该根据式(6－2)进行计算,其中需要大量的数据,EEOI 计算基础数据和信息包括:

①实际分段(港对港)航行距离(Distance);

②航段(港对港)装载能力(载重吨/载箱量/人数)(Capacity:DWT/TEU/Passengers);

③航段内燃油类型与消耗数量 (Fuel Type and Number of Consumption of Fuel);

④影响二氧化碳排放量的所有关联数据 (Other concerned CO_2 Emission)。

从式(6－1)、式(6－2)的 EEOI 的计算公式来看,仅考虑了有实际收益的航行,这些在实际中不尽合理。如穿梭油轮,只分为压载航行与载货航行两种状态,只有将压载视为收益(实际上没有收益)航行状态,才不致遗漏压载时的 CO_2 排放。因此在 IMO Cir. 684 中规定:

压载航行以及不为货运服务的航行(如进坞修理等)应该包括在内。其他为安全所采取措施(如避风等)的航行不必记入。

在统计上述的数据时,与实际中都有一定的出入,尤其最后一项鉴于其具有较大的模糊性与灵活性。例如,航速在目前是航运公司降低成本的主要手段,因此必须采用算术平均(如 10 次滚动算术平均)的方法处理。再如,压载水重量,也应该分为风暴压载与一般压载两种情况。有时也可以考虑将 EEOI 在一定时段内(如一年/半年(新船))取算术平均值。这一点目前国际上没有固定的计算规则。

目前,IMO Cir. 684 规定只适用于七种船舶:

①干货船(Dry Cargo Carriers)(包括散货船与矿砂船);

②油船(Tankers);

③气体运输船(Gas Tankers);

④集装箱船(Containerships);

⑤滚装船(Ro－Ro Cargo Ships);

⑥杂货船(General Cargo Ships);

⑦客船/客滚船(Passenger Ships including Ro – Ro Passenger Ships)。

将其统一在表 6 – 20 内。

表 6 – 20 IMO Cir. 684 规定适用的七种船舶

数据类型	集装箱船	多用途船	散货船	液货船	气体运输船	滚装货船	杂货船	客船	客滚船
航段编号	√	√	√	√	√	√	√	√	√
航段实际航行距离	√	√	√	√	√	√	√	√	√
燃油类型和消耗量(航行和在港时)	√	√	√	√	√	√	√	√	√
航行载货量,包括载重吨(箱重加货物重量)	√	每一载货TEU按10 t计算,空的TEU按2 t计算	航行载货量	航行载货量	航行载货量	航行载货量	航行载货量	船舶总吨、载人数量	船舶总吨、载人数量
压载量	√	√	√	√	√	√	√	√	√
航段平均航速	√	√	√	√	√	√	√	√	√

由上表可见,数据项并不多,形成数据库没有难度。

货物种类如下:

①气、液、固态散装货物(all gas, liquid and solid bulk cargo);

②杂货(general cargo);

③集装箱(含空箱)(containerized cargo (including the return of empty units);

④包装杂货(break bulk);

⑤特重货物(heavy lifts);

⑥冷藏货物(frozen and chilled goods);

⑦木材(timber and forest products);

⑧车运货物(cargo carried on freight vehicles);

⑨车辆(cars and freight vehicles on ro – ro ferries);

⑩乘客(passengers (for passenger and ro – ro passenger ships))。

将这些数据经过整理后形成图 6 – 9 中的能效管理数据库。这些数据又与船型的不同而有所差别(在载货能力方面)。

能效管理数据库的功能要求如下。

公司应建立 EEOI 和/或其他能效数据的统计分析系统(见图 6 – 9),以满足以下功能要求:

①统一的数据格式,便于报告、统计和分析;

②不同周期的统计和分析功能;

③EEOI 滚动平均值计算功能；

④EEOI 变化趋势和改进方向分析功能；

⑤图表输出功能（包括向主管机关的报告）；

⑥与本公司其他相关管理系统（如 ISO 14001、ISO 9001、ISM CODE）的接口，以便一些共同要素的共享；

⑦EEOI 的通讯（船级社、航运公司总部、船舶）网络图（见图 6－10）。

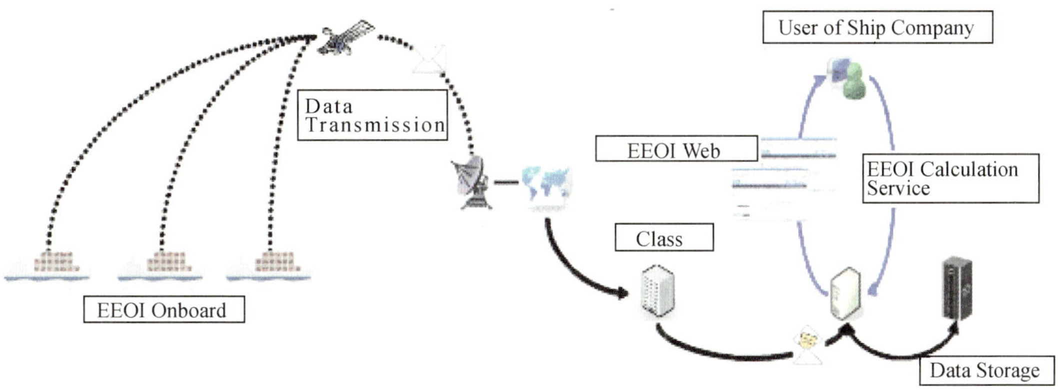

图 6－10 EEOI 的通讯网络图

（来源：NKK，2011）

6.3.3 能效管理数据库的衍生功能

对于航运公司的能效管理来说，能效数据库可以提供非常多的统计分析功能。基本上分为以下几大类（见图 6－11）：

①船舶分类；

②能效统计分类；

③能效指标分类。

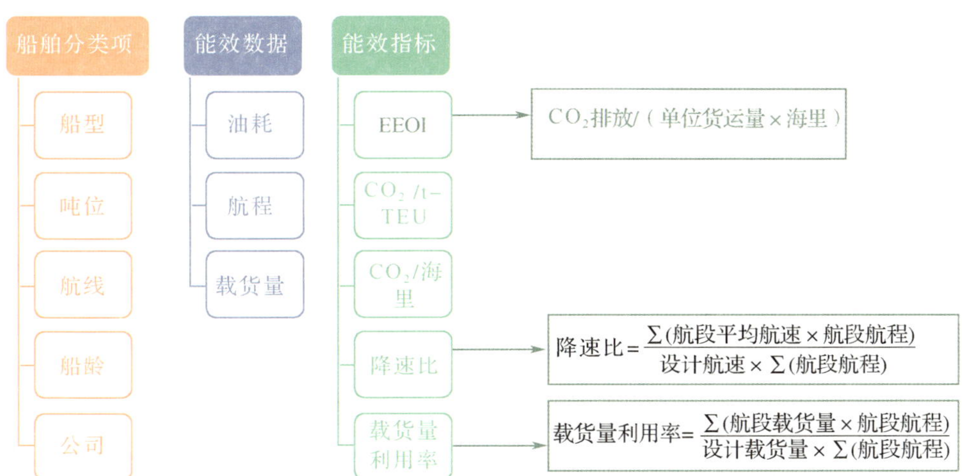

图 6－11 能效数据库结构

（来源：中国船级社，2011）

图 6－12 是某船多航次 EEOI 统计图。

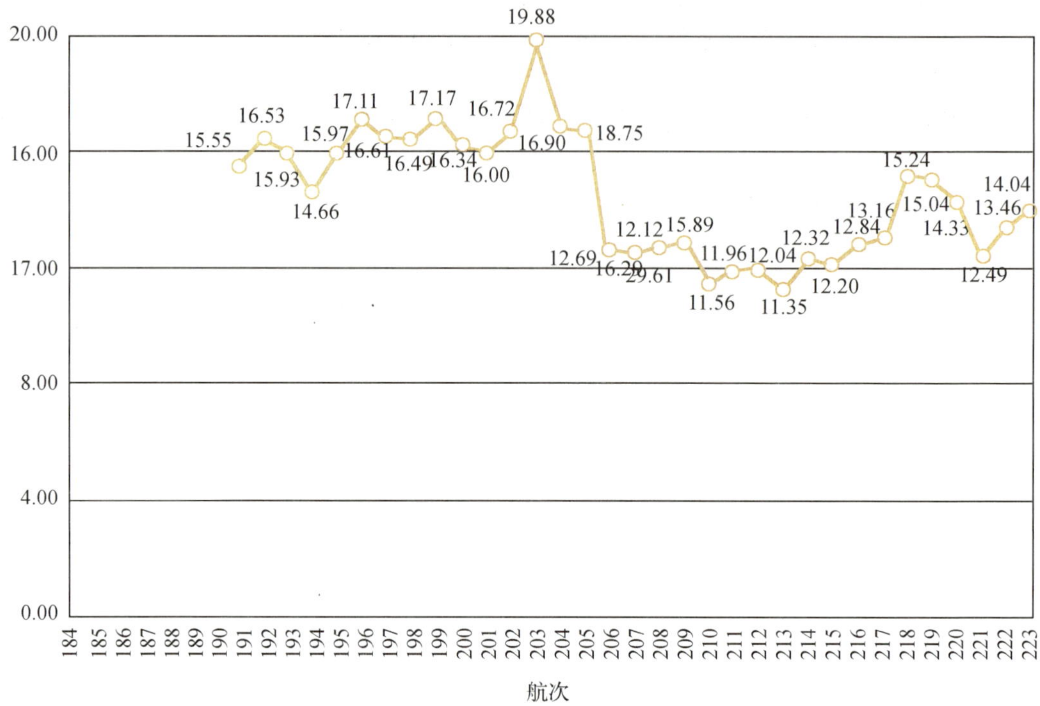

图 6－12 某船多航次 EEOI 统计图

（来源，中国船级社，2011）

其中能效指标分析对于航运公司的能效管理有着非常重要的关系。它包括以下内容。

（1）趋势分析

①EEOI/CO_2 排放强度；

②每运输单位（吨或 TEU）CO_2 排放；

③每海里 CO_2 排放；

④载货量利用率；

⑤降速比。

（2）比较分析

按船舶分类项（船型、吨位、航线、船龄、公司）组合比较能效指标。

（3）关联分析

分析能效指标（EEOI、CO_2/t、CO_2/海里、降速比、载货量利用率）之间的关联性。（用于分析能效指标变动的原因和改进的方向）。

上述工作完成只解决了图 6－4 中的第一项目标——船舶营运中 CO_2 排放验证，但是这不是实行 SEEMP 最终目标。它的最终目标应该是大幅度地减少 CO_2 排放，航运公司应该在经营生产组织、船队生产管理、船舶收益或成本估算、最终限制目标诸方面全面考虑本航运公司的减排工作。

参考文献

[1] MEPC 59/4/7. Second IMO GHG Study 2009. Update of the 2000 IMO GHG Study[C]. London:IMO,2009.

[2] University of Southern Denmark. Effects on Sea Transport Cost due to An International Fund for Greenhouse Gas Emissions from Ships [R]. Denmark: University of Southern Denmark,2009.

[3] David Cooper. Representative Emission Factors for Use in "Quantification of Emissions from Ships Associated with Ship movements between Port in the European Community"[R]. Swedish:Environmental Research Institute Ltd,2002.

[4] STX. STX Advanced Technology for Green Dream Eco - Ships[R], South Korea: STX HQ,2010.

[5] MEPC 58/4/4. Updated 2000 Study on Greenhouse Gas Emissions from Ships[C]. London: IMO,2008.

[6] 中国船级社.船舶能效管理认证规范[S].北京:人民交通出版社,2011.

第 7 章　低碳航运经济学基本原理

7.1　低碳经济的经济学解释

7.1.1　合作应对地球气候变暖是人类发展的选择

正如第 1 章所述，地球气候可能正在经历着与人类生存不利的变化。仅对中国来说，气候公报显示，2010 年是中国气候非常异常的一年，年降水量、夏季气温、高温日数、气候极端事件发生次数等气候指标均创本世纪以来之最。科学证据表明，在近 1 万年里，尽管全球气候的总体趋势是在变暖的，但是，在最近的 100 年中，全球气候变暖的幅度是异常的。这种异常可能是由于人类活动引起的。重大气候变化必将深刻影响人类的生存环境以及全球经济。是谁动了我们人类共有的这块全球气候的奶酪？难道是亚当·斯密（Adam Smith，1723—1790，英国苏格兰哲学家和经济学家）提到的那只“无形的手”吗？导致全球变暖的因素很复杂，这其中包括自然、社会、历史、经济等各方面因素。其中，经济因素则是改善人类福利和发展社会的直接途径和手段。

人类经济和福利的发展过度依赖和使用一次性石化能源并且造成温室气体过度排放，这可能是造成全球气候变暖的一个重要原因之一。碳是地球自然界中含量位列第四的元素。碳元素在大气、海洋、岩石、土壤以及植物和动物之间循环被称为碳循环（见图 7 - 1）。自然界中的碳元素存在于不同的载体中，总量是大体不变的，但在各种载体内和载体之间的存量和流量是不同的。例如，大气中的 CO_2，植物中的碳纤维等。碳元素在各种载体之间的自然流动也是惊人的。根据美国地质局的统计，全球每年的火山爆发产生大约 2 亿吨 CO_2。大气中碳含量可以保持地球的热量和温度。如同水对于人类的作用，人类需要大气中的碳含量维持生存。如果碳含量太多，人类会被“淹死”[1]。有证据表明，人类经济活动正在排放过量的 CO_2，并且已经导致大气和海洋中碳含量非正常增加，可能正在改变全球气候以及地球生态环境，并对经济发展产生负面影响，导致人类福利发展的边际成本上升。

人类利用一次性石化能源为经济发展服务已经有漫长的历史。公元前 3000 年，中东地区就发现并开始利用石油。沈括（1031—1095）在《梦溪笔谈》中引用“石油”一词并预测：“此物后必大行于世。”《梦溪笔谈》是中国最早记述石油与石油开采的文字记载。早期的石油主要被用于照明、取暖等。19 世纪，在蒸汽机发明后，人类开始将煤炭作为一种主要的动力能源。随着现代工业技术的发展，煤炭在电力产业、钢铁业、制造业、化工业、铁路运输业和海运运输业逐步被广泛利用。这也是人类大范围和大规模利用碳能源的开始。20 世纪，石油就登上了人类工业发展的历史舞台，被广泛运用于内燃机动力推进、化工原料生产等领域。在人类发展历程中，一次性石化能源成为人类发展的重要能源工具，但也成为悬在我们人类头上的达摩之剑。

图7－1　碳循环

（来源:http://www.america.gov）

毋庸置疑,全球气候变化是人类面临的一场危机。人类如何迎接挑战并克服危机呢?目前没有一个完善的解决方案。我们经常听到一个故事,在原始森林中,两个人和一只老虎相遇,跑得快的人生存,跑得慢的人被老虎吃掉。但是,实际两个人还有另外一个选择,就是团结起来将老虎干掉。因为,跑得快的人,在下次遇到老虎时,可能就没有那么幸运了。人和人之间合作是人类进化过程中自然选择的结果。当原始人类还处于狩猎时代(大约公元前40000年到公元前10000年以前),人类以25~150人为一个群体的规模集体狩猎采集。在这个群体中,人们必须相互合作,一方面,保护群体不被其他动物猎杀,同时,群体力量可以捕杀更大或处于食物链高端的动物。这样的群体规模使得群体成员之间相互监督,并能够允许搭便车现象的存在(搭便车者可以是老者或者小孩)。在漫长的进化过程中,因为相互合作的人群比不能相互合作的人群生存的可能性更大,所以这些合作的基因或倾向以各种方式(如道德标准等)得以成功地代代相传。全球气候变暖仿佛是我们人类在经济发展道路上遇到的一只拦路虎。发达国家和发展中国家就仿佛上述故事中的两个人,面对全球气候变暖的问题,加强合作一起打"老虎"是我们面临的唯一选择。

当前,人类需要通过新一轮的低碳技术革命,来应对全球环境恶化、气候变暖和物种多样性剧减带来的危机。在不远的将来,人类将进入新的低碳经济时代。我们必须研究如何通过各项社会道德、法律、政治等综合手段,通过提供经济激励,改变人类高碳依赖的生产和消费行为,为低碳经济时代的来临做好准备。这是我们研究低碳航运经济学的主要目的之一。

7.1.2　气候变化的经济学解释

1. 人类发展足迹

从公元前6000年左右的农业技术革命,到19世纪的工业技术革命,再到20世纪的信息技术革命和经济全球化,我们人类社会已经历大约8 000年的发展和繁荣。联合国2000年报告显示,公元元年,全世界人口约为2.3亿人;公元1000年,全世界人口约为2.6亿人;

公元1820年，全世界人口约为10.4亿人；1998年，全世界人口约为59亿人；2010年，全世界人口约为65亿人。在公元1000年到2000年的发展中，世界人口增长了22倍（表7－1），人均收入提高了13倍，世界GDP提高了近300倍。全球经济的高速发展和人口数量空前增长的引擎动力来源于三个方面：第一，对人烟相对稀少但是土地肥沃和有新生物资源地区的占领、殖民和开发；第二，国际贸易与资本流动；第三，技术和制度上的创新[1]。

表7－1　公元元年到2000年世界人口与经济增长

	公元元年	公元1000年	公元1820年	公元1998年
全球人口（亿人）	2.308	2.683	10.41	59.8
全球GDP（亿1990年国际元）	1 025	1 168	6 944	337 260
人均GDP（1990年国际元）	444	435	667	5 709
年均复合增长率	公元元年—1000年		公元1000年—1820年	公元1820年—公元1998年
全球人口	0.02%		0.17%	0.98%
全球GDP	0.01%		0.22%	2.21%
人均GDP	0		0.05%	1.21%

（来源：《世界经济千年史》）

根据联合国2010统计，地球物种正在以每小时3个消失的速度在灭亡。这个速度是地球生态环境物种正常消失或消亡速度的1 000倍。如果未来继续保持这个速度，地球上除人类以外的生物有可能在100年内全部灭绝。

地球是全体人类生活的家园，也是所有其他生物（包括动物、植物等）生活的家园。从这个意义上说，人类仅仅是地球家园中的一个成员，或者更准确地说，是一个物种。地球是一个复杂的具备自我调节功能的生态系统。一方面，我们的活动都受到地球环境自然条件的约束；另一个方面，我们人类的活动都将对地球生态环境和对其他物种的生存空间产生影响。尽管人类社会物质文明发展在空间和时间上都是不平衡和不均匀的，但是，和其他物种生存现状相比，我们人类取得了巨大的发展成就和福利。

2. 气候变化的经济学解释

人类经济高速发展是有成本代价的。站在地球生态环境的角度上，人类福利改善直接导致的负面效应是地球环境恶化、全球气候变暖和物种多样性减少。人类活动导致的部分环境变化和物种消失的速度可能已经超过了地球生态环境自我调节和更新的速度（见图1－1）。从长远来说，这些环境改变和物种消失可能是不可逆转的。这也正是人类生产和经济活动的外部成本。我们可以说，随着人类生产和经济活动规模的扩大，其规模边际收益上升的速度是远远低于其边际成本上升的速度。

图7－2中的人类福利曲线A、生态成本曲线B和地球福利曲线C是描述人类经济规模对人类、生态系统（除人类以外）和整个地球产生的影响。我们将地球福利定义为包括人类在内所有生物的福利状态。生态成本表示自然资源耗尽、生态环境恶化、物种消亡等。具体而言，地球福利是人类福利减去生态成本的净值。

18世纪以前的人类文明主要是建设在狩猎经济和农业经济的基础上。狩猎经济和农业经济属于自然经济，因而生态成本较低。在这一段时期内，随着人类经济规模的提高，人类福利是快速增加的，地球福利也是上升的，地球福利曲线位于绿色区域中。

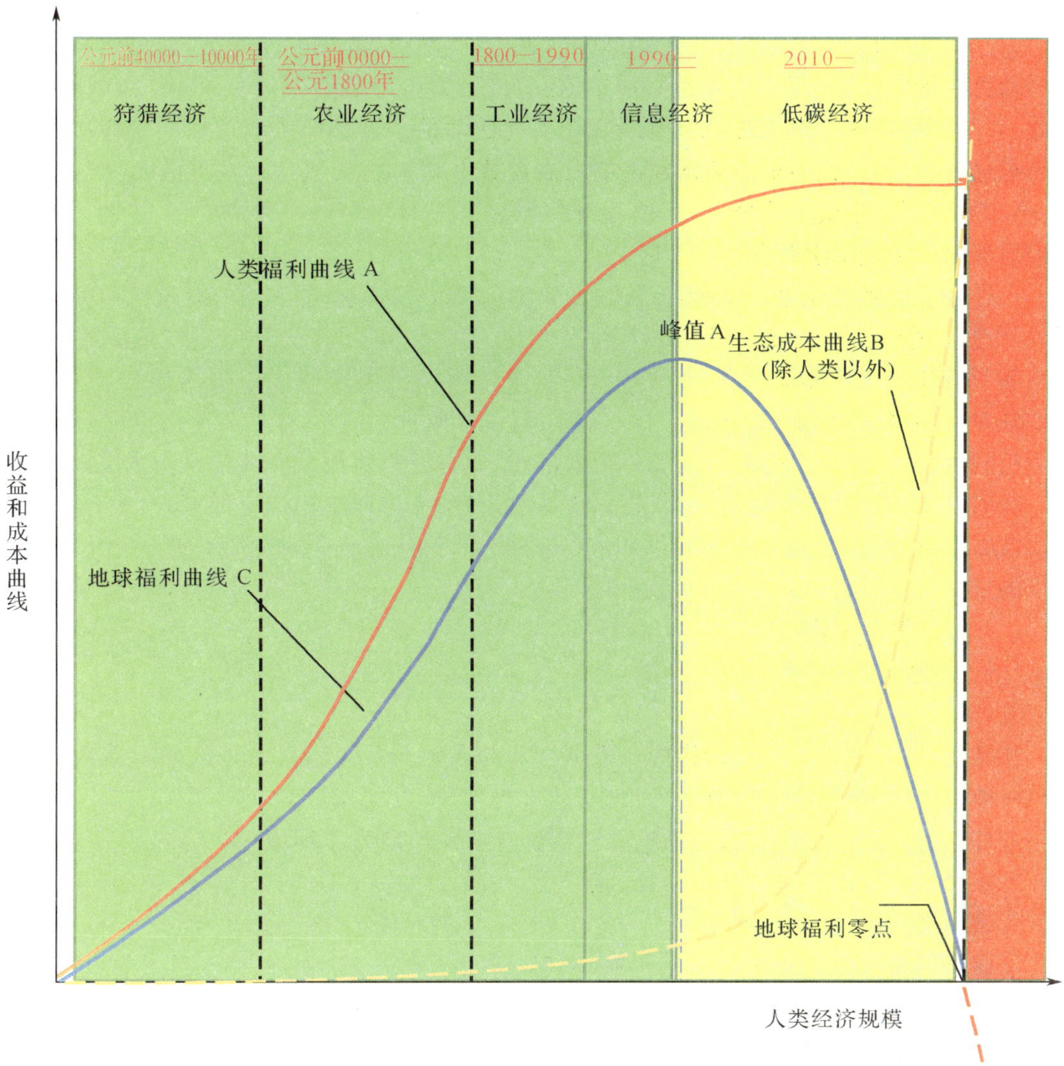

图 7－2　人类福利曲线

18 世纪后，人类社会步入工业化时代。人类社会的活动范围、生产能力和福利都得到空前提高。人类福利得到极大改善，具体表现为人类的人均收入、人口数量以及预期寿命等各项指标的大幅提高。在步入信息社会后，人类福利仍然上升，但是上升的速度已经明显放缓，并且逐渐接近极限。同时，人类社会的高速发展也带来巨大的负面效应。随着人类利用自然资源的技术和能力的不断提高，人类社会从自然界中索取的东西也越来越多，生态成本也在不断攀升。地球物种消失的速度开始快速提高，地球生态环境逐步恶化。

在某一个时间点(Turning Point)后，生态成本上升加速，人类福利上升趋势放缓，地球福利在这个时间点到达峰值并开始下降。地球福利曲线开始进入黄色警告区域。此后，尽管人类福利随着人类经济规模的进一步扩大而上升，但是其上升的速度和幅度已经急剧下降。与此同时，地球生态成本却急剧上升。在跨过地球福利零点后，地球福利继续下降并且进入红色恶化区域。

可以发现，在地球福利曲线跨过峰值后，人类扩大生产和经济规模的努力不仅没有改善人类的长期福利,反而威胁了人类赖以生存的基本生态环境和条件。在黄色(警告)和红色(恶化)区域中的人类发展是不可持续的。人类社会急需解决的问题是:如何使我们的经济活动落在绿色区域(正规模效益),而不落在黄色(警告)区域和红色(恶化)区域(负规模效益)。尽管我们现在还无法准确判断现代人类活动是否已经导致地球福利曲线达到或者已经越过顶峰,但是我们知道高碳经济的发展模式在未来是无法持续发展的。美国学者认为:全球气候可能是最大的公共物品,全球气候变暖是最大的市场失效[3]。这是关于全球气候变暖的一种经济学解释。

人类社会必将必须迈入低碳经济时代(Low Carbon Economics)。在20世纪70年代,由于局部地区"酸雨"发生及人们健康受到工业化的影响,国际社会开始重视低碳经济的发展。在UNFCCC、《京都议定书》的推动下,工业化国家已经取得了发展低碳经济近40年(从20世纪70年代开始)的经验。这已经在第1章阐述过。在这一场革命形成低碳经济产业链的过程中,包括人类生产的所有行业的经济活动,都将用低碳经济重新定义。

目前没有准确的低碳经济定义,根据作者综合理解,可以给出定义如下。

低碳经济定义:以减少温室气体(GHG)排放为目标、建立全球的低能耗、低污染(最大程度的节能减排)经济体系,它包括以下几点:

①低碳能源的采用;

②低碳技术的采用;

③低碳产业的发展;

④碳交易市场的建立,即碳指标从低碳行业向高碳行业以经济化形式转移等因素。采用尽可能有效的减碳技术,以节能为目标、减排为手段、以碳指标为交易基础改造现有的各种工业体系,以达到优胜劣汰,重新恢复清洁和健康的地球生态环境。

低碳经济有自己特有的计量特征,它们是:

①碳足迹(Carbon Footprint)—— 成为排放实体的低碳经济指标;

②碳许可排放分配额 —— 进行排放限制,碳税征收;

③碳市场措施 —— 碳交易,排放权(Emission Allowance)成为商品,可以拍卖;

④防治机制——联合履行机制(JI)、清洁发展机制(CDM),CDM的碳指标价格将会上升。

7.1.3　人类航运发展历史回顾与北极航线开发

1. 人类航运历史回顾

人类的航运历史同人类的经济和贸易的发展历史一样悠久和漫长。一直以来,航运都是为人类经济和贸易发展服务的。同陆地运输比较,水路运输是一种更加可靠、便捷和高效(具体表现为低成本和大运输量)的运输方式。

考古学证据表明,至少于60 000年前,当地球在冰河时期,海洋较浅和海岛之间距离较短,当时的人类可能已经利用小船从东南亚经过海上航线到达了新几内亚。公元前3000年前,地中海地区开始出现有组织的海上贸易和运输及其专门从事海上贸易和运输的商人和水手。当时的船舶主要依靠人力划桨驱动。

公元前2000年前后,利用风力的帆船在亚洲和欧洲出现了,人类开始利用风力和人力混合驱动的帆船,从事跨区域的水路贸易和运输。公元9世纪前后,出现了可以逆风行驶的三角帆船,优点是可利用不同方向的风力驱动。在13世纪前后,一艘威尼斯商业帆船

(L40.4 m×B5.3 m×T2.4 m)可以装载110吨货物,借助于罗盘,可以在威尼斯和亚历山大港之间航线上每年两次往返航行。公元15世纪,郑和船队利用大洋季风,七下西洋,开辟了中国至中东的海上航路。1492年,哥伦布驾驶一种三桅帆船,横渡大西洋,只用了69天的时间,开辟了跨大西洋航线。

公元19世纪,蒸汽机驱动的铁船的出现以及苏伊士运河的开通彻底改变了世纪航运业的格局,也同时也吹响了全球经济时代来临的号角(详见第8章和第10章有关内容)。

另外,为了缩短航程和提高航运效率,人类建设了人工运河。巴拿马运河和苏伊士运河对全球航运业的发展产生了最大影响。

位于中美洲地区的巴拿马运河(Panama Canal)穿过一个狭长陆地——巴拿马地峡,将大西洋和太平洋连通。由于开凿施工艰辛,巴拿马运河的开凿历史非常长。从1513年开始,巴拿马运河开始开凿,在运河的开凿权几易其手后,最终由美国人在1914年完工。运河最窄处宽度为152 m,总长81.3 km。水深13~15 m不等,整个运河的水位高出两大洋26 m。在运河全程,设有6座船闸,用以提高或降低水位,使船只从一个水面进入到另一个水面。船舶通过运河一般需要9 h,可以通航船宽32.26 m的巴拿马型船船(目前正在扩宽、加深河道,施工结束后,8 000 TEU集装箱船可以通过,详见第4章)。巴拿马运河为从大西洋到太平洋的船只提供了一条捷径,使它们不必绕道南美洲。现在,巴拿马运河是世界上最繁忙的运河之一,每年有超过1万多艘船只通过。

苏伊士运河(Suez Canal)位于埃及境内,扼欧、亚、非三洲交通要道,是一条在国际航运中具有重要战略意义的水道。苏伊士运河沟通红海与地中海,使大西洋、地中海与印度洋连接起来,大大缩短了东西方航程。与绕道非洲好望角相比,苏伊士运河航线将欧洲大西洋沿岸各国到印度洋的距离缩短了5 500~8 000 km;从地中海各国到印度洋的距离缩短了8 000~10 000 km;对黑海沿岸来说,则缩短了12 000 km。苏伊士运河全长175 km,河面平均宽度为135 m,平均深度为13 m。苏伊士运河从1859年开凿到1869年竣工。运河开通后,英法两国就垄断了苏伊士运河公司96%的股份,每年获得巨额利润。1976年1月,埃及政府开始着手进行运河的扩建工程。第一阶段工程于1980年完成,运河的航行水域由1 800 m^2 扩大到3 600 m^2(即运河横切面适于航行的部分);通航船只吃水深度由12.47 m增加到17.9 m,可通行满载15万载重吨的货轮。目前,第二阶段扩建工程正在进行,扩建后的苏伊士运河将能通行满载25万载重吨的货轮。

由上可见,海运业的发展历史充分展现了全球经济和贸易从区域内规模逐步发展到跨国界、跨区域、跨洲际规模,最终成为经济全球一体化规模的发展历程。在这个发展过程中,全球海运也始终追逐着节省成本、实现收益最大化的目标,其中典型的事例之一就是形成了许多经济船型(见表8-1)。

2. 北极航线的开发

如上所述,除了经济发展制约之外,人类航运业的发展还受限制于地理和气候条件以及人类航运和造船技术发展水平。全球变暖正深刻影响着全球人类包括航运业在内的经济活动。其中最为有代表性的例子为北极航线的开发。

2010年9月,挪威籍冰区加强散货船MV Nordic Barents,从挪威港口Kirkenes出发,经过北极和俄罗斯水域的北极航线(Northern Shipping Route,NSR),运载41 000吨铁矿石到中国的宁波港。MV Nordic Barents是第一艘通过北极航线运输铁矿石的非俄罗斯籍散货船。MV Nordic Barents的航程约为6 650海里,航行时间约为22天。目前,北欧到中国的传统航线主要有两条。一条是通过苏伊士运河，航程约为12 500海里，航行时间约为36天。另一条是好望角航线，航程约为15 800海里，航行时间约为45天。未来的北极航线，不仅大大缩短了航程、节约了成本（主要包括燃油和苏伊士运河通过费用）和节省了时间，同时避免了海盗袭击的可能性。因而北极地区航线开通可以收到一石二鸟的结果。

图7－3给出了北极航线示意图。2002年，北极航线的运输货物量仅为150万吨。到2020年，北极航线运输的货物运输量估计将达到5 000万吨，货物种类主要包括石油、天然气、铁矿石等资源类产品。目前，北欧国家和俄罗斯非常积极发展北极航线和开拓贸易机会，除了为争夺北极地区主权的目的，主要是看好了北极航线的巨大经济价值。为此，国际航运界正在论证或者筹备开发适于北极航线的冰区加强型船舶。北极航线的开发告诉人们，北极地区环境温度上升引起北极冰盖面积急剧缩小是北极航线发展的客观原因。全球变暖对人类发展的影响是挑战和机遇并存的。一方面，全球气候变暖导致冰川消融速度加快、海平面上升、极端天气频发，对人类造成不利影响；另一方面，为减缓全球气候变暖的影响，人类需要摆脱对一次性石化能源的过度依赖，这将为低碳技术的开发、普及和应用带来非常广泛的前景和市场。

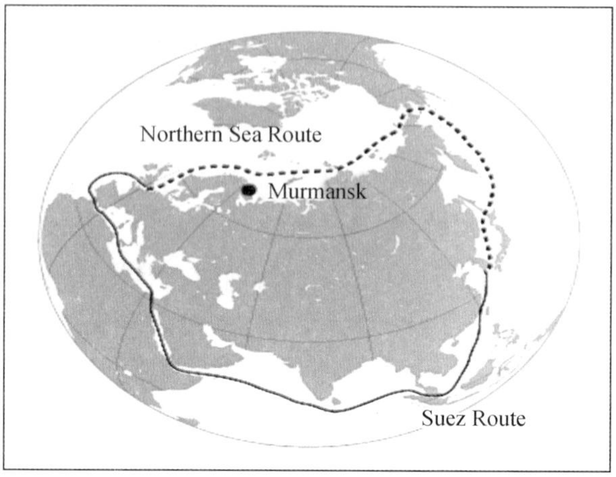

图7－3 北极航线示意图

（来源：www. sydvarangergruve. no）

7.2 经济学的基本范畴与低碳航运经济学

7.2.1 经济与经济学的定义

人类社会包罗万象。中国史学家司马迁在《史记》中提到："天下熙熙皆为利来，天下攘攘皆为利往。"这是对经济社会的一种真实且又深刻的写照。人类有各种社会行为，如宗教、文化等。经济行为是人类社会行为中的一种方式。"经济"可能是我们使用最频繁的词汇之一。在日常生活中，我们经常提到全球经济或国民经济。我们也经常提到市场经济和计划经济。什么是经济？汉语中的"经济"源自"经世济民""经国济物"，是治国平天下之意。英语中经济一词（Economy）最早出现在古希腊历史学家色诺芬（Xenophon）著作中，它是指家庭管理。亚里士多德说，经济就是一种谋生术。现代经济学中，经济通常是指资源供给和需求的配置过程，包括决定资源供需的制度、关系等各种各样的因素。经济行为，是人们在有效利用稀缺资源的前提下，通过生产和交换，实现各种目的和用途，并改善其自身福利的行为。经济学则是一门研究人们如何配置稀缺资源的社会科学。

7.2.2 经济学发展简史

1776年，亚当·斯密发表了《国富论》(*An Inquiry into the Nature and Causes of the Wealth of Nations*)，这标志着经济学作为一门独立、系统、科学的学科的诞生。

追本溯源，西方经济学起源于公元前5世纪古希腊的家政学。早期的西方经济思想主要是出现在哲学家著作中。古希腊哲学家亚里士多德（公元前384—公元前322年）及其著作《政治学》是西方经济学的思想源头。《政治学》的第一卷讨论了家政学。亚里士多德指出：供求相等时，价值就获得了一种表达。亚里士多德第一次区分了价值的两种形态：一种是使用价值（Value in Use），另一种是交换价值（Value in Exchange）。古希腊的自由和民主思想也体现在西方经济学思想中。

公元476年，西罗马帝国灭亡后，西方社会进入了黑暗的中世纪时期。中世纪的学术思想相对沉闷。这个时期的经济思想主要是在神学家的著作中出现。在中世纪后期，比较有影响的是意大利神父托马斯·阿奎那（Thomas Aquinas，1225—1274）所著的《神学大全》对正义价格提出的四个问题、佛罗伦萨的圣安东尼关于价值的三个方面的论述等[4-5]。

公元13世纪至18世纪，西方社会进入资本主义萌芽阶段。货币经济逐步取代自然经济，突飞猛进的航海技术使人类进入地理大发现的时代。1640年，英国爆发了资产阶级革命。这一系列重大历史事件象征着西方资本主义正式登上历史舞台。相对于沉闷的中世纪时期，西方的学术思想在资本主义萌芽阶段时期逐步恢复了活力。比较有代表性的是以托马斯·孟为代表的重商主义、以弗朗索瓦·魁奈为代表的重农主义、亚当·斯密的《国富论》、李嘉图的劳动价值论、马克思的政治经济学等。

公元19世纪上半叶的工业革命彻底改变了世界经济。经济学的理论是从现实中来，也是服务于现实社会的。在工业革命以及后工业革命时代，西方各国衍生出不同的经济系统及其不同的社会发展道路和制度。这些现实中各种各样的经济实践和现象大大刺激和推动了经济学思维的快速发展。西方乃至全球经济的发展呈现出绚丽多彩的多样性，与之伴随的各种经济学理论也呈现出各种流派。我们经常提到的主流经济学（Mainstream Economics）是18世纪以亚当·斯密为代表的古典经济学派以及20世纪初以马歇尔为代表的新古典经济学派为主体发展起来的经济学理论体系。主流经济学家们的核心理论框架是关于市场经济体系的研究。

7.2.3 交通改善扩大市场广度

在全球经济和贸易发展进程中，航运和造船业发挥了重要的作用。我们利用主流经济学理论研究全球航运和造船业有非常重要的现实意义。人类的生存和发展受个体生产能力及其周围生存环境的约束。通过贸易，贸易双方可以获得其自身无法满足的经济效益和安全保障，从而改善其福利。因此，贸易和交换是人类一种与生俱来的生存本能和方式。贸易和交换的核心是交易。劳动分工、产权制度以及市场广度的扩大是交易产生、发展的主要客观条件。其中，交通改善是扩大市场广度的一项重要条件（乔治·斯蒂格勒，1911—1991，美国经济学家）。

首先是劳动分工。劳动分工导致生产者之间的交换行为。男人和女人之间的分工是人类最早的一种交换行为之一。交换活动的目的是和其他人交换自己没有或无法生产的物品或劳务。任何资源的稀缺性本身是相对于人的需求而言，每一个人具有占有稀缺性资源的天生欲望。由于各种自然和社会因素，稀缺资源在形成、发展和分配中，产生了不平衡。这种不平衡，促使人类的交换活动逐步由近而远的发展开来。广泛的交换行为逐步演化成为有规模的经济行为。这种经济行为，也逐步从地区发展到区域，然后到全球范围。由于劳动分工受到市场广度的限制（亚当·斯密），当市场广度扩大时，就意味着商品的平均成本随市场扩展、劳动力分工和专业化程度提高而降低。

其次是产权制度。人类第一次经济革命发生在大约一万年前，农业技术生产率的提高使人们定居下来。人类开始定居后，私人领地以及私人产权制度随之产生并建立起来。当出现了私有领地和产权，地区贸易就产生了。产权制度的效率，决定了资源配置的效率，也是引起经济增长、衰退或停滞的主要原因之一。

第三是市场广度的扩大。地理位置是衡量市场广度大小的重要因素之一。考古发现，早期的人类农业活动，几乎是在同一时期出现在埃及、中国、印度和西欧地区。非常有趣的是，这些国家或地区都处于欧亚大陆的北纬 25°～35°的地理区域。在这个地理区域的各个国家或地区具有相同或类似的气候和地理环境，充足的光照和温暖而湿润的气候都非常适宜动植物的生长和繁荣。所有这些因素促进了技术的传播。

交通技术是人类克服地理空间障碍运输或者传递人、货物和信息的主要手段。由于欧亚大陆地区在地理位置上相互连接，通过交通技术的不断改善，商品贸易由近而远，逐步扩散开来。早期人类主要依靠人力和畜力。如果依靠人力，正常人可以负重 20～40 kg，每天行走 30～50 km；如果依靠畜力，一匹马或骆驼负重大约 100 kg，每天行走大约 100～120 km。公元前 3000 年，位于北非的腓尼基人和地中海东部的希腊人是最早的水手和商人。他们利用船舶运载货物到当时地中海的主要港口并和当地人进行海上贸易。开始于中国汉朝时期的丝绸之路连接了当时的中国长安和西欧罗马，运输的货物主要是丝绸、瓷器等贵重物品。早期丝绸之路的运输工具主要是骆驼。一个骆驼队大约需要 6～12 个月走完丝绸之路。大约公元 600 年前后，海上丝绸之路开通，主要使用木质帆船。利用大洋季风，帆船大约需要3～5个月从亚洲到欧洲。1850 年后，蒸汽船大约需要 30～50 天从伦敦航行到上海；1950 年后，飞机大约需要 20 h 从伦敦飞行到上海；1970 年，喷气式飞机出现。一架波音 747－400 货机，能够满载 110 吨货物，大约 10～12 h 从伦敦飞行到上海。1990 年，我们开始进入互联网时代，能够瞬间实现远距离信息传递。交通技术的改善为人类大规模地从事跨洲商品贸易和交换提供了技术保障，也驱使全球经济向着更大规模的一体化方向发展。这就是交通发展对市场广度增加的改善作用，如图 7－4 所示。

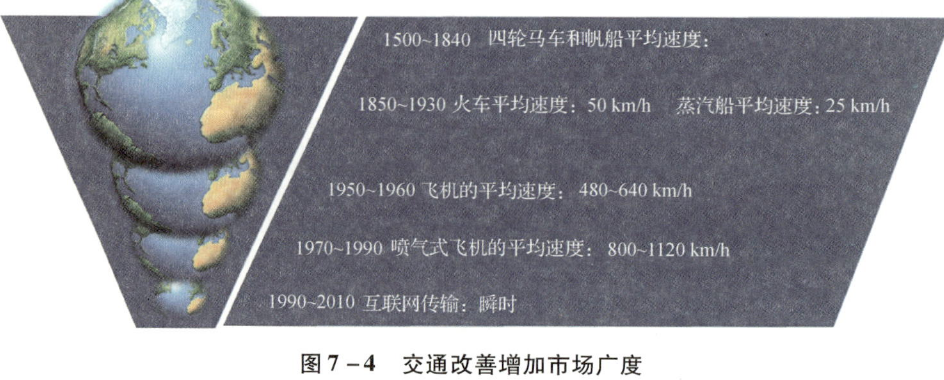

图 7－4　交通改善增加市场广度

（来源：Internet）

7.2.4　经济系统及其功能

现代社会包括各种复杂经济系统。这些经济系统是由从事各种经济活动的人、经济单位及其各种关系交织在一起而构成的。任何经济系统都有两个基本功能。其一是在相互竞争的用途和社会成员之间配置稀缺资源。其二是改善个体福利和社会整体福利，并在两者间谋求平衡。前者是一个生产什么的问题。后者是如何分配的问题。如何有效率、公平的组织生产和分配，是任何一种经济系统或组织要解决的基本问题。效率和公平是任何现代经济系统要实现的两个基本原则。

主流经济学家认为，市场经济是关于资源配置的一种制度安排。采取何种方法实现福利分配和资源配置，是主流经济学家划分和定义各种不同经济系统的一个重要标准。资源配置问题的思路，存在着一个连续谱系。一个极端是个人主义的自由市场思路，自由市场经济的基本前提是私有产权制度及其自由交易原则。首先，个体知道自己的偏好，然后借助市场体系发出和收集关于这些偏好的信号，建立协调个体之间自愿选择的激励。简言之，市场经济通过价格、利润和产权提供信息和激励。自由、交易互利和竞争是市场经济的基本特征。

在这一连续谱系的另一个极端是被称为中央计划经济的配置过程。中央计划经济的决策是由一个被视为权威的群体或个体做出的。从 19 世纪中期到现在，全世界各国经历或者实践了各种各样的经济系统及其资源配置体制，其中包括美国 1929 年以前实行的自由市场经济系统，前苏联在十月革命后实行的中央计划经济系统等。在自由市场经济和中央计划经济之间的资源配置体制，我们称为混合经济体系。当今社会的主流是混合经济系统（见图 7－5）。在混合经济系统中，一方面，市场是由“看不见的手”（Invisible Hand）在支配；另一方面，政府在各种经济活动中也发挥着重要的作用[6-7]。

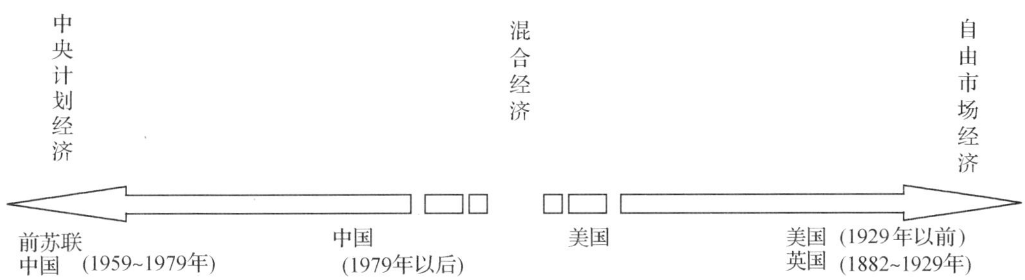

图 7－5　市场经济、计划经济和混合经济

7.2.5　低碳航运经济学的研究范畴

按照数学中集合论的原理，可以给出低碳航运经济学研究的范畴以及它与经济学、低碳经济学，航运经济学的关系，其关系参见图 7－6。

用数学的方式可以写成式(7－1)：

$$\left.\begin{array}{l} E_{S} \subset E, E_{LC} \subset E \\ E \supset E_{S} \cup E_{LC} \\ E_{LOS} = E_{S} \cap E_{LC} \end{array}\right\} \qquad (7-1)$$

经济学是一门研究人们如何配置稀缺资源的社会科学。产权是稀缺资源的载体，也是现代经济学研究的基本元素。以排出 CO_2 为主要成分的一次性石化能源(也可称为碳能源)是现代人类社会使用的最主要能源形式之一,是一种稀缺资源。经济学家将围绕碳能源的一系列不同形式的产权安排定义为碳产权。例如,某一个石油公司拥有地球上某一个富有石油储备区块的开发权或者所有权;“碳排放权”则被定义为在生产或消费环节中使用碳能源后排放一定允许量温室气体的一种产权形式。我们已经知道,清晰的产权是交易发生的前提。产权体制的建立是在人类社会发展过程中逐步形成的,是日常活动、习俗、道德、技术、法律共同作用下形成的。产权为社会成员提供了可靠的信息和激励。清晰界定并严格执行的碳产权能够促进现存稀缺资源的有效利用,并激励每一个社会成员去努力生产或创造更多的产权。这是经济学和低碳经济学要解决的核心问题之一。

按照图 7-6 的相互关系,本书定义低碳经济学如下:低碳经济学就是研究如何实现有效配置碳能源及其附属的碳产权和碳排放权的学问。碳能源配置的第一个核心问题是碳产权和碳排放权分配的问题;第二个是碳产权和碳排放权定价的问题。具体的说,低碳经济学是研究碳产权和碳排放权交易的学问,主要包括交易对象、主体、交易的初始条件、过程和最终条件、交易制度等。

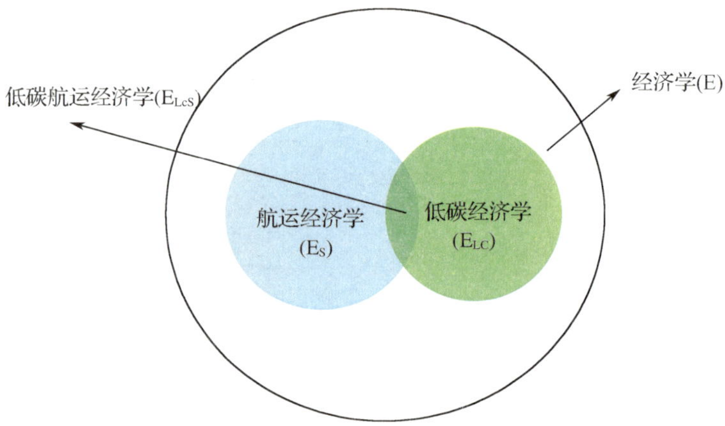

图 7-6 低碳航运经济学研究的范畴

航运经济学是运用主流经济学的原理和方法,从微观视角,研究国际航运产业的供需方行为特征、成本规律、运费形成机制等微观机制;从宏观视角,研究航运市场结构、企业战略和核心竞争力等宏观机制的学科。它涉及国际航运需求、国际航运供给、船舶营运效率的限制要素、世界商船队的发展、国际航运市场结构、国际航运运费形成机制、国际航运经营、国际航运公共政策等各方面。

低碳航运经济学是低碳经济学与航运经济学的交集。低碳航运经济学是研究在有效利用碳产权和碳排放权的前提下如何选择和交易低碳航运和船舶的一门学问。低碳航运经济学的研究范畴包括低碳航运和船舶的交易对象、主体、交易的初始条件、过程和最终条件、交易制度等一系列问题。其中的核心问题是低碳航运和船舶配置的问题;第二个是低碳航运和船舶定价的问题。

7.2.6 低碳航运经济学的研究目的和方法

和主流经济学一样,低碳航运经济学需要实现两个基本目的。第一,解释经济运转中的各种现象和行为。我们称之为实证经济学(Positive Economics),主要回答"是什么""为什么""怎么样"等问题。例如,我们利用外部协调成本和内部协调成本的概念解释为什么航运业中有较多的家族公司。第二,对如何改进经济运转中的各类问题,提出具体建议和方法,回答"应该是什么"的问题,例如,如何建立碳排放交易机制和收取碳税的建议可称之为规范经济学(Normative Economics)。因为在自由竞争市场的大前提下市场体系是由"看不见的手"自动调节,所以我们重点强调的是经济学的解释功能,而弱化其预测功能。尽管作者弱化经济学的预测作用,本书仍然结合现实案例介绍了一些预测模型。例如,运费预测模型。这主要是因为在各种投资分析中需要对未来现金流的作出预测。

经济学家约翰・梅纳・凯恩斯(John Maynard Keynes,1883—1946)说过:"经济学是一门按照模型进行思维的科学。"简言之,经济学思维就是借助模型研究和解释各种经济现象或行为。例如,"完全竞争市场"是经济学家研究市场供需平衡的一个基本模型。模型的作用就是将复杂的经济现象抽象化和简单化,从而使我们更清楚地理解经济运行的基本规律和特征。同样,低碳航运经济学也会借助各种经济模型解释航运市场中的各种决策和现象。本书采用"重力"模型来解释贸易发生的基本机制,通过"冰山"运输模型来描述产品运输过程中的损耗和成本,运用航运需求和供给曲线去解释航运公司的供给决策和货主的需求决策。

在经济模型的基础上,经济学家常会使用各种不同的分析工具和手段来解释经济现象。其中,边际分析与均衡分析是经济学的两个主要工具。"边际"是指一个微小的增量带来的变化(见2.2)。边际分析就是运用边际概念对经济活动进行分析的一种方法。例如,需求的价格弹性概念就是采用边际分析手段来描述需求量跟随价格变化的趋势。当商品价格变化一个单位时,需求者需求量的变化是多少?如果决策者只有一种方案,决策本身就失去了意义。在大多数情况下,决策者是可以选择的。在研究航运公司决策时,我们采用边际分析的方法,将不同的方案放在同等边际条件下衡量选择行为所产生的额外收益和额外成本后做出决策。

下面通过一个案例说明航运决策中的边际分析方法的使用过程。

【案例7-1】 航运决策中的边际分析

一艘17万吨散货船"Winship"轮在宁波北仑港卸货后,Winship有两票货可以选择。一票是从澳大利亚Dampier港运铁矿石回到中国北方,运费是18美元/吨。另一单是从巴西运铁矿石回到中国北方,运费是35美元/吨。两单货的其他租约条款是一致的。两票货,运费收入不同,航程不同,航行线路和天数也不同。Winship如何决策?

Winship在按照图7-7的方法计算航程成本并比较后发现,第一票澳大利亚的铁矿石运输,虽然总运费收入低,但在扣除航程成本后,其等额期租租金(TCE)相当于25 000美元/天;而第二票巴西铁矿石运输,总运费高,但等额期租租金仅是22 000美元/天。通过比较,航运公司决定选择前往澳大利亚。从经济学的角度讲,Winship是将两票货放在同等边际条件下比较它们的每日等额期租租金多少来做出决定。等额期租租金的计算公式是

$$等额期租租金(TCE)=\frac{运费总收入-(航程成本+装卸成本)}{航程时间}$$

图7-7给出了等额期租租金的计算流程。

均衡分析包括静态均衡分析和动态均衡分析。均衡是物理学上的一个概念。1769年,斯图亚特(James Steaurt)将均衡的概念引入经济学理论并且描述了均衡的两个含义:第一,

表示事物处于静止状态时存在的力量平衡或者力量相等。例如,价格均衡是指供给与需求两种力量之间的平衡。第二,表示事物趋于均衡的过程。在经济学分析中,这种动态均衡分析包括预期、过程、路径、时间、结果等。当然,现代经济学的研究手段是一个广受争议的话题,故本书尽量使用经济学的基本方法来分析航运市场中的典型现象。

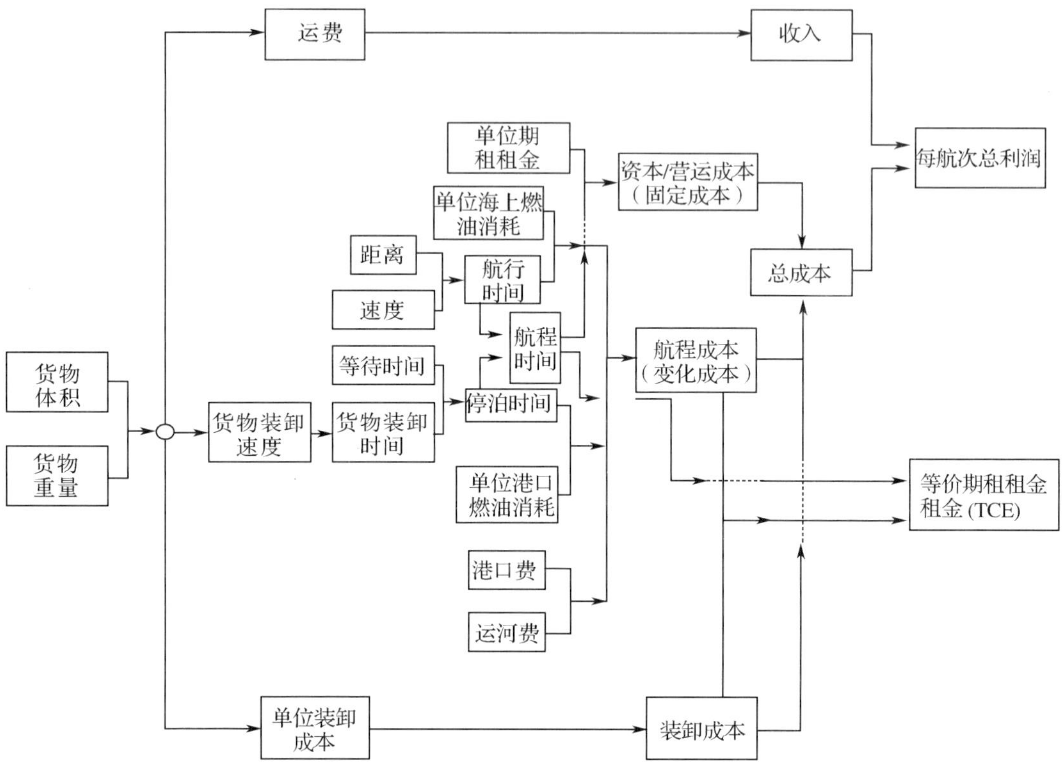

图7－7 等额期租租金计算流程[7]

航运经济学中也研究单目标或多目标的优化问题以及规划问题。其中,我们经常遇到的两大类问题是:第一是最优化选择,例如,在航线规划中的最优航速选择问题。第二是组合问题,例如,投资船型组合、航线组合和租约组合问题等。

在解释各种经济现象和问题的时候,本书作者力图引入航运市场中的实际案例描述和解释这些现象和问题以及它们背后的经济学思维方法。

7.3 航运市场选择范畴

7.3.1 航运选择的理论——航运经济学的基础

如果我们将低碳航运经济学比作一个大厦,大厦有两块基石:一个是低碳船舶和航运的市场选择理论,另一个是低碳船舶和航运的公共选择理论。任何一种经济系统主要使用两种基本选择制度:自由市场选择和社会公共选择。社会选择是一种政治选择的过程,是一个复杂的过程。政治选择制度的基本原则包括少数服从多数的民主决策等。市场选择就是主要通过价格体系(Price System)来配置稀缺资源的制度安排。本节将介绍航运市场选择理论。下一节将介绍航运公共选择理论。

经济学要回答的基本问题之一就是人们在面对资源稀缺性的前提下如何选择(莱昂内尔·罗宾斯,1898—1984,英国经济学家)。在现实中,我们面临很多选择。例如,一个造船企业,选择多产品战略,还是选择单一产品战略。日本的大岛(Oshima)船厂主要建造散货船,就是单一产品战略(这也取决于对产品的定义)。也有一些中国造船企业采用类似的单一产品战略。如何选择或决策低碳船舶和航运是低碳航运经济学研究的一个核心问题。低碳航运经济学关注四个关于选择行为的基本要素:选择(决策)者、选择对象、选择制度和选择标准。

1. 选择(决策)者——航运公司及决策者

经济学研究的对象包括人、公司、市场和机构等。我们称这些基本对象为经济单位。低碳航运经济学研究的基本经济单位是航运投资人、航运公司、租船方、建造方以及与其相关的监管或政府部门等在内的航运利益攸关人(Shipping Stakeholder)。按照经济单位发挥的功能或作用,经济单位也可以划分为消费者、生产者和政府部门。市场选择实际是由无数个体选择相互作用而形成的。因此,人是最基本的经济单位。在面临取舍的时候,人的选择或决策行为是经济学选择理论研究的根本问题。人类的行为是由其动机驱使的,动机是人性的核心。激励和理性选择是经济学关于选择者动机的基本理论假设。

人们通常会去寻找机会来改善自己的处境,这是他们生活在一个真实的经济社会中的真实动机。如果一个机会可以使改变行为的人的回报发生变化,则可以说这些人们面临新的激励(克鲁格曼)。这是经济学家解释个人所有行为的基础。换言之,如果要改变人的行为,必须提供新的激励。市场通过价格信息提供了激励。一个商品的价格,看起来很简单,但传递了复杂的信号。在市场经济中,商品价格是一个关于商品稀缺性的度量。

以下将通过一个案例说明市场通过价格提供激励的过程。

【案例7-2】　船舶价格提供激励

在2006年造船高峰时期,日本和韩国的造船企业的订单趋于饱和。当铁矿石运输市场的运费上扬时,航运公司开始争相竞价购买2007年底交船的17万吨散货船,以便享受当期的高运费收入。该船型的新造船市场价格上扬到1亿美元,同时期的新造船成本估计在5 000~6 000万美元水平之间。丰厚的潜在利润给造船企业提供了巨大激励。外高桥船厂和大连船厂的决策者们通过提高造船生产速度和效率,分别成功挤出了2007年的新船位并在市场上销售成功。

在资源稀缺性前提下,决策者通过衡量决策行为导致的额外收益和成本进行选择。这是关于决策者理性选择的假设。经济学家针对理性选择有各种不同的诠释。总结起来,理性选择的概念经过了从完备理性、情景理性、过程理性到演化理性的演变。在低碳航运经济学中,将理性选择定义为情景理性(Situated Rationality)。所谓情景理性是指决策者的选择行为取决于其面临的情景。衡量决策行为导致的额外收益和成本的多少同样依赖于情景。同样一种物品,同一个消费者,在不同的情景中,消费者会有不同的需求。例如,一瓶水在沙漠的价值远远高于它在城市中的价值。有关低碳船舶和航运的选择同样如此。在碳能源相对容易获得的时候,低碳船舶和低碳航运不会被选择。当人类面临“沙漠”情景碳能源枯竭时,碳能源就变得非常珍贵,市场将选择低碳船舶和低碳航运。

2. 选择对象——航运稀缺资源

稀缺资源是决策者的主要选择对象。经济学研究的核心问题如何配置稀缺资源。资源是我们在日常生活中经常提到的一个概念。我们经常提到的自然资源是指自然界的一切物质，例如，大气、土地、矿物、石油、化学物质、生物、植物等。自然资源仅仅是资源的一种形态。我们也经常提到人力资源。一个人具备的某种能力或者时间也是一种资源形式。例如，一个著名律师的工作时间是一种资源。那么什么是经济学中的资源呢？经济学中讨论的资源是一个广义的概念，主要是特指那些被投入到商品和服务的生产和消费过程中的各种东西。根据资源的不同来源和形态，经济学家将不同形态的资源种类分为五大类，分别是自然资源、劳动力、资本、技术和企业家才能。在航运业中，自然资源主要表现为航线、航道、港口（自然地理条件）、燃油等；劳动力主要表现为船员；资本主要表现为投入的船舶、机器、设备、基础设施以及资金等；技术主要表现为船舶和航海技术水平等；企业家能力主要表现为航运公司的决策者能力等。

经济学中研究的资源是具有稀缺性的。资源的稀缺性主要表现在两个方面：第一，相对于不断增加的需求总量，资源的供给数量是短缺的。资源的稀缺性是相对于人的需求"不可完全满足性"而言；第二，资源的生产和获得是有成本的。资源不是天生的，是逐渐形成的。当一种资源被当作一种生产要素，投入商品和服务的生产和消费过程时，其供需特征将发生变化。例如，几乎所有的矿产资源的价值都有一个技术背景。1886 年，提炼氧化铝技术的发明使矾土成为一种可利用资源。二战前后，核裂变技术开发使铀矿成为一种可利用资源。森林过去被认为是提供木材的主要来源。目前，我们也认识到森林对保护全球气候和生物多样性的重要性。自然资源可以分为耗竭性资源，包括矿物能源、生物资源（如森林、渔场等），以及可再生能源（如风、潮汐、太阳能等）[8]。

在经济学家眼中，稀缺资源体现为各种各样的产权。这类产权是关于使用任何一种稀缺资源（包括商品或服务）权利的制度安排。这种安排保证了产权所有人通过拥有或交易产权获得收益。产权产生的形式包括自然形成、生产、交易、立法、投票、公共认可、私人赠与等。例如，船舶租约是规定船舶所有权人和使用权人的权利和义务的边界。船舶建造合同则是船舶建造方和购买方之间关于新建船舶所有权形成和转移的安排。在部分欧洲国家法律中，船舶购买方可以按照其分期付款比例拥有在建船舶的部分产权，从而通过抵押该在建船舶资产实现融资。由于各种自然和社会因素，产权在形成，发展和分配中，产生了不平衡。产权的不平衡性是产权交易发生的出发点。

在低碳航运经济学中，在低碳经济的压力下，CO_2 的排放许可额度（碳排放权）就成为了稀缺资源。它的另外一种含义是地球的石油资源行将枯竭使得目前航运业普遍使用的燃料能源成为耗竭性资源。

3. 选择制度——航运价格制度

达尔文的物种起源说中描述的自然选择是自然界各种物种优胜劣汰和物竞天择的过程。在自然选择中，处于食物链高端的动物，在捕食小型动物时，是在驱逐劣质基因，对被捕食者，是一个残酷的结果；但对整个族群的发展是有益的。它表达了一个经济学中的"自由竞争"理念。

【案例 7－3】 竞争是物种进化的主要动因

动物学家发现，在非洲一条河的东岸居住的羚羊比西岸居住的羚羊跑得快。动物学家同时观察到一群狼生活在东岸，而西岸没有狼群。动物学家为了了解狼群对羚羊种群发展的具体影响，于是将狼群引入了西岸。通过观察统计，在第一天，居住在东岸的狼群共捕杀了 3 只在东岸的羚羊，这个数字与过去统计的数字基本是一致的。然而，刚刚引入西岸的狼群在一天捕杀了 10 只生活在西岸的羚羊。动物学家得出结论，狼群的捕杀（物种竞争）是东岸羚羊比西岸羚羊跑得快的（物种进化）的主要原因。

上例说明物种进化的主要动因是自由竞争。如同生物界一样，自由竞争也是航运和造船市场的主旋律，也是主流经济学流派的核心思想。市场仿佛是自然界，企业仿佛是自然界中的各个物种。市场选择的过程就如同自然界物种进化中自然淘汰的过程。在日常经济生活中，我们经常提到市场，例如，散货船市场、船舶期货交易市场、股票市场等。什么是市场？在经济学中，市场是一群买家和卖家交易的集合，它包括买家和卖家交易的场所、过程、关系、方式或者制度安排等。通过市场交易，买家和卖家决定了商品或服务的价格和数量。经济学家根据买卖双方及其交易不同的性质，定义和划分不同的市场。常用的划分标准包括地理位置（如远东市场等）、商品种类（如散货船市场、油轮市场、集装箱市场、铁矿石运输市场等）、买方或卖方的特性（如年龄、收入水平等）、交易种类（如船舶期租或光租）等。根据买卖双方对市场的影响力，我们将市场划分为完全竞争市场、完全垄断市场和界于中间区域的垄断性的竞争市场和竞争性的垄断市场。垄断性的竞争市场和竞争性的垄断市场也可统称为非竞争性市场。

全球航运市场具备完全竞争市场的特征。在竞争的航运市场中，同样充斥着各种各样的“狼群”。在经济前景不明朗或者剧烈动荡的时候，航运市场会出现一批“边际选手”（Marginal Player）。这些“边际选手”主要以短期行为为主，通过操纵市场或者快进快出（例如，购买老龄船舶投入营运），来获得短期高额利润。这种短期行为无疑加剧了市场波动，也逼迫一些“西岸羚羊”式的船东退出市场。

市场经济主要通过价格体系（Price System）来配置稀缺资源。价格体系是一个买卖双方竞价的过程，也是市场经济体系有效配置资源的基本方法。价格体系的基本规则是：出价高者竞得。利润追求的动机驱动产品供应者对价格提供的信息作出反应。他们通过最有效率的方式，生产消费者需要的产品，来获取利润。除价格体系以外，常用的其他资源配置方法还包括：排队配给、抽签配给和票证配给。例如，中国国营企业按资历为员工打分排队进行福利分房的安排属于排队配给。北京抽签摇号分配机动车车牌号是属于抽签配给。价格体系在航运经济中同样起到决定性作用，因为航运业不是慈善事业。

自由交易的市场经济机制可以实现利他和群体合作。在《国富论》中，亚当·斯密指出，人类几乎随时随地需要他人的帮助，个人对自身利益的追求最能促进公众的利益。人类对财富的追求的根本原因是为了实现其人生的伟大目标——生活幸福。在关于人是自私的假设或观察基础上，亚当·斯密研究个体和市场如何生产和交易。生产和交易的对象是产权和稀缺资源。表面上看，个体自私行为同社会分工和群体合作是格格不入的。但是，在个体基于效用最大化和成本最小化为考量的供需预期下进行选择的过程中，个体节约（成本）行为和私人产权约束机制为他人和社会创造了多种选择机会。社会协作就是通过自由市场机制实现个体和群体净收益动态平衡和互相调节过程中发生的[9]。20 世纪 70 年代，日本是当时全球最大造船国。面临造船供给能力严重过剩和需求严重不足的市场情况，日本造船企业通过群体合作机制遏制恶性价格竞争，减少或避免了日本造船企业大面积破产。这一经验至今仍然值得各国造船业在整合中参考。

4. 选择标准——市场效率的定义

经济学家认为,市场经济是一种“好”的选择制度。这主要是因为市场经济能够有效率的配置资源。这里提到的效率有多种含义。例如,一个造船厂过去生产某型船舶的船台周期是 90 天,经过提高管理水平,船台周期缩短为 85 天,这是生产效率的提高。一个船厂能够生产散货船,也可以生产油船,这是产品组合效率。一艘 3 万载重吨灵便型散货船满载每天耗油 25 吨。经过增加投资节能设备或者改进船舶线型,将每天耗油下降到 21 吨。决策者肯定会问“值不值”。毕竟,燃油效率提高的代价是初始投资增加。因此,在衡量决策行为时,决策者需要衡量决策行为导致的预期边际收益和边际成本。如果预期边际收益高出预期边际成本,我们称这个决策行为是有经济效率的。这是一种关于投入和产出经济效率的基本定义。

19 世纪意大利经济学家帕累托最先提出的帕累托效率(Pareto Efficiency)是经济学家关于经济效率的一个普遍定义。帕累托效率的概念是:如果可以找到一种配置方法,在其他人的境况没有变坏的情况下,的确能使一些人的境况变得更好一些,那么这里就存在帕累托改进。如果一种配置方法存在帕累托改进,它就被称为帕累托低效率。如果一种配置方法不存在任何的帕累托改进,它就被称为有帕累托效率。经济学家认为,所有的自由交易导致的配置都是有帕累托效率的。在看不见的手协调下,完全竞争市场的均衡就是帕累托效率。实现帕累托效率的前提是具有交换效率、生产效率和产品组合效率。

产品供应者的利润最大化是经济学家关于供应者理性选择的假设。简言之,供应者的目标是用最小的成本获得最大的收益。成本和收益本质是一种财富的两种表现形式,是交易过程或生产过程中的两个端点(生产过程实质也是一种交易过程)。经济学家认为成本实际是决策者的一个主观过程,它首先和决策者的行为挂钩。例如,为实现铁矿石从巴西海运到中国,运输方可以采用 40 万吨矿砂船或者 17 万吨散货船,也可以租船或者新造船。每一个方案的成本都是不一样的,只有当决策者选择某一方式后,运输成本才能形成具体范畴。

在经济学中,成本代表的是机会成本的概念。任何一种交易或选择行为的目的在于获得更多的财富。交易发生的前提条件就是,每个人都放弃一种有价值的东西换取另一种更有价值的东西。交易者获得的价值(或者说收益)多于其放弃的价值(或者说成本)。即如果要得到一样东西,其成本是放弃其最想得到其他东西,这是机会成本的概念。机会成本同样可以衡量决策行为的经济效率。下面举出一个实际案例说明机会成本和比较优势的问题。

【案例 7-4】 造船企业的机会成本和比较优势

造船厂 A 和 B 都面临两种造船订单的选择。一种是建造 76 000 吨油轮;另一种是建造 76 000 吨散货船。A 每年可以建造 4 艘油轮或者 5 艘散货船,或这两者的任意性组合。B 每年可以建造 5 艘油轮或者 6 艘散货船,或这两者的任意性组合。假设 A 和 B 建造船舶的质量相同。A、B 该如何选择呢?

在经济学家眼中,建造油轮的代价是放弃的建造散货船的订单。A 建造 4 艘油轮,放弃 5 艘散货船。换一种表达方法,A 建造一艘油轮的机会成本是 5/4 散货船;建造一艘散货船的机会成本是 4/5 油轮。B 建造 5 艘油轮,放弃 6 艘散货船。换一种表达方法,B 建造一艘油轮的机会成本是 6/5 散货船;建造一艘散货船的机会成本是 5/6 油轮。表面上看,B 的建造能力高于 A 的建造能力。但建造能力并不代表经济效率。通过上述方法,我们可以推导出 A 和 B 分别建造油轮或散货船的机会成本如表 7-2 所示。

表7-2 船厂A和B分别建造油轮或散货船的机会成本

造船厂	建造油轮能力/年	建造散货船能力/年	建造油轮的机会成本	建造散货船的机会成本
A	4	5	5/4 散货船	4/5 油轮
B	5	6	6/5 散货船	5/6 油轮

通过比较发现,B 建造散货船的机会成本高于 A 的。B 建造油船的机会成本低于 A 的。或者说,如果建造散货船,A 比 B 有效率;如果建造油船,B 比 A 有效率。机会成本决定了 A 和 B 的比较优势。

经济学家引入偏好、序数效用函数、收入预算曲线和无差异曲线等概念来描述需求者选择商品的过程。“偏好”是指需求者按照自己的主观意愿对可供选择的商品组合进行的排列。偏好的概念就如同中国的俗语中提到的“萝卜白菜各有所爱”,是一个主观的、相对的经济学概念。为此,经济学家用序数效用函数来衡量需求者对不同商品的“偏好”程度。序数效用函数的数值大小和差距并不重要。效用函数的唯一特征是对需求者所面临的不同的需求商品集合进行排序,参见本节 7.3.2 中丹尼尔·麦克法登(Daniel L. McFadden,1937—,美国经济学家)关于通勤车票效用的研究[10]。

经济学家如何衡量需求者对不同商品的偏好呢?首先,经济学家用无差异曲线(见图7-8)描述需求者面临的针对两种商品 X_1 和 X_2 的不同的偏好。经济学家发现,无差异曲线是单调的(意味着多多益善)和向原点凸出的(意味着平均消费束比端点消费束更受偏好)。边际替代率(Marginal Rate of Substitution,MRS)是衡量无差异曲线的斜率,主要描述消费者为获得更多的商品 A 而愿意放弃的商品 B 的数量。

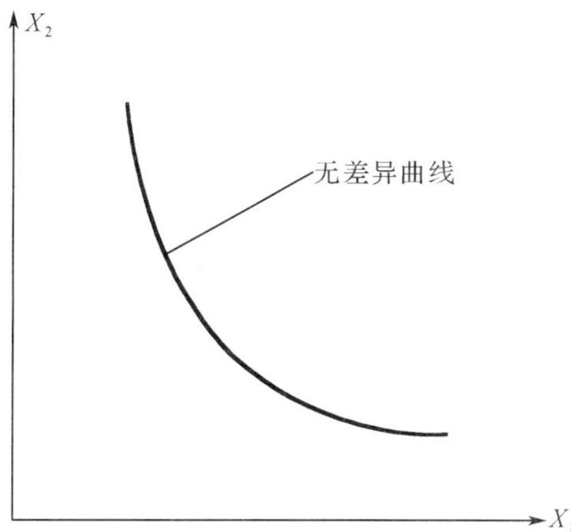

图7-8 无差异曲线

需求者的收入是一组预算约束。预算线的数学表达方式见式(7-2)。

$$U(X_1,X_2,\cdots,X_n) = \sum_{m=1}^{n} w_m X_m \tag{7-2}$$

式中 $X_m(m=1,2,\cdots,n)$——影响行为选择的参数,例如,物流形式选择、船型的选择、靠港数量的选择或者航线的选择等;

$w_m(m=1,2,\cdots,n)$——各种参数选择的加权系数,与全球经济发展、各航运公司的经济状况相关。

为简化问题起见,本节采用二维($m=1,2$)表达来说明无差异曲线的基本原理。

预算线是一条表明在假定需求者收入和两种商品(X_1,X_2)的价格(P_1,P_2)给定的情况下,消费者购买两种商品的最大组合的(效用)函数,见图7-9。

因此,经济学家假设需求者选择标准是需求者的效用最大化。简单地说,需求者有一个收入预算约束和符合自己要求或口味的偏好集合(设定一个边际替代率)。用数学图像表达,当预算线和无差异曲线相切时,需求者效用最大化,见图7-10。需求者选择他们能够负担的最优消费集合。需求函数取决于需求者的收入及其所需求商品或商品集合的价格。

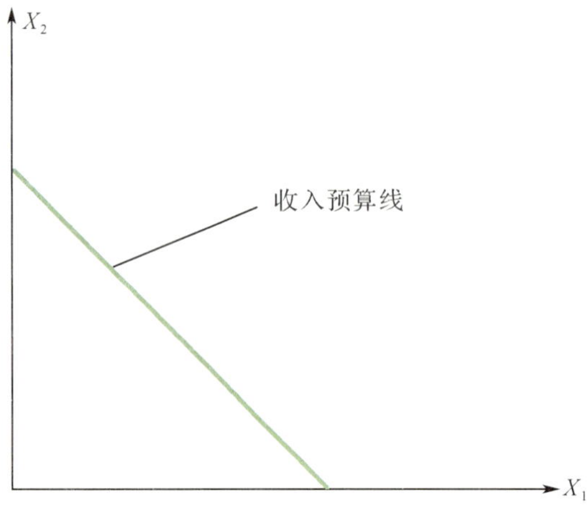

图 7－9　收入预算线

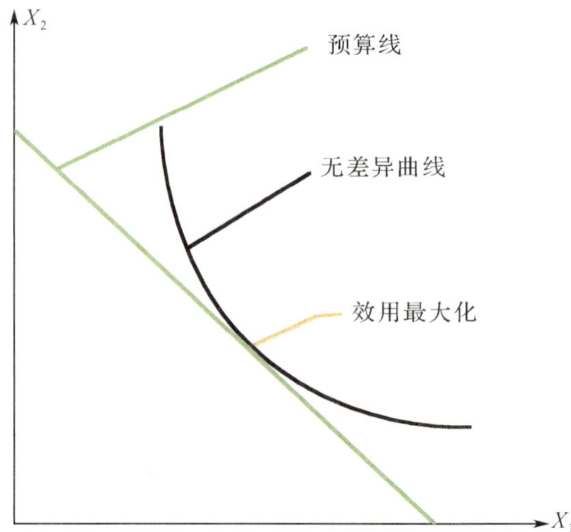

图 7－10　效用最大化

7.3.2　选择行为的描述——航运效用函数的选择方法

效用函数是经济学中常用的描述选择行为的方法。如果消费者在消费束 X 和 Y 之间选择了 X，那么 X 一定具有比 Y 较高的效用。通过研究消费者所作的选择，我们可以估计出描述消费者行为的效用函数。以下以通勤车票的效用为例说明效用函数的实质。

美国经济学家麦克法登等人采用公共运输经济学原理研究消费者经常往返于两地的行为。城市居民往返于住所和上班地点，经常面临着是乘公交车还是驾车去上班的选择。每一种选择都可以看作是以下特征的一个不同组合：行车时间、等候时间、实际开支的费用以及舒适、便利等。多梅尼亚－麦克法登的研究报告（1967 年）统计并分析一个美国城市居民出行情况后给出如下线性效用函数

$$U(TW,TT,C) = -0.147\ TW - 0.0411\ TT - 2.24C \qquad (7-3)$$

式中　TW——乘公交车或自己驾车要用的全部步行时间；

TT——以分钟计算的全部行车时间；

C——以美元计算的全部行车费用。

上述函数中三个变量的系数描述的是一个居民给予三个“行为”特征的权重，换言之，就是各种行为特征的边际效用，一个系数对另一个系数的比率度量着一个行为特征与另一个行为特征之间的边际替代率。例如，步行时间的边际效用对全部行车时间的边际效用的比率大约等于 3，这表示，在一般居民看来，步行比乘车大致要艰辛 3 倍。换句话说，要是能减少 1 分钟的步行时间，一般居民宁愿多增加 3 分钟的乘车时间。同样，行车费用对行车时间的比率表示一般居民在这两个变量之间的权衡。在上述函数中，一般居民对往返时间的估价是 $0.0411/2.24 = 0.0183$ 美元/分钟，也就是每小时 1.10 美元。该研究报告发表于 1967 年，当时一般居民的平均工资大约为每小时 2.85 美元。

上述效用函数有助于城市交通管理当局关于公共运输系统的决策。我们看到，一般居民按照每小时 1.10 美元比率对行车时间估价。如果交通管理局提供公共交通可以为居民节约 20 分钟出行时间，一般居民愿意支付大约 0.37 美元。这个数字有助于城市交通管理

当局确定合理的公共交通的收费政策。

上述例子说明,航运业所提供的服务产品也存在同样的效用函数的选择与构成的问题。例如,据有关研究资料表明,目前大型的产品生产厂家为了避免货物的损失,宁愿拿出1%的利润用于航运公司的物流成本,在此基础上航运公司就有了改造物流成本的基本条件:通过改变物流模式,节省物流成本、降低单位货物价格、减少单位货物 CO_2 排放,以达到"优质服务"的效果,既尽到了本企业的社会责任,又有好的盈利。本书在第4章已经以马士基、淡水河谷等公司为例,说明了这些公司在选择效用函数时所考虑的因素。可以看出,选择与构成效用函数是一个极其繁重的理论与统计工作,需要根据全球经济的发展状态进行谨慎的参数选择(也不是越多越好)与大量的统计加权系数统计。

7.4 航运公共选择范畴

7.4.1 经济学中的"西奇威克灯塔"现象

上节已经阐明,公共选择是低碳航运经济学的一个基础领域。经济学是关于交易的学问。在交易过程中,买卖双方通过市场机制确定供给和需求均衡,从而使得交易任何一方的收益都可能达到最佳。交易主要涉及买方和卖方。在现实中,一些交易还可直接影响买卖双方以外的第三方。18世纪上半叶,英国伦敦是全世界的航运和贸易中心,大量船舶进出伦敦港口。一些投资人在泰晤士河口的位置上建立灯塔,希望通过为来往船只提供引航服务收取费用。但是,大量船只能够从恰到好处的位置通过灯塔,灯塔管理者却很难向它们收费。1883年,英国经济学家和哲学家亨利·西奇威克(Henry Sidgwick,1838—1900)在其著作《政治经济学原理》中提出这个灯塔的案例并写到:"在大量的各种各样的情况下,这一论断(即通过自由交换,个人总能够为他所提供的劳务获得适当的报酬)明显是错误的。因为,某些公共设施,由于它们的(特殊)性质,实际上不可能由建造者或愿意购买的人所有。"

"西奇威克灯塔"现象实质是一个经济学中关于外部性和公共物品的问题。私人投资人希望通过提供灯塔服务获得私人利益。当船舶靠近灯塔航线,航运公司要向灯塔投资人付费。付费的航运公司成为这个交易的买方,灯塔投资人称为这个交易的卖方。但是,灯塔的灯光溢出了很远距离,使得在远处不交费的第三方船舶同样享受灯塔服务。如果将买卖双方之间的交易定义为私人交易,不付费就能享受服务(或者收益)的第三方称为搭便车者(Free Rider)。当交易影响到买卖双方之外的任意第三方时,交易的外部性就产生了。如果交易使得第三方收益,我们称为正外部性或者外部经济,如西奇威克灯塔案例。如果交易使得第三方利益受损,如工厂污染造成周围居民福利下降,我们称为负外部性或者外部不经济。这种交易外部性的现象在现实经济中的投资、生产、服务和消费中的各个环节中大量存在。

阿瑟·庇古(Arthur Cecil Pigou,1877—1959,英国古典经济学家)是第一个利用边际经济学的方法研究外部性问题并提出"外部不经济"概念的经济学家。社会净收益是社会收入减去社会成本的差,社会收入是外部收入和交易方收入的和。社会成本是指外部成本加上交易方成本的和。边际交易方净收益是指参与交易企业在生产中追加一个单位生产要素所获得的收益,边际社会净产值是指从全社会来看在生产中追加一个单位生产要素所增加的收益。如果每一种生产要素在生产中的边际交易方净收益与边际社会净收益相等,而产品价格等于边际成本时，就意味着资源配置达到最佳状态。如果在边际交易方净收益之外，其他人还得到利益，那么，边际社会净收益就大于交易方边际净收益；反之，如果在边际交易方净收益之外，其他人受到损失，那么，边际社会净收益就小于交易方边际净收益。庇古把生产者的某种生产活动带给社会的有利影响，叫做“边际社会收益”；把生产者的某种生产活动带给社会的不利影响，叫做“边际社会成本”（图 7－11）。

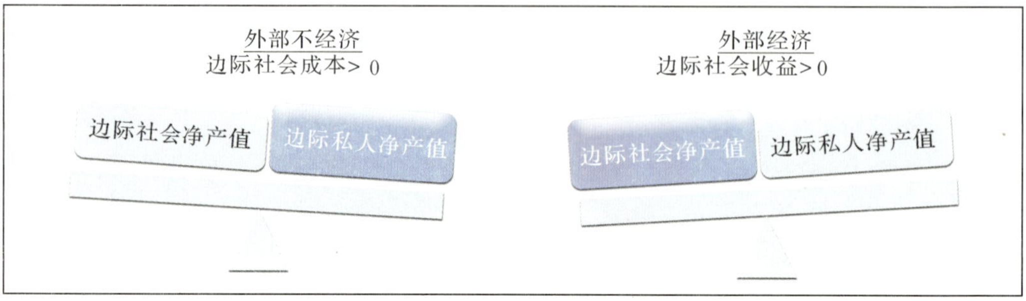

图 7－11　外部经济和外部不经济

在灯塔案例中，西奇威克认为灯塔由于具备“公共设施”的特殊性质，很难通过（市场）自由交换获得报酬，因此需要公共部门来投资或拥有。有些物品和服务是通过市场制度实现需求和供给的；而另一些物品与服务则通过政治制度实现需求与供给。前者被称为私人物品（Private Goods），后者则被称为公共物品（Public Goods）[11]。私人物品具有竞争性和排他性，如食物、衣服等。纯公共物品具有非竞争性和非排他性。例如，技术研发的结果如果是一种知识结论，就成了纯公共物品。因为知识的边际使用成本几乎为零，其消费过程具有非竞争性和非排他性，所以纯公共物品的需求和供给需要通过专利等知识产权的法律方式来实现，以解决供给“知识”的激励和广泛使用“知识”的零边际使用成本之间的矛盾。正如第 2 章所述，全球气候的变化也是一种纯公共物品，具有社会公共风险性质。

还有一些物品是介于纯私人物品和纯公共物品之间，具备竞争性或排他性两者之一。一般公共资源，例如，海洋中的渔业资源、公共绿地的消费，是具有竞争性，但不具有排他性。消防、有线电视网络等具有排他性，但不具有竞争性。

保罗·萨缪尔森（Paul A Samuelson，1915—2009，美国经济学家）认为：“市场效率的两大限制是市场失效和不能被接受的收入分配。”后者意味着：即使市场是有效率的，它也可能带来社会所不能接受的收入分配结果——贫富悬殊。广义的市场失灵将不能接受的收入分配也包括在内。这实质是一个关于公平的问题。在全球关于碳排放谈判中，发达国家和发展中国家无法达成协议的一个重要障碍就是如何解决公平和效率的问题。具体而言，就是如何有效率地配置碳排放权的问题和公平地对待发展中国家经济发展权利体现共同但有区别的原则等问题。经济学主要是探讨如何有效率地配置交易资源。市场经济是一种有效率配置资源的机制，是一个经济学的理论体系。在现实社会中，导致市场无效率的原因可能是市场垄断、不完全或失真的信息、公共物品问题、生产或消费的外部性、不完全市场等。其中，外部性和公共物品问题是在低碳航运经济学中重点的研究对象。

在前面提到的“灯塔”现象中，灯塔提供的引航服务具有非竞争性和非排他性，实际是一个纯公共物品。当投资人采用市场供需机制配置这种资源时，必然导致市场失效（投资人无法收取费用）。市场失效将可能导致两种极端事件。第一种极端是：如果（私人）企业行为的外部经济所带来的社会净收益无法得到回报,将使得(私人)企业缺乏激励提供具有外部经济的物品,从而导致供给不足。例如,在教育领域和新技术开发中经常存在上述供给不足的现象。另一个极端是:由于外部不经济对带来的危害将无法进行补偿,导致私人企业过度供应外部不经济的物品。例如,一些船舶在公海上大量排放油污水等现象就是一种具有外部不经济性的私人行为被“过度供应”的典型案例。

7.4.2　航运市场外部性的纠正方法

1. 一般市场的外部性

全球气候变化是巨大的一种纯公共物品。全球气候变暖是全体人类面临的一场危机,也是巨大的市场失效。如何克服这场危机和纠正市场失效?克服危机的主要方向是改变人类目前的高碳排放、生产和消费行为。关于改变消费者的消费行为,阿尔弗雷德·马歇尔(Alfred Marshall,1842—1924,英国古典经济学家)说:“人们的欲望在数量上是无穷的,在种类上是多样的,但它们通常是只能有限地得到满足。”欲望和行动是人类与生俱来的动物本能。区别于原始自然文明和生活方式,人类目前采用的高碳生产方式是为了迎合人类对高度物质文明生活方式的追求和欲望。因此,人类自我欲望的调节和控制是改变人类习惯的一个重要手段。控制人类的自我欲望是社会和个人道德层面需要解决的问题,是需要通过社会宣传和个体修养提高,从而引导和提高社会公德和良知的过程。这不是经济学的研究范畴。经济学家认为,为了改变人类高排碳行为,需要借助经济手段和激励、低碳技术以及公共政策等经济和社会的综合手段来实现。在实践中,有各种各样的方法纠正和克服市场无效。这些方法可以概括为以下三类。

①消费者或生产者的自愿或自发地改变外部不经济的消费或生产行为或习惯。

②通过市场机制将外部成本内部化。例如,将受到外部性影响的第三方和交易中的一方合并成一个行为实体,此时的外部影响就“消失”了。通过清晰产权方式,使得第三方利益得到充分保障。例如,政府通过立法赋予下游居民使用清洁水源的产权。如果上游污染者由于排污导致下游水质降到法定的标准以下,就必须补偿下游居民。市场机制的核心是按照自愿原则协商或交易。

③通过政治制度安排,解决外部性问题。财政方法和许可证制度是通常被采用的主要方法。财政方法是对外部不经济的行为或交易企业征税。征税额等于该私人交易给社会其他成员造成的损失,从而使得私人边际成本等于社会边际成本。对于外部经济的行为或交易补贴。许可证制度通常被用于治理污染或者排放问题。一方面,政府通过立法定义和分配污染或排放许可证(这是一种产权安排);另一方面,通过市场制度实现许可证的拍卖或者交易,实现污染或排放权的有效率配置,降低外部不经济性。不同于市场制度安排,政治制度安排的核心是带有强制性的行政命令或者法律手段。

总而言之,在市场经济中,商品供给和需求是通过市场价格体系来调节的。在公共经济领域,一个物品的需求或供给是通过政治制度安排来实现的。如何选择政治制度安排是一个关键问题。投票方式往往是确定如何选择政治制度安排的主要方式之一。投票的原则主要有两个:一致同意规则和多数票规则。值得我们注意的是,在采取多数票规则做出公共选择时,多数人投票同意而少数人投票反对,意味着增进了多数派的福利而少数派的福利将蒙受损失。

2. 航运业的外部性(外部不经济性)问题

按照上述经济学原理的市场外部性模型,可以知道航运业是全球经济的一个重要组成部分，世界90%的货物运输是通过海运实现的，因此可以应用经济学的普遍原理来描述低碳航运经济的现象。众所周知，全球海运规模的增加以及航运服务效率的提高使得海运货物单位运输成本下降和运输时间缩短，从而最终促进了全球贸易一体化的发展进程，为全球经济繁荣做出了巨大贡献，这就是航运业的外部经济性。

为了说明航运业的外部性问题，我们介绍美国新奥尔良（New Orleans）航运业的发展历史。

【案例7－5】 航运的外部性

19世纪上半叶，大量欧洲移民开始涌入美国。这些移民不仅为美国经济发展带来了大量的技术和资金，而且也刺激了贸易需求。新奥尔良是一个新兴的港口城市。在19世纪以前，从新奥尔良到路易斯维尔（Louisville）之间的运输方式主要是马车和内河木筏运输，两者的所需时间与成本各不相同。马车比船运的成本高。从下游往上游走时，马车比船运贵3倍；从上游往下游时，马车比船运贵25倍。但是，木筏船运非常费时和危险。在1 000英里的距离中，木筏船向上游运输需要3～4个月；向下游运输也需要1个月。1807—1811年间，蒸汽船从问世到投入商业使用。两个美国人Robert Fulton和Robert Livingston向政府要求特许经营权，但是未获得批准。由此蒸汽船运输业进入一个完全竞争的时代。1815年，从New Orleans到Louisville，蒸汽船的每百磅运费是逆流5美元和顺流1美元；到1860年，下降成为32美分和25美分。经济发展和繁荣刺激了新兴产业的发展。投资人大量投资以蒸汽船为运输工具的航运业。航运业的发展带动了船舶建造、修理、代理和备件供应等新兴行业的发展，提供了工作机会。航运市场竞争为贸易商带来了快捷的运输和低廉的运价[12]。

航运业产生的外部不经济效应主要包括环境污染、温室气体排放以及废气排放（主要是硫化物、氮氧化物等），参见5.3中关于船舶的外部不经济行为及其技术解决方案。

航运业的外部性（外部不经济性）的存在促进了低碳航运经济的发展。为了防止航运业温室气体排放量进一步的攀升，按照第5章的EIO-LCA的设计概念，本书给出了低碳航运经济决策和分析模型，见图7－12。它将航运低碳经济发展的各个阶段及各种主要因素融于一体，供以下各章使用。

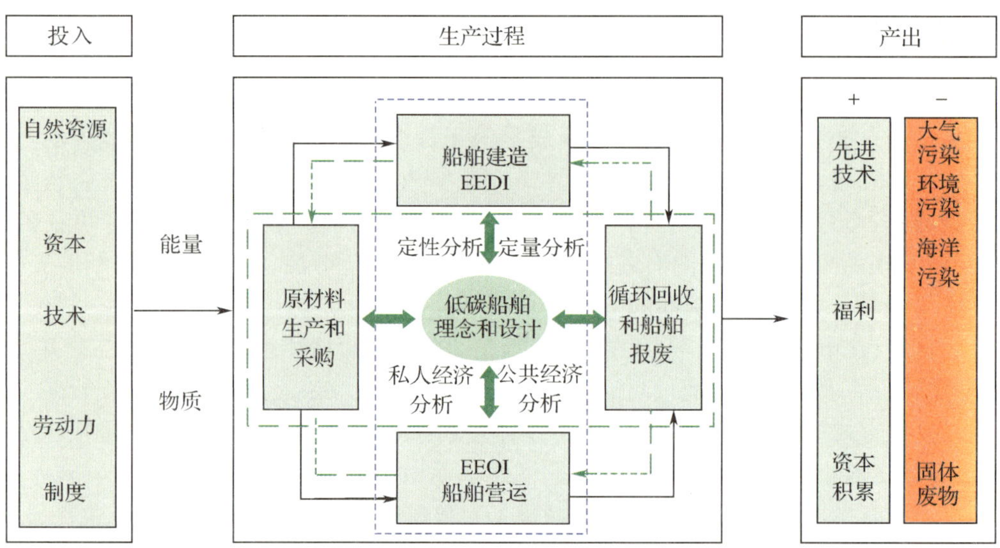

图7－12 低碳航运经济决策和分析模型

参考文献

[1] Daniel A. Gorelick. Understanding The Carbon Cycle[R]. Washington, U. S. Department of State, 2009.
[2] Angus Maddison. 世界经济千年史[M]. 北京:北京大学出版社, 2003.
[3] Nicholas Stern. The Stern Review on the Economics of Climate Change[M]. London, UK: Cambridge University Press, 2006.
[4] Hannah Robie Sewall. The Theory of Value Before Adam Smith[M]. California: California Digital Library, 1901.
[5] 汪丁丁. 经济学思想史讲义[M]. 上海:上海人民出版社, 2008.
[6] Larry Reynolds. A History of Economic Thought Source[M]. Boise, Idaho, US: Boise State University, 2007.
[7] Setyo Nugroho. Concept of Compatibility in Shipping[R]. Berlin, Germany: Technische Universität Berlin, 2005.
[8] 埃尼克·谢泼德, 特雷弗·丁巴恩斯. 经济地理学指南[M]. 上海:商务印书馆, 2009.
[9] 贺金社. 经济学——回归亚当·斯密的幸福和谐框架[M]. 上海:格致出版社, 2011.
[10] 范里安. 微观经济学——现代观点[M]. 费方域等, 译. 上海:格致出版社, 2009.
[11] 詹姆斯·M·布坎南. 公共物品的需求与供给[M]. 马珺, 译. 上海:上海人出版社, 2009.

第 8 章　航运经济分析

8.1　全球航运市场

8.1.1　全球贸易发展回顾

从远古的原始部落，到庞大的封建帝国，再到高度发达的现代文明，人类都需要解决货物和人群移动的基本问题。在陆地上，人类发明了车辆。在海洋和内河运输中，船舶成为主要运输工具。至今，全球贸易的大约 90% 的货运量都是通过海运实现的。全球贸易是如何产生的；全球各地，包括亚洲、欧洲、非洲和美洲，商品和服务贸易的高度一体化是何时形成的；全球贸易和航运及造船的关系如何？这些问题将在本章得到回答。

全球贸易的形成，远远比我们想象的要早。最早的跨洲际贸易是发生在欧亚大陆的两端，见图 8－1。公元 139 年，中国人开拓丝绸之路（因为当时贸易的主要商品是丝绸）。贸易的一端是中国汉朝，另一端是罗马帝国。丝绸之路的贸易全程约为 6 400 公里。由于陆地运输成本高和运输技术相对落后，丝绸之路上贸易商品的数量和品种都十分有限。大约公元 6 世纪，海上丝绸之路开始。在大洋上运输的商品仍旧是价值昂贵而重量或体积轻便并且适合于长途运输和储存的货物，如丝绸、金银、香料、珠宝、瓷器以及药品等。

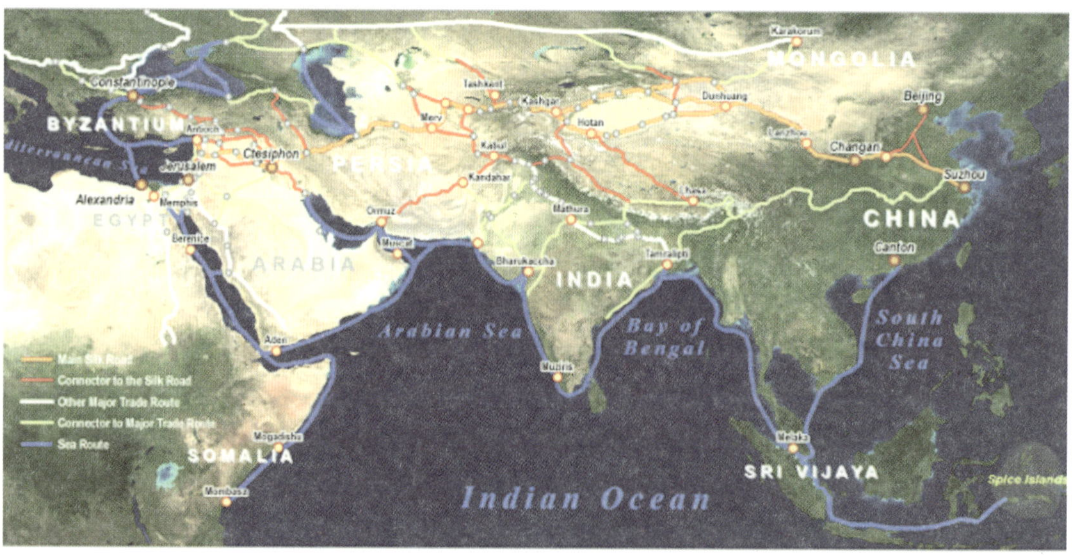

图 8－1　古代丝绸之路

（来源：The Geography of Transport Systems）

在丝绸之路后,全球贸易主要经历了三个阶段。

公元11世纪到15世纪上半叶是第一阶段。中国是这一阶段的重要参与者。在公元11世纪,中国的宋朝就开始通过印度洋的海上航线向中东地区和欧洲出口瓷器(2008年,在中国广东地区发现宋代南海一号沉船,表明了当时中国对外贸易的繁荣程度)。在同一时期,欧洲威尼斯商人逐步开拓欧洲到非洲的航线和贸易。公元15世纪,中国明朝的郑和船队把从亚洲到非洲之间的贸易发展到极高的规模。郑和船队主要装载官方赏赐用的礼品和用于贸易的货物,如铜钱、丝绸、瓷器、铁器等,并且通过朝贡贸易的方式发展和航线上各国的政治和贸易关系。据《明史·郑和传》记载,郑和船队大约有62艘各类大小的船舶。其中,大宝船是郑和船队的旗舰,是当时世界上最大的木帆船,可载500余人。同时,郑和船队包括各类护航作战船和运输船。护航作战包括战船、马船等,主要用于防范海盗。运输船设计的仓容大,用于运输贸易的货物以及整个船队所需的食粮、淡水等后勤补给物资。郑和船队对早期国际贸易的发展发挥了非常重要的作用。在七下西洋的过程中,郑和船队逐步形成了早期国际贸易的基本方式和原则,例如,现货贸易、代理贸易、平等自愿和等价交换的原则等。在现货贸易中,买卖双方将货物带到交易场所,当面议价定价,双方互相击掌表示成交。部分交易也可由买卖双方指定的代理人负责交易事宜。1433年,郑和船队结束了最后一次下西洋。

公元15世纪下半叶到18世纪上半叶,是地理大发现和跨洋航线大开拓的时代。欧洲人主导了这一时期的海上贸易。1492年,哥伦布发现美洲。1498年,达玛迦开辟通过好望角绕航非洲的航线,将欧洲—非洲—亚洲海上航线联为一体。1521年,麦哲伦从西班牙出发,横跨大西洋,绕道南美洲,然后横渡太平洋,继续向西航行回到西班牙,完成第一次环球航行并成功地开拓了全球航线。美洲的发现以及从欧洲出发的西向和东向航线的开发,为未来新兴的资产阶级开辟了新的市场。受到航运和造船技术的限制,这一时期的贸易品种仍然有限。亚当·斯密是这样描述当时的航运业:“货物的体积和金额比及其两地港口间的地理距离决定了运输船舶及其船员的数量,那些货物价值体积比高的货物更适于长途运输。”[1]

公元19世纪到20世纪中叶,是一个大创新和大发展的时代。发源于英国的工业革命将工业、商业和贸易的触角延伸到世界各地。在这一段时期,欧洲的城市化、美国的崛起、美洲和非洲的殖民化以及包括中国、印度、日本在内的亚洲各国的早期工业化都为全球贸易的发展奠定了基础。卡尔·马克思(1818—1883)说:“市场总是在扩大,需求总是在增加,蒸汽和机器引起了工业生产的革命,大工业建立了世界市场。世界市场使商业、航海业和陆路交通都得到了巨大的发展,这种发展又反过来促进了工业的扩展。”在这一段时期,海上运输船舶及其技术发展是一个不可或缺的环节,航运和造船技术的提高,大大降低运输成本,扩大了贸易规模。海上贸易的货物品种,从传统的重量轻而价格昂贵的奢侈品商品,逐步扩展到重量或体积庞大而价格相对便宜的大宗贸易商品,如煤炭、铁矿石、粮食等。

20世纪中叶到21世纪初,全球经济和贸易格局基本形成。在第二次世界大战后,全球贸易,仿佛一艘动力十足的巨轮,在全世界各个角落快速扩散和高速发展。驱动这艘全球贸易巨轮的是全球商品需求和供给的双引擎。需求引擎来自于不断开辟的新兴市场,突飞猛进的造船和航海技术则是全球贸易的主要供给驱动力之一。海运贸易在运输品种、运输量、贸易额、运输方式等各方面都得到全面发展。在奢侈品贸易和大宗散货贸易之后,全球商品贸易对人类的需求几乎无所不包,在海运贸易中逐步占据了较大的份额。这种商品贸易既包括重量大、货物价值相对较高的工业产成品，如飞机部件、机器设备等；同时也包括体积小且货物价值低廉的日常商品，如衬衫、鞋、小五金等。

毋庸置疑，在全球贸易发展史中，航运发挥了无法替代的作用。以下案例 8－1 可以说明航运业对全球贸易发展的贡献。

【案例 8－1】 鸟粪是如何变成黄金的[2]

秘鲁是南美洲西海岸一个狭长的国家。其陆地主要是由山区构成，荒芜贫瘠，但是，秘鲁沿海却是一个生机盎然的地方。一种被称为上升流的自然现象，推动冰冷而饱含养分的海水从大西洋底翻上水面。温暖的上升海流，使秘鲁沿海呈现热带雨林的景象。海中盛产凤尾鱼等鱼类，为各种海鸟提供了丰富的食物。这些鸟安居在沿海的小岛和悬崖上。钦查群岛（Chincha Islands）就是秘鲁沿海的一个鸟的天堂。在有些岛上，每平方公里约有 220 万只鸟。因为少雨，鸟粪一年年堆积，高达数百米。

西班牙人在公元 16 世纪进入秘鲁进行殖民统治。从公元 18 世纪末开始，欧洲人口激增，城市化进程加快，粮食需求增加，耕地面积减少。欧洲人只有通过提高现有土地肥力和使用效率，才能达到粮食增产的目的。1840 年，科学家发现植物可以从动物粪便等吸收氮养分，欧洲人便想到了秘鲁的鸟粪。但是，地处南美洲西海岸的秘鲁距离欧洲大约 8 000 海里。如何才能将这些鸟粪运回欧洲，同时又能够被欧洲的农民购买得起呢？

公元 19 世纪末的造船和海运技术革命将帆船变得更大、更快，蒸汽机推进的轮船也陆续投入使用，使港口设施变得更有效率，铁路线从港口辐射进入更远的欧洲腹地。这些因素大大降低了运输成本，从而使得从半个地球以外运来的鸟粪可以成为欧洲山区农民土地中的肥料。1856 年，秘鲁出口鸟粪 5 万吨到欧洲和美国，金额高达 2 亿美元。鸟粪使秘鲁人一夜暴富，在高峰期间，秘鲁政府用鸟粪作为担保，向欧洲国家融资，建设铁路工程等。强劲的市场需求和技术创新将秘鲁的鸟粪跨过大西洋运输到欧洲大陆，鸟粪终于变成了黄金。这些在没有近代航运业的前提下是无法达到的。

8.1.2 全球航运市场模型

航运是一种提供货物空间移动的服务。全球各类船舶与货物运输的供需关系构成了全球航运市场。图 8－2 是一个全球航运市场宏观模型，主要解释航运市场的构成以及影响航运市场的主要因素。

航运市场、船舶市场、船舶服务市场、金融市场以及全球贸易是相互关联和相互影响的。从广义的角度上看，全球航运市场是全球经济和贸易市场的一个有机组成部分。全球经济和贸易是全球航运市场的上游，代表了全球船队的需求。全球船队、港口、运河、航道等组成了全球贸易的海运链。全球经济和贸易、船舶市场、船舶服务市场、船舶金融市场、全球船队、海运供应链也是全球航运市场的一个有机组成，它们构成了航运业的下游供应链。现将有关概念叙述如下。

1. 全球经济和贸易

全球经济和贸易增长是全球航运市场发展的需求与动力。运费是贸易市场和航运市场博弈的核心。全球经济和贸易受到各种自然、经济和社会等因素的影响。自然因素主要包括自然资源的禀赋特征、地理位置、气候条件、自然灾害等；经济和社会因素主要包括人口、技术、知识、资本、政治与制度等。全球经济中发生的各种重大事件或者突发事件也不可避免地冲击全球航运市场。例如，20 世纪 70 年代，苏伊士运河的突然关闭冲击了全球船

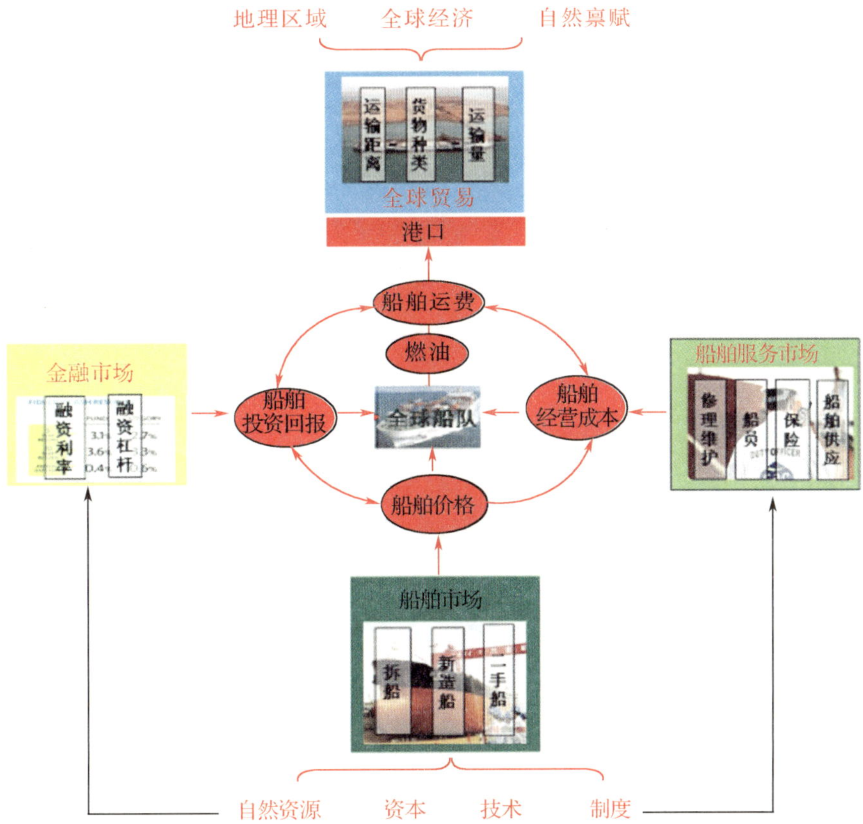

图 8－2　全球航运市场宏观模型

队运力的供需平衡;2008 年的金融危机的后果也正在重新划分全球航运业的利益版图。

全球经济是一个复杂系统,图 8－3 是世界银行的经济学家们分析全球经济的一个模型(Global Economy Model,GEM)。在 GEM 模型中,土地(自然资源)、劳动力和资本属于基本投入要素,具体介绍如下。

①土地代表了自然资源。它是指被人类利用的一切自然资源,包括矿物、化学物质、植物和各种投入生产过程中的其他物质。

②劳动力是以各种方式消耗的能力、体力和脑力。广义的劳动力要素也包括企业家才能。

③资本是被生产出来,随后投入其他产品生产过程中的投入品,包括机器、设备和资金。在这个模型中,技术要素包括在资本要素中,技术是一种将资源重新组合的生产方式。

全球贸易、航运市场和造船市场是全球经济活动的组成部分。GEM 模型将各种经济活动划分成为生产、消费、投资和贸易四个环节。生产和消费是经济发展的基本方式,服务可以归类为生产环节。从价值论的角度,生产环节体现了交换价值,消费环节体现了使用价值。造船业是将各种船舶作为最终产品的生产环节。投资是消费的一种特殊方式,投资活动消费的是资本。贸易活动实质上是一种生产服务方式,是生产环节的延伸;航运业属于通过提供海运运力实现贸易的服务环节。

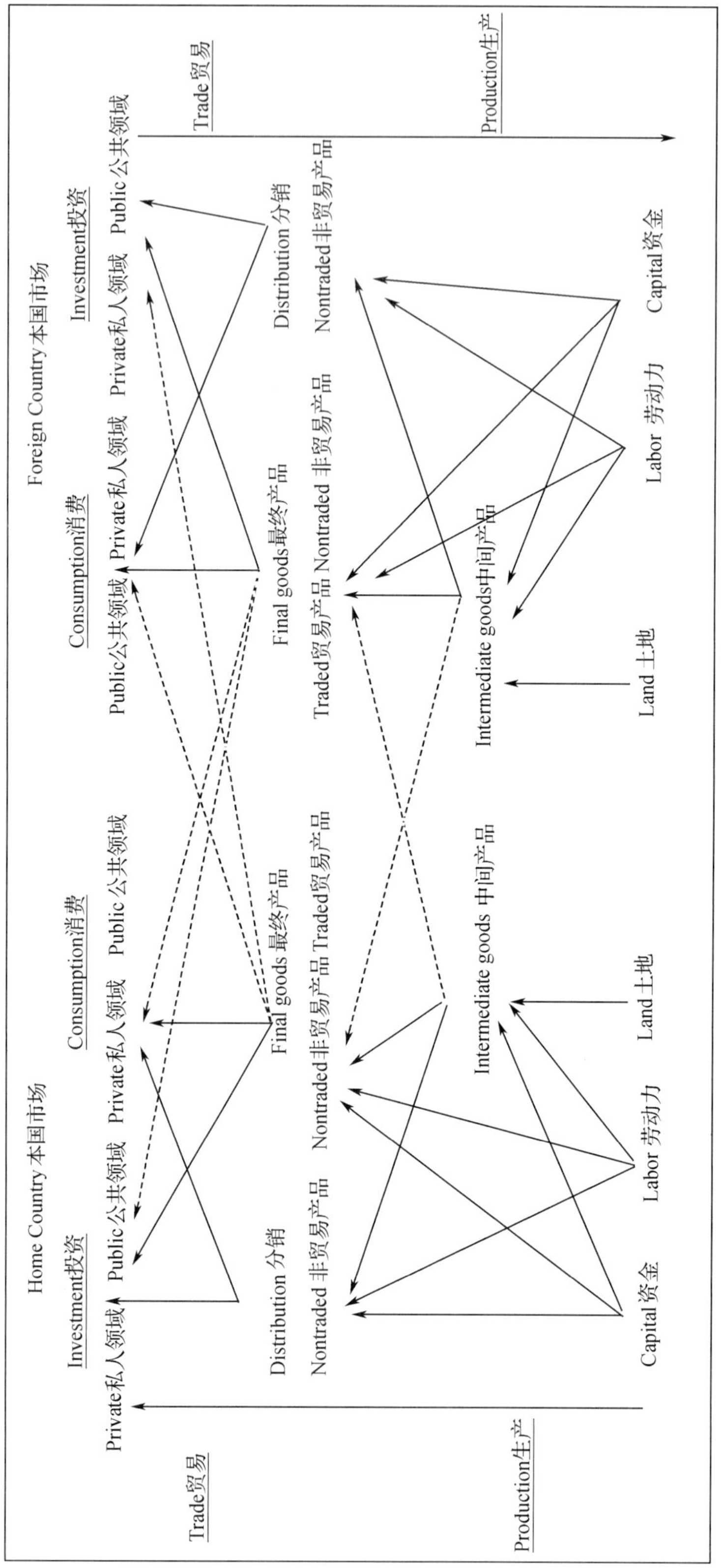

图8-3 世界经济分析模型

2. 船舶市场

船舶市场主要包括新造船舶、二手船舶和废船市场。这三个市场和航运市场是互为关联和相互影响的。船舶价格主要是指船舶资产的形成或处置价格,主要包括新造船价、二手船价和废船价。船舶价格不仅是船舶买卖双方博弈的焦点,同时也反映了未来运费市场的风险收益。新造船市场包括了全球各地的造船企业以及相关的船舶设备、零部件产业。

二手船市场是船舶资产的买卖平台。虽然新造船和二手船都是投资人获取船舶资产的来源,但是,两者交易资产的时间周期和跨度却不相同。这种差异为投资人提供了利用新造船价和二手船价的价差进行套利的机会。从2006年到2008年上半年的航运市场是一个"卖"方市场,凸现了卖方的主导地位。

废船市场主要用于淘汰运力。废船拆解量和价格同航运市场中运费的周期性变化密切相关。图8-4指出,从1992年到2002年的10年中,VLCC的运费低迷,大量老旧VLCC被报废。在2003年到2009年期间,VLCC运费高涨,仅有少量VLCC被报废。

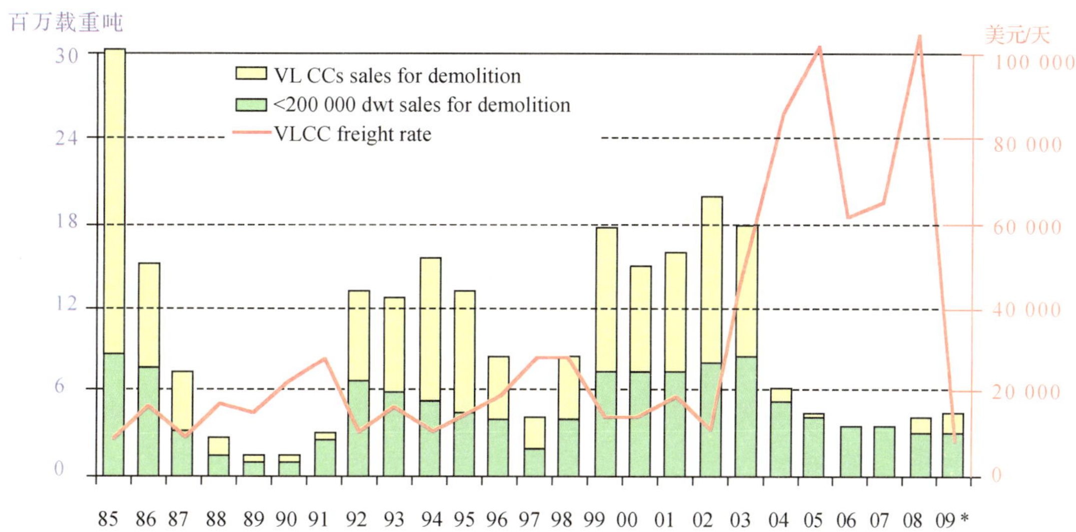

图8-4 超级油轮VLCC运费和拆解量

(来源:Intertanko)

3. 船舶服务市场

船舶服务市场主要包括为航运业提供船舶修理维护,船员供给,海事保险、燃料以及物料供给等支持性服务的行业,它们也是影响全球船队营运成本效率的主要因素。本书8.3节将介绍船舶营运成本的主要构成。

4. 船舶金融市场

船舶金融市场主要为航运业提供融资。船舶投资回报率是航运市场和船舶金融市场相互博弈的核心。船舶金融市场的两个重要指标是船舶融资的利率水平和融资杠杆。当融资人提供高杠杆融资时,船舶投资人仅仅提供船舶资产价格的5% ~10%作为自有投入资本就可以获得船舶资产。当运费市场高涨时,许多获得高融资杠杆的投资人或企业倾向于表现出更愿意承担风险,从而导致市场中充斥着大量的投机行为,而投机的目的是短期套利。当融资人提供低杠杆融资时,船舶投资人需要提供船舶资产价格的30% ~60%作为自有投入资本才可以获得船舶资产。投资行为在市场中占据主导力量,投资的目的是提供运力替代老旧船舶或服务于新的贸易增量。

船舶金融市场是全球金融市场的一个部分。全球金融市场发生周期性的危机，反复冲击全球实体经济。这种金融危机的冲击通过船舶金融市场传导到全球航运市场，这就是所谓的"金融部门"效应。"金融部门"效应是指某一行业或者经济实体与全球金融资本市场的融合程度。当融合程度高时，该行业或实体就仿佛是金融市场的一个部门。当发生金融危机时，这个"金融部门"就理所当然地受到重大影响。由于航运市场和金融资本市场紧密结合，国际航运业业已成为全球金融市场的一个"金融部门"。在企业财务结构中，决定"金融部门"效应的因素包括企业所有者权益、短期资本比例、长期资本比例等。我们将在第11章有关经济周期的发生机制中详细阐述金融危机如何对拥有不同资产负债情况的企业产生不同的冲击效应。

5. 全球船队

这里所说的船队是各种船舶的集合概念。

船舶是一个以满足客户海上运输为需求，能够在水面移动或作业（运输）为目标，由各种机械、电气设备或系统总成的复杂工程产品。全球船队中有各种各样的船型，为了研究方便，将各种船型按照用途分为以下8类。

①干货船：散货船、集装箱船、多用途船、滚装船、冷藏船、运木船、汽车运输船、牲畜运输船等。

②液货船：油轮、液化气船、化学品船等。

③高速船（High Speed Craft）：小水线面双体船、气垫船等。

④海洋石油工程船（Offshore Vessel）：供应船、铺管船、重吊驳船、半潜式钻井平台、钻井船、居住驳船、生产平台、浮式储油轮（FSU）、浮式生产储油轮（FPSO）等。

⑤渔船：拖网船、渔业加工船等。

⑥港口/海洋工程船：拖轮、挖泥船、救助船、引航船、浮式干船坞、电缆铺设船等。

⑦客船：邮轮、渡轮等。

⑧军用船舶或潜艇。

商船中的运货船（Commercial Cargo Ship）是航运经济学的研究重点。它主要包括上述①与②类船舶，即干货船和液货船。

经济（贸易）全球化是驱动航运业发展的主要需求力量之一。全球贸易运输需求呈现如下发展特点：

①贸易货物种类向多元化趋势发展；

②大宗贸易货物的运输量越来越大；

③商品贸易格局和方向越来越固定。

例如，石油出口地区主要集中在中东、西非、北欧、墨西哥湾等地；石油进口国则主要集中在经济发达的欧美地区以及经济快速发展的远东地区。

第二次世界大战以后，全球贸易需求驱动船舶技术和运输方式不断变革。变革主要向两个方向发展。一个方向是以成本优势以及产品（和服务）标准化为主导的标准商品船舶和航运（Commodity Shipping），在这种趋势下，现代船舶更加大型化、专业化和标准化。经过半个世纪的发展和磨合，全球船队形成如下适应各种主要航线（运河、港口、航道等）或运输货物类型的专业化船型，见表8-1。

表8-1 适应各种主要航线或运输货物类型的专业化船型

集装箱船	油船	散货(矿砂)船
超大型(Ultra Large Container Vessel)	超大型(VLCC)	超大型(ULOC/VLOC)
新巴拿马(New Panamax)	苏伊士(SUEZmax)	好望角型(Capesize)
后巴拿马(Post Panamax)	阿芙拉型(Aframax)	后巴拿马型(Post-Panamax)
巴拿马(Panamax)	后巴拿马型(Post-Panamax)	大型坎姆沙型(Kamsarmax (T-max))
大型支线(Feedermax)	巴拿马型(Panamax)	巴拿马型 Panamax
一般支线(Feeder)	大型灵便型(Handymax)	大型灵便型(Handymax-OHBC)
小型支线(Small Feeder)	灵便型(Handysize)	灵便型(Handysize)

另一个方向是以满足客户个性化需求为主导的定制性船舶和航运(Customized Shipping)。在这种趋势下,现代船舶向多元化方向发展以满足多元化的物流需求。

集装箱船设计理念将船舶大型化和运输货物多元化完善地融合在一起。1956年,人类第一艘集装箱船在美国诞生,见图8-5。经过半个世纪的发展,集装箱船已经成为全球商品贸易的运输主体。

图8-5 人类第一艘集装箱船

6. 海运供应链

全球船队、港口、运河、航道等组成了为全球贸易提供海运服务的供应链。其中资源配置效率是低碳航运经济学研究的重点之一,全球海运供应链效率是由海运供应链中每一环节的效率以及它们的联合供给效率共同决定的。因为整个海运供应链中的各个部分或环节的优劣参差不齐,海运供应链的整体效率往往受制于某一环节的劣势部分。管理学中提出的"木桶短板效应"形象地解释了这种现象。木桶的木板如果长短不齐,那么木桶的盛水量不是取决于最长的那一块木板,而是取决于最短的那一块木板。甄别这些"短板"并且完善和提高它们是提高海运供应链联合效率的关键工作。

我们将海运供应链的各种短板定义为各个环节中的自然、技术、经济等方面的约束条件。例如,散货船、油轮或集装箱船的主尺度可能受到海运供应链中某一个环节的自然或技术条件的限制。巴拿马运河的宽度限制了巴拿马船型的型宽,从而决定了船舶-运河联合生产效率(Ship-Canal Productivity)。在开发船型或者设计航线营运方案时,目标船舶的主要技术特征应该综合平衡目标海运供应链中各个环节或者主要环节的生产效率的要求。

下面以长江中下游航道为例(案例8-2)说明船舶-港口生产效率的规模经济和范围经济效益问题。

【案例8-2】 船舶-港口生产效率的规模经济和范围经济

中国煤炭运输市场的营运船舶主要受到长江中下游航道吃水以及煤炭卸港吃水的限制。在煤炭运输船队中,57 000 吨散货船(吃水大约12.5 m)和42 000 吨散货船(吃水大约10 m)是新开发的两种主力船型。因为载重量大,57 000 吨散货船单位载重吨成本低;但是,由于吃水深,57 000 吨散货船只能在南通或者下游水域满载作业。因为载重量相对小,42 000 吨散货船单位载重吨成本相对高;但是,由于吃水浅,42 000 吨散货船可以直航到南京附近水域满载作业,呈现更多的适港性和灵活性。作为服务同一个航线的船型,57 000 吨的设计理念更多的是考虑目标海运供应链中主要环节的规模经济效应(Economy of Scale);42 000 吨的设计理念更多的是考虑目标海运供应链中多数环节的范围经济效应(Economy of Scope)。

8.2 航运需求

8.2.1 贸易产生海运需求的机制

物理学中著名的万有引力原理是解释宇宙中各种物体之间的关系:两个物体之间的相互吸引力,和两个物体质量乘积成正比,和它们之间距离的平方成反比。在国(地区)和国(地区)之间的贸易中,也存在类似万有引力的关系,见图8-6。国际货币基金组织(IMF)发现:两国(地区)国民生产总值(GDP)的产量增加1%,双边贸易额增加0.94%;如果两国之间的距离增加1%,双边贸易额下降1.17%。两国的贸易额及贸易货物种类与两国的国民生产总值的乘积成正比,它们的国民生产总值越大,两国的贸易额越大、种类越丰富。但是,距离越大,两国的贸易量越小,贸易货物种类越贫乏,距离遥远的国家之间的贸易联系也较弱。空间距离以及克服空间距离的运输成本是阻碍贸易的主要排斥力,其他影响因素包括历史关系、文化相似性、政策(贸易壁垒、货币兑换难易程度等)[3]。如何以一种低成本、快速和有规模的方式,将一种货物从一个地方运到另一个地方,从而实现克服空间距离的目的是两国家(地区)之间贸易产生和发展的基本前提条件之一。

图8-6 全球经济的"引力"现象

上面已经表述了，地区发展不平衡是全球地区间贸易产生的客观条件[4]。这种地区不平衡主要表现为世界各地区社会和经济发展的规模和阶段、生产要素以及自然资源的禀赋特征分布的差异性。这种地区不平衡具体体现在原材料产地、商品消费地或商品生产地位于不同地理区域，从而形成了现有的全球商品和服务贸易格局。

这里以铁矿石贸易为例来具体阐述贸易产生的机制。铁矿石是一种自然资源，是冶炼钢铁的基本原材料。北美、南美洲、西非和澳大利亚蕴含着丰富的高品质铁矿，是国际铁矿贸易的出口国；全球大型钢铁企业主要集中在具有丰富劳动力资源的亚洲地区（详见第4章）。这种原料供应地和消费地在地理位置上的经济发展不平衡是造成铁矿石贸易的基本客观前提。

大卫·李嘉图（David Ricardo）是第一个引入经济租金（Economic Rent）概念研究资源开发的经济学家。李嘉图是以土地为研究对象。由于土地是自然资源的一种形式，因此李嘉图土地租金的概念和原理可以用于解释包括铁矿石在内的所有自然资源的贸易机制。

$$R = Q \cdot (P - C) \tag{8-1}$$

式中 R——铁矿石的经济地租；

Q——铁矿石的销售量；

P——铁矿石的销售价格；

C——铁矿石的开采成本。

如果铁矿石的开采成本 C 是10元/吨，销售价格 P 是20元/吨，每单位重量铁矿石经济地租是10元（$C-P$）。提高铁矿石经济地租的主要办法是提高价格或降低开采成本。只要铁矿石销售价格高于开采成本，贸易就会产生。这是铁矿石贸易发生的基本机制。

在一般情况下，铁矿石的生产地和消费地分别位于不同的地理区域，铁矿石的地理区位如何影响经济地租？为回答这个问题，经济学家引入区位级差租金（Differential Rent）的概念。

$$DR = [Q \cdot (P - C)] - Q \cdot T \cdot D \tag{8-2}$$

式中 DR——区位级差地租；

D——资源产地与资源消费地之间的距离；

T——每单位重量单位距离的运费。

如果铁矿石的开采成本 C 是10元/吨，销售价格 P 是20元/吨，运费是5元/吨，每单位重量的铁矿石经济地租是5元/吨。如果运费上涨到11元/吨，铁矿石的经济地租将下降到负值，贸易将不会发生。低廉的运输成本是贸易发生的一个前提条件。人们发现，地理区域不同将产生空间摩擦，降低了铁矿石的经济地租，消耗了贸易商的贸易收入和利润空间。本节以巴西和澳大利亚铁矿石运费差异（案例8-3）说明这一问题。

【案例8-3】 巴西和澳大利亚铁矿石运费差异

中国钢铁企业进口铁矿石主要来源于巴西和澳大利亚，世界三大矿商是中国铁矿石贸易的主要供应方。2010年，澳大利亚力拓出口中国1.15亿吨铁矿石，巴西淡水河谷出口1.1亿吨铁矿石，澳大利亚必和必拓出口约9 000万吨铁矿石。运输成本是铁矿石贸易商的主要考虑因素之一。如果铁矿石品质是相同的，在同等到岸价的前提下，巴西铁矿石贸易商和澳大利亚贸易商的销售收入是不同的。主要差异来自于因巴西和澳大利亚两国分别和中国的距离远近不同所导致的运输成本上的差异，见图8-7。

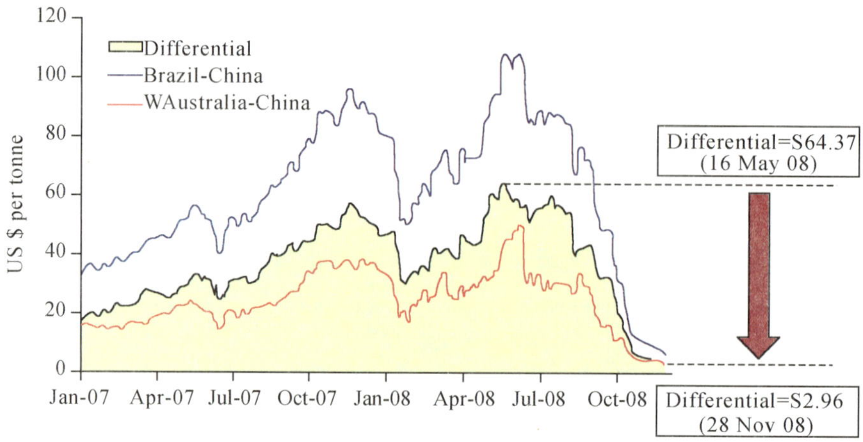

图 8-7　巴西和澳大利亚铁矿石运费差异

（来源：Baltic Exchange/Howe Robinson）

级差地租的概念可以解释为什么铁矿石和石油等资源性商品的储量一直在增长。当铁矿石的销售价格上涨，铁矿石的经济租金上升，激励铁矿石商到更偏远的地方开发铁矿石或开发劣质铁矿石投入市场以满足上涨的铁矿石需求。人口增长和经济发展使得资源性商品的需求保持不断上涨的趋势。在经济租金上涨的激励下，全球资源储备中质量低劣或者地理位置偏远的部分被开发成为可补偿或可利用的资源。这导致大宗资源性商品贸易量和运输距离的不断增加，也同时导致了全球海运需求的增加。下面以案例 8-4 说明上述观点。

【案例 8-4】　中国铁矿资源的开发和利用（来源：中国钢铁市场报告）

中国钢铁业有两种方式选择购买铁矿石，进口国外铁矿石或购买国内铁矿石。中国铁矿石资源的基本特点是贫矿多、富矿少，全国铁矿石的平均含铁品位仅在 30% 左右；而巴西或澳大利亚进口矿的含铁品位达到 60% 以上。2005 年前，由于国内铁矿石品位低、渣量大，再加上国际市场高品位铁矿石销售价格低廉，中国钢铁企业宁愿舍近求远从国外进口高品位铁矿石。但是 2005 年以后，高速发展的中国经济对钢材的强劲需求，带动了铁矿石价格的上涨，也进一步拉动了进口铁矿石的运输成本上涨。这些因素促使中国提高铁矿石开采和冶炼技术，积极开发低品位铁矿资源。不仅含铁品位在 30% 以下的资源得到开发，即使是品位在 20% 以下甚至不足 10% 的尾矿，也得到再选和再利用。

8.2.2　运输决策

现实经济中的所有生产、投资、服务和贸易等活动都是受到时间和空间限制的。如何设计物流体系，优化货物空间流动以及降低物流运输成本，是企业的全球化经营的重大决策之一[5]。图 8-8 表明运输决策是企业物流系统的一个重要环节。

在区位级差地租概念的基础上，经济学家提出工业区位模型描述空间区位如何影响商品价格和数量变化的主要机制。工业区位模型假设企业是空间中的某个点，企业的最大目标是追求利润最大化，生产和采购的区位选择是企业决策的中心环节之一。区位选择的核心目的是企业如何最小化运输成本，实现最大利润的问题。企业的运输成本主要可以分为以下三大类。

①货物移动成本：运费、港口费、陆地运输费、吊装费、保险费、维护费、关税等；

②货物库存(INVENTORY)成本:包括货物仓储费、货物停留的机会成本、货物价值可能的贬值等;

③货物移动的管理费等。

从长远而言,企业可以选择在原材料供应地或者商品消费地附近建厂,从而减少运输成本。例如,中国石化企业在中东建立石化生产基地;中国的钢厂和巴西淡水河谷谈判在巴西合资建钢厂。他们的目的之一是将大宗原料的运输替换为中间产品或者产成品的运输,从而降低运输成本。

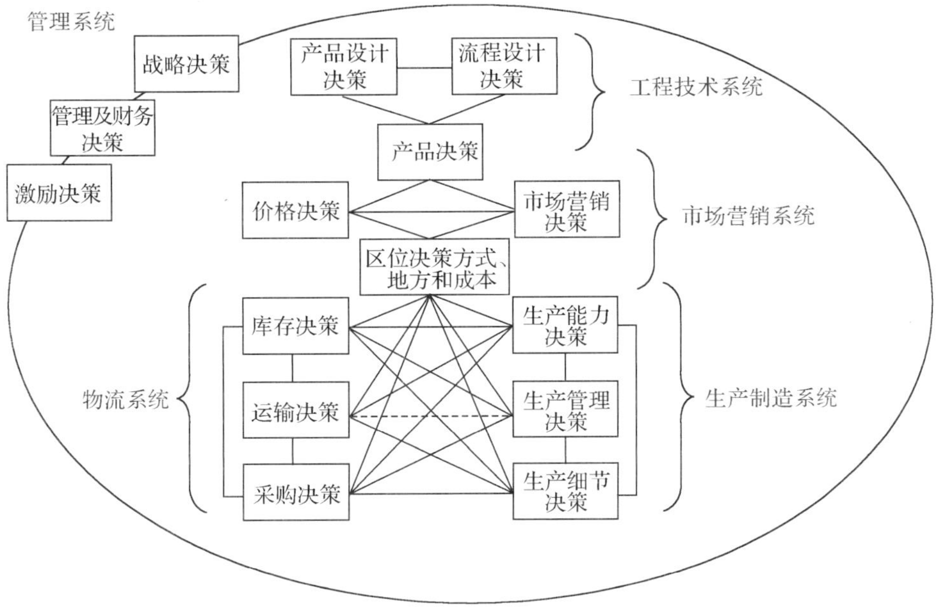

图 8－8　运输决策在物流体系的地位

(来源:Presentation by Dr M Mathirajan)

从中期而言,企业可以选择不同的库存和运输方式。例如,在 2008 年,铁矿石价格飞涨,许多贸易商将铁矿石从巴西运到中国港口储存,主要是为了等待价格上涨的最佳时机出售铁矿石。一般的运输方式包括海上运输、陆地运输和空中运输。其中,路上运输包括公路卡车、铁路、管道等。大宗商品贸易中,海运则是主要运输方式。中国的能源结构主要包括煤炭、石油、天然气等。煤炭则主要依靠海上运输、陆地铁路和卡车运输。石油和天然气运输主要是通过陆地管道和海上运输。中国海关总署统计显示,2010 年中国共计进口原油 2.393 亿吨。向中国出口石油的 10 个国家是沙特(4 464.2 万吨)、安哥拉(3 938.1 万吨)、伊朗(2 131.9 万吨)、阿曼(1 586.7 万吨)、俄罗斯(1 524 万吨)、苏丹(1 259.9 万吨)、伊拉克(1 123.8 万吨)、哈萨克斯坦(1 005.4 万吨)科威特(983 万吨)和巴西(804.7 万吨)。在 10 个出口国中,俄罗斯出口石油的一部分通过海运,另一部分是通过陆地管道;哈萨克斯坦出口石油全部依靠管道;其他来自中东和非洲的 8 个出口国家必须依靠海上运输方式。沙特等 8 个国家石油贸易的货主对海运的需求是缺乏弹性的。

从短期而言,企业可以选择的范围主要集中在货物运输量、运输距离、运输频率、租约等短期因素。例如,在上述中东到中国的原油贸易中,原油货主短期选择的主要工作是根据原油需求、运输量(Parcel Size)和运费等因素,选择不同规格的船型以及选择不同形式或者期限的租约。当面临相对刚性需求时,原油贸易商更倾向于通过投资或签订长期包运合同控制船队运力,以避免运费的剧烈波动侵蚀贸易利润。

货主或贸易商的海运运输决策构成了航运公司供应运力服务的需求方面。运费属于货主或贸易商的运输成本范畴,运输成本最小化是需求方选择运输方式的主要考虑之一。随着运输距离的变化,不同运输方式的每吨·海里(或公里)的运输成本是不同的。如果不考虑运输中的时间成本,在 500 ~ 750 km 运输距离内,公路运输有成本优势;在 1 200 ~ 1 500 km 运输距离之间,铁路运输有成本优势;在 1 500 km 以上,海上运输有成本优势,如图8 -9和图 8 -10[6]所示。下一节将重点讨论运费对运输决策的影响。

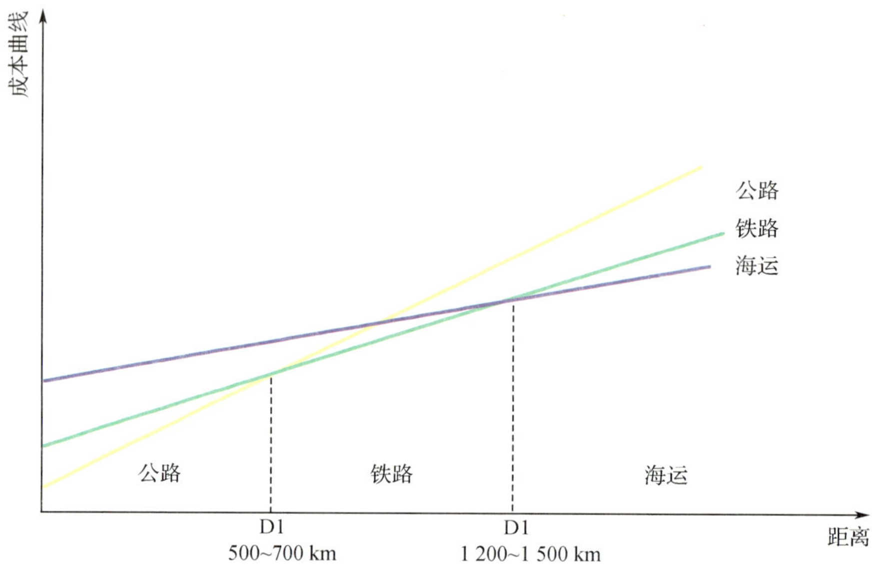

图 8 -9 不同运输方式的成本曲线

(来源:The Geography of Transport Systems)

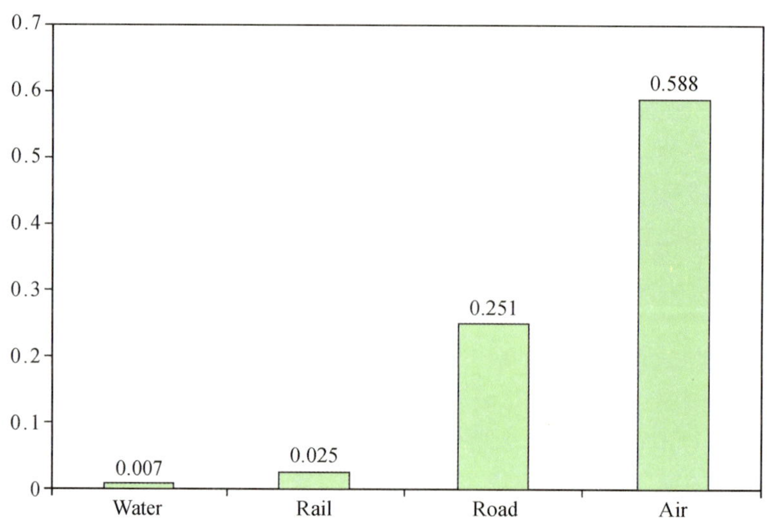

图 8 -10 不同运输方式的边际成本

(来源:The Geography of Transport Systems)

在考虑运输方式时，企业运输决策者必须考虑运输货物的物理特征、地理位置等客观条件。如海鲜产品、水果或鲜花等容易变质的货物需要特种冷藏和快捷运输的方式。另外，需求方的其他考虑包括运输时间、运输货物紧迫程度、运输能力（包括运输和吊装工具能力、货物吊装率、吊装空放次数等因素）、运输方式的可靠性及灵活性等[7]。

8.2.3　航运需求曲线

需求法则和航运需求曲线将被引入用以描述航运需求量与运费的关系。在这个模型中，运输方的运输决策主要涉及需求量。这主要是为了描述航运需求量和运费变化的核心本质而简化其他细节。随着更多的影响因素引入，需求曲线模型将更加复杂，更加符合现实。

经济学家将需求定义成为价格和数量的关系。需求量是在一个特定价格下需求者愿意购买某一种商品或服务的特定数量。对大部分商品，当其他条件不变时，价格和需求量向相反的方向变动。价格上涨，则需求量下降；在价格下跌时，则需求量上升。这就是经济学中商品的需求法则（Law of Demand）。需求曲线是描述需求法则的一个简单模型。一种商品的市场需求量是某一特定时期所有单个需求方的需求量的总和，根据每一需求方的需求曲线求取市场需求曲线的过程如图8－11所示（这里假定市场中有两个需求个体）。

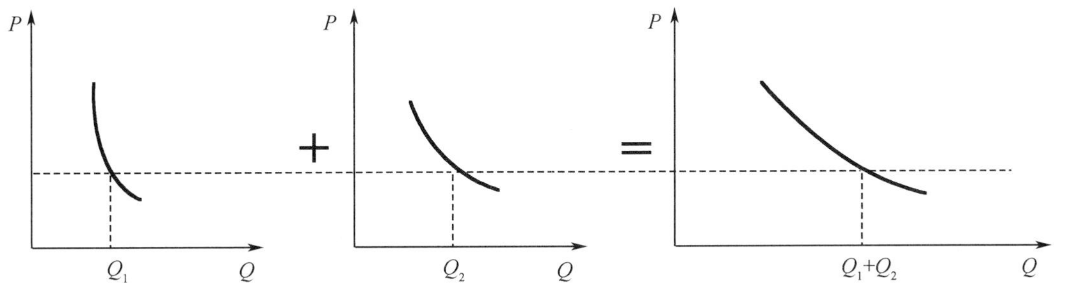

图8－11　个体需求和市场需求

需求法则同样适用于航运需求量和运费的关系。如果我们用横轴代表需求量，用纵轴代表运费，则航运需求法则表现在图形上是一条自左上向右下倾斜的曲线。经济学家用需求的价格弹性（Price Elasticity of Demand）衡量需求量随运费的变动而变动的情况。假设 Q 为某型船舶运力的需求量，P 为该型船舶的运费，则计算需求量的价格弹性 E_d 为

$$E_d = \frac{\Delta Q/Q}{\Delta P/P} = -\frac{\Delta Q}{\Delta P}\cdot\frac{P}{Q} \tag{8-3}$$

式中　ΔQ——分别表示需求量的变化量；

ΔP——分别表示运费的变化量。

对于商品的不同弹性程度定义如下（见图8－12）：

当 $E_d = 0$：完全无弹性（Perfect Inelasticity）；

当 $0 < E_d < 1$：缺乏弹性或不富有弹性（Inelasticity）；

当 $E_d = 1$：单位弹性或单一弹性（Unit Elasticity）；

当 $1 < E_d < \infty$：富有弹性（Elasticity）；

当 $E_d = \infty$：完全弹性或完全有弹性（Perfect Elasticity）。

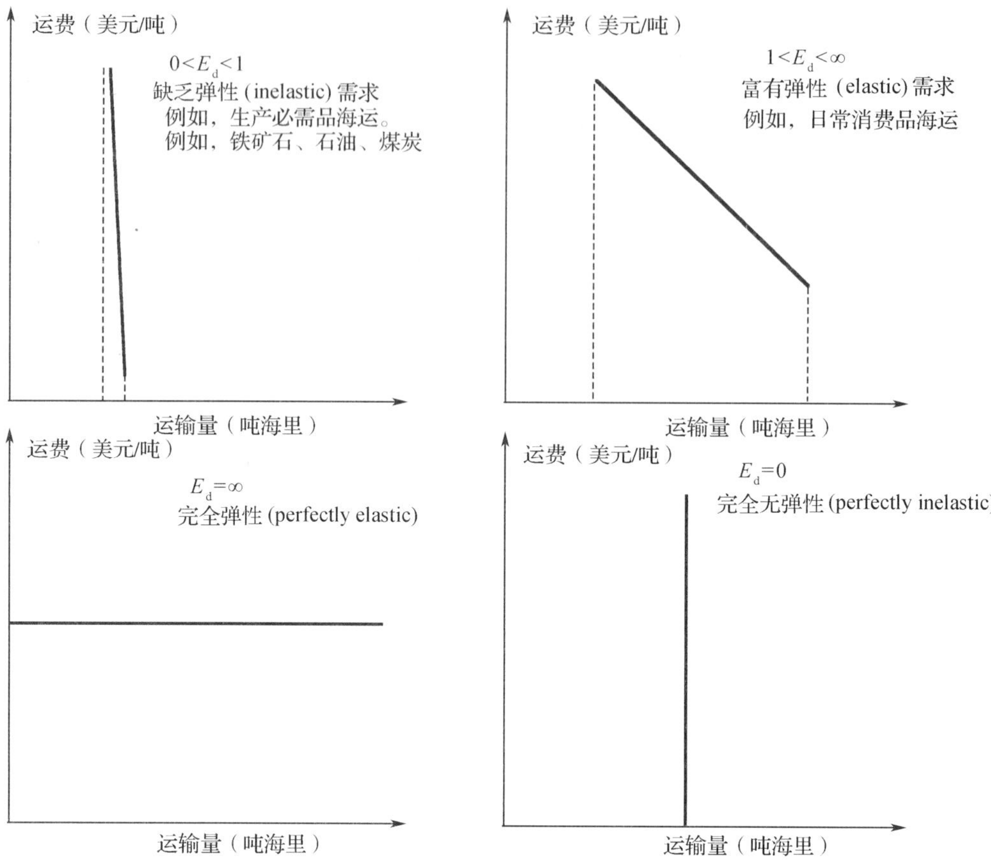

图 8－12　航运需求曲线的价格弹性

毋庸置疑，贸易商可以选择运输方式的自由度是决定运输（航运）需求曲线及其价格（运费）弹性的主要因素之一。这种自由度主要体现为航运需求的价格弹性以及需求方的预算和替代品多少的限制。

运力需求方的预算限制（Budget Constraint）影响航运需求的运费弹性。在海运贸易中，货主、贸易商或租船方是运力需求方，他们的财务预算限制具体表现为

$$F_{\text{budget}} = P_{\text{CIF}} - P_{\text{FOB}} - Insurance \tag{8-4}$$

式中　F_{budget}——运费财务预算；

P_{CIF}——到岸价；

P_{FOB}——离岸价；

Insurance——海运保险费。

货物的运费不能超过其到岸价减去离岸价以及海运保险费的差。一方面，由于技术水平的提高，船舶单位运营成本下降，使运费更加有竞争力；如果货物到岸价不变，当运费下跌时，货主将会有更多的预算租船，将刺激海运贸易需求量。这类似于消费者需求中的财富效应。

航运需求的运费弹性和运输货物自身的价值也有关系。可以用货物价值重量比或者货物价值体积比（Value Density）来衡量货物价值的高低。如果运费在高价值货物的贸易价格中的比重相对较低，其运输需求的运费弹性相对较小。如果运费在低价值货物的贸易价

格中的比重相对较高,其运输需求的运费弹性相对也较大。高价值货物和货物价值波动比较大的货物更倾向于使用更快、更灵活的方式,也更适合长距离运输。同样,运输货物的贸易价格上升,也会引起财富效应。下面以中国的煤炭运输为例(案例8-5)说明运费的接受程度。

【案例8-5】　中国的煤炭运输

煤炭是中国能源的主要原料来源之一。山西、内蒙古、陕西等北方地区是煤炭的主要产地,而主要消费地区集中在南方经济发达地区。北煤南运是主要的运输格局,煤炭运输方式主要是火车、汽车、海运等。北方煤可以通过火车直接发到全国各地,也可以发到秦皇岛、天津等地后,通过海运发往南方。进口煤炭则主要是通过海运方式运输。煤炭需求受季节性变化影响较大,夏季和冬季通常是南方的用煤旺季,发电量增加,煤炭需求较为旺盛。中国南方地区的电厂购买电力煤可以选择从秦皇岛或东南亚地区购买。在国内采购和进口煤炭品质接近的前提下,只要进口煤炭的到岸价(=离岸价+海运费+保险费+进口税)比国内煤炭的到岸价更低,用户就会更偏向于采购进口煤炭。在这种情况下,海运订舱成为煤炭贸易合同中的重要环节。

另外,需求者拥有的替代运输方式的数目和相似程度影响航运需求的运费弹性。由于货物运输需求直接源于其贸易需求,一种货物的运输需求弹性在很大程度上与该货物在贸易需求中的可替代性以及该货物运输方式的可替代性有关。如果贸易的货物是必需品,货物贸易及其延伸的航运需求的价格弹性就比较小。必需品分为三类:生活必需品,生产必需品和习惯必需品。在航运市场中的矿石、石油等资源性商品大部分是属于生产必需品;在产成品中,工业设备也属于生产必需品;谷物等粮食类产品属于生活必需品。在运费上升时,如果没有当地商品的采购替代或者没有替代的运输方式,必需品的航运需求是相对刚性的。例如,中国从海外进口液化天然气(LNG)时,由于液化天然气的特殊要求,货主对液化天然气船的需求是几乎完全缺乏弹性。当货物运输有多种运输方式选择时,例如,铁路或公路运输,当海运费上升时,需求者可能选择更便宜的运输方式,海运需求的运费弹性大。在以下的“散货运输的替代选择方式”案例8-6中,说明如何利用需求曲线模型分析替代品的价格变化如何影响需求。

【案例8-6】　散货运输的替代选择方式

一般情况下,非洲的矿产品是用散货船运到远东地区。在图8-13中,*ABC*表示货主对散货船运力的需求曲线。2009年,在由西向东的集装箱航线中,一些集装箱船在非洲挂靠港装载矿产品。为什么货主没有选择散货船反而使用了替代的集装箱船呢?

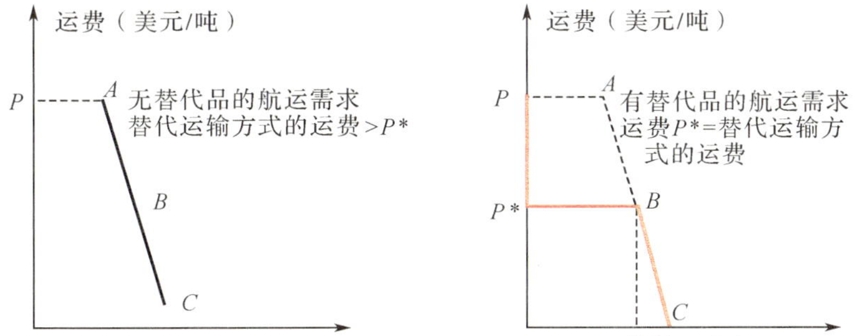

图8-13　航运需求的替代效应

一种商品或服务的需求随着这种商品的替代品价格的变化而变化。当集装箱船运费下降到 P^*，集装箱装载矿产品的单位吨运费比散货船的吨运费低，贸易商选择集装箱船运输矿产品。这时，原来由散货船承载的矿产品的运输量（线段 AB 部分）被集装箱船替代。用数学方式表示，即当散货船运费 $P>P^*$ 时，矿产品货主对散货船的需求量为零；当散货船运费 $P=P^*$ 时，贸易商可以选择集装箱船或者散货船；当散货船运费 $P<P^*$，货主又开始选择散货船。在近海航线中，由于货主可以选择陆地上可以替代的运输方式，海运运输量、陆地运输量、陆地运费以及海运运费的关系和这个案例类似。

类似地，不同大小的散货船之间可以相互替代，例如，巴拿马型散货船需要减载才能停靠部分浅吃水的散货码头。在 2007 年后，中国设计公司推出了浅吃水的57 000 载重吨散货船。在同等运费水平和装货量时，57 000 载重吨比巴拿马型船有成本优势。这就是近三年来中国 57 000 载重吨散货船订单达到300 余艘的原因之一。

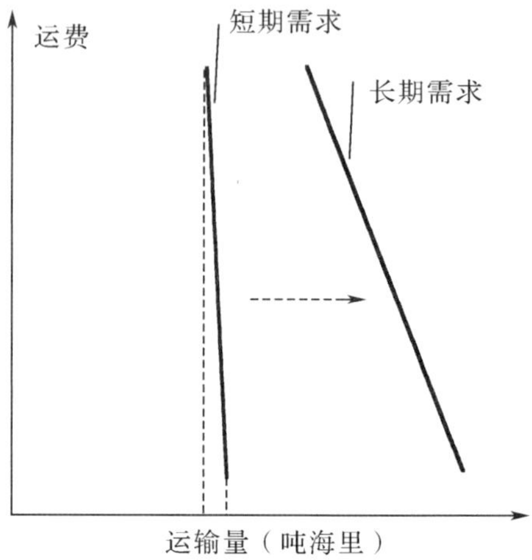

图 8－14 随时间变化的航运需求曲线

当运费的变动引起航运需求量变动时，可称之为航运“需求量”的变化，它表现为航运需求曲线上的点变动。当考虑除运费以外的因素对需求影响时，可用需求曲线移动的方式来表达，称之为航运“需求”变化。需求量变化与需求变化是不同的两个范畴。其次，海运需求的运费弹性和时间长短也有关系。通常情况下，在一段较长时间里，因为需求者拥有了更多的替代选择方式和选择自由度，所以其海运需求是富有弹性的，见图 8－14。

8.3 航运供给

8.3.1 航运供给

2010 年 8 月，30 万吨超级油轮（VLCC）中东到远东航线的市场运费是 WS46（WS 含义见术语），相当于每天约 10 000 美元的期租运费收入。在这一时期内，30 万吨超级油轮的每天营运成本大约是 10 600 美元，营运盈亏平衡点大约是每天 27 000 美元。面临这种市场情形，航运公司是选择营运或者停航？这是一个典型的航运资产运营决策。

航运公司决策主要有两类问题：第一类是关于船舶资产的投资决策，将在本书第 11 章中重点讨论；第二类是关于船舶资产的运营决策。船舶资产运营决策的核心是关于海运供给量和运费的供给选择。本节主要研究航运公司如何选择供给量。

在现实中，航运供给量决策是一个复杂问题。这主要涉及航运公司如何选择未来航线、租约、船舶管理、维护和操作船舶等一系列的资产营运决策。船舶营运决策时间跨度从每一天到三年或五年不等。本书拟首先介绍航运服务中的各种成本构成。然后，引入供给法则和航运供给曲线，描述海运供给量与运费的关系。随着更多的影响因素被引入时，海运供给曲线模型将更加贴近现实。最后，运用机会成本的概念介绍航运公司如何在不同的运费下选择供给量。

航运公司为提供航运服务而发生的成本主要包括以下项目。

(1)船舶购置成本(Capital Expenses,Capex)

船舶购置成本主要是船舶折旧费等。

(2)船舶营运成本(Operational Expenses,Opex;见图 8－15)

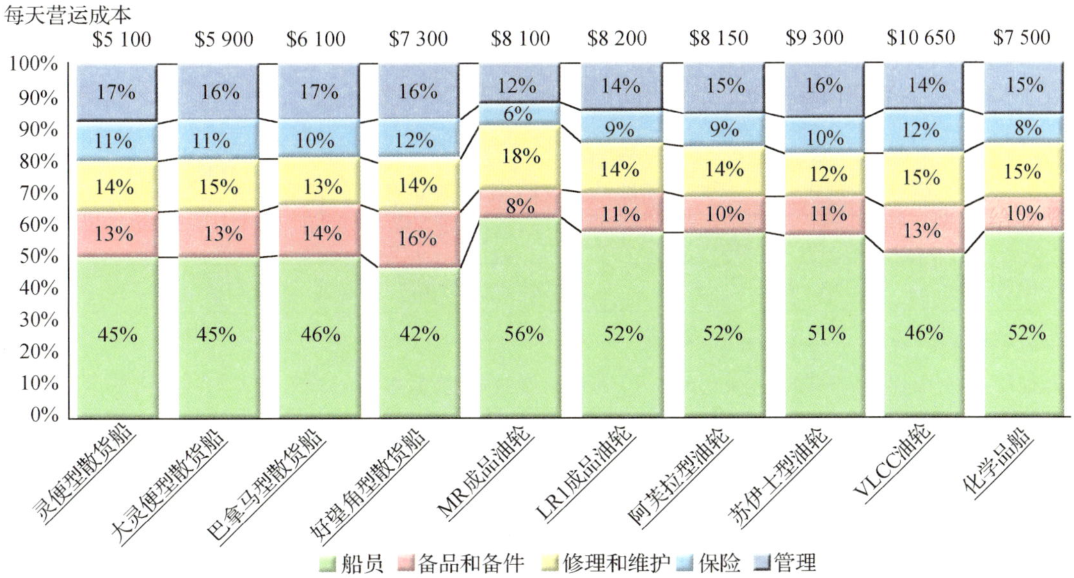

图 8－15　2009 年船舶营运成本统计

(来源:Euronav)

①船员费用,包括船员工资(包括社会福利、医疗保险等)、伙食、其他(包括差旅费、培训费等)。

②修理和维护,包括坞修、日常维护和修理等,见图 8－16。

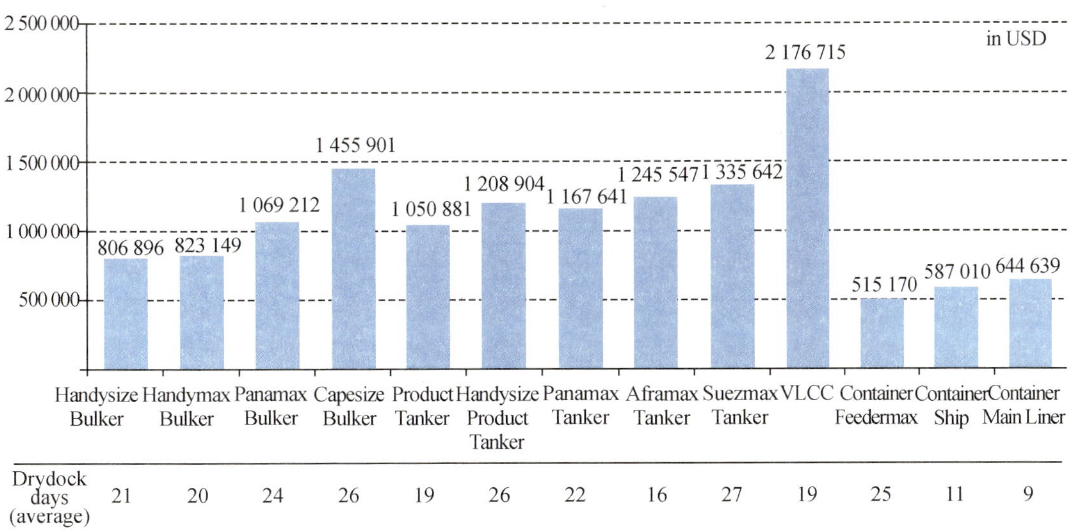

图 8－16　2009 年度主要船型的平均进坞费用和天数

(来源:Moore Stephens)

③备品和备件，包括润滑油（包括主机气缸油、主机系统滑油、发电机组机系统滑油、各类辅助机械滑油和油脂等）、其他各种备品和备件等。

④保险，包括 Protection & Indemnity Insurance（P&I），Hull & Machinery Insurance（H&M），Off-Hire Insurance，Freight，Demurrage & Defense Insurance（FD&D）等。

⑤管理费用，包括登记费用、管理费、其他杂项等。

（3）航程成本（Voyage Expenses，V-ex）

航程成本是直接和航次有关系的营运成本，包括燃油费、港口及运河费用。

（4）货物装卸费（Handling Cargo Expenses，HCE）。

表 8－2 给出了一艘 10 年船龄的 VLCC 在 2008 年度的营运费用。

表 8－2　一艘 10 年船龄的 VLCC 在 2008 年度的营运费用

	USD（每年）	USD（每天）	备注
船员工资	1 158 697	3 175	包括社会福利、医疗保险等
伙食	76 213	209	
其他船员费用	197 228	540	包括差旅费、培训费等
船员费用小计	1 432 138	3 924	
润滑油	318 638	873	包括主机气缸油及系统油、发电机机系统油、各类机械滑油和油脂等
其他备品	184 339	505	
备品小计	502 977	1 378	
备件	339 586	930	
日常修理和维护	299 098	820	
坞修	320 298	878	每 5 年坞修两次，修理费用合计后平均分摊到 5 年
修理和维护小计	958 982	2 627	
航运公司互保险	231 556	634	
其他保险	244 862	671	包括船壳险、Off Hire Freight Insurance，Demurrage & Defense Insurance（FD&D）
保险小计	476 418	1 305	
登记费	27 885	76	
管理费	239 905	657	
其他管理费	174 749	479	
管理费小计	442 539	1 212	
船舶营运费用	3 813 054	10 447	

（来源：Moore Stephen）

8.3.2　航运供给曲线

经济学家将供应定义为价格和供给量的关系。供给量是在一定的时期内，在一个特定价格下，供给者愿意供给某种商品的特定数量。对大部分商品，当其他条件不变时，价格和供给量向相同的方向变动。价格上涨，则供给量上升；在价格下跌时，则供给量下降。这就是经济学中商品的供给法则，供给法则同样适用于船舶运力供给量和运费之间的关系。航运供给曲线就是供给方提供某种运力的实际运输量的边际机会成本曲线。如果我们用横轴代表供给量，用纵轴代表运费，则航运供应法则表现在图形上是一条自左下向右上方倾斜的曲线。供给曲线是描述供应法则的一个经济学模型。供给的运费弹性概念则可以用来描述供给曲线的形状。

根据航运供给曲线模型，在供给量决策中，航运公司主要考虑的因素是决策行为的边际收入（Marginal Revenue，MR）、边际成本（Marginal Cost，MC）以及边界净收益（Marginal Earning，ME）。它们的关系为

$$ME = MR - MC \tag{8-5}$$

航运公司供给决策的基本原则如下。

①在决策过程中，决策人将不考虑沉没成本，而仅仅考虑决策边际效应；如何判断一项成本究竟是沉没成本还是机会成本呢？这主要和航运公司在决策时间内成本函数的构成以及企业调整成本的灵活程度有关系；

②决策者根据决策行为产生的边界净收益最大化的原则进行选择。

为方便讨论，采用实际例子（案例 8－7）进行讨论，使用本节开始列举的超级油轮市场案例来分析供给量决策的过程和关键因素——航运供应决策过程。航运公司面临的选择如图 8－17 所示的问题。在航运市场良好或高涨时，航运公司的供给量决策主要包括航线和租约选择。在航运市场低迷时，停航成为航运公司一个选择。例如，在 2009 年 4 月，由于市场运费低迷，全球集装箱船队大约 10% 的运力被停航。

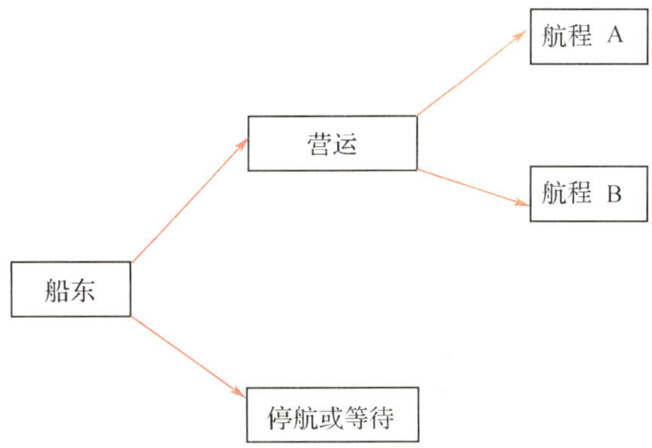

图 8－17　航运公司的选择

【案例 8－7】　航运供给决策

2010 年 8 月中旬，Winship 考虑如何安排 9 月份 30 万吨超级油轮“Winship”轮在即期市场的租船业务。航运公司将使用单航程期租租约（TCT）。届时波罗的海市场报告 30 万吨超级油轮的每天期租收入仅为 10 000 美元左右；在 8 月底，航运公司同时需要决定是否签订并支付“Winship”轮的船舶管理协议及其相应的船舶营运成本。在这一时期内，“Winship”轮的每天营运成本大约是 10 600 美元，保本盈亏点的期租收入是每天 27 000 美元。“Winship”轮的停航成本大约是每天 1 000 美元。航运公司该如何选择呢？

分析步骤如下。

1. 边际分析

①“Winship”轮沉没成本是购置成本 Capex，不予考虑。

②“Winship”轮营运的边际成本是营运成本 *Opex*，“Winship”轮停航的边际成本是停航成本（*Lay-up Cost*，*LaC*）。

③“Winship”轮营运的边际收入是运费收入 *TC*，停航的边际收入是零。

④“Winship”轮营运的边际净收益 *ME* 等于边际收入 *TC* 减去边际成本 *Opex* 的差，即 $ME = TC - Opex$；“Winship”轮停航的边际净收益是负的，即 $-LaC$。

2. 判断法则：航次净收益最大化

①如果 $TC \geqslant Opex$，也即是期租收入 *TC* 大于船舶营运成本 *Opex*，航运公司将选择期租收入最高的租约继续营运。

②如果 $Opex - LaC \leqslant TC < Opex$，航运公司选择继续营运。

③如果 $TC < Opex - LaC$，航运公司可以选择终止船舶管理合同而停航或者转卖该船。

3. 分析结论

尽管该船的保本盈亏点大约在 27 000 美元/天，但是因为每天期租收入 10 000 美元大于 9 600 美元（$= Opex - LaC$），航运公司仍然选择继续营运。

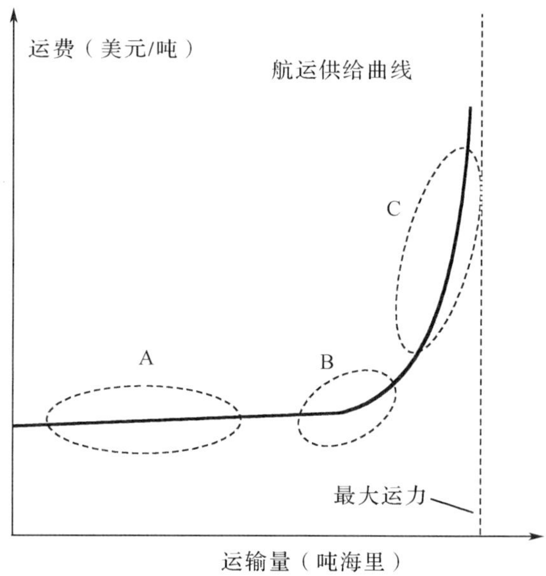

图 8－18　航运供给曲线

在航运市场中，上述案例是一个较普遍的情况。在任何租约形式下，航程成本（$V - ex$）和货物装卸费均是变化成本（Variable Cost），是属于边际成本的范畴。因此，可以将运费收入减去变化成本的差转变为等额期租收入（见下一个案例——航运公司的营运或停航选择基本原则（1））。由于大部分航运公司面临同样或类似的机会成本结构，同时由于船舶运力在形成后长时间存在的原因，当运费低于（$Opex - LaC$）时，航运公司选择停航，运力供给量为零。当运费不小于（$Opex - LaC$）并且缓慢上升时，一部分停航的航运公司将运力重新投入市场继续营运，市场供给量略有上升。这表现在供给曲线上是在图 8－18 中的 A 区域。在区域 A，供给曲线接近完全弹性。当运费再进一步上升时，闲置船舶将减少，航运公司将通过提高航速、降低在港天数等方式提高船舶营运效率，增加运力供给量。这表现在供给曲线上是在图 8－18 中的区域 B。在区域 B，供给曲线表现出一定的弹性。当运费再进一步上升时，船舶运力供给量及其运力效率都将达到一个最大运力极限，航运供给曲线进入区域 C。在区域 C，供给曲线呈现刚性的特征。

运费和边际成本是航运公司选择供给量的重要考虑因素。在上一个案例“航运供应决策过程”中，Winship 是在一个单航程期租租约（TCT）的情况下权衡机会成本。现在，用一个案例 8－8 来指导航运公司在程租租约中如何决策。

【案例 8－8】　“航运公司的营运或停航选择基本原则（1）”

2010 年 8 月中旬，航运公司考虑如何安排同一艘 VLCC“Winship”轮在 9 月份的营运工作。航运公司将使用程租租约，经营目标是航次净收益最大化。航运公司可以选择是否继续履行或者终止下一个年度的船舶管理合同。

采用上述同样的方法进行分析。

1. 边际分析

①“Winship”轮沉没成本是购置成本 *Capex*，不被考虑。

②“Winship”轮营运的边际成本是航程成本 $V-ex$、货物装卸费 HCE 和营运成本 *Opex*，$MC=VE+HCE+Opex$；“Winship”轮停航的边际成本是停航成本（*Lay-Up Cost*，*LaC*）。

③“Winship”轮营运的边际收入是运费收入；停航的边际收入是零。

“Winship”轮营运的边际净收益等于边际收入 *MR* 减去包括航程成本 *VE*、货物装卸费 *HCE*、营运成本 *Opex* 三项的和，即 $ME=MR-(VE+HCE+Opex)$。可以转换成为：$ME=(MR-VE-HCE)-Opex=TCE-Opex$。“Winship”轮停航的边际净收益是负的，即 $-LaC$。

2. 判断法则：航次净收益最大化

①如果 $TCE \geqslant Opex$，也就是等额期租收入 *TCE* 大于船舶营运成本 *Opex*，航运公司将选择等额期租收入最高的租约继续营运。

②如果 $Opex-LaC \leqslant TCE < Opex$，航运公司就会选择继续营运。

③如果 $TCE < Opex-LaC$，航运公司可以选择终止船舶管理合同而停航或者转卖该船。

在本案例中的决策周期内，航运公司的船舶营运成本 *Opex* 是可以变化的，航运公司的运力供应有弹性的。上述案例可以归纳为图 8－19。

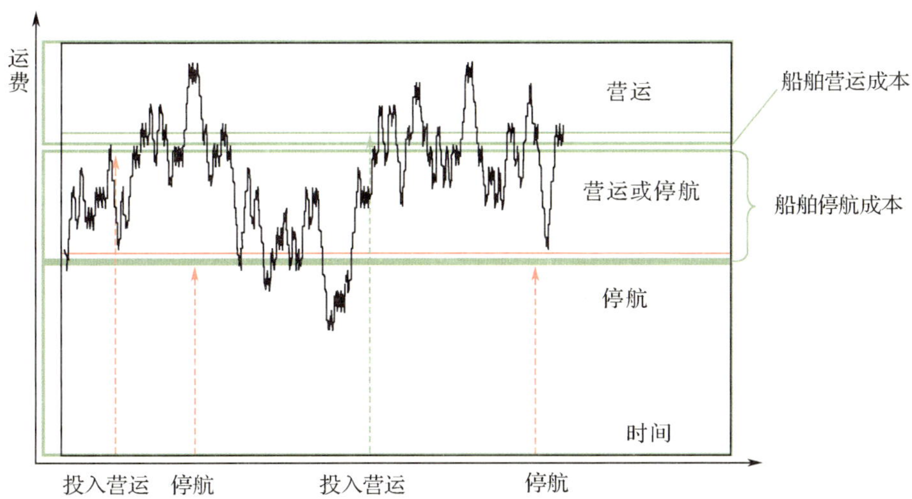

图 8－19　船舶营运停航的决策

（来源：The Dixit（1989）Entry－Exit Model）

如果航运公司的船舶营运成本是不可以变化的，航运公司将按照以下案例 8－9 进行选择。

【案例 8－9】　“航运公司的营运和停航选择（2）”

2011 年 9 月中旬，航运公司考虑继续安排“Winship”轮在即期市场 10 月份的租船业务。航运公司将使用单航程期租租约（TCT）。在 9 月初，航运公司已经签订船舶管理协议并支付了“Winship”轮在 10 月份的船舶营运成本（每天 10 600 美元）。在 2010 年 9 月，市场报告超级油轮每天期租收入仅为 8 000 美元左右。航运公司是否选择营运？

分析过程如下。

1. 边际分析

①“Winship”轮沉没成本是购置成本 *Capex* 和营运成本 *Opex*，不被考虑。

②“Winship”轮营运的边际成本是零。“Winship”轮停航的边际成本是停航成本(*lay－up cost*,*LaC*)。

③“Winship”轮营运的边际收入是运费收入，停航的边际收入是零。

④边际净收益等于“winship”轮的运费收入，“Winship”轮停航的边际净收益是负的，即－*LaC*。

2. 判断法则：航次净收益最大化

①如果每日租金收入＞0，也就是营运的边际净收益大于零，航运公司会选择产生最大净收益的租约营运。

②如果每日租金收入＝0，也即是营运的边际净收益等于零，航运公司选择等待时机。

3. 分析结论

尽管运费收入低于每天运营成本，航运公司选择继续营运并签订每天期租收入为8 000美元的单航程期租租约。但是，航运公司只能在短期内应付这种情况。在中、长期选择中，航运公司将选择停航，即停止日常维护和管理。航运公司的另一个选择是出售船舶。如果航运公司按照“案例8－10 航运公司选择营运或停航(3)”选择航程租船，选择的结果和案例8－10类似。

【案例8－10】 航运公司选择营运或停航(3)

2010年9月中旬，航运公司考虑如何安排10月份的“Winship”轮在即期市场的租船业务。航运公司已经签订船舶管理协议并支付了10月份的船舶营运成本。航运公司选择使用程租租约(Voyage Charter)。

分析过程如下.

1. 边际分析

①“Winship”轮沉没成本是购置成本 *Capex* 和营运成本 *Opex*，不被考虑。

②“Winship”轮营运的边际成本是航程成本 $V-ex$ 和货物装卸费 HCE，即 $MC=VE+HCE$，“Winship”轮停航的边际成本是停航成本(*Lay－Up Cost*,*LaC*)。

③“Winship”轮营运的边际收入是运费收入，停航的边际收入是零。

④“Winship”轮营运的边际净收益等于营运的等额期租收入(边际收入 MR 分别减去航程成本以及货物装卸费，即 $ME=MR-VE-HCE=TCE$)。因为“Winship”轮停航的边际净收益是负的，所以是 $-LaC$。

2. 判断法则：航次净收益最大化

如果 $TCE\geqslant 0$，也即是营运的边际净收益不小于零，航运公司选择产生最大净收益的航程营运。在这种情况下，航程运费收入能够支付燃油、港口使费在内的航程成本、货物装卸费用 HCE 等营运边际成本。在这种情况下，航运公司将选择产生最大的等额期租收入的航程。如果 $TCE=0$，即是营运的边际净收益等于零，航运公司选择等航或者营运。

如果 $TCE<0$，也即是营运的边际净收益小于零，航运公司将继续选择等航。在这个情况，由于航运公司已经支付了船舶营运成本，航运公司将不会选择停航；同时由于营运产生的运费收入无法支付燃油、港口使费在内的航程成本、港口装卸费用 HCE 等营运边际成本，航运公司也不会选择营运。

当船舶在停航状态时，航运市场好转了，航运公司将按照“案例 8 - 11 航运公司选择营运或停航(4)”进行选择。

【案例 8 - 11】　航运公司选择营运或停航(4)

届时船舶处于停航状态，航运公司已经支付停航费用。

分析过程如下。

1. 边际分析

①“Winship”轮沉没成本是购置成本 *Capex* 和停航成本 *LaC*，不被考虑。

②“Winship”轮停航的边际成本是零；“Winship”轮营运的边际成本包括船舶营运成本 *Opex* 和船舶重新营运成本（*Reactivating Cost*，*ReC*）。

③“Winship”轮营运的边际收入是等额期租收入 *TCE*，停航的边际收入是零。

④“Winship”轮营运的边际净收益是等额期租收入 *TCE* 减去营运成本 *Opex* 加上船舶重新营运成本 *ReC* 的和，即是 $ME = TCE - (Opex + ReC)$；停航的边际净收益是零。

2. 判断法则：航次净收益最大化

①如果 $TCE \geqslant Opex + ReC$，航运公司将选择营运。

②如果 $TCE < Opex + ReC$，航运公司将选择继续停航。

8.3.3　航运供给决策

航运供给曲线模型假设的前提条件是：

①航运公司可以自由调整供给量；

②在给定运力供给量的前提下，船舶运力发挥 100% 的运力效率；

③航运公司主要比较不同供给量下的边际机会成本后决策。

这些假设条件主要都是为了简化分析模型。

在现实中，航运公司的供给决策及其供给曲线还受到以下各种因素的影响，

1. 内生因素

所谓内生因素是航运公司可以控制或者调节的因素，主要包括以下因素。

(1)船舶本身特性

船舶本身特性主要包括船舶载货量、航速、油耗、功率曲线、装卸率等。例如，船舶在降低航速(Slow Steaming)时会表现出运力供给缩紧效应。当船舶在运费高涨时，船舶航行速度加快，表现为运力供给扩张效应。货船的实际装货量通常是以载重吨或货物舱容来衡量。在航运市场高涨时，船舶比较容易满载航行。在市场低落时，船舶会有亏舱或亏载现象。另外，航运公司也可以通过加快装卸时间等方法调整供给量。

(2)租约特性

租约决定航运公司和租家之间如何分摊港口费用、货物装卸费、燃油费等；租约中规定航线、货物种类、货物特性、装卸率、航线上是否有运河或其他收费设施、租约期限和类型(光租、期租或程租等)。租约类型决定供给方的边际机会成本构成。在定期船租约中，航运公司对运费市场变化的反应较迟钝，供给弹性较小。在不定期船租约中，航运公司经营灵活，进出市场快；当运费上升时，航运公司有激励采用各种手段增加供给量；当运费下降时，航运公司会迅速收缩供给量，供给弹性较大，见图 8 - 20。

(3)决策的时间周期

决策的时间周期长短不同，供给方面临的选择及其相应的边际机会成本是不同的。在

短期中,航运公司选择营运的最低机会成本相对较小;短期运力供给函数缺乏弹性。在较长时间周期内,航运公司营运的最低机会成本相对较大;长期供给函数富有弹性。因此,同短期供给曲线相比,长期供给曲线的底部更短并且上翘,富有弹性并且位于短期供给曲线的上方,见图8-21。

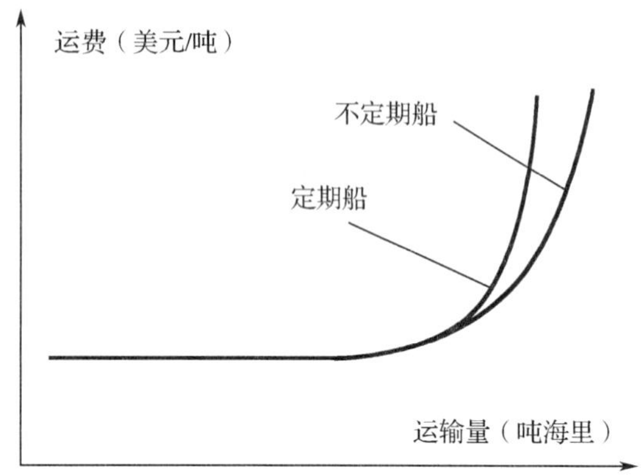

图8-20 租约形式对供给曲线的影响

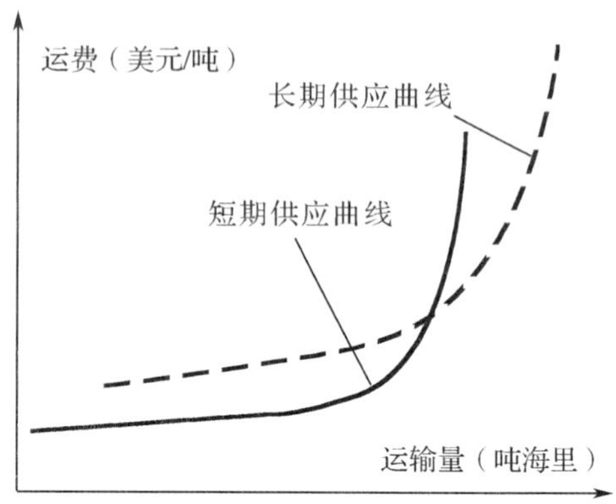

图8-21 长期和短期的供给曲线

(4)航运供给决策

航运供给决策和航运资产决策是相互关联的。在以上模型中,我们假设航运公司在决策周期内船舶购置成本是沉没成本。目前,大部分船舶在购置时附带有50%~90%不等比例的银行贷款,航运公司每次向银行还款的周期是1~6个月不等。在每次还款日来临之前,航运公司必须做好银行还贷的资金准备。因此,航运公司经营中产生的现金流必须能够支付银行贷款还贷资金;否则,航运公司的现金流将出现断流。在这种情况下,航运公司的一般解决办法如下。

①从自有资金渠道(包括航运公司口袋里的自有资金、下属其他企业或机构的拆借等)或通过银行再融资方法融通资金。

②处置资产。

③银行接管。

④企业清算。在航运市场处于低谷时,尤其是市场快速下跌的时候,有些航运公司尽管在财务报表上表现为盈利或者不亏损,但是由于企业短期内无法解决资金断链的问题,企业将被迫进入清算程序。

2. 外生因素

外生因素是航运公司无法控制或者是航运公司生产成本函数以外的因素,主要包括以下因素。

(1)市场因素

市场供需关系决定运费,运费是航运供给量决策的主要外生因素。除此以外,供应商面临其他各种各样的市场约束,主要包括消费者的购买意愿和竞争对手的反应。只要条件允许,供应商可以生产任何东西和制定任何价格,但是它只能销售市场需求者愿意购买的那些数量和产品,这是关于需求者购买意愿的约束。在市场竞争中,供应商之间在产品种类、价格和数量之间的博弈将直接影响市场需求和供给。这是关于竞争对手的反应的约束。

(2)航线的天气、海况等自然条件

(3)各种成本要素市场因素

航运成本要素市场的供需平衡影响航运公司的供给决策。例如,2010—2011 年,由于大量新船投入市场,船员供应日趋紧张。尽管运费市场总体上趋于疲软,但是船员费用逆市攀升。2010 年初,一套 23 人左右的船员队伍报价是每年 36 万 ~ 40 万美元;2011 年初,报价上涨到每年 55 万 ~ 60 万美元。港口费用和燃油价格是航运公司成本函数的主要构成,港口拥挤将产生运力供给量的缩紧效应,港口装卸效率提高则将产生运力供给量的扩张效应。

(4)社会约束:各种法律,交易制度、价值标准等[8]

(5)其他偶发或突发事件等

案例 8 - 12 以巴西 PDM 港为例说明船舶 - 港口生产效率对航运供给量的影响机制。

【案例 8 - 12】　船舶 - 港口生产效率

船舶装卸货的能力必须要和主要港口的装卸效率匹配。PDM(Ponta da Madeira)是巴西的主要铁矿石出口港口。因为 PDM 新装的卸船机的码头装率达到 16 000 t/h,170 000 t 散货船仅需要大约 12 ~ 14 h 完成装货,因此船舶在港时间大大缩短,提高了船舶的运力供给量和收入能力(图 8 - 22)。

图 8 - 22　巴西 PMD 铁矿石码头

高效率的码头装卸提高了船舶 - 港口营运效率和收入能力,但同时对船舶的压载水系统以及结构强度提出较高要求。根据 Intercargo 统计,85% 的曾经到达 PDM 港口的船长表示 16 000 t/h 装载率对散货船,尤其是老龄船的安全带来隐患。因此,高效的码头装卸效率对老龄船构成一个挑战。

上述内生因素和外生因素决定了每个航运公司的航运供给曲线及其运力供给量调整的难易程度。将每一航运公司的实际供给量叠加起来就构成了全球船队的有效总运力。全球船队的有效总运力和全球船队供应总能力是不同的。它们的关系如下。

$$C_{\text{total}} = C_{\text{eff}} + C_{\text{new}} - C_{\text{recycle}} + C_{\text{suspected}} \tag{8-6}$$

式中　C_{total}——全球船队供应总能力;

C_{eff}——全球船队有效运力;

C_{new}——新造船投入运力;

C_{recycle}——报废运力;

$C_{\text{suspected}}$——各种因素被锁住的运力。

全球船队供给效率可写为

$$\eta = \frac{C_{\text{eff}}}{C_{\text{total}}} \tag{8-7}$$

理论上，一艘船舶每年可以航行的最多天数为 365 天。根据统计，在考虑等港、绕航、恶劣天气、停航维护修理等各种因素后，全球船队中大部分船舶的每年实际航行天数大约是在 230 ~ 280 天之间，见图 8 - 23。另外，可以利用每艘船舶的运费计算天数(On - hire Day)来衡量船舶运力效率。大部分船舶平均每年的运费计算天数大概在 280 ~ 350 天之间，全球船队的利用(或供给)效率在 75% ~ 95% 之间波动。2011 年 6 月，全球好望角型散货船的期租运费仅维持在 9 000 ~ 10 000 美元/天，接近于航运公司的运营成本 *Opex*，全球船队的运力(或供给)利用效率低于 80%。在这种情况下，大部分航运公司，尤其是那些即期市场上运作的航运公司，不得不另做考虑。这些考虑包括停航、等航、出售船舶等。在 8.4.1 运费形成机制中，将进一步阐述运费形成机制、边际成本以及船队利用率之间的关系。

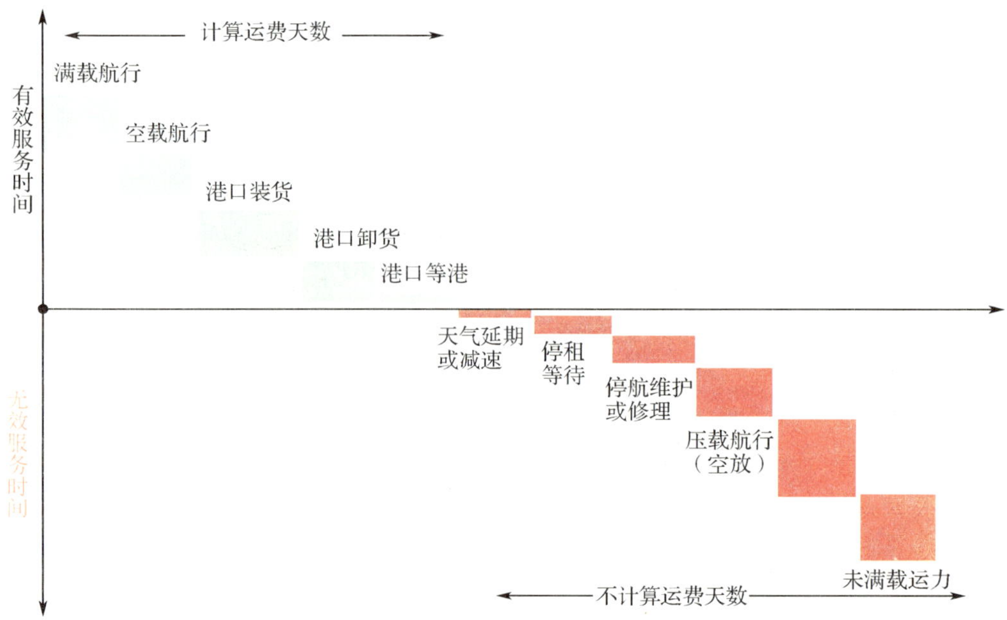

图 8 - 23 船舶有效运力

8.4 运　　费

8.4.1 运费形成机制

航运公司计算成本后加上一定比例的利润后报价，我们称为成本加法定价(Cost Mark-up)。运费是由运力成本决定的吗？在现实中，成本价格和运费的形成是一个非常复杂的过程。

在一个有足够数量的卖家(供给方)和买家(需求方)的市场环境中，每一需求方或供给方只占整个市场的很小份额，因此任何一方都无法影响市场价格，而都只能接受市场价格。我们将这种市场定义为完全竞争市场。在完全竞争市场中，价格是由供需关系决定的。每一个供给方或需求方只能选择供给量或需求量，不论其供给量或需求量多少，它们都只能按现行的市场价格销售或购买产品。经济学家将完全竞争市场中的任一供给方或需求方称为市场价格接受者(Price Taker)。

全球航运市场接近于完全竞争市场的特征。经济学家认为运费是航运需求和供给决定的。在完全竞争的航运市场中,尽管市场运费独立于任一运力需求方(租家)或供给方(航运公司)的行为,但它却是由所有需求方和供给方的整体行为决定的。一种运力的均衡价格是该运力的供给量等于需求量时的价格。从供需曲线模型上看,市场运费就是需求曲线和供给曲线相交时的运费 P^*,P^* 被称为市场均衡价格(见图 8－24)。在市场均衡运费 P^* 时,供给方和需求方的最优选择是一致的,或者说供给方和需求方没有激励去改变当前的选择。

供需模型可以帮助我们用经济学的方法和思维来解释现实航运世界中运费变化情况。

“假设市场上有 100 艘船和对应的 100 票货,市场达到平衡。当有第 101 艘船加入,而货盘减少为 99 票货,运费会急剧下降;当市场运力规模下降到 99 艘船,而货盘增加到 101 票货时,运费会急剧上升。也就是说,运力或货盘的细微变化,都会引起运费跌宕起伏。根据市场观察,当市场总运力在 10% ~20% 之间波动时,运费可能在 1 ~10 倍之间波动,非常剧烈。”

当运费以外的因素影响供给和需求函数时,将引起供给曲线和需求曲线的移动,并最终导致运费的急剧变化,见图 8－25。

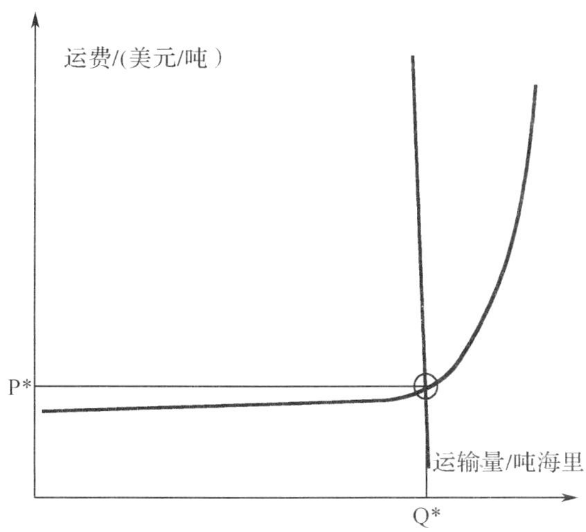

图 8－24 市场均衡价格

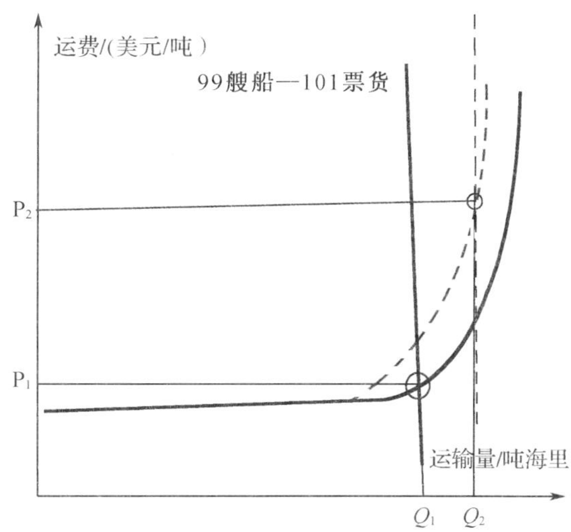

图 8－25 供需变化导致运费波动

完全竞争市场是一个用来解释价格形成机制的经济模型。在完全竞争市场模型中,定价权在市场那只看不见的手中。在现实中,航运市场竞争的实质是买卖双方争夺船舶价格(资产形成价格)和运费(资产营运价格)的定价权。在成本线以上销售产品,说明卖方拥有定价权。如果超过很多,就说明卖方拥有更多的定价权。如果越接近成本线或者低于成本线,就意味着买方拥有更多的定价权。在租船市场中,买卖双方关于运费定价权的博弈非常激烈。

图 8－26 是巴拿马型散货船从 1982 到 2008 年间在期租租金、船舶运力供给效率和营运成本方面的主要表现,可以发现:

①在1982—1987年间,航运公司获得的期租租金在6 000～7 000美元/天左右,稍高于船舶营运成本水平线,船舶运力供给效率仅仅表现为78%～82%。在供大于需的情况下,租船方拥有较大的定价权。

②在1987—2002年间,巴拿马散货船的每日期租租金水平在8 000～18 000美元之间波动,超过了船舶营运成本线,船舶供给效率在85%～90%左右之间波动。在供需平衡时,航运公司和租船方的定价权相互交替。

③在2002—2007年间,巴拿马散货船的每日租金水平远远高于船舶营运成本线,最高价甚至超过5万美元;船舶供应率超过90%并接近100%。在需大于供时,航运公司拥有较大的定价权。

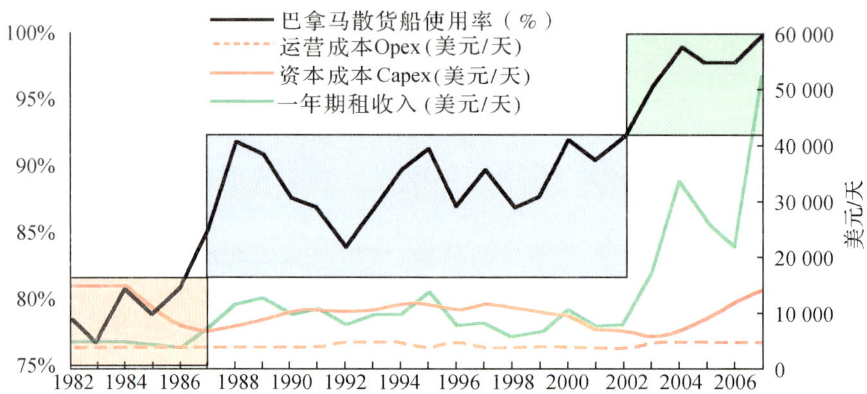

图8－26 巴拿马型散货船市场表现(1982—2008年)

(来源:Howe Robinson)

8.4.2 价格的维度

价格是商品稀缺性的客观反映和度量。不同于买卖双方关于成本的考虑,价格具备客观性。一个商品的价格,看起来很简单,但传递了复杂的信号。这主要是因为价格信息具备了非常复杂的维度[9]。

首先,价格的空间、时间和质量维度是我们经常观察到的。除此之外,还有交易费用、不可预测性、策略性定价、微观结构演化等维度,它构成了价格的整体,也是船舶价格和运费遵循的规则。

价格的第一个维度是空间维度。它是价格最古老的特征。例如,交船地点是船舶买卖合同中的主要交船条款。在船舶买卖过程中,在不同的地点销售,同一艘船舶买卖成交价是不一样的。如果买家在上海,而卖家安排船舶的最后一个航次在新加坡,该船在上海的交船价将高于其在新加坡的交船价。表面上看,这是因为卖方为了将船舶从新加坡航行到上海需要花费额外的船员费用和燃油费等。如果进一步看,卖方将该船开到上海地区卖船,由于在上海地区可能有更多的中国买家来验船和竞价,该船的成交价还可能会进一步地提高。

价格的第二个维度是时间维度。价格的时间维度是价格最让人着迷的地方。在2010年,一艘五年船龄的超级油轮(VLCC)的价值是6 500万美元,运输的原油价值是1 400万美元,其营运盈亏平衡点是27 000美元/天。2010年4月,中东至远东的运费是WS95,等额期租收入约为每天60 000美元。但在2010年8月,中东到远东地区的VLCC油轮市场运费是WS46,等额期租收入约为每天10 000美元,远远低于盈亏点。航运经济学家试图了解船舶资产的价格及运费变化是季节性波动还是受到航运经济周期的驱动。投资者则希望利用价格的波动获得投资或投机的最佳机会。这一切都与价格的时间维度有关系。

价格的第三个维度是质量标准维度。它是指商品价格和商品生产企业及其生产管理标准之间的关系。在二手船交易中,面对同样的价格和规格,买家还会考虑交易船舶的管理公司、造船厂、船级社等各种复杂因素。例如,日本制造或管理的二手船,比中国制造或管理的同规格船舶,价格可能高出3%~10%。在租船市场中,在同等租金水平下,租家会优先考虑规格、质量或管理水平较高的船舶。例如,带有大石油公司检验证书(Major Approval)的船舶同样可能享受较高的运费。

价格的第四个维度是其交易费用维度。一个希腊航运公司曾经说过,"即使卖船给你的兄弟,也要通过一个二手船舶中介来完成交易。"船舶中介在船舶交易中扮演何种角色?为什么家族企业在航运业中长盛不衰?这些现象都和船舶的交易费用维度有关。交易费用是买卖双方为顺利实现交易而产生的费用。具体而言,它包括买卖双方为监督和执行交易发生的各项费用。经济学家韦伯说:"市场制度的支撑体系是会计、统计、法院、黑帮、家族、血缘关系等。这一切都可以用交易费用的概念来概括。"航运业中存在大量的口头交易。"言出必行(Our word is binding)"是航运界最古老的一个交易准则。这种原始而古老的交易准则是建立在互相信任的基础上。买卖双方缺乏信任将导致漫长的交易谈判过程,从而使得交易不会发生。如何选择可以信任的交易伙伴是任何交易方面临的一个大问题。这种信任关系可以产生于交易双方的主动选择、船舶中介或其他第三方的推荐、双方的历史交易、交易制度的保障、交易记录证明等。因为交易费用的下降,相互信任的交易方可以大大加强交易强度、拓宽交易范围和增加交易量。第4章所介绍的ISO 26000的认证是人类在航运温室气体排放实体(航运公司)对社会责任上的承诺,也是对服务诚信的承诺。

价格的第五个维度是价格的不可预测性。在完全竞争市场中,如果当前的投资涉及未来交易并且投资项目是不可逆转的,那么当前的市场价格也可能是完全不可预测的。商品供需确定价格是一种静态平衡。在现实市场交易中,供需双方对价格的博弈在未来时间中的进程和结果都是不可预测的,这与物理学中微观粒子的"测不准原理"极其类似。不可预测性并不代表风险,风险可以用统计的手段进行预报。但是,价格的不可预测性意味着不可预期和不可重复的。

价格的第六个维度是策略性定价。在商品的交易过程中,买方和卖方之间的相互博弈实际是买卖双方对商品定价权的竞争,以下通过案例8-13"铁矿石贸易价格和运费"说明定价的策略性。

【案例8-13】 铁矿石贸易价格和运费

2010年,世界三大矿商改变了过去40年长期定价的策略,从年度定价改为季度定价。新季度的合同价格在前一个季度中的最后一个月的月初确定。价格为该月之前三个月铁矿石价格的加权平均值。2011年时,必和必拓提议月度定价模式。季度和月度定价都是按照指数定价,定价区间越短,指数波动越大。在铁矿石贸易中,当铁矿石价格波动幅度非常剧烈并且贸易需求预期上涨时,铁矿石的供应方是倾向于现货交易。铁矿石贸易双方关于定价权的博弈改变了铁矿石的贸易格局、强度和频率,同时剧烈影响了铁矿石的运输价格。

价格的第七个维度是价格的微观结构演化。价格的微观结构主要是指价格构成、计量方式、形成机制、市场结构、市场透明程度等。在航运市场中，运费的微观结构主要涉及运输货物的种类和数量、船舶的类型和规格、航线、租约类型和期限以及运费本身的计量方法等因素。从19世纪80年代起，航运业务逐步从国际贸易业中分离成为一个独立的专门行业，并且形成相对成熟的运费微观结构。在20世纪90年代以后，随着全球经济一体化的步伐逐步加快，海运贸易量、商品种类和贸易方式(Trade Pattern)的发展突飞猛进，运费的微观结构也正在与时俱进。例如，1991年，Clarkson将远期运费协议(FFA)引入航运业。到目前，FFA的虚拟运费交易已经深刻影响了实体经济中运费的定价过程。

8.4.3 运费指数

总体来说，航运业具备完善的价格形成机制以及透明的价格信息发布体制。航运业中有各种各样的船价和运费指数，价格指数的发展历程充分说明了船舶运费微观结构演化的历程。运费指数的实质是关于海运货物服务的价格指数。英国人Isserlis统计了在1869年至1936年间英国约300条进出口航线的运费信息并发布了UK Chamber of Shipping Index，其中大部分航线是煤炭运输为主。1958年，美国人North发布了全世界主要散货航线(主要包括美国棉花出口航线)在1790~1913年的运费指数[10]。

目前，航运市场经常使用的运费体系可以分为三大类。第一大类是标准运费体系，按照运输货物的物理属性标价，如散货船在即期市场中航程租船(Voyage Charter)和包租合同(COA)中的运费主要用“美元/吨”标注；期租船合同(Time Charter)和光租合同(Bare Boat Charter)主要用单位时间运费(美元/天)标注。第二大类是航线运费。第三种是综合指数(Aggregate Indices)，例如，最为著名的波罗的海干散货指数BDI。综合指数并不是实际成交运费，而是发布者的主要成员对市场的评估。

运费信息来源主要有以下渠道：

第一个渠道是各国海关发布的关于国际贸易中主要货物运输量、金额和贸易价格(CIF、FOB)；

第二个渠道是保险机构，如伦敦保险商协会(London Underwriters Association，LUA)发布各种港口资料以及有关船舶进出港、主要运河和航道的信息；

第三个渠道是船舶中介及其交易联合体或机构发布的交易信息，如Clarkson等；

第四个渠道是船级社发布各类入级船舶信息；

第五个渠道是专门市场情报机构发布船舶技术及规范信息。主要机构包括：LR Fairplay，Day Robinson International (DRI)，Lloyd's Marine Intelligence Unit (LMIU)，Lloyd's Shipping Economist (LSE)等。其中，LR Fairplay代表IMO颁发船舶的IMO号，IMO号是伴随船舶终生的唯一标示符号。

本节主要介绍最有影响力的波罗的海干散货指数(Baltic Dry Index，BDI)和世界原油船指数(World Scale，WS)。

波罗的海干散货指数是由伦敦波罗的海交易所(Baltic Exchange)公布的全球各种主要船型及其对应的26条主要航线关于包括煤炭、铁矿石和粮食等大宗散货的运费指数以及对应的航运期货指数。运费信息包括船舶期租和航程租船的运费信息。波罗的海交易所的成立可以追溯到1744年伦敦一个叫做“Virginia and Baltic”的咖啡屋。这个咖啡屋是金融家、商人和航运公司定期聚会的地方。1823年，经常参加聚会的人发起成立一个委员会并制定了俱乐部会员入会的制度。1857年，Baltic Company Ltd. 成立。1985年，Baltic Freight

Index 开始发布并逐步演变为目前的 Baltic Dry Index（BDI）综合指数以及各主要船型的运费指数。除波罗的海干散货指数外，波罗的海交易所还发布约 24 条液散货航线的运费指数。除此以外，交易所还每周公布船舶买卖和拆解市场评估，每天公布期货指数。

Baltic Dry Index（BDI）是包括好望角型船指数（BCI）、巴拿马型船指数（BPI）、超灵便型船指数（BSI）以及灵便型船指数（BHSI）等主要船型指数在内的加权平均值，计算方法如下：

$$BDI = \frac{BCI + BPI + BSI + BHSI}{4} \tag{8-8}$$

好望角型船指数（BCI）、巴拿马型船指数（BPI）、超灵便型船指数（BSI）以及灵便型船指数（BHSI）的主要统计航线以及权重比例见以下各表。BCI 指数构成航线见表 8-3，BPI 指数构成航线见表 8-4，BSI 指数构成航线见表 8-5，BHSI 指数构成航线见表 8-6。

表 8-3　BCI 指数构成航线

航线	货种/载重吨	方式/权重
2 图巴朗—鹿特丹	矿 16 万吨（10% 误差）	程租 10%
3 图巴朗—青岛	矿 16 万吨（10% 误差）	程租 15%
4 里查德湾—鹿特丹	煤 15 万吨（10% 误差）	程租 5%
5 澳西—青岛	矿 16 万吨（10% 误差）	程租 15%
7 玻利瓦尔港—鹿特丹	煤 15 万吨（10% 误差）	程租 5%
8 大西洋往返航次	17.2 万载重吨	航程期租 10%
9 欧洲大陆—远东	17.2 万载重吨	航程期租 5%
10 太平洋往返航次	17.2 万载重吨	航程期租 20%
11 远东—欧洲大陆	17.2 万载重吨	航程期租 15%

注：①程租要求船龄 15 年或 18 年以内，航程期租要求船龄在 10 年以内；
②红线部分是 BDI 的构成成分。

表 8-4　BPI 指数构成航线

航程期租航线	载重吨	权重
1a 大西洋往返航次	7.4 万载重吨	25%
2a 大西洋—远东	7.4 万载重吨	25%
3a 太平洋往返航次	7.4 万载重吨	25%
4 远东—西欧	7.4 万载重吨	25%

注：（1）航程期租要求船龄在 7 年以内；
（2）红线部分是 BDI 的构成成分。

表 8-5　BSI 指数构成航线

航程期租航线	载重吨	权重
S1A 西北欧—远东	5.245 4 万载重吨	12.5%
S1B 黑海—远东	5.245 4 万载重吨	12.5%

表 8 – 5 （续）

航程期租航线	载重吨	权重
S2 太平洋往返	5.245 4 万载重吨	25%
S3 远东—西欧	5.245 4 万载重吨	25%
S4A 美湾/欧洲	5.245 4 万载重吨	12.5%
S4B 欧洲/美湾	5.245 4 万载重吨	12.5%
S5 西非—南美—远东	5.2454 万载重吨	
S9 西非—南美—欧洲	5.245 5 万载重吨	
S6 日韩—澳大利亚—印度	5.245 4 万载重吨	
S7 印东(EC India)—中国(试行)	5.245 4 万载重吨	
S8 印尼—印东(试行)	5.245 4 万载重吨	

注:(1)航程期租要求船龄在 10 年以内;

(2)红线部分是 BDI 的构成成分。

表 8 – 6 BHSI 指数构成航线

航程期租航线	载重吨	权重
HS1 欧洲—南美东	2.8 万载重吨	12.5%
HS2 欧洲—北美东	2.8 万载重吨	12.5%
HS3 南美东—欧洲	2.8 万载重吨	12.5%
HS4 美湾—北美—欧洲	2.8 万载重吨	12.5%
HS5 东南亚—澳大利亚—新加坡/日本/中国	2.8 万载重吨	25%
HS6 韩国日本—北太平洋—新加坡日本	2.8 万载重吨	25%

注:(1)航程期租要求船龄在 15 年以内;

(2)红线部分是 BDI 的构成成分。

世界原油船的运输价格体系主要采用 WS(World Scale)标注。1952 年 11 月,由 London Tanker Brokers' Panel 根据英国石油和壳牌石油的要求开始统计两港之间平均油运成本。1969 年, Worldscale Association (London) Limited 和 Worldscale Association (NYC) INC 开始联合发布"Worldwide Tanker Nominal Freight Scale",简称"Worldscale"。1989 年 1 月,新的 WS 体系投入使用。WS 是一种将预先设定的标准船舶和标准航线的运费作为基准(见表 8 – 7),然后将即期市场运费标注为 WS 基准运费(Flat Rate)比例的体系(见表 8 – 8)。WS 基准运费和标准船舶信息每年更新。表 8 – 7 给出了 2011 年 WS 标准船舶,表 8 – 8 给出了 2011WS 标准航线及其基准运费(Flat Rate)。

表 8 – 7 2011 年 WS 标准船舶

2011 年基准运费标准船舶	75 000 载重吨油轮
平均服务航速	14.5 海里/小时
航行消耗燃油(380 cst)	55 天/吨
燃油价格(380 cst)	467.48 美元/吨

表 8－7　（续）

港口时间	4 天/航程
固定期租收入	12 000 美元/天
港口费用	按照美元和当地货币汇率计算
运河时间	巴拿马运河 24 小时/苏伊士运河 30 小时

表 8－8　2011WS 标准航线及其基准运费

ROUTE	SIZE/×1K DWT	VOYAGE	FLAT Rate/$/t	YoY CHANGE/%
TD2	260	Ras Tanura—Singapore	12.78	21.1%
TD3	260	Ras Tanura—China	22.61	20.8%
TD4	260	Off Shore Bonny—Loop	19.4	21.8%
TD5	130	Off Shone Bonny—Philadelphia	17.73	20.8%
TD6	135	Novorossiyk—Augusta	8.35	13.9%
TD7	80	Sullum Voe—Wilhelmshaven	6.3	12.7%
TD8	80	Mina Al Ahmadi—Singapore	13.35	20.7%
TD10	50	Aruba—New York	7.78	17.5%
TD11	80	Banias—Lavera	8.32	15.2%
TD12	55	Antwerp—Houston	18.68	19.0%
TD14	80	Seria—Sydney	15.8	22.0%
TD15	260	Serpentina/Bonny—Ningbo	33.01	21.5%
TD16	30	Odessa—Augusta	9.22	11.3%
TD17	100	Primorsk—Wilhelmshaven	7.94	13.9%
TC1	75	Ras Tanura—Yokohama	22.33	21.2%
TC2	37	Rotterdam—New York	12.56	19.3%
TC3	38	Aruba—New York	7.78	17.5%
TC4	30	Singapore—Chiba	11.65	19.0%
TC5	55	Ras Tanura—Yokohama	22.33	21.2%
TC6	30	Skikda—Lavera	5.66	8.0%
TC7	30	Singapore—Sydney		
TC8	65	Jubail—Rotterdam	22.18	21.0%
TC9	22	Ventspils—Le Havre		

本节以北非—中国的 VLCC 超级油轮原油运输航线为例说明如何运用 WS。

首先，确定北非—中国超级油轮原油运输航线的基准航线。在 WS 标准航线，TD3 航线（26 万吨货量，沙特 Ras Tanura 港至日本 Chiba 港）是远东进口石油的 VLCC 超级油轮原油运输航线的基准航线。

第二，确定当月标准 TD3 航线的市场报价水平（TD3）。

第三，根据实际航线和 TD3 航线租约条款的差异（如运输量、燃油费等）调整（A1）。

第四，根据实际航线和 TD3 航线的差异（如运输距离等）调整（A2）。

第五，实际航线 WS 运费是 TD3 市场报价、A1 和 A2 三项的和（参见图 8－27）。

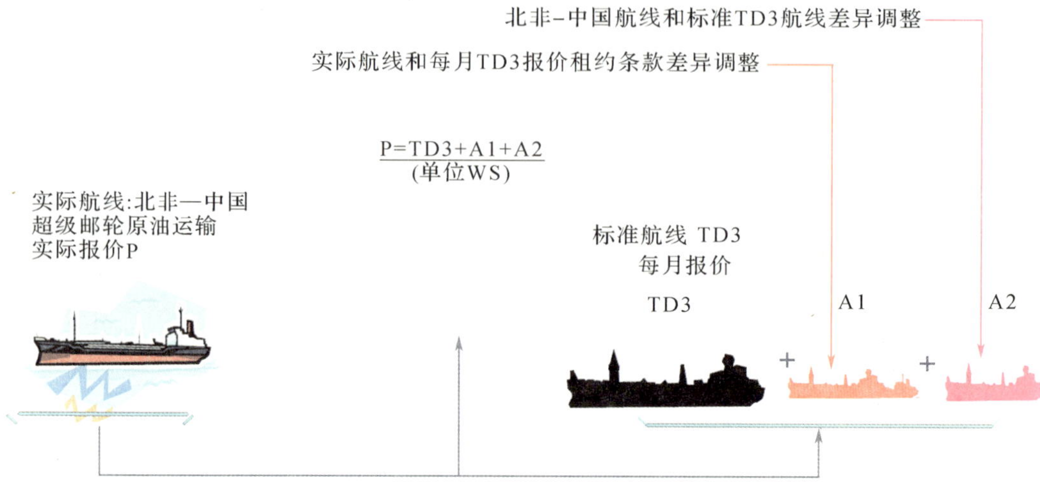

图 8－27 WS 实际运费计算过程

（来源：Total Oil）

第六，将 WS 转换为 \$/t（美元/吨）运费标注方法，转换公式为

$$\text{实际每吨运费}(\$/\text{t}) = \text{年度标准航线基准运费}(\text{Flat Rate}, \$/\text{t}) \times \frac{WS\text{运费}}{100} \tag{8-9}$$

参考文献

[1] 亚当・斯密. 国富论[M]. 上海：上海三联书店，2009.

[2] 彭慕兰，史蒂夫・托皮克. 贸易打造的世界[M]. 西安：陕西师范大学出版社，2008.

[3] Werner Antweiler, Daniel Trefler. Increasing Returns and All That：A View from Trade [J]. American Rconomic Review, 2002，92(1)：93－119.

[4] 罗伯特・亚伯勒. 世界经济贸易与金融（下）[M]. 党李明，译. 北京：清华大学出版社，2009.

[5] 菲利普·麦卡恩. 城市与区域经济学[M]. 李寿德，译. 上海：格致出版社，2010.

[6] Jean Paul Rodrigue，Claude Comtois，Brian Slack. The Geography of Transport Systems[M]. 2th ed. New York, US：Routledge，2009.

[7] Nico Voigtlaender. Dynamic IO Model for Project Transport Demand in the US [M]. Cambridg，US：Massachusetts Institute of Technology，2002.

[8] 布鲁斯·阿伦，等. 管理经济学[M]. 毛蕴诗，等，译. 北京：中国人民大学出版社，2009.

[9] 汪丁丁. 经济学思想史讲义[M]. 上海：上海人民出版社，2008.

[10] Albert Veenstra，Jan van Dalen. Price Indices for Ocean Charter Contracts [R]. Rotterdan, Holland：The 2008 World Congress on NAREP Measures for Nations，2008.

第 9 章　造船经济分析

9.1　造船市场宏观分析

9.1.1　造船发展简史

12 世纪前后，亚欧地区开始大规模造船。现存于法国小城巴约（Bayeux）圣母院的巴约挂毯（The Bayeux Tapestry）记录了当时英国的造船活动（见图 9－1）。1104 年，威尼斯建成阿森纳（ Arsenal）船坞，建造了帆桨并用的大木船。中国宋朝和明朝都有大规模建造海上运输船舶的记录。18 世纪以前，人类主要用木材手工制造船舶，船舶主要依靠水力、风力、畜力或人力驱动。

图 9－1　巴约挂毯 The Bayeux Tapestry

（来源：www. abc. se）

19 世纪是一个大创新的百年。1860 年，英国建造了划时代的大东方号铁船，从此拉开了现代造船业发展的序幕。创新的航运和造船技术在欧洲地区诞生，具有现代雏形的造船和航运开始突飞猛进。经过漫长的发展历史，造船业从手工制作逐步发展成为现代制造业。

20 世纪成为动力钢铁船舶的时代。1902 年，全球出现第一次造船高峰，英国是当时的全球造船中心。在 20 世纪初，美国和欧洲大陆逐步扩大其造船能力。1917 年左右，整个欧洲造船量占据全球的 80% 以上，欧洲大陆成为全球造船中心。在 1945 年前后，美国取代欧洲成为世界造船中心。1950 年，日本逐步扶持造船业并扩大造船能力。1969 年，日本造船量达到全世界的 50%，日本从此取代欧洲和美国并占据全球造船第一大国地位。1975 年左右，全球造船量达到创纪录的 3 600 万修正总吨。在此以后，全球造船业迅速跌入低谷。1980 年，韩国造船业开始起步。在韩国政府的大力扶持下，韩国造船企业在 20 世纪 90 年代中叶获得全球造船市场 25% 的份额。在 2005 年，韩国取代日本成为全球第一。中国造船业的高速发展开始于2000年。2010年,在完工量、手持订单、新接订单三个方面分别占全球份额41.9%、48.5%、40.8%,提前五年实现了世界第一。其他发展中国家印度、越南、菲律宾、巴西等国也在快速发展造船业。

在第4章中,作者已经叙述了航运物流的改变需要技术革命的支持;否则,两轮船舶大型化的浪潮(1970—1980年,1990年至今)不会顺利实现。表9-1给出了人类1 000年以来造船技术发展及其动因。其主要特征跨越了以下三个"军民"转换期。

(1)1700—1800年,军民造船技术逐步分开。

(2)1870—1890年,军船技术向民船转移。

(3)1900—2000年,民船造船技术向军船转移。

尤其是现代造船技术发展的250年间,人类成功地实现了主船体木船→铁船→钢船的转变。预计在未来的50年,这种转变发生在多种材料/型式的应用上,例如,复合材料、SPS(Sandwich Plate System)等[1]。

表9-1 人类1000年以来造船技术发展及其动因

年代	造船技术采用情况	事件发生原因
1000—1500	民船建造技术为主流	没有单独的战船,商船配以轻火器
1500—1700	民船建造技术,军民船建造术互相取长补短	重火炮出现,出现船体加强与射击炮口
1700—1800	军民船技术开始分开发展	欧洲东印度舰队出现
1800	军民船技术分开加速	伦敦东印度舰队发展成英国舰队
1882—1960	LR(1855)、BV(1858)发布了铁船规范,开始采用近似经验公式,但不适用于军船。海军舰船建造术进入了一个发展期	铁的使用引起了军民船建造术的革命。铁道、桥梁工程师将箱形梁的设计技术用于船舶,桥的纵骨架式用在船舶上给蒸汽机在船上作为动力提供了可靠性支持。冶金的进步加速了造船技术的发展
1870—1890	军船技术引领船舶技术发展,在民船上成功应用	英国海军开始采用基于经验的设计方法,如静平衡的波浪弯矩、沿船长的重量分布表列计算。但军船由于其少量生产变化大于民船,倾向回归工程原理。各国建立了海军舰艇技术学校
1890—1945	军船在第一、二个世界大战的形势下加速发展。有些船级社并入海军,如NK在二战中纳入日本海军编制	西方海军舰艇学院的建立,培养舰艇设计专门人才。各国成立了拥有复杂计算能力的舰艇设计局
1945—1960	军民船设计模式趋同但是相互独立发展,各自采用自己适用的标准与规范。军船从船梁弯曲到冲击响应载荷,军船建造规定允许使用"T"型对称结构的骨材	新经济对高水平学术与技能的需要,造就了大学教材的形成。USA海军成立结构委员会(SSC)、英国海军部(MoD)对战争中商船的脆断性进行研究。ABS、LR参与美英海军的舰艇强度研究,这种结合的共识是军民船舶的技术转换使彼此受益。实船试验(著名有"狼"号)推动了船舶结构力学的发展

表9－1　（续）

年代	造船技术采用情况	事件发生原因
1960—1990	同样的成熟的软件在军民船设计中使用。	传统的军船实船破坏试验被模型试验代替。军船以战斗损坏为基础、民船以事故为基础。特种钢的发展支持了船舶大型化
1990—2000	军民船规范趋同，广泛的技术标准被军民船同时采用。船级社调整变化面对不同的需求者——航运公司、船厂、政府，主要放在费用、风险、效率和安全的平衡上，军船的个性化要求由军方提出	船级社的技术“民主”与透明度是综合军民船舶差距的途径；克服维护与操作的差异；变载荷的装载使民船的疲劳特性较军船差；军船的维护频率高于民船（坞检），如涂层的更新，导致民船必须拥有与军船（甚至没有）不同的腐蚀余量。民船技术发展开始快于军船，尤其船舶大型化、新船型、高速船、多体船、新型推进型式、低噪声、低污染、高能效、损坏残存能力、海洋工程等发展终结了军船引领船舶设计技术发展的历史
后冷战时代	英国海军（MoD）：由 NEC 转向 LR（1972—1999）； 德国海军（GN）：CPM 2001（Customer, Product, Management）由 BWB（2002）确定船舶结构采用 GL 规范； 意大利海军（IN）：一直采用 RINA 规范； 加拿大海军（CN）：采用国防部（DoD）DMEM10（1999—2002）进行主要舰艇设计，部分（KINGSTONE）采用船级社规范，DMEM10 废止； 韩国海军（KN）：KN，KR 联合制定规范（参考美国标准）； 荷兰海军（RNN）：采用船级社规范进行船体设计； 美国海军（USN）：由传统建立 Design Data Sheets（DDS） NATO 专家组（Naval Ship Safety and Classification，NSSC）制定“军船准则”（Naval Ship Code）	政府改变了军船职能，军船的建造不仅为了自用，还被用于军船出口（仅需满足公认的功能与标准），传统的军船标准、高速船被民船规范覆盖，尤其是反恐的需要更使得两者趋同，即“方法同化、功能异化”。这种趋势起源于英国海军，标准制定的责任转移到船级社。军船建造市场不再基于本国（为了减少费用），不得不采用民船标准。新材料应用应用于民船。NATO 采用 IMO 的原则与船级社规范以达到安全性要求，认可民船的创新设计。美国海军由于其全球需要，一直坚持模型、实船试验、战斗损坏评估，由确定性方法转移到船舶海洋工程中采用的 LRFD 方法。适用目标、服役可靠性、造价三要素同为军民船舶同时接受的原则。军船设计的模块化、多目标、机动性、隐形性、武备小型化、高速、特种船、材料需要等被考虑在船级社规范中。船体结构采用船级社规范、武备采用军方规定是当前世界海军的统一模式。船级社规范体系发生变化，把军船建造纳入规范体系，如 LR，DnV，RINA，ABS，GL，BV 等

近年来，为什么发达国家（如 NATO（北大西洋条约））军船的建造要采用船级社的机制（审图、检验与发证）呢？这是因为：

①国防预算的限制；

②维护军船设计标准的实际困难（建造核心技术发展落后于民船）；

③原有的军船规范已经大量引用民船标准；

④为了加强军船标准化发展。

因此,军方委托船级社至少在结构设计与评估方面进行工作,当然,军辅船更是包括在其中。

例如,英国政府 1999 年委托 LR(英国劳氏船级社)制定了一整套为军船入级使用的规范,它就是英国 LR 的《军船入级规范》。尽管它来源于 LR 的民船规范,其重要意义是找到了一种允许传统的英国国防部的处事方式转变的且能被使用与接受的途径。规范由不保密的部分组成,避免涉及武备的敏感细节。至今,各种舰艇包括水面舰艇与水下舰艇都在在 LR 船级社入级。与英国海军同样做法的还有美国、法国、德国、意大利、挪威、加拿大等 NATO 成员。

9.1.2 现代造船业宏观特征

造船业如同一个城市"地标"一样是一个国家工业发展水平的象征性标志之一。造船业不仅关系一个国家的国防和国家安全,同时提供了大量劳动就业机会,并且也为这个国家提供了通过国际贸易改善国际收支的重要工具。在联合国统计局关于现代行业分类标准中,造船业属于以船舶为产品的交通设备制造业(Manufacture Industry of Transport Equipment)。根据欧盟的数据统计,2007 年,韩国造船业产值约占其国民生产总值的 4.5%。中国造船业约占 1%,见图 9-2。

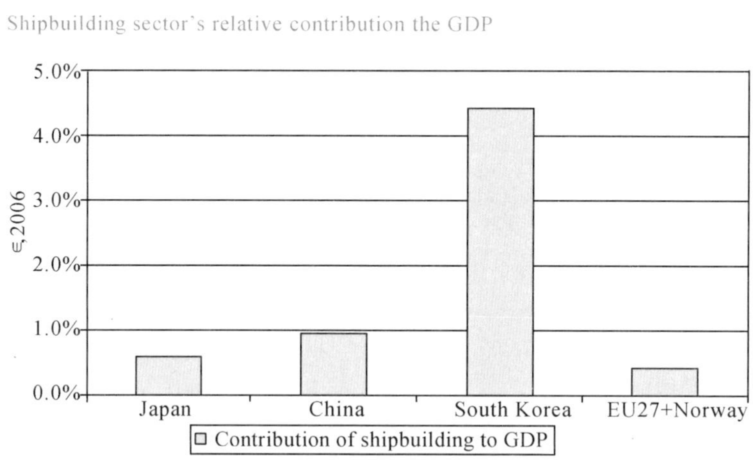

图 9-2 主要造船国家或地区中造船业的地位

(来源:OECD,2007)

造船业有两个显著特征,即周期性变化和全球化趋势。Clarkson 研究发现,航运和造船业存在着一个 30 年的长周期变化现象(与经济发展周期几乎重叠)。航运和造船的经济周期现象是由于资本在全球范围内不断地追逐获取包括原材料、技术、劳动力等要素在内的廉价资源和丰厚利润的结果。因此,伴随着每一次航运和造船的重大周期变化,全球造船业的产业结构和产业中心在不断转移。根据 Clarkson 统计,自 1902 年到 2008 年,造船业第一次重大高峰发生在 1902 年,英国是全球造船中心。第二次重大高峰发生在 1917 年,欧洲大陆成为全球造船中心。第三次重大高峰发生在 1945 年,美国成为第三个全球造船中心。第四次重大高峰发生在 1975 年,日本成为第四个全球造船中心。第五次重大高峰发生在 2008 年,韩国和中国进入造船强国的行列(见本书第 11 章的航运周期理论)。

造船业产业结构和产业中心在全球范围内的调整,造就了当今全球两大造船企业的阵营。

第一阵营是位于东亚的中日韩三国,它们的造船企业在传统的三大商船船型(散货船、油船和集装箱船)建造市场中占据主导地位。在图 9－3 中,假设日本的生产效率和劳动力成本分别是 100%,我们可以观察到:中国的劳动力成本是 20%,是四个国家或地区中的最低值;韩国的劳动力成本是 60%,低于日本;欧盟的劳动力成本是 120%,高于日本。在生产效率方面,中国的生产效率是 20%,是四个国家或地区中的最低值;韩国和欧盟的生产效率分别是 70% 和 60%。因为传统三大船型的设计和生产技术相对成熟,中日韩三国造船企业可以通过提高单位劳动效率和生产规模获得建造三大商船船型的竞争优势。即便如此,中日韩三国各自的竞争优势也不尽相同。中国造船业竞争优势主要体现在劳动密集型。日本和韩国的优势主要体现在技术密集型。

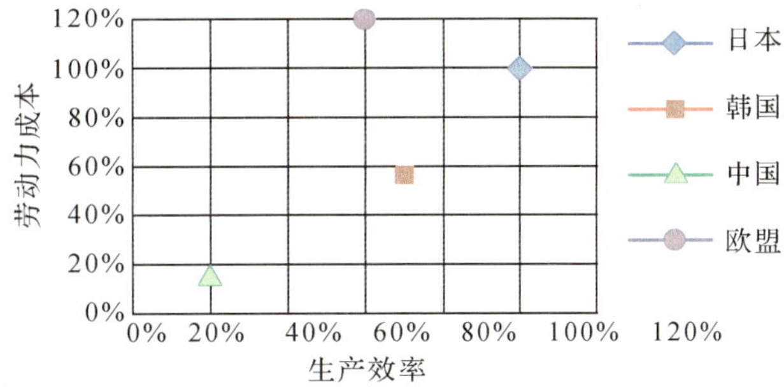

图 9－3　主要造船国家或地区竞争力分析

(来源:Thomas Lamb, Worldwide Shipbuilding Productivity Status and Trends)

第二阵营是欧洲传统造船强国德国、意大利、荷兰等国,它们的造船企业的竞争优势是在知识密集型、高附加值船舶的建造市场中占据主导地位。根据欧盟统计,2008 年,在全球邮轮建造市场,欧洲造船企业占据 99% 的市场份额。其中,意大利 Fincantieri 船厂占据全世界 36.2% 的市场份额,德国 Meyer Werft 船厂占据全世界 32.5% 的市场份额,STX 欧洲(原 AKER)船厂占据全世界 25.7% 的市场份额。在海洋工程船舶市场,欧洲造船企业占据全球 43% 的市场份额。

2008 年全球豪华邮轮订单(见表 9－2)反映了上述趋势。

表 9－2　2008 年全球豪华邮轮订单

造船厂	国家	造船艘数	造船产量(1 000 GRT)	产值(€ million)(EURO 1 = US $1.318)	占世界市场/%
Fincantieri	Italy	13	1 248	5 602	36
Meyer Werft	Genmany	10	1 015	5 030	33
STX Europe	Finland/France	6	920	599	4
T. Mariotti	Italy	3	96	599	4
欧洲总计		32	3 279	15 196	98
Fact naval de Marin	US	1	32	190	1
Irving Shipbuilding	Canada	1	9	49	0
Chesapeake SB	US	1	—	23	0
全球总计		35	3 320	15 458	100

(来源:ECORYS)

造船业是一种典型的规模经济产业。

扩大企业规模是造船企业获得竞争力和利润最大化的一个重要手段。企业规模经济效益是指生产规模适度扩大而导致的长期平均成本下降的现象。根据 Clarkson 统计,2008 年,按照修正总吨计量,全球前四大造船企业现代重工(HHI)、大宇(DSME)、三星重工(SHI)和 STX 手持订单占据全球造船市场 25% 的份额,并且全部来自韩国。全球前 18 名的造船企业占据全球约 50% 的份额,并且全部来自中日韩三国(见图 9 - 4)。显而易见,大型造船企业在全球造船市场占据了主导地位。

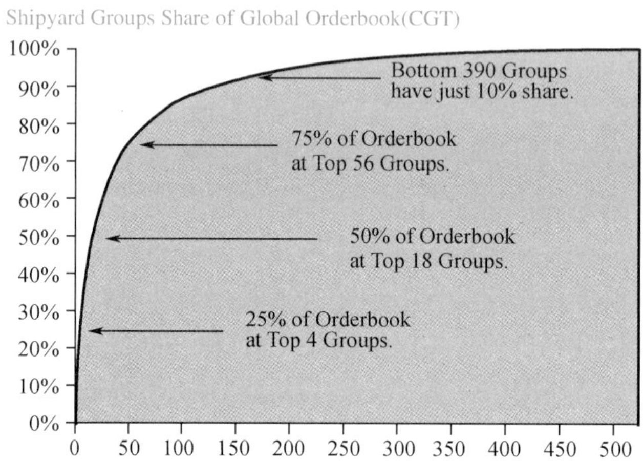

图 9 - 4 全球造船产量和造船集团份额

(来源:Clarkson Monitor December 2008)

造船企业获得规模效益的主要原因包括:

①造船企业能够利用更大型和有效率的造船设施和设备;

②造船生产分工能够更合理和专业化;

③大型造船企业能够降低采购成本;

④大型造船企业可以负担持续的研发投入。表 9 - 3 显示,韩国的主要造船企业每年研发费用占到其总收入的 0.4% ~0.7% 之间;欧洲的主要造船企业每年研发费用占到其总收入的 2% ~3% 之间。

2007 年世界主要造船企业的研发投入见表 9 - 3。

表 9 - 3 2007 年世界主要造船企业的研发投入

公司名称	销售收入	研发费用	研发费用占比/%
欧洲造船厂			
Fincantieri	2 572	50	1.90
IHC Merwede	1 090	30	2.80
亚洲造船厂			
Hyundai HI	15 871	107	0.70
DSME	6 895	33	0.50
Samsung HI	6 640	28	0.40

表9-3　(续)

公司名称	销售收入	研发费用	研发费用占比/%
设备生产厂			
Wartsila	4 612	121	2.60
MAN B&W	2 542	156	6.10

(来源:各公司年报)

造船企业的规模经济在日本造船业尤为明显。根据2009年数据统计,日本大约有15家大中型船厂,年交船量约为2 350万载重吨,占据日本全国年交船量的95%以上。其中,最大的造船企业是Universal,2009年交船365万载重吨;排名第二的是今治造船集团,2009年交船303万载重吨;排名第三的是三井造船,2009年交船约220万载重吨。同时,日本造船企业通过相互持股或合作划分出JFE·IHI系、三菱系、三井系、住友系和独立系五大造船派系(见图9-5)。

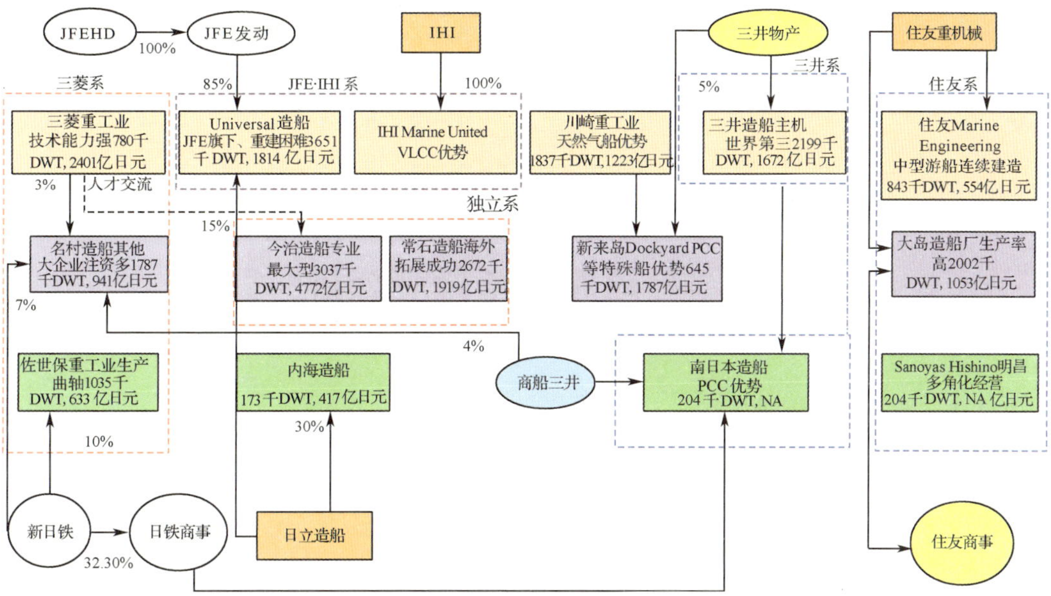

图9-5　日本主要造船集团(2009年)

造船行业也是一种集聚经济行业。按照造船载重吨计算,中日韩三国占据全球90%以上的市场份额。在日本的濑户内海和西九州、在中国以上海为核心的长江三角洲和环渤海湾区域、韩国的庆南南部和蔚山地区以及在德国北部区域聚集了大量的造船企业。图9-6给出了欧洲地区船厂分布,它们分布在经济较为发达地区。经济学中称这种众多造船企业在局部空间上的集中而产生的效应为聚集经济。为什么造船企业会集聚在一起呢?信息溢出是产生集聚经济的一个主要原因之一。造船投资人、造船企业家和经理人能够通过各种正式和非正式的场所了解行业中发生的信息,包括行业发展的最新动态、其对手的竞争策略和专业经验等。区域内的造船企业比较容易分享劳动力市场和雇佣有经验的造船管理人员。在聚集区域内,会出现有关造船的专业服务公司,例如,律师、验船师、设计公司等。造船业的集聚经济表现为造船企业长期平均成本(LAC)曲线的向下平移,产生成本节约效应。

The top 20 European shipyards as of January 1st，2009 (orderbook in 1,000 CGT)

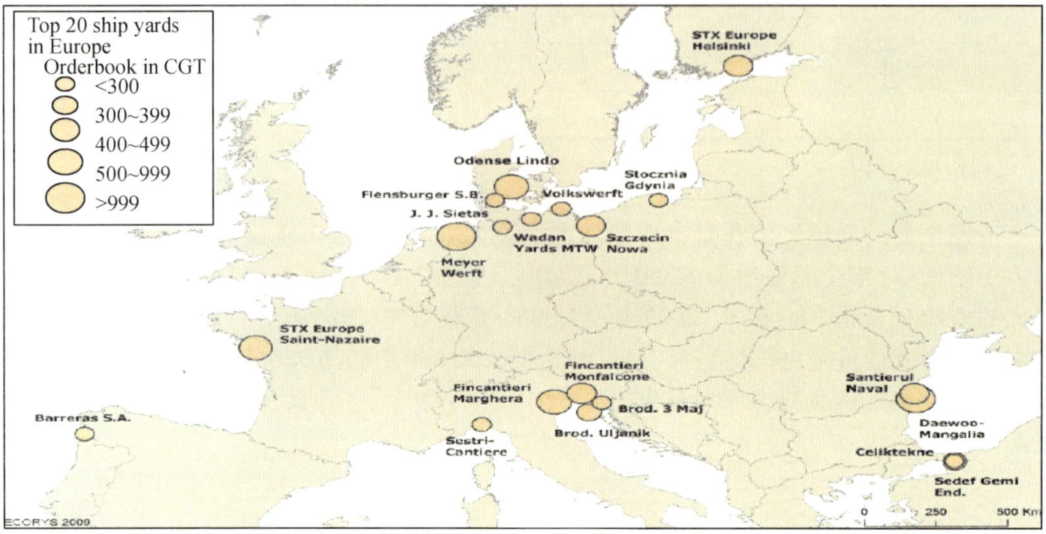

图 9－6　欧洲主要造船厂分布图

（来源：Clarkson；Map：Ecorys）

9.2　造船市场微观分析

9.2.1　造船市场需求

新造船的需求主要来源于全球贸易增长、船队更新和投资需求。主要包括以下四个方面。

首先，全球海运贸易量的增长，需要新增运力满足。贸易量的增加对运力需求有两种刺激方式：

①商品贸易量的增加，需要新运力来满足；

②贸易商从更远的地方运输货物。

1982 年，全球船队 6 487 万载重吨，全年运输约 78.62 亿吨货物，平均每吨货物行驶约 13 551 km，总供应 10 654 亿吨公里；2000 年，全球船队 7.5 亿载重吨，全年运输约 110 亿吨货物，平均每吨货物行驶约 20 900 km，总供应 22 940 亿吨公里。石油、铁矿石、粮食、煤炭等大宗散货的远距离运输极大地刺激了船舶大型化和标准化的进程[2]。

因为海运贸易量是以距离乘以货运量的方式反映航运需求，所以全球不同地区和航线的海运贸易对全球船队的总运力以及不同船型运力需求的刺激是不同的。案例 9－1 说明了两种油船的发展情况。

【案例 9－1】　原油运输中的 VLCC 和 SUEZMAX 油轮

全世界原油的供应地主要集中在中东和非洲地区，而需求地主要是远东、欧洲和北美地区。原油运输的主要力量是 VLCC 和 Suezmax 油轮。由于每票货量(Parcel Size)、港口吃水条件和船型本身的特点,每种船型在主要航线中所占比例不同。在原油的中东—远东的东向航线中,VLCC 是主力船型;在原油的中东/西非—欧洲航线的西向跨大西洋航线中,Suezmax 是主力船型。苏伊士油轮的主要贸易方向是西向航线,使用了全球 85% 以上的 Suezmax 油轮运力。远东地区从中东进口石油的东向航线使用了全球 11% 的 Suezmax 油轮运力(见图 9-7)。如果东向航线和西向航线的贸易量分别增加,将对苏伊士油轮运力需求量的增长分别产生不同的刺激效果。由于东向航线平均距离比西向航线远,当远东地区苏伊士油轮原油贸易量增加 1 t,相对于全球苏伊士油轮船队的平均载重吨需求量会拉高(Pull)2.5 倍[3]。

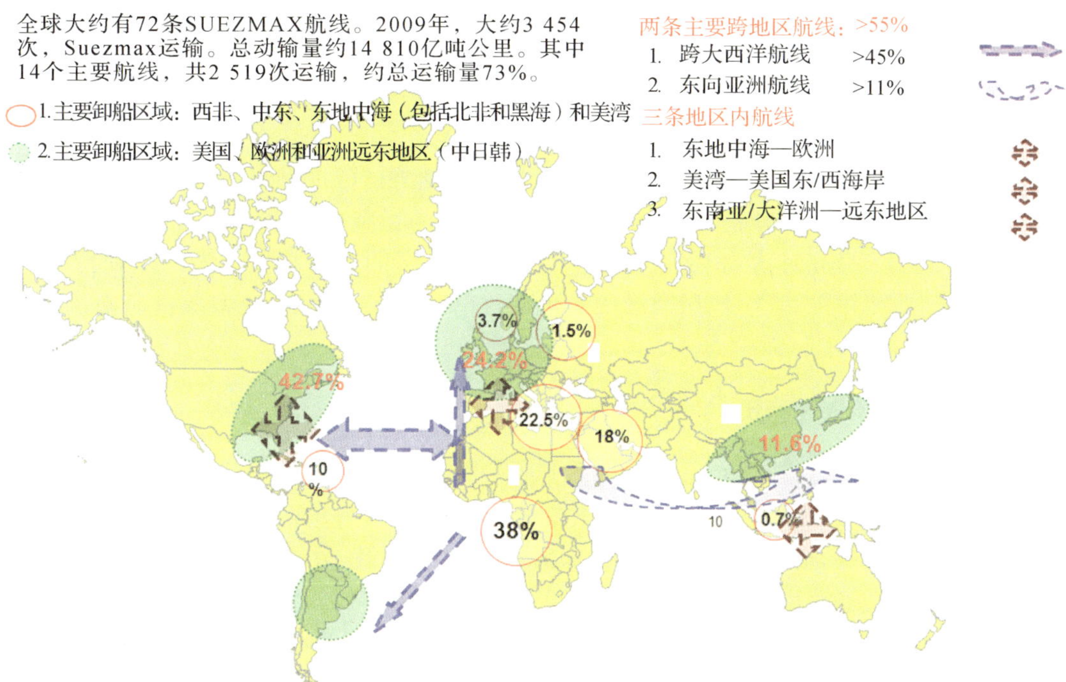

图 9-7 2009 年全球苏伊士型油轮贸易格局

(来源:DVB Bank)

第二,全球海运贸易在货物种类、贸易方式或运输方式的改变,刺激新型式运力的增加。这种刺激尤其体现在对新船型的需求上面。例如,1956 年美国人发明了集装箱的运输方式,第一艘集装箱船是经过油轮改造的。集装箱船提供了方便的贸易运输方式,实现了门到门的运输,大大促进了商品贸易。经过近半个世纪的发展,集装箱船成为全球三大主力船型之一。又如,液化天然气(LNG)贸易的增加,使得 LNG 船队从无到有,然后逐步增加。

第三,全球船队的自然更新、淘汰或灭失。这种需求主要体现在以下四个方面。

①船舶在使用寿命结束并被拆解后,需要新运力的补充;

②船舶海难事故灭失或损坏的船舶,需要新运力的补充;

③事故刺激 IMO 加强淘汰落后产能。国际海事法规和监管对船舶结构、安全以及绿色环保性能的要求不断提高,使得航运公司加速或提前淘汰老旧船,去更换新船型。例如,单壳油轮的淘汰刺激了双壳油轮新造船的需求。

④IMO 通过 MARPOL ANNEX VI 的修改，将 EEDI，SEEMP 进行强制，与之配套的市场机制将使得有害气体（CO_2，NO_x，SO_x）高排放船舶淘汰。

第四，资本市场对航运和造船市场的投机行为也刺激了新造船订单的增加。一部分投资人将船舶作为投机性工具（Instrumental Ship），在没有任何长期租约或货物运输需求的前提下订造船舶。这种投资人可能是金融机构、基金或私人投资人。投资人期望能够在船台建造期间或船舶交船后较短的时间内，将船舶转售，获得利润。在没有航运公司订单的情况下，造船企业为保证其造船生产的连续性，也自己向自己下订单，期望在船舶交船前能够将订单卖出去。这也是一种投机型订单。

在一般情况下，投资人选择可以作为投机性工具的船型具备以下特点：

①该船型有标准规格和设备配置；

②该船型的市场保有量比较大；

③在短期内该船型新造船的需求量较大；

④该船型市场租船和二手船的交易活动比较活跃。

我们将具备上述四个特点的船型称为标准商品船舶（Commodity Ship）。2006—2007年，中国铁矿石贸易的强劲增长，使得好望角型散货船的运费一路攀升，一艘好望角型散货船的每日期租收入最高时达到 18 万美元左右。市场运费的上扬和投资人的乐观情绪刺激了该型船的新造船订单，其中包括大量的投机型订单，一艘新造好望角型散货船报价接近 1 亿美元。

9.2.2 造船投入和产出

造船企业的生产过程是投入（Inputs）和产出（Outputs）的转换（Transformation）过程。图 9－8 是一个典型的造船生产流程。

从经济学的角度，造船企业的基本投入要素包括原材料、劳动力、资本、技术、信息（包括知识）和造船企业家能力。造船经济学将上述定性的基本投入量化为具体的造船投入指标，包括人工、成本、材料消耗量（如钢材、钢管等）、主机马力（船舶排放和能源消耗）、船舶建造设施能力等。其中，工时是衡量造船生产劳动力投入和负荷的一个基本指标。因为生产设备和设施等固定资产是资本投入的一种具体形式，所以我们采用船台使用时间等量化指标衡量固定资产的使用负荷。成本是最经常采用的财务衡量指标，将在 9.3 专门介绍。

造船企业的产出主要是各类船舶及其产量。收入和利润指标是衡量造船产出的财务指标。由于商船提供的效用主要是其运输能力，因此商船的运输能力效用指标经常被用来衡量造船产量，其中包括造船企业生产船舶的艘数、载重吨位、舱容、总吨等技术指标。但是，在衡量不同船型的产量时常会遇到一个非常棘手的问题。一个亚洲造船厂每年可以生产 10 艘巴拿马型散货船，一个相当规模的欧洲船厂一年可能仅仅生产一艘豪华邮轮。如何比较 10 艘散货船和一艘邮轮的产量？船舶是一个以销定产的复杂工程产品，因为每一种船型都反映航运公司及其运输货物的特殊要求，所以我们很难使用船舶建造艘数、载重吨位、舱容、总吨等技术指标指标去衡量客轮、工程船、货船等完全不同用途船舶的效用和造船产量。修正总吨（Compensated Gross Tonnage，CGT）是各国造船界普遍接受的用来衡量各类不同船型效用指标的统一尺度，是一个在船舶总吨基础上考虑不同类型船舶的复杂程度并修正船舶总吨后的一个船舶度量单位。计算方法为

$$CGT = A \cdot GT^B \tag{9-1}$$

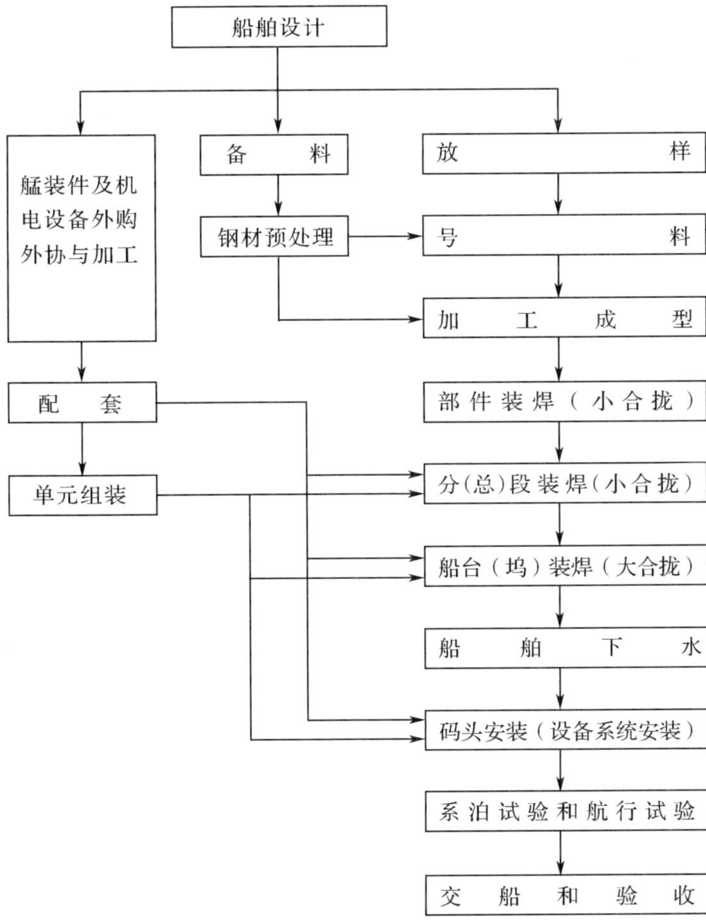

图9-8 新造船生产流程

式中，系数 A 主要考虑船舶种类的影响，系数 B 主要考虑船舶吨位大小的影响，皆由统计得出。GT 是船舶总吨(Gross Tonnage，单位定义见本书"术语")。

目前国际上按OECD造船工作组在2006年制订的修正系数表选用修正参数 A 和 B，见表9-4。

表9-4 OECD造船工作组在2006年制订的修正系数表中所选用的修正参数 *A* 和 *B*

Ship Type	*A*	*B*
Oil Tankers (double hull)	48	0.57
Chemical Tankers	84	0.55
Bulk Carriers	29	0.61
Combined Carriers	33	0.62
General Cargo Ships	27	0.64
Reefers	27	0.68
Full Container	19	0.68
Ro/Ro Vessels	32	0.63

表 9-4 （续）

Ship Ttype	A	B
Car Carriers	15	0.7
LPG Carriers	62	0.57
LNG Carriers	32	0.68
Ferries	20	0.71
Passenger Ships	49	0.67
Fishing Vessels	24	0.71
NCCV	46	0.62

9.2.3 造船生产效率

生产投入和产出的转换效率就是生产效率。效率可以用每单位投入的产出来衡量(效率 = 产出/投入),也可以用每单位产出消耗的投入来衡量(效率 = 投入/产出)。在这里我们仅仅讨论生产技术指标。我们经常使用的生产效率指标如下。

(1)劳动生产效率指标

①每位工人年平均造船产出量(以载重吨、船舶修正总吨或加工钢材重量等技术指标计算);

②每单位造船产量消耗的人工工时(以载重吨、船舶修正总吨或加工钢材重量等技术指标计算);

③每艘船消耗的人工工时总数等。

(2)材料效率指标

每吨钢板的平均造船产出量(以载重吨、船舶修正总吨等技术指标计算)。

(3)造船设施效率指标:

①每艘船消耗的船台或船坞周期;

②每单位厂区面积的产出量(以工厂面积、生产车间面积或船坞(台)面积衡量)等。

表 9-5 与表 9-6 是关于世界主要造船国家或地区造船生产效率和生产规模的统计和分析。通过比较发现:每位日本造船员工(Employee)平均每年生产 125 ~ 205 修正总吨;每位中国造船员工平均每年生产 22 ~ 39 修正总吨,每位韩国造船员工平均每年生产 95 ~ 121 修正总吨,每位欧洲造船员工平均每年生产 25 ~ 140 修正总吨。以各国最低的修正总吨产量衡量,日本的劳动生产效率分别是中国的 5.68 倍,欧洲的 5 倍,韩国的 1.32 倍。在每修正总吨消耗工时的指标中,日本也是最有效率的。日本造船企业每修正总吨平均消耗 9 ~ 15 工时;中国造船企业每修正总吨平均消耗 52 ~ 103 工时。表 9-7 给出了各种船型的工时消耗。

表 9-5 世界主要造船国家(地区)的生产效率统计表

衡量指标	欧洲	日本	韩国	中国
每员工(含外包工)年生产修正总吨产量	25 ~ 140	125 ~ 205	95 ~ 121	22 ~ 39
每修正总吨产量消耗工时(含外包工时)	12/15	9/15	16 ~ 21	52 ~ 103
每工人(含外包工)年处理钢量吨数	8 ~ 36	100 ~ 270	33 ~ 56	15.6 ~ 30

表 9－5　（续）

衡量指标	欧洲	日本	韩国	中国
每单位船厂面积处理钢料吨数	0.48～0.52	1.7～2.8	1.9～3	1.0
每单位工厂面积生产修正总吨产量	0.28～0.78	0.3～0.8	0.4～1.25	0.18～0.5
生产工人(含外包工)占全体员工比例	0.7～0.79	0.72～0.83	0.7～0.9	0.83～0.93
每单位工厂面积的员工总数	0.003～0.011	0.001～0.003	0.0043～0.01	0.01～0.016
每单位车间面积生产修正总吨产量	1.12～2.04	3/6	3～8.5	0.5～1 041
每单位船台(船坞)生产修正总吨产量	7～14	3～10.5	10.5～17.5	6.24～10.9

(来源:Thomas Lamb,Worldwide Shipbuilding Productivity Status and Trends)

表 9－6　2008 年世界主要造船国家(地区)的生产规模统计表

	日本	中国	韩国	欧洲 27 国＋挪威
就业人数	109 000	440 000	162 703	265 800
造船企业数量	1 632	1 242	1 628	10 824
附加生产值(€ ,million)	4 344	12 187	6 894	10 827
生产总值(€ ,million)	17 669	42 679	36 120	42 861
完工产量(CGT million)	9.7	9	14.5	4.8

(来源:Eurostat,OECD STAN,KOSHIPA,Shin&Hassink,CANSI,CESA)

表 9－7　各种船型的工时消耗

船舶类型	每轻吨消耗工时	每修正总吨消耗工时
VLCC	16	32
Suezmax Tanker	19	22
Product Tanker	27	20
Chemical Tanker	46	36
Bulk Carrier	19	20
Container Ship 4 400 TFEU	19	22
Container Ship 1 800 TFEU	28	22
Reefer	43	34
General Cargo	56	29
Ferry	51	39
Ocean Tug	105	31

(来源:Thomas Lamb,Worldwide Shipbuilding Productivity Status and Trends)

船舶建造具备小批量、多品种、客户定制、工序复杂、周期长的典型特征。因此,如何降低成本和提高生产效率是现代造船业一直面临的艰巨挑战。随着造船技术、设备能力、管理能力不断地提高,全球造船企业的生产效率也在不断提高。根据日本造船协会统计,见

图9－9,1972 年全球造船企业的平均水平是每吨钢板生产约 2.5 修正总吨;2008 年全球造船企业的平均水平是每吨钢板生产约 3.6 修正总吨。

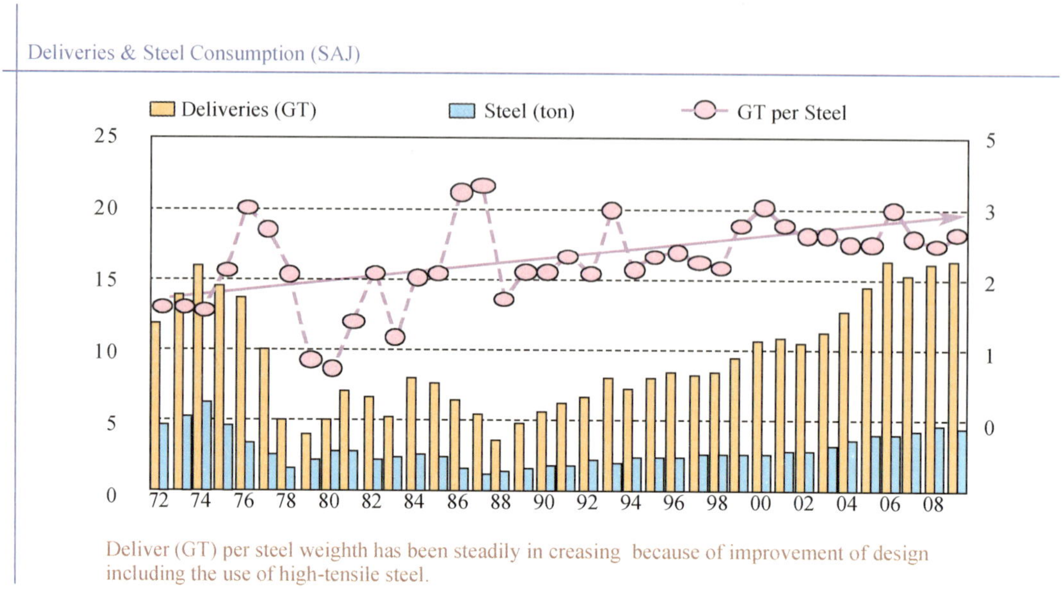

图 9－9 全球新造船钢材消耗量与修正总吨的关系

(来源:SAJ)

造船生产效率的提高主要来自于:

首先是劳动生产率得以提高。工人的熟练程度提高可以提高劳动生产效率。根据 OECD 关于系列船建造的统计数据,建造第二艘系列船的工时比首制船可以降低大约 10%。如果建造第 10 艘系列船,工时可以降低约 35%。劳动效率提高的主要原因是"边干边学"(Learning By Doing)效应(见图 9－10)。在边干边学的过程中,现场的管理人员和生产工人更加了解船舶建造细节。造船企业内部环境中的"边干边学"是一个帮助造船企业提高效率的重要知识来源。

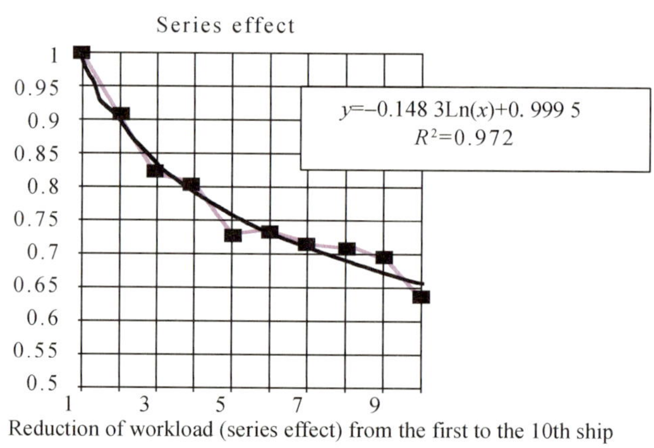

图 9－10 10 艘系列船效应

(来源:OECD)

其次是自动化、大型化和标准化造船技术的广泛应用。例如,1980年,日本造船开始使用总段建造方法;2000年,韩国船厂开始使用平地造船。通过优化造船流程,造船效率得到大幅提升。造船生产技术革新提高了船舶建造的生产效率。在生产过程中,造船企业采用大型举重设备、大型船台或船坞设施以及平面分段流水线等,通过计算机辅助的生产设计,完善造船生产工艺,大大提高了造船分段、总段或环段的重量以及完工程度。这些措施有助于降低人工费用、改善施工条件、缩短造船周期、减少库存和运输费用等。

船舶产品的标准化和系列化是降低船舶建造、维护和使用成本的主要手段之一。船舶模块化的设计和生产技术是船舶产品标准化和系列化的一个具体手段,其发展的根本动力是来源于协调和解决航运公司对于船舶产品个性化需求和造船企业希望通过标准化船舶提高造船生产效率之间的矛盾。本节通过案例9－2说明模块化设计发展过程。

【案例9－2】 模块化设计

模块化设计主要是从军船设计中发展出来的。1969年,德国BLOHM & VOSS公司在MEKO型系列舰艇设计中逐步采用模块化设计;1972年,美国海军提出模块化设计概念,并经过10年努力,在1982年,利用模块化设计建造技术研制出"海浪"核潜艇;芬兰的KVAENER MASA－YARDS率先在大型豪华邮船设计与建造中使用预制模块化的舱室单元PMCU(Prefabricated Modular Cabin Unit)[4]。

船舶模块设计的思想是将船舶作为一个由各种功能单元或设备集成组装起来的一个统一系统和搭载平台。它的关键技术是船舶系统的分解和模块接口标准技术。考虑船舶是一个复杂的系统集成,在分解船舶模块以及设计接口时,应该遵循"高内聚、低耦合"的原则,即每个功能模块内部子系统联系紧密,模块之间联系可以松散。在模块化设计中大量采用计算机辅助设计实现或模拟船舶产品以及船舶建造过程中下料、生产、装配工序等方面的设计,见图9－11。总而言之,船舶模块化理念采用简化、统一、通用、系列和组合等多种标准化方法和措施,不仅提高了造船效率,同时降低了船舶的全寿命成本,提高了船舶的经济效益。

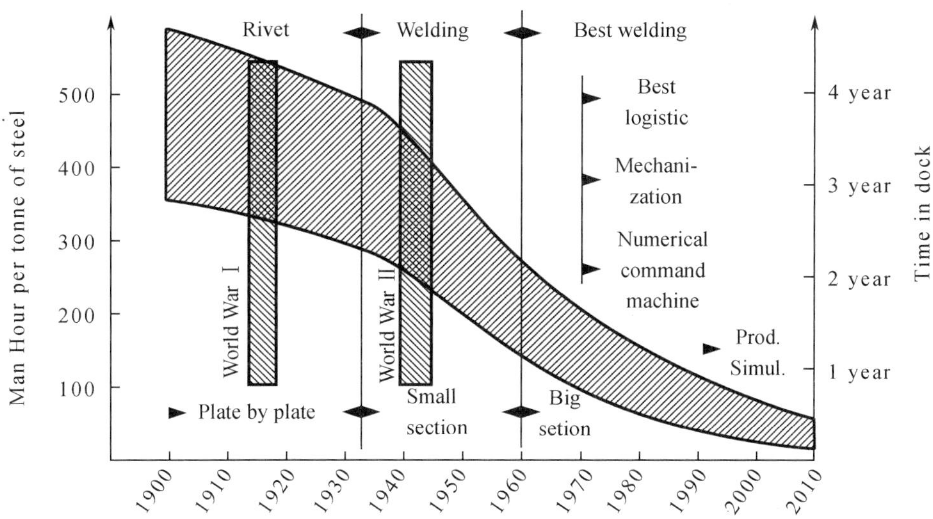

图9－11　造船生产工艺的变革

(来源:Thomas Lamb,Worldwide Shipbuilding Productivity Status and Trends)

第三是新材料和新工艺的运用。图 9－11 给出了造船生产工艺的变革过程。1940 年前，船舶建造主要使用铆接。在第二次世界大战期间，美国造船企业开始使用焊接技术（见图 9－12），焊接技术不仅大大提高了船舶强度和使用寿命，同时提高了船舶建造效率，在现代造船中，高强度钢的大量采用增加了船舶有效载重量，提高了造船企业的产量和效率。可以预见，未来新材料（如 SPS、工程材料等）及其新工艺的应用可以进一步提高产量和效率。

第四是造船生产组织革新。1990 年，日本造船业开始在船舶建造过程中借鉴和推广日本丰田汽车的精细生产模式。精细造船的核心是 JIT（Just in Time）系统。精细造船的目的是通过优化造船设计和生产流程，达到提高效率、节省时间和降低费用的目的。具体手段包括以下内容。

①减少造船生产过程中的原料（钢材、管材、油漆等）、中间产品（设备、分段、总段、环段等）和最终产品（船舶）等的运输、库存或返修；

②减少造船流程中生产人员和辅助生产设备的移动；

③通过大量对外分包的船舶各类子系统（如推进系统、上层建筑模块等）、船舶分段和总段，提高了造船专业化的程度等（见图 9－13）。

图 9－12　美国焊接造船（1942）

图 9－13　韩国总装造船（2007）

9.3　造船成本核算

9.3.1　造船成本范畴

成本是衡量造船投入的基本尺度。经济学有几个重要的基本概念，如同孪生兄弟一般经常一起出现，相互关联。例如，成本、价格和利润，供给与需求等。这其中，成本是日常生活最相关和最直观的概念，但也是一个最难定义的概念。在经济学家眼中，经济成本和会计成本是两个不同的概念。读者可以从一般微观经济学教程中了解两者的区别和联系，本书将不再重复叙述。经济成本主要是指机会成本，本书 7.3 中已经详细论述。在本节，我们主要分析造船的会计成本。

造船成本分析主要有两个层次：

①成本的构成；②成本随着时间变化的趋势。

按照成本是否在短期内随着产量变化而变化的标准区分，船舶建造成本可以被区分为固定投入和变化投入。船舶建造的固定投入包括生产技术、管理人员、生产设备和设施（吊装、船台或船坞以及码头）等。造船变化成本主要是产品生产成本（Cost of Goods Manufactured），主要包括设备成本、材料成本、制造成本和人工成本。建造不同规格及其产量的船舶产品，船厂投入的劳动力和对外采购的材料、零件、设备等均不同。

图 9－14 是关于散货船建造成本构成以及发生时间的统计。在散货船建造过程中，从签订合同到开工阶段，造船成本发生大约 10% ～25%；从开工到上船台阶段，造船成本发生大约 25% ～43%；从上船台到下水阶段，造船成本发生大约 25% ～30%；从下水到交船阶段，造船成本发生大约 10% ～30%。在造船成本中，变化成本占大约 80% ～85% 比例；固定成本占大约 15% ～20%。具体分析如下：

占各分项成本%（占造船成本%）	阶段1（签订合同—开工）	阶段2（开工—上船台）	阶段3（上船台—下水）	阶段4（下水—交船）	交船
设备成本 (25%~30%)	20%~25% (5%~7.5%)	30%~40% (7.5%~12%)	20%~30% (5%~9%)	10%~30% (2.5%~9%)	100%
材料成本 (30%~40%)	20%~30% (6%~12%)	40% (9%~16%)	20%~30% (6%~12%)	10% (3%~4%)	100%
制造成本 (10%)		15%~20% (1.5%~2%)	40%~45% (4%~4.5%)	25%~35% (2.5%~3.5%)	100%
人工成本 (15%~20%)		20%~30% (3%~6%)	40%~50% (6%~10%)	20%~40% (3%~8%)	100%
其他 (10%~20%)	25%~30% (2.5%~6%)	30%~35% (3%~7%)	20%~25% (2%~5%)	10%~25% (1%~5%)	100%
100% 造船成本（占造船成本比例）	(13%~25%)	(25%~43%)	(25%~30%)	12%~30%	

图 9－14　船舶建造的构成成本统计

1. 材料成本

材料成本占整个造船成本的 30% ～40%，主要包括钢材、钢管、型材、焊接材料、油漆、电缆、油料等材料的购买成本。大型船舶材料成本的占比相对小型船舶材料成本的占比要低，见图 9－15，给出了不同散货船型的造船成本的构成比例。油船材料成本的占比相对散货船材料成本的占比要高。在开工前后，造船企业大约已经支付大约 70% 的材料款；上船台前，支付大约 20% 的材料款；下水前，支付大约 10% 的材料款；只有很少量的材料余款可能在下水后支付。钢材成本是材料成本的主要部分。在一般情况下，散货船的钢材成本占其材料成本的 70% ～80%，占造船总成本的 15% ～25%。因为钢材是属于现货交易，造船企业只能在开工前 1 ～3 个月订购钢材并支付全额采购款，所以造船企业通常需要安排短期贷款购买钢材。

2. 设备成本

设备成本占造船成本的 25% ～35%，主要包括机舱设备、甲板设备、电子器件、货物装卸系统等采购成本。大型船舶设备成本的占比相对小型船舶设备成本的占比要低，见图 9－15；油船设备成本的占比相对散货船设备成本的占比要高。根据统计，在造船合同签订后,造船厂一般支付 10% ~25% 的设备购买款,余款在设备交货时支付。开工前,造船厂基本已支付 30% ~40% 设备购买款;上船台前,支付 20% ~30%;下水前,支付 10% ~30%。目前,中国造船厂建造船舶中采用的本土设备(包括国外品牌在中国大陆生产的设备)占全部设备的 50% ~70%。船舶主机等长周期设备至少需要在开工前 1 年提前预订。

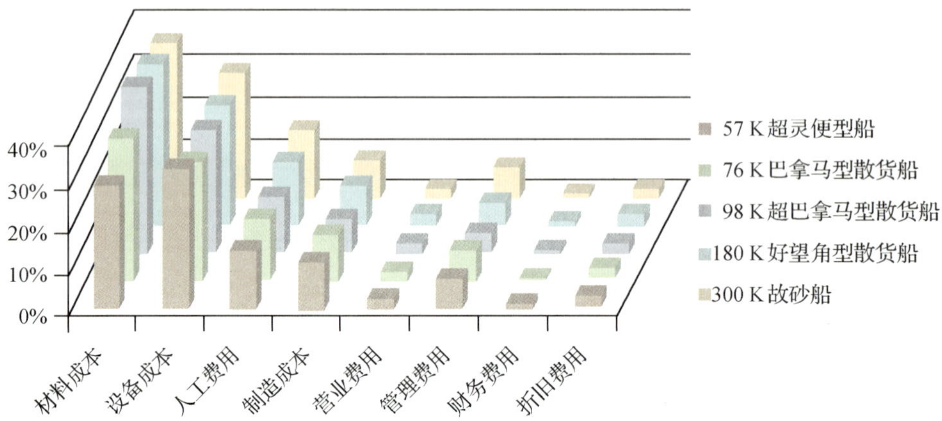

图 9－15　各类散货船型的成本比例构成

3. 直接人工成本

直接人工成本占造船成本的 15% ~20%,主要包括造船企业工人和外包工的工时费用。目前,船舶在开工后到上船台之前主要是船体的作业,所需工时费用约占整个费用的 20% ~30%;上船台后到下水之前的主要工作一般是船体、涂装、管系的作业,所需工时费用约占整个费用的 40% ~50%;下水后的主要工作包括设备、轮机和电气的安装工程,所需工时费用约占整个费用的 20% ~40%。直接人工费用主要和造船企业造船生产管理水平有关系。日本造船企业建造船舶的下水完工率较高,大部分直接人工费在下水前已经发生,船舶下水后的主要工作是完成交船前的各种试验(关于 EEDI 的测试由于对环境要求较为严格,增加的成本应计算在内)。

4. 制造成本

制造成本占总成本的 10% 左右,主要包括设计费、钢材处理费、码头费、船坞费、船台费、胎架费、下水费、运输费、船级社检验费、试航费、外包加工费、动力费、不可预测的各项杂费等。其中,船台费、船坞费、码头费等有关造船设施的使用费用主要受到造船生产计划进度的影响;钢材处理费和胎架费主要发生在上船台和下水之间的环节。据统计,开工到上船台前发生大约 15% ~20% 的制造成本;上船台到下水前发生大约 40% ~45% 的制造成本,下水到交船前发生大约 25% ~35% 的制造成本。

9.3.2　造船成本核算

估算造船成本目前主要有两种办法被采用。

1. 历史数据法

一般在估价阶段使用历史数据法,以便快速得到船舶建造成本数据。

2. 直接估算法

一般在合同报价阶段使用。在航运公司询价过程中,造船厂需要成本估算。在这个阶段，船舶规格书(Specification)、总布置图(General Arrangement)和厂商表(Maker List)已经完成。造船厂将详细的设备规格发给船舶设备供应商，由设备供应商报价。大部分船厂使用第二种方法，以便获得比较准确的船舶建造成本数据。

造船成本估算的第一步是列出船舶建造合同主要条款。

(1)基本商务条款：船价、交船时间、付款方式和时间等，表9-8以57 000 DWT散货船的建造为例，说明基本商务条款的范围。

(2)主要技术参数：主尺度、主要设备、油耗以及材料重量估算等，见表9-9。

表9-8　57 000 DWT 散货船基本商务条款(Basis Contract terms)

1	船型/建造厂/设计所 (Ship Type/Shipyard/Designer)	57 000 DWT Bulk Carrier/XXX/XXX		
2	船价 / 船级/船旗(Ship Price /Class / Flag)	$32 220 000		FOC
3	交船时间/付款/预计汇率(Delivery/Payment)	Time	Term	Exchange Rate_est.
4	签约(Contract Signing)		20%	6.5
5	开工(Steel Cutting)		20%	
6	铺底(Keel Laying)		20%	
7	下水(Launching)		20%	
8	交船(Delivery)	2012年12月	20%	

注：上述表述的是造船合同中的一般正常情况。在"卖方"市场(2006—2009年)，首批付款也有提高到40%的；而在"买方"市场(2011—)，前四批中的各期付款常在10%~20%内波动。

表9-9　57 000 DWT 散货船主要技术参数(Main Particulars)

1	总长/两柱间长(Loa/Lbp)	m	189.99	185
2	型宽/型深(Breadth/Depth (mld.))	m	32.26	18
3	结构/设计吃水(Scantling/Design Draft)	m	12.8	11.3
4	结构吃水/设计吃水载重量(DWT at Scantling/Design Draft)	t	57 000	
5	空船重量(Lightweight)	t		
6	估算的总吨位/净吨位(Estimated GT/NT)	GT/NT		
7	货舱容积(Hold Capacity)	m^3		
8	货舱/货舱口数量/舱口盖类型(No. s of Holds/Hatches/Type of Cover)	7		
9	货舱口尺寸(Size of Hatch)	m × m		
10	起重机数量，能力，起重量与工作半径(No. of Cargo Gears/Capacity//SWL X Working Radius)			
11	压载航行载重量/吃水(DWT at Ballast Draft)	t/m		
12	主燃油舱、淡水舱、饮用水舱容积(FO/FWT/DWT Capacity)	m^3		
13	压载水舱容积(Ballast Tank Capacity)	m^3		

表 9 - 9 （续）

<table>
<tr><td>14</td><td colspan="3">主机类型/最大额定转速/经济转速及功率(Type of M/E/MCR/CSR)</td><td>MAN B&W 6S50MC - C</td><td colspan="2">127 r/min</td><td>9 480 kW</td></tr>
<tr><td>15</td><td colspan="3">满载/压载航行服务航速(15%的海况裕度/CSR 转速)(Service Speed at Scantling Draft/Ballast_CSR/15% Sea Margin)</td><td>Knot</td><td colspan="3">14.20</td></tr>
<tr><td>16</td><td colspan="3">CSR 转速主机天燃油消耗(黏度 380cst 的重油,10 200 千卡/千克)(FOC at CSR(FO: 380 cst,10 200 kcal/kg)约 42 677 kJ/kg)</td><td>t/d</td><td colspan="2"></td><td></td></tr>
<tr><td>17</td><td colspan="3">型号/数量/单机功率(Generator Engine Type/No/Power)</td><td></td><td colspan="2">3</td><td>560 kW</td></tr>
<tr><td>18</td><td colspan="3">每台发电机辅机每天的燃油或柴油消耗(FO or DO Consumption on Per Generator Engine, FO: 380 cst, 10 200 kcal/kg)</td><td></td><td colspan="2"></td><td></td></tr>
<tr><td>19</td><td colspan="3">锅炉类型/油耗/排量(Boiler Type/Oil Consumption/Capacity)</td><td>Composite boiler one set 组合锅炉 ×1</td><td colspan="2"></td><td></td></tr>
<tr><td>20</td><td colspan="3">定员(Compliment)</td><td colspan="4">25</td></tr>
<tr><td>21</td><td>船舶预估设计钢材重量(Ship Design Steel Weight(EST.))</td><td>舱盖及舾装件钢材重量(Hatch Cover & Outfitting Steel Weight)</td><td>钢材利用率(Steel Utilization Rate)</td><td colspan="2">钢材重量总计(Total Steel Weight)</td><td colspan="2">高强度钢板比例(HT Steel Plate)</td></tr>
<tr><td></td><td>8 582 t</td><td>700 t</td><td>0.85</td><td colspan="2">10 920 t</td><td colspan="2">34%</td></tr>
</table>

注:在目前 MEPC62(2011,7)已经在 MARPOL ANNEX VI 采用本书表 3 - 8 的情况下,航运公司应该准备后续在国际航运市场上受到市场机制制约的后果,即新船在设计时不能提出减速,而应要求同等功率下的航速最大的目标。在船舶设计时,设计方应该将航运公司为降低成本而降低船速(Slow Steaming)与在设计中以降低船速获得较好的 EEDI 指标区别开来。为获得有效率的 EEDI 指标,在船型设计中,设计方应该减少阻力、提高螺旋桨推进效率并且在轮机改造方面作扎实的工作。

造船的一个明显特点是先销售后生产。在造船合同签订和价格确定后,一般需要 18 ~ 24 个月交船。在这个过程中,劳动力工资、采购成本(包括设备和钢材价格)和汇率都是很大的不确定因素。造船企业可以利用船舶建造合同付款进度结合造船生产成本发生进度来分析船厂的现金流情况。如果造船进度款是 5 个 20%,在开工到下水阶段,造船企业一般都需要垫资;如果造船进度款是 10%(签订合同)、15%(开工)、15%(上船台)、30%(下水)和 30%(交船),造船厂一般在签订合同后就开始垫资,表 9 - 10 给出了对船厂进行现金流分析的方案表。采用本国货币结算是规避汇率风险的一个重要办法。日本船厂的 50% ~70% 的订单是以日元计价。中国某航运公司在上个世纪末曾在日本订船采用了日元结算,由于日元的坚挺,导致了极大的损失。

造船成本估算的第二步是估算各项成本,主要包括以下各表的成本(见表 9 - 20 中对应各项):

表 9 - 11 材料成本,对应表 9 - 19“I”行;

表 9 - 12 设备成本,对应表 9 - 19“II”行;

表9－13 直接人工成本，对应表9－19“III”行；
表9－14 制造成本，对应表9－19“IV”行；
表9－15 营业成本，对应表9－19“V”行；
表9－16 管理成本，对应表9－19“VI”行；
表9－17 财务成本，对应表9－19“E”行；
表9－19——折旧成本，对应表9－20“F”行。

表9－10 造船项目中船厂现金流分析的方案表

	阶段1	阶段2	阶段3	阶段4	阶段5
	签订合同	开工	上船台	下水	交船
成本发生进度	15%	40%	30%	15%	
成本累计(C)	15%	55%	85%	100%	
造船合同进度款(I)	20%	20%	20%	20%	20%
合同款累计(P)	20%	40%	60%	80%	100%
净现金流＝($P-C$)	5%	－15%	－25%	－20%	0%
造船合同进度款(II)	10%	15%	15%	30%	30%
合同款累计	10%	25%	40%	70%	100%
净现金流＝$P-C$)	－5%	－30%	－45%	－30%	0%

表9－11 材料成本(Material)

材料(Material)	数量(Quantity)	单位(Unit)	单价(Unit Price)	金额(RMB)	金额(USD)
普通钢板(Steel Plate)	5 610	51%	4 000	22 440 000	
高强度钢板(High Tensile Steel Plate)	3 760	34%	4 500	16 920 000	
型钢(Profile Bar)	1 550	14%	3 800	5 890 000	
焊条(Welding Rod)	100	ton	6 000	600 000	
焊丝、焊药(Other Welding Materials)	150	ton	US $1 500		225 000
钢管(Steel Pipe)	300	ton	4 100	1 230 000	
大型铸锻件(Large Cast & Forge)		船套(shipset)		2 500 000	
油漆(Painting)	185	kiloliter			770 000
电缆(Cable)	95	km		2 000 000	
燃油(Fuel Oil)	350	ton	3 800	1 330 000	
柴油(Diesel Oil)	110	ton	5 000	550 000	
润滑油液压油(Lub Oil)		ton		450 000	
冲洗油(Flushing Oil)		ton		120 000	
有色金属(Non-ferrous Metal)		ton		500 000	
辅助材料、其他材料(Auxiliary & Other Materials)				5 000 000	50 000
合计(Sub-total)				59 530 000	1 045 000

表 9－12 设备成本(Equipment)

甲板舾装设备(Deck Outfitting Equipment)	数量(Quantity)	单位(Unit)	单价(Unit Price)	金额(RMB)	金额(USD)
舵机(Steering Gear)	1	台(set)		1 000 000	
甲板机械(Deck Machinery)		台(set)		1 780 000	
甲板吊车(Deck Crane)	4	船套(shipset)			1 500 000
其他小计(Miscellaneous)	1	船套(shipset)		3 470 000	50 000
伙食吊(Provision Crane)	2	台(set)		350 000	
软管吊(Oil Hose Crane)	2	台(set)		100 000	
救生艇、艇架(Rescue Boat & Davit)	1	船套(shipset)		770 000	
引水员梯及绞车(Pilot Ladder & Winch)	2	套(set)		180 000	
舷梯及绞车(Accommodation Ladder & Winch)	2	套(set)		250 000	
苏伊士运河灯吊(Suez Canal Light Crane)	1	船套(shipset)		170 000	
锚(Anchor)	1	船套(shipset)		200 000	
锚链(Anchor Cable)	1	船套(shipset)		850 000	
未分类项目(Uncategorized Items)	1			600 000	50 000
舾装甲板设备合计(Sub-total)				6 250 000	1 550 000
住舱设备材料部分(Accommodation Equipment)	数量(Quantity)	单位(Unit)	单价(Unit Price)	金额(RMB)	金额(USD)
卫生单元及散件(Wet Unit & Fitting)	1	船套(shipset)		530 000	
厨房设备、洗衣间设备(Galley & Laundry)	1	船套(shipset)			72 000
A/C 组装式冷库,冷藏装置、空调,单元空调(Cold Room,Refrigeration Plant)	1	船套(shipset)		300 000	130 000
其他小计(Miscellaneous)	1	船套(shipset)		2 660 000	50 000
绝缘材料(Insulation Materials)	1	船套(shipset)		400 000	
甲板敷料(Deck Dressing)	1	船套(shipset)		200 000	
地毯、地板、防滑地板革(Carpet, Floor & Flooring Vinyl)	1	船套(shipset)			30 000
内装衬板(Internal Panel)	1	船套(shipset)		970 000	
门及附件(Door & Fittings)	1	船套(shipset)		200 000	
钢质门(Steel Door)	1	船套(shipset)		110 000	
窗(Window)	1	船套(shipset)		200 000	
家具及小五金件(Furniture & Hardware)	1	船套(shipset)		180 000	5 000

表 9 - 12 （续）

住舱设备材料部分 (Accommodation Equipment)	数量 (Quantity)	单位 (Unit)	单价 (Unit Price)	金额 (RMB)	金额 (USD)
纺织品(Textile)	1	船套(shipset)		300 000	
饮水消毒器及硬化水滤器 (Drinking Water Sterilizer & Filter)	1	船套(shipset)			15 000
未分类项目(Uncategorized Items)	1			100 000	
住舱设备材料部分合计(Sub-total)				3 490 000	252 000
机舱设备(E/R Equipment)*	数量 (Quantity)	单位 (Unit)	单价 (Unit Price)	金额 (RMB)	金额 (USD)
主机(M/E)	1	台(set)			1 980 000
锅炉(Boiler)	1	台(set)			135 000
桨(Propeller)	1	船套(shipset)			480 000
发电机组(Diesel Generator Set)	3	台(set)			364 000
应急发电机(Emergency Generator)	1	台(set)			39 000
空压机(Air Compressor)	1	船套(shipset)			58 000
机舱泵(E/R Pumps)	1	船套(shipset)			170 000
分油机(Purifier)	1	船套(shipset)			79 000
阴极保护、防海生物系统 (Cathodic Protection & MGPS)	1	船套(shipset)			20 000
消防灭火系统(Fire Fighting System)	1	船套(shipset)			80 000
其他小计(Miscellaneous)		船套(shipset)		5 060 000	853 800
艉管及艉、中间轴承 (Stern Tube, Stern & Intermediate Shaft)	1	船套(shipset)			10 800
艉轴密封(Stern Seal)	1	船套(shipset)			20 000
环氧树脂垫(Expoxy Resin Spacer)	1	船套(shipset)			15 000
主机遥控、机舱监测系统 (M/E Remote Control & E/R Monitoring System)	1	船套(shipset)			160 000
热交换器(Heat Exchanger)	1	船套(shipset)		300 000	250 000
主、副机供油单元 (M/E & A/E Oil Supply Unit)	1	船套(shipset)		480 000	
黏度计、流量计 (Viscosity Meter & Flowmeter)	1	船套(shipset)			15 000
自清滤器、CJC 滤器 (Self-cleaning Filter & CJC Filter)	1	船套(shipset)			55 000

表 9－12 （续）

机舱设备(E/R Equipment)*	数量(Quantity)	单位(Unit)	单价(Unit Price)	金额(RMB)	金额(USD)
传感器(Sensor)	1	船套(shipset)			25 000
温控阀、安全阀、减压阀(Thermal Valve, Safety Valve & Relief Valve)	1	船套(shipset)			55 000
液位计(Level Gauging)	1	船套(shipset)		120 000	
火星熄灭器、消音器(Sparkle Muffler & Silencer)	1	船套(shipset)		250 000	
造水机(FW Generator)	1	台(set)			38 000
生活污水处理装置(Sewage Treatment Unit)	1	台(set)			15 000
机修间设备(Lathe Workshop)	1	船套(shipset)		150 000	
局部水雾系统(Local Water Mist System)	1	船套(shipset)			27 000
火灾报警系统(Fire Alarm System)	1	船套(shipset)			30 000
机舱吊(E/R Crane)	1	台(set)		200 000	
消防用品(Fire Fighting Appliance)	1				38 000
焚烧炉(Incinerator)	1	台(set)		240 000	
机舱风机(E/R Fans)	1	船套(shipset)		250 000	
舱底水分离器(Bilge Water Separator)	1	台(set)			20 000
各种油水滤器(Various Filters for Oil & Water)	1	船套(shipset)		350 000	
各种阀、空气头(Various Valves & Air Ventilators)	1	船套(shipset)		1 820 000	
电梯(Elevator)	1	船套(shipset)			
未分类项目(Uncategorized Items)				900 000	80 000
机舱设备合计(Sub-total)				5 060 000	4 258 800
货用设备(Cargo Handling Equipment)	数量(Quantity)	单位(Unit)	单价(Unit Price)	金额(RMB)	金额(USD)
舱口盖(Hatch Cover)	1	船套(shipset)			280 000
阀门遥控(Valve Remote)	1	船套(shipset)			155 000
货舱风机(Cargo Hold Ventilating Fan)	1	船套(shipset)		350 000	
其他小计(Miscellaneous)				780 000	115 000

表 9 – 12 (续)

货用设备(Cargo Handling Equipment)	数量(Quantity)	单位(Unit)	单价(Unit Price)	金额(RMB)	金额(USD)
高位报警系统(High level Alarm System)	1	船套(shipset)			10 000
配载仪(Loading Computer)	1	船套(shipset)			20 000
压载遥控阀及手动阀(Ballast Valve)	1	船套(shipset)		700 000	
遥控阀多芯管(Multi-core Tube for Remote Control Valve)	1	船套(shipset)			45 000
未分类项目(Uncategorized Items)				80 000	40 000
货用设备合计(Sub-total)	1	船套(shipset)		1 130 000	550 000
电气部分(Electric Part)	数量(Quantity)	单位(Unit)	单价(Unit Price)	金额(RMB)	金额(USD)
配电盘(Switchboard)	1	船套(shipset)			175 000
通讯导航系统(Navigation & Communication System)	1	船套(shipset)			270 000
变压器(Transformer)	4	台(set)		100 000	
其他小计(Miscellaneous)		船套(shipset)		220 000	171 000
灯具(Lighting Appliance)	1	船套(shipset)		100 000	63 000
内部通讯(Inner Communication)	1	船套(shipset)			48 000
母子钟(Master Clock System)	1	船套(shipset)			10 000
雨雪清除器、刮水器(Clear-viewed Screen & Wiper)	1	船套(shipset)			10 000
未分类项目(Uncategorized Items)				120 000	40 000
电气部分合计(Sub-total)				320 000	616 000
未分类部分(Uncategorized Part)				2 000 000	80 000
设备合计(Total in Equipment Cost)				18 250 000	7 306 800

表 9 – 13 直接人工成本(Direct Labor)

项目(Items)	数量(Quantity)	单位(Unit)	单价(Unit Price)	金额(RMB)	金额(USD)
Manlabor 人工	280 000	工时(manhour)	60	16 800 000	
Sub-contracting 外包工	560 000	工时(manhour)	20	11 200 000	
合计(Sub-total)	840 000			28 000 000	0

注:包括外包工费用

表 9－14 制造成本(Manufacturing Overhead)

项目 (Items)	数量 (Quantity)	单位 (Unit)	单价 (Unit Price)	金额 (RMB)	金额 (USD)
设计费(Design Fee)	1	船套(shipset)		3 000 000	
钢材预处理费(Steel Pre-treatment Fee)	1	船套(shipset)		600 000	
码头费(Wharfage)	1	船套(shipset)		250 000	
船台费(Slipway Fee)	1	船套(shipset)		600 000	
胎架、工装(Moulding Frame & Fixture)	1	船套(shipset)		1 700 000	
下水费(Launching Fee)	1	船套(shipset)		200 000	
水运费(Waterage)	1	船套(shipset)		350 000	
运输费(Transportation)	1	船套(shipset)		700 000	
船检费(Class Survey Fee)	1	船套(shipset)			180 000
贸易公司代理费(Agent Fee)	1	船套(shipset)			0
试航费(Sea Trial Fee)	1	船套(shipset)		150 000	
保修费(Guarantee Fee)	1	船套(shipset)			100 000
外部加工费(External Machining Fee)				5 300 000	
动力费(Energy Fee)	840 000	manhour 工时	5	4 200 000	
不可预见费(Unpredictable Fees)	1			1 000 000	100 000
其他(Miscellaneous)	1	船套(shipset)		1 200 000	70 000
合计(Sub-total)				19 250 000	450 000

表 9－15 营业费用(Selling Expenses)

项目 (Items)	数量 (Quantity)	单位 (Unit)	单价 (Unit Price)	金额 (RMB)	金额 (USD)
航运公司并经纪人佣金 (Shipowner/Broker Commission)	1	船套(shipset)	1%		322 200
产品保险费(Construction Insurance Fee)	1	船套(shipset)	0.25%	600 000	
市场销售费用(Marketing & Sales Expense)	1	船套(shipset)		800 000	80 000
保函费(Bank Guarantee Fee)	1	船套(shipset)	0.10%	500 000	
合计(Sub-total)				1 900 000	402 200

表 9－16 管理费用(Administration Expenses)

项目 (Items)	数量 (Quantity)	单位 (Unit)	单价 (Unit Price)	金额 (RMB)	金额 (USD)
管理人员成本(Administration Staff Cost)				14 500 000	
合计(Sub-total)				14 500 000	

表 9－17　财务费用(Financial Expenses)

项目 (Items)	数量 (Quantity)	单位 (Unit)	单价 (Unit Price)	金额 (RMB)	金额 (USD)
短期流动资金贷款利息 (Short Term Loan Interest etc)				1 500 000	
其他(Others)				0	
合计(Sub-total)				1 500 000	

表 9－18　工厂设备及厂房折旧等分摊费用(Factory Facility Depreciation etc)

项目 (Items)	数量 (Quantity)	单位 (Unit)	单价 (Unit Price)	金额 (RMB)	金额 (USD)
工厂设备及厂房折旧费 (Factory Facility Depreciation Expenses)				6 000 000	
工厂设备及厂房维修费 (Factory Facility Maintaining Expenses)			5%	300 000	
工厂设备及厂房保险费 (Factory Facility Insuring Expenses)			0.03%	80 000	
其他(Others)					
合计(Sub-total)				6 380 000	

成本估算的第三步是汇总和分析各项成本,上述表 9－11～9－18 的结果汇总于表 9－19 中。

表 9－19　成本估算汇总表(General Analysis of Cost & Profit Estimation)

序号 (No).	名称(Items)	金额(Amount)		小计(Subtotal)		比例 (Percentage)
		RMB①	USD②	(RMB) ①+②	(USD) ①+②	
A	船价(Ship Price)			209 430 000	32 220 000	100%
B	产品生产成本 (Cost of Goods Manufactured) (Ⅰ)+(Ⅱ)+(Ⅲ)+(Ⅳ)	125 030 000	8 801 800	182 241 700	28 037 185	87.0%
Ⅰ	材料成本(Material)	59 530 000	1 045 000	66 322 500	10 203 462	31.7%
Ⅱ	设备成本(Equipment)	18 250 000	7 306 800	65 744 200	10 114 492	31.4%
Ⅲ	直接人工成本(Direct Labor)	28 000 000		28 000 000	4 307 692	13.4%
Ⅳ	制造成本 (Manufacturing Overhead)	19 250 000	450 000	22 175 000	3 411 538	10.6%

表 9-19 (续)

序号(No).	名称(Items)	金额(Amount)		小计(Subtotal)		比例(Percentage)
		RMB①	USD②	(RMB) ①+②	(USD) ①+②	
C	营业并管理费用(General Selling & Administration Expenses)(V)+(VI)	16 400 000	402 200	19 014 300	2 925 277	9.1%
V	营业费用(Selling Expenses)	1 900 000	402 200	4 514 300	694 508	2.2%
VI	管理费用(Administration Expenses)	14 500 000	0	14 500 000	2 230 769	6.9%
D	EBIT			8 174 000	1 257 538	3.9%
E	财务费用(Financial Expenses)	1 500 000	0	1 500 000	230 769	0.7%
F	工厂设备及厂房折旧等分摊费用(Factory Facility Depreciation etc)	6 380 000	0	6 380 000	981 538	3.0%
G	建造总成本(Gross Cost) B+C+E+F	149 310 000	9 204 000	209 136 000	32 174 769	99.9%
H	税前毛利(Gross Profit Before Tax)A-G			294 000	45 231	0.1%

9.4 船型开发设计的经济理念

9.4.1 船舶开发设计现代理念

商船(Commercial Ship)是航运经济学的研究重点。商船的主要功能是满足各种各样的运输需求并使运输货物安全、及时、有效地抵达目的地。船型开发设计的实质是一个工程产品研发的过程,是航运和造船企业战略和市场开发中的重要环节。从造船企业的经济性角度来看,开发船型的直接目的是销售新造船设计和订单;从可持续发展性角度来看,开发船型是造船企业通过技术创新,提高造船企业竞争力和造船企业持续发展力的战略目标。从航运公司经济性角度来看,开发船型的目的是为了获得稳定的船舶营运盈利能力和成本优势;从可持续发展性角度来看,开发船型是航运公司实现投资价值的战略目标。

传统的船型开发设计是造船生产中的一个环节(见图 9-16)。船型开发和设计工作主要是由造船企业或设计公司的技术人员主导,船型开发的主要手段是参考母型船。这种传统方法的缺陷是:①开发的船型(产品)可能和目标航运市场的实际需求严重脱钩;②缺乏关于船舶建造、营运、维护、拆解等全寿命过程中的全局观、前瞻性和系统性。

未来的船型开发设计是船舶全寿命过程的一个中心环节,在图 5-9“LECD”设计模型基础上综合考虑主导船舶全寿命过程中的采购、建造、营运和拆解/循环四个环节,可以给出如图9－17的框架，将低碳船舶的设计至于核心位置。

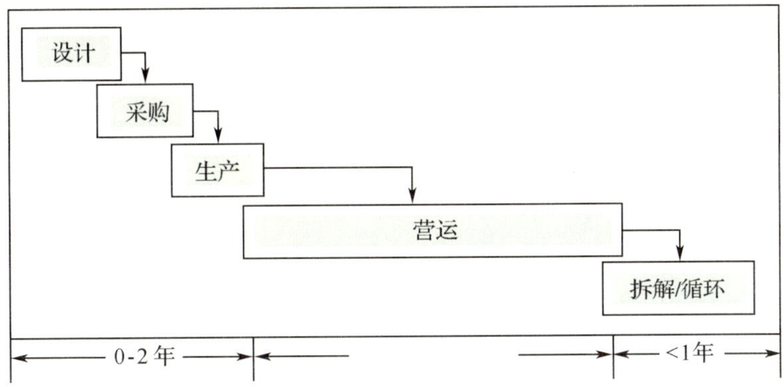

图9－16　船舶设计的传统地位

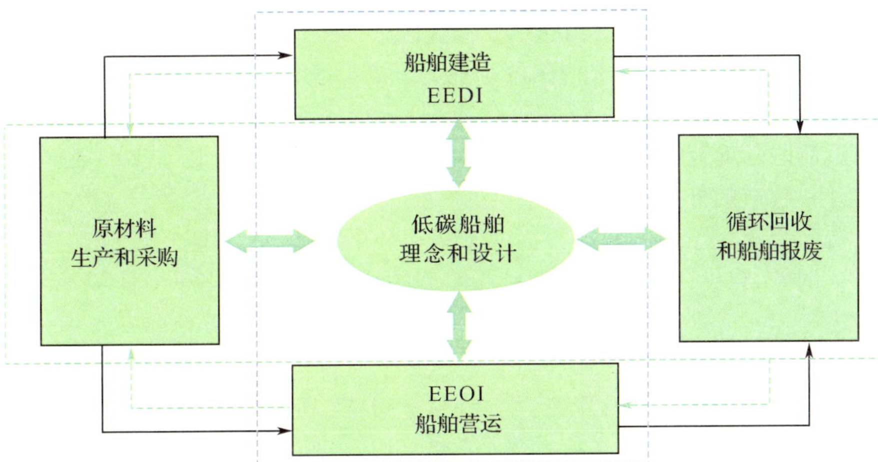

图9－17　船舶设计的未来地位

未来的船型开发应该遵循“DESIGN”理念（见表9－20），也就是体现船舶全寿命和价值的多元化理念、经济性、社会责任理念、创新、绿色航运以及航海功能友好和安全理念。这6个理念的英文首字母加起来恰好是“DESIGN”。

表9－20　船型开发的“DESIGN”理念

全寿命设计与价值多元化理念	Diversity
船舶经济性	Economy
社会责任	Social Responsibility
设计创新	Innovation
绿色航运	Green Shipping
航海功能与安全	Navigation Functionality and Safety

上述理念在本书“序”中所描述的五性（结构完整性（Structure Integrity）、维护方便性（Easy of Maintenance）、使用灵活性（Operational Flexibility）、船舶环保性（Environmental

Friendly)、逃生与健康性(Crew Easily Escape and Health))的基础上进一步演绎了维护方便性、使用灵活性,从经济性的高度上阐述了航运公司造船的多元化理念。以下对表9-20的6个理念分述之。

1. 多元化理念

多元化理念是船型开发设计的一个总括性要求。按照多元化理念倡导开发的船型应该具备在采购、建造、营运和拆解的全寿命过程中为航运公司、社会和生态环境创造价值的综合能力。

2. 经济性

船舶经济性是造船企业和航运公司的核心基本要求之一,也是航运经济学研究的重点。本书第5章已经阐述了造船企业和航运公司分别针对船舶经济性的理解是不一样的。造船企业希望开发的船型能够满足市场大部分航运公司的要求,并通过批量化、规模化建造开发船型而降低成本。航运公司希望开发的船型充分满足目标市场中船舶租家(包括货主)的营运功能和经济方面的要求,使得船舶成为一个有竞争力的盈利工具。综合而言,船舶的经济性主要考虑以下因素。

①满足航运公司关于船舶产品在盈利能力、营运使用功能、质量、安全、维护等各方面的个性化和优越性的要求。在选择关于航速、减排措施等关键设计指标时,开发的船型不仅需要考虑近期国际航运市场的需求以及各种法规的要求,还应具有20~30年的前瞻性。这是船舶设计和建造的外在限制条件。

②满足造船企业关于船舶建造方面成本最小化的要求,这是船舶设计和建造的内在限制条件之一。例如,在设计中能否减少目标船型的空船重量(相当于节能)是衡量经济性的决定性指标之一。

3. 社会责任

未来的船舶不仅要满足船舶建造、生产、安全可靠、高质量的(私人)经济性方面要求,同时需要满足社会、环境和资源友好性等(公共)领域方面关于“责任”的要求,详见第4章。

4. 创新

在1860年英国人建造大东方轮船后,现代航运和造船业经过150多年的发展。在这个过程中,创新是造船企业获得竞争力的主要手段。现代船舶及其设计理念在深度和广度上已经有了质的飞跃。造船企业竞争主要集中于创新产品和成本优势,新产品竞争需要有前瞻性。造船企业可以在研发投入系列化船舶产品中,通过建造新产品、采用低成本的生产工艺或创新的经营方式,确立在市场中的领导地位。例如,日本造船企业常石(Tsuneishi)在2003年以后不断开发和推出包括非洲几内亚Kamsarmax港口最大型在内各种散货船型设计并取得领导散货船市场发展趋势的“先动优势”(见术语中解释)。

5. 绿色航运

“资源节约和环境友好”是绿色航运的重要理念之一。在选择船舶主机时,传统的选择标准主要是考虑船舶动力要求、燃油消耗的经济性要求以及安全和可靠性要求等。在绿色航运理念中,选择船舶主机还需要考虑排放、环保和可循环使用等因素,具体体现在EEDI,EEOI,SEEMP等各种要求。如何以全面、有效和环保的方式回收和再利用船舶报废后的各种材料也是绿色航运理念的具体体现。

6. 航海功能和安全

据不完全统计,一艘庞大的30万吨超级油轮拥有大约2万多个子系统,船舶的设计和建造周期长达18~36个月，营运寿命大约25~30年。在其船舶建造和营运寿命中，大约67%是船舶购置成本，33%是船舶维护成本，见图9-18。船型开发设计决定了船舶建造、营运和拆解全寿命过程中50%~70%的成本因素。除此以外，国际航线船舶在营运过程中面临各种复杂环境。在20世纪70年代的中东战争中，交战双方互相袭击对方使用的油轮，造成巨大的生态灾难。2009年，一艘单壳超级油轮在韩国水域，由于受到外力碰撞，货油舱发生泄露，造成巨大的环境灾难。航海功能性和安全理念主要要求船型开发设计中考虑船舶在全寿命过程中可能面对的各种不安全和不确定因素，以不断提高船舶航海营运的安全性、可靠性、可维修性以及船舶各系统的人机工程性能等。

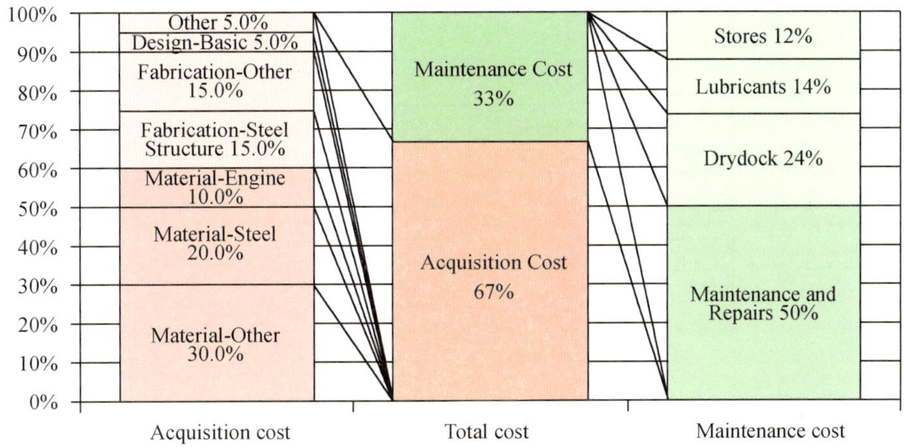

图9-18 VLCC油轮的全寿命经济成本

（来源：Cost Effectiveness and Complexity Concept in Ship Design，Jean-David，Caprace）

9.4.2 船型开发设计的经济分析

在船型开发设计中，首先是航运公司的租船部门提出关于船舶营运的任务书。船舶的营运任务书主要涉及船舶产品的主要营运功能、用途、使用范围及其相对应的主要技术性能指标和经济性指标。这种营运设计可能是为一个新航线开发一种新船型，也可能是为改造或升级现有的船型。在营运任务书的基础上，航运公司提出船舶的主要技术任务书。技术任务书的目的是明确船舶的最佳总体设计方案、主要营运功能和技术性能参数、需要满足的船级社或其他海事机构的要求、主要设备和系统的性能指标以及船舶结构要求等。

因为开发船型的最终用户是目标航运市场上的航运公司或租船公司，所以衡量船型开发成功与否的标准是该船型在目标市场和航线上的经济性和盈利能力。船型开发的经济性分析主要包括调查、定义航运公司关键绩效指标（Key Performance Indicators）、船型分析和船型建议和验证四个阶段，见图9-19。

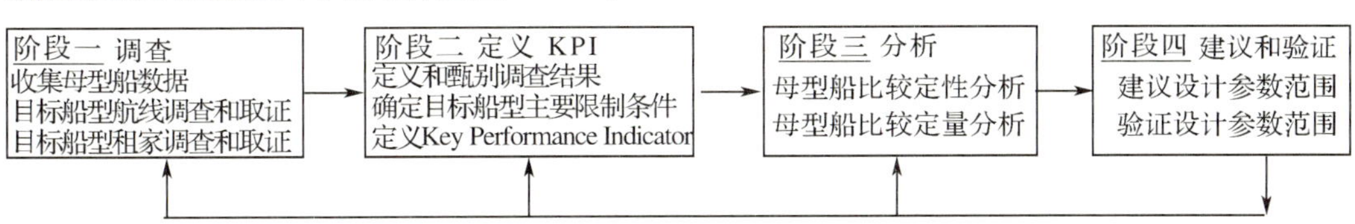

图9-19 船型主要设计参数收集和分析流程图

关于船型开发设计的经济分析步骤和方法主要介绍如下。

1. 阶段一:调查

首先要调查目标航线,主要调查目标航线中各海运运输环节的基本情况和发展趋势,它与目标船型的关系。其中包括:

①调查目标航线中的港口、航道、运河等环节的自然或技术条件(见图9-20和表9-21);

表9-21 Suezmax油轮航线分析

Route		Region		Representative Ports	
		Loading	Unloading	Loading	Unloading
跨区域	跨大西洋航线/西向航线	West Africa	US Gulf/CAR	Bonny Offshore	Galveston
		West Africa	USEC/ALT	Bonny Offshore	Philadelphia
		West Africa	North Europe	Bonny Offshore	Rotterdam
		West Africa	South Europe	Bonny Offshore	Fos
		North Africa/E Med/Black Sea	US Gulf/CAR	Sidi Kerir	Galveston
		North Africa/E Med/Black Sea	USEC/ALT	Sidi Kerir	Philadelphia
		Middle East	North Europe	Ceyhan	Rotterdam
		Caribbean/S America	North Europe	Bonaire	Rotterdam
		SEA	North Europe		Rotterdam
		North Sea	US Gulf/CAR	Sullom Voe	Galveston
	东向亚洲航线	West Africa	Indian Subcontinental	Bonny Offshore	
		West Africa	Far East	Bonny Offshore	
		North Africa/E Med/Black Sea	SEA	Novorossiysk	Singapore
		Baltic	SEA		Singapore
		Middle East	Far East	Ceyhan	China-Japan
		Middle East	Indian Subcontinent	Ceyhan	China-Japan
		Middle East	SEA	Ceyhan	Singapore
		Caribbean/S America	Far East	Bonaire	China-Japan
		Caribbean/S America	SEA	Bonaire	Singapore
	东地中海—欧洲	North Africa/E Med/Black Sea	North Europe	Sidi Kerir	Rotterdam
		North Africa/E Med/Black Sea	South Europe	Sidi Kerir	Fos
		North Sea	North Europe	Mongstad	Rotterdam
区域内	美湾—美国东/西海岸	Caribbean/S America	USEC	Bonaire	Philadelphia
		Caribbean/S America	USWC	Bonaire	Los Angeles
	东南亚/大洋洲—远东	SEA	SEA	Dumai	Sriracha
		SEA	Far East	Dumai	China-Japan
		SEA	Indian Subcontinental	Dumai	

②调查目标航线的货物种类、流向和运输量(Parcel Size)等货物运输信息;

③调查目标船型租家，主要是拜访船型潜在的租家或租船单位，理解船舶租家对目标船型的偏好程度。

其次的工作是收集相关母型船数据，包括确定、收集和汇总关于目标船型的主要规格、配置和总布置图等关键设计技术参数和特征，建立一个标杆船（Benchmark）参数与船舶建造（设计）厂会谈。

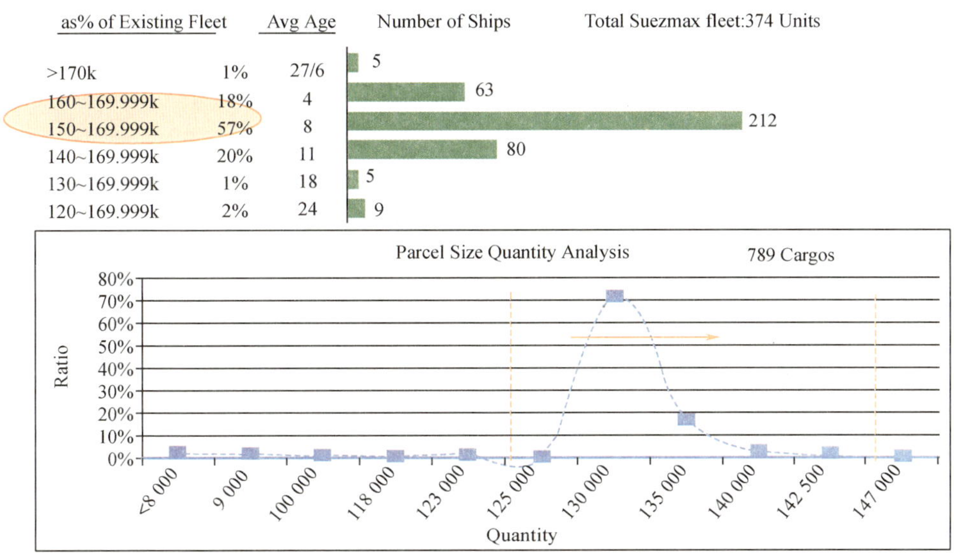

图9－20 Suezmax油船Parcel分析

母型船、航线和租家的调查工作是一个非常重要和艰巨的工作。世界一流的航运公司和造船企业都会定期地收集和跟踪相关目标航线、港口以及船型的主要数据，收集大量一手的营运和技术信息。图9－21是在船型开发中收集关于首钢秘鲁港口挂靠船舶限制的实际案例。表9－22是关于世界主要铁矿石码头和主流矿砂船的吃水分析，主要包括15个卸货铁矿石港、11个铁矿石装货港以及8种矿砂船（目标母型船）。

图9－21 首钢秘鲁码头设施限制条件

表9-22　世界主要铁矿石码头和主流矿砂船的吃水分析（2008年）

Last update: 2008-Jan

Draft@high tide	Discharging Port	Ore Loading Port	Draft@high tide	Ship Types
28.0 m			28.0m	
27.5		Porta de Maderia(Brazil,27.4 m)	27.5	
27.0			27.0	
26.5			26.5	
26.0 m	Oita(Japan,26m)		26.0m	
25.5			25.5	
25.0	Caofeidian(China,25m)		25.0	
24.5	Rizhao(China,24.5m)		24.5	
24.0 m			24.0m	
23.5			23.5	
23.0	Dalian(China,23 m) (Majishan(China,23 m)		23.0	Hyundai 313K@23m Bohai 388K@23m
	KYB(South Korea,225 m)		22.5	
22.0 m			22.0m	
21.5		Saldanha Bay(S-Africa,21.5m)TIG(Brazil,21.5 m)	21.5	Dalian 310K@21.4m Universal 297K@21.4m
21.0	Qingdao(China,21 m)	Tubarao(Brazil,21 m)	21.0	Mitsui 323K@21 m
20.5	Beilun(China,20.5 m)	San Ncolas(Argentina,20.5 m)	20.5	
20.0 m	Tianjing(China,20 m)	Port Hedland(Australia,20 m)	20.0m	
19.5	Pohang(SKorea,19.5 m)		19.0	
19.0	Keihin(Japan,19m)	Port Walcott(Australia,19 m)	19.0	
18.5	Gijon/Trieste(Italy,18.5 m)	Guayacan(Chile,18.5 m)	18.5	
18.0 m	Kashima& Kimitsu(Japaninland sea,18 m)	Cape Lambert(Australia,18m) Dampier(Australia,18m)	18.0m	
17.5		Ponta de Ubu(Brazil,17.5 m)	17.5	
17.0			17.0	
16.5	Qinhuangdao(China,16.5)		16.5	
16.0 m	Hamburg(Germany)		16.0m	
0.0 m			0.0m	

2. 阶段二:定义航运公司关键绩效指标(KPI)

定义 KPI 阶段的首要工作是定义和甄别调查结果。通过航运专家的经验解读,将关于航线、港口、租家偏好程度等各种信息定义或转化为定量或定性指标。

其次是确定目标船型的限制或要求条件,尤其是关于降低物流总成本、每单位效用(每吨、每 TEU 箱或者每人)的运输成本以及减排节能方面的要求。在总结和分析调查信息的基础上,甄别目标航线中的港口、航道、运河等关于船舶长度、宽度、吃水、装卸条件和装卸率等自然或技术方面的限制条件;针对目标船型,设定关于航线、港口、租家偏好的主要和次要限制或要求条件。

第三是定义 KPI。结合上述要求,从主要设计常数中,确定目标船型的主要性能参数和要求。

收集和分析这些营运和技术信息的主要目的是为了优化船舶的主尺度,设备配置,技术特征、营运功能等。船舶是航运物流链中的重要工具,在选择和优化船舶尺度的过程中,航运公司以及船型开发人员必须考虑以下几点。

①目标船型的营运效率;

②目标海运运输链的联合供应效率;

③兼顾未来发展趋势。

案例 9－3 说明了船型尺度的优化过程。

【案例 9－3】　优化船型尺度

在设计船舶或港口项目时,需要平衡港口和航运公司的投资和营运效率和收益。建设港口的投资非常高。港口效益的计算基础是停靠港口的船舶装卸货的数量和装卸所用的时间。船舶运输成本以及货物在港口的装卸和储存成本联合决定了船舶运输总成本。由图9－22可见,船舶成本是随着船舶吨位增加而降低。然而,大型船舶将导致船舶在港口装卸的时间加长、每单位码头长度停靠船舶数量下降、装卸成本增加等结果。如果给定运输货物和航程,当船型吨位大小超过某一数值时,虽然船舶成本下降,但是单位货物码头装卸和储存成本的上升,使得运输总成本上升。因此,最优船舶吨位大小,不仅取决于船舶本身的成本函数,同时也取决于船舶服务航线上所有运输系统的成本。

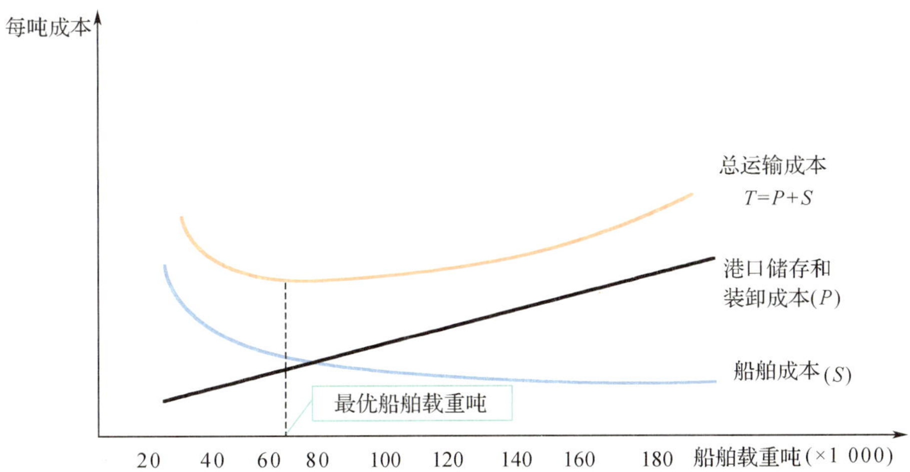

图 9－22　运输总成本决定最优船舶载重吨

(来源:Kendall,1972)

综合上述，船舶吨位应与营运航线距离、港口条件等因素相关联，存在一个上限。在2002年，中国宝钢曾经调查超大型矿砂船的可行性及其最优船舶吨位大小，根据当时国际航运港口情况，调查报告的结论是超大型矿砂船的最大载重量只能是60万吨以下；60万载重吨以上的矿砂船不仅收不到良好的航运公司绩效指数（运费上升），反而造成成本极大上升，见图9－23。

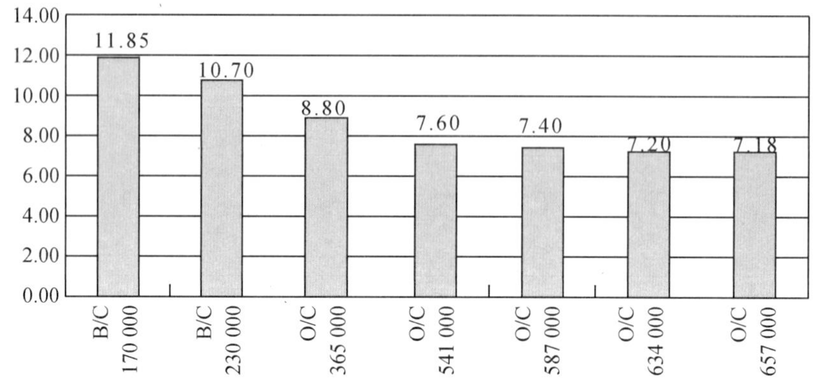

图9－23　不同载重吨矿砂（散货）船的运费

（来源：中国宝钢，2002）

3. 阶段三：船型分析

在船舶设计的营运和技术任务书中，航运公司应该明确对船舶先进性的要求，主要目的是满足目标船型在目标运输市场和航运物流链（港口和航线）的发展前景。衡量船舶先进性的主要方法是针对目标船型和母型船在营运、技术、经济性等三个方面的竞争对比分析。这种船型对比分析是船型开发设计中的一个主要环节，主要分析的范围是船舶在营运、技术和经济等方面的各种指标。图9－24是关于船舶经济性分析的主要内容和框架。分析手段是母型船和目标船型优劣的定性和定量分析。具体而言，就是将具体的船舶技术参数等技术语言，放在目标航线和同类船舶分析中，转换成船舶营运中具体和直观的经济收益和投资回报等商业数据和语言。

船型分析具体包括以下三个方面：

①营运参数分析，主要分析对象是船舶的主要营运用途、营运功能、运输要求、航线要求等营运特征；

②技术参数分析，主要是结合航运公司绩效指标（KPI）并通过排序等定量方法，分析母型船主要设计参数的优劣程度；

③经济性分析，主要是①设定和模拟主要航线和货物运输条件；②进一步建立船舶营运经济性分析模型；③针对目标船型和母型船进行船舶营运经济性分析和排序。

案例9－4给出了营运分析与优化船型的例子。

【案例9－4】　优化船型技术和营运分析

某航运公司根据市场需求推出了一个大开口和箱形结构货舱散货船型设计。这种先进技术特征有助于工程货的装卸，提高了船舶的适货性和装卸效率，缩短了货仓准备时间。但是这种结构将增加3%～5%的船舶建造成本。通过一系列类似的技术和营运分析后，航运公司发现优化船型比母型船的投资增加了95万美元（简单平均分摊到10年时每年平均增加95 000美元）。但是，优化船型的技术优势增加了船舶收益是每年大约62万美元。在

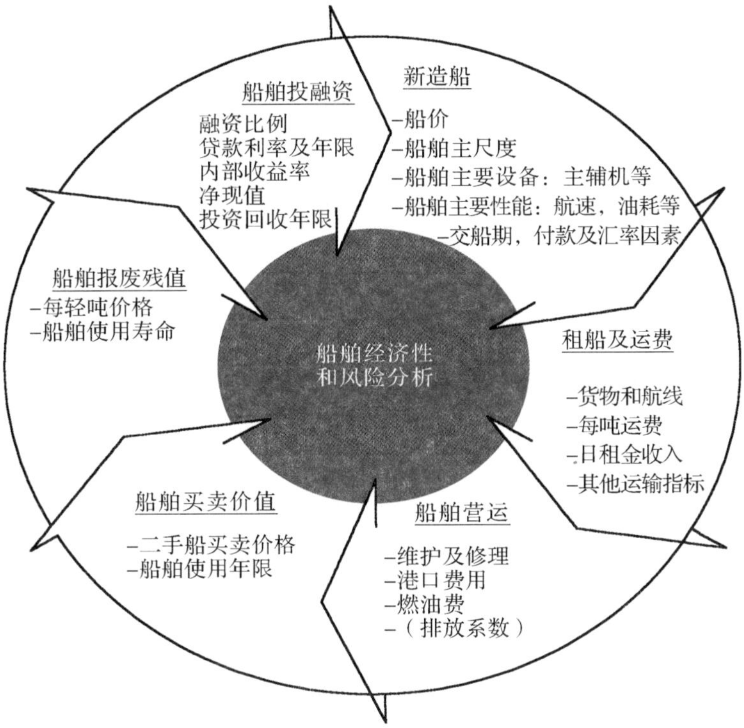

图 9－24 船舶经济性分析的主要内容

扣除船舶投资成本后，相对于母型船，优化船型的技术优化特征产生的净收益约为每年 52 万美元[5]。

船型分析的第一步是比较目标船型和母型船之间的主要技术规格差异。在这个基础上，进一步明确或列举这些技术差异对于目标船型营运特征的改善以及增加这些先进性技术特征需要的额外资本投入。例如，在母型船中的每一个货舱底板强度都不同。在目标船型中，货舱底板强度统一设计为每平方米 25 吨强度，通用一致的高货舱内底强度，增加了目标船型的适货性和可靠性；为此，目标船型需要额外增加 10 万美元资本投入，表 9－23 给出了两艘 5 万吨级散货船主要船舶规格比较及其技术优化特征评价的格式。

表 9－23 两艘 5 万吨级散货船主要船舶规格比较

	符号	母型船	优化目标船型	技术优化特征评价	额外资本增加
船长	L	190 m	190 m		
船宽	B	32.26 m	32.26 m		
夏季吃水	D	12.5 m	12.6 m		
夏季载重吨	DWT	55 528	54 000		
货物容积	m^3	2 415 207	2 327 245		
起重能力	ton	30	36	多 6t 的起重能力	$150 000
克林吊最大跨距	m	9.87	11.9	长 2 m 的跨度	

表 9－23 （续）

	符号	母型船	优化目标船型	技术优化特征评价	额外资本增加
主机 MCR 功率	kW	8 200	9 480	多 16% 的最大功率	\$200 000
满载航速	V	14	14		
主辅机满载油耗	t/d	33.6	32.9	每日少 0.5t 的油耗	
货舱	No.	L * B	L * B		
货舱尺寸/配置	1	16.74 m×18.60 m/DSS/Var	19.2 m×20.8 m/DSS/Var	大舱口设计（大 25%）方便货物装卸	\$500 000
	2	22.32 m×18.60 m/SSS/7 m	21.6 m×22.4 m/DSS/3.6 m		
	3	18.60 m×18.60 m/SSS/7 m	21.6 m×22.4 m/DSS/3.6 m		
	4	21.39 m×18.60 m/SSS/7 m	21.6 m×22.4 m/DSS/3.6 m		
	5	22.32 m×18.60 m/DSS/Var	21.6 m×22.4 m/DSS/3.6 m		
内底强度	1	24.5 t/m^2	25 t/m^2	通用一致的高内底强度 增加适货性和可靠性	\$100 000
	2	17 t/m^2	25 t/m^2		
	3	27 t/m^2	25 t/m^2		
	4	17 t/m^2	25 t/m^2		
	5	22 t/m^2	25 t/m^2		

注：上述对比没有包括 EEDI 的对比

优化设计分析的第二步是针对目标船型优化特征的营运分析。这个步骤的关键是将船舶优秀特征的技术语言转换为利用营运数据对比优劣的营运语言。具体而言，通过船舶营运假设，对目标船型优于母型船的技术特征进行营运成本和收益分析。例如，该船型优化后将需要较少的洗舱设备。在装卸货时，每次节省洗舱设备租用费 \$15 000，每年按照 8 个航次计算，共节约洗舱费用 \$120 000。表 9－24 给出了该船的优化船型营运特征分析。

表 9－24 优化船型营运特征分析

	每航次天数	每年航次数	每年节约天数或次数	营运假设		每年效益或节省
货舱压载水及其清洗	1.5	4	6	每天租船费	\$14 500	\$87 000
淡水冲洗和风干	1.5	4	6	每天租船费	\$14 500	\$87 000
港口费用节省			12	每天港口费	\$10 000	\$120 000
船舱清理节约时间	2	4	8	每次洗舱费	\$14 500	\$116 000

表9－24　（续）

	每航次天数	每年航次数	每年节约天数或次数	营运假设		每年效益或节省
更少的洗舱设备			8	每次洗舱设备租用费	$15 000	$120 000
船舶营运额外效益			小计			$530 000
维修费用节省_货舱加强				十年节省额外费用	$220 000	$22 000
维修时间节省_货舱加强			1	每年节省天数	1	$14 500
维修费用节省_涂层保护				十年节省额外费用	$261 000	$26 100
维修时间节省_涂层保护			2	每年节省天数	2	$29 000
船舶管理固定成本节省			小计			$91 600
		燃油费用/($/t)	航行天数			
额外燃油消耗_船舶重量增加		280	160	每天额外燃油消耗吨数	-0.8	-$35 840
额外燃油节约_货舱无压载水航行		280	32	每天节约燃油消耗吨数	4	$35 840
燃油费用节省			小计			$0

第三步是成本和收益分析。为增加技术优化特征的额外资本投入是$950 000美元。但是，这些技术特征每年产生边际效益和成本节约为$621 600美元。不到两年，航运公司收回了额外投资资本。表9－25给出了该优化船型边际成本和收益分析。

表9－25　优化船型边际成本和收益分析

成本和收益分析技术优化特征的额外效益和成本节约		合计	$621 600
	总投入	10年分摊	
技术优化的额外资本增加	$950 000	$95 000	$95 000
技术优化特征产生的净效益		总计	$526 600

如果在船型开发设计中增加诸如第5章的减排设备等有利于低碳或低排放的技术特征，可以采用类似于案例9－4的分析步骤，针对低碳特征的经济性进行分析。具体的分析步骤如图9－25所示。

4. 阶段四：建议

建议和验证阶段的主要工作是建议目标船型的主要设计参数范围以及通过租家调查和船型分析反复验证建议参数。在定性和定量分析和评估的基础上，提出目标船舶的关键设计参数范围。最后，通过经济性分析模型和现场调查方式，对建议的目标船型主要参数进行再次验证和优化。

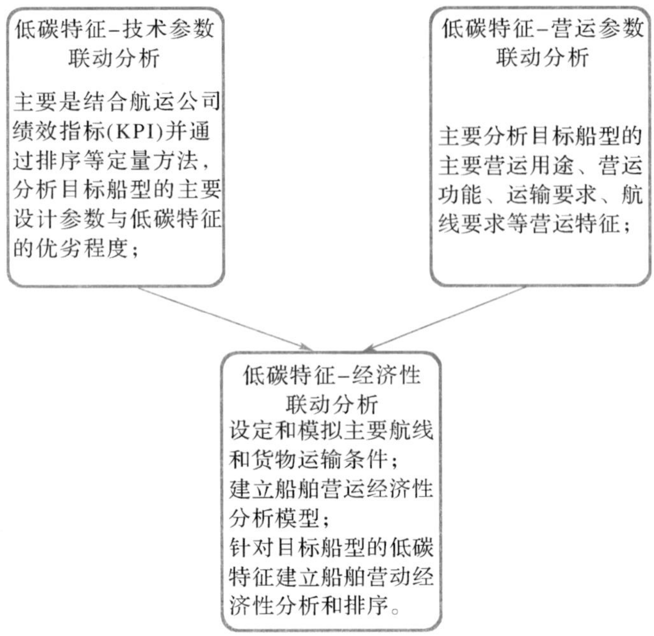

图 9-25　低碳特征-经济性分析步骤

参考文献

[1] 陈映秋. IACS CSR 与在军船中的应用——兼论军船规范发展方向[C]. 北京:中国造船工程学会,2009.

[2] LR. Lloyd's Register and Fairplays[R]. London:LR,2000.

[3] DVB Bank. Suezmax Tanker Market Outlook[R]. London:DVB Bank,2010.

[4] 余晓松. 基于模块化技术的舰船设计与建造[J]. 船舶工程,2008,30(4):85-87.

[5] Craig Shipping. Comparison on Supramax BCs[R]. Craig Shipping Webpage: Craig Shipping,2005.

第 10 章 航运(公司)企业理论

10.1 航运(公司)企业的组织决策——创新与竞争

10.1.1 创新是企业家命脉

“勤力可以温饱,创新才能致富”是香港著名航运实业家曹文锦先生的一句名言。创新是航运和造船业发展的命脉,研究创新有非常重要的现实意义。低碳航运和低碳船舶是解决船舶温室气体排放的一对软硬件兼顾的解决方案。尽管国际航运和造船界对于低碳航运和造船做了很多有益并且深入的探讨,然而这种探讨仍然远未进入大规模实践的阶段。是在现有船舶设计理念中融入降低排放的解决方案还是采用一种全新的理念,这是改良还是创新的分水岭。本书的第 1 章至第 6 章较为详尽地阐述了航运界所面临的国际减排、市场机制措施(Market Based Measures,MBM)日臻完善及低碳技术不尽令人满意的双重压力;可以预言,未来五年将是低碳航运技术发展的高峰。一种创新的低碳航运物流及低碳船舶将取代目前传统的物流与船舶,并将改变世界航运和造船市场的版图。

什么是创新和创新的力量源泉?

文献[1]指出:“创新被认为是需要使用稀缺资源的经济活动的结果。”向可持续发展或绿色发展过渡的系统创新需要从一种系统变化到另外一种系统。这是一种系统创新,具有以下四个方面的特点:

①不仅包括新技术的人造物品,而且也包括新市场、新用户实践、新的管制、新的基础设施和新的文化意义,涉及供应方(技术、知识和产业结构)和需求方(用户偏好等)的变化;

②结构性创新,可破坏现有的技术与用户的联系;

③多主体的相互作用过程,包括大范围的社会群体,如产业、用户、科技与政策等主体;

④在一个较长的时间段内开展,有时需要几十年时间。

目前,人们必须提高航运资源的环境绩效,这是因为 IMO 业已通过的 EEDI,SEEMP 当作资源环境绩效的指标与措施,亦可采用如下三种途径:

①在短期内(5 ~ 10 年)依靠研究对已有的方法和途径进行微调以满足有关要求;

②在中期内(10 ~ 15 年)依靠研究对生产(或服务)过程进行综合技术改造、重组;

③在长期内(20 年以上)设计全新的系统方案,采用与现在模式完全不同技术、制度和社会安排。

短、中期的措施不会改变现行的主导型发展模式,对资源环境绩效提升不大,这是人们常说的系统优化与局部创新。而长期的创新意味着原系统的颠覆,具有途径突破性(Path-breaking)对资源环境绩效提升很快。在目前的情况下只能采用短、中期途径,没有途径突破性(Non path-breaking)。图 10 - 1 给出了三种不同措施的资源环境绩效(Environmental

Effectiveness)结果示意图。

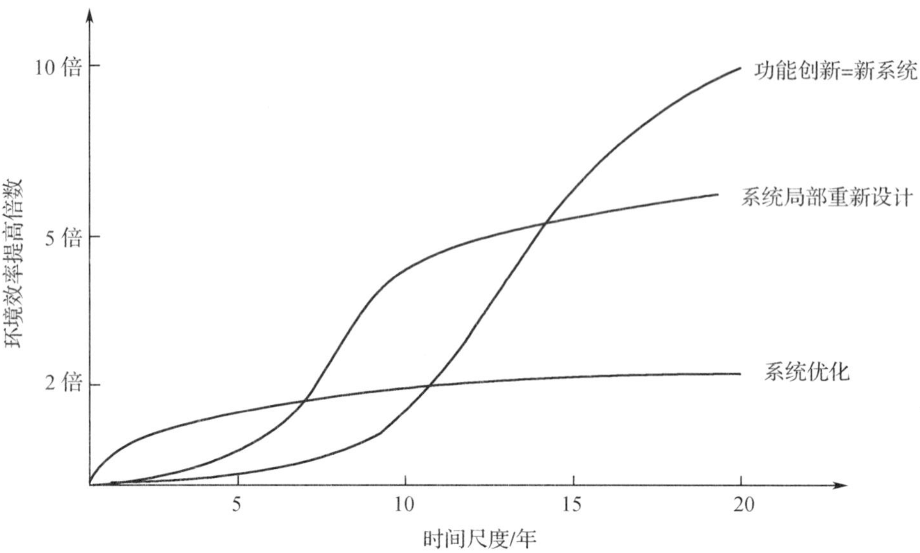

图 10 -1　三种不同措施的资源环境绩效

(来源:2010 中国可持续发展战略报告)

本节从经济学的角度,剖析 19 世纪末和 20 世纪初发生的动力钢船取代风帆木船的过程,其目的是寻找和总结航运创新的主要动力源泉,解决什么是航运创新的问题。

创新首先发生在动力技术上,其积极意义使人类告别了传统的“阻力”风帆,不再靠天吃饭,颠覆性地改变了航运的动力解决方案。1712 年,英国铁匠托马斯·纽科门(Thomas Newcolnell)发明了纽科门蒸汽机,用来驱动抽水机将矿井中的水抽出。1765 年,英国人瓦特改进了蒸汽机的设计,使之成为纺织机和其他小型机器的主要动力来源。蒸汽机技术首次应用于船舶设计和建造是在 1807 年,美国工程师罗伯特·富尔顿(Robert Fulton)建造了第一艘成功进行商业运作的蒸汽机船“North River Steamboat”。该船在纽约市和纽约 Albany 之间 240 km 的距离上运送旅客,单程 32 h。

另一个航运的显著创新发生在船用材料领域,使得人类告别了每年一大修的木帆船,使得船舶的使用寿命和可靠性得到很大提高。1822 年,英国人 Aaron Manby 在英国 Horseley Iron Works 建造了人类历史上第一艘铁船。该船载重量 122 t,船长 32 m,船宽 5.2 m,推进系统是 30 马力(约 22.1 kW)的两缸蒸汽机加上 2 个直径 3.7 m 的明轮,航速每小时 8 kn。

划时代的航运创新发生在 19 世纪中叶。1859 年,英国举办了第一届世博会(Great Exhibition)。通过世博会,英国人了解到美国的广袤土地和丰富的自然资源,并对前往美国移民产生了浓厚的兴趣和强烈的热情。为满足市场需求,英国人 Brunel 和 Russel 专门设计并建造了当时全世界最大的船舶大东方号(Great Eastern)铁船(见图 10 -2)。大东方号铁船的排水量 32 160 吨,长度 211 m,宽度 25 m,载客 4 000 人,船员总计 418 人,航速 14 kn。它是一艘混合动力推进船舶,除拥有 6 桅风帆,还装备了 4 台蒸汽机推进的叶轮系统加上 1 台蒸汽机推进的螺旋桨。这 5 台蒸汽机共计 8 000 马力(约 5 882.4 kW)。

大东方号铁船是人类第一次船舶大型化的开始。大东方号铁船的出现不仅拉开了现代造船和航运业发展的序幕,同时使得现代海权论中所提倡的“产品、航运、殖民地(市场)”三要素得以完善。大东方号铁船的创新为现代钢质船舶的产生奠定了技术基础,两位英国企业家发挥了领导潮流的作用。大东方号铁船仿佛是两位英国企业家在市场大潮中的惊鸿一瞥,虽然短暂,但是照亮了航运和造船市场发展的方向。

大东方号铁船的创新主要体现在以下两个方面。

首先,大东方号有一个全面创新的船舶设计理念。Brunel 将梁的力学原理应用于船舶结构设计,借鉴泰晤士河上桥梁横剖面的型式首创了纵骨架式结构和板架式双层底结构。大东方号铁船采用了蒸汽机驱动的螺旋桨推进系统。通过采用这些创新设计技术,大东方号铁船的船舶结构强度、推进效率和安全性得到全面提升。

其次,大东方号的造船生产组织方式也是史无前例的。造船厂采用了以专业分工和规模生产为基础的工厂组织制度。过去,作坊主必须掌握核心技术并参与组织或指导生产的全过程。这些作坊主通常就是所谓的“师傅”,如铁匠师傅等。他们的作用是不可替代并且无法复制的。这带来最大的局限是生产效率低下,作坊规模难以做大。在建造大东方号的过程中,师傅的功能被逐步分化为两个层面:第一个是专门从事生产或技术管理的经理;第二个是专门从事某一项工序工作的技师或技工,如从事船体、轮机和电气的专业化工人。这种专业化生产以及工厂组织制度大大提高了船舶建造的生产效率和质量,为规模化建造船舶提供了可能性。这些都是以往手工作坊所无法比拟的。

图 10－2　大东方号铁船和设计师 Brunel

(来源:Wikipedia)

然而,作为新兴力量的铁船并不是在一开始就具备营运竞争优势。在竞争的开始阶段,新兴的动力铁船在两个方面无法与传统风帆木船媲美。

第一,和风帆船相比,由于蒸汽船需要装载燃料并且考虑燃料补充的地点,蒸汽船的运载能力与其航行距离成反比。根据测算,如果燃料煤占有船舶载重量的1/4 以上,蒸汽船就无法和帆船竞争。蒸汽船的航程距离越长,运输成本越处于劣势,这是蒸汽船的“短板”。使用风力和人力的风帆船在长途运输上具备优势。1870 年以前,蒸汽船在 3 000 英里(约 4 828 km)航程以上无法和风帆船竞争。跨大西洋航线主要是由蒸汽船主导,而东向的跨洲际航线仍由帆船主导。

第二是涉及船舶安全的材料问题。铁的柔韧性太低一直是铁船致命的弱点,发生事故的后果令人无法接受。

然而创新的力量并没有停止脚步。

首先,船体材料问题由于炼钢技术出现而得到解决。19 世纪下半叶,炼钢工艺的创新使得强度大而富有弹性的钢材不仅被用于船体材料,同时被应用于制造船舶锅炉、主机、轴系等。与此同时,在大东方号铁船的建造成功后,造船技术和生产组织水平得到进一步提高。

其次,在主要贸易地区,勘探和开采煤矿的工作为蒸汽动力船舶提供了燃料资源的保证。当蒸汽机的动力技术得到进一步完善时,船舶消耗燃料越来越少,推进效率越来越高。

第三,船舶标准——相应的钢铁船舶的技术规范也逐步被建立和推广。1866 年,德国劳埃德船级社(GL)准许使用钢材造船;1877 年,英国劳埃德船级社开始接受钢制商船的登记;1879 年,新西兰联合汽船公司建成 1 777 总吨钢质船舶"罗托马哈那"号。

最后,全球航运网络——全球的初步航运物流建设也在逐步适应新的市场需求。1869 年 11 月 7 日,苏伊士运河开通,伦敦到孟买的航程距离从 11 500 英里(约 18 507 km)降到 6 200 英里(约 9 978 km)。这不但降低了蒸汽轮船的燃料成本,而且使帆船处于一个非常不利的竞争地位,因为运河中缺乏风动力。从此,蒸汽船开始在跨洲际航线上取代帆船。

1885 年,全世界船队中钢船的份额达到 36%。1900 年,钢船份额达到 97.4%。1913 年,只有不到 2% 的英国船只使用风帆作为动力。从 1765 年瓦特发明蒸汽机到 1900 年的大约 150 年时间里,蒸汽钢铁船取代了风帆木船并主导了全球市场。20 世纪成为钢船时代,动力钢铁船舶从此成为航运业的可靠工具和主流船型。20 世纪 50 年代,大型风帆船逐步停止商业使用。

18 世纪到 19 世纪是一个大创新的年代。动力和材料领域的技术创新和以专业化分工为导向的生产管理和组织创新拉开了工业革命的大幕。在航运业中,煤炭驱动的蒸汽动力钢铁船舶取代风帆或人力驱动的木船是一个标志性的革命和创新。在船舶动力技术、材料、设计以及生产组织和管理领域中一系列创新为动力钢铁船舶的发展提供了供应力量。

另一方面,强大的市场需求和资本投资的力量为创新提供了需求力量。市场广度在进一步扩大。17 世纪到 19 世纪,欧洲人口增加带来的压力,驱使人们从农村走向城市(城镇化),并去更远的地区开拓新市场(殖民地)。市场的视野也从一个地区扩展到全球。客观上,货物和人的移动需求非常巨大。同时,自由市场经济制度萌芽和发展极大地促进了全球经济和贸易,并刺激了需求。新兴的全球经济和贸易体现在:

①跨国公司企业制度的建立和普及;

②全球营销和商业网络的建立和开拓;

③专业化分工为基础的大生产组织的出现;

④以区位竞争优势为基础的全球贸易分工初步形成。

与以风帆木船为工具的传统航运相比,动力钢铁船舶使得航运业在经济性、载货量、速度、安全性和可靠性等各方面有了质的飞跃,为全球贸易市场的蓬勃发展提供了保障。

蒸汽动力钢铁船舶取代风帆动力是一种典型的创造性破坏(Creative Destruction)。创造性破坏是约瑟夫 · 熊彼特(Joseph A. Schumpeter,1883—1950,美籍奥地利经济学家)提出的观点,这是熊彼特企业家理论和经济周期理论的基础。创造性破坏就是不断地从内部革新结构,即不断破坏旧的,创造新的结构。按照熊彼特的观点,创新是指把一种从来没有过的关于生产要素和生产条件的新组合引入生产体系。因此,每一次大规模的创新都会淘汰旧的技术和生产体系,并建立起新的技术和生产体系。熊彼特认为竞争不是通过价格竞争而是依靠创新竞争实现的。从经济学的角度看,资源(土地)、技术、劳动力、制度、企业家能力都是生产性的基本投入要素。创新可能是在投入环节中的一个局部点或者价值链的一个环节开始,然后逐步扩散到全部领域和全价值链,见图10-3。

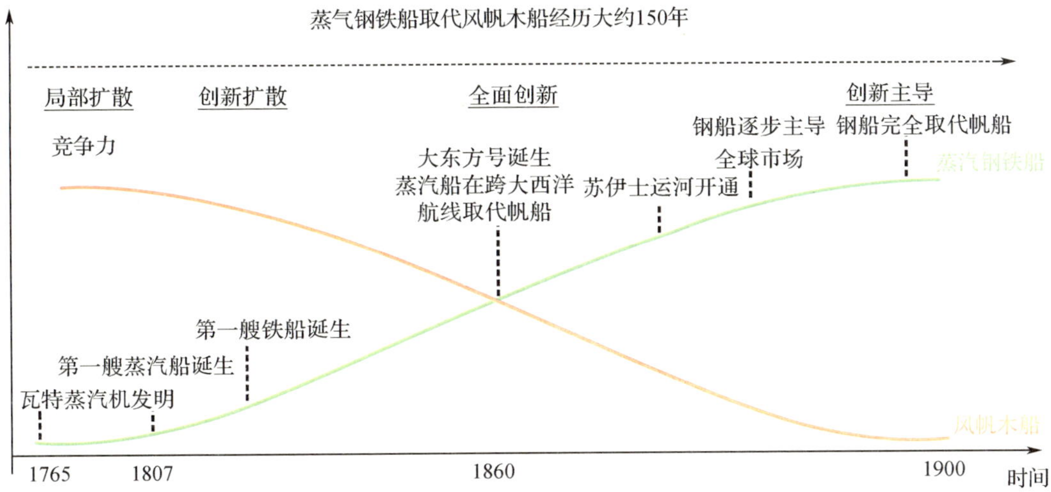

图10-3 航运界的创新足迹

熊彼特将企业家视为创新的主体和力量源泉,其作用在于创造性地破坏市场的均衡。企业家就是"经济发展的带头人",也是能够"实现生产要素的重新组合"的创新者。他认为,动态失衡是健康经济的"常态"(而非古典经济学家所主张的均衡和资源的最佳配置),而企业家正是这一创新过程的组织者和创始者。通过创造性地打破市场均衡,才会出现企业家获取超额利润的机会。

10.1.2 物竞天择——自由竞争

阿尔弗雷德·马歇尔(Alfred Marshall,1842—1924,英国经济学家)说:"仿佛生命力和衰退力,使人从婴儿、青年、壮年成长到老年,经济力量类似地作用于市场和企业。"马歇尔在描述企业和市场的成长和衰落过程中采用了非常拟人化的方式,这其中的隐喻是企业的诞生、发展、成功和衰败如同自然界中生物进化过程。

竞争是自然界中的一种常态。物竞天择和适者生存是达尔文在其著名的《进化论》中提出的。如何适应和进化是自然界中各种生物的一个必然选择过程。案例10-1讲了自然界的竞争但是影射了自由市场中的竞争关系。

【案例10-1】 自然界中的蜥蜴竞争

在20世纪90年代,美国生物学家研究北美洲雄蜥蜴的进化策略。科学家发现在一个地方有三种颜色不同的雄蜥蜴。其中,橙色雄蜥蜴凶猛,领地意识很强,每个蜥蜴的领地范围很广。蓝色蜥蜴比较凶猛,但不如橙色蜥蜴,领地范围较小。黄色雄蜥蜴和雌蜥蜴的颜色一样,在交配季节,混入大群雌蜥蜴里面,趁火打劫。科学家发现:在1991—1995年中,头两年先是黄色蜥蜴种群占主要地位,但是,后两年是蓝色蜥蜴占主要地位。再后年是橙色蜥蜴占主要地位。这是一个典型的多阶段不完全信息贝叶斯博弈。不完全信息贝叶斯博弈是一个博弈论的模型[2]。它的一个家喻户晓的例子就是老虎、虫子和棒子的博彩游戏。

三种蜥蜴的博弈过程同样发生在市场竞争中的企业之间。橙色蜥蜴如同大型航运公司,运力规模巨大,可以左右运价,拥有市场地位。蓝色蜥蜴如同中型航运公司,规模不大,但有自己的特色，如专业化运输。黄色蜥蜴如同小型航运公司，没有服务产品开发能力，只能够拷贝其他公司的产品。在不同的航运市场竞争形态中，航运公司竞争战略是不同的。在大航运公司为主的寡头竞争中，中、小航运公司需要采用黄色蜥蜴策略，也即是采用灵活的游击战，在大航运公司竞争的夹缝中生存。在蓝色蜥蜴时代，需要橙色蜥蜴战略，也即是以收购和扩张为主的大规模战役，扩大市场规模和挤压竞争对手。在黄色蜥蜴时代，航运市场中充斥着各种各样的小航运公司，市场发展缺乏主线。在这种市场态势中，仿佛虎落平阳被犬欺，大航运公司的规模优势很难发挥。这时需要采用蓝色蜥蜴策略，开发拳头（服务）产品（如降低物流成本、提高服务水平等），进入或开发具有壁垒的精品市场（Niche Market）。

如同上述案例一样，航运市场仿佛是自然界，航运公司仿佛是自然界中的各个物种。市场选择的过程就如同自然界物种淘汰和进化的过程。航运公司竞争的核心目的之一是争夺稀缺资源和追求高额利润。经济学家认为，自由竞争市场是资源配置的一种有效机制，是一种分配资源的方式。航运市场经济也存在着类似于达尔文进化论中的三大核心机制。

（1）多样性（即异质性）

创新竞争可以是各种形式和全方面的。在蒸汽船取代帆船的过程中，我们观察到蒸汽机发明、使用煤炭为燃料以及使用钢铁材料等技术创新，也观察到大规模造船生产的组织创新。

（2）遗传性（即路径依赖）

创新竞争是一种新兴的生命力，创新（尤其是创新技术）具有外部经济性。创新本身的产生可能比较漫长，但是当创新成为一种产品或商品形式时，创新的扩散是非常快的。在瓦特发明蒸汽机后，又经历了大约 100 年，大东方号船才诞生。然而，在不到 50 年时间里，蒸汽船就全面取代了帆船。创新也是一种不可逆转的过程。在 20 世纪的百年中，石油取代煤炭成为主要动力燃料（1920—1940 年），集装箱船出现（1956 年）并成为全球商品贸易的运输主体（见图 10 – 4），全球跨洲的钟摆航线和环球轴辐航线的出现等一系列创新是“蒸汽铁船”创新基因的延续。经过大约 200 年的发展，动力钢制船舶在经历了诞生、起飞、成长的过程后，达到一个全面成熟阶段。

图 10 – 4　人类第一艘集装箱船

（来源：Internet）

(3)竞争性

这是物竞天择的过程(即市场竞争和企业的成长与衰落)。经济学家主要采用企业视角和市场视角两个角度研究创新机制。在企业机制中,经济学家认为创新是企业内生的(Penrose,1959);在市场机制中,经济学家认为创新是市场选择的结果(Alchian,1950)。在创新发生的过程中,企业家才能、企业机制(严密组织)和市场机制(自由竞争)相互作用,将局部创新扩散为全面创新。企业家是创新的"火车头",是创新的原动力。航运市场也遵循着上述规律。

综上所述,航运(公司)企业的组织决策必须走创新与竞争之路,并且按照此思路去分配所有的资源,这是航运公司的组织与技术路线的源头。从近 300 年的航运史及形成的航运巨头来看,没有人会反对这一点。

10.2　航运市场和航运(公司)企业

10.2.1　市场竞争形成秩序

市场竞争机制是一个残酷的淘汰赛,不合格的航运公司会出局,而剩下的航运公司会在竞争中生存下来,并提高了竞争力。亚当・斯密认为,企业的自私行为可以形成市场的公共福利和市场秩序。在市场竞争中,企业学会了合作机制(这里的合作应该区别于市场中企业垄断或操纵市场的合作),形成市场秩序。

航运市场经常会有过度竞争的现象发生。在市场高涨时,一些航运公司盲目追高船价或者盲目投资提高生产能力(运力);在市场低潮时,很多企业杀低卖价。另一极端是企业过于谨慎。在市场前景不明朗时,市场中拥有或者营运老旧船的企业的"边际选手"(Marginal player)就会兴风作浪。这些航运公司通常以操作短线为主,通过在市场上快进快出的手法(如抛售旧船),获得短期利润。这些事实往往引起具有社会责任的航运公司抱怨,甚至要求政府应该介入或管制自由竞争,减少社会资源和社会福利的浪费。

如何解释这种现象呢? 企业盲目投资扩能或者盲目悲观抛售可能由如下三种情况产生。

第一种是企业或者市场对未来需求前景的过于乐观或者悲观的期望或估计。本书将在第 11 章中阐述其中原因。但是这是一个短期行为,从长远角度看,市场力量将会矫正这种"乐观或悲观"投资产生的供应能力。

第二种情况是市场机制不健全。

第三种情况是市场失效。

产生市场机制不健全或者市场失效的主要原因是企业没有全面的市场约束机制与无法获得全面、准确的市场信息两个方面。案例 10-2 将告诉读者 20 世纪 90 年代中国拆船市场秩序是如何形成的。

【案例 10-2】　市场竞争形成秩序

由于国家政策扶植拆船,拆船业在 20 世纪 90 年代有了长足发展。1993 年,中国成为全球第一拆船大国,占国际市场份额近 50%。在企业当时只需缴 3% 的营业税情况下,每拆解一轻吨废船实际获利 10% 以上。巨额利润诱使许多公司进入这个行业。过度投资造成过度竞争。当时,在中国直接从事拆船业的工人有3万多人,还有7万多人从事与拆船业配套的再加工业。登记为拆船企业的就达200多家,仅顺德一县就有69家拆船厂。由于拆船能力过剩,中国买家在国际市场抢购废船,哄抬船价。1993年初,买船价是140美元/轻吨,到1993年底,船价涨到189美元/轻吨。购船成本增加导致拆船利润急剧下降,拆船业也曾试图合作减少竞争。1993年,上海建立拆船"托拉斯",长江股份、五矿贸易、上海船舶公司、上海工业投资公司、上海拆船轧钢公司、上海第五钢铁厂等,总投资达1亿元联合建大规模拆船厂。依托中国五矿总公司为废船进口主渠道,从国际市场直接购船,并在浦东建立废船拍卖市场。这种方式是通过市场手段(主要是贸易和融资手段)来整合国内拆船企业,但实际效果不明显。

1994年,国家税收政策调整,要求拆船业缴纳17%的增值税。同时,对进口废钢船征收进口税:规定针对2万载重吨以下的船舶收6%的进口税,2万载重吨或以上的船舶收13%的进口税,且必须在七天内缴纳。拆船形势急转直下。一部分不具规模和技术的企业面临倒闭,这里面包括了一些大型船舶企业设立的拆船厂。这种方式是通过行政手段(主要是税收手段)来整合国内拆船企业。一些集体所有制或民营企业却通过改善内部机制而生存下来。过去,购船资金主要来自银行贷款或国有大公司投资。在国家政策调整后,广东的拆船厂,通过私人出钱购船或投资,然后租用场地拆船。私人资本的引入增强了企业的资本约束,一定程度上减少了企业不计成本,乱报价的行为。

从案例10-2中不难看出,20世纪90年代的中国拆船企业家的短期行为和动机要强于他们长期行为和动机。其中一个重要原因是20世纪90年代的中国正在经历从计划经济向市场经济过渡的转型阶段,市场机制是不健全或者缺失的。另一方面,当时的拆船企业也缺乏管理者约束机制。管理者约束机制的建立有助于约束企业行为。这种约束机制主要基于两个方面。首先是内部约束,主要解决企业家的短期行为,可以通过引入私人资本、法人治理结构等手段建立内部约束(Capital Discipline)。其次是外部约束,主要约束企业家的长期行为。外部约束可以是行政手段,例如,国家行政监管、环境保护准入制度、行业标准、税收制度等;外部约束也可以是市场手段,例如,世界一流的石油公司或者航运公司都承诺将其老旧船出售给环保合格的拆船厂拆解,就是一种市场约束手段。

10.2.2 航运市场和(航运)企业的边界

市场竞争是每一个参与者面临的客观环境。企业产生的原动力是市场中存在交易成本。交易成本的概念是罗纳德·哈利·科斯(Ronald Harry Coase,1910—,英国经济学家,1991年获诺贝尔经济学奖)首先提出的。他在《企业的性质》一文中认为交易成本是"通过价格机制组织生产的,最明显的成本,就是所有发现相对价格的成本""市场上发生的每一笔交易的谈判和签约的费用"及利用价格机制存在的其他方面的成本。简单地说,交易成本(Transaction Cost)是信息自由流动的成本,是企业用于组织经济活动或交易的时间和资源。航运公司支付给船舶中介的佣金就属于交易成本的一种具体表现。船舶中介提供佣金服务主要是帮助客户寻找购买对象或者销售对象、谈判交易价格和条款以及执行合同等。

科斯指出:企业是可以取代价格机制的组织。企业内部的等级制度、指挥和控制的方法替代了市场交换关系。交易是在市场中发生的,市场存在交易成本。企业的存在替代了市场的内部导向机制,减少了进行市场交易的需求。交易成本划分了市场和企业的边界。

如果一个企业只有一个所有者并且也是唯一的生产者,这个人也是唯一的责任人和受益人,这种一个人的企业只能被称为“手工作坊”,不是真正意义的现代企业。企业家对占有利润的天生欲望促使企业家雇佣更多的资源(经理人、工人或资本)和扩大生产规模。现代企业一般包括四类人:股东、债权人、企业经理人和企业工人。一个成功的企业实际就是这四类人各自风险和收益的完美组合。这种组合的效率最终决定了企业的发展未来。

具体而言,企业成功的密码本中的一个重要内容是如何完美搭配企业的资本结构和治理结构。企业资本结构主要指企业股权或债务融资比例和结构。企业的治理结构主要指企业股东、经理人和工人的组合。如何构建企业的资本结构和治理结构是企业家的一个重要选择。企业家是股东利益的代表。股东拥有企业资产的处置权和剩余索取权(在企业付出所有应付利息后才能享受分红)。股东承担的风险是最大的,因此,股东的投资回报是对股东承担风险的回报。债权人的收益是固定的并且在企业的利润之前享受收益。债权人对企业的剩余资产(还清工人的款项后)拥有索取权以及对企业资产的抵押权。企业经理人的收入可以有两种方式:一种在企业利润前,是相对固定的回报;一种在企业利润中,是有风险的回报。如果企业经理人的回报是相对固定,即是相对企业的业绩不变,企业经理人有回避风险的倾向。但是,当企业经理人回报和企业业绩回报挂钩时,企业经理人有更多承担风险的倾向。企业工人依靠出卖技术或劳力活动获得固定报酬,他们的利益受到法律保护。表10－1为上述企业内部关系的综合。

表10－1 企业内部关系

	风险	剩余资产索取权	企业管理权
股东	偏好风险	最终索取权	通过董事会
债权人	餍足风险	第二索取权	无
经理人	取决于激励	取决于雇佣合同	有
工人		第一索取权	无

10.2.3 航运(公司)企业理论

在经济学中的企业理论中,我们主要是用经济学家的眼光去解释企业家在企业中发挥的作用和面临的问题。

企业家是一个企业的灵魂。从经济学的角度,企业家能力是基本投入要素之一。企业家能力主要体现在富有想象力的远见、持续创新的个性、敢于承担风险的能力和不屈不挠的执行力。企业家是能够从各种价格信息中发现潜在的盈利机会并且承担风险采取行动去实现机会的人。

熊彼特认为,企业家创新作为一个独立的内生因素,是造成市场经济周期性波动的根本动因。按照熊彼特的理论,当商业周期从景气循环到谷底的同时,某些企业家被淘汰出局;另一些企业家必须要创新以求生存。当一些新的企业家重新开始创新,经济景气提升、生产效率提高。由此,每一次萧条都孕育着新技术创新或革新。如果没有新的技术创新和商业机会,市场也很难从萧条中复苏,或者复苏过程将会很长。在创新之前,经济体系处于静态均衡。企业家为获取超额利润而不断创新,重新组合生产要素和生产条件,驱动经济进入一个动态平衡的变化过程中(也就是下一个经济周期)。

企业家建立企业的主要目的之一是追求更大的利润。为了追求利润,企业家必须雇佣经理人和工人。在这种关系中,企业家是委托人,工人或经理人就是代理人。然而,委托人

（企业家或股东）的利益和代理人（经理人或工人）的利益并不是完全一致的；在某些情况下，甚至是相互冲突的。委托人和代理人是通过契约来规定和协调双方的关系和利益，在契约的制定和执行过程中就存在代理成本（Agency Cost）。这种代理成本包括委托人制定和执行契约的成本、通过激励手段或者限制手段引导代理人行为而付出的成本（包括代理人未尽责甚至违约而产生的利润损失）以及有关企业组织和监督的成本代价[3]。代理成本是交易成本的一种形式。代理问题的核心是群体利益和个体利益冲突和协调问题，代理成本的概念可以解释企业所有者和管理者利益协调的问题。

本节将采用 Vijay Gurbaxiani 和 Seungjin Whang（1991）提出的“内部协调成本”和“外部协调成本”概念来描述如何确定企业的最佳规模。

内部协调成本主要包括决策信息成本，也就是企业获得信息的成本。商场如战场，知己知彼方能百战百胜。获取真实的信息是赢得商场竞争的关键。决策信息成本具体包括信息发现和交流成本以及信息延误和失真的机会成本。整个企业就如同一个金字塔形状的等级制度，随着决策权向企业顶层移动，决策信息成本逐渐增加。克服决策信息成本的方法是将决策权下放。但是，决策下放将带来代理成本。权力集中和下放是企业所有者和管理者必须面对和解决的问题。内部协调成本随着企业规模和运营成本的增加而增加，是一条向上的曲线。

外部协调成本主要指外部交易成本，如运输成本，通信费用，合同制定、执行和监督成本等。因为由于规模越大的企业更容易谈判并获得更低的外部交易成本，所以外部协调成本是随着企业规模增加而向下的曲线。他们的交汇点即是企业的最佳规模，见图 10－5。

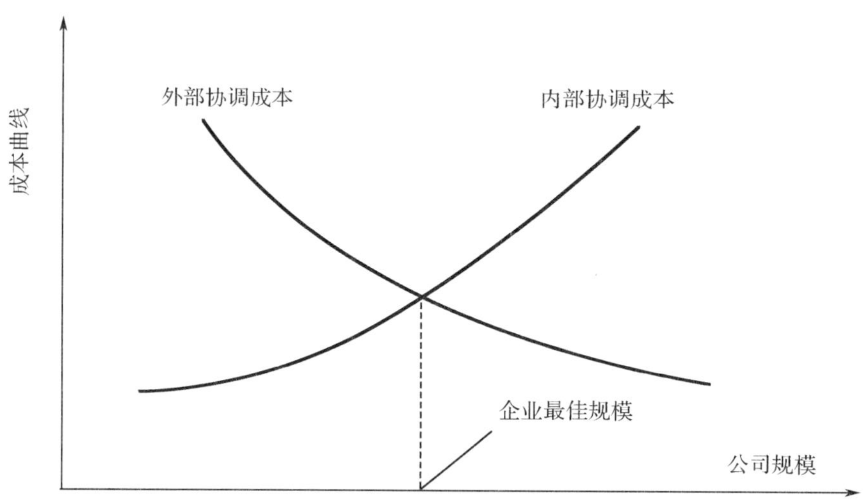

图 10－5　企业的最佳规模

企业规模随着市场广度和企业制度函数（成本函数）的变化而变化。例如，跨国公司的组织形式和规模是在全球贸易市场建立和形成过程中同时出现的。当参与市场的交易成本降低时，意味着市场形式相对企业形式而言更为经济。它有以下情形。

①专业外包公司是一种用以替代企业内部组织职能的市场替代方式。例如，专业的船舶管理公司，通过外包船舶管理功能，航运公司降低了规模并且获得成本优势。这表现为外部协调成本曲线向左下移动，企业最佳规模降低，降低了中小企业或者新兴企业进入航运业的门槛，更小的企业可以进入竞争。

②一个专利所有者可以选择将专利卖给拥有市场份额和生产能力的企业家,而不是选择自己并不擅长的将专利生产为产品的创业过程。

互联网的广泛应用加快了信息传递速度,降低了企业内部协调成本。例如,美国联邦快递公司(UPS)为员工配备可以和通信网络相连的手提扫描仪。尽管这种方法增加了设备成本,但是通过扫描仪等技术手段,UPS 可以获得可靠的信息,同时监督和提高员工的工作效率。这表现为内部协调成本曲线向右下移动,企业最佳规模提高了[4]。

在买卖双方的价格博弈中,拥有垄断能力的一方获得定价权。因此,经济学家认为企业竞争是为了获得垄断力量。垄断和竞争是一个完全相反的力量。竞争是一个动态的过程。市场竞争的核心是定价权,买方和卖方关于价格的博弈是随着市场供需力量的变化而变化的。案例 10－3 介绍了造船市场中作为买方的航运公司以及作为卖方的造船厂的谈判能力是如何随着市场供需变化而攻守易形的。

【案例 10－3】　定价权的争夺

2007 年是造船厂(卖方)的市场。中国造船企业预计人民币汇率增长,造船企业就在造船合同中要求 30%～40% 的首期付款以及汇率浮动船价的条款。

2008 年 10 月,美国金融危机引发全球经济危机。在 2009—2010 年期间,部分航运公司开始重新谈判在中国船厂的订单。重新谈判的内容包括价格、付款条件、交船期等在内的主要商务条约以及改变船舶尺度、增加或提高船舶主要配置等在内的主要技术条款。在市场竞争日趋激烈的大背景下,中国船厂被迫接受航运公司重新谈判的现实,部分生效订单改为选择权;原有订单船舶类型被改变,例如,很多集装箱船订单被改为散货船订单,原定的交船期被延后等。所有谈判的核心目的是为了降低价格或者取消订单。

2010 年转换成为航运公司(买方)的市场。航运公司在造船合约谈判中占据主导地位,船厂开始接受航运公司要求的低比例的首期付款等有利于买方的条款。

在完全自由竞争市场中,企业是一个价格接受者(Price Taker),定价权在那只看不见的市场的手中。无论如何,企业竞争的一个中心目的是将"看不见的手"中的定价权占为己有,将完全竞争市场发展为不完全竞争市场,使竞争朝有利于企业自身的方向发展。在获得定价权后,买卖双方博弈价格的天平偏向拥有定价权的一方。

企业获得定价权有外生和内生两大来源。

(1)外生性资源

①占有某种战略性资源,例如,淡水河谷拥有巴西的铁矿石矿。

②在某个领域内,享受政府授予的某种商品的专营权,例如,中国的石油公司获得的油品垄断经营权利。

③在不违反有关国家反垄断法的前提下,航运公司通过航运联盟(Alliance)、卡特尔(Cartel)或"船舶池"(Shipping Pool)的方式(见图 10－6),也可以获得市场定价(垄断)能力[5]。

(2)内生性资源

①企业自主创新的能力,包括组织或制度创新、技术创新及其相应的专利权或版权。科技研发受到专利保护,限制竞争,使企业获得垄断力量。技术研发具有重要作用的行业一般都具有较高的固定成本。大企业规模效益递增,可以使得新技术的成本迅速降低。

②企业的品牌力量和客户忠诚度,例如,贴上 Apple 的 ipad 或 iphone 可以比其他品牌同类型产品的价格高,这是品牌的力量。

③企业生产规模大,使得小企业无法进入,例如,马士基将采用新的物流模式(Hub and Spoke),缺少超大型集装箱船的中小航运公司无法望其项背。

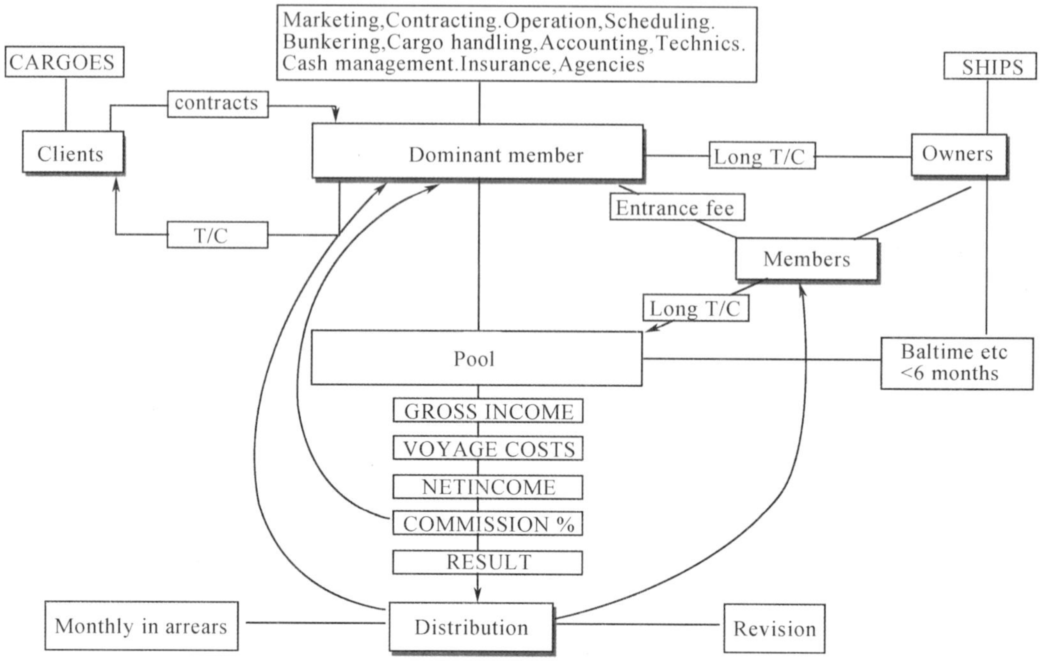

图 10－6 航运池(Shipping Pool)的典型结构和功能[5]

10.3 航运公司商业决策

10.3.1 航运战略决策

航运公司商业决策主要有以下三类问题。

第一类是关于企业组织的问题;

第二类是关于船舶资产的投资决策;

第三类是关于船舶资产的运营决策。

本章 10.1 已经介绍了第一类问题企业的组织决策必须是创新与竞争的。第二类问题船舶资产的投资决策将留待本书第 11 章重点介绍。本节重点介绍企业航运资产的运营决策问题。船舶资产的运营战略主要涉及航运(公司)企业目标和企业战略。其决策周期的跨度一般在 3～10 年。利润最大化(Profit Maximization)是企业的基本经营目标。在不定期航线中,航运公司倾向于采用差别定价和短线操作,实现短期利润最大化的目标。在期租和包运合同中,航运公司倾向于建立和目标客户的长期和稳定的合作关系,占有市场和降低成本。

在现实中,航运公司经常在市场份额优先与利润优先中来回摆动。其中最主要的决定因素之一是定价权在市场和航运公司之间的转移。如果航运(公司)企业具备较大的定价权,同时企业的价格供给弹性较大,运费的波动可以带来更多的收入,企业会采取利润优先原则。如果企业是一个价格接受者(Price Taker),企业可以采用市场份额优先并加大投入,市场份额优先的核心是收入最大化。案例 10 - 4 通过 Lauritzen Bulkers 公司的实例说明了如何在利润优先和市场份额优先中抉择问题。

【案例 10 - 4】　利润优先或市场份额优先

企业的经营目的是和经济周期或者成长阶段密切相关。在市场利润明显降低甚至亏损的情况下,航运公司较多采用转让船舶、淘汰船龄大的船舶或撤出某个航线的做法,将企业资源主要集中在主要战略方向上。散货船是 Lauritzen Bulkers 公司(简称 LB)船队中的主力船型。2002 年,全球干散货市场普遍不景气。LB 船队控制 35 ~ 50 艘散货船并将自己拥有的散货船售后回租。因此,LB 船队中大部分运力是期租进来(Charter - in)的船舶,平均期租期限是 1 ~ 3 年。同时,LB 与货主签订包运租船(COA)合同的期限为 1 ~ 2 年,获得稳定的船队收入现金流。在市场未来发展前景不明时,LB 采用选择短期利润目标优先原则,并随时根据市场供需情况来灵活地调整运力配置。

航运公司可以选择成本最小化的经营目标。在总投入、船队配置和船期等事先给定前提下的班轮航线中,单一航运公司的自主权和灵活度是有限的。班轮航运公司一般会在满足时间的前提下采用成本优先的方针营运船舶。拥有或控制货源的货主进入航运领域自主投资或经营船队,我们将这类航运公司定义为工业航线运力(Industry Line)。工业航线运力的首要目的是为货主保证充足运力,这类航运公司的经营目的是成本优先。在货主的企业构架中,营运船舶的部门(我们称为航运部门)和其使用船舶的部门(我们称为租船部门)可以作为两个营运单位来核算。航运部门是一个成本中心。这里引出了一个非常有趣的话题。在运费市场上扬的时候,航运部门倾向于运输市场货,获取市场收益。而在运费市场低落时,航运部门会极力争取运输企业内部货。对于租船部门则反之。这是交易成本无处不在的一个典型案例。案例 10 - 5 以巴西淡水河谷铁矿石公司为何组建船队为例说明上述问题。

【案例 10 - 5】　淡水河谷的船队

据统计,2010 年,中国进口铁矿石约 6.5 亿吨。其中,巴西淡水河谷公司(Companhia Vale do Rio Doce,CVRD)出口 1.1 亿吨,占中国全年进口的 17%。巴西淡水河谷公司是世界第一大铁矿石生产和出口商,也是南美洲最大的采矿业公司,其产量占巴西全国总产量的 80% 以上。为控制运费剧烈波动给铁矿石贸易、交易带来的巨大风险,淡水河谷建造 40 万吨铁矿石船(自己拥有 19 艘 + 12 艘长租)和改造 30 万吨超级油轮为铁矿石船(共 35 艘),其主要目的是保证南美洲和远东地区,包括中日韩三国之间铁矿石贸易的定线运输(Shuttle Line),形成全球铁矿石新的物流链。淡水河谷拥有或控制的大型铁矿石专业运输船队是一种控制砝码运力,保证淡水河谷能够将铁矿石销售到其目标市场,规避或者减少市场海运费波动对铁矿石贸易的影响。

船队决策本质是一个产品决策。在现实中,航运公司选择不同的战略和产品组合,实现其经营目标。竞争的基本战略是在成功的关键因素上超越对手,超越对手的途径是胜方比竞争对手做得更好或者不同。成本控制战略和差异化战略是企业竞争的两个基本战略选择。企业究竟采取何种战略决策为好需要进行分析研究。首先,要研究企业面临的外部环境和市场竞争态势,具体而言,这包括航运市场的供需关系和周期发展阶段。在市场快速成长阶段,航运公司应该更多地去承担风险。这些外部因素可能影响和决定企业的长期行为。其次,是取决于航运公司自身的因素,这具体包括企业的发展阶段、市场地位和定价能力、企业家的经营理念和领导风格等各种企业内生因素。这些因素将影响企业的中、短期行为。

对于航运(公司)企业组织,成本控制战略和差异化竞争战略是完全两种不同的力量。成本控制战略是在确保产品质量和服务水平的前提下,将成本降到比竞争对手更低的水平。成本控制战略,促使企业之间相互模仿最好的方式,企业在生产和销售手段和组织方式上向专业化和标准化的方向发展。差异化竞争战略,显然推动了企业多样化发展。随着市场竞争的加剧和创新技术的溢出效应,差异化的特征会逐步被大多数竞争对手掌握,而到这个时候,成本最低的航运(公司)企业将形成其市场领导地位[6]。

10.3.2 航运战术决策

航运战术决策主要是船舶资产的营运管理,例如,船舶营运、管理、维护和操作。航运战术选择基本形式如下。

①空间选择:主要指船舶营运的地区,例如,航线计划(Ship Routing and Scheduling)。

②时间选择:主要指航线决策考虑的时间长短。

③租约选择:主要指租约是包运、光租、期租或航程租船等方式。

航运战术决策的时间跨度从船舶营运的每一天到3年或5年不等。

海上货物运输的两种基本经营方式是班轮运输和租船运输。班轮运输方式具有相对固定的航线、船期与运费。集装箱运输一般采用班轮运输,部分运输件杂货或工程货的多用途船也采用班轮运输。租船运输方式的航线、船期或运费相对不固定。大宗货物贸易(如铁矿石、粮食、石油、煤炭、木材等)以及批量不固定或交货期不固定的货物一般采用租船运输方式。租船运输是本书的讨论重点。

由于供需双方承担的责任和费用不同,租船运输又可以分为定期租船和不定期租船。在一般情况下,不定期船经营模式的目标是通过灵活控制船舶运力以博弈市场机会和利润。期租船能够提供比较稳定的收入和规避市场风险。相对稳定和长期的收入也有助于航运(公司)企业从银行获得稳定的资金保障。航运公司一般采用定期和不定期租船方式的组合,可以通过调整船队中定期船和不定期船的比例,以应对不同的市场竞争形势。在市场高涨时,航运公司倾向于使用不定期船;在市场低落时,航运公司通常选择和大货主合作,采用定期船方式将运力投入长期货源,获得比较稳定的运费收入。船队中不定期船的比例下降到较低比例,例如,40% ~50%或者更低。

租船决策是航运战术决策的主要内容之一。不同的租船方式对船舶的成本函数和供应能力产生不同的影响。不定期船供给弹性比定期船供给弹性要大。表现在供给曲线上,定期船的供给曲线比较陡峭,不定期船供给曲线图形较平滑。

1. 定期租船

定期租船(Time Charter,TC,简称期租)是出租方和租船方在一个事先约定时间内关于约定船舶运力使用权的契约安排。在约定时间内,出租方承诺按照事先约定方式将船舶使用权出租给租船人并收取租金;租船方承诺按照事先约定方式使用(调度和经营)船舶并支付租金。提供船舶运力和支付租金是出租方和承租方双方的一个对价安排(Consideration)。这种关于船舶运力使用权租赁的契约安排被称为租约(Charter Party)。常用的期租合同范本主要有纽约土产(NYPE)、波罗的海格式等。

在获得船舶运力使用权后,租船方可以将船舶投入现期市场(Spot Market)直接承揽运输合同或者转租给第三方赚取租金。在定期租船期间,租船方负责船舶运输货物装卸、配载、理货、揽货等工作并且承担燃料费、港口费、装卸费、垫舱物料费等船舶营运中发生的变化成本。由于船舶运力的使用期限、费用分担安排和租金都是事先约定的,租船方的主要动机是追求船舶运力在租期内每日经营效率最优化和收益最大化。为保证船舶的盈利能力,租船方对使用船舶是否适航(Seaworthy)将非常敏感。船舶描述条款(Ship Description Clause)是判断目标船舶运力是否符合租约适航要求的主要依据。船舶描述条款主要包括船舶技术规格、功能、法规要求及其附属文件。如果营运船舶无法满足船舶描述条款中的主要技术指标或功能要求,租船方有权按照停租条款(Off Hire Clause)扣除运费或者提出索赔。因此,出租方提供的船舶描述应该准确反映船舶的实际使用情况,尤其是对船舶航速及油耗的描述更要慎重。

在收取租金后,出租方负责提供符合租约要求的船舶运力并承担租约规定的费用。定期租船租金一般按照使用天数计收。按照出租方是否负责管理船舶,定期租船可以细分为两种基本方式期租和光租。期租(Time Charter,TC)是出租方负责管理船舶并且有义务保持船舶适航状态(Seaworthy)。所谓适航状态一般是指使船舶应该:

①符合有关国际公约、船旗国法规以及船级社法规;

②具有安全航海能力;

③适用于运输约定范围的货物种类。

出租方承担船舶管理费用、修船和维护费用、物料费用、船员薪金、伙食、保险费、船舶折旧费等船舶营运中发生的固定费用。由于定期租船时间相对较长并且租船方负责船舶调度,船舶出租方应该采用“慎重原则”选择租船合作方。出租方应该要求租船方提供租船成交纪录、营运船舶名单以及其他经营纪录等。

除此以外,期租合同谈判的主要条款还包括以下内容。

①交船(Delivery)、还船(Redelivery)条款。交还船地点、时间和船舶状态是租约中的主要条款。交还船地点主要分为抵引水站(Arrive Pilot Station,APS)、出港引水员离船(DOP)、最后一个外海引水员离船(DLOSP)、随时随地准备好后(WWR)、通过某特定地点(PASSING)等几种形式。交、还船期限规定交船和还船的具体时间和宽限期。交、还船时的船舶状态条款划分起租和还租时双方权利和义务的具体范围。

②除外货物和贸易区条款:主要列明允许装载货物和除外货物清单以及贸易区域。

③其他主要条款还包括无提单放货、准时付租金条款、还船清舱费、交还船燃油结算等。

另一种方式是光船租船(Bareboat Charter,BBC)。承租方负责船舶管理以及由此产生的费用。承租人享受船舶使用权和承担保管船舶义务。船舶所有人仍然保留船舶的所有权。光租合同可以附带承租人的购买选择权或者义务。附带购买权的光船租船合同一般被视为财产租赁合同。

表10-2给出航运成本构成和租约的关系。

表10-2 航运成本构成和租约的关系

成本来源	成本构成	光租	期租	航程租约
		资本		
	自有资金投入			
	银行融资成本			

表 10-2 （续）

成本来源	成本构成	光租	期租	航程租约
营运				
	船员			
	保险			
	修理和维护			
	备品和备件			
	船舶管理			
航程成本				
	燃油			
	港口使费			
	运河、河道通行费			
货物装卸				
	货物装卸费*			

注：(1) 表示航运公司承担费用， 表示租家承担费用；(2) * 租约中将规定货物装卸费用的分摊。一般情况下，航运公司会争取“FIO”条款，即是由租家负责货物装卸。

2. 不定期租船

不定期租船是在事先约定时间范围内使用约定船舶运力完成一票或多票货物运输任务的契约安排。在约定时间范围内，出租方承诺按照约定方式提供船舶运力服务并收取租金；租船方承诺按照约定方式备妥货物并支付租金。不定期租船的主要方式是航程租船（Voyage Charter，VC，简称程租）。程租是现船市场上交易最活跃的租船方式，一般可分为单航程、来回航程、连续单航程和连续来回航程等方式。常用的期租合同范本主要是“金康”（GENCON）。程租租约的主要条款包括合同当事人、船舶描述、装卸港口、船舶受载期及解约日、货物种类及数量、运费及支付办法、装卸费分担条款、船舶所有人责任条款、装卸时间条款、签发提单办法、佣金、留置权，共同海损条款、赔偿条款、免责条款等。

由于船舶运费和费用安排都是事先约定的，出租方追求的经济利益是如何以更短的时间完成该航程，尤其是如何缩短船舶的在港等候和装卸时间。运费按照货物的数量及双方商定的费率计收。运费计算主要有两种方式：按实际装卸的货物吨数计算或按包干运费计算。程租租期是不固定的，租期长短主要取决于是否完成航程货物运输任务。出租方负责船舶调度并负担船舶燃料费、物料费、修理费、港口费、淡水费、船员费用等营运费用。在程租租约中，货物装卸费用是由承租方和出租方谈判决定并在租约条款中明确。例如，装卸费用条款 FIO 表示承租方负责装卸费；班轮条款（Liner Term）表示出租方负责装卸费。不管装卸费用由何方承担，出租方都有义务按照租约备妥货舱和船舶装卸货设施（如果租约需要）。关于船舶的装卸速度、装卸时间计算办法及其相应的延滞费和速遣费率标准和计算方法是双方关注的焦点。

包运租船（Contract of Affreightment，COA，简称包租）是航程租船的一种特殊方式。在包运租船安排中，船舶运力供应方在约定时间内按约定的航线、班期、航程货物运输量为承租人完成全部货运量。包运租船运输方式一般针对运输量特别大的干散货或液体散装货物的运输任务。承租人往往是大货主,如大石油公司等。租期的长短取决于货物的运输总量及船舶航程周期所需的时间。运费按照实际每航程完成的运输量和约定的费率计算。原则上,出租方承担有关船舶相关的费用,承租方负责有关理货的费用。对于船舶在港装、卸货物期间所产生的延误,则通过合同中订有的延滞条款来处理。包运租船运输的最大特点是确定运力要求,但不指定固定船舶。约定的运力要求主要包括运输船舶的适航和适货的主要规格要求,例如,船级社、船龄和船舶的技术规范。因此,船舶出租方可以灵活、方便地调度和安排船舶运力。

单航程期租(Trip Charter on Time Basis,TCT)是结合航程租船和期租船特点的一种特殊安排。在单航程期租中,承租方负责安排船舶调度权、运费、货物装卸费等。单航程期租运费计算公式如下:

$$F_{\text{freight}} = R_{\text{day}} \cdot N_{\text{days}} \tag{10-1}$$

式中 F_{freight}——运费;

R_{day}——每日运费费率,USD/day;

N_{days}——完成单航程货物运输的实际使用天数。

一方面,单航程期租有助于出租方锁定短期运费收入并充分享受现期市场运费上扬的可能性;另一方面,它有助于承租方保护货源的商业机密、灵活组织货源并充分利用船舶装载能力尽可能地多装货等。

10.4 航线和航速决策

10.4.1 航线决策

不定期船舶的航线决策(Routing and Positioning)是一个复杂问题。从经济学角度来讲,航线决策的实质是一个关于产品产量的选择问题。在选择航线时,航运公司需要考虑很多因素。例如,恶劣天气问题可能导致绕航;港口压港可能导致航程时间过长,从而影响航程盈利水平;加油港的选择将影响航行时间等。在所有因素中,航运公司最关心的是不同航线和未来运费的发展趋势。但是,海运市场充满了不确定性,因此预测也是极其困难的,例如,2011 年 3 月,日本福岛核电站事故导致了东日本地区钢铁贸易及其海运市场的完全瘫痪。即便如此,我们也观察到海运市场中的一些规律性变化。例如,在冬季,中国沿海的煤炭运输需求比较旺盛,容易出现煤船大量等港的现象;春季和秋季是中国南方地区的用煤淡季,煤炭需求量回落,装煤港的船舶相对少,码头空泊的现象增多。这种具有一定规律性的市场变化称为季节性波动(Seasonality)。因此,航运公司可以利用运费季节性波动或者其他的系统性波动规律来选择航线和配置船舶。

具体地说,航运公司航线选择的首要目的是在正确的时间将船舶停靠在正确的港口,以实现船舶营运效用的最大化。这种效用最大化可以具体表现为利润最大化、市场占有率最大化或者风险最小化的目标。研究航线选择的关键是占优航线的选择。所谓占优航线是指,在给定其他因素同等的前提下,如果一个航线的目标函数优于其他选择域中的航线,我们称其为"占优"航线。如果我们假设航运公司利润最大化的目标,目标函数即为船舶的利润函数。利润函数最优的航线被称为利润占优航线。类似情况，我们还有“收入”占优航线和“风险”占优航线。在这里，我们主要通过一个案例研究利润占优航线的决策问题，仅考虑一条船舶航线规划的问题，不讨论船队的航线规划问题。

【案例 10 -6】 航线决策

Winship 公司营运一艘光租进来的 76 000 载重吨散货船“Winship”轮。Winship 公司主要在 4 个港口 A，B，C 和 D 之间运输两种不同货物，煤炭和铁矿石。A 和 D 分别是专业的铁矿石卸、装码头。B 和 C 分别是专业的煤炭卸、装码头。Winship 公司采用航程租船租约。Winship 轮从卸货港出发，压载行驶到装货港，满载货物再运送到目的卸货港卸货完毕是一个完整航程。第一个航程，船舶从 A 港起始。假设 4 个月是一个规划周期，Winship 如何选择航线呢？

航线规划的第一步是列出所有可选择的航线和租约的基本条件（见表 10 -3 航线规划案例——航线和租约假设）和 Winship 轮船舶状况、成本以及燃油价格的基本情况（见表 10 -4航线规划案例——船舶状况及燃油价格假设）。Winship 轮的固定成本是船舶光租成本（资本折旧成本等）和船舶营运成本。在规划航线时，Winship 主要有四个可选择航线，分别是 A—C—B，A—D—A，B—C—B 和 B—D—A。

表 10 -3 航线规划案例——航线和租约假设

航线	压载航行				满载航行				租约—航程租船	
航程	压载	每日装卸率 /(t/d)	港口费 / $	航程 /海里	满载	每日装卸率 /(t/d)	港口费 / $	航程 /海里	货物	吨运费 / $
A—C—B	A—C	60 000	63 000	4 000	C—B	30 000	71 000	3 500	煤炭	14
A—D—A	A—D	60 000	63 000	2 500	D—A	30 000	71 000	2 500	铁矿	11
B—C—B	B—C	60 000	63 000	3 500	C—B	30 000	71 000	3 500	煤炭	14
B—D—A	B—D	60 000	63 000	1 800	D—A	30 000	71 000	2 500	铁矿	11

表 10 -4 航线规划案例——船舶状况及燃油价格假设

航线	载重吨	载货量	Sl/kt	Sb/kt	海上主付机燃油油耗/ (t/d)				港口柴油油耗/ (t/d)				营运成本 /($/d)	光租成本 /($/d)
A—C—B	76 000	75 000	14.9	15.6	满载	42.0	压载	37.8	Work	2.0	Idle	2.0	5 000	9 000
A—D—A	76 000	75 000	14.9	15.6	满载	42.0	压载	37.8	Work	2.0	Idle	2.0	5 000	9 000
B—C—B	76 000	75 000	14.9	16.0	满载	42.0	压载	37.8	Work	2.0	Idle	2.0	5 000	9 000
B—D—A	76 000	75 000	14.9	15.5	满载	42.0	压载	37.8	Work	2.0	Idle	2.0	5 000	9 000

注：IFO 380：450 $/t；MDO 780 $/t。

航线规划的第二步是计算各个航线收入、成本和利润计算。表 10 -5(a)和表 10 -5(b)是航程 A—C—B 航线盈亏计算和航程统计。

表 10－5(a) A—C—B 航线盈亏计算

航线计算表 A—C—B				燃油费用计算	$
航程(压载)/海里	4 000	装载货物量/mt	75 000	燃油费用	375 683.99
航程(满载)/海里	3 500	净租金率/($/d)(基于 FIO)	14	行驶燃油费用(FO)	366 714
装货港口(s)	A—C	卸货港口	C—B	满载	184 983
装载速率(t/d)	60 000	卸货速率/(t/d)	30 000	压载	181 731
F.O 价格($/t)	450	MDO 价格/($/t)	780	停港燃油费用(MDO)	8 970
满载速度/kn	14.90	空载速度/kn	15.60	装货	3 510
FO 消耗(满载)/(t/d)	42.00	FO 消耗(压载(EST))/(t/d)	37.80	工作	1 950
MOD 消耗(满载)/(t/d)	0	MDO 消耗(压载)/(t/d)	0	闲暇	1 560
FO 消耗(停港)/(t/d)	0	FO 消耗(停港)/(t/d)	0	卸货	5 460
MOD 消耗(停港)/(t/d)	2.00	MDO 消耗(停港)/(t/d)	2.00	工作	3 900
港口装货费用/$	63 000	运河费/$	0	闲暇	1 560
港口加油费用/$	4 000	Taxes/dues/$	0	停港加油费用	—
港口卸货费用/$	71 000	Miscellemenous/$	0		

表 10－5(b) A—C—B 航程盈亏统计

A—C—B 航行天数计算		盈亏计算		航程统计	
航程天数/d	26.22	航程总收入 I＝A×B	$1 050 000	航程天数/d	26.22
海上航行时间/d	20.47	装载货物量 A/mt	75 000	航程/海里	7 500
海上航行时间(满载)/d	9.79	净租率 B/($/d)	$14	效用/(天吨海里)	1.47E＋10
海上航行时间(压载)/d	10.68	航程总成本 IV＝II＋III	$880 781	每日总收入	$40 044
停港时间/d	5.75	航程变化成本 II＝ C＋D＋E	$513,684	每日等额期租收入	$20 454
装货时间/d	2.25	燃油费用 C	$375 684	每日利润	$6 454
工作/d	1.25	港口费用 D	$138 000	每日固定成本	$14 000
闲暇/d	1.00	其他 E＝F＋G＋H	$0	每日变化成本	$19 590
卸货时间/d	3.50	运河费 F	$0	每日吨海里总收入	$7.12E－05
工作/d	2.50	Taxes/dues G	$0	每日吨海里等额期租收入	$3.64E－05
闲暇/d	1.00	Miscellaneous H	$0	每日吨海里利润	$1.15E－05
停港加油时间/d	0.00	航程总固定成本	$367 097	每日吨海里固定成本	$2.49E－05
		航程利润 III＝I＋II	$169219	每日吨海里变化成本	$3.48E－05

依此类推,我们可以得到航程 A—D—A,B—C—B 和 B—D—A 的航线计算结果。表 10－6 给出航线规划案例 A—D—A 航线成本计算。

表 10 -6 航线规划案例 A—D—A 航线成本计算

航线计算表 A—D—A				燃油费用计算	$
航程(压载)/海里	2 500	装载货物量 /mt	75 000	燃油费用	254 682.60
航程(满载)/海里	2 500	基于 FIO 净租金率/($/d)	11	行驶燃油费用(FO)	245 713
装货港口/s	A—D	卸货港口	D—A	满载	132 131
装载速率/(t/d)	60 000	卸货速率/(t/d)	30 000	压载	113 582
F.O 价格/($/t)	450	MDO 价格/($/t)	780	停港燃油费用(MDO)	8 970
满载速度/kn	14.90	空载速度/kn	15.60	装货	3 510
FO 消耗(满载)/(t/d)	42.00	FO 消耗(压载 (EST))/(t/d)	37.80	工作	1 950
MOD 消耗(满载)/(t/d)	0	MDO 消耗(压载)/(t/d)	0	闲暇	1 560
FO 消耗停港/(t/d)	0	FO 消耗(停港)/(t/d)	0	卸货	5 460
MOD 消耗(停港)/(t/d)	2.00	MDO 消耗(停港)/(t/d)	2.00	工作	3 900
港口装货费用/ $	63 000	运河费/ $	0	闲暇	1 560
港口加油费用/ $	4 000	Taxes/dues/ $	0	加油停港费用	—
港口卸货费用/ $	71 000	Miscellemenous/ $	0		

表 10 -7 给出航线 A—D—A 航程盈亏计算和航程统计。

表 10 -7 航程 A—D—A 航线盈亏计算和航程统计

A—D—A 航线天数计算		盈亏计算		航程统计	
航程天数/d	19.42	航程总收入 I = A × B	$825 000	航程天数/d	19.42
海上航行时间/d	13.67	装载货物量 A /mt	75 000	航程/海里	5 000
海上航行时间(满载)/d	6.99	净租率 B/($/d)	$11	效用/(天吨海里)	7.28E +09
海上航行时间(压载)/d	6.68	航程总成本 IV = II + III	$664 540	每日总收入	$42 485
停港时间/d	5.75	航程变化成本 II = C + D + E	$392 683	每日等额期租收入	$22 263
装货时间/d	2.25	燃油费用 C	$254 683	每日利润	$8 263
工作/d	1.25	港口费用 D	$138 000	每日固定成本	$14 000
闲暇/d	1.00	其他 E = F + G + H	$0	每日变化成本	$20 222
卸货时间/d	3.50	运河费 F	$0	每日吨海里总收入	$1.13E -04
工作/d	2.50	Taxes/dues G	$0	每日吨海里等额期租收入	$5.94E -05
闲暇/d	1.00	Miscellemeous H	$0	每日吨海里利润	$2.20E -05
停港加油时间/d	0.00	航程总固定成本	$271 858	每日吨海里固定成本	$3.73E -05
		航程利润 III = I + II	$160 460	每日吨海里变化成本	$5.39E -05

表10-8给出航线规划案例B—C—B航程成本计算。

表10-8 航线规划案例B—C—B航程成本计算

航线计算表B—C—B				燃油费用计算	$
航程(压载)/海里	3 500	装载货物量/mt	75 000	燃油费用	348 992.28
航程(满载)/海里	3 500	基于FIO净租金率/$/d	14	行驶燃油费用(FO)	340 022
装货港口/s	B—C	卸货港口	C—B	满载	184 983
装载速率/(t/d)	60 000	卸货速率/(t/d)	30 000	压载	155 039
F.O价格/($/t)	450	MDO价格/($/t)	780	停港燃油费用(MDO)	8 970
满载速度/kn	14.90	空载速度/kn	16.00	装货	3 510
FO消耗(满载)/(t/d)	42.00	FO消耗(压载(EST))/(t/d)	37.80	工作	1 950
MOD消耗(满载)/(t/d)	0	MDO消耗(压载)/(t/d)	0	闲暇	1 560
FO消耗(停港)/(t/d)	0	FO消耗(停港)/(t/d)	0	卸货	5 460
MOD消耗(停港)/(t/d)	2.00	MDO消耗(停港)/(t/d)	2.00	工作	3 900
港口装货费用/$	63 000	运河费	0	闲暇	1 560
港口加油费用/$	4 000	Taxes/dues	0	加油停港费用	-
港口卸货费用/$	71 000	Miscellemenous	0		

表10-9给出航线规划案例航程B—C—B盈亏计算与航程统计。

表10-9 航线规划案例航程B—C—B盈亏计算与航程统计

B—C—B航行天数计算		盈亏计算		航程统计	
航程天数/d	24.65	航程总收入 $I=A\times B$	$1 050 000	航程天数/d	24.65
海上航行时间/d	18.90	装载货物量 A/mt	75 000	航程/海里	7 000
海上航行时间(满载)/d	9.79	净租率 B/($/d)	$14	效用(天吨海里)	1.29E+10
海上航行时间(压载)/d	9.11	航程总成本 IV=II+III	$832 121	每日总收入	$42 593
停港时间/d	5.75	航程变化成本 II $=C+D+E$	$486 992	每日等额期租收入	$22 838
装货时间/d	2.25	燃油费用 C	$348 992	每日利润	$8 838
工作/d	1.25	港口费用 D	$138 000	每日固定成本	$14 000
闲暇/d	1.00	其他 $E=F+G+H$	$0	每日变化成本	$19 755
卸货时间/d	3.50	运河费 F	$0	每日吨海里总收入	$8.11E-05
工作/d	2.50	Taxes/dues G	$0	每日吨海里等额期租收入	$4.35E-05
闲暇/d	1.00	Miscellemeous H	$0	每日吨海里利润	$1.68E-05
停港加油时间/d	0.00	航程总固定成本	$345 129	每日吨海里固定成本	$2.67E-05
		航程利润 III=I+II	$217 879	每日吨海里变化成本	$3.76E-05

表 10－10(a)和表 10－10(b)给出航线规划案例 B—D—A 航程盈亏计算和航程统计。

表 10－10(a) 航线规划案例 B—D—A 航程盈亏计算

航线计算表 B—D—A				燃油费用计算	$
航程(压载)/海里	1 800	装载货物量 /mt	75 000	燃油费用	223 407.32
航程(满载)/海里	2 500	基于 FIO 净租金率/($/d)	11	行驶燃油费用(FO)	214 437
装货港口/s	B—D	卸货港口	D—A	满载	132 131
装载速率/(t/d)	60 000	卸货速率/(t/d)	30 000	压载	82 306
F.O 价格/($/t)	450	MDO 价格/($/t)	780	停港燃油费用(MDO)	8 970
满载速度/kn	14.90	空载速度/kn	15.50	装货	3 510
FO 消耗(满载)/(t/d)	42.00	FO 消耗(压载 (EST))/(t/d)	37.80	工作	1 950
MOD 消耗(满载)/(t/d)	0	MDO 消耗(压载)/(t/d)	0	闲暇	1 560
FO 消耗(停港)/(t/d)	0	FO 消耗(停港)/(t/d)	0	卸货	5 460
MOD 消耗(停港)/(t/d)	2.00	MDO 消耗(停港)/(t/d)	2.00	工作	3 900
港口装货费用/ $	63 000	运河费/ $	0	闲暇	1 560
港口加油费用/ $	4 000	Taxes/dues/ $	0	加油停港费用	—
港口卸货费用/ $	71 000	Miscellaneous/ $	0		

表 10－10(b) 航线规划案例 B—D—A 航程统计

航程天数计算		盈亏计算		航程统计	
航程天数/d	17.58	航程总收入_$I = A \times B$	$825 000	航程天数	17.58
海上航行时间/d	11.83	装载货物量 A/mt	75 000	航程	4 300
海上航行时间(满载)/d	6.99	净租率 B/($/d)	$11	效用/(天吨海里)	5.67E+09
海上航行时间(压载)/d	4.84	航程总成本 IV = II + III	$607 524	每日总收入	$46 929
停港时间/d	5.75	航程变化成本 II = $C + D + E$	$361 407	每日等额期租收入	$26 371
装货时间/d	2.25	燃油费用 C	$223 407	每日利润	$12 371
工作/d	1.25	港口费用 D	$138 000	每日固定成本	$14 000
闲暇/d	1.00	其他 $E = F + G + H$	$0	每日变化成本	$20 558
卸货时间/d	3.50	运河费 F	$0	每日吨海里总收入	$1.46E－04
工作/d	2.50	Taxes/dues G	$0	每日吨海里等额期租收入	$8.18E－05
闲暇/d	1.00	Miscellemeous H	$0	每日吨海里利润	$3.84E－05
停港加油时间/d	0.00	航程总固定成本	$246 117	每日吨海里固定成本	$4.34E－05
		航程利润 III = I + II	$217 476	每日吨海里变化成本	$6.37E－05

航线规划的第三步是汇总和分析计算结果,见表10－11。由于每个航程的收入、航程、时间、成本构成都不同,我们使用船舶单位效用(每日·吨·海里)的平均收入、成本和利润为选择标准,衡量各种航线的盈利能力。通过分析,我们发现:B—D—A航线的每日平均利润为12 371美元,每日·吨·海里的利润是3.84×10^{-5}美元,在四个航程中盈利能力排名第一。

表10－11　航线规划案例汇总和分析

航程统计及分析	A—C—B	A—D—A	B—C—B	B—D—A
航程天数/d	26.22	19.42	24.65	17.58
航程距离/海里	7 500	5 000	7 000	4 300
效用/(天吨海里)	1.47E＋10	7.28E＋09	1.29E＋10	5.67E＋09
每日总收入	$40 044	$42 485	$42 593	$46 929
每日等额期租收入	$20 454	$22 263	$22 838	$26 371
每日利润	$6 454	$8 263	$8 838	$12 371
每日固定成本	$14 000	$14 000	$14 000	$14 000
每日变化成本	$19 590	$20 222	$19 755	$20 558
每日吨海里总收入	7.12E－05	1.13E－04	8.11E－05	1.46E－04
每日吨海里等额期租收入	3.64E－05	5.94E－05	4.35E－05	8.18E－05
每日吨海里利润	1.15E－05	2.20E－05	1.68E－05	3.84E－05
每日吨海里固定成本	2.49E－05	3.73E－05	2.67E－05	4.34E－05
每日吨海里变化成本	3.48E－05	5.39E－05	3.76E－05	6.37E－05

航线规划的第四步是选择航线。如果按照单航程利润优先的选择标准规划航线,我们得到图10－7(a)中的航线组合。当Winship轮首航从A港出发,Winship公司面临两个选择,分别是A—C—B航线和A—D—A航线。A—D—A航线单位效用的利润高于A—C—B航线。当Winship轮回到A港,在选择标准不变的前提,Winship公司仍会选择A—D—A航线。在单航程利润优先的选择标准下,最优线路为A—D—A—D航线的循环往复。

如果按照未来规划时间内的所有航线的利润最大化标准规划航线,可以得到图10－7(b)的航线组合,最优路线为A—C—B—D—A组合,这个航线规划结果和单航程利润优先规划结果完全不同。

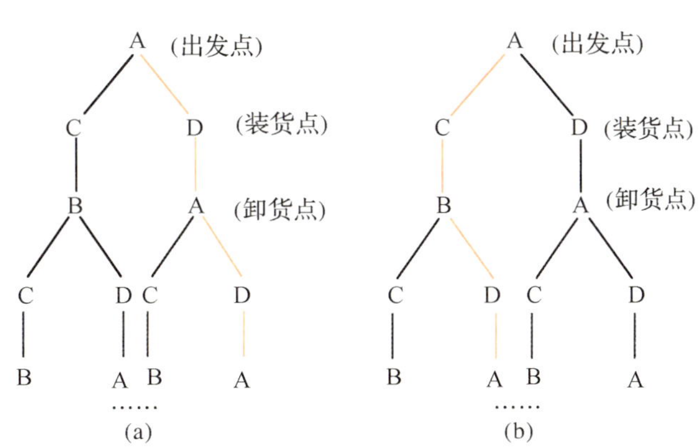

图10－7　航线规划

(a)单航程利润优先图;(b)多航程利润优先图

在上述具体案例的基础上,我们可以按照多航程利润最大化标准来建立航线选择的一般模型。航线选择是一个面向未来的决策。它主要解决以下两个核心问题。

问题一是如何预测未来的运费。我们将在第11章引入专门的运费预测模型讨论。

问题二是在给定运费的前提下,不仅要使每一个航线的利润最大化,而且考虑未来一定时间内的所有航线的利润最大化。在运费给定的前提下,我们可以利用数学动态规划方法建立航线选择模型[7]。

首先,假设Winship轮共有N个港口可供停泊,用$i=1,2,\cdots,n$来表示。我们用$R(i,j,t_k)$、$C(i,j,t_k)$和$P(i,j,t_k)$表示第k航程中从起始时间t_k起从港口i出发到港口j的收入、成本和利润。它们的关系是:

$$P(i,j,t_k) = R(i,j,t_k) - C(i,j,t_k) \tag{10-1}$$

采用利润最大化原则选择航线。因此,我们必须计算从航线规划开始到结束时间内所有航程利润总和的最大值。根据数学中的最优化原理,一个最优化策略的子策略总是最优的。因此,航线优化问题可以简化为航程k到航线规划结束时所有航程利润和最大化的问题。从航程k起,未来所有航程利润的折现值合计为

$$V_{\text{total}} = \max \sum_{k} \frac{P(i,j,t_k)}{(1+\rho)^{t_k}} \tag{10-2}$$

式中 V_{total}——未来所有航程利润的折现值;

ρ——折现率;

$t_{k+1}=t_k+T_{ij}$,T_{ij}表示该航程时间。

我们引入最优值函数$V(t,t_k)$,它表示t时停靠港口i一直到规划期结束时航程利润的最大值。通过动态规划中的贝尔曼方程,我们可以得到如下递推式:

$$V(i,t) = \max \sum_{j} \left[P(i,j,t) + \frac{V(j,t+T_{ij})}{(1+\rho)^{T_{ij}}} \right],\ j=1,2,\cdots,n \tag{10-3}$$

在航线选择理论分析中,我们给定的两个重要假设。第一个假设是航运公司是价格接受者,它所做的选择不影响整个租船市场。第二个假设是"完全信息",是指船舶承租方和出租方在博弈过程中了解每一个个体行动组合所产生的收益。因为信息对参与者是至关重要的,所以每一个参与者在每一次进行决策之前必须根据观察到的其他参与者的行动和了解到的有关情况作出自己的最佳选择。在现实中,船舶的航线决策实际是一个动态的博弈过程。在这个动态的博弈过程中,船舶承租人和出租人的选择是一个相互选择和相互影响的过程。

10.4.2 航速决策

地球北极冰山是一个潜在的淡水来源。科学家曾经试图将冰山拖曳到缺水区域。但是,由于淡水的销售价格很低,冰山在运输途中的快速融化再加上昂贵的拖曳和存储费用,使得从北极运输来的淡水没有经济性。这个实验以失败告终。这个事实告诉航运界,在实际营运中的航速决策如同北极的冰山运输一样,非得十分小心不可,否则得不偿失。案例10-7可以直观解释航运公司的航速选择问题。

【案例10-7】 航速决策

2007年上半年,Winship将一艘新造好望角型散货船"Winship"轮投入澳大利亚到中国之间的铁矿石现期运输市场。在当时,好望角型市场的现期市场运费达到每日80 000美元,并且市场前景继续看好。Winship盈利情况出乎意料的好。在这种市场情况下,Winship

公司指示船长,希望在保证安全的前提下,尽量多拉快跑,创造更高的经济效益。

2011 上半年,Winship 轮继续在澳大利亚到中国之间的铁矿石现期运输市场上运作。然而,运费市场情况已经发生了天翻地覆的变化。由于受到美国金融危机影响以及大量新造好望角型散货船涌入市场导致船多货少的不平衡,澳大利亚和中国之间的好望角型散货船运费快速跌入谷底。Winship 公司收到的运费报价大约是每日租金 7 500 美元。这个运费恰好与 Winship 营运成本相等。在这种情况下,Winship 公司指示 Winship 轮船长,在不违反租约规定的到港时间前提下,尽量采用经济航速或者更低的航速航行。

航运公司应该如何决策航速问题呢? 如同冰山在运输途中发生损耗一样,在货物运输途中,航运公司和货主面临各种损耗和货物贬值的风险,这包括以下因素。

①在运输过程中,货物可能造成的物理损失,例如,货物在运输过程中的自然损耗等;

②在运输过程中,货物的贸易价格波动造成贸易商的损失;

③货物的远距离运输的运费以及保险成本,对货主而言,也是一种货物价值损耗。

从直观上看,如果运输货物价值如同冰山一般快速融化或者损耗,运输船舶需要"快马加鞭",增加船舶的经营效率。否则,运输可以"信马由缰",减低航速(Slow Steaming),控制船舶运输成本。

航速选择是航运公司在船舶资产营运中的一个基本战术选择。船舶实际航速的大小将影响船舶的运输量、航行时间、营运成本和温室气体排放。航速选择也涉及运费合同中买卖双方价格的博弈。面对不同的经营战略、供给函数、市场定位以及外部环境等因素,航运公司可以采用利润优先或者成本优先原则来决策航速选择问题。仍然沿用上例,研究 Winship 公司如何在利润优先原则下选择优化航速的。

为简化模型,我们假设 Winship 轮将执行一个航程期租租约(TCT)。在航程期租中,航运公司仅仅考虑海上满载航行时间,而不负责货物装卸的时间和费用。在利润优先原则下,Winship 追求每日毛利润最大化。

每日毛利润可按下式计算,即

$$每日毛利 = \frac{航程营运收入 - (航程固定成本 + 航程可变成本)}{航程航行天数}$$

$$= \frac{航程营运收入 - 航程固定成本 - 燃油费 - 其他航程可变成本}{航程航行天数}$$

$$= 每日营运收入 - 每日固定成本 - 每日燃油费 - 每日其他可变成本$$

写成公式,即

$$DGP = \frac{FR \cdot DWT}{D/S} - DFC - BR \cdot F(S) - DVC \tag{10-4}$$

式中　DGP——每日毛利润(Daily Gross Profit);

FR——每吨运费(Freight);

DWT——船舶载重吨;

S——船速(Speed);

D——航行的距离(Distance);

DFC——每日固定成本(Daily Fixed Cost);

BR——每吨燃油费(Bunker Rate);

$F(S)$——每日以速度 S 行驶燃油消耗,假设 $F(S)=kS^3$,k 是一个技术常数;

DVC——每日其他可变成本(other Daily Variable Cost),包括港口使用费、运河或航道通行费等。

对公式 10－4 求一阶导数并令其为零,即$\frac{dDGP}{dS}=0$,得优化航速(S_{opt}):

$$S_{opt} = \sqrt[2]{\frac{FR \cdot DWT}{3BR \cdot k \cdot D}} \tag{10－5}$$

如果航程租约中规定的航运公司保证最低航速为 S_{min},只有当 $S_{opt} \geqslant S_{min}$ 满足时,即当优化航速 S_{opt} 大于租约要求的最低航速 S_{min} 时,S_{opt} 就是最优航速。在航程的载货量 DWT、距离 D 给定的前提下,运费越高,最优航速越高;燃油价格越贵,最优航速越低。

从经济学的角度上,货物运输的供需双方对运费收入和成本变化的敏感程度不同。当贸易货物的运费成本和库存成本(Inventory Cost)占总成本的比例在 10% ~15% 以上时,货主对货物的商品价格非常敏感。当商品价格变化剧烈时,货主希望航运公司“快马加鞭”。在船舶运费合同谈判中,货主(租船方)将更愿意付出更高的的运费获得船舶舱位或支付高额奖金奖励航运公司“多拉快跑”。同样,在运费市场上扬的过程中,航运公司有动力尽快完成现有租约,去洽谈和履行下一个租约,以便享受运费上扬的收益。

在商品供应充足和运费市场疲软的时候,追求速度将不是货主和航运公司的首要选择。在航速决策中,航运公司将采用成本优先原则。按照成本优先方针,航运公司将如何优化航速呢? 这也是航运公司亟需解决的问题。

仍按上述模型,同样假设 Winship 轮将执行一个航程期租租约(TCT)。在航程期租中,航运公司仅仅考虑海上满载航行时间而不负责货物装卸的时间和费用。按照成本优先方针,Winship 追求每日每单位运输成本最低。

每日每单位运输成本为

$$\text{每日每单位运输成本} = \frac{\text{每日固定成本} + \text{每日可变成本}}{\text{装货量}}$$
$$= \frac{\text{每日固定成本} + \text{每日燃油费} + \text{每日其他可变成本}}{\text{装货量}}$$

写成公式为

$$DC_T = \frac{FC + BR \cdot F(S) + DVC}{DWT/(D/S)} \tag{10－6}$$

式中 DC_T——每日每吨货物运输成本;

FC——固定成本 (Fixed Cost);

DWT——船舶载重吨;

S——船速(Speed);

D——航行的距离(Distance);

BR——每吨燃油费(Bunker Rate);

$F(S)$——每日以速度 S 行驶燃油消耗;假设 $F(S)=kS^3$,k 是一个统计常数;

DVC——每日其他可变成本(other Daily Variable Cost),包括港口使费、运河或航道通行费等。

对公式(10－6)求一阶导数并令其为零,即$\frac{dDC_T}{dS}=0$,得优化每日单位运输成本时的最优航速:

$$S_{opt} = \sqrt[3]{\frac{FC + DVC}{2BR \cdot k}} \tag{10-7}$$

上述公式告诉我们,燃油价格 BR 是航运公司航运成本中的重要因素,燃油价格上升对航运公司的成本产生重大影响。在对比公式 10-5 和公式 10-7 中,利润优先方针下和成本优先方针下的优化航速都和燃油价格成反比。但是,成本优先原则下的优化航速对燃油价格更加敏感。如果航程运费是相对固定的并且节约航程时间的激励不大的前提下,航运公司将在成本优先方针下“信马由缰”,让船舶在油耗最低的经济航速下航行[7]。

参考文献

[1] 中国科学院. 2010 中国可持续发展战略报告[R]. 北京:科学出版社,2010.

[2] Martin J Osborne. An Introduction to Game Theory[M]. London: Oxford University Press,2004.

[3] http://wiki. mbalib. com. 2011.

[4] 理查德·B·麦肯齐. MBA 微观经济学[M]. 北京:中国人民大学出版社,2010.

[5] H E Haralambides. The Economics of Bulk Shipping Pools[R]. Rotterdam: Center for Maritime Economics and Logistics, Erasmus University, 1996.

[6] 内森·罗森堡,L E 小伯泽尔. 西方现代社会的经济变迁[M]. 北京:中信出版社,2009.

[7] Evangelos F Magirou, Harilaos N Psaraftis, Nikolaos Christodoulakis. Quantitative Methods in Shipping—A Survey of Current Use and Future Trends[R]. Athens: Athens University of Economics and Business, 1992.

第 11 章　航运投资分析

11.1　航运市场周期

11.1.1　全球经济周期

航运市场的周期变化并不是一个陌生的话题。尤其是近百年来，全球航运市场已经深深融入全球经济、金融和贸易市场。随着全球经济不断经历潮起潮落的周期性变化，全球航运市场也随波起伏呈现着其周期性。市场周期变化是一个非常迷人话题，当经济在高潮和低谷之间运动时，人们的情绪也会在贪婪和恐惧之间徘徊。

马克思是最早研究资本主义经济周期变化的经济学家之一。俄国经济学家康德拉季耶夫（Kondratiev ，1892—1941）是第一个在数理统计基础上研究经济周期的经济学家。20 世纪 20 年代，康德拉季耶夫提出资本主义经济中存在着一个 50 ~ 60 年的周期，被称为“康德拉季耶夫”周期（Kondratiev Cycle，简称 K 波或长周期或长波）。一个长波大约包括六个中程周期，而一个中程周期大约包含有三个短波。美国学者根据康德拉季耶夫波，提出全球经济 50 ~ 60 年为一个周期的变化规律[1]，见图 11 - 1。

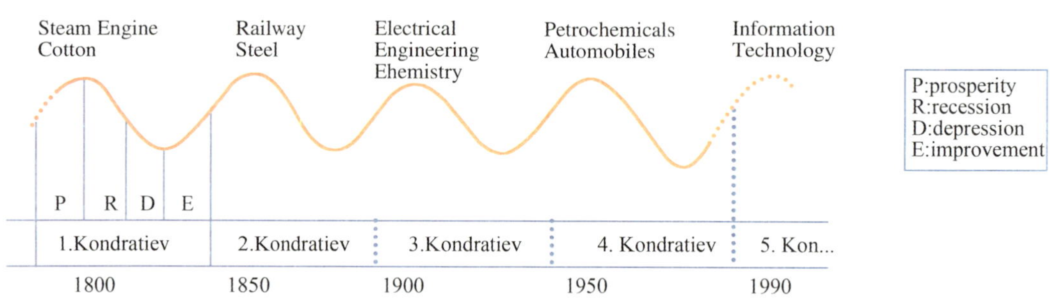

图 11 - 1　康德拉季耶夫波及其应用

注：K_1 早期机械化 1770—1780 年；K_2 蒸汽动力及铁路长波 1830—1840 年；K_3 电气重型机械长波 1880—1890 年；K_4 福特大规模长波 1930—1940 年；K_5 信息及通信长波 1980—1990 年

（来源：synthesistblog. com）

在上述周期理论的基础上，经济学家熊彼特提出了经济周期“四阶段论”的模式，即在现代市场经济运行中存在着“繁荣（Prosperity）”“衰退（Recession）”“萧条（Depression）”和“复苏（Improvement）”四个阶段。熊彼特还引用了三种不同的经济周期，即是康德拉季耶夫周期、朱格拉周期和基钦周期（见术语），它们的时间周期大致分别为 50 ~ 60 年、9 ~ 10 年和 3 ~ 4年。

在《资本主义、社会主义与民主》(Capitalism, Socialism and Democracy)一书中,熊彼特(1942)对经济变化采用了一种更为广阔的观察方法。他不是检验资本主义经济所经历过的周期变化,而是考察资本主义的未来。他提出的一个大问题是:"资本主义能生存下去吗?"他给出的答案是:"不,我认为它无法生存下去。"在根本上,他认为马克思相信社会主义将取代资本主义是正确的,但熊彼特认为资本主义并不是像马克思预测的那样被自己的失败毁灭,而是将被自己的诸多成功所毁灭。

美国经济是世界经济的火车头。图 11－2 是美国学者关于美国经济中的康德拉季耶夫周期现象的研究。

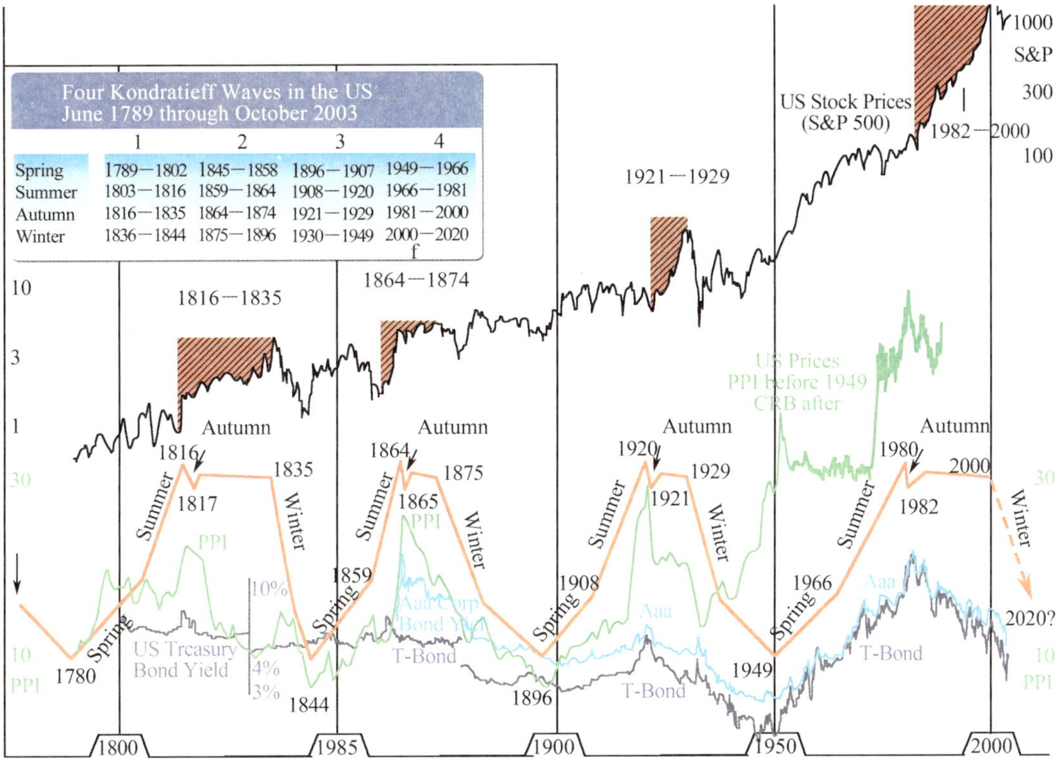

图 11－2　美国经济与康德拉季耶夫周期

(来源:longwaveanalyst. ca)

11.1.2　航运市场周期

全球航运和造船业是伴随着全球经济、金融和贸易的周期性波动而随波起伏的。根据 Clarkson 统计,自 1902 年到 2008 年,造船业共经历大约 12 次周期性波动(图 11－3)。每个波动的平均周期大约是 8.8 年。在 12 次周期性波动中,重大高峰发生在 1902 年(第 1 次高峰)、1917 年(第 4 次高峰)、1945 年(第 8 次高峰),1975 年(第 10 次高峰)和 2008 年(第 12 次高峰)。根据观察,航运和造船业的重大高峰周期变化大约为 30 年,被称为长周期。

航运市场的周期变化使得船舶投资充满了风险和不确定性。在经历一个长达约 30 年的成长期后,全球航运和造船业在 2008 年达到历史最高峰。但是,随之而来的全球金融危机将航运和造船市场从高峰抛到谷底,导致船舶运费和船舶价格剧烈地大幅度波动。从

1999—2008 年关于船价和运费的统计数据看，好望角型散货船的期租运费最高达到 188 600 美元/天，最低到 4 048 美元/天，峰谷值差价达到 98%；新造好望角型散货船的价格最高到 99 000 000 美元，最低到 32 000 000 美元，峰谷值差价达到 68%。VLCC 超级油轮期租运费最高到 203 897 美元/天，最低到 10 780 美元/天，峰谷值差价达到 95%；新造 VLCC 超级油轮价格最高到 162 000 000 美元，最低到 63 000 000 美元，峰谷值差价达到 61%。毋庸置疑，在 2008 年金融危机后，全球航运和造船市场正在逐步进入一个较长的“市场冬季”。

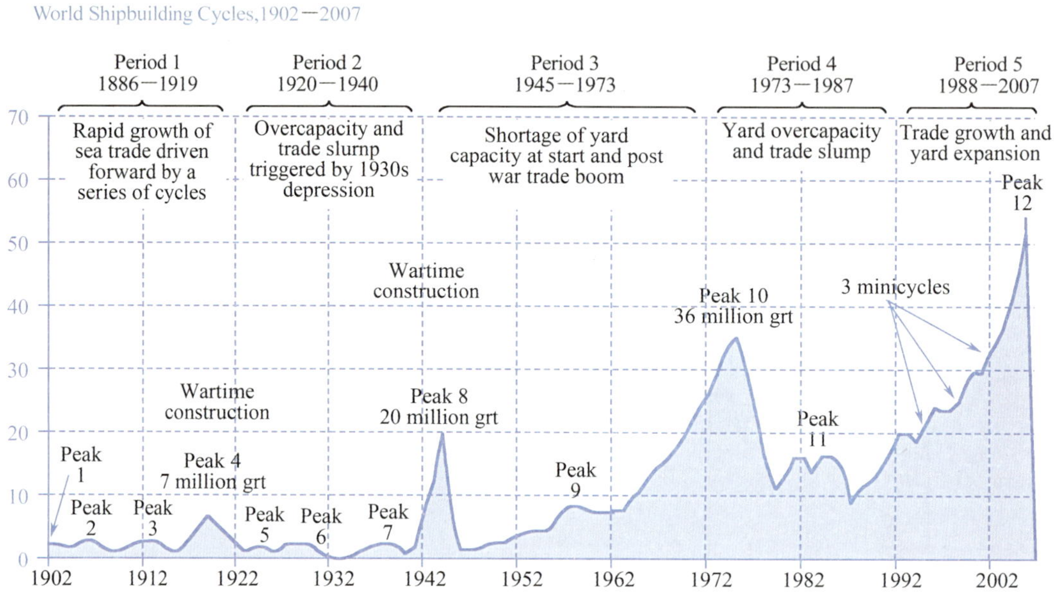

图 11-3 航运和造船业的周期

（来源：Clarkson/Martin Stophord）

“我可以算出星星的运动轨迹，却算不出（投资）人的疯狂。”这是 18 世纪的英国科学家牛顿（Isacc Newton，1642—1727）在投资当时一个名为“南海项目”血本不归后发出的感叹。在起伏的经济周期中，我们经常发现，市场中大量投资者存在集体疯狂追高或恐慌抛售商品的极端行为。他们在资产价格攀升到高位时购买资产，而在资产价格下跌到谷底时抛售资产，从而蒙受巨额损失。在航运投资市场中同样存在着大量的集体不理性行为，这与航运市场的经济周期密切相关。

11.1.3 航运市场经济周期的产生机制

航运市场的经济周期是如何形成？在跌宕起伏的经济周期中，为什么有些企业能久经风雨而长盛不衰，有些企业则是昙花一现？

航运市场的经济周期主要由三个方面的因素决定的。首先是市场的力量；其次是企业本身的因素（企业财富效应）；第三是企业家的因素。市场力量是一个长期的外生因素，企业和企业家属于内生因素。三种力量或因素的相互作用和影响形成了航运市场的周期性变化并且演绎了企业家成功和失败的风风雨雨。具体分析如下。

第一,全球经济和金融市场的周期性危机和增长是航运市场发生周期性变化的主要外部动因。对于市场经济周期发生原因,经济学家的回答是众说纷纭。熊彼特认为,企业家创新,作为一个独立的内生因素,是造成市场经济周期性波动的根本动因。马克思认为,资本主义制度是造成经济危机的根本原因,这是关于经济危机的一个政治制度解释。凯恩斯认为,有效需求不足和伴随的市场控制失灵是经济危机的根本原因。当经济危机来临时,航运和造船业不可避免地随波逐流。本书观点认为,在短期内,航运和造船的需求力量具备相对快速增长或者萎缩的特征,短期需求是弹性的;但是,由于建设周期较长,航运和造船供应力量在短时间内难以快速扩张或萎缩,短期供应是刚性的。弹性的需求力量和刚性的供应力量相互交替作用,从而造成了市场运费和船价的周期性波动。从长期而言,航运和造船市场经济周期是企业家在全球范围内追逐包括原材料、技术、劳动力等投入基本要素在内的廉价资源及其经济利润的结果。

第二,企业家尚不完备的个体理性及其传导效应也是产生航运经济周期的根本原因之一。当航运(公司)企业从其经营活动中获得更多的财富时,航运企业家表现出愿意承担更多的风险,去投资高价的船舶。而当财富下降时,企业家更多情况下是持币观望或者表现出其他厌恶风险的行为。根据丹尼尔·卡尼曼(Daniel Kahneman,2002 年诺贝尔经济学奖获得者)行为经济学中的前景理论,一般人倾向于把未来的小概率事件的概率加以高估,对于未来的大概率事件(可能是一件"坏事"),我们通常总是低估它的概率。在运费上行时,船价也会随之攀升。投资人将会认为运费和船价双双爬高是一件"好事",并且倾向于将这种"好事"发生的概率过高估计或者将自己把握这种"好事"的能力过高估计。在运费和船价双双处于历史新高时,市场下跌的概率大大增加,但是投资人往往却忽略这种大概率的"坏事"。产生这种现象的主要原因是人们自身的不完备个体理性。

不完备个体理性具有传导效应。通过市场价格体系的信号机制,不完备个体理性被传导并且放大成为群体不理性。研究群体投资行为的概念最早是由美国经济学家凯恩斯在 1934 年提出。在经济学中,理性是经济学家对投资人决策行为的一个基本假设。从投资个体的层面上,理性主要体现在个体相互独立和随机的行为。大量实证研究表明,在一个较短的时间内,由于投资者之间是相互影响、相互学习或相互模仿,个体投资行为和策略会趋向一致。经济学家将这种群体行为定义为"羊群行为"(Herding Behavior)。羊群行为的现象告诉我们,投资群体往往表现出难以预测的群体非理性行为,当群体非理性扩大到一定规模时,就形成了上述"追高杀跌"的市场非理性行为。通过上述机制,个体非理性行为,扩散为群体非理性行为,并最终扩大为市场非理性行为。

第三,企业财富效应(Wealth Effect)决定了企业在经济大起大落时的具体表现。

企业财富表现为企业的净资产规模以及现金流(或者流动性)的充裕程度。企业财富的增量主要有两个来源:第一是经营活动;第二是投融资活动。在经济高潮或者衰退时,企业财富将发生剧烈变化。企业内部财富和企业外部环境的相互作用和影响就产生了企业财富效应。在市场高位时,航运公司有非常充裕的现金流和非常高的净资产额并且对未来的收入预期很高。因此,购置二手船、订购新造船以及其他的投融资活动将非常频繁。因为企业的(现期)净资产规模大、现金流充裕,企业很容易从经营活动中获得收入,银行也非常愿意向企业提供融资。当航运市场进入"冬季",企业的现金流和资产净值都很低,资产的营运效率和投资回报很低。由于企业经营活动产生的现金流恶化,企业资产的市场价格下跌,将导致融资银行提高风险意识并收紧企业贷款。如果没有足够的"财富"储备,航运

(公司)企业将面临资金断流的困境。香港东方海外(Orient Overseas Container Line,OOCL)在上个世纪70~80年代经历的几乎倒闭的风险是一个明显的例证。

企业财富效应也取决于企业所有者权益比例。所有者权益较高的企业无法分散风险,使得企业实际控制人以更加厌恶风险的方式来行动;在所有者权益较低的企业中,因为投资风险可以分散,大股东(往往是企业的实际控制人)或者经理人(因为出于企业股价和经营业绩挂钩激励的考虑)表现得更加愿意承担风险[2]。另外,短期资本比例高的企业更愿意承担市场风险;长期资本比例高的企业则倾向于稳健的市场操作。企业融资杠杆的高低也是企业承受风险能力的试金石。在经济高速成长期,船舶投资人可以获得高比例的融资杠杆和优惠的融资利率,融资杠杆效应大,企业家表现出更愿意承担风险;在经济衰退期,融资利率高、融资杠杆效应弱,企业家表现出更厌恶风险。

11.2 航运投资决策

11.2.1 船舶投资时机

在第10章中,本书已经就航运商业决策的三类问题进行了表述,现将其重新表达如下。

第一类是关于企业组织的问题;

第二类是关于船舶资产的投资决策;

第三类是关于船舶资产的运营决策。

第一、三类问题已经在第10章详尽地论述过。本章将重点介绍第二类问题——船舶资产的投资决策,从战略(Strategy Choice)和战术(Tactical Choice)两个层面分别阐述之。

关于船舶资产投资的战略选择主要是关于投资行业以及行业细分领域的进入或退出决策。例如,某一个铁矿石贸易商选择是否进入铁矿石运输市场。在选择航运细分市场的时候,需要选择投资某种船型或船型组合。航运公司可以选择专门投资一类船型场或者组合投资两类不同船型,例如,油轮和散货船的混业投资。船舶投资战略选择的时间跨度较长,一般在10~30年。船舶投资的战术选择涉及具体船舶资产的融资、新建、买卖和拆解的决策。

不管有多么复杂,船舶投资项目的决策可以被细分为四个层次:

①投资时机决策;

②盈利模式决策;

③融资决策;

④投资分析。

投资时机决策和盈利模式决策属于战略决策层面。融资决策和投资分析属于战术决策层面。

什么时候是订船/买卖船的最佳时机呢?这个问题是一个非常复杂问题。表11-1给出了主要船型2000—2009年价格统计。一艘5年船龄的好望角型散货船,2002年的价格约是2 500万美元;到2007年,这艘船已经10年船龄,但是其市场价格反而上涨了约5倍到1.46亿美元。如果在2008年订购一艘新造好望角型散货船,新造船价格约是9 700万美元, 2011年6月,在新船交付市场时,其市场价格大约是5 200万美元。购买船舶的时机是决定投资成败的关键因素之一。研究航运市场的周期性变化无疑对船舶投资有很重要的现实意义。

表 11－1　主要船型 2000—2009 年价格统计　　百万美元

	VLCC		170K BC		75K BC		45～50K BC		30K BC	
Year	5Yr Price	NB Price	5Yr Price	NB Price	5Yr Price	NB Price	5Yr Price	NB Price	5Yr Price	NB Price
2000	71	76.5	26	40.5	16	22.5	15.25	20.5	12	15
2001	58	70	22.71	36	14	20.5	13.25	18.5	11	14.5
2002	54	63.5	24.39	36.3	17	21.5	14.25	19	11.25	15
2003	70	77	37.01	48	28	27	20	24	14.5	18
2004	108	110	54.25	64	40	36	29	30	21.5	23.5
2005	117	120	57	59	29.5	36	25.5	30.5	26	25.5
2006	118	129	81	68	45.5	40	40	36.5	28.5	29.5
2007	125	146	150	97	88.5	55	75	48	44	38
2008	110	150	110	88	70	46.5	50	42	35	32.5
2009	80	111	55	60	35	33	28	30	20	25

（来源：Clarkson）

“时机就是技术、经济、社会及法律条件的总和。这些条件在基于分工和私有财产，尤其是在土地和其他物质生产资料方面的私有财产的国民经济中，决定货物的需求和供给，从而决定货物的交换价值，这种决定通常或至少在大体上与货物所有者的意志、活动和疏忽无关。”[3] 这是一个非常有趣的关于“时机”的经济学定义。根据这个定义，时机是由市场供需变化创造的。

鉴于船舶投资市场的强烈周期性，反周期运作是投资船舶资产的最佳时机。周期性波动起伏的市场会不断地发出“买”或“卖”的信号。包括新造船和二手船价在内的资产价格与运费之间关系包含着未来关于船舶投资价值以及船舶买卖时机的重要信息。船舶资产的市场价格主要体现为未来运费及其现金流的风险收益。投资人选择二手船市场或者新造船市场交易资产的时间周期和跨度却不相同。二手船市场交易时间跨度一般是 2～3 个月，因此二手船的价格更多地反映“现期”市场趋势。新造船市场交易时间一般延续 18～36 个月，因此新造船价格更多地反映“远期”市场趋势。当市场运费交替反映现期和远期市场趋势时，新造船价和二手船价产生的投资信号有细微差别，这是敏锐的投资人获得投资或者投机机会的主要来源之一。

综上所述，机会是市场创造的。但是，如何实现市场时机却和投资人把握机会的能力密切相关。投资时机决策的关键就是投资人能够从航运市场需求和供给力量动态均衡的过程中不断发现和把握机会。成功的船舶投资人应该具备：

①掌握大局的能力，对行业和市场发展基本面的判断；

②独立思考和挑战权威的勇气；

③思维方式的创新，包括思维的组合能力，即将不相干的概念组合在一起的能力，获取市场新知识的能力[4]。

11.2.2 盈利模式的决策

企业盈利的三种基本方式是套利、创新和模仿[5]。生产的过程,就是用低的价格购入资源,用节约的方式组织生产,最后希望按照高于投入成本的价格销售产品,以期利润回报。从本质上说,创新和模仿是两种复杂形式的套利行为,即低价购入资源并以创造性或更有效率的方式改造,再以高价卖出。

因此,企业盈利最根本的模式是低价买进,高价卖出(Buy Low Sell High)。船舶投资的低买高卖是指利用航运市场的周期性低潮,建立船队规模、营销品牌,发展和货主的长期关系,收获稳定回报;在未来船舶资产价格高涨时卖船,实现资产回报。投资人需要敏锐地把握各种船型的运费和资产市场,在充分理解运费和船价传导效应的基础上,操作低价买进和高价卖出。图 11 -4 给出了船舶投资“低买高卖(Buy Low Sell High)”模型。

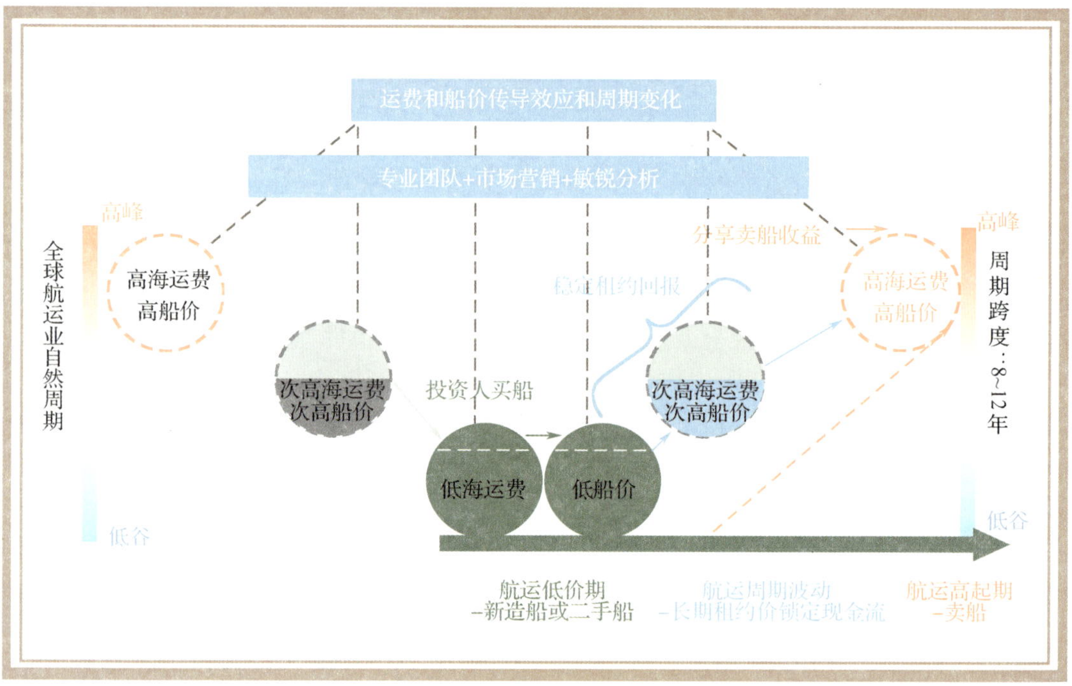

图 11 -4 船舶投资“低买高卖”模型

航运投资的一个典型特征就是投资资产寿命周期很长和国际投资人多元化。不同投资人的投资目的和操作手法也不尽相同。日本航运公司一般使用船舶的头 8 年到 10 年,在此之后,出售船舶并再次订购造新造船。由于目的不同,投资人选择的船型也不尽相同。由于标准商品船型(Commodity Ship)适用范围广,专业租家愿意选择这种船型。另一方面,因为标准船型的资产价格和运费波动频繁,它也成为船舶投机人“低买高卖”的主要投机工具。

在一般情况下,定制型船舶(Customized Ship)是服务于一个特定的细分市场(Niche Market)。经营稳健或者拥有长期稳定货源的航运企业会倾向于选择定制型船舶;同时,投资定制型船舶具有回避市场通货膨胀的效应。

11.2.3 融资决策

融资决策主要包括融资方式和渠道的选择。公司融资的两个基本方式是股权融资(Equity Finance)和债权融资(Debt Finance)。两种投资方式享受公司分红的方式不同。船舶投融资一般都是股权融资和债权融资的混合使用。股权融资主要包括私募(Private Placement)和上市融资(IPO and Follow-up Offering)。

上市融资(IPO)是公司股权融资的主要渠道之一。以2005年为例[6],13家航运公司在美国上市,其中,7家公司在纽交所,6家纳斯达克市场。13家公司包括Diana Shipping,Teekay LNG,Genmar,Genco,Eagle Bulk,Seaspan,Stealth Gas,Double Hull Tanker等公司。它们中的两家公司是美国本土注册并符合琼斯法案(琼斯法案要求所有在美国沿海港口之间航行的船舶必须是由美国制造、由美国公民操作和管理并且悬挂美国旗)的航运公司(US Domestic Jones Act Carrier);另外11家是在马绍尔群岛,Bahamas,Bermuda,中国香港,希腊等地注册的海外公司(马绍尔群岛等国家或者地区是所谓海外免税天堂的国家)。按照经营市场划分,13家公司中间的6家主要经营散货船,3家主要经营集装箱船,4家主要经营油轮。

13家公司从市场募集资金约26亿美元,上市筹措资金主要用于船舶购置。最大的融资来自于Seaspan,其融资额接近6亿美元。最小的融资来自于TBS,其融资额大约在8千万美元。13家公司得到包销承诺(Firm Commitment Underwriting)并为此提供平均6.51%的折扣或佣金并且附带"Green Shoe"条款。在发行价折扣以外,13家公司的平均上市成本和费用约为3 000 000美元,最高为6 300 000美元,最低约为1 750 000美元;上市成本和费用合计接近4千万美元,约占总募集资金的15%。上市成本和费用包括以下项目。

①律师费:13家公司平均花费约1.5百万美元,合计约2千万美元。

②审计费用:13家公司平均花费接近50万美元,合计6.5百万美元。

③登记费用(证交所):按照上市融资最大估计总额中每1 000 000美元收取117.7美元。如果按照26亿美元为基数,共缴纳30万美元登记费。

海外资本市场对上市公司有严格的监管和评级。在上述美国上市的13家公司中,6家登记为信息披露和合规(Compliance)要求最高的SEC Form S-1。SEC Form S-1要求全面符合Sarbens-Oxley法案。7家登记为Form F-1。Form F-1针对高管收入以及公司股东内部交易方面的信息披露的要求较少。金融机构一般在如下方面监管或者衡量航运公司的财务健康状况。

1. 船队规模和多元化程度

这主要体现在船队年龄结构、盈利能力、长短租约搭配等方面。自有船舶和租赁船舶比例以及长短期合同的比例是影响公司现金流的主要因素。在不同的经济周期中,采取不同类型的租约和航线组合,可以规避风险。运费高涨时,租家喜欢短期或现期市场;当运费低迷时,租家倾向于长期稳定租约。2010中,Teeky控制全球10%油轮运力,其80%的收入来源于租期在3年或以上并且有固定回报的租约。

2. 船舶营运效率

航运公司成本管理的水平主要体现在其市场低迷时保持盈亏持平的能力。影响船舶相关费用水平的因素是船龄结构、船旗国管理、船舶技术管理水平(船员、修理和维护、保险等)和船舶营运管理(航线优化、燃油费、港口和运河费、佣金等)。船舶营运成本的波动主要是由于燃油费和船员费增加引起的。

3. 资信能力(Credit Metrics)

航运企业的资信能力主要体现在船舶现金流波动幅度、营运收入特征、租约种类、租家资信和付款能力等方面。

4. 单独公司对市场的影响力和谈判能力

这主要取决于航运企业在其细分市场的谈判能力。投资人或船舶营运人可以通过合作、联盟(Alliance)和船舶运费分享(Revenue Sharing Agreement)等各种方式增加谈判能力。例如,航运企业集合融资和订船,集装箱船的航线合作,竞争对手之间舱位租赁或包租等。这种合作有助于成员企业降低成本(港口费用、标准化服务和保险费降低)和提高管理透明度。但是,这种合作也必须符合监管部门或者政府部门反托拉斯的监管。

5. 资本密度(Capital Intensity)

船舶投资是资本密集型。资本来源及其组成是决定公司盈利表现的重要因素之一,尤其是在经济危机来临时。

11.2.4 投资分析

投资分析是通过假设或预测将船舶投资期限中各期的收入(Cash in)和支出(Cash out)转化为一个未来的净现金流,然后通过评估和衡量净现金流的“质量”,比较投资项目的优劣。总结起来,船舶投资人在投资决策时考虑的主要因素是资产价格、融资条件、资产营运预测三个方面,分别阐述如下。

1. 资产价格

这主要包括投资期初阶段关于新造船价格或二手船价格、交船日期、付款形式等假设以及资产期末阶段关于船舶剩余价值(Residual Value)、船舶寿命(Ship Life)、拆船残值(Salvage Value)等假设。

2. 融资条件

这主要包括股权投资和债权融资条件假设。债权融资假设主要包括贷款金额、贷款利率、本金尾款、每年还款次数、贷款期限、承诺费、管理费等。股权投资假设主要包括股东投资额、船舶监造费、其他开办费等。在新造船期间的贷款利息、融资费用以及有关其他费用一般采用资本化方式处理。

3. 资产营运预测

这主要包括船舶营运中各项收入和支出的假设。船舶营运收入假设主要包括营运航线及货种、租约类型、运费预测、运输量、营运天数、租约期限等。船舶营运支出假设主要包括船舶营运固定成本假设和变动成本假设。

这里以一个简单例子解释如何通过评估现金流的“质量”衡量和比较不同投资项目的优劣。表 11－2 列举了 4 个投资项目的未来项目现金流。4 个项目相同的是初始投资都是 500 美元,项目周期是 3 年,每个项目产生的收入合计 600 美元,每个项目的静态回报是 100 美元。4 个项目不同之处是每年的现金流量不同。在这种情况下,如何衡量和比较 4 个项目的优劣呢?本节从投资决策分析的基本方法入手讲明其比较的方法与原则。投资分析的核心就是评估现金流的质量。

表 11－2 4个投资项目的未来项目现金流

项目	初始投资	第1年	第2年	第3年	静态回报
1	(\$500)	\$100	\$200	\$300	\$100
2	(\$500)	\$200	\$200	\$200	\$100
3	(\$500)	\$200	\$300	\$100	\$100
4	(\$500)	\$300	\$200	\$100	\$100

投资决策分析的基本方法如下。

1.净限值(Net Present Value,NPV)法则

净现值NPV为正,表示该项投资相较于每年折现率的收益来说还有超额收益,投资方案是可行的;NPV为零,表示该项目能得到与每年折现率相同的收益,投资方案仍然可行;NPV为负,表示该项目收益小于每年折现率的收益,投资方案不可行。如果是多个互斥方案的比较选择,单位投资的净现值越高,投资效益越好。

净现值是指在投资期限内,每年的净现金流以资本机会成本为折现率折现到投资初期的价值总和。具体计算公式如下:

$$NPV = \sum_{t=0}^{n} \frac{c_t}{(1 + r_t)^t} \quad (11-1)$$

式中 n——船舶投资期限(包括新造船期限和运营期限);

c_t——第t期的现金流;

r_t——第t期的折现率。

船舶资产在投资和运营过程产生一系列的现金流。净现值方法通过衡量未来现金流的质量,从而实现对投资项目的评判[7]。具体而言,净现值方法考虑了资产的时间成本以及投资的风险回报。折现率是资本市场中等价投资对象的收益率,是资本的机会成本。资本的机会成本是指由于将资本投入一个项目而丧失其他投资机会所发生的收益损失。如果项目风险越高,项目折现率就越大。

在投资期限内的折现率是一个很难客观估计的值。在实务中,我们一般采用如下两种方法估算折现率。

①市场经验数据法。一般取值在8%～12%之间。在航运周期的不同阶段,折现率的取值是不一样。在市场低迷时,折现率取值较低;在市场成长期,折现率取值较高。

②资产定价模型(Capital Asset Pricing Model,CAPM)。CAMP模型是由美国学者在资产组合理论的基础上发展起来的,是现代金融市场价格理论的支柱,被广泛应用于投资决策和公司理财领域。资本资产定价一般公式为

$$\bar{r}_\theta = r_f + \beta_\theta \cdot (\bar{r}_m - \bar{r}_f) \quad (11-2)$$

式中 $\bar{r}_f$——无风险回报率,比较典型的无风险回报率是10年期的美国政府债券收益率;

$\bar{r}_m$——市场期望回报率(Expected Market Return);

$\bar{r}_m - \bar{r}_f$——股权投资市场溢价(Equity Market Premium);

β_θ——资产的风险乘数。

为方便计算,投资人可以采用如下资产定价模型的基本公式和步骤计算资本机会成本:

$$\text{任何风险性资产的资本机会成本} = \text{无风险利率} + \text{资产风险溢价} \qquad (11-3)$$

以下以一个案例说明如何计算上述资本机会成本，也就是投资项目的折现率计算。

【案例11-1】 资本机会成本-折现率的计算

Winship公司安排为其新造船项目融资，计划安排船价15%的股本投资再加上船价85%的债务融资。如何计算投资分析中的折现率？

第一步是计算债务市场基准回报：按照10年的平均Libor（伦敦银行同业拆放利率（London Inter bank Offered Rate，LIBOR））（3.5%）加上银行溢价（3.75%）总计7.25%。

第二步是计算股权投资基准回报：股权投资基准回报被定义为10年期的美国政府债券利率（2.95%）加上风险溢价（3.00%）总计5.95%。

第三步是计算无风险利率：采用项目股权和债务融资的实际比例及其市场基准回报的简单加权平均方法计算无风险利率，即0.85×7.25%+0.15×5.95%=7.055%。

第四步是计算资本机会成本：无风险利率加上资产风险溢价的和即是资本机会成本-折现率。Winship公司根据客户资信情况以及投资项目特点，将资产风险溢价取值为3%。最后，折现率的计算结果是10.055%（=7.055%+3%）。

2. 内部收益率（IRR-The Internal Rate of Return，IRR）法则

IRR大于最低投资回报或资本机会成本，方案可行；IRR小于最低投资回报或资本机会成本，方案不可行。如果是多个互斥方案的比较选择，内部收益率越高，投资效益越好。内部收益率法主要评估投资期限内全部现金流量产生的时间机会成本。

内部收益率是指在整个投资期限内使得每期净现值之和为零的折现率。

$$\sum_{t=0}^{n} \frac{C_t}{(1+IRR)^t} = 0 \qquad (11-4)$$

式中 C_t——0，1，2，…，n期的各期现金流。

从上述分析中我们看出净现值法则和内部收益率法则有很多的相似点，运用两项指标对某一特定投资项目作出可行与否的决策结果是一致的。但是，在进行投资项目的比较时，两者所得出的具体计算结果可能不一致。NPV法则和IRR法则可能出现冲突的根本原因在于两项投资指标所暗含的对资本再投资的假设的差别。NPV是假设各期投资收益可以按企业资金机会成本再投资。IRR法则则是要求企业各期投资能按IRR的水平再投资。在一般情况下，同时采用两种方法评估投资项目。在NPV与IRR的评估结果相互冲突时，NPV法则在通常情况下能给出正确的判断标准。

3. 投资回收期法则

当投资回收期短于投资者所要求的值，可以进行该项投资；否则不进行相应投资。投资回收期是指回收初始投资所需的时间，计算公式如下。

$$\sum_{t=0}^{pp} c_t = 0 \qquad (11-5)$$

式中 PP——投资回收期。

回收期法则意义明确直观，一定程度上反映了投资项目的经济性。投资回收期法则的缺点是没有考虑资本的时间成本。一种改进的方法是将时间成本考虑在内，先将现金流进行折现求和，然后求出收回初始投资所需的时间。

4. 盈亏平衡分析

盈亏平衡分析的主要目的是通过盈亏平衡的计算和确定盈亏平衡点，来分析和评价航

运投资项目的运输量、营运成本、营运收入与营运利润之间的制约关系。盈亏平衡分析的一个中心工作是计算投资项目的必要运费率(Required Freight Rate)。必要运费率是指船舶在盈亏平衡情况下的单位运费收入[8]。

采用投资回收期、内部收益率和 NPV 法则可以衡量和比较表 11 -2 中的 4 个项目的优劣。评估结果见表 11 -3 和图 11 -5。对比结果发现:项目 4 是最优方案,其净现值达到 12 美元;项目 1 是最差方案,其净现值是 -17 美元。按照内部收益率排名的结果是一致的。尽管 4 个方案的静态回报都是 100 美元,但是它们每年产生的现金流是不同的,因此各个项目中的资金的时间成本也是不同的。项目 4 在前期能够产生较大现金流,就意味着投资人能够尽快回收资金,说明该项目的盈利能力强,我们也可以说该项目具备高质量的现金流。

表 11 -3　4 个项目投资分析

项目	初始投资	第一年	第二年	第三年	静态回报	内部收益率	NPV@10%折现率
1	($500)	$100	$200	$300	$100	8.2%	($17)
2	($500)	$200	$200	$200	$100	9.7%	($2)
3	($500)	$200	$300	$100	$100	10.6%	$4
4	($500)	$300	$200	$100	$100	11.8%	$12

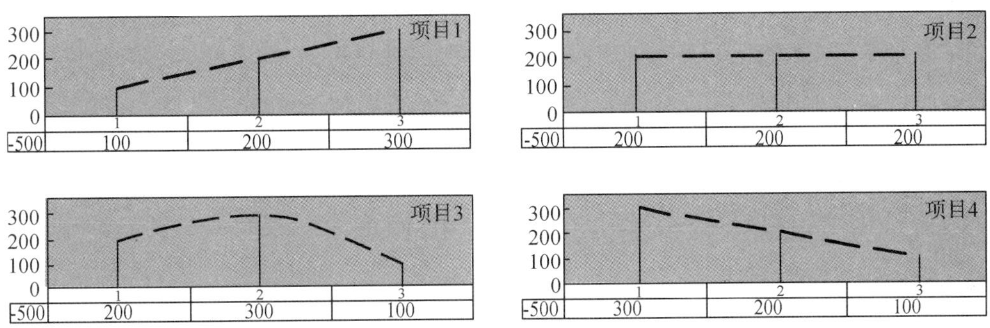

图 11 -5　4 个项目评估图

如何将上述方法运用于航运投资分析和预测,具体的过程和方法参见案例 11 -2。

【案例 11 -2】　投资新造船案例

2008 年下半年,一个日本煤矿贸易商向 Winship 公司询价一个租期为 10 年的煤炭包运运输合同。煤炭装货港是澳大利亚的 Frementle 港,卸货港是日本的 Kawasaki 港。煤炭运费是每吨 22 元,并且根据租期内的燃油价格和港口费用浮动调整。租约从 2013 年初开始,每年运输量大约是 60 万吨。Winship 公司计划订购一艘新造 57 000 吨散货船投入使用。

为计算和分析投资回报,Winship 向一家中国造船厂询价订购一艘 57 000 吨散货船。造船厂的报价是:船价是 3 200 万美元,付款条件是 5 个 20%,交船期是 2012 年 12 月 30 号。Winship 拟投入自有资金 700 万美元,其余资金向银行融资。一家海外银行同意提供大约 80% 船价的贷款额,贷款年利息是 7.35%。

Winship 在得到上述报价后,决定采用 IRR 和 NPV 指标分析和衡量上述投资是否合适。为计算 IRR 和 NPV,Winship 进一步假设如下基本条件。

①船舶期末价值假设:在 10 年租约结束后卖船;10 年船龄的 57 000 吨散货船的出售价

格按照船舶寿命25年的直线折旧方法计算；船舶报废价值按照每轻吨300美元的拆船价格计算。

②运费假设：2013年的COA运费是每吨22元；IFO380的燃油价格是\$450/t和MDO价格是\$780/t。因为运费可以随同燃油价格和港口费用浮动，所以燃油价格和港口费用上涨带来的利润损失可以通过调整运费弥补。因此，Winship运费、燃油费和港口费在10年租期内保持不变。

③营运成本假设：Winship公司每天营运一艘57 000吨费用是5 900美元，每年费用上涨2%。

④资金机会成本假设：项目现金流折现率是12%。

⑤所有金额按照美元核算。

投资分析的第一步是列出或计算新造船合同和融资合同中的基本技术和商务细节，见表11－4。Winship计划安排的贷款总额包括80%的船价和各种融资成本的合计金额（融资成本包括各类银行贷款手续费、贷款期间的利息成本等，按照贷款额的6%估算）。Winship自有投入资金是20%的新造船价（640万美元）以及船舶监造费和各种交船前的杂费等（估算是50万美元）。

表11－4　新造船合同和融资合同中的基本技术和商务细节

57K/SUPRAMAX Ship Spec								
DWT/t	Loading/t	L/m	B/m	D/m	Draft/m	LTD/t	Sl/kt	Sb/kt
57 000	55 000	199.05	32.26	18	12.8	8 200	15	15
Newbuilding						Loan		Equity
NB price	Payment	Contract	Delivery	Supervision etc*	Leverage	Interests	Amount	Amount
\$32 000 000	5×20%	2009/1/1	2012/12/31	\$500,000	80%	0.0735 p.a.	\$27 520 000	\$6 400 000

注：*监造费由Winship承担。

投资分析的第二步是列出各种租船条件并且将COA运费收入转换成为每天等额期租租金，见表11－5 TCE计算。

表11－5　TCE计算

	Coal COA			Loading		Discharging	
Period/y	Mileage	Hire/(\$/d)	COA term	Port	Rate/(t/d)	Port	Rate/(t/d)
10	4 456	21.5	FIO	Fremantle	15 000	Kawasaki	15 000
IFO Consumption/(t/d)				MDO Consumption/(t/d)			
Load	33.23	Ballast	29.91	Work	2.22	Idle	1.48
Opex			Bunker Cost			Port Charges	
Opex/(\$/d)	SS/DD/Per Time	Inflation	IFO 380 Price/(\$/t)	MDO price/(\$/t)	Bunker YoY	Loading/\$	Unloading/\$
5 900	650 000	2%	450	780	0%	37 907	55 194

表 11 –5　（续）

Round Voyage Day		TCE	
Round Voyage/d	36.59	Net Voyage Revenue I = $A \times B$	$1 182 500
Days at Sea/d	24.76	Cargo Loading A/mt	$55 000
Days at Sea/Loading/d	12.38	Net Hire Rate B/($/d)	$21.5
Days at Sea/Ballasting/d	12.38	Gross Voyage Costs II = $C + D + E$	$466 667
Days at Port/d	11.83	Bunker Cost C	$369 566
Days at Loading Port/d	5.67	Port Charges D	$97 101
Working/d	3.67	Others $E = F + G + H$	$0
At Idle/d	2.00	Canal Charges F	$0
Days at Discharging Port/d	5.67	Taxes/Dues G	$0
Working/d	3.67	Miscellaneous H	$0
At Idle/d	2.00	Net Voyage Margin III = I + II	$715 833
Days at Bunking Port/d	0.50	Round Voyage/d	36.59
		TCE ($/d) = III/Round Voyage Days	$19 564

投资分析的第三步是根据上述计算和假设列出新造船和 10 年租约期间以美元计价的现金流，见表 11 –5、表 11 –6（新造船期间现金流）、表 11 –7（10 年运营期间现金流（2012—2017））、和表 11 –8（10 年运营期间现金流（2017—2022））。

表 11 –6　新造船期间现金流

NB TC Cash flow	Subtotal	2009	2010	2011	2012
Ship Purchase/$	(6 400 000)	(6 400 000)			
Supervision/$	(500 000)				(500 000)
Net Cash Flow/$		(6 400 000)	—	—	(500 000)
Cumulative cf/$		(6 400 000)	(6 400 000)	(6 400 000)	(6 900 000)

表 11 –7　10 年运营期间现金流（2012—2017）

NB + 10Y TC	Subtotal	2012	2013	2014	2015	2016	2017
Inflation/%			1.000	1.020	1.040	1.061	1.082
Vsl Age			1	2	3	4	5
On Hire Days			360	360	330	360	330
Revenue/$	68 670 376	0	7 043 115	7 043 115	6 456 189	7 043 115	6 456 189

表 11－7 （续）

NB + 10Y TC	Subtotal	2012	2013	2014			
Ship Purchase/$	(6 400 000)						
Loan& Interest/$	(39 818 602)		(3 981 860)	(3 981 860)	(3 981 860)	(3 981 860)	(3 981 860)
Supervision/$	(500 000)	(500 000)					
Residual Value/$	21 636 000						
DD + SS Cost/$	(2 903 297)		(275 968)	(275 968)	(275 968)	(275 968)	(275 968)
Running Cost/$	(23 580 224)		(2 153 500)	(2 196 570)	(2 240 501)	(2 285 311)	(2 331 018)
Net Cash Flow/$		(500 000)	631 787	588 717	(42 141)	499 976	(132 657)
Cumulative cf/$		(6 900 000)	(6 268 213)	(5 679 496)	(5 721 637)	(5 221 661)	(5 354 318)

表 11－8　10 年运营期间现金流(2017—2022)

NB + 10Y TC Cashflow	2018	2019	2020	2021	2022
Inflation	1.104	1.126	1.149	1.172	1.195
Vsl Age	6	7	8	9	10
On Hire Days	360	360	330	360	360
TCE/ $	7 043 115	7 043 115	6 456 189	7 043 115	7 043 115
Ship Purchase/ $					
Loan& Interest/ $	(3 981 860)	(3 981 860)	(3 981 860)	(3 981 860)	(3 981 860)
Supervision/ $					
Residual Value/ $					21 636 000
DD + SS Cost/ $	(304 691)	(304 691)	(304 691)	(304 691)	(304 691)
Running Cost/ $	(2 377 638)	(2 425 191)	(2 473 695)	(2 523 168)	(2 573 632)
Net Cash Flow/ $	378 926	331 373	(304 057)	233 396	21 818 932
Cumulative cf/ $	(4 975 392)	(4 644 019)	(4 948 075)	(4 714 680)	17 104 252

投资分析的第四步是计算 IRR 和 NPV。计算结果见表 11－9。Winship 公司发现,该项目的内部收益率是 11.02%,折现率为 12% 时的净现值是负数。这说明,该项目不符合投资人的最低投资回报要求。Winship 必须重新考虑该项目或者向日本贸易商要求更高的运费。如果运费提高到每吨 23 美元,该项目的内部收益率是 12.6%,折现率 12% 的净现值是正,将符合投资回报的要求。

表 11－9　IRR 和 NPV 计算结果

Ship type	Starting	Ending	NPV@12% Dis.	IRR	TCE /($/d)	NB Price /$	Residual Value /$	RV/y
57K/SUPRAMAX	2009/1/1	2022/12/31	(582 961)	11.02%	19 564	32 000 000	21 636 000	9.84

将上述航运投资分析和预测的过程和方法归纳如图 11－6。

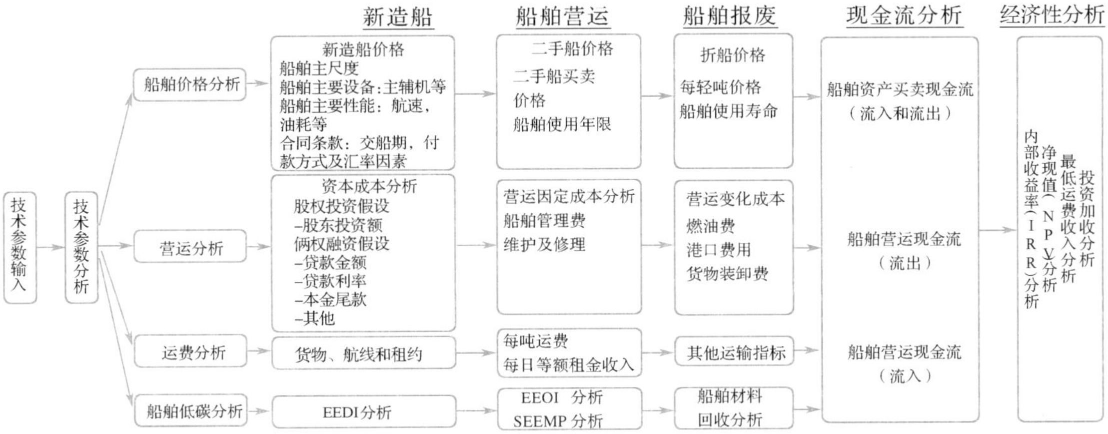

图 11－6 航运投资(包括低碳－经济性)分析路线图

11.2.5 运费预测

经济学家认为,任何预测未来的行为都是徒劳的。但是,为什么我们在现实中还要采用各种方法预测未来市场的价格变化呢？万事预则立,不预则废。通过预测市场发展趋势,企业决策者可以针对各种不同投资或营运方案进行优劣比较和风险分析,对未来可能出现的各种问题做到心中有数。

预测(未来)现金流是船舶投资和营运分析中一个中心工作,主要涉及船舶运费预测和成本估算。预测运费可以采用历史数据、经验数据、市场报价(FFA)、数学模型等方法。本小节主要介绍一种经常采用的运费预测的数学方法——运费预测的弹性模型。

运费是船舶运力服务的价格。在经济学供需模型中,价格是由买卖双方各自的需求和供给曲线相交而形成的。但是,现实中的市场运费是运力需求方(租家)和运力供给方(航运公司)相互谈判和博弈的结果,是随机变化的。尽管如此,运费的形成仍然遵循一定的规律和机制。我们将所有影响未来运费形成机制的因素总结为以下三个方面:

(1)基本面因素,主要是指航运需求和供给平衡形成运费的动态平衡关系;

(2)系统性因素,主要是指影响供需平衡和运费形成的各种系统因素;

(3)偶然性因素,来自于基本面以外的各种不可预测的偶然因素及其影响。

图 11－7 是波罗的海干散货指数(BDI,详见第 8 章)在 2002—2011 年的变化趋势图。运费每年平均波动幅度在 40%～60%之间。在 2009—2011 年中,运费的高低波动就如同一个弹性球在地面上的运动轨迹,因此可将这种运费弹性波动用一个“运费弹性模型”来表达。具体解释如下。

将上述影响运费形成的基本面因素、系统性因素和偶然性因素用数学语言表达如下式:

$$FR = F(\alpha, SF, \varepsilon) \tag{11-6}$$

借鉴金融领域中预测利率的单因素模型构架,我们可以将式(11－6)表示为线性相加的形式,即

$$FR = \alpha + SF + \varepsilon \tag{11-7}$$

式中 FR——运费;

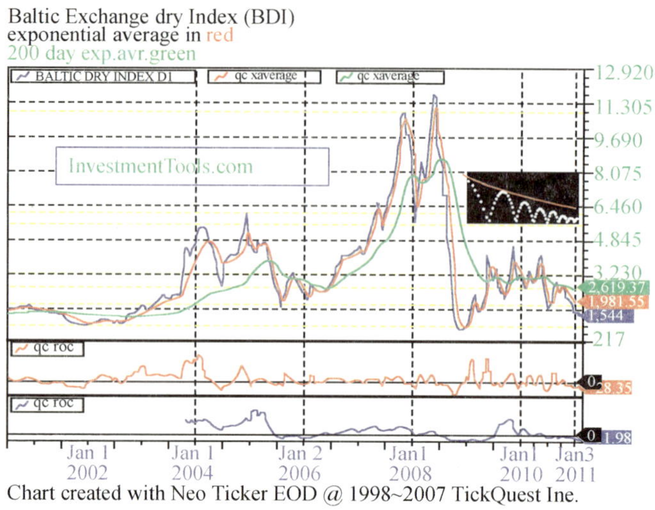

图 11－7 波罗的海干散货指数变化趋势图(2002—2011)

(来源:Investment Tools)

α——基本面水平;

SF——系统性因素;

ε——偶然性因素。

图 11－8 是运费弹性模型模拟的一个运费随时间变化的趋势图。其中,基本面因素 α 用红色虚线表示,系统性因素 SF 描述价格是怎样围绕着基本面上下浮动,描述偶然性因素产生的随机干扰。

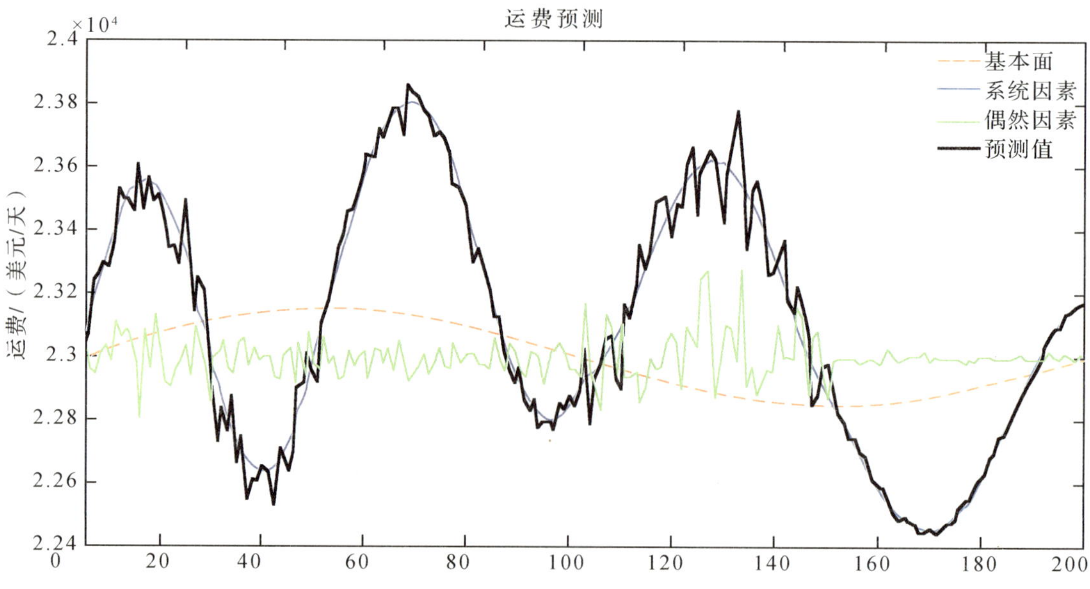

图 11－8 运费预测的弹性模型

为便于分析,我们借助数学中的 Vasicek 离散化模型来预测未来运费的短期变化(该模型在金融领域,尤其在如何设计利率期限结构上,有广泛的应用)。根据 Vasicek 离散化模型,两时点间运费的改变可以用如下公式表示为

$$dFR = k(\overline{FR} - FR)dt + \sigma dW \tag{11-8}$$

式中 $W(t)$——标准的维纳过程(见术语),dW 是一个均值为 0,方差为 dt 的正态变量;

$\overline{FR}$——运费的长期平均水平;

σ——运费随机波动率;

k——当前运费回到$\overline{FR}$的速度;

k,$\overline{FR}$,σ 是待估计的常数。

将上述微分方程形式简化为离散形式,即

$$FR_{t+1} = k\overline{FR} + (1-k)FR_t + \varepsilon_{t+1} \tag{11-9}$$

然后,转化成为与(11-7)相同的弹性模型如下:

$$FR_{t+1} = \alpha + \beta FR_t + \varepsilon_{t+1} \tag{11-10}$$

式中,$t+1$ 时期的运费仅与 t 时期的运费有关系;$\alpha = k\overline{FR}$,$k \in (0,1)$;若 k 值偏大,则表明当前航运市场的总体经济稳定,运费偏离长期平均水平的幅度较小,偏离回复速度较快;当 $k=1$ 时,$FR_{t+1} = FR_t + \varepsilon_{t+1}$,这是 k 值的极限水平,表明第 $t+1$ 期运费等于长期平均水平加上一个正态扰动项;$\beta = 1-k$;$\varepsilon_{t+1} \sim N(0,\sigma^2)$,$\sigma$ 表示运费随机波动率,可以利用蒙特卡洛方法生成随机数得到。

11.2.6 选择权价值

租约或船舶买卖合同中经常出现各种类型的选择权。如何评估这些带有选择权合约的价值是投资人,尤其是上市公司投资人,非常关心的问题。投资人评估选择权价值的假设前提条件是未来船舶的运营收益函数和资产收益函数是可以预测的。通过预测未来船价和租船费可以计算出带有租约延长权或资产购买权的租船合约的价值。案例 11-3 将介绍 Norden 公司采用的评估选择权价值的数学方法,其中也运用了上述弹性模型分别预测运费和船价。

【案例 11-3】 Norden 选择权价值评估方法

2008 年,Norden 从市场租入一艘 5 年船龄的巴拿马散货船,租期 2 年,租金是 14 500 美元/天。这个租约附带两个选择权。第一个选择权是租约延期选择权:在 2 年租约期满后,Norden 有权以 15 400 美元/天续租 1 年。第二个是买船选择权:在 2 年租约期满后,Norden 有选择权以 2 700 万美元购买该船。如果 2 年后续租,Norden 在第 3 年期末仍然有买船选择权。

作为上市公司,Norden 必须向投资人预测租约价值(包括定期租约及其附带选择权的价值),以便市场投资人预测其股票价格。Norden 公司如何通过预测未来运费和船价衡量选择权价值呢?

在案例 11-3 中,Norden 公司估算两年附带选择权租约的价值 V 并假设如下:

$$V = V_1 + V_2 \tag{11-11}$$

式中 V_1——无选择权的 2 年租约价值;

V_2——选择权的市场价值。

现将 V_1 与 V_2 的计算方法介绍如下。第一步估算无选择权租约价值 V_1。

为此,应预测未来 2 年的运费趋势。Norden 公司采用了式(11 -9)的运费预测模型。

$$FR_{t+1} = k\overline{FR} + (1-k)FR_t + \varepsilon_{t+1}$$

在运用上式的过程中,常数 k 值(表示当前运费回到$\overline{FR}$的速度)是按照运费市场总体经济情况估计一个经验数据,$\overline{FR}$是利用公布的 FFA(见 11. 3. 2)远期运费估算,假设随机干扰项 ε 服从标准正态分布 $N(0,\sigma^2)$,利用蒙特卡洛方法生成随机数得到 ε。

在获得未来 2 年市场运费估算后,可以估算出该租约的净现金流(也即租约净收益)。将现金流按照一定的折现率折现后得到 2 年租约净收益的净现值,也即是 V_1。

第二步估算选择权的价值 V_2。

Norden 的租约包括两种选择权:租期延长选择权和船舶购买选择权,假设如下:

$$V_2 = \rho(V_p + V_e) \tag{11 - 12}$$

式中 ρ——折现因子。

$V_p = \max(0, S - S')$,下标"p"为"purchase"缩写,S 表示船价在第三年底船价的预测值;S'表示船价的执行价。当 $S > S'$时,$V_p = S - S'$,否则,$V_p = 0$。

$V_e = \max(0, FR - FR')$,下标"e"为"extension"缩写,FR 表示租船费在第三年的预测值;FR'表示租船合约中租船费的执行价。当 $FR > FR'$时,$V_e = FR - FR'$,否则,$V_e = 0$。

通过计算,Norden 公司得到如下计算结果(见图 11 -9)。

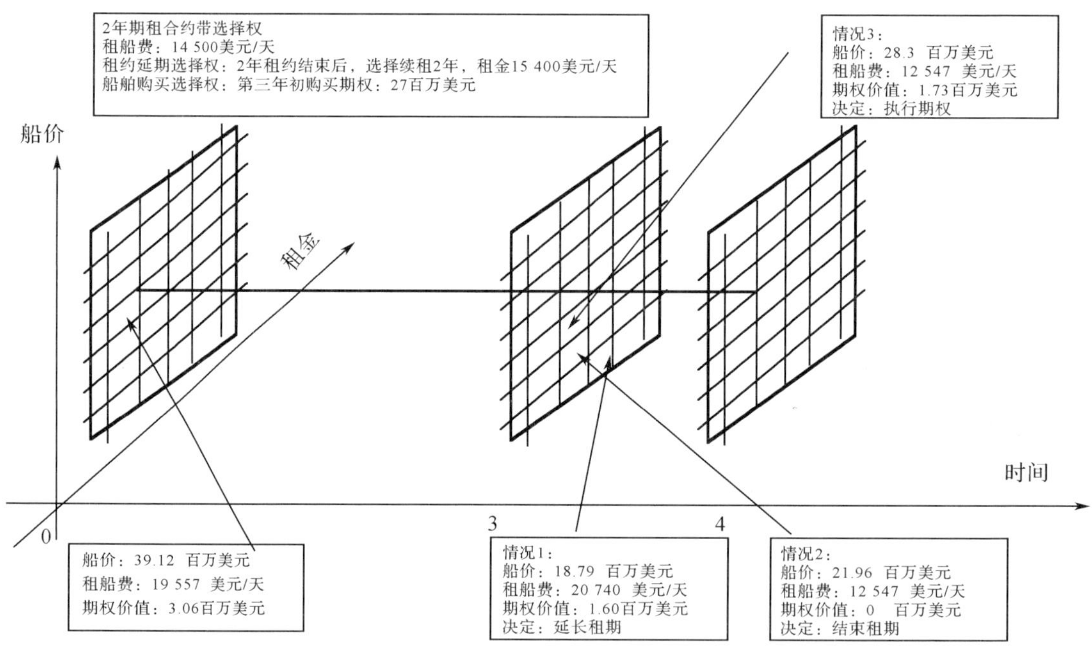

图 11 -9 定期租约和选择权的价值(来源:Norden)

图 11 -9 表明,Norden 公司将在情况一、情况二、情况三中分别采用延长租期、结束租期与执行期权的选择。

11.3 运费风险管理

11.3.1 运费不确定性

运费的不确定性是航运市场中供需双方面临的重大风险之一。2008 年 10 月,全球金融危机爆发,波罗的海运费指数曾在一周之内下跌幅度超过 80%;在全球主要商品(包括股票)指数中,波罗的海运费指数下跌的幅度排名第一。如何管理运费风险是航运公司面临的重大问题之一。

运费的不确定性主要是因为全球航运市场在很大程度上是一个接近于完全竞争结构的市场。单个航运公司或单个货主没有能力控制和影响市场运费,价格是由市场力量决定。导致运费剧烈波动的市场力量是多方面的。这其中包括全球经济和金融市场的周期性波动、国际贸易方式(Trade Pattern)和贸易量的剧烈变化、燃油价格波动、国际汇率市场波动、期货市场波动以及全球政治、气候、自然灾害等各种偶然或突发因素影响。国际航线中各种运费的剧烈波动为投机者和投资者利用期货交易对冲风险或套利提供了客观环境。

对冲交易(Hedge)是风险管理的一个重要手段。简单地解释,对冲交易就是盈亏相抵的交易。"对冲"的英文"Hedge"包含了避险、套期保值的含义。针对不同来源的风险,企业可以在不同的市场采用不同的手段管理风险。例如,利用燃油期货可以对冲燃油价格波动风险。利用汇率期货对冲汇率波动风险。这里,我们主要介绍如何利用远期运费协议(Forward Freight Agreements,FFA,见 11.3.2)对冲和管理运费波动风险。

11.3.2 远期运费协议(Forward Freight Agreements,FFA)

远期运费协议(FFA)是 1991 年由 Clarkson 率先提出,并且在 1992 年 10 月实现了全世界首例远期运费交易。远期运费协议是一种关于某一个约定标准航线的远期运费指数及其运输量的买卖协议。远期运费协议的交易对象主要是波罗的海航运市场定期公布的主要散货或液货标准航线的运费指数,是一个纯粹的指数期货产品。FFA 本身并不涉及实际的货物运输服务。具体来说,在远期运费协议签订时,买卖双方约定了未来某一时点下的某一个波罗的海航运指数中的标准航线的运费及运输量;在该时点来临时,根据波罗的海官方公布的该标准航线实际运费指数价格与协议约定运费的差额来结算(Settlement)。最常见的结算方式是欧洲平均价或亚洲平均价。FFA 一般是在交易中介的帮助下完成交易。

期货交易的特征首先是交易商品的规格比较容易标准化;其次,交易量巨大。在现实中,该商品交易被广泛使用,存在大量的买家和卖家。第三,商品交易的程序简单、规则明确。最后,交易商品价格波动幅度剧烈,存在大量套利的机会。由于金属、石油、农产品等大宗商品(Commodity)交易具备上述特征,因此期货交易在大宗商品交易中被广泛使用。由于金融产品,如股票指数或汇率等,具备上述特征,因此也被称为商品(Commodity)。

国际航运市场中的运费也呈现商品化趋势(Commoditation)。运费开始成为期货交易的对象。远期运费协议交易制度中标准化合约、对冲机制、保证金制度和标准结算程序等使得运费指数具备上述类似于大宗商品交易的特征并逐步成为期货交易的对象[9]。

围绕一个运费合同(租约),合同的买卖双方均面临运费波动的风险。因为未来需要购入一个实际的运费合同并支付运费，货主、贸易商、船舶租家等运力需求方（买方）主要面临着未来运费上扬带来运输成本增加的风险。因为未来需要卖出一个实际的运费合同并收入运费，航运公司、船舶出租方等运力供应方（卖方）面临着运费下跌带来利润损失的风险。因此，货主、贸易商、船舶租家、航运公司、船舶出租方等可以利用远期运费交易现实对冲现实航运市场中运费风险的目的。

由于远期运费交易为交易方创造了未来的现金流和可能获利的机会，远期运费交易因此也日益成为银行、金融机构或其他职业投资机构投机（Speculation）和套利的工具。越来越多的航运企业也加入投机者的行列。尽管投机行为加剧了市场波动，但是，职业投机者也发挥了市场风险“远程预警系统”的功能。亚当·斯密在介绍商品投机和投资的区别时曾经比较过谷物投机生意人和海船船长。海船船长一旦发现海上食物不足以支持全部航程，就给船员定量供应。投机可以使需求方或消费者早作节约的打算，这样可以减少欠收带来的危害。期货市场允许人们按照他们认为合适的方式分配风险，处理不确定性的问题。

不管交易方的目的是投机还是对冲风险，市场看涨的一方基本采用“买入”远期运费，市场看跌的一方基本采用“卖出”远期运费，这符合日常生活中“买涨卖跌”的基本常识。在未来结算日，如果实际运费高于 FFA 中成交的远期价费，FFA 交易中买入运费方盈利；否则，卖方盈利。

11.3.3　运费风险的度量

奈特（F. H. Knight，美国经济学家）将风险定义为可测定的不确定性。任何一种运费合同实际是未来的一个现金流，它为企业家带来的收益是对企业家承担风险的回报。在这个定义的范畴中，经济学家可以借用数量统计中的概率分布曲线来描述和度量未来现金流的发生概率分布。正态分布曲线是一种表达风险的数学手段。图 11－10 中的横轴表示未来的现金流（随机变量）的概率密度。从图中看，未来现金流发生的概率分布接近于一个正态分布，这表明未来的现金流围绕着均值波动；分布形状是“瘦高”还是“矮胖”则显示了现金流波动的幅度。图中红色线表示没有进行对冲的现金流的分布图，黄色线表示对 50% 资产对冲后的分布图（使 50% 的现金流处于无风险状态）。而绿线表示完全对冲，即现金流是固定的，其对应的概率为 100% 。

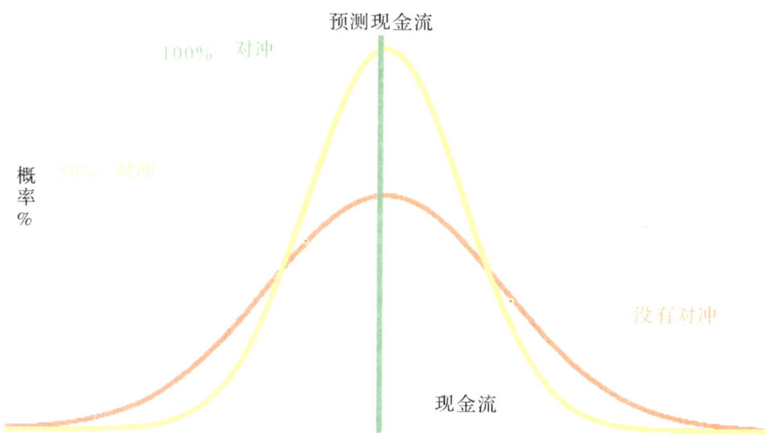

图 11－10　现金流的风险度量

（来源：Total Oil）

本节通过案例 11－4 介绍 FFA 如何交易和管理风险的过程和方法。

【案例 11－4】　FFA 交易过程

6 月 30 日的市场运费是 100 WS。一个原油贸易商计划在 9 月 30 日在 TD5 航线租船运输一票 250 万桶原油，运费（注：这里的运费是指实体市场（Physical Market）中的运费。为有所区别，我们称在 FFA 交易中的运费是“远期运费”）。按照 9 月 30 日波罗的海官方公布的市场运费执行。该贸易商预测未来运费是上扬的趋势。为避免市场运费上扬带来成本增加的风险，货主购买一份 FFA 合约，约定在 9 月 30 日以 120 WS“买入”TD5 航线运输 250 万桶原油的远期运费。

在 9 月 30 日，波罗的海官方公布 TD5 航线的运费上涨至 195 WS。在 FFA 交易中，贸易商按照 120 WS 运费执行，获利是每吨 75 WS 的运费差价（＝195 WS－120 WS）。在实际运输合同中，贸易商支付 195 WS 运费。考虑货主在 FFA 交易中获利，货主最终的运费成本是 120 WS 左右（除此以外，货主为购买 FFA 合同支付了手续费和佣金）。通过 FFA 交易，货主锁定了运费成本，从而也锁定了原油贸易合同的到岸价，回避了市场运费波动带来的贸易风险，见图 11－11。

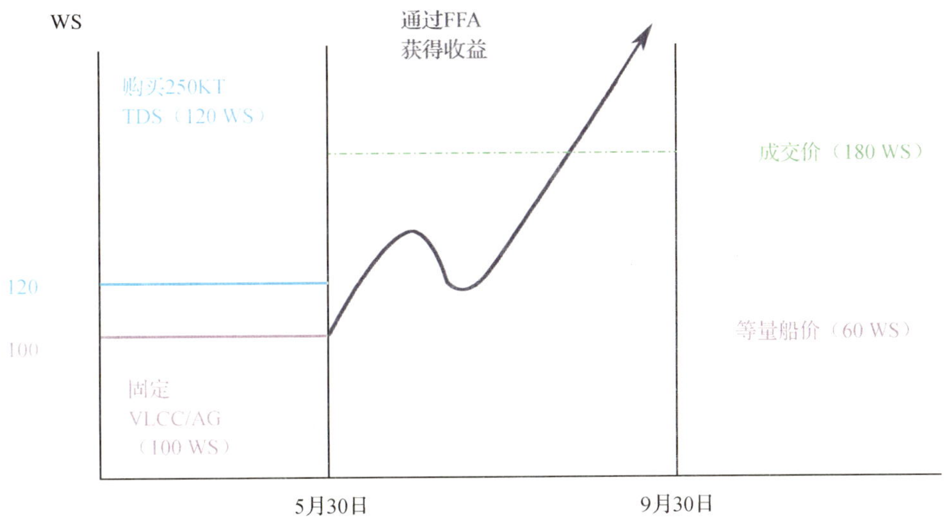

图 11－11　TD5 航线 FFA 交易实例

（来源：Total Oil）

FFA 可以和选择权（Option）相互结合使用。保底期权（Floor Option）也称为价格下限期权。保底期权购买者向出售者支付期权费而获得一个选择权。如果在结算日实际价格低于合约中的期权（下限）价格，保底期权出售者将按照两者的价格差额支付给购买者。如果价格上升超过保底（下限）期权价格，则期权购买者可以选择不执行远期运费协议及其期权。

本节列举案例 11－5 说明如何实际操作附带保底期权的远期运费协议。

【案例 11－5】　附带保底期权的远期运费协议

9 月 1 日，市场运费是 95 WS。航运公司 Winship 计划在 11 月承运一票原油运输合同，运费将按照波罗的海官方公布的市场运费执行。Winship 无法预测未来 3 个月运费变化趋势。为防止运费下跌带来的风险，Winship 购买了一个附加 100 WS 保底期权的 FFA 合同。根据该 FFA 合同，Winship 在 11 月份卖出结算价为 100 WS 的远期运费，同时附加一个按照该价格(卖出)的选择权(Option)。在 11 月份,如果实际运费是 90 WS,低于保底运费 100 WS 时,Winship 选择执行远期运费协议,并获益 10 WS;远期运费协议中的收益和实际运费合同(租约)中运费下跌带来的损失大致相抵。如果实际运费是 110 WS,Winship 根据期权条款选择不执行远期运费协议。图 11－12 了描述 FFA 和保底期权的风险对冲的过程。

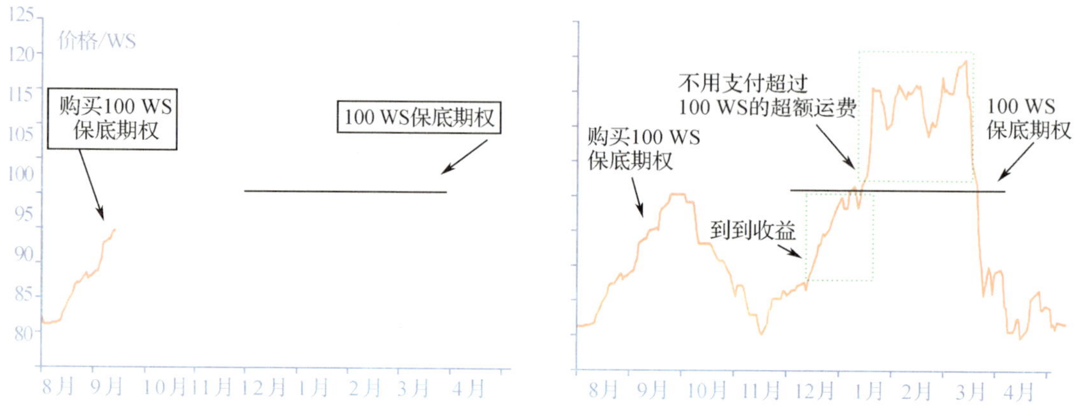

图 11－12　FFA 和保底期权的实例

(来源:Total Oil)

为了描述综合运用远期运费交易和保底期权对冲风险后的效果,可以利用风险度量的概率密度曲线表达,见图 11－13。

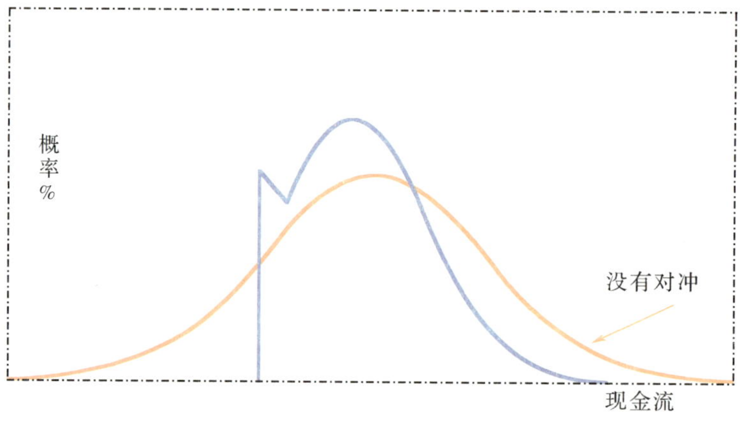

图 11－13　FFA 保底期权实例

(来源:Total Oil)

上面本节已经就航运公司在进行船舶资产的投资决策的理论模型与方法进行了讨论,对如何规避运费风险也作了一些建议。对于任何一个事物来说都有其潜在的规律在支配着;因此风险的存在形式也在不断变化着,需要人们不断研究新的方法去处理。至于航运风险的定性和定量研究在国际上业已形成了一门新的学问。对此有兴趣的研究者可以从风险因素、风险事故和风险损失入手,按照事前调查、危险划分、风险寻求、可接受风险水平、规避风险途径、经济分析、决策等诸方面进行系统研究。关于这些内容已经不是本书的任务了。

参考文献

[1] 彼特·迪肯. 全球性变化——重塑 21 世纪的全球经济地图[M]. 刘卫东等,译. 北京:商务印书馆,2007.

[2] Joseph E Stiglitz. 宏观经济学 - 增长于分配[M]. 纪沫等,译. 北京:中国金融出版社,2007.

[3] 瓦歇尔. 经济学原理[M]. 8 版. 朱春泰,陈良璧译. 北京:商务印书馆,1964.

[4] 中国人民银行西安分行. 结构变革与金融危机[M]. 北京:经济科学出版社,2009.

[5] 保罗·海恩. 经济学的思维方式[M]. 北京:世界图书出版社,2008.

[6] Frode Jense. Survey of Shipping IPOS in the US Market [M]. London: Euromoney Institutional Investor PLC,2005.

[7] 斯蒂芬·A·罗斯,伦道夫·W·威斯特菲尔德,杰弗利·F·杰夫. 公司理财[M]. 8 版. 北京:机械工业出版社,2009.

[8] 邵瑞庆. 国际航运船舶投资决策方法研究[M]. 上海:上海三联书店,2006.

[9] 张建,杨永志. FFA 在航运市场风险管理中的应用[J]. 世界海运,2006(5).